U0894634

珍藏本
纪念版

汉译世界学术名著丛书

印卡王室述评

〔秘鲁〕印卡·加西拉索·德拉维加 著
白凤森 杨衍永 译

商务印书馆
SINCE 1897 The Commercial Press
2017年·北京

Inca Garcilaso de la Vega
COMENTARIOS REALES DE LOS INCAS
Ministerio de Instrucción Publica y Previsión Social
Colección de Autores de la Literatura Universal
Volumen IV
Montevideo, 1963
本书根据〔乌拉圭〕公共教育和社会福利部“世界文学名著丛书”
第四种,蒙得维的亚,1963年版翻译

本书承西班牙文化部资助翻译出版

汉译世界学术名著丛书
（120 年纪念版·珍藏本）
出 版 说 明

2017 年 2 月 11 日，商务印书馆迎来 120 岁的生日。120 年前，商务印书馆前贤怀揣文化救国的理想，抱持“昌明教育，开启民智”的使命，立足本土，放眼寰宇，以出版为津梁，沟通中西，为中国、为世界提供最富智慧的思想文化成果。无论世事白云苍狗，潮流左右激荡，甚至战火硝烟弥漫，始终践行学术报国之志，无改初心。

迻译世界各国学术名著，即其一端。早在 20 世纪初年便出版《原富》《天演论》等影响至今的代表性著作，1950 年代后更致力于外国哲学和社会科学经典的译介，及至 1980 年代，辑为“汉译世界学术名著丛书”，汇涓为流，蔚为大观。丛书自 1981 年开始出版，历时三十余年，迄今已推出七百种，是我国现代出版史上规模最大、最为重要的学术翻译工程。

丛书所选之书，立场观点不囿于一派，学科领域不限于一门，皆为文明开启以来，各时代、各国家、各民族的思想与文化精粹，代表着人类已经到达过的精神境界。丛书系统译介世界学术经典，引领时代思想，为本土原创学术的发展提供丰富的文化滋养，为推动中国现代学术和现代化进程做出了突出的贡献。

为纪念商务印书馆成立120周年，我们整体推出“汉译世界学术名著丛书”120年纪念版的珍藏本，寄望既利于文化积累，又便于研读查考，同时向长期支持丛书出版的译者、编者和读者致以敬意。

两甲子后的今天，商务印书馆又站在了一个新的历史时间节点上。我们不仅要铭记先辈的身影和足迹，更须让我们的步伐充满新的时代精神。这是商务人代代相传的事业，更是与国家和民族的命运始终紧密相连的事业。我们责无旁贷，必须做好我们这代人的传承与创造，让我们的努力和成果不仅凝聚成民族文化的记忆，还能成为后来人可以接续的事业。唯此，才能不负前贤，无愧来者。

商务印书馆编辑部

2017年10月

译 者 前 言

我们现在介绍给读者的，是一部我国拉美文史学界早闻其名、未识其庐山真面目的世界名著，这就是印卡·加西拉索·德拉维加的《印卡王室述评》。

本书是一部记述古代南美洲印卡文化的著作。全面准确地研究印卡文化的发展和印卡社会的属性是历史学家的课题，但为了更好地了解印卡文化与这部著作的关系，就是说，恰当地认识这部著作的价值，作为译者，我愿把翻译过程中的有关情况和粗浅体会概括地写在这里，与广大读者一起探讨。

一、印卡文化本事

早在西班牙人到达之前，美洲大陆就已有了相当发达的古代文化，最著名的就是发祥于今中美洲和尤卡坦半岛的玛雅文化，今墨西哥的阿兹特克文化和今南美洲的印卡文化。

遗憾的是相当发达的印卡文化没有创造出任何形式的文字，这就给追溯和研究它的历史造成极大困难，而只能根据西班牙征服及其以后时期西班牙和美洲土著纪实作家收集记录的口头传说来了解它的发展状况。据传说所述，以库斯科为中心的印卡文化起源于第一代印卡王曼科·卡帕克。他是太阳神的儿子,他和他的姐妹和妻子玛玛·奥克略,与另外三对兄弟姐妹一起从的的喀喀湖出发,按照太阳神的旨意在能够把金杖插入地下的地方建都,于是建立了今秘鲁库斯科城。根据这个神话传说,可以设想是四支不同的印第安人氏族经过迁徙,在库斯科定居下来。后来,曼科·卡帕克与另外三对兄弟姐妹分开,在库斯科山谷逐步发展壮大,形成一个"王国"——这时的所谓"王国",充其量只是一种类似部落联盟的原始组织形式。

继曼科·卡帕克之后,相继出现了十二代国王。根据已知的历史材料和传奇,传统上认为印卡人的历史绵延了三百五十年,并把它分为"传奇帝国"和"历史帝国"两个时期。

"传奇帝国"从十三世纪初期曼科·卡帕克称王算起,以后依次是辛奇·罗卡、略克·尤潘基、迈塔·卡帕克、卡帕克·尤潘基、印卡·罗卡、亚瓦尔·瓦卡克和维拉科查·印卡,共计经历二百五十年。这是印卡帝国的形成时期,最初它只是一个很小的农业王国,在语言和文化等方面都与邻近部族相似,其活动范围也只限于库斯科山谷以内。从卡帕克·尤潘基和印卡·罗卡时起,才开始向山谷以外征服,逐渐扩充自己的版图和势力。约 1438 年,维拉科查·印卡的一个儿子、骁勇善战的库西·尤潘基依靠科利亚部族的帮助,在亚瓦尔潘帕彻底打败进犯的昌卡人。这次大捷使印卡人建立了稳固的统治,奠定了强大帝国的基础。

库西·尤潘基大败昌卡人后,回到库斯科被拥戴为印卡王(1438—1471),称帕查库特克·印卡·尤潘基,开始了"历史帝国"时期。此后陆续为王的是图帕克·印卡·尤潘基

(1471—1493)和瓦伊纳·卡帕克(1493—1525)。这一时期,羽翼丰满的印卡人先后征服奇穆王国和基多王国,吞并今玻利维亚、智利和阿根廷部分地区,极大地扩张了帝国的版图。瓦伊纳·卡帕克统治时期,是印卡帝国的极盛时期,其疆土北到今厄瓜多尔的帕斯托,南到今智利马乌莱河,西到大海,东到今玻利维亚中部,面积约一百万平方公里;人口达一千二百万,主要有克丘亚人(库斯科以北)、艾马拉人(库斯科以南)、云卡人和阿塔卡马人(沿海)和安第斯人(山区)。也就在这个时期,瓦伊纳·卡帕克在临终之前得知来自远方的异族人已经到达巴拿马,并开始探察南美海岸。

瓦伊纳·卡帕克去世之前,本想立自己宠爱的、与基多王国一位公主生的儿子阿塔瓦尔帕为国王,而住在库斯科的另一个儿子瓦斯卡尔认为自己是合法继承人,从此埋下了内讧的种子。在他故去之后,兄弟二人发生王位之争。1532 年阿塔瓦尔帕派兵战败瓦斯卡尔,并将其抓获杀害。就在这时,弗朗西斯科·皮萨罗率领一百七十多名征服者在卡哈马卡登陆,用阴谋诡计绑架了阿塔瓦尔帕,后于 1533 年 8 月 29 日将其处死。至此,盛极一时的印卡帝国即告灭亡,光辉灿烂的印卡文化遭受了一场空前浩劫。

在秘鲁印第安人通用语(克丘亚语)中,印卡帝国称为“塔万廷苏尤”,意思是世界的四方,因此领土分为四个大行政区,以下分省(provincia),省以下分县(saya),县以下分村(艾柳,aillu),家庭是基本社会单位。印卡国王被尊为太阳神的儿子,是最高君主,称为“萨帕·印卡”,享有至高无上的权力。印卡人的宗教信仰,主要是崇拜太阳神,称为“因蒂”,为他建造金碧辉煌的神庙,敬献祭物，顶礼膜拜。掌管祭祀事务的祭司人数极多，全都来自印卡家族，根据所管事务分成不同等级。

印卡帝国是农业国，因此农业是经济基础，全国人都从事农业种植。主要作物是玉米和马铃薯，这两种粮食和大羊驼肉是基本食品。田地由大型水渠灌溉，主要肥料是沿海岛屿的大量鸟粪。在牧业方面，主要饲养大羊驼、羊驼和小羊驼。

虽然农业和牧业是经济基础，手工制作业也很发达。首先是制陶业，所制陶器形状多样，造型精美，并装饰以彩绘动物和几何图形。纺织技术也达到很高水平，其主要原料在平原是棉花，在山区是大羊驼毛和小羊驼毛。纺织品中，既有简单实用的粗布，也有供王室和贵族享用的精美细布。在金属冶炼方面，印卡人虽然只掌握了很少几样工具，却可以炼出多种金属，如金、银、锡、铜。从太阳神庙和印卡王宫中的大量金银，可以想见冶炼业多么发达。

在印卡王中央集权制的统治下，印卡人民不仅创造了丰富的物质财富，而且也创造了杰出的艺术作品，其中最令人惊叹的是建筑艺术。他们采用叠石法，把经过修凿的多面体巨石堆砌起来，不用任何黏合物质就能把石块衔接或镶嵌得非常严密，连刀片也插不进去。库斯科城的王宫、太阳神庙和萨克萨瓦曼城堡以及该城以北的马丘－皮丘古城，堪称印卡建筑艺术中的最高结晶。此外，为连接整个帝国而修筑的印卡王室大道，也是非常著名的建筑杰作。

印卡文化发展中有一个非常突出的矛盾：它在政治、经济、社会组织方面高度发达，却没有创造文字，这在很大程度上限制了它在思想和科学方面的发展。尽管如此，印卡人也取得了一定成就。

在天文学方面，他们的历法以月相计算，一年分为十二个月，计三百六十五天，这已是相当准确的。在算术方面，采用十进位制，发明了一种奇特的“结绳计数法”，就是把要记载的数量，按一定顺序，在多种颜色、粗细不同的绳子上结出大小不同的绳结。同时，这些绳结也可用来记载历史事件、传奇故事和诗歌民谣。医学是古代秘鲁人最为发达的领域之一，特别是在外科手术方面，可以施行穿颅术、切除术、分割术、植皮术；此外，还会用奎宁和古柯等草药医治病痛。

总之，以帝国都城库斯科为中心的印卡文化，是西班牙人到达以前南美洲最发达的文化，它在许多方面都达到了古代美洲文明的高峰，并为世界文明作出了重大贡献。

二、《印卡王室述评》的价值

《印卡王室述评》是探索和了解印卡文化发展历史和各方面情况的一部珍贵著作。

本书作者印卡·加西拉索·德拉维加 1539 年 4 月 12 日生于秘鲁库斯科，父亲是西班牙远征队的统领塞瓦斯蒂安·加西拉索·德拉维加，母亲是印卡帝国公主伊莎贝尔·钦普·奥克略。他在印卡贵族和西班牙征服者中度过了童年和少年时期，受到印卡文化的强烈影响，并开始接触了旧大陆的文化，学习了拉丁文。父亲去世后，他于 1560 年去西班牙，一直未归。在西班牙的生活可以分为两个阶段。在第一阶段中，他曾从军入伍，为西班牙王室作战，并获上尉军衔。后来他到过意大利，学习了意大利文。在这个阶段，他还向西班牙王室提出要求，因他父亲对王室有功，希望得到某种酬报，并希望收回秘鲁土地上原属于他母亲的几块地产，但被西印度事务院拒绝。在第二阶段，他先后在蒙蒂利亚和科尔多瓦两座城市居住，参与当地生活并进行写作。1616 年 4 月 23 日他在科尔多瓦逝世，终年 77 岁。

第二阶段是他作为文人建树最多的时期。1590 年他翻译出版了犹太人雷昂·希布雷奥的《爱情对话录》，这是一部充满柏拉图风格的作品；1605 年出版了《印卡人的佛罗里达，又名佛罗里达半岛发现史》，记述西班牙征服者埃尔南多·德索托在佛罗里达的探险活动；1609 年 70 岁高龄时，他在葡萄牙里斯本发表代表作《印卡王室述评》。此后他的写作热情一发而不可收，仍以古稀之年辛勤笔耕，著述不辍，完成了《秘鲁通史：印卡王室述评·第二部》，全面、详细地记述了西班牙人征服秘鲁后的多次内战。遗憾的是，他在有生之年未能见到这部书的出版，直到他故去的次年，这部著作才得以问世。

加西拉索以一个梅斯蒂索人（印欧混血人）的身份，在美洲印卡文化和欧洲文艺复兴思潮的双重熏陶下，在经历了戎马倥偬的军旅生涯后弃武从文，取得了巨大成就，成为秘鲁、西班牙乃至世界文学史上的著名作家。秘鲁当代评论家塞萨尔·托罗·蒙塔尔沃称他是“殖民地时期西班牙美洲文学的天才散文家和具有世界性决定意义的历史权威”，而且“继续代表着最高的秘鲁文学激情”[①]。

① 塞萨尔·托罗·蒙塔尔沃编纂、作序《加西拉索评论集》：“序言”，印卡·加西拉索·德拉维加大学校长办公室、国家科技委员会赞助，利马，1989 年，第 8—11 页。

西班牙著名作家、曾一度对他持批评态度的马塞利诺·梅嫩德斯-佩拉约,也高度评价他的《印卡王室述评》,说这部道地的美洲作品,是关于征服时期这个题材中写得最好的作品,并赞扬说:“作为散文家,他在殖民地文学中享有最大的声名。他和阿拉尔孔(墨西哥剧作家)是出生于美洲的两位真正的经典作家。”[①]

《印卡王室述评》,顾名思义就是印卡人对自己帝国历代国王生平事迹和自己国家一切事物的叙述和评论。这部著作的素材来自三个方面,一是作者母系亲属印卡王公对印卡古国的回忆;二是作者自己从小在祖国耳闻目睹的情况;三是引录在他之前为秘鲁修史的西班牙著述者的记述。作者把这三者有机地组织起来,全面记述了印卡帝国的历史和印卡社会的各方面情况,同时对于涉及的内容和西班牙作家著述的是非真伪提出自己的看法和判断,从而构成一部完整的“述评”。

从内容上看,正如它的副标题所说,《印卡王室述评》“讲述印卡王的起源、秘鲁的诸代国王,他们的偶像崇拜、和平和战争时期的法律和统治方式、他们的生平和征服业绩,以及西班牙人到达那里以前,那个帝国和印卡人国家的一切情况”。

这是一部卷帙浩繁的著作,全书共包括九卷,下分二百六十二章。从纵向上看,它记述了印卡帝国历史发展的脉络,从第一代印卡王曼科·卡帕克的起源开始,中间记述十二代国王的更迭,一直讲到被西班牙人征服为止。从横向上看,它记述了古代秘鲁人的

① 《加西拉索评论集》,第179页。

经济、政治和文化生活，其中包括土地制度、劳动制度、行政制度、法律法规、偶像崇拜和宗教信仰、祭礼仪典、风俗习惯、神话传说、教育和语言、艺术表现形式和各种物产。对照第一部分“印卡文化本事”来看，本书对于印卡文化发展史中的各个方面都提供了丰富的第一手原始资料，而且在记述过程中务求详细具体，力求真实可信。从这个意义上说，它是一部关于古代秘鲁社会物质生活和精神生活各方面无所不包的著作，是一部关于印卡文明的文献总集和资料宝库。自从这部著作出版后的几百年来，许多学者和作家在关于古代秘鲁的著述中都曾广泛地提及、引用和评论，这本身就充分证明了它在史学研究领域中的文献价值。美国著名史学家威廉·普雷斯科特在评论加西拉索这部著作时说：“《王室述评》记述那个国家的古代历史，展现了在印卡诸王统治下该国文明的完整面貌——比所有其他史学家的记述要完整得多。”还说：“迄今为止，在关于秘鲁古代历史的所有著述者中，没有人像加西拉索那样获得这样大的声名，也没有人像他这样被后来的史学家所广泛引用。”①

应当指出，印卡人没有文字，因而无法保存他们的完整历史，有关他们灿烂文化的许多史料被时光湮没了。加西拉索出于对祖国的赤子之爱，搜集了流传下来的口头传说，在 1609 年出版这部著作，第一次把古代秘鲁的全貌呈现于世，从而保存了印卡文化的遗产，这不能不说是一个历史性的贡献。

但也无须讳言，正如近现代某些研究者指出，《印卡王室述

① 前引《加西拉索评论集》，第 28、26 页。

评》对印卡历史进行了“古化”(把时间提前)和“美化”(把印卡帝国描绘成理想社会)。随着时代和科学,特别是考古学和人类学的发展,加西拉索以后各时代的研究活动逐渐更加科学、更加确凿地澄清了印卡文明史的真实面貌,也揭示了这部作品的某些虚构成分。然而历史地看,它作为第一部完整介绍印卡文明的著作,其作用和价值仍是不可否认的。

另一方面,从这部著作的写作风格来看,虽然作者在书中多次声称他写的是印卡人的“历史”,但它不是一部严格的历史著作。无论是拉美文学史还是西班牙文学史,都把它列入“纪实文学”一类,各国评论界也更加重视它的文学价值。事实上也是如此,作者的创作目的是“写一部全面、完整、有条理和正确地叙述”古代秘鲁事件和风俗的书,但他不是冷漠、机械地堆砌各种情况和资料,而是以文学艺术的眼光和各种手段来处理素材,从而构织成一部足以引人入胜的艺术作品。这可以从三个方面来看:

第一,作品的结构。作为所写事物的直接和间接见证人,印卡·加西拉索的脑海犹如一部关于印卡文化的百科全书。他有多少事情要记述啊!正是在处理几十年间积累起来的纷纭复杂、浩如烟海的素材方面,充分展现了他的艺术才华。从作品中可以看到,他是以历史为经,以轶闻为纬,事无巨细,兼容并蓄,巧妙地描绘出一幅印卡社会的完整画卷。

关于这种大小结合、交替记述的方法在作品中随处可见。现在我们仅以一个例子作个说明。第七卷第十九章结束时说:“因为这位帕查库特克国王进行过多次征服,建树过无数英雄业绩,倘若总讲一个话题难免令人生厌,所以我觉得最好把他的生平事迹分作两部分来讲。现在先来插叙印卡诸王按他们的异教信仰庆祝的两个重要节日，然后再回过头来继续讲这位国王的生平。”于是，我们在此后几章便读到庆祝太阳节、朝拜太阳神、为印卡王族青年封授武士称号和其他有趣的事物。就在我们津津有味地沉浸在这些生动描写时，加西拉索又把我们拉回到印卡人历史这条主线上来，在第二十九章一开头便说：“现在回过头来继续记述印卡王帕查库特克的生平……”加西拉索就是这样从容不迫地挥动他那支娴熟的笔，引导读者饶有兴趣地漫游了印卡文化的迷宫，看到了多姿多彩的印卡人生活情景。

威廉·普雷斯科特在谈到作者的写作手法时说：“加西拉索的作品反映了他所生活的时代的图景……它用时时展现的精彩场面使我们眼花缭乱，它用点缀在篇章中大量的有趣细节和生动议论使我们赏心悦目。情节的叙述与对说明情节主线的事件的议论经常交替出现，从而打破了叙述的单调，使读者可以愉快地轻松一下。”①所以从这种结构来看，《印卡王室述评》不是严格的历史，也不是纯粹的小说，而是两者完美结合的抒情回忆录。阿根廷评论家恩里克·安德森·因贝特在《西班牙美洲文学史》中说：“正当的是只相信以历史为基础的小说，或吸收了小说要素的历史。”②这或许可以说明加西拉索的独特风格。

第二，关于记事写人。《印卡王室述评》在记述印卡帝国历史的过程中，以文学笔法叙述了许多重大事件，描写了许多著名人

① 前引《加西拉索评论集》，第 30 页。

② 同上书，第 323 页。

物，从而增加了作品的故事性和艺术性。记事时务尽其详，不仅具体交待时间(虽然不是具体年代)、地点、过程和结局，做到首尾完整，而且注重叙述细节，并以环境和气氛进行烘托，使历史事件充实饱满，生动具体，读来兴味盎然。第三卷第二、三章征服科利亚人的战斗经过，第五卷第十八章亚瓦尔潘帕战役，第九卷第三十二至三十五章阿塔瓦尔帕与瓦斯卡尔兄弟之间的内讧，都是这方面的突出例子。写人时则形神兼备，通过人物的语言和行动写出他们的性格和心理，使之形象鲜明，栩栩如生。这样的例子也不胜枚举，比较典型的有第四卷第十六至二十章"啼血的印卡王"亚瓦尔·瓦卡克的怯敌出逃，维拉科查王子的大义凛然和英勇果敢，第五卷第二十六章部族头领安科瓦柳的剽悍不驯，第六卷第三十二至三十三章"强人"奇穆的狂妄孤傲，以及第九卷兄弟之间战争中阿塔瓦尔帕的狡诈残暴和瓦斯卡尔的忠厚仁慈。

另外在语言方面，加西拉索确如评论家所说，不愧为"第一流的散文家"。由于一生的特殊经历，他得天独厚地掌握了克丘亚语和西班牙语这两种完全不同的语言，因而能够驾轻就熟地把搜集的印卡人口头传说用西班牙语记述出来。他没有去模仿刻意雕琢的文风，而是采用了一种自然、流畅、通俗、简练的语言，使整部作品读来既生动优美，又质朴易懂。在记述印卡人历史主线的记叙体文字中，这个特点表现得尤为充分。因篇幅所限，这样的例子恕不列举，读者在阅读时自会有所感受。

第三，作品的激情。《印卡王室述评》是作者晚年在西班牙的科尔多瓦写成的。虽然他避居这座静谧的小城，过着安闲的生活，但作为一个离别秘鲁几十年的海外游子，他时刻怀念自己的故土。

童年和少年时期的所见所闻构成一个充满诗情画意的世界，促使他忠实地再现自己祖国过去的一切。秘鲁著名作家何塞·德拉里瓦·阿圭罗在《赞颂印卡·加西拉索》中一语中的地说："《王室述评》就是从这种发自肺腑的怀念中产生的，因此它浸透着柔情。"①

加西拉索在《序言——致读者》中也明确说出了自己的写作意图。他在抱怨以前所写关于秘鲁的著作过于简短后说道："因此，出于对祖国当然的爱，我自愿担负起了撰写这部述评的重任。"写作过程中，他不时以见证人的身份说话，多次重复"我见过，我去过，我听说过，我到过"。作者就是通过这种口气，在追忆历史的同时，在字里行间倾吐了对养育他的土地的一切真情实感：有对印卡诸王丰功伟业的赞颂，有对印卡人民高超智慧和顽强精神的敬佩，有对帝国辽阔土地和繁荣富庶的自豪，有对印卡文明归于毁灭的叹息，有对帝国都城库斯科的眷恋，甚至对故国的一山一水、一草一木都流露出了无限爱恋之情。这样的例子在书中比比皆是，现在信手从第六卷第二十九章中选取一个。印卡王公在征服了丘基曼库国王之后，命人在瓦尔库山谷建造了一座堡垒，"这座堡垒规模不大，却是建筑上的宏伟奇迹。无论从建筑物本身，还是从它所处的位置来说——不断受到海浪的拍击，都应该让它尽可能永远矗立在那里。根据建造的情况来看，它本身完全可以历经数百年而安然无恙。当我在 1560 年途经那里时，堡垒依然显示着当年的雄姿，令瞻仰者更生思古之幽情"。

综上所述，《印卡王室述评》既是史学典籍，又是文学名著；既

① 前引《加西拉索评论集》，第 68 页。

具有重要的认识价值,又具有不朽的审美价值。说它是追忆印卡古国的历史著作,文学家却能从中领略它的审美力和感染力;说它是充满激情的艺术作品,历史学家却能从中寻觅前人历史的踪迹。我国古代的历史散文也常常是这样,历史与文学紧密结合,史实与轶闻并行不悖,既可作为史书阅读,也可作为散文欣赏,两者浑然一体,相得益彰。智利著名文学评论家阿图罗·托雷斯-里奥塞科在《拉丁美洲文学简史》中,对《印卡王室述评》的价值作出了正确评价:加西拉索·德拉维加和贝尔纳尔·迪亚斯·德尔卡斯蒂略一起,代表着西班牙殖民地文学中真正美洲主义的最早表现。这两位作家在编年史的贡献上作出了完美的典范,创造了一种既具有真实记录的历史价值,又具有长远文学价值的作品[①]。

三、译事絮语

《印卡王室述评》自 1609 年出版后,很快译成英文(1625 年)、法文(1633 年)和德文(1787—1788 年)出版,此后又以多种文字多次再版,广泛流传,享誉世界。但由于种种原因,在我们这样一个泱泱大国却一直未能译介,这不能不说是极大的憾事。

我们有幸承担了这部书的翻译工作,这确是十分有意义的事。但若想把这部纪实和抒情兼而有之的巨著忠实、准确地翻译出来,又绝非易事。在翻译过程中,我们觉得有这样几个问题:

① 〔智利〕阿图罗·托雷斯-里奥塞科:《拉丁美洲文学简史》,吴健恒译,人民文学出版社,1978 年,第 12 页。

1. 前面讲到,这是一部内容非常丰富的书,涉及秘鲁印卡乃至印卡以前时期秘鲁土地上的一切事物,如果说它是关于古代秘鲁最早的百科全书,恐怕也不为过。不言而喻,学术著作的翻译,不仅仅是语言文字的功力问题,很大程度上还有赖于学科本身的发展水平。然而我国学术界对拉美学的研究还十分肤浅,而对于古代时期包括三大文化的研究则更是微乎其微,许多专门问题甚至还没有作过基本介绍。著作内容的丰富性与我们对其了解的贫乏性形成了强烈反差,使我们对许多事物的翻译无法找到可以参考和借鉴的资料。同时由于没有生动形象的感性知识,对书中介绍的许多情况(如建筑物的结构、宗教节日仪式的场面、某些物产的形态等等)难以形成准确的概念。

2.《述评》无疑是一部世界名著,但也毋庸讳言,书中对某些重要事物(如印卡帝国的社会结构、行政管理制度等)的记述缺乏必要的系统性,事先未作全面、整体的介绍,个别名称就突然孤立地出现于某一章或某一段。另外,在记述某些事物时,也有前后矛盾或不尽一致之处。这就使我们很难理出头绪,把握各方面的关系并恰当地表达出来。

3. 这部著作写于十六世纪末至十七世纪初,因此所用的西班牙语无论从语法、修辞和词义上都与现代有所不同,出现许多古语和古词是很自然的。再者,我们感到,加西拉索也犯有当时许多纪实作家的通病,有时枝蔓较多,行文不够简练,用词造句也有不合规范和不够严谨之处,增加了理解的困难。还有,作者使用了大量克丘亚语词汇来说明事物的本来面貌,而这种语言与西班牙语极为不同,尽管他在这方面作了详细说明,我们也往往难以准确地转译它的含义，传达它的韵味。

我们翻译这部书时，总的指导思想是力求忠实、准确，以便把作品的原意和本来面貌表现出来，介绍给我国读者。在此基础上，根据纵向和横向记述的特点，对不同内容作了不同的处理：纵向记述印卡帝国发展过程、诸代国王文治武功与描写山川景色和历史古迹的章节，有较多的情节铺叙、人物描写和感情抒发，因此我们适当地注重了一点文采；横向记述社会、政治、经济制度、宗教仪典、文化成就和各种物产的章节，主要是对各种事物的详细说明和介绍，具有较强的知识性和科学性，因此翻译时一般采用直译，力求把作者的意思表达出来。

关于书中出现的印卡文化许多专有名词，有以下几点需要说明：

1. 关于“印卡”(inca)一词。众所周知，国内现有关于印卡文化的著述和译介文章，大多写作“印加”。港台出版的图书也多写作“印加”，少数写作“印卡”。如果写成“印加”，那么按照拉丁字母书写的克丘亚语，则应写成“inga”。但我们在翻译过程中仔细查阅了克丘亚语词典，正确写法应是“inka”。作者在本书《关于秘鲁通用语的几点说明》中也明确指出，那种语言中没有西班牙语“g”这个字母。由此可见，译成“印加”是不妥当的。我们觉得，这个词的译法是个事关全局的问题，因此决定译为“印卡”。但作者在引录西班牙作者的文字时，照录了他们的写法“inga”，这种情况我们则忠于原文译为“印加”。

另外，“印卡”是个多义词，可以指印卡国王、印卡王族，引申开来也可指印卡人，还可以指印卡语言。在涉及人时，作者一律只写作“印卡”。我们则根据上下文的情况分别译作“印卡王”、“印卡王公”或“印卡人”,以便于读者更好地理解特定情况下的确切含义。

2. 关于“省”(provincia)这个名词。书中介绍,印卡帝国划分成四大行政区,称为“苏尤”,大区下分省,省下分村。但无论是在印卡人征服以前还是以后,作者都把各个地区称为“省”,这似乎不合逻辑。而且省应是一个较大的地方,但从书中看到,有些所谓“省”只不过是包括几个村落的一个地方。我们本想译成“地区”,但文中还多次使用“comarca”、“región”和“tierra”,都是指地区。如果统统译成“地区”,则无法区别开来,为此只得照原文译成“省”。

另外,书中出现的许多地名与现在地名有所不同(如 Antis-Andes,Cozco-Cuzco),其原因作者已经说明,是西班牙人把原名读错,以讹传讹沿用下来,但其中不少地名,读者自然会想到今天的名称。所以,我们只照原文译出,一律不注今名。

3. 关于印卡帝国机构和官衔的名称。书中对行政机构未作全面、系统的介绍,只讲到朝廷里设一个“consejo”,各村也设有“consejo”,我们分别译作“参政院”和“村政会”。大区和各省的行政长官(virrey 和 gobernador)译作“总督”和“省督”。关于军队中各级官衔,作者介绍比较详细,但均未使用克丘亚语词汇,看来是套用了西班牙语词汇的概念。我们则根据各级军官所辖士兵人数和职级,适当拟古地译作“统帅”(general)、“将军”(maestre de campo)、“统领”(capitán、capitán mayor)、“副统领”(capitán menor)、“队长”(alférez)、和“分队长”(cabo de escuadra)。

4. 关于克丘亚语词汇。在记述古代秘鲁事物时,书中使用了大量用拉丁字母拼写的秘鲁通用语词汇,然后再用西班牙语释义。

我们参阅了现代克丘亚语词典，除极个别的未能查到外，发现作者所用的都很准确。为了保持原书风貌，一般在这类词汇首次出现时，先用音译译出，然后在括号内译出中文意思。因有些词汇频繁出现，特将所有这类词汇编成一个表，附于书后，以备查阅。但应该说明，由于这种语言的特殊性，“k、k′、′k、kh、kk、kkh”这六个字母都发“k”音，彼此之间只有微小差别。如何把它们区别开来，译者目前尚无能为力，所以在译文中无法体现。

我们以上的各种译法尚属首次尝试，究竟是否科学、准确和恰当，有待进一步检验。

我们积六年之功，终于把印卡·加西拉索的《印卡王室述评》这一不朽的世界名著介绍给我国读者，算是做了一件有意义的分内之事。但我们绝无如释重负之感，更无一劳永逸之意。我们深知，由于主观水平和客观条件所限，译文中会有错误和不当之处，因此热切期待着各界专家学者以及同行的批评指正。

在本书翻译过程中，秘鲁驻华大使罗伯托·比利亚兰·科埃奇林先生和文化专员胡安·塔马约·塔马约先生曾与笔者座谈，并提供了宝贵的参考书籍，对我们了解作者和理解原著起了很大启发作用。邓兰珍同志曾多次为我们答疑，帮助我们解决了许多重要疑难问题。刘玉树同志通读全书译稿并提出了有益的意见。在本书即将付梓之际，特志于此，以表衷心感谢！

白 凤 森

1991 年 3 月 24 日

目　录

附录

致尊贵的葡萄牙公主、布拉甘萨[①]公爵夫人……[②]唐娜卡塔利娜

古往今来的作家总是想方设法把他们聪明才智的最初结晶——他们的著作，敬献给慷慨豪爽的君主、权势显赫的国王和亲王，以求在他们的庇荫下，获得贤者的褒奖和免受小人的中伤。尊贵的公主，我从这些作家的共同习惯中获得了勇气，斗胆仿效他们的榜样把这部《述评》奉献给殿下。这是因为在所有得到您王室保护的人的心目中，您本人对此受之无愧。殿下名扬天下，不仅在欧洲，而且在东西南北各方最偏远的角落，无人不知殿下的美名，因为殿下光荣的先辈——诸代君王不惜流血牺牲，在那里树起了拯救灵魂的旗帜和王室光荣的旗帜，这本是显而易见的事实。作为葡萄牙杰出的诸国王和亲王的贵胄，殿下的高贵出身已是众所周知，虽然殿下并不以此夸耀，但您的皇亲国戚身份因无比崇高的美德而更显金玉之辉，令人肃然起敬。上帝我主用高尚的美德丰

① 布拉甘萨家族：葡萄牙王室家族，为若昂一世（十四世纪）之子阿方索后代。阿方索之孙若昂于1640年为葡萄牙国王，称若昂四世。该家族统治葡萄牙至1855年，后由分支继之至1910年；1822—1889年统治巴西。（脚注均为译者所加，下同）

② 省略号为唐娜卡塔利娜的其他封号。

富了殿下的心灵，只要瞻仰殿下的风采，我们就会看到殿下出类拔萃，超乎常人（尽管您不愿显露峥嵘）。殿下的贤明和美德广垂天下，有口皆碑。殿下对自己的美德素喜秘而不宣，然而即使您对颂扬之举并不十分厌恶，我也只能道其万一——这话绝无恭维之意。殿下的王国以及异邦的许多人均想得到王室的庇护，您过去和现在对所有这些人的恩宠早已众口相传，以致无论是传颂的人还是蒙您王室垂顾的人都已不计其数。根据他们的经验，我企盼殿下对拙著施恩垂顾，因这几卷书极需庇护和恩宠，尽管拙著本身和小民本人都不配蒙此隆恩。我承认我胆大冒昧，而我的效劳却微不足道——尽管我的本意并非如此；我有一颗随时准备报效殿下之心，如蒙不弃，现一并献上。乞上帝我主保佑殿下玉体康泰并王室阖家福寿绵长，阿门，阿门。

印卡人[1]加西拉索·德拉维加

① 作者在此署名时，在“印卡”前加了定冠词，表明他是印卡人。后人在提及《述评》作者时，也都加定冠词，但在出版该书时，封面上作者名字前的“印卡”不加定冠词，故一般译为“印卡”是说得通的，但此处宜译为“印卡人”。

序　言

——致读者

已有一些勤奋的西班牙人对新世界各国作过描述，如出版了关于墨西哥、秘鲁和其他异教徒王国的著述，这类书的记述本应全面周详，但实际上并非如此。在我所见的关于秘鲁情况的著述中，发觉这种情况尤为突出。作为出生于科斯科城（它在那个帝国中堪称另一个罗马）的人，我所了解的秘鲁情况，比迄今为止著述家们提供的情况远为详细和清楚。他们确实触及那个国家发生的许多极其重大的事件，但都写得过于简略，甚至有许多在我看来非常著名的事件，由于他们记述的方式，我读后也不甚了了。因此，出于对祖国理所当然的热爱，我不揣冒昧，承担起撰写这部《述评》的重任。在这部书中，人们将从印第安人虚妄的宗教信仰礼仪中，从他们诸代国王平时和战时的统治方式中，从可以介绍的关于他们的其他一切事情中（从最下层平民百姓的活动直到最上层王室的活动），清楚明白地看到西班牙人到达以前那个国家的一切情况。我们将只写印卡帝国，根本不涉及其他君主统治的国家，因为我对它们一无所知。在记述历史的过程中，我们要说明这个国家的真实情况，在讲到任何重大事件时，都将与曾部分或全部涉及这些事件的西班牙著作家进行商榷，以使其真实可信。我的本意不

是要纠正他们的错误，而是想就许多印第安语词汇为他们略尽评注、说明和翻译之劳，因为他们是不懂印第安语的外来人，因此对它有许多误解，这在下面记述历史过程中将会看到。现在我把这部史书奉献给读者无非是为这个基督教国家略尽绵薄之力，敬请读者诸君予以美照，并感谢我主耶稣基督和圣母马利亚，因为正是由于他们的功德和代为祈祷，上帝才萌发垂怜之意，将如许之多、如许之大的民族从偶像崇拜的愚昧中拯救出来，使他们投入我们的母亲和主宰——罗马天主教的怀抱。希望人们以我奉献此书的心意接受此书，尽管拙作本身不配受此酬报，但我的心意是应该得到这样的报答的。还有两部书[①]正在写作之中，讲的是直到1560年我离开秘鲁那一年前，生活在我的祖国的西班牙人之间发生的重大事件。但愿不久就可脱稿，像本书一样把它们奉献于世。对我主祈求如仪。

① 指《印卡王室述评》第二部，又名《秘鲁通史》，该书于1617年作者故去后出版。

关于秘鲁印第安人通用语的几点说明

我在上天的福佑下撰写这部史书时,必将说到秘鲁印第安人通用语中的许多词汇,为使读者更好地理解所写的内容,最好就这种语言作几点说明。首先应该说明,这种语言的某些音节有三种不同的发音方法,而且与西班牙语的发音方法很不相同。正是由于发音方法不同,同一个词的意思也就不同。有些音节用唇部发音,有些音节用腭部发音,还有些音节用喉头内部发音,这在以后书中出现的地方将举例说明。关于词汇的重音,应该说明,重音几乎总是落在倒数第二个音节,个别的落在倒数第三个音节,根本没有落在最后一个音节上的。这样说并不是要对认为土著人词汇的重音必定落在最后一个音节的人进行纠正,他们是因为不懂那种语言才这么说的。还应说明,在科斯科那种通用语中(我要讲的就是这种语言,而不是各省特有的不计其数的语言),没有西班牙语中的 b、d、f、g 和 j 这几个字母;没有单一的 l,而只有双 l(ll)这个字母;相反,无论在语调群的开始还是中间,都没有双 r(rr)的发音,而总是发一个 r 的音;也没有 x 这个字母。这样算下来,比西班牙语或卡斯蒂利亚语字母表一共少了六个字母;如果算上单一的 l 和双重的 r,可以说少了八个字母。是西班牙人把这些字母加

进了印第安人的语言,从而损害了它的纯洁性。由于印第安人语言中没有这些字母,所以他们常常对有这些字母的西班牙语词汇读不好。为了消除这种语言上的混杂现象,我作为印第安人,有权在这部史书中像印第安人那样,用这些词汇正确写法的字母进行书写。但愿阅读此书的人在看到现在这种新写法纠正了已经采用的错误用法时,不要怏怏不乐,而应该为读到那些词汇的纯正的本来面貌而感到高兴。再者,因为我要引证西班牙史学家所写到的许多事情,借以证实我要讲的情况,也因为我必须像他们写的那样,把这些事情连同他们造成的语言混杂现象如实照录,所以我想说明,不要以为我写出那种语言中所没有的字母(这点我已说过)是自相矛盾,我之所以这样做,只是把西班牙人的写法忠实地转录出来。还应说明,印第安人通用语中没有复数,但有表示复数的词缀,实际上他们在单数和复数时都用单数形式。如果我把某个印第安语名词写成复数形式,那或者是由于西班牙人用混了,或者是我为了使所用词汇之间数的关系保持一致。不然的话,如果我把印第安语名词写成单数形式,而把西班牙语形容词或关系代词写成复数形式,那样读起来就很不协调。印第安人语言中还有许多与西班牙语、意大利语和拉丁语大不相同的情况,肯于钻研的梅斯蒂索人和克里奥尔人[①]大概会发现这些情况,因为那就是他们自己语言中的东西。我从西班牙不厌其烦、如数家珍地对他们讲述那种语言的种种规则,以期他们维护它的纯洁。因为这种语言是

① 梅斯蒂索人是白人与美洲土著的混血种人;克里奥尔人是美洲本地出生的西班牙人。

如此优美,耶稣会(以及其他教派)的神父们为了准确掌握它曾经花费了巨大精力,又以他们自己的模范行动(这是最有意义的)成功地用它向印第安人宣讲教义,然而如今它正在逐渐失传或日趋混杂,这确实是令人痛心的。还应说明,“居民”(vecino)这个名词在秘鲁是指分得了印第安人的西班牙人,在书中出现时,我们总是用来指这个含义的。同时还需说明,在直到1560年以前我生活在秘鲁时以及其后的二十年间,我的祖国没有铸造成型的货币。西班牙人之间商定,做买卖时以马克①和盎司为单位,称量金银以代货币,在西班牙称杜卡多,而在秘鲁则称比索或卡斯特利亚诺。按标准比例换算,每个银比索或金比索等于四百五十个马拉韦迪②;以此比例,如将比索换算成西班牙的杜卡多,那么每五个比索等于六个杜卡多。说明这一点,是为了在这部史书中用比索和杜卡多计算时不致造成混乱。如同在西班牙一样,银比索和金比索的含量有很大差别,但它们的币值是一样的。如果用白银兑换黄金,需交百分之几的利钱;如果用人们所称的普通白银,即没有经过鉴定的白银,兑换经过鉴定的白银,也需交付利钱。

“galpón”这个词不是秘鲁通用语里的,可能是向风群岛上用的词,是西班牙人将它引进自己语言里的,同时还吸收了其他许多词汇,这在讲到历史时将会看到。“galpón”这个词的意思是大厅房,印卡诸王时期的大厅房非常宽大,遇上阴雨连绵的天气,广场上不能举行庆祝活动时,就用它作广场举行这种活动。以上就是我要作的几点说明。

① 马克为金银衡,一马克合230克。

② 马拉韦迪为西班牙古币名。

第　一　卷

本卷记述新世界的发现,“秘鲁”一名的来历,印卡诸王以前时期的偶像崇拜和生活方式,印卡诸王的来历,第一代印卡王的生平以及他与其最初百姓的作为,印卡王室称号的含义。本卷包括二十六章。

第一章　是否有许多个世界;论及五个地带

既然要讲新世界,就是说要讲新世界最好、最主要的部分,即称为秘鲁的这一帝国的诸王国和诸行省,要讲它古代的往事和诸王的来历,那么按照著作者们的通常习惯,看来开头就应该讲一讲是只有一个还是有许多个世界;世界是平的还是圆的,天空是平的还是圆的;是整个地球都能居住还是只有温带能够居住;从一个温带地区到另一个温带地区有没有通路;有没有对跖点,哪些地点是哪些地点的对跖点,以及其他一些诸如此类的事情。古代哲学家们对这些事情有过详细的、探索性的论述,现代哲学家们仍然在口头和书面上进行着见仁见智的论述。但我的主要意图不是论述这些问题,凭我一个印第安人的绵薄之力也不能有此奢望,而且由于所称新世界的发现,这些疑问中的大部分已经得到解决,因此这些问题我们只是顺便一带而过,目的是论述其他方面,但我担心其他事情我也难以讲述透彻。不过出于对大慈大悲的上帝的信任,我认为关于第一点,可以肯定地说只有一个世界。我们之所以称为旧世界和新世界,是因为对我们来说新近发现了旧世界,并不是因为有两个世界,它们是一个完整的整体。至于对依然想象着有许多个世界的那些人,则大可不必理会,就让他们坚持自己的异端想法,将来到地狱里去醒悟吧。对于不敢肯定世界是平的还是圆的人(如果还有什么人不敢肯定的话),可以用已经绕行整个世界或大部分世界的人的亲身经历给予满意的回答。这些人中有维多利亚号船上的人,还有后来从这里绕行世界的人。关于天空是平的还是圆的,可以用预言家国王[1]的话来回答:"Extendens caelum sicut pellem"。他在这句话中把天空比作皮肤,意在向我们说明天空的形状。他说:天空像皮肤一样伸展着;就是说,像皮肤包裹着动物的身体一样,天空包裹着由土、水、气、火四大要素[2]构成的这个大圆体,不是仅仅包裹着它的主要部分,而是它的各个部分,不管这些部分多么小。还有人认为,在称为"带"的世界五个部分中,只有两个温带部分可以居住,而中间那一部分由于过于炎热,两端的两部分由于过于寒冷均不能居住;认为从一个可居住地带不能到另一个可居住地带,因为两带中间过于炎热。对于这些人,除了说明众所周知的情况外,我还可以告诉他们,我就生在热带,具体说是科斯科,在热带生活到二十岁;也到过南半球南回归线内另一个温带地区,即查尔卡斯[3]的尽头,具体说是奇恰斯。在来到

① 指《圣经》中的大卫。

② 古典哲学中认为土、水、气、火是构成自然界的四大要素。

③ 现玻利维亚苏克雷市在殖民地时期的名称,此处系指当时查尔卡斯辖区。

我现在写作的北半球的这一个温带时，我途经并穿越了整个热带，在赤道线上，就是所说太阳垂直照射的地方，具体说是帕绍角逗留了整整三天三夜。根据以上所有情况，我可以说热带也像两个温带一样可以居住。至于两个寒带，根据我在上述三个地带亲眼所见，我想可以冒昧地说寒带同样可以居住，我尊重对寒带了解比我多的人的看法。对于认为它们过于寒冷、不能居住的那些人，我斗胆提出持相反意见的人的见解：寒带像其他地带一样可以居住。因为认真思考起来，既然上帝创造了整个世界供人居住，却又让这么广大的两个部分毫无用处，不管有人多么坚信不疑，这也是不可想象的。正如古代人说热带因过于炎热而不能居住一样，他们关于两个寒带的说法也是错误的。首先应该相信，作为英明万能的父亲的上帝和作为多才仁慈的母亲的大自然，已经用升温之术消除了寒冷造成的诸多不利，就像在秘鲁见到的那样，他们用大雪、泉水、河流和湖泊消除了热带的过分炎热。雪、泉、河、湖把热带变成了温度迥然不同的地区：有些地区越来越热，以致有些非常低的地方酷热难忍，便如古代人所说因过分炎热而几乎无法居住；另一些地方则越来越冷，以致有些非常高的地方，便也因终年积雪、寒冷难当而不能居住。这种情况与古代哲学家们对热带的说法相反，他们根本不能想象热带会有雪，实际上即使在赤道线上也有从不融化的终年积雪，至少大山脉上是这样，当然山坡和山隘上并非如此。众所周知，在秘鲁所处的热带地区，气温的冷热并不取决于地区之间的距离，也不取决于距离赤道的远近，而是取决于那一地区或相距不远地区地势的高低，这在后面将会详细谈到。因此我说，以此类推，可以认为寒带也可能有气候较暖的地方，也可以居

住。许多治学严谨的著作者虽然不是亲眼目睹和亲身经历,但也都持有这种看法。只要看一看上帝创造人时对人所说的话,就可知道上帝也是这样暗示的,上帝说:“生育众多,昌炽于地,而治理之。”(《旧约全书·创世记》)由此可见,世界各地都可居住,否则就不可能昌炽于地,也不可能治理之了。我希望万能的上帝(像发现新世界一样)到时候会解开这些秘密,以使那些胆大妄为的人更加感到羞愧和耻辱,因为在上帝的智慧与人类的智慧之间的差距,犹如有限与无限之间的差距一般大,而他们竟想以自然哲学和人类的智力衡量上帝的能力和智慧,并妄加评论,认为上帝造物时不可能超出他们的想象,如此等等。

第二章 是否有对跖点

关于是否有对跖点,似乎可以说,既然世界是圆的(这一点已很明显),那么当然是有的。但我认为,由于下面这个世界尚未完全发现,因此正如某些人所说,不可能确切知道哪些省份是哪些省份的对跖点。以天为标准,倒比以地为标准更容易确定对跖点,如两极互为对跖点,东与西互为对跖点,赤道一侧的任何一地都能在另一侧找到对跖点。在新世界已经发现了语言和风俗迥然不同的众多人群,他们究竟是从什么地方到那里去的?现在也无法确切得知。如果说是乘船从海上去的,在谈到那里现有的动物时就不能自圆其说。例如他们是如何、又为何把它们装上船带过去的,更何况其中有些动物是有害无益的呢?如果说可能是从陆上去的,则更不能自圆其说。例如若说他们现在在那里已经驯化的动物是带去的，那为何当时没有带去留在这里的动物，而后来又从这里带到那里呢？如果是因为不能带去这么多，那为什么带走的动物中这里却一点没有剩下呢？同样，那里的庄稼、蔬菜和水果与这里也大不相同。当时称它为新世界是颇有道理的，因为无论是从温顺的和难驯的动物来看，抑或从饮食乃至人体（那里的人一般汗毛稀疏，不长胡须）来看，它在各方面都是新的。这些事情是很难有定论的，若想耗时费力去搞清楚，定会是徒劳无功。我的才学不如别人，无力考察清楚，所以宁肯避而不谈。我要记述的只是印卡诸王的来历以及他们的更替、征服活动、法律典章以及平时和战时的统治方法。在记述这些事情之前，最好先谈谈这个新世界是怎样发现的，然后再专门谈秘鲁。

第三章　新世界是如何发现的

大约在 1484 年（也可能早一年或晚一年），有一个生在涅夫拉伯爵领地内韦尔瓦村的驾船人，名叫阿隆索·桑切斯·德韦尔瓦。他有一条小船，用来在海上经商。他把一些货物从西班牙运到加那利群岛，以高价卖掉，然后装上加那利群岛的物产运到马德拉岛，再从那里装运食糖和蜜饯返回西班牙。他在进行这种三角贩运过程中，有一次从加那利群岛驶向马德拉岛时，突然遇上强大无比的风暴。他抵挡不住风暴的袭击，被冲卷着漂流了二十八九天；在此期间无法根据太阳和北极星辨别方向，所以也不知道经过了哪里，漂向何方。船上的人在狂风巨浪中既不能吃饭也不能睡觉，个个吃尽了苦头。经过那么长时间后，风暴平息，他们到了一座岛屿附近。说不清是哪座海岛，但猜测是现在所称的圣多明各岛。值得注意的是，以那样迅猛强大的威力吹卷船只的那股风，只能是人称累斯太风的沙拉拿风[①]，因为圣多明各岛位于加那利群岛的西面。在进行那次航行的时候，那股风非但没有平息波浪，反而掀起了狂涛巨浪。其实当万能的上帝想要大发慈悲的时候，总要做出极为神秘而又非常必要的违反常规的事情，以便清楚地表明那是神明的仁爱和慈善之心成就的业绩，例如他曾从石头中榨出油来，也曾洗净落入盲人眼中的污泥使他重见光明。这一次他又动了慈悲心肠，把他的福音和真理的灵光传给了整个新世界。当时新世界正迫切需要这真理的灵光，因为在下面讲述历史时就会看到，那里的人正在如此野蛮残酷的异教信仰和偶像崇拜的冥冥黑暗中生活——更确切地说是慢慢地死亡。驾船人登上海岛，辨清方向，把漂泊途中目睹和经历的一切详细记载下来，打些淡水收些干柴后，便驾船试探着返航。来时是稀里糊涂，被风暴吹到这里，返航则是盲人瞎马，摸索而行，因此用去的时间超过了正常所需的时间。由于旅途加长，他们免不了缺食少水，加上往返途中饱受煎熬，于是有人生病，有人死亡。结果，从西班牙出海时有十七个人，到达特塞拉岛时只剩了四五个人，其中有驾船人阿隆索·桑切斯·德韦尔瓦。他们知道大名鼎鼎的热那亚人克里斯托瓦尔·哥伦布是杰出的水手和宇宙志学者，还会画航海图，便去他家落脚。他们把遭遇海难之事如实以告，哥伦布得知这次奇特漫长的

① 累新太风(leste)，原意为东风，故下文说“因为……”沙拉拿风：夏季在西班牙东南海岸的一股东风。

海上历险的一切情况后,友好地收留了他们,并给予热情款待。但他们到达那里时,已因历经磨难而衰弱不堪,所以尽管哥伦布悉心照料,他们却未能恢复过来,全都死在他的家里,而把夺走了他们性命的艰难困苦留给了哥伦布。伟大的哥伦布以巨大的气魄和高昂的勇气接受下来,又经受了同样甚至更大的艰难困苦(因为持续的时间更长),终于成就了把新世界和它的财富献给西班牙这一伟业,正如他在自己盔甲上刻作纹徽的字句所说:"为了卡斯蒂利亚和莱昂,哥伦布曾把新世界献上。"如果有人想了解这位伟男子惊天动地的光辉业绩,请参阅弗朗西斯科·洛佩斯·德戈马拉[①]写的《西印度通史》,从中可以读到他简要记述的事迹;然而最能歌颂和赞美这位伟人中的伟人的,还是这次征服和发现事业本身。那位古代史学家写这部书时,距事件发生地点很远,依据的是来往旅行者对他讲述的情况。他们向他讲得很多,但终究不够全面,因此他的记述有缺欠,我上面讲的是想就此作些补充。我是在故国听家父和他的同时代人讲的,因为当时他们最重要、最常说的话题,就是讲述他们征服行动中发生的最英勇、最引人注目的事件。其中就有我们上面讲过的事情,其他的后面会陆续讲到。在新世界最早的征服者和发现者中,许多人直接参与了这些事件,因此他们可以完整地叙述出来。至于我,前面说过,是从我的长辈那里听来的,不过当时我年岁还小,听时不太注意。如果那时注意地听,现在我就可以写出更多令人赞叹的、在这部史书中非常需要的

① 弗·洛佩斯·德戈马拉(1511?—1566?),西班牙记事文学作家,墨西哥征服者埃尔南·科尔特斯的书记官,著有《西印度历史与墨西哥的征服》和《新西班牙纪事》(1553)。

事情来。现在我只能讲脑子里记住的事情，忘记的事情，只好抱憾终生了。颇受尊敬的何塞·德阿科斯塔[①]神父也写过新世界发现这段历史，遗憾的是未能写完。神父大人这部著作如同其他较现代作者的著作一样，也没有讲到这段历史，因为当他到达那片土地时，老一辈征服者都已故去。他在那部著作第一卷第十九章就此说了这样一段话："虽然已经证明，认为西印度的最早居民是航海来这里定居的想法没有根据，却完全可以推断，他们之所以从海上到了西印度，或许是被风暴卷过来的。而这一点，不管大洋多么辽阔，却并非是不可信的。因为在当代的发现活动中就发生了这样的事，当时那位航海人（他的名字我们仍不得而知，只好把如此伟大的事业归功于上帝这位造物主了），由于一场突如其来的猛烈风暴而看到了新世界，后来为了报答克里斯托瓦尔·哥伦布的殷勤好客之情，便把如此重大事件的消息告诉了他。情况可能就是如此"等等。以上是引录阿科斯塔神父大人的话。这些话表明，神父大人已在秘鲁发现了一部分我们讲述的事情，虽然不够完整，但却是关键部分。这是发现新世界的最早开端和起点。仅凭这一伟大事件，就可以为韦尔瓦小镇大唱赞歌，因为她抚育了这样杰出的儿子。克里斯托瓦尔·哥伦布相信他讲的话是真的，才一再提出要求，信誓旦旦地保证会发现见所未见、闻所未闻的事情。但他为人谨慎，对这些事情秘而不宣，只是私下里告诉了天主教国王和王后身旁几位位高权重的人，后来在国王和王后的帮助下成就了

① 何塞·德阿科斯塔（1540—1600），西班牙耶稣会传教士。1571—1587 年居美洲，著有《西印度自然和道德史》。

他的事业。若不是阿隆索·桑切斯·德韦尔瓦把消息告诉他，单凭他那宇宙志学者的想象力，是不可能坚信不疑地立下如此宏图大愿，也不可能如此迅速地成就发现事业的。因为据何塞·德阿科斯塔在书中说，包括在戈梅拉岛[①]小停几天略事休息在内，哥伦布在行程中只用了六十八天多一点就到了瓜纳蒂亚尼科岛，如果不是他从阿隆索·桑切斯的叙述中知道在广阔无垠的大洋中该沿着哪些方向航行，那么在如此短的时间内到达那里就是不可思议的奇迹了。

第四章　“秘鲁”一名的来历

既然要讲秘鲁，那么最好先在这里谈谈“秘鲁”这个名称是怎么来的，因为印第安人的语言中本来没有这个名词。为此应该说明，生于巴达霍斯省赫雷斯的骑士巴斯科·努涅斯·德巴尔沃亚是第一个发现和看见南海的西班牙人。他在1513年发现南海后，以此功绩被天主教国王和王后授予南海先遣官的官衔，并获准征服和统治在南海发现的王国。在他接受此项封赠以后生活的短短几年里（最后他恰恰是被他的岳父——佩德罗·阿里亚斯·德阿维拉[②]都督砍头的，他的岳父大人不仅不因他已经建树和正在建树的功勋而给予奖赏，反而将他处死），这位骑士致力于发现和了解巴拿马以南是一片什么样的土地，叫什么名字。为此他造了三

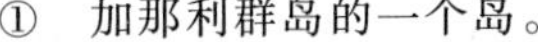

① 加那利群岛的一个岛。

② 佩·阿里亚斯·德阿维拉（1440—1531），西班牙征服者。1514年到美洲，任达连都督和督军。

四条船,一面为发现和征服做必要的准备,一面在同一年的不同时间分别派出各条船去探察那片海岸。派出的船只尽其全力进行勘察,回来时报告说海岸一带有许多土地。其中一条船比其他船航行得更远,穿过赤道线到了南半球。当时都是沿海岸航行,此船也不例外。正当他们在赤道附近沿海岸航行时,看见一个印第安人正在一个河口捕鱼(那片土地有许多河流从各处注入大海)。船上四个善于奔跑和游水的西班牙人,在距印第安人很远的地方小心翼翼地上了岸,以防他从陆地或水上溜掉。部署停当后,其他西班牙人驾船从印第安人面前驶过,吸引他的视线,以免他发现为他设下的埋伏。船只全速前进,印第安人看见海上有个当地从未见过的怪物,顿时惊得目瞪口呆,想象着眼前海里那玩艺儿会是什么东西。他只顾呆头呆脑、出神忘我地想着,直到前去抓他的人把他抱住时,他才感到有人来到身边。西班牙人把他带到船上,个个心花怒放,乐不可支。他看到那些人长着大胡子,穿着与他不同的衣服,心中感到害怕。西班牙人温和地抚慰他,让他不要害怕,又用手势和话语问他那是什么地方,他叫什么名字。印第安人从他们(像对哑巴那样)对他做出的手势和表情中明白了是在向他问话,但不明白问的是什么。(为了不受他们伤害)他就按照自己的理解对问题很快作了回答,说他自己的名字叫"贝鲁"(Berú),接着又说了个名字"秘卢"(Pelú)。那意思是说:"问我的名字,叫贝鲁;问我刚才在什么地方,在河里。"这里需要指出,"秘卢"在那个省份的语言中是个普通名词,泛指河流,这在下文一位严肃的著作家的论证中也可看到。在拙著关于佛罗里达的历史中,在第六卷第十五章写道,一个印第安人就用他主人的名字回答一个类似的问题，说布雷索斯或布雷多斯。我在那一章谈到其他事情时写了这个细节，现把它移到这里，可谓得其所哉。西班牙人以为印第安人明白了他们的意思，所答正是所问，好像他与他们用西班牙语交谈一样，就按照自己的思路理解了他的话。从那时候，即 1515 年或 1516 年起，他们就像几乎把从那里印第安人语言中学到的词汇全都弄混了一样，搞混了这两个名字，把那片辽阔、富饶的帝国称作了秘鲁（Perú）。如果说他们是用了印第安人的名字“Berú”，就是把“b”错成了“p”；如果说是用了意为河流的名词“Pelú”，就是把“l”错成了“r”。总之，是按照两种情况之一把它称作了“秘鲁”。还有一些以最擅考证自诩和最现代的著述者弄错了两个字母，在他们所著的史书中把它称为“比鲁”（Pirú）。最早的史学家如佩德罗·德谢萨·德雷昂[①]、阿古斯丁·德萨拉特（王室财务总管）[②]、弗朗西斯科·洛佩斯·德戈马拉和生于帕伦西亚的迭戈·费尔南德斯[③]，甚至颇受尊敬的神父赫罗尼莫·罗曼修士，虽然都是现代人，但都称其为秘鲁而不是比鲁。这件事发生的地点，恰好是印卡王在那一带征服并置于帝国统治的土地的边界，所以后来西班牙人就把从那里开始的整个地区，即从基图到查尔卡斯的地区称为秘鲁。这是印卡诸王统治的最主要地区，计长六百莱瓜[④]。当然，他们的帝国一直扩展到智利，即往南还有五百莱瓜，那是另

① 佩德罗·德谢萨·德雷昂（1518—1560），西班牙纪事文学作家，著有《秘鲁纪事》。

② 阿古斯丁·德萨拉特，十六世纪西班牙纪事文学作家，著有《秘鲁征服史》。

③ 迭戈·费尔南德斯（1520？—1581），西班牙征服者、纪事文学作家。曾久居秘鲁，回国后发表《秘鲁史第一、二部》。

④ 莱瓜：西班牙里程单位，合 5 572.7 米。

一个非常肥沃富饶的王国。

第五章　权威人士对秘鲁一名的确认

举世闻名的秘鲁这个名称，就是这样诞生的。说它举世闻名是颇有道理的，因为那里遍地蕴藏着黄金、白银、珍珠和宝石。也许就是由于秘鲁这个名称是这样来的，所以在它被征服七十二年后的现在，当地印第安人还不这样称呼它，因为那不是他们所取的名称。虽然从西班牙人的交谈中已经知道这个名称指的是什么，但他们仍然不用，因为在他们的语言中没有一个称呼当地国王统治的诸王国和诸行省的总名称，如包括许多行省的西班牙、意大利或法兰西等。他们会用专有名称称呼每个行省，这在下面讲到他们的历史时将会详细介绍，但他们没有指称整个那个王国的专有名词。他们从前称这个王国为“塔万廷苏尤”(Tauantinsuyu)，意思是世界的四方。至于贝鲁这个名字，前面已经说过，是一个印第安人的专有名字，是平原和沿海地区云卡族印第安人中使用的名字，而山区和使用通用语的印第安人却不使用。就像西班牙人用名和姓来表示自己是哪个省人一样，秘鲁的印第安人也有名和姓。关于秘鲁一名是西班牙人给取的、不是印第安人共同语言中所固有的这一点，佩德罗·德谢萨·德雷昂曾在三处讲到。他在第三章讲到戈尔戈纳岛时说：“唐弗朗西斯科·皮萨罗[①]男爵带着十三

① 弗朗西斯科·皮萨罗(1478？—1541)，西班牙征服者。1532 年抓获并处死印卡王阿塔瓦尔帕，1533 年攻占库斯科，1535 年建利马城。后在内讧中被阿尔马格罗党羽杀死。其兄弟贡萨洛、埃尔南多和胡安与其一起征服秘鲁。

个西班牙基督徒到过这里,那是他的伙伴,是我们所称的秘鲁这片土地的发现者",等等。他在第十三章中写道:"因此,必定始于基多,因为我们所称的秘鲁确确实实始于基多",等等。第十八章中写道:"从库斯科的印第安人对我们讲的情况推断,在古代,我们所称的秘鲁这个王国的诸省是一片混乱",等等。以我们所称这同一个用语多次谈及秘鲁,这就说明西班牙人之间是这样称呼它,因为他是在与他们谈话时这样说的,而印第安人通用语中没有这样的说法。我作为印卡印第安人,可以证明这一点。阿科斯塔神父大人在《西印度自然史》第一卷第十三章中也有同样的意思,甚至说得更加详细。他说:"在发现新世界的这些活动中,根据当时出现的情况为土地和港口命名是习以为常的事,把这个王国称为比鲁这件事也可以这样理解。这里的情况据说是这样:最初西班牙人来到一条河流的岸边,当地印第安人把河流称为比鲁,西班牙人也就把整个这片土地称为秘鲁了。这样说的理由是,比鲁当地的印第安人既不使用、也不知道他们的土地有这样一个名字",等等。这样一位权威人士的意见,可能足以使后来在西班牙围绕这个名称提出的新奇说法不攻自破,关于这类说法我们将在后面提到一些。西班牙人称为秘鲁的那条河就在那个地点而且距赤道很近,所以我似乎可以断定,抓印第安人的事就发生在那条河里,而且河流和土地都取了印第安人比鲁的名字,或者是泛指一切河流的普通名词,秘卢变成了特指那条河流的专有名词了,后来这里的西班牙人就用它来专指那条河流,把它叫作秘鲁河。

弗朗西斯科·洛佩斯·德戈马拉在他所著的《西印度通史》第五十二章谈到尤卡坦的发现时,写到了两个名称的来历,与我们

所说秘鲁一名的来历极其相似。正因为它们如出一辙,我把他的原话照录如下。他写道:“于是弗朗西斯科·埃尔南德斯·德科尔多瓦[①]出发了。由于时间紧迫来不及到别的岬角去,也可能他的愿望是发现新地方,他又到了我们不知道的、尚未到过的土地。那里一个海角上有几片盐碱地,还有些筑有台阶的石塔和小礼拜堂,小礼拜堂以木板和禾草封顶,按异教顺序供奉许多偶像,貌似女人,所以他把那个角称为女人角。看到此前所未见过的石建筑,看到人们穿戴得华丽多彩,耀人眼目:有白色和彩色的棉布短衫和斗篷,戴着羽饰、耳坠、别针和金银首饰,女人们遮胸盖头,西班牙人个个称奇。他在那儿没有停留,又到了另一个海角。几个渔民正在那里捕鱼,一见到他们,便又惊又怕地退到了岸上。西班牙人向他们问话,他们以为是问他们要到什么地方去,便说‘科托埃,科托埃’(cotohe),意思是回家。于是,那片土地的那个海角就叫成了科托切角。西班牙人又往前走了一段,碰上几个男人,问他们附近一个大村庄叫什么名字。他们回答说‘特克特坦,特克特坦’(tectetán),意思是‘我听不懂你的话’。西班牙人却以为就叫这个名字,又把这个字念错,叫成了‘尤卡坦’,这样一直叫下来就再也改不掉了。”以上是引述弗朗西斯科·洛佩斯·德戈马拉的话。由此可见,在西印度其他许多地方都发生过在秘鲁这样的事。就是说,当西班牙人发现一片土地,跟印第安人讲话,问那里叫什么名字时,从他们那里听到了几个词语;西班牙人并没有弄懂是什么

① 弗·埃尔南德斯·德科尔多瓦,西班牙航海家。1517年发现尤卡坦海岸,同年故于古巴。

意思，却好像都说同一种语言似的，便以为所答正是所问，结果不管听到什么词语，便用来给发现的土地命了名。在那个新世界，特别是我们秘鲁帝国的其他许多事物上都出现了这样的错误，这在后面讲到历史时，在许多地方都可看到。

第六章　一位著述者关于秘鲁一名的说法

除去佩德罗·德谢萨、何塞·德阿科斯塔神父和戈马拉关于秘鲁一名的说法以外，我还可以引述另一位著名人士的权威性见解。他是一位耶稣会教士，名叫布拉斯·巴莱拉神父。他曾用优美的拉丁文写过一部关于那个帝国的历史，其实他通晓多种语言，本可用多种语言写出。但也是我的祖国运气不佳，合该她的事情不能由这样的大手笔写成著作。在1596年英国人抢掠和毁灭加的斯时，他的手稿不幸散佚，不久之后他也故去。我从劫后余生的遗物中得到一些断简残篇，睹物伤情，对遗失部分更加痛惜不已。这些手稿严重残缺，大部分也是最精彩部分都已无存。佩德罗·马尔多纳多·德萨阿韦德拉神父大人把这些手稿馈赠于我了。他是塞维利亚人，也是耶稣会教士，1600年曾在科尔多瓦这座城里讲解《圣经》。巴莱拉神父在讲到秘鲁这个名称是怎样取的时，用他那优美的拉丁文写下这样一段话，我用我这个印第安人蹩脚的西班牙文翻译如下："秘鲁王国幅员辽阔，声闻遐迩，那里有大量的黄金、白银和其他贵重金属。因其富有而形成了一句谚语，在形容一个人非常富有时，就说他'拥有一个秘鲁'。这个名称是西班牙人为那个印卡帝国新取的，是偶然取的，而不是本来就有的，因

此印第安人从前不知道它。而这个名称又非常粗俗可厌，没有一个印第安人愿意用它，只有西班牙人才用。新取的名称本没有‘财富’也没有其他什么‘丰富’的意思，既然这个词是新造出来的，财富的意思也是新造出来的，此乃顺理成章之事。关于秘卢这一名词，在居住于巴拿马与瓦亚基尔之间的印第安野蛮人中是个普通名词，意思是河流，又是某个叫秘卢阿(Pelua)或秘卢的岛屿的专有名词。最早的西班牙征服者从巴拿马起航，先于其他人到了那一带地方，特别喜欢秘鲁或秘卢阿这个名词，似乎它是指非同一般的事物，就吸收了这个词，用来称呼他们发现的随便什么事物，把整个印卡帝国称作秘鲁就是这样。但也有许多人不喜欢秘鲁这个名称，而把它称为新卡斯蒂利亚。这两个名称是为那个辽阔王国新取的，通常为西班牙王室书记官和教会文书所使用，但在欧洲和其他一些王国却更喜欢用‘比鲁’这个名称。‘比鲁’一词来自‘比鲁阿’(pirua)，这是科斯科城和克丘亚人使用的词汇，意思是用来收藏粮食的粮囤。这些国家的这种用法我倒颇为赞同，因为在秘鲁那个王国里，印第安人建有许多大粮囤，用以收藏粮食。因此对西班牙人来说，使用这个外来名词是很方便的：去掉最后一个元音，把重音移到最后一个音节，就念成了‘比鲁’。最早的征服者就把这个也是普通名词的词，当作专有名词来称呼他们征服的那个帝国。至于我，我将一视同仁地使用这两个名称，既称它秘鲁也称它比鲁。不应该抨击西班牙人使用了这个新词，说他们错误地、名不符实地滥用了这个词，因为他们找不到其他泛指或专有的名词来称呼整个那片土地。这是因为在印卡王朝建立以前，那里的每个省都有自己的名称，如查尔卡、科利亚、科斯科、里马克、基图等等，而不管其他地区叫什么。可是在印卡王使整个那个王国臣服于他们的帝国以后，他们就依照征服的顺序和那些臣民归顺和投降的先后来称呼它，最后把它称为塔万廷苏尤，意为王国的四方，或称为'印卡普·鲁纳姆'（Incap Runam），意为印卡王的臣民。西班牙人觉察这些名称庞杂混乱，为慎重起见，把它称作秘鲁或新卡斯蒂利亚。"以上是引录布拉斯·巴莱拉神父的话。与阿科斯塔神父一样，他也说这个名称是西班牙人取的，印第安人语言中没有这个名称。介绍完布拉斯·巴莱拉神父所说的后，我想说明，认为秘鲁这个名称是根据专有名词贝鲁或普通名词秘卢而取的说法较为真实可信，它们在那个省的语言中意思都是河流；而认为是根据名词比鲁阿（意为粮囤）而取的说法则不太可信，因为正如上面所说，这个名称是巴斯科·努涅斯·德巴尔沃亚手下的人，而不是征服秘鲁的人给取的，而他们并没有深入秘鲁内地，不可能知道比鲁阿这个名词。其实早在征服者们前去征服的十五年前，居住在巴拿马的西班牙人就把赤道以南的整片土地称作秘鲁了。弗朗西斯科·洛佩斯·德戈马拉也证实了这一点，他在《西印度史》第一百一十章中写了这样一段话："有人说巴尔沃亚曾经听说过秘鲁那片土地的黄金和绿宝石如何丰富；不管事实是否如此，反正在皮萨罗和阿尔马格罗[①]置备船只准备到那里去的时候，秘鲁在巴拿马已是非常有名了"，等等。这是戈马拉的原话，它们清楚地表明，在夺取那个帝国的征服者去那里以前很久，

① 迭戈·德阿尔马格罗（1475—1538），西班者征服者。曾随皮萨罗征服秘鲁，后曾远征智利，回秘鲁后与皮萨罗发生内讧，被皮萨罗的追随者处死。

秘鲁这个名称就已经取定了。

第七章　关于其他一些新名称的来历

为了说明关于秘鲁一名的来历不是独一无二的事例，现在要谈谈在此前后其他一些类似的事例。虽然我们在这里提前介绍，但在后面适当地方再次提及也无伤大雅。那么第一个就说说"老港"[①]的事例吧，因为它就在产生秘鲁地名那一带的附近。为此应该说明，从巴拿马到诸王之城[②]这一段，大海中洋流频繁，而且沿海总是刮南风，因此海上航行很费力。航行时，船只不得不抢风调向出港，向海上航行三四十莱瓜，然后再用一次抢风调向驶回陆地，这样来回航行，逐渐沿海岸逆风而上。如果船不能压过逆风的力量，就常常会退到出发海港的后面去。后来英国人弗朗西斯·德雷克[③]在1579年从麦哲伦海峡驶入那带海域，传授了一种更好的航行方法，就是用抢风调向方法向深海驶出二百或三百莱瓜。在此之前水手们不敢这样做，不知道出于什么原因或由于何人之故，其实只是出于自己的想象，他们心中总是又惧又怕，以为远离陆地一百莱瓜，海上就一点儿风也没有了。为了不致无风力可借，他们不敢离海岸太远。在我来西班牙途中，就是由于这种恐惧心理，我们的船只几乎沉没。当时海上只有微风，我们的船只偏离航

① 现音译为别霍港，在厄瓜多尔境内，但现称此名的地方距海岸有一段距离。

② 即利马。

③ 弗朗西斯·德雷克（1541—1596），英国航海家、著名海盗。1572年劫掠安的列斯群岛，后曾重创西班牙无敌舰队。

线，驶到一座叫作戈尔戈纳的岛上，那时真担心出不了那可恶的避风港，会死在那里了。话说在开始征服秘鲁时，有一条船就照前面说的办法抢风调向，先后六、七次驶出海港到了海上，可是每次都退回原来的港口，总也不能抢风转向驶往海上。船上有个人看到总也不能前进，十分恼火地说："这港口真是咱们的老相识了。"因此那个港口就叫成了"老港"。海港附近的海角之所以取名圣埃伦娜角，是因为他们看见它的那天恰好是圣埃伦娜节。还有一个名称是在我们说过的这些事例很久以前取的，情况与后来这些类似。那是在1500年，不知是谁的一条船（也许是维森特·亚涅斯·平松的，也许是胡安·德索利斯的，这两位船长在发现新土地方面都很幸运），前去寻找新土地（当时西班牙人朝思暮想的就是这件事），希望找到陆地，因为此前发现的都是属于现称为向风群岛中的一些岛屿。一个在桅楼里的水手看见了雄踞于"上帝的名义城"[①]之上、称为卡皮拉的高峻山峰，便邀功似地对船上人说："伙计们，以上帝的名义发誓，我看见陆地了。"这样后来就把建在那里的城市称作"上帝的名义城"，把它的沿海地区称作"陆地"（Tierra Firme）[②]。其他地方虽然也是陆地，但都不称为"陆地"，而只对"上帝的名义城"那块地方这样称呼，于是这就成了那里的专有名称。十年以后即1510年，他们在那个省找到大量黄金，而且迭戈·德尼库埃萨[③]在那里筑了一座城堡，就把那个省称作"黄金

① 音译名为农布雷德迪奥斯。

② 陆地，系西班牙发现者对哥伦比亚和委内瑞拉沿海地区的称呼。

③ 迭戈·德尼库埃萨：十六世纪西班牙征服者。探查巴拿马和哥斯达黎加大西洋沿岸，1508年被任命为"黄金城堡"都督。

城堡”(Castilla de Oro)[1]。甜海中有座岛屿名叫“三圣一体岛”(Trinidad),它之所以叫这个名字是因为在三圣一体节那天发现的。卡塔赫纳城是因为有优良的港口才叫这个名字的,那座港口与西班牙的卡塔赫纳非常相似,最先看到它的人便说:“这海港像卡塔赫纳那么好。”位于从卡塔赫纳到哈瓦那航程中的塞拉纳岛(Serrana),是因一个名叫佩德罗·塞拉诺的西班牙人而得名。事情是这样的:他的船在岛屿附近沉没,因他水性极好,只有他一个人靠泅水幸免于难,到了那座岛上。岛上无水无柴,没有人居住,也不能居住。他凭着自己心灵手巧弄到柴禾和淡水,还取出了火,在岛上生活了七年(这真是一个令人惊叹不已的故事,也许我们在其他章节会详细介绍)。人们就根据他的名字把那个岛称为塞拉纳岛,把它附近另一个岛称为小塞拉纳岛(Serranilla),以便把它们区别开来。关于圣多明各城(Santo Domingo)的建立和命名(由于该城的缘故,整个岛也叫作圣多明各岛),戈马拉在第三十五章写过一段话,现照录如下:“最有色彩的村镇是圣多明各,它是由巴托洛梅·哥伦布[2]在奥萨马河边建立的。他到达那儿的那天是个星期日[3],是圣多明各节,他的父亲也叫多明各,所以就给它起了这样一个名称。可见是出于三重原因取的这个名称。”以上是戈马拉的原话。以此类推,在新世界发现的名港、大河、省份和王国,所有名称都是这样取的,就是用发现那一天圣日的名称命名,

① 亦译金卡斯蒂利亚。

② 巴托洛梅·哥伦布(1461? —1514),克里斯托瓦尔·哥伦布之弟。曾任拉埃斯帕尼奥拉岛先遣官,后被押解回西班牙。

③ 西班牙文星期日 domingo 音译为多明戈。

或用发现它的统领、士兵、船长或水手的名字命名。我们在关于佛罗里达的那部史书中试图介绍那里的情况和到那里去的人时，曾讲过一些这样的情况。当时我担心人生苦短，活不到现在，就在第六卷第十五章以后谈到佛罗里达的情况时，把许多名称连同秘鲁名称的来历一起写了出来。但是，既然上帝大发慈悲延长了我的寿命，我觉得最好还是从那里删掉，写在这里才是适得其所。我因手头工作太忙，未能亲自去征求意见，但我知道那本书曾众手相传，争阅一时，所以我现在担心，我写的那些名称的来历可能已被某位历史学家剽窃。除此之外，还有许多人向我打听是否知道秘鲁一名的来历，我本想秘而不宣，但对某些亲朋好友也不能拒之太甚，便如实以告了。

第八章　秘鲁的轮廓

西班牙人进入印卡帝国时，帝国的四面疆界是这样的：北面直到安卡斯马尤河，它在秘鲁通用语中意为蓝色的河，位于赤道以南，几乎与赤道线垂直，流经基图和帕斯图的交界处；南面以毛利河为界，这条河位于南纬四十多度，由东向西穿过奇利王国，然后流入阿劳干人地区。两河之间陆上距离将近一千三百莱瓜。人们所称的秘鲁，从安卡斯马尤河到查尔卡斯最边远省份奇查斯，南北陆上距离为七百五十莱瓜。人们所称的奇利王国，从奇查斯省边界到毛利河计算，南北距离将近五百五十莱瓜。

东面以印第安人所称的里蒂苏尤山为界。这条山脉北从圣马尔塔起，南到麦哲伦海峡止，是一条人迹不至、鸟兽无踪、绝无通路的雪山（在印第安语中，里蒂苏尤就是雪带的意思）。西面濒临南海，南海从南到北沿秘鲁边界展开。从沿海地区说，帝国的边界北从赤道穿过的帕绍角开始，南到上面所说的毛利河（也注入南海）为止。整个王国东西狭窄；最宽的地方，即东从穆尤潘帕省经查查普亚人居住区到位于沿海的特鲁希略城，宽度为一百二十莱瓜；最窄的地方，即从阿里卡港到利亚里卡萨省，宽度只有七十莱瓜。这就是印卡诸王统治地域的四面边界，下面我们要借助上天的佑助撰写它的历史。但在写它的历史之前，最好在这里讲讲前面提到的佩德罗·塞拉诺的经历，一来免得距应该讲的地方太远，二来免得这一章篇幅太短。话说佩德罗·塞拉诺泅水脱险，到了在他去之前尚无名称的那座荒岛。正如他所说，那座岛周长两莱瓜。航海图上标明的情况几乎与此相同，那上面画着三个很小的岛，周围有许多沙洲。海图上的小塞拉纳岛也是这样，那是五个很小的小岛，周围的沙洲比塞拉纳岛还多得多。整个那个地带都有许多沙洲，正因为如此，船只都避而远之，以免遭遇危险。

佩德罗·塞拉诺侥幸在那片沙洲处落水，泅水游到荒岛上。上岛后他伤心已极，找不到饮水和柴禾，连能充饥的野菜也找不到，更不要说有什么消愁解闷的东西可聊以度日，只得等待有船经过把他救出，免得因饥渴而死了。当时他觉得，饥渴而死比淹死还要残酷，因为淹死倒还少受点罪。他就这样过了第一夜，整夜都为自己的厄运哭泣，哭得非常伤心。一个人身陷如此绝境，那伤心程度可想而知。天亮以后，他在岛上转了一遭，无意中看到有些虾蟹等海生动物从水里爬出来。他把能捡到的都捡起来，因为没有火，不能烤也不能煮，只好生着吃了。他就这样消磨时光。后来有一天，他看到有海龟爬上岸来，等到它们离大海远了，就冲上去抓了一只，把它翻转过来，使其背部着地，又把能抓到的海龟统统翻成背部着地。这种动物很笨，要想再翻过身来是很困难的。塞拉诺拔出时时佩带在腰间的小刀（现在成了他绝处逢生的工具），砍下海龟的头，取它的血当水喝。他对其他海龟也如法炮制，龟肉放在太阳下晒成肉干吃，扒下龟壳准备接雨水用。众所周知，整个那一地区雨水很多。最初几天，他就靠宰杀抓获的海龟充饥。有些海龟个儿真大，比大块手执皮盾还大，有的像护胸盾和木盾那么大，总之各种大小的都有。特别大的海龟，他没有力量翻转过来，它们的力气比他还大，即使他跳到龟背上用力踩压，也奈何不得它们，反被它们驮着向海里爬。后来他从实践中得知，对什么样的海龟可以攻击，对什么样的海龟只能服输。他用龟壳收集了很多雨水，有的能盛两个阿罗瓦[①]，有的少一点。佩德罗·塞拉诺看到自己已经积攒了那么多吃的和喝的，心想要是能够取出火来，那就可以烤龟肉吃，看到有船经过时还可以点起篝火，那就什么也不缺了。作为在海上漂泊的人，他们不论做什么事确实都比其他人胜过一筹。有了这个想法，他就开始寻找可作火石用的卵石，想用刀作火镰打石取火。可是整个岛都被沙地覆盖，怎么也找不到一块卵石。于是他游进大海，一次次潜入水中，在海底这里找一阵子，那里寻上一番，花费了很大气力。他坚持不懈，终于找到了卵石，把能够捞出来的都带到岸上，从中挑选出几块最好的。他用其中几块砸碎另外几块，砸出一些尖角来，再用小刀击打尖角，这样试了几次，

① 阿罗瓦：重量单位，一阿罗瓦等于11.5公斤。

看到真的打出火星来。接着，他把衬衫上的一条布撕成极细的线丝，细得就像棉纱一样，可以当火绒用。他就这样凭着心灵手巧，锲而不舍地多次努力，终于取出了火。有了火，他就诸事顺利了。为了保住火种，他收集从海中冲到岸边的各种杂物，每过几个钟头就收集一次，捡到的东西有：人称海藻的海草，海上沉船的碎木块，贝壳，鱼骨等等，用它们来添火。为了火种不致被暴雨浇灭，他用杀死的海龟身上的大块龟壳搭了一个小窝棚，小心翼翼地添加燃料，以免火种得而复失。那里降雨频繁，又热又潮，身上穿的那一点点衣服逐渐腐烂，结果只有两个月甚至不到两个月的时间，他就像降生时一样赤身裸体了。既没有衣服遮身，又没有树荫蔽体，火辣辣的太阳晒得他浑身无力。每当感到炙热难忍时，他就跳进海里以水遮身，挡住阳光的暴晒。他这样艰辛困苦又时时小心地生活了三年，其间他看见有几条船经过，他也点燃了在海上作为有人遇难信号的烟火，但是船上的人却没有看见，也许因为害怕岛屿周围的沙洲，不敢到他待的地方去，所以都扬长而去。佩德罗·塞拉诺对此极为绝望，差一点儿横下心来一死了事。时光流转，岁月无情，他的全身长出了又粗又密的长毛，活像披了一张兽皮，而且不是一般野兽，简直与野猪无异。头发和胡须也长得过了腰部。

三年后的一天下午，佩德罗·塞拉诺意外地看到岛上来了一个人，原来是前一天晚上在岛外沙洲落水，抓住一块破船板才幸免一死的。天亮以后，那人看见佩德罗·塞拉诺的火种冒出的烟，猜想可能有人，便借助木板，凭着一身好水性游到了冒烟的地方。两个人一见，也说不清谁更怕谁：塞拉诺想象那是妖怪化成人形来到身边，试探他敢不敢拼命；来者见塞拉诺头发胡须长得吓人，全身都是黑毛,以为他是妖怪现出原形。于是两人互相逃避,佩德罗·塞拉诺边逃边叫:“耶稣,耶稣,救救我。上帝,有妖怪!”那人听到这话,心中一块石头落了地,转身对他说:“别躲了,哥们儿,我跟你一样是基督徒。”但佩德罗·塞拉诺还在逃避。为了让他确信无疑,那人大声背诵教义。塞拉诺听到他背教义,便转身迎上前去。两人见彼此同遭危难,无望得救,亲昵地拥抱在一起,不禁热泪滚滚,连声叹息,各自简短地向对方诉说了自己的经历。佩德罗·塞拉诺料想客人一定又饥又渴,便从自己的收藏中给他拿来吃的和淡水。客人吃饱喝足后,心中略感宽慰,接着二人又谈起自己的不幸。他们想方设法安排生活,把白天黑夜的时间分配好,料理必须做的事情;寻找能吃的海物,收集大海冲出的海藻、柴禾、鱼骨和其他杂物,给火种添加燃料,特别是要坚持不断地看好火种,过几个钟头就要看一看,千万不能熄灭。他俩这样生活了几天,可是没过多少日子就开始吵架,结果把茅屋也分开了,还少不了拳脚相加的事(由此可见我们人情是何等恶劣)。吵架的原因是,这个说那个没有尽心做必须做的事,由此二人有了怨恨情绪,再加上带着怨气恶言恶语,于是彼此失和分开。可是他们都意识到自己言行愚蠢,又互相道歉,成为朋友,和好如初,又这样相依为命挨过了四年。这段时间里,他们也看见有几条船经过,每次都点起烟火,但都白费了力气。他们对此伤心透顶,多次想一死了之。

过了这么长时间后,真有一条船从距他们很近的海域经过,看到了烟火,就放下一条小船去接他们。佩德罗·塞拉诺和他的难友(这时他也全身长满了长毛)看到小船划近了,为了前去搭救的水手不致以为他们是妖怪而惊逃,就背诵教义,并大声呼喊耶稣的

名字。这个报信方式果真有效,不然的话,水手们见他们那副人不像人、鬼不像鬼的模样,肯定会吓得一逃了之。于是水手们把他俩接到船上,船上人看见他们那副模样,听说他们经受的苦难,个个惊叹不已。那位难友在来西班牙途中死于海上。佩德罗·塞拉诺来到西班牙,后来去了德国,因为当时皇帝[①]正在那里。去时,他浑身的长毛一点儿也没剪,为的是当作他落水遇难和遇难期间经历的证据。如果他愿意在沿途村镇让人观看,肯定会赚到很多钱。一些显赫的王公贵族见了他的样子,觉得很开心,纷纷捐助川资。皇帝陛下见其人、闻其事后,赏赐四千比索,在秘鲁相当于四千几百杜卡多。他正要享用这笔金钱,不想还没有见到就在巴拿马死了。前面说过,整个这段故事是一位骑士讲给我听的,他的名字叫加尔西·桑切斯·德菲格罗亚,他认识佩德罗·塞拉诺,并保证是听塞拉诺亲口讲的。佩德罗·塞拉诺晋见国王后,剪去了头发,把胡须留到腰际稍微往上一点。晚上睡觉时,把胡须梳成辫子,如果不梳的话,会散乱到整个床上,妨碍睡觉。

第九章　印卡诸王统治以前时期崇拜的偶像和神明

为了更好地了解秘鲁印第安人的偶像崇拜、生活方式和风俗习惯,必须把那几个世纪划分成两个时代来讲。先讲印卡诸王统

① 这里皇帝指西班牙国王卡洛斯一世(1500—1558),他自1516年继承西班牙王位,1519年起被推为德国皇帝,称查理五世。

治以前时期他们的生活情况，再讲印卡诸王统治时期的情况，这样就不致把两个时期混淆在一起，也不致把这个时期的习俗和神明说成是那个时期的事情。为此应该说明，在第一个时期的古代异教徒中，有些印第安人比驯化的野兽稍微好一点，有些则远不如未驯化的野兽。先说神明吧，可以说就像他们在其他方面那么愚昧无知一样，他们崇拜的神明不仅种类众多而且等级低下。每个省份，每个部族、每个村落，每个区域、每个家族和每户家庭崇拜的神明都各不相同。他们认为，别人的神只管别人的事，不能帮助他们，只有自己的神才能帮助自己。所以他们崇拜的神真是五花八门，不胜枚举。这是因为他们不像古罗马的异教徒那样会创造想象中的神，如希望之神、胜利之神、和平之神等诸如此类的神明。他们的思想活动尚未达到抽象思维的程度，只是看到什么就崇拜什么（当然，这些人的崇拜不同于另一些人的崇拜），而不管这些东西是否值得崇拜，甚至对自己也不够尊重，竟然崇拜比自己还低级的东西。他们关心的只是这些人与另一些人不同，个人与大家不同。因此，各种各样的花草树木、高山巨石、石窟岩洞，以及在大河小溪中找到的卵石碎石（如斑纹大理石）等等，都是他们崇拜的偶像。他们崇拜绿宝石，尤其在今天称为波托维耶霍的那个省份，但不崇拜钻石和红宝石，因为那片土地上没有这种东西。他们崇拜多种野兽，如老虎、狮子和熊，因为它们凶猛残忍。正因如此，他们把这些野兽视为神明，如果偶然遇上，他们并不逃避，而是趴在地上朝拜，既不逃避也不自卫，任凭它们咬死吃掉。他们还崇拜其他动物：如因其狡猾而崇拜雌狐、雌猴；因其忠实高尚而崇拜狗；因其灵巧而崇拜薮猫；因其体形雄伟而崇拜秃鹰——他们称为“昆

图尔"(cúntur)。有些部族崇拜鹰,他们自认为是这种鹰和秃鹰的后裔。其他一些部族崇拜游隼,因为它们行动敏捷,双爪灵巧,善于捕猎;崇拜雕鸮,因为它们长着美丽的眼睛和头;崇拜蝙蝠,因为它们目光敏锐,夜间观察东西的视力令他们惊叹不已。此外,他们还根据自己所好,崇拜其他多种鸟禽。还因其阴森残忍而崇拜大蛇,安蒂斯山的大蛇约有二十五到三十西班牙尺[①]长,许多蛇比大腿还粗。在没有像安蒂斯山那种大蛇的地方,他们便把较小的蛇视为神明。他们还崇拜小蜥蜴和癞蛤蟆。总之,仅仅为了与别人不同,不管多么卑俗污秽的动物,都可以当作神明崇拜,至于这些动物有没有神性,能指望从它们身上得到什么好处,则根本不予考虑。他们像是无人放牧的羔羊,对任何事情都愚昧无知。不过,对于如此无知无识、没有教养的人糊涂到如此地步,我们也不应该大惊小怪,大家都知道,以知识渊博而颇为自负的希腊人和罗马人,在他们自己帝国最为发达的时候也崇拜着三万种神明呢。

第十章　印第安人崇拜的其他五花八门的神明

在第一个时期里,也有许多部族的印第安人在选择自己的神明时,比上面讲的那些人稍微有些思考能力,崇拜一些能从中受益的东西,例如崇拜水量丰富的山泉和大河,说它们赐予他们水以浇灌农田。

① 西班牙尺:长度单位,一西班牙尺等于0.28米。

另一些人崇拜土地，称它是母亲，因为大地赐予他们果实；还有人崇拜空气，说人就是靠它活着；还有人崇拜火，因为用它来取暖做饭；还有人崇拜一种“绵羊”，[①]因为那片土地上饲养许多这种家畜；还有人崇拜绵延的内华达山脉，因为它高入云霄，雄伟壮观，许多用来灌溉的河流发源于此；还有人崇拜他们吃的玉米——他们叫“萨拉”(zara)，因为那是他们日常的食粮；还有人崇拜其他谷物和蔬菜，自己省里哪种东西出产最多就崇拜哪种。

沿海地区的人崇拜数不胜数的神明，或许就是上面说到的那些神明。除此之外，他们还共同崇拜大海，称它为“玛玛科查”(Mamacocha)，意思是大海母亲，就是说大海用鱼哺养他们，对他们行使着母亲的职责。他们还普遍崇拜鲸鱼，因为它身体硕大，形状怪异。除去整个沿海都崇拜鲸鱼外，许多省份和地区的人崇拜各自区域内捕杀数量最多的鱼种。他们认为，他们食用的所有这种鱼都是生活在“上方世界”(这是他们对天的称呼)的鱼祖的后裔，鱼祖总是尽心操劳，及时派出大量子孙到他们这儿来，供这个部族食用。因此，有些省份的人捕杀的沙丁鱼多于其他鱼种，就崇拜沙丁鱼；有些省份崇拜鲻鱼；有些省份崇拜角鲨；有些省份因其体形美观而崇拜“多拉多鱼”[②]；有些省份或者因那一带海里没有，或者因不会捕杀而找不到较好的鱼种可崇拜，就崇拜海蟹或其他

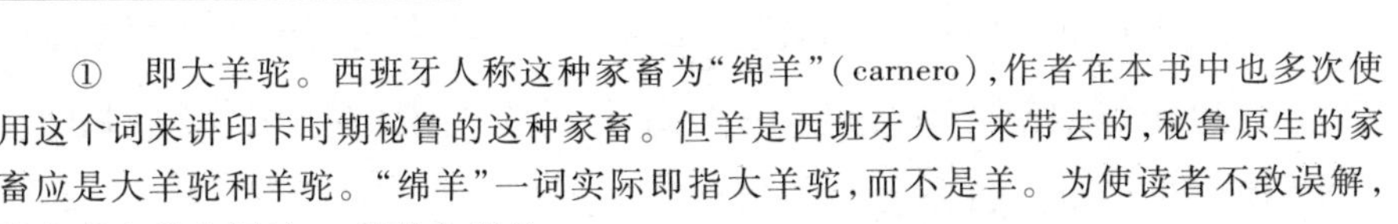

① 即大羊驼。西班牙人称这种家畜为“绵羊”(carnero)，作者在本书中也多次使用这个词来讲印卡时期秘鲁的这种家畜。但羊是西班牙人后来带去的，秘鲁原生的家畜应是大羊驼和羊驼。“绵羊”一词实际即指大羊驼，而不是羊。为使读者不致误解，凡本书出现此词时，一般均加引号。

② 学名 Lichia amia。

海生动物。总而言之,只要某种鱼类对他们的益处大于其他鱼类,他们就诚心崇拜,奉为神明。其结果是,他们不仅把土、水、气、火构成自然界的四大要素分别奉为神明,而且把所有由它们组成的东西统统奉为神明,而不管它们多么卑下龌龊。但也还有一些部族,如奇里瓦纳人和居住在帕绍角的人(从北往南说,这两省是秘鲁边界),由于没有接触印卡诸王的信条和教化,他们没有崇拜偶像的习惯,因而既不从受益心理也不从畏惧心理出发,既不崇拜高等东西也不崇拜低等东西,从各个方面讲,他们过去和现在都像野兽一样生活,甚至还不如野兽。

第十一章　他们的祭祀方式

与他们把卑下之物奉为神明一样,那种古代偶像崇拜中的祭祀方式也是残忍、野蛮的。除了用动物和庄稼这些一般东西做祭物外,他们还从互相交战时抓获的俘虏中,挑选各种年龄的男人和女人用以祭献。在某些部族中,这种惨无人道的程度比禽兽还有过之而无不及。他们不仅用俘获的敌人作牺牲,在没有俘虏时,甚至不惜用自己的亲生子女作牺牲。用男人、女人、青年和儿童祭神是这样进行的:先把他们活活开膛,掏出心肺,趁热血未凉之际把它洒在他们崇拜的偶像身上;然后观察掏出的心肺有何征兆,以确定牺牲是否已被神明接受;不管接受与否,都把心肺用火焚烧,直至烧完为止,献给偶像;最后在兴高采烈的气氛中把用作牺牲的人津津有味地吃掉,即使是自己的子女也毫不在乎。

根据布拉斯·巴莱拉神父残破手稿的许多地方来看,他在所写的许多事情上有着与我们一致的意图，就是把各个时代、各个时期和各个省份的情况分开记述，以便使人更好地了解各个部族的习俗。因此，他在其中一本残破手稿中写了下面这样一段话，这段话是用现在时写的，因为他提到的那些人至今依然保持着这种残酷的习俗。他写道："居住在安第斯山的人生吃人肉，比老虎还残忍。他们不信神明也没有法律，根本不知道美德为何物。他们也没有偶像和类似偶像的东西，崇拜的是化成走兽或蛇形向他们现身和说话的魔鬼。当他们在战争或随便什么情况下抓获什么人的时候，如果知道他是平民百姓或下等人，就把他切成碎块分给自己的朋友和仆人，让他们吃掉或在肉市出售。如果抓到上等贵人，头面人物就携妻带子聚在一起，以魔鬼使臣的身份给他剥光衣服，活着绑在一根木桩上；用石制砍刀和刀片一块一块地切割，但不砍掉手脚，而是从肉最厚的地方如小腿肚、大腿、臀部和手臂圆突部位割下肉来，把血涂抹在男人、女人和小孩子身上；然后大家很快把肉分开吃掉，吃时不煮不烤，甚至连嚼也不嚼，而是大口大口地吞下。那可怜人就这样眼睁睁看着自己活活被人吃掉，葬身在他们腹中。女人（比男人还残忍）用那倒霉人的血涂抹奶头，让自己的婴儿吮吸，连同奶水一起喝下。他们兴高采烈地干这一切当作祭祀，直到被抓的人气绝而死。这时他们把他的肉连同内脏一口气吃掉，不过这时可不像刚才那样有说有笑，而是像做极其神圣的事情一样，从这一刻起总是毕恭毕敬，把人肉当作圣物吃。如果在折磨那个不幸的人时，他的脸上或身上稍有痛苦的表示，或者嘴里稍有叫苦叹息之声，他们就在吃完肉和内脏之后，把他的骨头砸碎，非常轻蔑地抛在荒郊或江河里。如果抓到的人在受折磨时坚忍顽

强，毫无惧色，那就在吃完肉和内脏后，把他的骨头连同筋腱放在太阳下晒干，放在高山之巅，当作神明崇拜并祭献供品。那些残忍的人崇拜的就是这样的偶像，而且印卡帝国影响不到他们，迄今西班牙人的统治也影响不到他们，所以他们现在仍然是这样。这种如此凶残可怖的人是从墨西哥地区迁徙而来，在巴拿马地区、达连地区以及（一支延伸到格拉纳达新王国、另一支绵延到圣马尔塔的）所有那些大山脉中定居下来。”以上是布拉斯·巴莱拉神父的原话。这段话讲了不少凶残狠毒的事例，有助于我们说明第一个时期以及直到现在的真实情况。

另一些印第安人举行祭祀时没有这么残酷，他们也用人血祭祀，但并不杀人，而是根据祭祀仪式的隆重程度从臂上或腿上取血。举行最隆重的祭祀时，从眉心处取血。秘鲁的印第安人通常采用这种取血方式，印卡时期开始后仍然如此，这既是为了举行祭祀仪式（特别是我们下面要讲的一种祭祀），也是为了医治他们严重的头痛症。以上所说是一些省份和部族所用的祭物，而其他省份和部族不予采用。还有一些祭物是所有印第安人共同的，普遍采用的祭物有肉羊、雄“羊羔”、“绵羊”、兔子、石鸡和其他肉禽等动物，有他们颇为珍视、称为“库卡”（cuca）的草，有玉米和其他谷类及蔬菜，有香木和类似的东西。这就取决于各部族收获什么东西，取决于各部族认为根据神的本性最喜欢什么祭物了。就是说，主要是看他们的神是飞禽还是走兽，是食肉的还是非食肉的，看每种神最常吃什么东西；觉得每种神最爱吃什么东西，就把什么奉献给它。关于那些古代异教徒祭祀方面的情况，就先讲到这里。

第十二章　古代人的居住和统治方式以及他们的食物

那些异教徒造屋建村的方式,像他们敬神和祭祀的方式一样野蛮。只有最开化的人才住在村落里,但村中没有广场,街道和房屋也是横七竖八,凌乱不堪,就像猪圈牛棚一样。其他人因为相互之间经常交战,就用巨大的石头筑成堡垒住在里面,以抵挡敌人的进犯。还有些人住在茅屋里,各人根据食、住方便与否,把茅屋分别搭在荒野、河谷或峡谷里。还有些人不会造屋,自己随便找个现成的"房屋"栖身,如地洞、石缝和树窟等。这样的人直到现在还有一些,例如帕绍角上的人、奇里瓦纳人和其他一些没有被印卡诸王征服的部族,他们今天依然停留在那种古老的原始生活状态。这些人最为冥顽不化,既不臣服西班牙人也不皈依基督教,因为他们从来就没有过宗教信条。他们没有理性,甚至连本部族内互相沟通思想的语言也没有,所以他们就像不同种类的动物一样,既不合群,相互之间也不联系交往,只是各自单独生活。

在那些村落和居住点里,由胆大妄为、敢于对其他人发号施令的人进行统治。这样的人一旦称王之后,就专横残暴地对待他的百姓,把他们当作奴隶驱使,任意奸淫他们的妻子和女儿,经常发动战争去攻击另一些人。在有些省份,把战争中抓到的俘虏剥去皮肤,用来蒙鼓去恐吓敌人,认为敌人只要听见敲响他们亲人的皮,就会逃之夭夭。他们在生活中偷盗成风,抢劫成性,甚至杀人放火,无所不为,因此不断出现草头王、土皇上。其中有些是好的,对百姓宽宏厚道,让他们过安定、公正的日子。印第安人见这样的大王心地善良,品德高尚,与那些专横暴君不同甚至完全相反,便从质朴的心理出发把他们奉若神明,加以崇拜。在另一些地区,没有君王之类的人对他们发号施令和进行统治,他们自己也不会做管理众人之事来把生活安排得更有条理和秩序,既不做好事也不做坏事,只是像羔羊一样稀里糊涂地活着,这倒不是因为他们知德知善,而是因为他们混沌愚昧,毫无心计。

在穿衣蔽体的方式上,许多省的印第安人极其简单愚昧,他们的衣服简直令人忍俊不禁。另一些省的印第安人在吃食方面又是如此残忍野蛮,以致令人惊讶不已。还有许多非常广大的地区,在衣、食两方面都是如此。在炎热地区,由于土地比较肥沃,大地自发地或经当地人略事耕作就长出各种东西,于是他们也许稍微种点什么,也许根本什么都不种,就以野菜、树根、野果和豆类充饥,反正大家除了维持最低生活外别无他求,有点吃的也就心满意足。在很多省里,古人酷爱吃人肉,甚至往往馋到迫不及待的程度,有时被杀的印第安人还没有断气,他们就从砍开的伤口处喝他的血。在把他分尸时,也去吮吸他的血,还把手指舔干净,生怕糟蹋一滴。他们有公开的人肉市场;还把肠子灌上碎肉做成血肠和肉肠,免得糟蹋掉。佩德罗·德谢萨在第二十六章就谈到这种事情,而且是他亲眼所见。他们嗜人肉成癖,对与外族女人所生的亲子女也不放过。他们把在战争中俘虏和抓获的外族女人收纳为妾,把她们生育的子女好吃好喝地养活到十二三岁,然后杀死吃掉,以后当孩子的母亲不能再生育时也要吃掉。更有甚者,他们对俘虏的许多男人留下不杀,把本部族即获胜部族的女人配给他们,对他们生的

子女像对待自己子女一样抚养成人，长大后再吃掉。所以说，他们等于是建起了供自己吃肉的幼儿苗圃，即使有血缘关系和养育之情也不饶过。殊不知甚至在许多不同种类或相互为敌的动物之间，也会产生哺育之恩，舐犊之情，从我们耳闻目睹的一些动物中都可举出一些例子。可是那些野蛮生番既不讲骨肉之爱，也不讲养育之情，而是不惜杀死亲生子女和自己养大的亲属来吃肉；甚至当父母年老不能生育时，他们也不顾骨肉之情，照样杀死吃掉。世间竟有如此饕餮人肉的古怪部族，把死者全部葬在自己腹中；只要死者刚一断气，亲友便聚集一处，或煮或烤地把他吃掉。至于是煮是烤，要根据死者身上所剩之肉多少而定，肉少就煮，肉多就烤。然后他们把骨头按关节接起来，痛哭流涕地为骨头举行葬礼，葬在石缝或树洞中。他们没有神明，也不知道什么是崇拜，至今依然如此。这种吃人肉的习俗，在炎热地区的印第安人中比寒冷地区更为盛行。

在寒冷贫瘠的地区，大地不能自发地长出树根、野果和野菜，他们迫于需要，播种玉米和其他豆类，但根本不管时令和节气是否适宜。他们从事的渔猎活动，也像做其他事情一样简单原始。

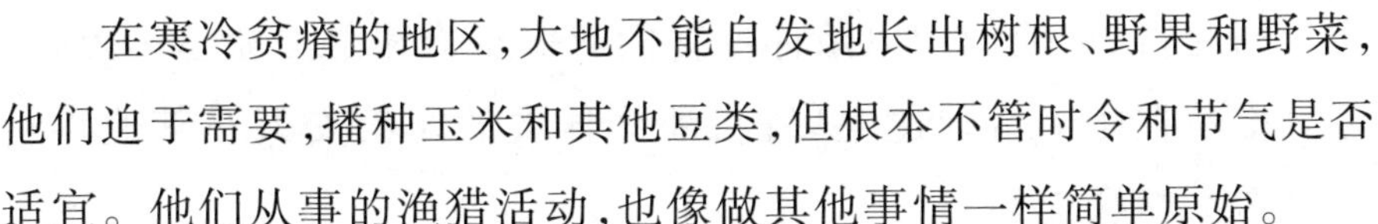

第十三章　古代时期的衣着

古代的衣着简直不成体统，理应回避而不该公之于众。但是出于撰写历史的目的，我又不能不全面如实地记述，那么只好恳请庄重廉耻之士对这一部分闭目塞听，并对我这有辱斯文之举予以惩罚，我认为这也是我罪有应得。在那遥远的第一个时期，印第安人的衣着如同牲畜一样，除了老天赐给的一张皮以外，是根本不穿衣服的。很多人或是出于好奇或是为了雅观，在身上系一条粗绳子，认为这就足以当作衣服了。往下就不能再讲了，否则就会触犯法律。在1560年我来西班牙时，印第安人与西班牙人打交道已有许多年了，但我在卡塔赫纳一条街上还碰到五个一丝不挂的印第安人，而且还不是凑在一起走，而是像仙鹤一样一个接着一个，昂首挺胸地招摇过市。

女人同样是赤身裸体，不着衣物。已婚女人身上系一条绳子，像围裙似地吊一块一巴拉[①]见方的“棉布”；在不会或是不愿纺线织布的地方，就裹上一块树皮或树叶，权当遮羞的衣物。未婚的姑娘也在腰间系一条绳子，但为了表明是姑娘，她们不吊围裙，而是弄成另外一种东西。为了保持对听众应有的尊重，这里许多该说的事情还是略去不谈，关于热带地区的衣着就到此为止吧。总之，在是否知道羞耻这一点上，那些古代人就像是没有理性的禽兽一样。因此，仅从他们用以蔽体所穿的衣服多么粗陋原始这一点，就可以推断在印卡帝国建立以前，那些异教的印第安人在其他事情上是多么愚昧无知。

在寒冷地区，人们的衣着还比较讲究体统，这倒不是因为他们非常顾及廉耻，而是因为天气寒冷，不得已而为之。那里的人以兽皮裹身，用野生苎麻和荒野里生长的一种又长又光又柔软的茅草做成蔽体之物。他们用自己创造的这些东西，尽量把身体遮盖严实。还有些部族更加讲究礼貌，他们取粗毛或叫作“查瓦尔”

① 巴拉：长度单位，一巴拉约等于0.8359米。

(cháhuar)的野生苧麻,草草地纺成线绳,粗针大线地胡乱缝制成斗篷,套在脖子上,系在身上,穿上这种东西,身体倒也裹得相当严实。以上所说就是第一个时期人们的衣着。至于热带地区那些人的习俗,就是完全赤身露体的那些人,西班牙人在印卡诸王未曾征服的省份都曾见到过;直到今天,在西班牙人已经征服的许多地区,这些人依然保留着这种习俗。那里的印第安人冥顽不化,根本不愿意穿衣服,只有在家里与西班牙人亲热交往时才穿,这也完全是为了不引起西班牙人反感,而不是出于自己的本意和廉耻之心。女人像男人一样拒绝穿衣服,所以西班牙人责怪她们既不会纺线织布,又毫无廉耻之心,问她们是为了不穿衣服而不愿意纺线呢,还是为了不纺线而不愿意穿衣服。

第十四章　不同的婚配方式和多种语言;使用毒药和巫术的习俗

在诸如婚配和两性关系等习俗方面,那些异教的印第安人也不比在衣着和饮食方面开化。许多部族的两性关系如同禽兽一样:男人没有固定的妻子,偶尔碰上哪个女人就跟哪个女人交媾。另一些部族的婚配方式是随心所欲,即使是自己的姐妹、母女也无所禁忌;但也有些部族尊重母亲,不过也仅此而已,不顾其他。还有一些省份,姑娘随便怎么不守贞操、堕落放荡都可以,这不仅合理合法,甚至还受到赞扬。最腐化堕落的姑娘,婚事反倒有保障,因为在那些人看来,越是堕落越是好姑娘,至少认为这类姑娘能干;而那些谨守贞操的姑娘,人们反说她们无用,没有人喜爱。也有些省份的习俗正好相反，母亲总是小心翼翼地看管自己的女儿，定亲的时候才让她们抛头露面，当着参加允婚仪式的亲属的面亲手为她们破身，借以向大家证明她们看管得多么严密。

在另一些省份，要由未婚夫最近的亲属和最好的朋友先给要出嫁的处女破身，根据这个条件定下亲事，然后丈夫就娶这位破了身的姑娘。佩德罗·德谢萨在他著作的第二十四章也谈到过这种情况。个别省份有鸡奸现象，不过不是整个部族，也不是明目张胆，而是个别人偷偷摸摸地干。有些地方的人在神庙里干这种事，因为魔鬼劝诱他们说，他们的神很高兴他们这样干；但是，如果有谁扯掉那些异教徒用来掩盖他们犯罪行为的那块遮羞布，让大家都公开地干这种事，魔鬼就会把他定为暴露真情的叛徒。还有些男人和女人会使用毒药，想让谁快死、慢死、发怒或变傻，就给谁吃。还可用来给人留下白色、黑色或红黑色的斑点，使人手脚瘫痪，达到在面上和身上毁容的目的。每个省份、每个部族，甚至许多地方的每个村落，都有自己独特的、与邻人不同的语言。说同一种语言的人之间互为亲戚，因此是朋友和盟友。因语言差异而互不相通的人，互相视为敌人和对头，进行残酷的战争，甚至像不同类的动物一样你吃我、我吃你。印第安人中还有巫师巫婆，不过操这种职业的女人多于男人；许多人干这种职业只是为了私下与魔鬼打交道，求得关于未来之事的答复，然后再答复众人，借以抬高自己的身价，达到成为男女大祭司的目的。

还有些女人施行巫术主要是对付男人，而不是针对女人，这要么是出于嫉妒心理，要么是出于其他邪恶用意，施行巫术可以达到与使用毒药一样的效果。关于远古第一个时期古代异教印第安

人，现在可以记述的事情就讲这些。至于没有按照当时的情况充分说明、和盘托出的那些事情，就任凭诸位各自充分发挥想象力予以补充了。不过不论您的想象力多么丰富，也绝对想象不出那些异教徒愚昧到何种地步，因为说到底，他们唯一的引路人和导师就是魔鬼。因此，有些人在生活、习俗、敬神和祭祀方面野蛮之极，怎么说也不为过分。另一些人在任何事情上都非常简单愚昧，就像驯服的动物一样，甚至比动物还愚昧无知。还有一些人则介于以上两个极端之间，在下面论述历史的过程中就会讲到这些人，我们要特别讲一讲每个省份和每个部族中做出上述各种野蛮事情的那些人。

第十五章 秘鲁印卡诸王的来历

就在那些人像上面说的那样自生自灭的时候，一颗启明之星凭着上帝我主的神威在他们之中冉冉升起，在沉沉黑暗中使他们粗略知晓了自然法则以及人与人之间应有的礼貌和尊重。启明之星的后裔们进一步躬行善事，对那些野兽施以教化之功，教导它们通情达理，能够接受文明的教义，从而把它们转变成人，以便在这位上帝——耶稣基督出于慈悲之心，将他的神灵之光照射到那些崇拜偶像的人们时，看到他们不再那么冥顽不化，而是较为温顺驯服，愿意接受天主教信仰和我们神圣的母亲罗马教会的教导和信条。后来这里的人果然接受了这两种事物，这在下面讲述历史过程中就可看到。从显而易见的经验中可以看出，印卡诸王征服、统治和教导过的印第安人，比起印卡诸王的教化尚未传播到的邻近其他部族，较为迅速敏捷地接受了《福音》。而其他许多部族，甚至在西班牙人进入秘鲁七十一年以后的今天，仍然像过去一样野蛮愚昧。既然现在我们已经来到这座偌大迷宫的门口，那就索性破门而入记述里面的事情吧。

为了进入正题讲述秘鲁当地印卡诸王的来历和初始，我曾设想过多种办法并试探过多种途径，最后觉得，最好的办法和最简便易行的途径，就是把我在孩童时期多次听我母亲、她的兄弟和叔伯以及其他长辈所讲的关于他们的来历和初始的事情讲出来。因为通过其他渠道所知的关于他们来历的一切情况，归根到底也就是我们要讲的这些事情，所以最好还是从印卡王室人员讲的原话中了解情况，而不要以异邦著述者的话为依据。这是因为家母住在她的祖国科斯科的时候，从阿塔瓦尔帕的残酷屠杀（在记述他的生平时我们将会讲到）中侥幸逃生的为数不多的男亲女眷，几乎每个星期都来看她。看望期间，他们最经常的话题总是谈论他们诸王的来历，诸王的威严，他们帝国的权势，他们的征服活动和英勇事迹，他们平时和战时的统治方式，以及他们一心一意为了臣民百姓的好处和利益而颁布的法律。总而言之，对于他们之中发生过的、表明印卡王朝繁荣昌盛的一切事情，他们全都侃侃而谈，乐此不疲。

当他们从往昔的国强民富讲到现状时，总是为他们早已作古的诸王，为他们已被外人侵占的帝国，为他们已经沦亡的国家……而泣不成声。在来家看望期间，印卡王公和“帕莉娅”[①]们总要进

① “帕莉娅”系指印卡王室血统中的女子。关于印卡王室各种称号的含义，详见本卷第二十六章。

行诸如此类的谈话。每当回忆起失去的美好岁月，他们总是用热泪和啜泣结束谈话，感慨万分地说上一句："我们从称王称帝变成纳贡为臣了。"我那时还是小孩子，在他们谈话时，总在他们待的地方三番五次地进进出出，就像现在孩子们听寓言故事一样，饶有兴致地听他们讲。这样，日复一日，月复一月，年复一年，当我长到十六七岁时，有一天，我的亲戚们在这样的谈话中提起了他们的诸代国王和古代往事，我突然对他们当中最年长的、正在讲话的人说：

"印卡，外公[①]，可你们没有文字呀，那才是把对往事的记忆保存下去的东西呢。既然没有文字，关于我们诸代国王的来历和初始，你们又能知道什么呢？人家西班牙人和邻近他们的其他民族就有神间史书和人间史书，从书上就知道他们的国王和别人的国王是从什么时候开始称王的，帝国是怎么改朝换代的，连上帝是在几千年前开天辟地都知道，这些事还有好多好多事都是从书上知道的。可你们呢，根本没有书，能记得古代什么事情呢？我们第一代印卡王是什么人？叫什么名字？他的家族是怎么起源的？他是怎样开始称王的？他带领什么人、用什么样的武器征服了这片辽阔的帝国？我们的辉煌业绩是怎么开始的？"

那位印卡王公听我提出这一大串问题，心中十分高兴，因为讲述那些事情是他的乐趣，便转身对我说（其实我早就听他讲过多少次了，但哪一次也不像这一次这么专心）：

① 这里原文为"tío"（叔伯、舅父），但在本书其他几处都说这位讲话的长者是作者母亲的"tío"据此校正过来译为"外公"，同时下面长者对作者讲话时称他为"sobrino"（侄，甥），也据此校正为"外孙"。

“外孙呀，我非常愿意讲给你听。你应该听听这些事情，并把它们记在心里（他们不说‘记在脑子里’，而说‘记在心里’）。你知道，在古老的年代，你看到的整个这片土地都是高山峻岭，悬崖峭壁。那时候，人们就像野兽和愚蠢的牲畜一样活着，没有宗教信仰也不懂礼貌，没有村落也没有房子，不耕田也不种地，不穿衣也不蔽体，因为他们不会种棉花纺毛线做衣服。他们三三两两地生活，赶巧碰上谁就凑在一起，在山洞、石缝或地穴里栖身。他们像野兽一样，吃的是荒野里自生自长的野菜、树根和野果，还有人肉。他们用树叶、树皮和兽皮遮身，有些人干脆光着身子。总之，就像鹿等野兽一样活着；甚至在女人这种事情上，他们也同牲畜一样，不知道找女人做自己固定的妻子。”下面要多次重复地提到“太阳我父”这几个字，为使读者不致恼火，这里应事先说明：这是印卡人的语言，是表示尊敬和尊重的方式，只要提到太阳必然这样说，因为他们自诩为太阳的子孙；非印卡人说这几个字是不合法的，那就是亵渎神明，会有人向他扔石头。

那位印卡王公接着讲道：“太阳我父看到人们像我讲的那个样子，动了恻隐之心，可怜起他们来，便派他的一儿一女从天庭来到地上，让他俩教化众人尊敬太阳我父，崇拜和尊奉他为自己的神，让他俩给人们制定规章和法律，使众人像通理性、懂礼貌的人一样生活。还让他们住进房屋和村落，学会耕田锄地，种植树木和庄稼，饲养家畜家禽，像有理性的人那样以牲畜家禽和大地的果实为食，而不要像野兽一样生活。太阳我父这样吩咐命令一番后，打发他的两个子女下凡，到距这里八十莱瓜的的的喀喀湖，叫他们从那里出发随意到什么地方去，随意在什么地方停下来食宿；又给了他们一根半巴拉长、两根手指粗的金杖作信号和标记，叫他们试着把它插进地里，不管是什么地方，只要把金杖往地上一戳就能插进去的地方，就是太阳我父想让他们停留下来建造他们家园和王宫的地方。最后，太阳我父又对他俩说：'征服那些人为我们效命以后，你们要以宽宏、温厚和仁慈的态度，让他们永远知情达理，公平正义。总之，要像我一样，尽到仁慈之父对自己年幼可爱的子女那样的职责。我为普天之下造福，为了让人们看见东西和料理活计我赐予他们光明，天气寒冷时我赐予他们温暖，我抚育着他们的草原和田地，使他们的树木结果，让他们的家畜繁衍。我及时降雨及时放晴，惦记着每天在世界上巡视一周，了解人间有什么需要和危难，像人们的后勤官和恩人一样供其所需、救其所难。作为我的子女，我希望你们照这个样子去做，因为派你们到人间去，就是要你们对那些像野兽一样生活着的人施行教化和缔造福祉。当然，我现在就委任你们做所有那些人的国王，你们也好用自己良好的举止，循循善诱的方法和英明的统治去教化他们。'太阳我父对两个子女说明意愿，就送他们动身上路。他们离开的的喀喀湖向北而行，一路上不管在什么地方停留，都试着把金杖插进地里，但怎么也插不进去。于是，他们进了位于科斯科城以南七、八莱瓜处的一座窝棚或小茅舍，今天人们称它为'帕卡雷克坦普'（Pacárec Tampu），意思是'天亮时的窝棚或小茅舍'。这个名称是这位印卡王取的，因为他是在天亮时离开那间小窝棚的。如今这里是这位国王后来命人建立的一个村落，住在村里的人都以这个名称为荣，因为那是我们的印卡王给取的。印卡国王和他的妻子——我们的王后从那里到了这片科斯科谷地，当时那还是一片荒山野岭呢。"

第十六章　帝国京城科斯科的建立

印卡王公说："他们在这片谷地停留的第一个地点，是在这座城南叫作瓦纳考里的山里。他就在那儿试着往地里插金杖，结果往下一戳，就毫不费力地插入地下，无影无踪了。于是，我们的印卡王对他的姐妹和妻子说：

'太阳我父命令我们就留在这片山谷，建造我们的房舍和住室来实现他的意志。因此，王后和妹妹，我们最好分头去召集人，以便按照太阳我父的命令为他们施教和造福。'我们第一代国王和王后就从瓦纳考里山出发，分头去召集人。据我们所知，那里是他们的足迹到达的第一个地方，他们又是从那里出发去为人造福，所以我们在那里建了一座神庙来朝拜太阳我父，以缅怀他对世界的恩德和善举，这是众所周知的事。国王向北而行，王后向南而去。那一片荆棘丛生的悬崖断壁里住着许多男人和女人，他俩逢人就近前搭话，说他们的父亲——太阳派他们从天庭下凡，命他们作整个那片土地上众人的导师和恩人，带领他们摆脱他们所过的那种禽兽般的日子，教他们像人类那样生活。为了执行他们的父亲——太阳的命令，他们才去召集他们，带领他们离开山林草丛，说服他们住进村落，教他们吃人类吃的食物，而不是野兽吃的东西。国王和王后对最先在这片山地和山林中遇到的野人如此这般地说了一番，野人看到那两人穿着衣服，佩戴着太阳我父赐给的各种饰物（这种习惯与他们大不相同），耳朵上有一个很大的孔（我们这些子孙后代的耳朵都是这样）。他们的话语和表情说明他们

是太阳的子女,来到人间是要赐给他们住的村落和吃的食物。那些野人一则对看到的一切感到惊奇,二则对他们作出的许诺感到喜欢,就对他们说的一切深信不疑,尊崇和礼拜太阳的这两个子女,把他们尊奉为国王和王后。野人们我叫你,你喊他,议论着所见所闻的神奇事物,男男女女聚成一大群,跟着国王和王后出发了,国王和王后想带他们到哪里,他们都心甘情愿地跟到哪里。

"我们的国王和王后见那么多人跟随而来,便吩咐一些人为大家提供田野里的食物,免得他们因为饥饿而重新散落在山林;吩咐另一些人动手建造茅舍和房屋,由印卡王画出图形,叫他们按图建造。这样,我们这座帝国京城就开始住上了人。城市分成两半,分别称为'阿南科斯科'(Hanan Cozco),喏,意思是上科斯科,和'乌林科斯科'(Hurin Cozco),意思是下科斯科。国王要他召来的人住在阿南科斯科,所以称为上科斯科;要王后召来的人住在乌林科斯科,所以称为下科斯科。这样划分城市,不是要让这一半人对那一半人在身份地位上有优越感,他们应像同父同母所生的子女,像兄弟姐妹一样平等。印卡王这样把城市分开,分别称作上科斯科和下科斯科,只是想让人们永远记住,一些人是国王召来的,另一些人是王后召来的。国王规定他们之间只有一点不同,只有一点可以区分尊卑:住在上科斯科的人应尊为长子长女,哥哥姐姐;住在下科斯科的人是次子次女。总之,住在上科斯科的是男的召来的,住在下科斯科的是女的召来的,他们在任何高贵的职位和职业方面都应像右手和左手一样。后来就以此为例,把我们帝国所有大小村落都按住区和家族一分为二,分别称为'阿南艾柳'(Hanan aillu)和'乌林艾柳'(Hurin aillu),就是上家族和下家族;

‘阿南苏尤’(Hanan suyu)和‘乌林苏尤’(Hurin suyu),就是上区和下区。

“我们的印卡王一面往城里安置居民,一面教给印第安男子属于男人的活计,诸如开荒种地,先告诉他们哪些庄稼和果蔬可食或有用,再教给他们如何种植;为此还教他们制作犁和其他必要的农具,教他们怎样从流经科斯科谷地的河溪中开渠引水、浇灌田地,甚至教他们做我们现在穿的这种鞋子。与此同时,王后则训练印第安女子做女人的活计,例如用棉花和羊毛纺线织布,为她们自己、丈夫和子女做衣服,还告诉她们怎样料理其他家务。一句话,印卡王作男子的老师,王后作女子的老师,凡是有关人类生活的一切事情,统统教给了他们最初的百姓。”

第十七章　第一代印卡王曼科·卡帕克降服的地方

“那些刚刚被这样说服的印第安人,眼见自己完全变了样子,看出了得到的好处,就主动兴高采烈地跑进深山老林和断壁悬崖去寻找其他印第安人,把太阳子女到来的消息告诉他们,说他们是为了给大家造福来到那里的,还提到了他们为大家做的种种好事。为了让山里的印第安人相信,还让他们看他们吃的新食物,穿的新衣服,又说他们已经住进了房屋和村落。野人听说这些后,纷纷成群结伙地去看传说中我们最早的父母、国王和王后、君主所创造的奇迹。他们通过亲眼所见证实了确有其事,便留下来为国王和王后效劳,听从他们的吩咐。就这样我叫你、你喊他,一传十、十传百,不到几年工夫就聚集了很多人。人是那么多,结果过了最初的六七年后,印卡王就有了一支装备精良、训练有素的军队,不仅能防御别人的侵犯,还能把不愿来降的人强迫赶来。印卡王教给兵士们制作弓箭、长矛、棍棒以及现在使用的进攻性武器。

"我们第一代印卡王的功勋业绩真是了不起,咱们还是长话短说吧。往东他降服到保卡尔坦普河的那个地区,往西征服八莱瓜,到了叫作阿普里马克的那条大河,往南收服九莱瓜,一直到了克克萨纳。印卡王规定在这片地区的一百多个村落殖民,根据地方的大小,大村住一百户,其他村不到百户。这就是我们这座城市建立和殖民时的最初情况,后来就变成了你现在看到的这副样子。这也就是我们这个伟大、富饶和著名帝国的最初起源,后来它被你的父亲和他的同伴们夺去了。这就是我们最初的印卡和国王,他们在创造世界后的最初几百年间来到这里,我们后来的国王都是这代国王的子孙,而我们则都是这些印卡王的子孙。至于说自从太阳我父最初派遣他的儿女下凡到现在有多少年了,这我可说不准。年头太多,记不准确,算来有四百多年了吧。我们的印卡王名叫曼科·卡帕克,我们的王后名叫玛玛·奥克略·瓦科。刚才说过他们是兄妹,是我们的父母——太阳和月亮的子女。你要我讲的,我想我都详细讲了,也回答了你的问题。因为怕你哭,我没有用血泪讲这段历史,其实只是血泪没有从眼睛里洒出来,而是流进了心里,因为看到我们的印卡王惨遭杀害,我们的帝国已经沦亡,我感到心痛欲裂。"

那位印卡王公,我母亲的叔伯,应我的要求详细地讲述了他们诸王的这段来历。我只是把他讲述的事情尽力忠实地从我母系的

语言即印卡语，翻译成了别人的语言即西班牙语。但是，我描写不出印卡王公讲述时那种庄严语气，也表达不出那种语言的词汇所具有的全部含义，因为那种语言的含义非常丰富，如果铺叙开来，会大大超过现有的篇幅。我倒也宁愿作简要的记述，而把一些可能会令人生厌的琐事略去了。但择其要者写出来也就够了，这样做对于本部史书更好。在这位印卡王公来我母亲家走访和闲谈中，还对我讲过其他一些诸如此类的情况，虽然不算很多，但我将在以后适当场合记述出来，并注明是他讲的。可惜当时我没有向他提出更多的问题，所以未能从这么丰富的活档案中了解更多的事情，也就无法写进本书，这真是一件终生憾事。

第十八章　关于印卡诸王来历的历史神话

关于印卡诸王的来历，秘鲁的平民百姓中还流传着另一个神话故事。这些人是指住在科斯科以北称为科利亚苏尤和科斯科以西称为昆蒂苏尤的印第安人。他们说洪水时期过去以后——关于洪水时期，他们只说确实有过这样一个时期，至于是泛指诺亚时期，还是特指另外一个什么时期，则无法搞清。因此，对于他们所讲的关于洪水时期和其他诸如此类的事情，我们就不去管了，因为从他们讲述的方式上看，那好像是凭空想象的事情或杂乱无章的神话故事，而不像是真实的历史事件。他们说，洪水退去后，位于科斯科以南的蒂亚瓦纳库突然出现一个人，他有雷霆万钧之力，竟把世界一分为四，送给了他称为国王的四个人：第一个叫曼科·卡帕克，第二个叫科利亚，第三个叫托凯，第四个叫皮纳瓦。他们说，南面的一部分分给了曼科·卡帕克，北面的分给了科利亚（后来那个辽阔的省份就取了他的名字，叫作科利亚），东面的分给了名叫托凯的第三个人，西面的分给了名叫皮纳瓦的第四个人。那人吩咐他们，分别到各自的地区去征服和统治能够找到的人。他们没有说明是不是洪水把人们都淹死了，还是印第安人死而复生来接受征服和教化——这就是他们所说关于洪水时期的情况。他们说，印卡王建成的称为塔万廷苏尤的地方，就是后来从这次划分的四部分中出现的。据他们说，曼科·卡帕克向北而行，到了科斯科谷地，建了科斯科城，征服了附近的人群，并对他们进行教化。他们所说的曼科·卡帕克最初所做的这些事情，几乎和我们前面讲的一模一样；还说后来的印卡诸王是他的子孙。至于另外三位国王后事如何，他们却一点儿没有交待。现在所有的关于那段上古时代的传说故事都是这个样子。那些人没有用来记载古代往事的文字，所以把创世之初的事情说得非常混乱，对此我们不必大惊小怪。即使旧世界的异教徒，虽然有了文字而且颇通文墨，也杜撰了一些比这个还要滑稽可笑的神话故事，关于比拉和丢卡利翁[①]的故事就是其中之一，其他的就不一一提及了。一种异教徒的神话也可以与另一种异教徒的神话对照着看，因为它们在很多情节上是互相模仿的。我们在后面将会看到，有些西班牙人想要说明，这些神话也都与诺亚的故事有些相似。关于印卡诸王来历的这种说法，我想放到本章最后再谈。

① 丢卡利翁是希腊神话中的诺亚。传说洪水淹没大地后，与其妻比拉躲在停于帕那萨斯山的一条小船上，洪水过后重新使大地有人居住。

关于印卡诸王来历的另一种说法,与上面的说法相似。持这种说法的,是居住在科斯科城东面和北面的印第安人。据他们说,创世之初,在科斯科城附近一个名叫保卡尔坦普的地方,从几块巨石堆砌的窗户里走出四男四女,他们是兄弟姐妹;说一共有三个石窗,他们是从中间的那面窗口出来的,所以把它叫作王室之窗。根据这个神话故事,他们在那扇窗的里边镶满了大片金箔和贵重宝石;两旁的窗口只镶了金子,没有宝石。他们说,大哥叫曼科·卡帕克,他的妻子叫玛玛·奥克略。说曼科·卡帕克建了那座城,取名科斯科,在印卡人专用的语言中意思是肚脐。说他征服了那里的部族,教他们怎样做人,所有的印卡人都是他的后代。他们管二哥叫阿亚尔·卡奇,三哥叫阿亚尔·乌丘,四弟叫阿亚尔·绍卡。"阿亚尔"(áyar)一词在秘鲁通用语中没有什么含义,在印卡人专用语中或许会有某种含义。其他几个词都是通用语里的,"卡奇"(cachi)意思是盐,即我们吃的食盐;"乌丘"(ucho)是放在菜肴里的调料,西班牙人叫胡椒面,秘鲁印第安人除此之外没有别的调料;另一个词"绍卡"(sauca)意思是欣喜、高兴、愉快。如果追问印第安人,另外那三对兄弟姐妹与他们第一代印卡国王和王后有什么关系,他们就信口开河,胡说一气。实在没有办法时,他们就借用神话故事,说其中一个名字叫"盐",就是指印卡王教导他们过有理性的生活①,"胡椒面"这个名字就是指他们从这种生活中尝到美味,"欣喜"这名字就是说后来他们生活得开心愉快。即使

① 西班牙语"盐"(sal)一词,也有生活中的乐事、性情文雅之意,印第安人的说法可能据此引申而出。

这套话他们也说得转弯抹角，前言不搭后语，这还是从他们大概要说的意思中推想出来，而不是根据连贯的、有条理的言谈中概括出来的。他们只有一点确信无疑，即曼科·卡帕克是他们的第一代国王，其他国王都是他的后代。因此在上面的三种说法中，他们都讲到曼科·卡帕克是印卡诸王的起源和初始，对于另外三兄弟却只字不提，而是借助神话的形式使他们销声匿迹，只承认曼科·卡帕克。看来事实果真就是这样，因为后来根本没有哪代国王、也没有国王家族的哪个人叫那几个名字，更没有哪个部族自称是那几个人的后裔。一些喜欢钻研的西班牙人听到这几个故事时，曾想说明那些印第安人知道关于诺亚和他的妻子、他的三个儿子和儿媳（就是上帝从洪水中救出的四男四女）的故事。他们说，这就是印第安人在神话故事中说的那几个人，但印第安人不说他们是从诺亚方舟的窗口中跳出，而说成是从保卡尔坦普巨石窗口中走出的。这几位好钻研的西班牙人还想说明，第一个神话讲到的在蒂亚瓦纳库现身、有万钧之力并把世界分成四部分的那个人，就是吩咐诺亚和他的三个儿子让世界有人居住的上帝。他们还想说明，第一个神话和另一个神话中还有一些情节与《圣经》的情节相似，因为他们觉得彼此之间大同小异。对于如此深奥的事情我不想多嘴多舌，我只是把我在儿童时期听长辈们讲的历史神话记述下来，每个人尽可根据自己的想法去理解，也可按照自己的意愿去比附。与上述关于印卡王的神话故事相类似的是，关于他们第一代父母的来历和初期情况，秘鲁的其他部族还编造了不计其数的神话故事，彼此之间都不相同，我们在讲述历史过程中将会提到。总而言之，为了更好地赞颂和炫耀自己，每个印第安人都随心所欲地把自

己说成是泉水、河流、湖泊和大海，或是熊、狮、虎等猛兽，或是鹰或他们称为秃鹰的那种猛禽，或是山地、山脉、巨石和山洞的子孙，凡不这样做的人便觉得自己不光彩。关于神话就讲到这里吧。

第十九章　作者关于本部史书的声明

既然我们已经把我们大厦的基石（虽然这块基石有点像神话传说）打在了秘鲁印卡诸王的起源上，那么理所当然应该继续深入下去，进而记述对印第安人的征服和劝服，用出生于那些村落（这些村落是第一代印卡王曼科·卡帕克吩咐建立并归入他的帝国的）的其他印卡人和印第安人讲的情况，把那位印卡王公概要叙述的事情稍微讲得详细一些。我是跟这些印第安人一起长大的，并且和他们一起生活到二十岁。下面逐步讲到的所有事情都是我在这个时期了解到的，因为在我童年时期，他们就像人们给小孩子讲神话故事一样对我讲述印卡诸王的故事。后来年岁大了一些，他们给我详细讲述印卡诸王的法律和统治方式，着重讲了犯罪行为、惩罚办法和刑罚的严酷，并把西班牙人新的统治方式与印卡诸王的统治方式进行比较。给我讲他们诸王在平时和战时如何作为，用什么方式对待臣民百姓，以及臣民百姓怎样为他们效命。除此以外，还像对亲生儿子一样给我讲他们崇拜什么偶像，他们的典礼、仪式和祭物，他们主要的和次要的节日以及怎样庆祝节日。也给我讲他们的陋习和迷信，他们的凶兆和吉兆，以及他们在祭祀过程中和祭祀以外观察到的征兆。总而言之，我认为，他们给我讲述了他们国家里发生的一切事情，所以如果我当时就记录下来，这部

史书的内容本来会更加丰富的。除了印第安人给我讲述以外，我还有幸亲眼目睹了他们的偶像崇拜、节日和迷信活动中的许多情况，因为这些现象在我生活的时代，一直到我十二三岁时还没有完全绝迹。我是在西班牙人占领我的祖国八年之后出生的，上面说过，我在那块土地上一直生活到二十岁，因此，印第安人在那个异教时期的事情我亲眼看到了许许多多，我就是要把我看到的事情讲述出来。除去我的亲戚们给我讲的上述事情和我亲眼目睹的事情以外，我还听过其他许多人讲述那些国王的征服活动和其他事迹。因为在决定写这部史书后，我就给曾在一起读书和学拉丁文的同学写信，烦请他们各位帮忙，把能够了解到的关于印卡诸王对他们母亲的省份分别进行征服的情况告诉我，需知各省都有自己的记事方法和结绳方式，用来记载本省的年度大事和传说，因此记录本省发生的事情比外省的事情更为准确。同学们把我的要求真地当作了一回事，每人都把我的意图告诉了他们的母亲和亲属。这些人得知他们那片土地上的儿子、一个印第安人想把那里的事情写出来，便从他们的档案中取出保存着的关于历史的记述并写信告诉我，这样我就了解到历代印卡王的事迹和征服活动。下面讲到历史时在许多地方都会看到，这与西班牙人得到的情况是一样的，但我得到的却更加详细。这第一代印卡王的事迹是我们要写的史书的起始和根本，所以我们必须就在这里讲述，以免后面讲到他的子孙、各代国王时再去重复，因为他们所有的人，不论是不是国王，总是以完完全全地模仿这第一代国王曼科·卡帕克的性情、行动和习惯而自诩。讲了他的事迹，就等于讲了他们历代印卡王的事迹。我们将特别记述那些最有历史意义的功勋业绩，其他

许多事情由于过于琐细或不太相宜,我们将统统割爱。在已经讲过和将要讲述的内容中,有些事情颇似神话故事而不足为信,但印第安人就是以此为根据来讲述他们帝国最主要和最光辉的业绩,因此,为了不使他们言而无据,我认为这些事情还是不能不写。实际上,西班牙今天之所以确实如此辉煌显赫,追本溯源,就是来自于那有些神话色彩的最初阶段。因此,凡是有助于最好地了解那个王朝的初期、中期和后期的事情,请允许我统统讲述出来。我声明,我要把从小听到和后来在这里请亲朋好友帮忙而得到的情况和盘托出;我保证,对于他们讲的事情,坏的绝不隐瞒,好的也绝不夸大,绝不因对它们的偏爱而不讲事情的真相。因为我很清楚,不信基督教的人会犯很多错误。我不会写什么没有听说过的事情,我要写的就是西班牙史学家写过的关于那个国家及其历代国王的那些事情。在必要的地方,我还将引述他们的原话,以使读者了解我没有杜撰什么来为我的先辈溢美,我说的就是西班牙人说过的那些事。但是,西班牙人听到的叙述很不完整,许多事情只是开了个头而没有讲完全,对此我将借助评述予以说明和充实。还有许多事情他们的史书中没有写到,但的确发生过,这些将补充进去。另一方面,西班牙人在请人介绍情况时,没有分清时间和时代,也没有区分各省和各族;再者,由于语言上的困难,或者是西班牙人没有听懂印第安人的话,或者彼此都没有听懂对方的话。由于上述两个原因,他们听到的叙述很不可靠,也写进了一些画蛇添足的事情,这些将予删除。自以为对印第安人的语言知之颇多的西班牙人,实际上也是只知一点皮毛,因为在那种语言中,一个词汇有很多含义,即使是同一个词,由于发音不同也有不同的含义,有些

词汇在后面将会讲到，而且必须讲到。

除此之外我想说明，在那个还没有被了解便遭毁灭的国家的诸般事物中，我将仅仅记述关于它古代时期的偶像崇拜、宗教仪典、祭祀和礼仪，平时和战时的统治方式、法律和习俗等情况；对于其中的任何事情，都不与神界和人间历史中任何相似事情进行比较，也不与当代的统治方式进行比较，因为不管怎样比较，总是令人不快的事。读者尽可随意进行比较，然后会发现，很多事情既与《圣经》讲的古代事情相似，也与异教徒的世俗故事和神话故事讲的古代事情雷同；读者还将看到，很多法律和习俗与当代的相似，但也有许多则完全相反。就我来说，我已做了力所能及的事，但没有能达到意所企及的程度。我的意愿是满足所求不奢的读者的希望，敬请他们接受我的这份心意，虽然一个在印第安人中出生、在戎马生涯中长大的印第安人的绵薄之力和鲁钝才智，不可能实现这样的宏愿。

第二十章　第一代印卡王吩咐住人的村落

现在回过头来继续讲印卡王曼科·卡帕克。建立科斯科城后，他又吩咐在上面讲到的两部分建了许多村落。于是，他分派从东部召来的人，住进城东直到保卡尔坦普河这片地段上，那里沿安蒂苏尤王室大道两侧有十三个村落；为避免繁琐，村落名称恕不一一赘述。几乎所有或所有的村落住的都是称为波克斯的部族。在城西八莱瓜长、九至十莱瓜宽的地段上，他派人住进了昆蒂苏尤王室大道两侧的三十个村落。这些村落住的是不同姓氏的三个部族，即马斯卡、奇尔基和帕普里。在城北，派人住进了二十个村落，这些人分为四个姓氏，即马尤、桑库、钦查普克尤和里马克坦普。这些村落中，大部分位于美丽的萨克萨瓦纳谷地，后来贡萨洛·皮萨罗就是在这里交战和被捕的。其中最远的村落距科斯科城七莱瓜，其余的则分布于钦查苏尤王室大道两侧。在城南，建立了三十八或四十个村落，其中十八个住的是阿亚尔马卡部族；这些村落分布在科利亚苏尤王室大道两侧从萨利纳斯起三莱瓜长的地段上；萨利纳斯距科斯科城不到一莱瓜，后来唐迭戈·德阿尔马格罗（老阿尔马格罗）与埃尔南多·皮萨罗之间那场可悲的战役就是在这里进行的。其他村落住的人分为五六个姓氏，即克斯皮坎查、穆伊纳、乌尔克斯、克瓦尔、瓦鲁克和考伊尼亚。考伊尼亚这个部族从自己虚妄的信仰出发，自称他们的祖先源于一座池塘，说死者的灵魂回到池塘里去，再从那里出来，进入新生婴儿的身体。他们崇拜一个相貌狰狞的偶像，为它举行极其野蛮的祭祀仪式。印卡王曼科·卡帕克废除了他们的祭仪和偶像，要他们像其他百姓一样崇拜太阳。

这些村落共有一百多个，最初都很小，最大的不过百户，最小的只有二十或二十五户。后来，正如下面要讲的，由于曼科·卡帕克给予恩赐和特权，村里人数大大增加，其中许多竟有一千人，最小的也有三四百人。后来过了很久以后，也正是由于他们得到第一代印卡王及其后代给予的特权和恩赐太多，著名的暴君阿塔瓦尔帕毁灭了那些村落，破坏程度轻重不等，但许多村落被夷为平地。现在到了我们这个时代，大约二十多年前，印卡王曼科·卡帕克建立的那些村落，以及秘鲁土地上几乎所有的其他村落，都已不在原来的地方，而在完全不同的其他地方了。下面适当地方将会讲到，一位总督下令，根据方便从事的原则，大致上把五六个或六七个村落合并成一个，那些小村便合并到大村里去了。这种做法造成了许多弊病，令人讨厌，还是不说为好。

第二十一章　印卡王对其百姓的教导

印卡王曼科·卡帕克一面让人住进他建立的村落，一面教百姓种地、建房、开渠和从事过人的生活所必需的其他活动。同时他还教导他们，按照理性和自然法则教他们的样子，彼此之间应该讲究礼貌、互为伙伴和友爱相待；劝导他们，为了永远和睦和谐，他们不要萌生恩怨和忌恨情绪，需做到"求人予己，先施于人；己所不欲，勿施于人"，因为不允许对人对己实行两种不同的行为准则，这种劝导取得了很大效果。他特别要求他们彼此尊重对方的妻子和女儿，因为在女人的事情上，他们的恶习比在其他任何事情上都更加野蛮。他规定，犯通奸、杀人和偷窃罪要处以死刑；规定每个男人只能有一个妻子，而且必须在自己亲属内择偶婚配，以免血统混杂；规定二十岁以上方可结婚，以便能够掌管家务和耕种田地。吩咐他们把田野上无主的温驯牲畜收养起来，剪取身上的毛，按照王后玛玛·奥克略·瓦科教给女子的纺线和织布手艺，做成衣服穿在身上。教他们做鞋子，这种鞋子叫作"乌苏塔"（usuta），他们现在还在穿。他为每个村落或他征服的部族挑选一名酋长，称为"库拉卡"（curaca），与古巴和圣多明各语言中的"卡西克"（cacique）是一回事，意思是百姓的领主。他唯贤是举，凡在征服印第

安人时出力最多，最亲切、温厚和慈善，最热心为众人造福的人，他都封为其他人的领主，要他们像父亲对待子女一样对印第安人施行教化，印第安人要像子女对待父亲一样服从他们。

他规定，在颁布条例分给每个印第安人私人土地以前，各村收获的果实集中保管，按需分配给每个人。在制定这些规章的同时，他还教导他们按照他的偶像崇拜信奉神明。他指定地点建造太阳神庙，要求他们在那里祭祀太阳，劝导他们把他崇拜为主神并感谢他的恩赐，因为他用自己的光和热为他们创造自然界的福祉，例如他们除了每天都得到其他恩赐外，还看到太阳使他们的土地结出果实，牲畜繁殖兴旺。他教导他们特别要崇拜太阳和月亮并为他们效劳，因为他们派出自己的一双儿女，使他们脱离了此前一直过着的野兽般的生活，过上了现在人类的生活。他吩咐他们，在有足够数量的王室血统妇女时，建造宫室供太阳的妻子居住。他要求他们做感恩图报的人，遵守和执行他的一切规定，不得抗拒。他要求人们都要这样去做，并且确信无疑那些事不是他自己随意说的，而是太阳显灵告诉他、让他代表太阳告诉印第安人的，因为太阳作为父亲，时刻在引领和指导他的一切言行。总之，他代表他的父亲——太阳向他们许诺，如果他们做到这些，他将更多地为他们造福。从那时到现在一直是心地单纯的印第安人，对于印卡王说的一切，特别是关于他是太阳的儿子的说法笃信不疑，因为他们之中也有些部族自称起源于类似的神话(这在后面将会讲到)，只是他们不会像印卡王那样选择祖先，而自称是动物和地上低等东西的后代。印第安人在当时和后来把自己的来历与印卡王作一比较，又看到他为他们做的好事证明他说的是真理，遂深信不疑他是太

阳的儿子,并保证遵守和执行他的一切规定。总之,他们承认,他做的那些事任何凡人都无法做到,于是把他崇拜为太阳的儿子,相信他是天庭下凡的神人。

第二十二章　印卡王赐予百姓的恩宠标志

为了造福百姓,印卡王曼科·卡帕克多年勤政,忙于诸如上述各项事务。后来他感受到,百姓们都怀着忠诚和敬爱之情崇拜和效命于他,并确信他是太阳的儿子,为了向他们表示更大的恩宠,他想用姓氏和自己头上的标志抬高他们的身份,从而更加珍视这些标志。为此先要说明,印卡王曼科·卡帕克是蓄短发,只留一根手指那样长,后来他的后代也照他的样子做。剪发时用石刀片一点一点往下磨,只留一根手指长。那时他们还不知道已经发明了剪刀,只能用石刀片,用这种工具剪发要费多大劲,那是可想而知的。所以,后来有位印卡人看到用剪刀剪发既方便又舒服,便对我们一位同学说:"即使你们的父亲,就是西班牙人,仅仅给我们带来了剪刀、镜子和梳子,我们也会把我们土地上所有的黄金和白银都给他们的。"除了剪短发以外,他们还在耳朵上(女人通常穿孔戴耳环的地方)穿孔,并且会用巧妙的方法(后面适当场合再详细介绍)让耳孔长到罕见的程度,没有亲眼见过的人简直不敢相信。耳垂上那么一点点肉长得那么大,竟能挂上大小和形状都像瓦罐口上套的那种圈环,这看来似乎是不可能的。他们的耳环与罐口圈环非常相似,套在耳朵上长成的肉质套索上;如果套索偶尔断

了，测量一下，足有四分之一巴拉长，一半手指粗。正因为印第安人的耳朵是上面说的这个样子，西班牙人才称他们是“大耳朵人”（欧雷洪人）。

印卡诸王头上戴有一个辫状头饰，他们叫作“廖图”（llautu）。这种辫状饰物编成好几种颜色，比手指略细，盘在头上绕四五个圈，围成花环的样子。廖图、短发和耳孔这三样是印卡王曼科·卡帕克的主要标志（还有其他标志，以后再讲）。这是表示国王身份的标志，别人不得使用。印卡王赐予百姓的第一项特权，是让他们照他的样子头上戴辫状饰物，但不能像印卡王那样编成多种颜色，而只能是一种颜色，即黑色。

其间又过了一段时间，印卡王曼科·卡帕克又恩赐给他们另一个标志，他们觉得这标志更是恩宠的象征。这就是让他们留短发，但百姓互相之间要有所区别，所有百姓又要与印卡王区别开来，这样，在印卡王规定划分的各省份和各部族之间就不会发生混淆，百姓们也不会与印卡王极其相似，以致国王与百姓之间相差无几。于是他规定：一些人留一种形似遮耳帽的长发，就是把头发从前额向两鬓分开，左右两边一直垂到耳垂为止；另一些人留半耳长发，还有些人留得更短一些，但任何人不得留像印卡王一样短的发型。这里应该指出，所有这些印第安人特别是印卡人，都注意不让头发长得太长，总是留到一定长度，以免这几天像这种标志，过几天又像另一种标志。在涉及各自标志和不同发型的事情上，他们都这样严格地循规蹈矩，因为每个部族都以自己的标志为荣，对于印卡王亲自赐予的这些标志更是如此。

第二十三章　更大恩宠的标志;赐姓印卡

过了些年月以后,印卡王曼科·卡帕克又赐予百姓比以前更大的恩惠:让他们穿耳孔。但也对耳孔大小作了限制,要求不得达到印卡王耳孔的一半大,只许小于一半;而且要求按不同的姓氏和省份佩戴不同的东西作耳环。为此他规定,一些人,如称为马尤和桑库的部族,戴小手指粗的小棍作标志;规定另一些人在两边耳朵上各戴一个白色羊毛团,像大拇指一样大,这是称为波克斯部族的人;规定穆伊纳、瓦鲁克、奇尔基部族佩戴用普通灯芯草作的耳环,他们把那种草叫作“图图拉”(tutura);规定里马克坦普部族及其周围部族戴一节小草棍,这种植物在向风群岛叫“马圭”(maguey,龙舌兰),在秘鲁通用语中叫“丘乔”(chuchau),这种东西剥去皮后,里面的瓤子形似海绵,又软又轻。对于都住在尤凯河下游的乌尔科斯、尤凯和坦普这三个姓氏的人,赐予特别的恩惠,规定他们可把耳孔穿得大于所有其他部族,但也不得有印卡王的一半那么大。为此就像给所有其他姓氏规定尺度一样,也给他们规定耳孔大小的尺度,以免他们超过规定。还规定他们用名叫“图图拉”的灯芯草作耳环,因为这样的耳环与印卡王的更为相似。他们叫耳环,不叫耳坠,因为不是挂在耳朵上,而是像瓦罐口上的圈环一样镶套在耳孔上。

印卡王在标志上规定的区别,除了是使部族和姓氏不致混淆的标记外,百姓们说它们还有别的意义,就是说,所戴标志越与国王相似,越说明受到宠爱和欢迎。但是,那些标志并不是因为他偏

爱这些百姓、不爱那些百姓，随心所欲地赐予的，而是根据一定理由和公正原则赐予的。凡是他发现最乐于接受教化的人，最努力劝服其他印第安人的人，就规定他们的标志与他本人更为相似，就对他们施以更大的恩惠，并且总是让他们知道，他对他们所做的一切都是根据他的父亲——太阳的吩咐和启示。印第安人对此确信不疑，所以不管印卡王吩咐他们什么事情，也不管他怎样对待他们，他们总是十分高兴，因为他们除了认为那是太阳的启示外，还从实践中看到，只要对印卡王唯命是从，就会不断地得到好处。

最后，印卡王眼看自己年事已高，便命令他最显贵的百姓都到科斯科城去。他在一次庄严的谈话中对他们说，他知道自己很快就要回转天庭与他的太阳父亲一起安息了，他正在召唤他（他后裔中的历代国王在感到自己即将谢世时也都说这套话）；既然他必须离他们而去，他想把最大的恩惠赐给他们，那就是他王室名字的姓氏，以使他们及他们的子孙受到全世界的崇拜和尊敬。于是，为了让他们看到他对他们爱如亲子，便让他们及他们的后代永远姓“印卡”（Inca），以前的其他恩赐和奖赏都有区别，但这次他们彼此之间没有任何差异和区别，大家毫无例外地一律享用这个尊贵的姓氏。他们是他召集的第一批百姓，他们是自愿归附他的，所以他对他们爱如亲子，乐于把他的标志和王室姓氏赐给他们，并称他们为儿子。因为他希望他们及他们的子孙，以国王儿子的身份为现在在位的国王以及继他之后登基的国王效命，征服和劝服其他印第安人，以壮大他的帝国。他要他们把这些牢记在心田和脑海，像忠心的百姓那样勤王效命，以报答他的恩情。但是，他不想让他们的妻子和女儿像王室血统女子那样姓“帕莉娅”（Palla），女

人不像男人那样能够手执武器参加征战，所以不能得到王室的那个称号和姓氏。

现在秘鲁有许多人，他们和其他一些部族得到了西班牙人在诸如称号等事情上给予的廉价许诺，也自称为印卡，他们的妻子则相应地自称为“帕莉娅”和“科娅”（Coya，王后），其实他们就是根据特权而被赐姓印卡的这些人。真正属于王室血统的印卡人，由于专横残暴的阿塔瓦尔帕几乎把他们斩尽杀绝，幸存者已为数不多，再加上穷困潦倒，能够认出来的更是寥寥无几了。从残酷屠杀中劫后余生的那一小部分人，至少是最显要和最有名的那些人，则在其他灾难中死去，这一点后面还要讲到。印卡王曼科·卡帕克头上的那些标志，他只为自己和他的后代国王保留了一种，那是一种样子像流苏的红色缨穗，垂在两鬓之间的前额上。王储佩戴的缨穗是黄色，比父王的要小。当宣布他为太子时，要举行仪式，将缨穗和以后作为印卡王要戴的其他标志授予他。关于仪式的情况，我们留待后面讲到给印卡王子加封武士称号时再讲。

印第安人把国王赐予标志的恩惠看得非同小可，因为那是国王身上佩戴的标志。虽说标志上有上述区别，但他们相信印卡王说的话，他是遵照太阳的旨意，根据每个部族所立功劳的大小而赐予的，所以无不欢天喜地地接受，兴高采烈地以此为荣。当他们看到把“印卡”这个姓氏不仅赐给他们，还赐给他们的子孙时，越发觉得这最后一项封赐更是王恩浩荡，便越发对国王的人主胸怀和慷慨大度敬佩得五体投地，简直不知怎样赞颂这大恩大德。他们彼此之间纷纷议论，说印卡王不满足于把他们从野兽变成人，也不满足于为他们做了那么多好事，如教他们做必要的事情以过人类的生活，教导他们遵守自然法则以过高尚的生活，教导他们尊奉太阳为神（仅这一件事就足以使他们永世做他的奴隶），而且以仁慈的胸怀把自己国王的标志赐给他们，最后不但不要他们进贡纳税，反而把自己尊贵的名号赐给他们。在此之前，他们把这至尊至贵的名号视为神圣无比，只有在提到国王时才敢毕恭毕敬地悄悄提及；如今，为了提高他们的身价和地位，竟然让这名号为这么多人享用，他们大家都成了他的义子，尽可彼此高声呼唤，因此，他们怎能不心满意足地甘愿做太阳之子的平民百姓呢！

第二十四章　印第安人献给国王的称号和别号

印第安人对印卡王的大恩大德和厚爱之情感缴不尽，纷纷对国王大唱祝福和赞美之歌，为他寻觅无愧于他高尚胸怀、并能充分体现他神圣美德的称号和别号。于是，他们为他想出了许多名号，这里着重介绍两个。一个是“卡帕克”（Cápac），意思是富有，但不是财产富有（印第安人说得好，这位国王没有什么财产），而是指精神富有，即说明他胸襟博大，性情温和，仁爱宽厚，慷慨豪爽，主持公道，所想所为都是给穷人造福。恰恰因为这位印卡王已经具有了印第安人说的这些高尚美德，所以他们说，称他为“卡帕克”是当之无愧的。另外，“卡帕克”还意谓兵多将广，军威强大。人们献给他的另一个称号是“瓦克查库亚克”（Huacchacúyac），意思是穷人的爱护者和恩人。这样，第一个称号说明他胸怀博大高尚，第二个称号说明他为百姓造福。于是，此前名叫曼科·印卡的这位国王，此后就叫作曼科·卡帕克了。“曼科”(manco)是专有名词，但不知在秘鲁通用语中是什么意思，不过在印卡人互相交谈所用的专门语言中可能有某种含义(有人从秘鲁写信告诉过我，可惜全都遗忘了)，因为所有国王的名字中大部分都有含义，这在后面讲到其他名字时就会看到。“印卡”(inca)这个名词，用在国王身上意思是君主、国王或皇帝；用在其他人身上意思是王公，它的全部含义是王室血统的男人；对于那些“库拉卡”，不管是多大的领主，也不称其为印卡。为了将国王与其他印卡王公区别开来，人们称国王为“萨帕·印卡”(Capa Inca)，意思是唯一的君主，就像土耳其人称他们的皇帝为伟大的君主一样。“帕莉娅”(Palla)意思是王室血统的女子。为了满足想追根问底的人的要求，以后我们将说明王室男子和女子所有称号的含义。印第安人还把他们第一代国王及其后代称为“因蒂普·丘林”(Intip Churin)，意思是太阳的儿子，但这个名号是他们生来就有的，而不像人们误认的那样是后取的。

第二十五章　印卡王曼科·卡帕克的遗嘱和逝世

曼科·卡帕克统治了许多年，但说不清确切地是多少年，有人说三十多年，有人说四十多年，反正在位期间他一直忙于上面说的诸般事务。当他眼见自己即将告别人世时，便把他的诸子召到跟前。他的儿子非常之多，既有妻子玛玛·奥克略·瓦科王后生的，也有嫔妃生的。他说太阳的儿子多多益善，故而纳有不少嫔妃。

同时，他也把最显贵的百姓召到跟前。他对众人进行了一次长谈，留作遗嘱，要王储和其他王子爱护和造福百姓，百姓则应忠于和效命国王并遵守他留下的法律，强调说这些法律都是他的太阳父亲制定的。说完这番话后，他屏退百姓，私下与诸子谈话。这是他的最后一次谈话，谈话中他要求他们永远记住自己是太阳的儿子，以使他们像对神和父亲一样尊敬和崇拜太阳。他吩咐他们，按照他的样子要百姓们遵守法律，而且自己要率先遵守，给百姓树立榜样；吩咐他们要温厚仁慈，以博爱之心劝服印第安人，用做好事来吸引，不能凭武力来压服，因为用武力压服的人永远不会成为他们的好百姓；吩咐他们要求百姓人人做事公道，不允许彼此之间互相欺侮。总而言之，他要求他们用自己的美德表明自己是太阳的儿子，从而用实际行动证明他们所说的事情都是千真万确的，这样才能得到印第安人的信任；否则，印第安人看到他们说的是一套，做的是另一套，就会嘲笑他们。他要求他们，把他托付的一切事情再转托给他们的儿子和后代，这样一代一代托付下去，务使他们执行和遵守他的太阳父亲的规定，并强调说明这都是太阳的话，他现在作为遗嘱和最后愿望留给他们。他告诉他们，太阳在召唤他，他就要和他一起去安息；劝慰他们不必担心，他会从天庭照看他们，如遇什么危难，他会福佑和帮助他们。说完诸如此类的一席话，印卡王曼科·卡帕克就寿终正寝了。他让他的长子，即他的妻子和姐妹玛玛·奥克略·瓦科王后生的孩子辛奇·罗卡继位。除这位王子外，这对国王夫妇还生有其他子女，他们之间又互相结婚，以保持他们大事宣扬的太阳后裔血统的纯洁。对于这对国王夫妇传下的纯洁的、没有混杂的血统，他们确实极端尊重，认为这是神仙血统;至于其他一切血统,即使是称为“库拉卡”的那些拥有众多百姓的大领主的血统,也都是凡人血统。

印卡王辛奇·罗卡学着父母和祖父祖母(太阳和月亮)的样子,与他的姐姐玛玛·奥克略或(另一些人说她名叫)玛玛·科拉结婚,因为在他们那种异教信仰里,认为月亮是太阳的姐妹和妻子。这样结婚是为了保持血统的纯洁,同时也是为了将来继承王位的儿子从母系和父系两方面都有权统治王国,还有其他一些理由以后再细说。第一代印卡王的其他婚生和非婚生子女也这样彼此结婚,以保证他们的后代连绵不断,王族众多。他们说,兄弟与姐妹结婚是太阳神吩咐、印卡王曼科·卡帕克规定的,因为他们的儿子找不到别人通婚来保持血统的纯洁;但到后来,就只有继位的印卡王子才能与姐妹结婚,别人就不行了,这在后面记述历史过程中就会看到。

印卡王曼科·卡帕克故去后,百姓们痛哭流涕,极为悲伤,哀悼和殡葬仪式持续了数月之久。人们给他的尸体填上防腐剂,保存起来,随时瞻仰;把他当作神和太阳的儿子顶礼膜拜;向他敬献公羊、母羊、羊羔、家兔、家禽等牺牲和五谷杂粮、瓜果菜蔬等许多祭物,把他敬为留给他们所有这些东西的主宰。至于我,根据从那些人的性格和心理中看出的情况,可以推测出百姓们因其伟大崇高而称为曼科·卡帕克的这位曼科·印卡国王的来历。据我揣度,他大概是某位聪明智慧、精明强干和敢作敢为的印第安人,他深知那些部族非常愚昧,看到他们需要教化和引导以过上正常生活。为了得到尊敬,他机智巧妙地编造出那段神话,诈称他和他的妻子是太阳的儿女,受父亲派遣从天庭下凡,对那些人施以教化和为他们造福的。为了取得信任,他们大概是穿戴那样的装束,打扮成那副样子,尤其是上面说的印卡人的那双大耳朵。那双耳朵非常之大,不是像我一样亲眼得见的人确实不敢相信,即使今天有人看到(假如他们还保留了这种习俗的话),也很难想象他们怎么能弄成那样大。他为百姓们做了许多好事并教导他们懂得了尊严,从而证实了关于他的家系出身的神话,印第安人便确信他是天庭下凡的太阳之子,当真把他崇拜为太阳之子。其实古代一些不那么愚昧的异教徒,对于为他们做了这类好事的人,也是同样崇拜的。可见那些人最关注的事情,就是观察为师者的所作所为以及他们言行是否一致。如果他们在生活和教义中看到为师者言行一致,那就不需讲什么大道理,而是任凭你说他们的师尊是什么下凡,他们都会确信不疑了。我之所以这样说,是因为无论是王室血统的印卡王公,还是平民百姓都没有说过他们的国王有别的来历,而都说是上述几种历史神话所讲的那一种来历。这些神话彼此之间是相似的,而在说曼科·卡帕克是第一代印卡王这一点上则是完全一致的。

第二十六章　王室的称号及其含义

现在应该简要地说一说王室里男子和女子通用称号的含义,这些称号是为什么人取的,怎样取的和怎样用的,从中看一看印卡人在取称号和别号时那种一丝不苟的态度——这本身就不失为一件引人注目的事。先从“印卡”这个称号说起,这个称号用在国王身上意思是国王或皇帝,用在国王家族人身上意思是王室血统的男子。他们都用这个称号,但有上面说到的这个区别。然而必须是男系方面的后代,女系方面的后代不能使用。他们称他们的国王为“萨帕·印卡”,“萨帕”的意思是唯一的,所以它的意思是独一无二的国王,或独一无二的皇帝,或独一无二的君主。对于任何其他亲属,甚至尚未继位的王储都不能这样称呼,因为国王只有一个,他的别号不能给予别人,否则就会有许多位国王。同时还称国王为“瓦克查库亚克”,意思是穷人的爱护者和恩人,这个别号也不能给予任何其他人,只能给予国王,因为从第一代直到最后一代国王都特别关心为百姓造福。关于“卡帕克”这个称号的含义前面已经说过,意思是对百姓富有宽宏仁爱之心和享有帝王的威严。这个称号只能授予国王一人,不能授予别人,因为他是百姓的主要恩人。还称国王为“因蒂普·丘林”,意思是太阳的儿子。按他们神话的说法,所有王室血统的男子都是太阳的后代,所以这个别号可以授予所有这些人,但不能授予女子。对于国王的儿子以及他的男系亲属的所有儿子,称他们为“奥基”(Auqui),意思是帝王长子以外的儿子,如同西班牙称帝王的次子一样。结婚之前他们一直可以用这个称号,一旦结婚就称其为“印卡”了。关于国王和王室血统男子的称号和别号就是这些。还有一些后面再讲,其实那都是专有名词,用到后代身上就变成别号了。

现在来讲王室血统女子的称号和别号。情况是这样:对于王后,即国王的合法妻子,称为“科娅”(Coya),意思是王后或皇后;也用“玛曼奇克”(Mamánchic)这个别号称呼她,意思是我们的母亲,因为她像她的丈夫那样,对所有亲属和百姓尽着母亲的职责。“科娅”这个称号为王后一人独有,但对她的女儿也称为“科娅”,

这是因为她们可以分享母亲的称号,而不是她们本来的别号。国王本血统中的嫔妃及其王室血统中其他所有女子都称为“帕莉娅”,意思是王室血统的女子。国王所纳那些外族的、非王室血统的其他嫔妃,则称为“玛玛库纳”(Mamacuna),简单说意思是主妇,其实它的全部含义是应该尽母亲职责的女人。国王的女儿即公主,以及王室血统中所有其他女孩,统统称为“纽斯塔”(Ñusta),意思是王室血统的少女。但有一点区别:血统上是嫡生的只称为“纽斯塔”,意思是从血统上说是嫡生的;血统上非嫡生的,在称呼时还需加上她母亲出生的省名,如“科利亚·纽斯塔”、“万卡·纽斯塔”、“云卡·纽斯塔”、“基图·纽斯塔”,其他省份依此类推。“纽斯塔”这个称号一直用到结婚之前,结婚后即称为“帕莉娅”。

这些称号和别号只用来称呼男系王室血统的后代;如果不是男系,即使母亲是国王的亲属(国王们常常把自己非婚生的女儿嫁给大领主为妻),她的子女也不能取王室血统的姓氏,更不能称为“印卡”或“帕莉娅”,而只能用父亲的姓氏。因为印卡王族们为了不致降低王室血统原有的高贵,对子女性后代是不屑一顾的;即使是男性后代,如果与外族血统妇女而不是本血统妇女通婚,王室身份也会大大降低,至于女子的后裔就更不在话下了。现在看一看男子称号与女子称号的对应关系,情况就清楚了:意为王后的称号“科娅”,与意为独一无二的君主的称号“萨帕·印卡”相对应;意为我们的母亲的称号“玛曼奇克”,与意为穷人的爱护者和恩人的称号“瓦克查库亚克”相对应;意为公主的称号“纽斯塔”,与“奥基”这个称号相对应;意为王室血统女子的称号“帕莉娅”,与“印卡”这个称号相对应。这些就是王室的称号，是我亲耳听到并亲眼看见“印卡”和“帕莉娅”们这样称呼的，因为我小时候最主要的谈话就是跟他们进行的。这些称号只能属于王室血统的人，即从父系到父系的后代所有，至于那些库拉卡（不管他们是多大的领主）、他们的妻子和儿女也不能使用。唐阿隆索·德埃尔西利亚－苏尼加[①]在他所写的文采飞扬的诗句中解释印第安人词汇含义时说，“帕莉娅”这个名词意思是拥有许多百姓和地产的女领主。这位骑士之所以这样解释，是因为他到美洲那里去时，“印卡”和“帕莉娅”这些称号已经不确切地用在许多人身上了。有许多人，不管他们多么野蛮愚昧和身份低微，也总是垂涎那些名门望族的显赫姓氏，因此，只要无人阻止，他们立刻就僭而用之，在我的祖国这类事情就是这样发生的。

① 阿隆索·德埃尔西利亚－苏尼加（1533—1594），西班牙军人、史诗作者。著有描写西班牙征服智利的史诗《阿劳加纳》。

第 二 卷

本卷记述印卡诸王的偶像崇拜，他们追寻我们真正的上帝，他们认为灵魂不朽和万物复活。记述他们的祭物和仪典；他们为便于统治，把百姓每十人编为一组，十人长的职责；第二代国王辛奇.罗卡和第三代国王略克·尤潘基的生平和征服业绩；以及印卡人掌握的科学知识。本卷包括二十八章。

第一章　第二个时期的偶像崇拜及其起源

我们所称的第二个时期以及这个时期实行的偶像崇拜，是从曼科·卡帕克·印卡开始的，秘鲁印卡诸王的君主制统治也是他最早建立的。印卡诸王一共统治了四百多年，不过据布拉斯·巴莱拉神父说，他们统治了五百多年，将近六百年。关于曼科·卡帕克，我们已经讲了他是什么人、从什么地方来的、怎样开始建立他的帝国、怎样劝服他最初的百姓——那些印第安人；讲了他怎样教他们种田养畜、造屋建村和做其他必要的事情，以便过上合乎理性的生活，讲了他的姐妹和妻子玛玛·奥克略·瓦科王后怎样教妇女纺线织布，用爱抚之心殷勤哺育子女和服侍丈夫，以及贤妻良母在家里应该做的其他一切事情。我们也讲了国王和王后教导他们懂得自然法则，为他们制定了法律、法规，要求他们过对人人有益的、合乎道义的生活，彼此之间不要败坏名誉和损坏财产；同时还教育他们实行他的偶像崇拜，用太阳的美丽和光辉说服他们，把太阳尊奉为主神。他对他们说，帕查卡马克（Pachacámac，世界的维护者）让太阳胜过天上的众星是很有道理的，他这样做就是让众星崇拜太阳并把他当作神。他对他们讲述太阳每天给他们做的许多好事，最近的好事就是把自己的子女派到他们这儿来，把他们从野蛮愚昧中拯救出来并把他们变成人——这些好处他们都已亲眼得见，今后随着时光流逝他们还会看到更多。另一方面，又对他们说，能指望从他们那些鄙俗的神那里得到什么来解灾救难，从那些动物那里又得到过什么恩惠呢？千真万确的倒是他们每天都从他的父亲——太阳那里得到许多恩赐。这些话使他们幡然醒悟，认识到他们的许多神都是鄙俗低下之物。耳听为虚，眼见为实，他让他们看个分明：他们崇拜的花草树木和其他东西，都是太阳为了造福人类和养活动物而哺育的；让他们辨个清晰：在美丽光辉的太阳与他们当作神的那些龌龊丑陋的癞蛤蟆、蜥蜴和其他虫豸之间有着多大的差别。不仅如此，他还让他们捕捉这些东西拿到他的面前，告诉他们那些虫豸只能令人恶心厌弃，怎能崇拜为圣物呢？印卡王曼科·卡帕克就用这样和其他一些粗浅的道理说服了他最初的百姓，让他们崇拜太阳并尊奉他为神。

印第安人听了印卡王的这些道理，尤其是亲眼看到他为他们做的好事，终于心悦诚服，接受太阳做他们的神，但这尊神没有父亲和兄弟，只是孑然一身。他们又从极其简单愚昧的心理出发，相信为他们做了那么多好事的那个男人和那个女人就是太阳的子女从天庭下凡，于是便把国王和王后视为太阳的子女。这样，印第安人便把他们二人,后来又把他们所有的后代当作神仙来崇拜,那内心和外表的尊敬之情,远远超过古代异教的希腊人和罗马人对丘比特、维纳斯和玛斯等神的崇拜。我要说明,他们现在还像那时一样崇拜他们,每逢提到印卡诸王中的哪一位,首先要表现毕恭毕敬的神情;如果责怪他们既然知道印卡王与他们一样是人不是神,为什么还要这样,他们就说现在已经明白了这是偶像崇拜,但印卡诸王对待臣民百姓的确像太阳的儿子一样,为他们做了那么多好事,所以才崇拜他们;他们还表示,如果现在还有这样的人为他们造福,他们也会将其奉为神仙。

这就是印卡诸王主要的偶像崇拜,也就是他们传授给臣民百姓的偶像崇拜。他们有多种祭祀(这在后面会讲到),还有多种迷信,如相信梦境,重视朕兆,以及其他一些荒诞不经的事(但也有其他许多事情被他们废止了)。然而不论如何,他们已比他们的前辈人——第一个时期的人有头脑、有理智,所以他们只有太阳这一位神。由于太阳光彩夺目并在自然界为他们造福,他们崇拜太阳,为他建造富丽堂皇的神庙。虽然他们把月亮当作太阳的姐妹和妻子,当作印卡王的母亲,但并不敬她为神,不为她作祭祀,也不为她建神庙,只是把她当作宇宙之母而极其尊敬,但并不进一步对她有什么偶像崇拜。他们认为闪电、雷鸣和霹雳是太阳的仆人(这在下面会讲到),在科斯科的太阳宫里为他们建有一个宫室,但并不把他们当作神(个别西班牙史学家认为他们把这些当作神)。相反,对于某道霹雳偶尔击中的房屋或田野上随便什么地方,他们过去和现在都非常厌恶:是房子就用石块和泥巴把门堵死,永远不让人进入;在田野就在那里立石为标,不让任何人涉足;

他们认为那是不吉利的、倒霉的凶地，说太阳就是通过他的仆人霹雳把那里标为凶祸之地的。这些事情我在科斯科都看见过，出事地点原来曾是印卡王瓦伊纳·卡帕克的王宫，后来征服者们瓜分城市时，把王宫的一部分分给了安东尼奥·阿尔塔米拉诺。早在瓦伊纳·卡帕克在世时，就有一个霹雳落在这地方的一个房间上，印第安人用石头和泥巴把门堵死，认为是他们国王的不祥之兆，说他一定会丧失帝国的部分土地，要么就会遭受其他类似的不幸，因为他的父亲——太阳把他的王宫标为不祥之地了。我曾见过那个封闭的房间，后来西班牙人又重新翻建过，不到三年又落下一道霹雳，正好击中房间，把它彻底烧光了。印第安人对这件事议论纷纷，有人说道，既然太阳已经指明那是凶地，西班牙人干脆别管它，就让它那么废弃着算了，何必又重新建房呢？如果按照那位西班牙史学家的看法，印第安人把闪电、雷鸣和霹雳尊奉为神，他们当然要把那个地方作为圣地崇拜，在那里建起他们最著名的神庙，还会说是他们的这几位尊神亲自指明把那里变为圣地，想在那里居住的。但事实上并没有这样做，现在印第安人还把闪电、雷鸣和霹雳这三种现象统称为“伊利亚帕”(illapa)，又因为火枪这种武器与这些自然现象非常相似，所以把它也称为“伊利亚帕”。至于特立尼达的印第安人对雷鸣和太阳的其他称呼，那是西班牙人新取的。这些和其他一些名称是什么意思，他们也没有提出什么确切的说法，因为秘鲁印第安人通用语中根本没有这样的名称。甚至在新取的名称中(例如一些新取的不太确切的名称)，现在和过去都有人说它们确有含义，但实际并没有他们说的那种含义。

第二章　印卡诸王追寻真神上帝我主

印卡诸王和他们的“阿毛塔”(amauta,即贤哲)尊崇太阳为有形的神,为他敬献祭物,举行隆重的典礼(后面将会讲到)。除此之外,他们还用生来具有的智慧追寻真正主神的踪迹,即创造了天地的上帝我主,下面我们可以从几位印卡王关于上帝的言论和格言中看到这一点。他们称上帝为“帕查卡马克”(Pachacámac),这个名词由“帕查”(Pacha)和“卡马克”(Cámac)组成,“帕查”意思是世界、宇宙;“卡马克”是动词“卡马”的现在分词,而动词“卡马”又是从名词“卡马”演变而来,名词“卡马”的意思是灵魂,动词“卡马”的意思是赋予灵魂。因此,“帕查卡马克”意思就是赋予世界和宇宙以灵魂的人。它确切和完整的含义是:其对宇宙的作用相当于灵魂对于肉体的那个人。佩德罗·德谢萨在他那部著作第七十二章中写道:“‘卡马’意思是造物主,‘帕查’意思是世界,所以这个魔鬼的名字的意思就是世界的创造者。”他是西班牙人,我是印卡印第安人,他对这种语言的理解不如我好。印第安人对这个名字极其尊敬,根本不敢直呼其名,在不得不叫时,从表情到动作都是毕恭毕敬:收紧双肩,低头躬身,眼睛从天上看到地下,手指伸直成掌,两臂直举过肩,望空而吻。在印卡诸王和他们的臣民百姓中,这是极度崇拜和极度尊敬的表示,只有提到“帕查卡马克”、崇拜太阳和礼拜国王时才做这些动作。对别人则不这样,但也按等级高低而有所不同。对王室血统的人表示尊敬时,要做这套礼仪中的一部分动作;对于像酋长等其他上等人,则有另一套迥然不

同的低级礼仪。他们在内心里对“帕查卡马克”比对太阳还要尊敬，上面说过他们不敢直呼其名，而对太阳倒是可以随时呼唤。如果问他们“帕查卡马克”是什么人，他们说是赋予宇宙以生命和维护宇宙的人；但他们没有看见过，所以不认识他，因此不为他建造神庙，也不敬献祭物，但从心里（即从思想上）崇拜他，把他尊奉为不曾见过的神。阿古斯丁·德萨拉特在他那部著作第二卷第五章中写到，当修士比森特·德巴尔韦德神父对阿塔瓦尔帕国王说是我主基督创造了世界时，那位印卡王说他对那些事一无所知，说谁也没有创造什么，一切都是太阳创造的，他们奉太阳为神，奉大地为母亲，此外还有其他一些圣物；还说那里所有的一切都是“帕查卡马克”创造的，等等。从这里可以明显地看出，印第安人是把“帕查卡马克”当作万物的创造者的。

我现在讲的这件事情，即印第安人用“帕查卡马克”这个名字追寻我们真正上帝的踪迹，并且用这个名字称呼他，已由魔鬼给予证实。当然，尽管这对“帕查卡马克”有利，但魔鬼本意并不愿意这样做，只不过他作为谎话之源，有时说些伪装成谎言的真理，有时说些伪装成真理的谎言而已。魔鬼在看到宣讲我们的《福音书》，看到印第安人接受洗礼后，曾在现在称为帕查卡马克山谷（因那里有一座为这尊未曾见过的神建造的著名神庙而得名）的地方，对印第安人一些家里人说，西班牙人布道时说的上帝与“帕查卡马克”是同一位神。佩德罗·德谢萨·德雷昂在《秘鲁的疆界》一书第七十二章中就是这样讲的。无独有偶，颇受尊敬的神父赫罗尼莫·罗曼修士在《西印度国》第一卷第五章中也是这样写的。两个人都说到这位“帕查卡马克”，但因为不知道这个词的确切含义,而把它说成了是魔鬼的名字。魔鬼所说基督徒的上帝和“帕查卡马克”是同一位神,这一点是对的,因为印第安人的意图就是这样称呼创造了宇宙和万物的至高无上的神,这个名字本来也正是这个含义。但魔鬼称他自己就是“帕查卡马克”则纯属谎言,因为印第安人从来没有想过用这个名字来称呼魔鬼,而只称他为“苏派”(Cúpay)。这个词意思就是鬼怪,每逢提起他之前,总要先吐唾沫表示诅咒和厌恶;而在提到“帕查卡马克”时,则总是像前面说的那样毕恭毕敬。然而,这个魔鬼在那些异教人中有很大法力,所以他自封为神,进入了印第安人敬若圣物的一切场所。在印第安人的神殿和神庙里,房屋的角落里以及其他地方,他喋喋不休,到处对他们说他是“帕查卡马克”,是印第安人认为带有神性的其他一切东西;印第安人受了这种欺骗,便崇拜魔鬼对他们讲话时附身的那些东西,认为他就是他们想象中的神。假如他们知道那是魔鬼,那么上帝慈悲,他们早就像现在所做的这样,把魔鬼借以附身对他们发话的那些东西付之一炬了。

印第安人原本不知道这些事情,也许因为看到西班牙基督徒认为那是关于魔鬼的事情而表示厌恶,所以不敢用这些词汇的确切含义来讲述。西班牙人也没有仔细了解,请印第安人直截了当地予以说明,而是想当然地断定那些就是魔鬼的事情。再有一个原因就是西班牙人根本不懂印卡人通用语,不能理解这类词语的派生法、构词法和确切含义。由于上述几种原因,西班牙人便在自己写的史书中给印第安人的神另取了一个名字,叫作“蒂西·维拉科查”,我不知道这个词是什么意思,他们也不清楚。这就是西班牙史学家因不理解词义而深恶痛绝的“帕查卡马克”这个名字。

不过从另一方面来看，他们厌恶也是有道理的，因为魔鬼就是盗用了这个名字，以这个名字自封为神，在那座富丽堂皇的神庙里说三道四的。至于我，感谢上帝无限慈悲之心，我已经是信仰天主教的、成了基督徒的印第安人，如果现在有人问我："在你的语言里应该怎样称呼神？"我会说："帕查卡马克。"因为在秘鲁通用语中没有别的名词用来称呼神，只有这个名词。至于史学家们说的其他名字，一般都不准确，这些名字或者不是秘鲁通用语中的词，或者是与某些个别省份的语言混杂了，或者是西班牙人新造出来的。有些新造的词，例如"帕查亚查切尔"（Pachayachácher），按西班牙人的意图，它的意思是天庭的缔造者，但真正意思是世界的教导者。要表达缔造者这个意思，应当说"帕查鲁拉克"（Pacharúrac），因为"鲁拉"（rura）才是制作的意思。但不管如何，根据西班牙语的含义，这样一些词尚可勉强通过。但秘鲁通用语就很难接受这些词，因为它们不是本来就有的，而是外来的；还因为从实质上说，这些词在一定程度上降低了神的尊贵和威严。需知秘鲁通用语本来就有的名词"帕查卡马克"，是把神的尊贵和威严推崇到了顶峰和无以复加的地步。为了便于理解我们讲的这些情况，还应当指出，"亚查"（yacha）这个动词意思是学会，加上"奇"（chi）这个音节后才是教授的意思；还有，动词"鲁拉"意思是制作，加上"奇"（chi）这个音节才有让别人制作或吩咐别人制作的意思。读者还可想出许多动词，情况都是这样。因为那些印第安人不注重理论性的事务而注重物质性的事务，他们的这些动词也不意谓教授精神上的事务，从事诸如创造世界那样了不起的神仙的事情；它们只表示从事和教授低级的和机械的技艺和职业，即属于凡人而不是

神明的活动。如上所述,“帕查卡马克”这个名词的意思就是:对宇宙万物发挥灵魂对肉体的作用,即赋予它生命使其存在,哺育它使其成长的那个人,所以它的含义与任何物质性的事物完全风马牛不相及。由此可以清楚地看到,为称呼印第安人的神而新造出来的那些名词,(从秘鲁通用语的确切含义上说)其含义都比较低贱,因而是不确切的,但可以指望它们在使用过程中逐步趋于准确,更好地为人们所接受。编造新词的人应当注意,用组合方法造词时不要改变名词或动词的含义,为了使印第安人很好地接受新词而不致贻笑大方,这一点是非常重要的。尤其在传授基督教信条时,组创新词是应该的,但要特别小心。

第三章　印卡诸王在圣地有一个十字架

印卡诸王在科斯科有过一个十字架,用料为白色和肉色细大理石,人称晶体斑纹大理石,但到现在谁也说不清是从什么时候开始有的。我在 1560 年离开秘鲁时,十字架还在城里大教堂的圣器室里,由一根穿过顶端小孔的细绳拴住,挂在一只钉子上,我记得那细绳是一根黑色天鹅绒布条。当它在印第安人手里的时候,或许有个金质或银质的提手,后来把它从原存放处取出来的人换上了丝绦。十字架长宽相等,呈正方形,长约四分之三巴拉,只少不多;石料宽、厚均约三指许。整个十字架所用为一块整石,雕工精细,棱角分明,各处对称,造型优美,石面光洁,宛如明镜。十字架原存于一座王宫内一个偏僻房间,房间称为“瓦卡”(huaca),意为圣地。他们并不崇拜十字架,但很尊敬,这或许因为它造型美观,也可能另有什么其他敬意,那就不得而知了。他们一直这样保存着,直到唐弗朗西斯科·皮萨罗侯爵进入通皮斯山谷,由于佩德罗·德坎迪亚[①]在那里遇到的情况,他们开始崇拜它,对它更加尊敬,这到后面适当地方再讲。

当西班牙人占领了那座帝国京城并为我们至高无上的上帝建造教堂时,便把十字架放在上面说的地方,除了讲过的以外没有增加什么装饰。西班牙人找到了许多黄金和宝石,他们本该用这些东西把它装饰一番供在圣坛上,让印第安人拿他们自己的东西与我们的东西进行比较,从而乐于接受我们的圣教。他们这座十字架以及他们法律中的其他事物,都与自然法则非常接近,本来都可以与我们宗教教规中的戒条和慈善活动作比较(后面将会讲到,那些异教徒也有类似的慈善活动)。至于说到十字架,应该指出,显然不管是在审判中还是在其他场合,这里的人们常常指上帝和十字架发誓,以强调他说话的分量,其实许多人根本没有必要发誓,只是出于一种约定俗成的坏习惯。现在这些经常发誓的人听起来可能惊奇,但事实是印卡人和他们帝国里所有部族从前根本不知道发誓是怎么一回事。前面说过,他们在提到"帕查卡马克"和太阳这两个名字时总是毕恭毕敬,在称呼他们时总是顶礼膜拜。在办理案件,而且是不管多么重大的案件,审查某个证人时,法官总是说(犹如宣誓仪式):"你保证对印卡王说真话吗?"证人说:"是的,我保证。"法官又说:"注意一定要说真话,不得掺杂谎言,也不得隐瞒部分真相,对案情要知道什么说什么。"证人再次保证

① 佩德罗·德坎迪亚(?—1542),希腊冒险家,曾随皮萨罗到秘鲁探险。

说:“我当真保证这样做。”法官在听到保证后,让他把对案情知道的所有情况都说出来,既不打断,也不说什么“我们没问你这个,问的是那个”,更不说别的什么话。如果调查的是一件打架的案子,即使是致死人命,也只这样说:“你把这次打架的经过说清楚,打架双方任何一方的一言一行都不得隐瞒。”于是证人提出证词,对双方有利和不利的情节丝毫不敢漏掉。证人不敢说谎,因为那些人胆子非常小,在他们的偶像崇拜方面非常虔诚。除此之外他们还知道,倘若说谎,一定会被查出来,从而受到严厉惩罚。如果案情严重,那就不仅因为他们的证词造成了危害,而且因为他们违反了不准说谎的法律而对印卡王说了谎话,这种惩罚往往是处以死刑。证人知道,不管跟哪位法官说话,都是跟他们崇拜为神的印卡王本人说话,除了其他原因以外,这是他们不敢撒谎的主要原因。

西班牙人占领印卡帝国后,在克丘亚人居住的一个省份发生了一起杀死数人的大案。科斯科的督办派一名法官去那里调查,法官为取得一位百姓领主“库拉卡”的证词,把自己权杖上的十字架举到他面前,要他对上帝和十字架盟誓说真话。那个印第安人说:“还没有为我施过洗礼,我不能像基督徒那样发誓。”法官说,让他对太阳、月亮和印卡王他们自己的这些神发誓。“库拉卡”说:“我们只在顶礼膜拜时才提他的名字,因此我凭他们发誓是犯法的。”法官说:“若不发誓,我们怎能知道你的证词是不是真话呢?”印第安人说:“凭我的保证你就可以知道,我是直接面对你的国王说话,因为你是以他的名义来审判的,我们对我们的印卡王就是这样做的。不过为了满足你提出的要求,我来指地发誓:若是说谎，就让大地开裂把我这样活活吞进去。”法官看出也只好如此，接受了他的宣誓，就向他提出了关于杀人凶手的一些问题，想查明他们姓甚名谁。“库拉卡”逐一作了回答。可是关于被杀者却什么也不问，其实那次打架恰恰是他们挑动起来的。“库拉卡”看到这种情形，就说让他把对那件案子所知的全部情况都说出来，因为他才说了一半，另一半还没说；他认为那等于说谎，因为没有像保证的那样说出全部真相。法官说只要问什么回答什么就行了，可他却说如果不把杀人者和被杀者的所作所为都说出来，那就不算全面，他也没有履行诺言。结果法官把案子调查得一清二楚，返回了科斯科。当他跟人说起与那位“库拉卡”的谈话时，听者无不称奇。

第四章　关于西班牙史学家误认印第安人崇拜的许多神

前面说到，印卡人只有太阳这一位神，并通过多种形式崇拜他：为他建造神庙，庙里的墙壁从上到下都镶以金箔；为他敬献多种祭物；贡奉大量黄金和他们所有一切贵重物品，以感谢他把这些东西赐予他们；把他们征服的王国和省份内全部耕地的三分之一，以及土地上的收成和无数牲畜献给他作财产；为他建造深宫幽院，供他的那些永葆童贞的女子居住。现在我们要更加详细地讲一讲印卡人的偶像崇拜。

如前所述，除了太阳以外，他们还从内心里崇拜“帕查卡马克”为不相识的神，对他的尊敬胜过太阳；但不为他敬献祭物，也不建造神庙，因为他们说没有见过他，他也没有现过身，然而他们相信他是存在的。在帕查卡马克山谷，曾有一座富丽堂皇的著名神庙是献给他的，我们将在以后适当章节再作介绍。总之，除了上面讲的一位看得见的和一位看不见的两位神以外，印卡诸王不崇拜别的神。这是因为那些国王和他们的"阿毛塔"，即他们国家的贤哲和学者（虽然他们是一字不识的人，因为他们根本没有文字）认识到，如果以为天底下的低等生物有名有姓、法力强大、具备神明的美德，因而对它们表示尊敬，那是极不光彩、非常屈辱甚至令人不齿的事。因此他们定下法律并晓谕整个帝国，让所有人都知道，只能尊崇"帕查卡马克"为至高无上的神和主宰，崇拜为众生造福的太阳，尊敬太阳的妻子和姐姐——月亮，尊敬太阳宫廷中的侍女和女仆——众星。

后面到适当地方我们要讲一讲维拉科查神，他是一具幽灵，曾对印卡王的一位王储现身，并自称是太阳的儿子。西班牙人不知道把第一和第二两个时期及各个时期的偶像崇拜区分开来，所以认为印卡诸王还有其他许多神。他们也不知道那种语言的准确含义，所以不能很好地要求印第安人介绍情况，也不能准确地理解印第安人讲述的事情。印卡诸王在征服印第安人归顺他们的帝国时，废除了他们的许多神（至于他们有多少稀奇古怪的神，这在前面已经讲过了）。但正是由于对那种语言的无知，西班牙人才把许多乃至全部那些神都算到了印卡人头上。造成这个错误的主要原因，是西班牙人不知道"瓦卡"这个名词有多种不同的含义。如果这个词最后一个音节发音部位是在上腭，意思就是偶像，诸如丘比特，玛斯、维纳斯等；但这个名词不能派生出动词来表示崇拜偶像的意思。这是它的第一个和主要的含义,此外它还有其他许多含义,为使读者更好地理解,下面我们逐一举例说明。它有圣物的意思,可以指魔鬼对人讲话时附体的所有东西,就是魔鬼附身其中、要他们相信他是神的那些偶像、巨岩、大石和树木等。再有,他们献给太阳的东西也叫“瓦卡”,诸如用黄金、白银或树棍制作的人像、鸟像、兽像以及供献的随便什么物品;他们认为这些都是圣物,因为太阳是当作供品都接受了,就成了太阳的东西,既然是太阳的东西,他们就极为尊敬。大大小小的神庙、田野里的坟墓,以及魔鬼对与他有亲密交往的祭司和其他个别人说话的房屋角落,他们也称为“瓦卡”,并把这些地方视为圣地,因而当作圣堂圣殿一样尊敬。所有在形美、质好方面超过同类的东西,诸如玫瑰花、苹果或任何比同类个大形美的水果,他们也称为“瓦卡”;比同类高大、壮美的树木也称为“瓦卡”。另一方面,形象丑恶、令人惊骇恐惧的东西也称为“瓦卡”,因此,安蒂斯山里长达二十五到三十西班牙尺的大蛇也被称为“瓦卡”。另外,对于所有超出常规的人和事物,例如妇女一胎生出两个孩子,他们觉得这种生育实属罕见,便把产妇和孪生子女都称为“瓦卡”,还要兴高采烈地把产妇抬上大街,载歌载舞地为她戴上花环,赞扬她生育力旺盛。可是,另外一些部族对这类事的态度恰恰相反,认为一胎生两个是凶兆,所以大哭一番。一胎生双羔的绵羊,他们也称为“瓦卡”,不过我说的是秘鲁那里的绵羊,因为那类绵羊体大,像奶牛和母马一样,通常一胎只生一羔;在举行祭祀时,只要有孪生羊羔,他们总是首先敬献这种羊羔,因为他们认为孪生的更有神性,便把它们称为“瓦卡”。以此类推,双黄鸡蛋,出生时先露双脚或双脚不直、有六

个手指或脚趾，出生就是驼背，或身上脸上带有随便什么缺陷（如兔唇——其实这种情况很多，或斜眼，他们称为天生特殊）的婴儿，他们统统称为“瓦卡”。还有，水量充沛、流泻成河的泉水，为同类的佼佼者；在河流小溪中捡到的小石子或鹅卵石；如果形态怪异，色彩斑斓，与众不同，这些东西也都称为“瓦卡”。

雄伟壮丽的内华达山脉纵贯秘鲁全境，直入麦哲伦海峡，山势绵亘，高峻挺拔，凝神仰望，令人叹为观止，因此他们称它为“瓦卡”。许多高峻的山峰，犹如鹤立鸡群，雄踞于其他山峰之上，他们也称为“瓦卡”。道路两旁若有高大的山坡，高达三、四、五、六莱瓜不等，笔直而立，形如陡壁，西班牙人发音不准，讹称为“阿帕奇塔”（apachita，用石堆成的临时坟墓），印第安人也称为“瓦卡”，对它们从内心崇拜并敬献供品。至于他们怎样崇拜山坡，对什么人表示敬意，这到后面再讲。他们把诸如此类的东西称为“瓦卡”，并不是把它们当作神来崇拜，而是因为它们大大优于一般的同类，所以怀着崇敬之情对它们另眼相看。总而言之，“瓦卡”一词有这么多不同的含义，而西班牙人只知道它的第一个和主要的含义，即偶像，所以便认为印卡人像第一个时期的人一样，把他们称为“瓦卡”的所有东西都当作神来崇拜。

西班牙人把高耸的山峰称为“阿帕奇塔”，并说它们是印第安人的神。为了说明这个词的含义，首先要指出，应该是“阿帕切克塔”（apachecta），这是与格；属格是“阿帕切克帕”（apachecpa）；用主格的“阿帕切克”这个现在分词加上音节“塔”（ta），便成了与格，意思是托人携带东西的人，但并不指明是什么人让携带，也不说明是携带什么东西。但是正如前面已经讲过和后面还要讲的，印第安人是用一个词表达极其丰富的含义,因此根据那种语言的句式来说,这个词的意思是:让我们对让人携带这些东西,使我们有力量、有勇气登上这样陡峭的山坡的人表示感谢并奉献点什么吧。只有当他们已经到达坡顶时才说这个词,因此西班牙史学家们以为印第安人是在跟山顶说话(因为他们是听印第安人在山顶时说“阿帕切克塔”这个词的),所以就说印第安人把山顶称为“阿帕奇塔”。可见是因为他们不理解这个词的意思,才把它当作了意指山坡的名词。印第安人根据生来具有的那点智力认识到,他们心目中崇拜的不相识的神“帕查卡马克”帮助他们登上了高山,应该对他表示感谢并敬献供品。所以登上山坡后,他们放下携带的东西,抬起眼睛从天上看到地下,一边做着上面说过在提到“帕查卡马克”时那些表示崇拜的动作,一边把与格词“阿帕切克塔”连诵两三遍;同时用手拔眉毛,不管是否真的拔下都要吹向天空,把嘴里嚼的“库卡”(cuca,古柯)叶吐出来作为供品。正如他们说的,这样就是把他们带来的最珍贵的东西献给了他,因为他们认为“库卡”叶是极为珍贵的东西。如果实在没有什么贵重东西,他们就献上在身边找到的一根小木棍或小茅草;如果连这个也没有,就献上一块小卵石;如果小卵石也没有,就抛撒一把土,这种供品在山顶上成堆成片,到处都有。他们在行这些仪式时不看太阳,因为那不是崇拜太阳,而是崇拜“帕查卡马克”。至于那些供品,也只是聊表心意,并非是真正的供品,因为谁都清楚,如此卑俗的东西是不能作为敬献之物的。我曾多次与他们同行赶路,看见他们这样做,因此这一切我都是亲眼所见。不过还要补充一点,轻装的印第安人不这样做,只有重载的人才这样做。到了当今时代,由于上

帝的慈悲,已在那些山顶上立了十字架,他们为感谢我主基督对他们施予的恩惠,便成群结伙地对十字架顶礼膜拜。

第五章 关于名词“瓦卡”的其他许多含义

还是“瓦卡”这个词,如果最后一个音节的发音部位是在咽喉的最里边,它就变成动词,意思是啼哭。因此,有两位不知道这个区别的西班牙史学家说:印第安人一面啼哭抹泪,一面把祭物招进自己的神庙,“瓦卡”一词就是这个意思。啼哭这个词义与其他词义有很大区别,一个是动词,一个是名词,两个词的字母和重音都没有变,但就是因为发音部位不同,一个词的最后一个音节是在上腭,另一个词的最后一个音节是在咽喉的最里边,它们的含义就不相同。无论多么勤勉好学的西班牙人,对于秘鲁通用语中这种和其他所有发音方法都丝毫未予重视(尽管对他们来说,知道这些是非常重要的),因为西班牙语没有这样的发音方法。从下面我经历的一件事情中,可以看到他们对此是多么漫不经心。事情是这样的:有一位多明我会修道士曾当过四年秘鲁通用语教师,他知道我出生在那个国家,跟我建立了联系,我也多次到科尔多瓦的圣保罗教堂去看他。一天,谈到那种语言的一些词汇有多种不同的含义,我就举了“帕查”这个名词的例子,说如果就照西班牙语字母的读音这样念,它的意思是天、地、地狱和随便什么地方。这时修士说:“不过还有衣物、家当和家具的意思。”我说:“不错,那么请问神父先生,当这几个意思讲时发音有什么不同?”他说:“不知道。”我说:“教过语言还不知道这个?那我告诉您,当家什或衣物

讲时，第一个音节发音时要闭紧嘴唇，用发声的气流冲破嘴唇，嘴唇一张就发出来了。”我当场示范，把这个和另外几个名词的发音方法做给他看，因为这是不能用别的方法来教的。这位教师以及谈话时在场的其他修士对此大为惊叹。从上面所说的这种事情中，可以看到西班牙人对那种语言的奥秘多么无知，就连这位做语言教师的修道士也不知道这些奥秘。正因为他们对语言理解有误，他们的著作中才出了许多错误。例如，他们不知道“瓦卡”一词有多种不同的含义，所以才说印卡诸王及其臣民百姓把所有称为“瓦卡”的东西都当作神来崇拜。关于印卡诸王的偶像崇拜和神就讲这些。在印卡诸王及其以前时期的偶像崇拜中，无论是第一时期还是第二时期的印第安人，都是令人肃然起敬的，虽然他们有那么众多和那么荒唐的神，但他们不像旧世界古代异教时期的人那样崇拜享乐和陋习。旧世界古代异教时期的人，对于他们公开宣扬的通奸者、杀人狂、酒徒特别是色鬼大为崇拜，所以虽然那些人自认为颇有文化知识，但这件事却是与任何良好教养格格不入的。

一位著述者称，丘基萨卡的印第安人崇拜“坦加坦加”（tanga-tanga）这个偶像，还称印第安人说它一身有三个位格，三者又结合于同一本体。我不知道有这个偶像，秘鲁通用语中也没有这个词。丘基萨卡省距科斯科一百八十莱瓜，也许该省的特殊语言中有这个词。我怀疑这个名词是被讹读了，因为西班牙人把他们读的所有词汇都读错了。其实这个词应该是“阿卡坦卡”（acatanca），意思是屎壳郎。这个名词含义确切，是由意为粪便的名词“阿卡”（aca）和意为推动的动词“坦卡”（tanca，最后一个音节从咽喉里面发出)复合而成,合起来“阿卡坦卡”就是推动粪便的虫子。

要说在印卡帝国以前,即古代异教的第一个时期,丘基萨卡人把屎壳郎崇拜为神,那我不会感到惊奇,因为如前所述,那时候的人还崇拜着其他许多同样的卑贱之物呢。但在印卡时期以后则不然,因为印卡诸王把这些统统禁绝了。至于印第安人说那是一人有三个“位格”、三者又结合于同一“本体”,则是他们新近编造出来的,是他们在听说真正的神——我主上帝是三位一体以后编造出的一种说法,这样他们就可以对西班牙人说,他们有一些事与我们天主教里一样,例如:他们也认为太阳、雷鸣和霹雳是三位一体(上述那位著作者就是这样说的),他们也有忏悔牧师,也像基督徒一样忏悔自己的罪恶,以此来取悦于西班牙人。所有这些都是印第安人凭空杜撰的,其目的无非是让西班牙人听说这些相似之事后对他们以礼相待。作为印第安人,我深知印第安人的天性,所以对此可以肯定无疑。我敢说他们没有称为三位一体的偶像。秘鲁通用语词汇很少,往往用一个词汇表示三四种不同的事物。例如:名词“伊利亚帕”(illapa)兼有闪电、雷鸣和霹雳的意思;名词“马基”(maqui)意为手,但兼有手、下臂和上臂的意思;名词“查基”(chaqui)也是这种情况,如果按照西班牙语字母这样念,意为脚,但兼有脚、小腿和大腿的意思;还可举出其他许多名词,都可以此类推。虽然如此,但他们并没有因为一词多义而崇拜称为三位一体的偶像,而且下面要讲到,他们语言中也没有三位一体这个名词。如果说是魔鬼企图假冒这个称呼受到人们的崇拜,那我毫不奇怪,因为他对那些全然不知基督教真理、只知崇拜偶像的异教之人是什么事都干得出来的。我只是把那些异教徒在当时他们那虚

安的宗教中所有的事情如实讲述出来。这里还要补充一点，上面说到的名词“查基”，如果第一个音节的发音部位是在上腭，它就变成了动词，意思是渴了、干涸或把随便什么湿东西擦干，也是一词三义。

第六章　一位著述者关于印第安人信奉的神的论述

我在布拉斯·巴莱拉神父大人的手稿中发现了一段话，与我们前面讲的情况不谋而合，为借助他的权威性意见聊以为自己辩护，我欣然翻译过来，并转录于下。他是在讲到墨西哥和其他地区印第安人举行的祭祀和崇拜的神明时讲这番话的。他说：“印第安人在他们古代时期通常举行的那种祭祀是多么可怕、残忍、毫无人性和违背宗教精神，简直无法用语言说明，甚至只要一想到这些就毛骨悚然。至于他们那大量的、形形色色的神，更是难以说清，仅在墨西哥城及其周围就有两千多种。他们把他们的偶像和神统称为‘特乌特尔’(Téútl)，具体说则各自都有不同的名字。但是，至于佩德罗·马蒂尔、恰帕区主教和其他一些人所说的情况，如属于尤卡坦省的库苏梅拉岛的印第安人把十字架崇拜为神，如归恰帕区管辖的印第安人知道三圣一体和我主的化身，这都是那些著述者和其他西班牙人根据想象作出的解释，并用来说明这些神秘事物的。在讲到科斯科的历史时，他们也曾把据说供在该城神庙里的三尊太阳塑像和雷鸣、霹雳的塑像说成是三圣一体。既然在今日，那些野蛮人在接受了教士和主教这么多教导之后，也只是刚

刚知道有圣灵的存在，那么在那时的冥冥愚昧之中又怎么可能清楚地知道关于上帝化身和三圣一体的秘密呢？我们西班牙人修史时采取的方式，是就想了解的情况用西班牙语向印第安人提出问题，介绍情况的印第安人对古代事情了解得并不完全或记忆得不够清楚，因而所说的情况不够准确，或者有所遗漏，或者掺杂了虚构的神话或神话故事。这个过程中最大的不利情况在于，提问者与回答者对于对方的语言所知甚少或全然无知，因此彼此都没有理解对方的话。这是因为印第安人的语言很难掌握，而印第安人当时也没有学到很多西班牙语。因此，印第安人听不懂西班牙人所问的内容，西班牙人更听不懂印第安人所答的内容。结果彼此常常把对方的话理解反了，要么就是理解成相似的意思而不是本来的意思，很少能真正理解其确切的本意。在这种严重误解的基础上，提问的教士和俗人随心所欲地选择自以为与他想了解的情况最相似和最接近的意思，以及据自己想象印第安人可能回答的内容；于是在按照自己的想象和意愿经过一番理解之后，便把印第安人做梦也没有想到的事当作事实写了下来。实际上，从关于印第安人的信史中，找不出任何关于我们基督教的秘密。毫无疑义，狂妄自大的魔鬼一直在想方设法，力图不仅在异教徒的宗教仪式和典礼中，而且也在基督教的某些习俗中被奉为神明，（作为生性嫉妒的丑类）他已把这种习俗引进了西印度的很多地方，企图以这种方式得到这些贱民的尊崇和敬重。因此，为了洗涤罪恶，一个地区的习俗是作口头忏悔，另一个地区是给小孩子洗头，另一些省份是严格禁食；更有些省份的异教人自愿为他们虚妄的宗教信仰而死，以便像旧世界的基督教信徒甘愿为天主教信仰受苦受难一

样，新世界的异教徒也甘愿为邪恶的魔鬼献出生命。有人说，伊科纳（Icona）是圣父，巴卡夫（Bacab）是圣子，埃斯特鲁亚克（Estruac）是圣灵，奇里皮亚（Chiripia）是圣母马利亚，伊斯琴（Ischen）是幸运女神圣安娜，被欧普科（Eopuco）杀死的巴卡夫是被彼拉多钉上十字架的我主基督。其实所有这些和其他一些类似的事都是某些西班牙人凭空杜撰的，当地的土人对此一无所知。确实，这几位男子和女人是那片土地上的土人尊敬的几位神明，他们的名字也确如上面所说。因为墨西哥人崇拜过一些男神和女神，其中有一些是非常龌龊的，印第安人认为他们是恶习之神，如特拉索尔特乌尔特（Tlazolteúlt）是淫荡之神，奥梅托奇特利（Ometochtli）是醉酒之神，维特西洛普奇特利（Uitcilopuchtli）是奸诈或凶杀之神。伊科纳是他们的众神之父，他们说这些神是他和不同的妻妾生育的，他们把伊科纳当作家长之神。巴卡夫是家庭中子女之神。埃斯特鲁亚克是风神。奇里皮亚是众神之母，亦即大地。伊斯琴是众神的继母。特拉洛克（Tlaloc）是雨神。他们还敬奉其他一些神，认为他们是精神美德的创造者，如克萨尔科亚特尔（Quezalcóatl）是空气之神，司改善风化。还尊敬一些神，或因他们德高望重，或因他们是人类生活的楷模。他们还为多种行业和多种事物虚构出许多神，有无数这些神的形象和神像。其中许多神非常污秽。有些神是他们共有的，有些神是某些人专有的。诸神都是一年为期，每一年都要根据那些人的意愿对每个神进行更改和变动。或者由于声名狼藉或者由于毫无益处而把旧神废掉，然后再选择其他神或家中的魔鬼。他们还根据想象创造出一些神，让他们成为童年、少年和老年这几个时期的主宰。对于父辈的神，子辈人可以接受为

遗产，也可以拒绝接受。只要哪位神不符合他们的意愿，就不让他统治。老人尊敬其他较为重要的神，也可将他们废弃，随着年头或印第安人所说的世界年龄的增长，再创造其他神来代替他们。所有出生于墨西哥、恰帕、危地马拉、贝拉帕斯的土人以及其他许多印第安人崇敬的就是这样的神，并且认为他们选择的神是所有神中最重要、最高尚和最有权威的。当西班牙人到达那片土地时，他们崇拜的神都是在最近这个时期更换了太阳时代以后诞生、创造和选择的。据戈马拉说，那些人的每个太阳时代为八百六十岁，但根据这些墨西哥人的计算方法却少得多。这种根据太阳计算世界年龄的方法是常见现象，墨西哥人和秘鲁人都使用这种方法。根据他们的计算方法，最后这个太阳时代从公元 1043 年算起。据此看来，有一点则是毫无疑义的：即出生在墨西哥帝国的人，亦即生活在六七百年前的人（在最后这个时期以前的太阳时代）所崇拜的神，（按照这些人自己的说法）早已统统淹死在大海里了，于是他们又创造出其他许多神来代替了古代的神。因此显而易见，所谓伊科纳、巴卡夫和埃斯特鲁亚克是圣父、圣子和圣灵的这种解释纯属虚妄之说。

“所有其他居住在北部地区，即相当于旧世界北部地区，具体说即大佛罗里达诸省及所有岛屿上的人，都没有人造的偶像和神。他们只崇拜瓦罗[①]所称的自然界的东西，即土、水、气、火四种要素，大海，湖泊，河流，泉水，山峰，猛兽，蛇，庄稼以及其他类似的东

① 瓦罗（前 116—前 27），古罗马作家、学者，著有《古代》、《拉丁语论》、《论农业》等。

西。这种风俗起源于古巴比伦的迦勒底人，后来传播到其他许多民族。居住在整个墨西哥帝国及秘鲁所有岛屿和境内大部分地区的食人肉的人，则直到印卡人和西班牙统治以前，一直野蛮地保持着这种恶习。”以上都是布拉斯·巴莱拉神父的话。他在另一处还说，印卡人只崇拜太阳和星辰，在这一点上，他们是模仿了迦勒底人的习俗。

第七章　印卡人认识到灵魂不死和万物复活

印卡人的“阿毛塔”认识到，人由肉体和灵魂组成，灵魂是不死的精神，肉体是由泥土做成的，因为他们看到肉体变成泥土，所以称它为“阿尔帕卡马斯卡”（Alpacamasca），意思是有灵魂的泥土。为了把人与畜类区分开来，他们称人为“鲁纳”（runa），意思是有理智和理性的人；把畜类统称为“利亚马”（llama），意思是牲畜。他们认为畜类有灵魂，称为生长和感觉灵魂，因为看得见他们在生长、有感觉，但不认为它们有理性灵魂。他们认为人死后还有生命，坏人受苦受难，好人得到安息。他们把宇宙分为三界：称天为“阿南·帕查”（Hanan Pacha），意思是上界，认为好人因有功德在那里受到褒奖；称这个腐败堕落的世界为“乌林·帕查”（Hurin Pacha），意思是下界；称地心为“乌库·帕查”（Ucu Pacha），意思是下界的下界，说那是坏人的去处，为了进一步表明这个意思，还给它另取了一个名称叫“苏派帕·瓦辛”（Zupaipa Huacin），意思是魔鬼之家。他们不认为死后的生命是精神上的，而认为与现世

一样是肉体上的。他们说，到上界安息就是过一种宁静的、没有现世的劳苦和忧虑的生活。反之他们认为，所谓下界的下界即我们称为地狱的生活，则充满现在经受的各种疾病、痛苦、忧虑和辛劳，既得不到休息，也毫无欢乐可言。因此，即使现世的生活他们也分成两部分，认为行善者可以得到各种舒适、安逸和欢乐，作恶者必然经受苦难和辛劳。但他们不认为死后生活的舒适中包括酒色之乐和其他恶习，而认为那只是精神安逸无忧无虑，肉体休息不事劳作。

印卡人还有万物复活的概念，但这不是为了要上天堂或下地狱，而是就过尘世生活，因为他们对事物的理解没有超越现世生活的范围。他们小心翼翼地收捡剪下的指甲，剪掉或梳掉的头发，放在墙壁的小洞和缝隙里。如果因为天长日久有人的头发自然脱落，别人看见就会收捡起来，妥善保存。我曾多次在不同时间问过不同的印第安人（想听听他们怎样回答），收捡那东西干什么。他们的回答都是一样的，说："要知道我们所有已经出生的人都要在世界上重新生活（他们没有表示复活的动词），灵魂都要带着它们肉体上的所有东西从坟墓中升天。为了我们的灵魂不致因为寻找它们的头发和指甲而耽搁时间（因为到了那一天，一定是乱糟糟、急匆匆的），我们现在就把他们收在一起，好让它们快点升天。要是可能的话，我们还要把唾沫吐在一起呢！"弗朗西斯科·洛佩斯·德戈马拉在其著作的第一百二十五章谈到秘鲁人为国王和大领主举行葬礼时说过一段话，现照录如下："当西班牙人掘开这些坟墓，把尸骨到处乱扔时，印第安人央求他们别这样做，因为尸骨在一起才能复活，可见他们笃信肉体复活和灵魂不死"，等等。这

位著述者没有去过西印度，而只是在西班牙写书，然而他竟然能够得知同样的说法，由此更加证明我们所说的情况是真实的。财务总管阿古斯丁·德萨拉特在其著作的第一卷第十二章中，就此所说的话几乎与戈马拉完全一样。佩德罗·德谢萨在其著作第六十二章中说，那些印第安人认为灵魂不死和肉体复活。我在写完我的亲属在他们异教时期这方面的事情后，在阅读戈马拉和上述两位作者的著作时，发现了他们的权威性说法，不禁感到欣喜若狂。不然的话，像肉体复活这类异教徒全然不知的事，就好像西班牙人都没有写过，完全是我凭空杜撰的了。我之所以说明确实是在我写完之后才发现这些权威性说法，目的就是使读者相信，我在任何这些事情上都不是跟着西班牙著述者人云亦云，而是我发现之后高兴地予以引用，以证明我从我长辈那里听到的古代传说中的事情是真实不谬的。我在写到古代惩罚对印卡王或太阳神的妻子行为无礼或与其通奸的罪犯的法律时（详情以后再讲），也遇到过同样情况。我在写完这项法律之后，在阅读财务总管阿古斯丁·德萨拉特所写的史书时偶然看到了这项法律，既然一位西班牙史学家援引这样一个严重的案例，我当然乐于收录在内。至于印卡人是怎样或根据什么传说认识到肉体复活的，乃是事关宗教信仰问题，我不得而知，也不是我一个行伍之人所能搞清的，而且我认为只要万能的上帝不显灵明示，那就休想确实搞清楚。就我来说，我只能用事实肯定他们有这个概念。这些话我早已写进那部关于佛罗里达的史书中，但是出生于塞维利亚的米格尔·巴斯克斯·德帕迪利亚和出生于乌维达的赫罗尼莫·德普拉多这两位令人敬重的耶稣会神父先生，让我把这些话从那里抽出来，我遵命从那里删

掉(虽然由于某些不可抗拒的原因而迟缓了些),现在重新把它们写到适得其所之处,以免这座大厦缺少这块如此重要的砖石。这样我们就可以依其出现的次序逐步垒上其他砖石,因为那些印第安人的幼稚可笑的事情是不可能一下子就说完的。其中一件就是认为灵魂趁肉体睡觉的时候钻将出来(据他们说灵魂不能睡觉),它在世界上看到的事情就是我们所说梦见的事情。从这种毫无根据的信念出发,他们非常看重梦境,并把梦境当作预兆和征兆,进而根据这些兆头或忧虑大祸临头,或期待大福将至。

第八章　祭献太阳的供品

印卡人祭献太阳的供品多种多样,如大小家畜家禽等。最主要、最珍贵的供品是雄羊羔,其次是绵羊,再次是不生育的母羊。他们还祭献家兔和各种食用禽类、纯动物脂肪、各种谷物瓜菜,以及“库卡”叶和细料衣物。祭献时不烧香,而将这些供品焚化献上,以感谢太阳哺育了这些东西供人食用。供品中还祭献许多他们喝的烧酒。这种烧酒用水和玉米制作,平时吃完饭后拿上来喝(吃饭时从不饮酒)。在最先端上的几杯酒中蘸湿半截手指,毕恭毕敬地仰望天空,(像弹击脑门似地)把黏在手指上的酒弹出去献给太阳,深深感谢他赐他们饮酒,然后用嘴在空中连吻两三次——如前所述,这在印第安人中是表示崇拜的动作。用最初几杯酒行过祭礼之后,他们便尽兴而饮,再无其他仪式。

我在秘鲁的时候,曾亲眼见过未受洗礼的印第安人举行上述仪式或偶像崇拜,因为当时还有很多老人没有接受洗礼,出于无奈我也曾为一些人施过洗礼。可以说,在祭献供品方面,印卡人与第一时期的印第安人几乎一样或非常相似,所不同的只是他们不杀生灵祭献人肉人血,相反,他们像对待食人肉的习俗一样,憎恶并禁止了这种做法。如果有些史学家写了他们有这种事,那是因为讲述情况的人没有分清时间和地点,没有分清在什么时候和什么省份用男人、女人和儿童做这类祭物,从而欺骗了他们。正是由于这种情况,一位历史学家在谈到印卡诸王时说他们用活人祭神,并点出两个省的名称,说那里有这种做法:一省距科斯科(那座城才是印卡诸王举行祭祀的场所)不到一百莱瓜,另一省是同名的两个省份之一,两省中一个位于城南二百莱瓜,另一个位于城北四百多莱瓜。由此可以清楚地看出,由于没有区分时间和地点,所以往往把印卡诸王统治以前的第一时期的习俗、而印卡诸王对征服之后纳入帝国的人已经禁止了的许多事情,仍然算到了印卡诸王的头上。

我曾不止一次听到我的父亲及其同时代人谈及用活人祭神和食人肉这类事情,他们对墨西哥和秘鲁两个国家作过比较。他们高度赞扬秘鲁印卡人,因为他们没有、也不允许有这样的事;同时又非常憎恶墨西哥人,因为正如关于墨西哥征服的那部史书所说,无论在墨西哥城里还是城外,全都凶神恶煞般地以活人祭神、食人肉。这部史书正是由两度征服并占领该城的那个人写的,虽然是一部秘史,但的确真实可信。我个人相信上面说的情况,因为在我的祖国和西班牙,我都听一些可信的先生们非常肯定地谈到过。就是这部著作向细心的读者披露了这种情况,遗憾的是未能用原著者的名字出版,否则此著作更具权威性,作者也可在各方面与恺撒大帝相媲美了[1]。

现在回过头来继续讲祭物，我们说印卡人不用、也不允许用大人小孩做祭物，即使在他们国王生病时也是一样，(因为正如另一位史学家所说)他们认为国王的疾病与常人不同，说那是他的父亲——太阳的使者来召唤他的儿子到天上与他一起安息的。因此，当印卡王生命垂危之际，通常总是说："我父亲在召唤我去同他一起安息。"印卡诸王宣传这种虚妄之说，并就太阳说了其他一些诸如此类的事，从而把自己说成太阳的儿子，印第安人对于这些都深信不疑。印卡诸王自己还说，是太阳召唤他们与他一起去安息，所以不允许违反他的意志，用人祭来祈祷他长寿。这一点足以使人相信：他们不用男人、女人和儿童做牺牲。至于他们向太阳供献的一般祭物和特殊祭物，他们为太阳举行的隆重典礼，我们留待后面再作详细记述。

进入或置身神庙以后，他们中最重要的人把手伸向眉毛，作出揪眉毛的动作，然后不管是否真的揪下，都要吹向偶像，以示尊崇之意。这种崇拜仪式不为国王举行，只为魔鬼附身对人们讲话的偶像、树木或其他东西举行。祭司和女巫在进入房屋角落和秘密场所与魔鬼谈话时，也要如此这般地动作一番，好像在强迫他们想象的那位神明听他们讲话并作出回答，因为他们是用这些动作表明自己的真实身份。附带说一句，举行这种偶像崇拜仪式的情况我也亲眼见过。

---

① 恺撒著有《高卢战记》、《内战记》等。

第九章　祭司、祭礼和仪式以及法律均来源于第一代印卡王的意志

印卡人有专管敬献祭物的祭司。科斯科城太阳宫里的祭司都是王室血统的印卡，神庙里其他事务则由享有特权的印卡人掌管。印卡人设有最高祭司，他必须是国王的叔伯或兄弟，至少是嫡系血统的亲属。祭司没有专门服饰，只着普通衣物。在建有太阳神庙(数量很多)的其他省份，由该省出生的人充当祭司，他们是各省领主的亲属；但主祭司(相当于主教)必须是印卡王公，以使祭物与仪式同京城相一致，因为在处理平时和战时所有重大事务时，为避免歧视和专断，均保留当地人职务，但需派驻印卡王公为上司予以监督。各省还建有许多贞女宫，有些贞女永不出宫，终生保持童贞，有些成为国王的嫔妃。关于贞女应具备的条件、幽居生活、经管的事务和接受的训练，后面再作详细介绍。

应当说明，无论在他们虚妄宗教的神界事务，还是在他们世俗统治的凡界事务中，每当印卡诸王必须制定法律和规定祭礼时，总说成是第一代印卡王曼科·卡帕克的意志，说这一切都是他吩咐下来的，有些他已经制定并颁布执行，有些他已有初步设想，留待他的后人届时予以完善。他们总声称自己是太阳之子，是从天庭下凡来统治印第安人并为他们制定法律的，说他们的父亲已把为给众人造福而必须制定的法律，以及必须在他的神庙中供献的祭物告诉并传授他们。他们编造出这个神话，就是为使他们的一切规定和命令都具有权威性。由于这种情况，也由于他们没有文字，

很多事情不能用文字记录下来以供后人查阅，所以现在无法确切说明是哪代印卡王制定了这条或那条法律。但他们实行的那些法律和规定，确实是他们根据时代和情况的需要而制定的，有些是新定的，有些是把古代原有的加以修改。在后面讲到一代国王的生平时将会看到，印第安人尊这代国王为伟大的立法家，说他制定了许多新法，修订和充实了所有已定的旧法；尊他为伟大的祭司，说他规定了祭祀中的许多祭典和祭仪，用金银财宝把许多神庙装点得富丽堂皇；尊他为伟大的统帅，说他攻占了许多王国和省份。然而，他们说不清他制定了什么法律和规定了哪些祭物，在无计可施的情况下，只好说帝国的所有法律和原则都是第一代印卡王制定的。这里我们按照这个混乱的次序，介绍一下他们据以建立自己国家整个统治制度的第一项法律。讲完这项和其他一些法律，我们再依次记述各代印卡王进行的征服，在讲到他们的生平和业绩时，逐步插入其他法律、他们的习俗、祭祀方式、太阳神庙、贞女宫、他们的主要节日、加封武士称号的仪式、王宫的用具以及宫廷的富丽景象等等。这样穿插记述，是为了读者读来不致兴味索然。不过我首先要引录几位西班牙史学家就这方面所写的情况，以证实我上面说的是正确的。

第十章　本书作者引述西班牙史学家著作，以证明所述情况真实可信

为使读者看到，以上所述关于印卡帝国起源和初期的情况以及印卡以前时期的情况不是我凭空杜撰，而是印第安人对西班牙

史学家都是这样讲的，我觉得应将塞维利亚人佩德罗·德谢萨·德雷昂一部著作第一卷的一章引录出来。这部著作的名称是《秘鲁纪事——记述秘鲁各省的轮廓、各省的概况、新城市的建立、印第安人的仪典，习俗及其他事情》。这部书是他在秘鲁写成的，如他所说，为了写得更为真实可信，他从乌拉瓦港走到普拉塔镇（即今普拉塔城），在陆上长途跋涉了一千二百莱瓜的路程。他在各省把人们对他讲述的各省习俗，不管是野蛮的还是较为文明的统统记录下来，写时还按时间和时期作了区分。他讲述了每个部族在印卡诸王征服以前和统治以后的情况。他从 1541 年开始听取叙述，整理材料，撰写成书，直到 1550 年全部完成，前后历时九年。他先写了自己从乌拉瓦到帕斯托沿途所见新闻，然后写到曾是印卡诸王版图内情况时另辟一章，即他这部史书的第三十八章，文中写道：

“虽然我已写过一部关于印加诸王及其事迹的篇幅浩繁的专门著作，但我在本书这第一卷中还要多次谈到印加诸王，介绍他们的许多住所以及其他值得记忆的事情，为此觉得应在这里对他们略作介绍，以使读者了解这些君王的情况，粗知他们的作为，而不致产生误解。根据科斯科的印第安人对我们讲述的情况可以推断，我们称为秘鲁的这个王国的各省，在古代时期是一片混乱。那里的土人没有理智和没有理性到了难以置信的程度，因为人们都说，他们简直与野兽无异，许多人食人肉，还有人娶自己的女儿和母亲为妻子；此外他们还犯有其他更多、更严重的罪行，他们与魔鬼关系密切，都乐于为他效劳，对他毕恭毕敬。

“除此之外，他们在高山峻岭建有堡垒要塞，为了区区小事便倾巢出动，相互征伐，杀人捉俘，无所顾忌。虽然他们犯有种种罪行，干下无数卑鄙勾当，但据说他们中间有些人信仰宗教。因此在王国的许多地方建有大型神庙，他们在那里进行祈祷，在偶像面前举行大规模的祭祀和迷信活动，于是魔鬼显形接受人们的崇拜。既然王国的人们是这样生活，许多专横暴君便在科亚俄诸省和其他地方应运而生，他们之间残酷征伐，杀人如麻，掠物无计。虽然双方都是战祸连绵，许多堡垒要塞荡然无存，但他们之间的战火仍然是经久不息，无数生灵惨遭屠杀，人类的敌人——魔鬼却对此欣喜若狂。

"就在秘鲁诸省处于这种混乱局面之际，出现了兄妹二人，兄长名叫曼科·卡帕克。印第安人和一些颇为文雅的神话讲到他们创造了伟大的奇迹，愿意了解这些奇迹的人可在我说的那部书出版之后去参阅。这位曼科·卡帕克建立了库斯科城，按他的意志制定了法律，他和他的后代自称为印加，这称号的意思就是国王或大领主。他们强大无敌，征服并统治了从帕斯托到智利的大片疆土。他们的旗帜飘扬在南面的马乌莱河和北面的安加斯马约河，这两条河是他们帝国的边界。帝国领土非常辽阔，两条边界之间距离达一千三百莱瓜。他们构筑了大型要塞和坚固房舍，在各省派驻文臣武将。他们的成就如此卓著，他们的统治如此贤明，世界上很少有人超过他们。虽然他们没有文字（因为迄今在西印度这些地方还没有发现文字），但他们聪明灵巧，多谋善断。

"他们让所有百姓养成良好习惯，吩咐他们穿衣蔽体，脚穿用兽皮制作的类似木屐的鞋子。他们深信灵魂不死，深知其他一些自然界奥秘。他们相信有造物主，尊奉太阳为至高无上的神，为他建造大型神庙。他们像异教徒一样，因受魔鬼的欺骗而崇拜树木和石头。他们像罗马人在维斯达[①]神庙里一样，在主要神庙里收养许多美貌的贞女，这些贞女遵守的清规与维斯达神庙里的贞女毫无二致。他们在军队里尽量挑选英勇无畏、忠心耿耿的人做统领。他们颇有心计，善于不动武力而化敌为友。如果有人暴动反叛，他们则严厉惩罚，残酷镇压。我想说明，鉴于我对印加诸王已另有著述，这里就讲这么多，以使阅读本书的人对这些国王的为人和功业略知一二，下面我要回到原来的话题了。"

以上几段文字均见于该书第三十八章，看来作者在这一章中概括地讲了我们前面已经记述和以后还要详细记述的内容，即印卡诸王的偶像崇拜、征服业绩以及平时和战时的统治方式。他在所著关于秘鲁的这部书的后八十三章中，也逐一讲述了这些情况，而且总是以赞扬的口气谈论印卡诸王。在讲到某些省份的人实行人祭、喜食人肉、不穿衣服、不会种地以及其他恶习时（如崇拜卑劣污秽的东西），他总是说，他们在印卡诸王实行统治后抛弃了那些恶劣的习俗，而学会了印卡人的习俗。在谈到其他许多有同样恶习的省份时，他说那是因为印卡诸王的统治还没有达到那里。在谈到没有如此野蛮的习俗、生活比较文明的省份时，他说"这些印第安人在印卡帝国的帮助下有了进步"。因此可以说，他总是赞扬印卡诸王废止了陋习流弊，树立良好风俗，这在后面适当场合我们将引录原话予以说明。愿知详情的人请参阅他的那部著作，在那里可以看到印第安人习俗中一些荒诞离奇的事情，任凭你有

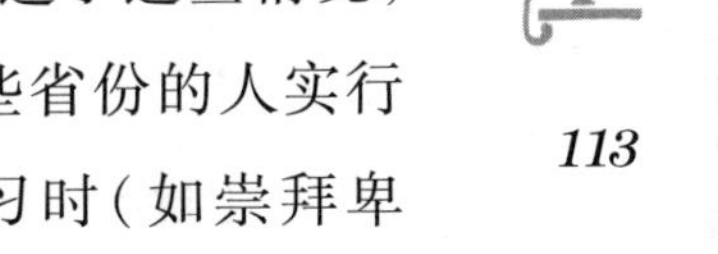

① 维斯达：罗马灶神。

多么丰富的想象力,也想象不出他们会做出如此愚昧透顶的事。但如果想到魔鬼是这些事情的罪魁祸首,我们也就无须大惊小怪了,他在过去教给古代异教人,现在教给尚未见到天主教信仰灵光的人的就是这些东西。

在整个那部史书中,虽然他在多处说印卡人或他们的祭司与魔鬼交谈,并且还有其他极其迷信的事情,但他从来没有说他们用儿童和成人做人祭。只是在谈到科斯科附近一座神庙时,说那里用人血做祭祀,说从眉心取血,洒在一种面食上(详情到时再讲),但并不将大人小孩杀死。如他所说,他有幸见过许多认识末代印卡王瓦伊纳·卡帕克的"库拉卡",他写的情况中有许多是听他们讲述的,而那时候(五十多年前)讲述的事情与现代讲述的事情不同,那时讲述的事情更新鲜、更接近于那个时期。现在还有人说印卡人用大人小孩做祭祀,他说上面那番话就是为了驳斥他们这种看法,因为印卡人确实不干这种事。但是,如果有谁愿意的话可以坚持这种看法,这也没有什么关系,反正在偶像崇拜中什么事情都可能有,不过对于这种毫无人性的事,如果不是知道得千真万确,是不该随便乱说的。布拉斯·巴莱拉神父在谈到秘鲁古代情况,谈到印卡诸王尊太阳为父亲、为他举行祭祀时,说过这样一段话,现照录如下:"在敬神仪式中,后代人为太阳供献大量羔'羊'和其他牲畜做祭物,但从来不像波洛[1]凭空断言的那样用人做祭物。"

① 胡安·波洛·德翁德加多(?—1574)西班牙殖民官员、史学家。1545年到秘鲁,历任查尔卡斯都督、库斯科督办等职。得识印卡·加西拉索。著有《对于没有维护印第安人特权造成的明显危害的记述》、《对于印卡人家系的记述》、《关于印第安人的错误和迷信》。

我们前面讲过,第一代印卡王来自的的喀喀湖,弗朗西斯科·洛佩斯·德戈马拉在《西印度通史》第一百二十章中也有这种说法,这一章讲的是被西班牙人俘获和杀害的阿塔瓦尔帕的家系。曾任西班牙王室财务总管的阿古斯丁·德萨拉特,在他所写关于秘鲁的史书第一卷第十三章中也持这种说法。极为可敬的耶稣会教士何塞·德阿科斯塔神父,在他所著关于新世界自然和道德史那部著名的著作中,也写了这种情况并多次以赞美的口吻谈到印卡诸王。西班牙史学家作为外来人不了解那里语言的确切含义,也不像我一样自幼年时期就耳闻目睹那些神话故事和真实情况,所以在叙述时只能长话短说。我作为出生在那片土地上的印第安人,现在要讲的并没有什么新的内容,只是把他们记述的事情讲得更加充实和更加详细而已。好了,现在我们接下去讲印卡诸王统治诸王国时建立的秩序。

第十一章　将帝国划分为四个行政区,对百姓实行编组统治

印卡诸王将其帝国划分为四个行政区,称为“塔万廷苏尤”,意思是世界的四个部分,依天空四大方位称为东、西、北、南。定科斯科城为中点或中心,科斯科在印卡人专门语言中意思是大地的肚脐。整个秘鲁形状狭长,颇似人体,科斯科城几乎位于中间,所以称为肚脐非常形象。东部有一省份称为安蒂,所以称东面部分为安蒂苏尤;纵贯秘鲁东部绵长的雪山山脉也因此称为安蒂山,说明它位于东部。西部有一很小省份称为昆蒂,所以西面部分称为

昆蒂苏尤。城北有一辽阔省份称为钦查,所以北面部分称为钦查苏尤。南部也有一辽阔省份,称为科利亚,所以南面行政区称为科利亚苏尤。这四个省份就表示伸向四方的整个国土,当然,有些地方已经越出各省边界许多莱瓜,例如智利王国虽然在科利亚省以南六百多莱瓜,但仍属于科利亚苏尤区;再如基图王国在钦查省以北四百多莱瓜,但仍属于钦查苏尤区。所以,称区的名字就等于说东、西、南、北四方。起自科斯科城的四条大道也这样称呼,因为它们就是通向王国那四方的。

印卡诸王创立了一条法律作为统治的原则和理论依据,认为实行这条法律就可以预防和制止各王国出乱子。为此他们规定,在帝国所有大小村落将居民每十人编为一个单位,任命其中一人为十人长,负责监管另外九人。五个十人的单位另设一名较高级长官,负责监管五十人。两个五十人的单位再设一名更高级长官,监管一百人。五个百人的单位设一名头领,监管五百人。两个五百人的单位设一名总头领,负责统治一千人。最大单位不过千人,他们说为使一个人尽职尽责,最多只能委托他监管一千人。这样就有十人、五十人、一百人、五百人和一千人各级,每级都有长官,下级长官服从上级长官,最高级、最主要的长官称为总头领。

第十二章　十人长的两项职责

十人长对本单位人员负有两项职责。一项是充当总务官,当出现什么需要时,向负责供给的省督或官员呈递申请,要求对本单位的人给予救助,例如为没有种子或口粮的人要求粮食,申请做衣服的“羊”毛，申请为房屋倒塌或被烧毁的人重建房屋，或提出其他大小要求。另一项是充当检察官和起诉人，单位内不管谁犯了什么罪行，也不管罪行多么小，均必须呈报负责治罪的高一级长官或越级上报到更高级长官。各级法官享有高低不等的权限，分别审判轻重不同的罪行。因此能够有人迅速惩办罪犯，而不必将每件罪行都逐级上诉到高级法官，再由高级法官上诉到王室最高法官。他们说，不然的话，如果对罪犯迟迟不惩办，许多人就会肆无忌惮地犯罪；而民事案件，由于层层上诉、核实和证词不能确立等原因，往往一生不能了结。在这种情况下，为了不惹这么多麻烦和不受这么长拖累，穷人就会被迫放弃起诉而失去财产，否则就会得不偿失，为得到十份而花费三十份。因此规定，除两省之间涉及草场或边界的犯罪行为需由印卡王委派特别法官审理以外（详情后面再讲），每个村落均设有法官对村民之间提出的诉讼作出终审判决。

任何下级或上级长官，只要玩忽职守而未尽到总务官的职责，就等于犯罪，就要因渎职而未予救助造成损失的程度而受到或轻或重的惩罚。对百姓的罪行延误不报者，如无充分理由哪怕只耽搁一天，别人的罪行就成了他的罪行，就要二罪并罚：一条罪状是没有忠于职守，另一条是对别人罪行知情不举，别人罪行就成了他的罪行。不论是长官还是百姓，每个人都有检察官在监督他，所以人人全力以赴、精心勤奋地各操其业，各尽其职。因此就出现了没有懒汉和无赖、没有人敢胡作非为的局面。因为身边随时有人会告发，而惩罚又非常严厉——尽管罪行很轻，大部分也是死刑。这是因为他们认为，惩办罪犯不是因为他犯了罪行，也不是因为他损害了别人，而是因为他破坏了他们敬为神明的印卡王的规定和违反了他的圣谕。即使受害人撤诉或根本没有起诉，而由法庭依法处理或遵循通常渠道由检察官或长官办理，也要按法律规定对每件罪行照惩不误，依罪行严重程度或处死刑、或处鞭笞、或处流放等类刑罚。

小孩子犯罪，即使只是所谓小孩的顽皮淘气，也像对其他人一样依其罪行轻重进行惩罚。对于儿童，在量刑时按其年龄大小和天真程度减刑或加刑。对于家长则严惩不贷，因为他们没有从小好好教育和引导子女，让他们不要顽皮淘气和沾染恶习。小孩子不管犯有什么罪行，均需连同家长由十人长起诉。所以，家长也总是小心翼翼地教育子女，让他们不要在街上和田野里顽皮淘气和行为无礼。因此，除了印第安人本来就生性温顺以外，还因为有家长的谆谆教导，孩子们长大后也非常温顺，与驯顺的绵羊毫无区别。

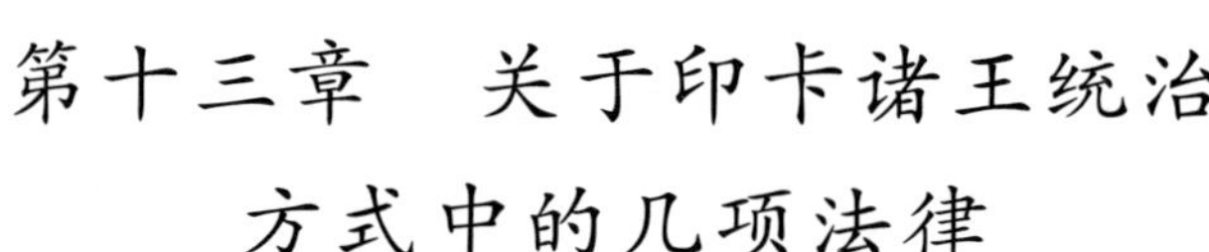

第十三章　关于印卡诸王统治方式中的几项法律

印卡诸王根本没有罚款和没收财产之类的刑罚，他们认为，在财产方面进行惩罚而让罪犯活着，等于不想铲除国内的罪恶，而只是剥夺了坏人的财产，这会使他们更加肆无忌惮地干更大的坏事。如果某个“库拉卡”发动叛乱（这是印卡诸王惩罚最严厉的罪行）或犯有其他该处死刑的罪行，虽然将他处死，但不剥夺他的继承人的领主地位，仍然让他继承，但同时对他说明他父亲的罪行和被惩情况，以免他重蹈覆辙。佩德罗·德谢萨·德雷昂在他那部著作的第二十一章谈到印卡诸王这方面情况时说："还有一件事他们做得很精明，因此土人不厌恶他们，那就是对于应该继任酋长的土人，从来不剥夺他们的领主地位。如果有人犯有罪行或被控犯有严重罪行而应该剥夺其享有的领主地位，他们就让他的儿子或兄弟担任酋长职务，并规定大家要服从他"，等等。以上是佩德罗·德谢萨的原话。在战争中他们也遵守这一条，对于率领自己本省士卒参战的土人头领，他们从不剥夺职务，即使是将军也让他们担任原职，同时另外委派王室血统的人做上级；土人头领也乐于充当印卡王公的副手，说不管在印卡王公手下当兵做官，都是他们的股肱，百姓都视为极大恩宠。对法律规定实行的刑罚，法官不得擅自决定，必须不折不扣地执行，否则要因违反国王规定而被处以死刑。他们认为，如果允许法官任意作出决定，那就削弱了法律的威严（因为法律是国王根据参政院里位高权重、经验丰富的人的意见制定的，而法官个人没有这样的权位和经验），那就等于把法官变成可供贿赂的对象并为他们敞开大门，人们就可以用贿赂和说情买到正义。这样的话，每个法官都各行其是，就会天下大乱。因此，任何人都不能随意立法，只能执行法律规定，而不管多么严厉。（前面说过，不管罪行多么轻）大部分都处以死刑，从那些法律的严酷性来看，确实可以说是野蛮人的法律。然而，平心静气地从那种严酷性给国家带来的好处上考虑，可以说那是精明人为根除国内弊端而制定的法律，因为只要严格执行法律的刑罚，人们从贪生惧死的本性出发，自然就会厌恶会导致处死的罪行。因此就出现了这样的局面：整个印卡帝国一年之中几乎也没有什么该惩罚的

犯罪行为，因为整个帝国虽然有一千三百莱瓜长，部族和语言五花八门，但都实行同样的法律和规章，犹如一个大家庭一样。让人们将那些法律视为神的法律，这种做法对于他们怀着喜爱和敬畏心理遵守法律也起了很大作用，因为在他们虚妄的信仰中，他们尊奉国王为太阳的儿子，尊奉太阳为神，所以国王的随便什么一般规定，他们也认为是神的规定，至于国王为了造福众人而制定的专门法律则更是如此。因此印第安人就认为，法律都是太阳神吩咐制定并启示给印卡王的；于是违犯法律的人，即使谁也不知他的罪行，自己也以为是亵渎神明，该受谴责。所以常常有这样的事，罪犯因受到自己良心的谴责，主动到法庭自首，公开招供自己无人知晓的罪行，因为他们除了觉得自己的灵魂正在受苦以外，还确信就是由于他们犯了罪，诸如疾病、死亡、歉收以及众人和个人的其他灾祸才降临国内。他们说，情愿自己以死来平息神的怒气，以免神因为他的罪过再降灾于世人。我想，西班牙史学家就是根据这类公开招供的事，才试图断言秘鲁印第安人像我们基督徒一样私下忏悔，并说他们有专门忏悔神父的。其实这是印第安人的虚言妄说，他们在回答提出的问题时，往往不是根据事实，而是按照他们在提问者身上觉察到的好恶而投其所好。实际上，印第安人（我说的是秘鲁的印第安人，对于我不了解的其他民族、王国或省份，我不想妄加评说）不在私下忏悔，而是如上所说，公开招供罪行，要求惩戒。

由于法官不能随意乱判，涉及该案的法律在一审判决中就得到严格执行，案件就此了结，所以在发生的任何民事和刑事案件中，他们都不会从一个法庭上诉到另一个法庭。但事实上，由于国

王治理有方，百姓民风古朴，很少出现需要诉讼的案件。每个村庄都有负责处理当地发生案件的法官，他必须在听取各方陈述后于五天期限内执行法律。如果发生非同一般的严重或恶性案件需上级法官裁决，就到发案省份的首府去并在那里判决，各省首府都有上级长官负责处理各种案件，以使任何诉讼都不必出村或出省即可得到审理。印卡诸王深知贫民都很穷苦，离乡背井到多处法庭投诉，付出的代价和经历的麻烦往往超过要求得到东西的价值，因而就不再要求伸张正义，特别是控告财大势大的人，这些人凭借权势往往使穷人的控告不了了之。印卡诸王正是要纠正这诸多弊端，所以不准法官们专横武断地定案，不准经过好几个法庭，也不准打官司的离开本省。一般法官在诉讼中的判决，每月向上一级法官报告一次，上一级法官向更高一级报告。依事务大小和严重程度，朝廷内设有很多级别的法官，因为国内各个部门都实行从下级到上级直到最高级的程序，最高一级就是帝国四个行政区的总督或副王。报告的目的是审查执法是否公正，以免下级法官玩忽职守，执法不公；如果确属执法不公，就要受到严厉惩罚。这种做法就好像是每月都对他们进行考查一样。向印卡王和最高参政院成员报告的方式，是在多种颜色的细绳上打结，根据绳结就可了解事情的情况，犹如根据密码一样。某某颜色的绳结说明已经惩罚的罪行，系在最粗绳子上某些不同颜色的细线说明已经给予的刑罚和已经执行的法律。由于没有文字，他们就用这种方式互通情况。后面我们将专辟一章，详细讲述他们用这类绳结计数的方法。西班牙人看到他们自己最好的会计在计算时还会出错，而印第安人在乘、除计算中却如此准确，甚至越难算的数字算法越简便，因

而曾不止一次地为此拍案称绝。原来,掌管计算事务的印第安人白天黑夜都专注于此,所以在这方面已达到熟能生巧的程度。

如果两个王国或省份之间因为边界或草场发生纠纷,印卡王便从王室血统的人中派遣一名法官去处理。法官经过了解并亲眼看过双方应占的范围后,力图使双方达成协议。如能达成协议,他就以印卡王的名义作为判决宣布,协议就成为犹如国王亲自发布的、不得违反的法律。如果法官不能使双方达成协议,就将他处理的经过报告印卡王,并说明各方应占的范围以及双方设置的困难,印卡王据此作出判决,判决自然成为法律。如果印卡王不满意法官的报告,就吩咐先把案子挂起来,待他巡视该行政区时,由他实地查明情况后亲自判决,百姓们认为这是印卡王的极大恩宠和赏赐。

第十四章　十人长报告出生和死亡人数

现在回过头来再讲一些关于长官或十人长的情况。他们除了行使保民官和检察官这两项职责外,还负责逐级向上报告每月出生和死亡的男女人数,这样年底即可把当年出生和死亡的人数、参加征战和阵亡的人数报告国王。在战争中,也实行这样的法律和这样的序列,自下而上分别设有分队长(cabo de escuadra)、队长(alférez)、统领(capitán)、将军(maestre de campo)和统帅(general),他们对自己的士卒同样行使检察官和保护官的职责。因此,即使在激烈的战争中,也像在和平安定的环境中和宫廷内一样,人人遵纪守法,秋毫无犯。他们绝不允许抢掠占领的村庄,即使是武力攻占的村庄也不允许。印第安人说,由于只要有人犯罪就严惩不贷,这就能惩一儆百,防止再有人犯罪;而如果不严格执法,不把毒草铲除在萌芽状态,就会接二连三地有人犯罪,以致无尽无休。他们还说,如果等到有人申诉再惩办坏人,就是治国无方,就是不想根除罪恶,因为许多受害人不愿申诉以免把不名誉的事张扬出去,而宁愿等待时机自己报仇雪耻,这就会造成天下大乱;如果用法律监督每个村民,不等受害者申诉就由官方依法处理,惩罚罪犯,就可防止出乱子。

这些长官的名称,依其管辖单位的人数而定。最下级的称为“琼卡·卡马尤”(Chunca Camayu),意思是管理十个人的人;这个名词由意为十个的“琼卡”和意为负责管理的人的“卡马尤”组成。其他人数的长官依此类推。喜欢钻研的人可能很想再看几个与“卡马尤”这个名词组合在一起、由乘法得出的两三个数字,但为避免冗长起见,就不用同样语言一一赘述了。“卡马尤”这个名词如果与表示担负什么职责的其他名词或动词组合起来,还另有许多含义。即使“琼卡·卡马尤”本身也还另有一个含义,即死不悔改的赌徒,就是谚语说的“风衣帽子里也装纸牌的家伙”。因为任何赌博都是用数字来算分,他们就把任何赌博方式称为“琼卡”;又因为所有数字都是到十为止,他们就用数字“十”来表示赌博。如果要说“咱们来赌一场吧”,就说“琼卡苏姆”(Chuncásum);严格说来它的确切意思是“咱们用十或数字来计算吧”,这意思就是赌博。我之所以说明这一点,就是让人看看印第安人用同一个词表示多么不同的含义,因此若想完全掌握那种语言的准确含义是非常困难的。

印卡王以及他在各省的省督和在王国的副王就通过各级长官知道每个村庄有多少百姓,以便公正地分派赋役,让他们参加必须共同为各省建造的公共工程(如桥梁、道路、通衢、王室房舍及诸如此类的劳役),同时也便于征派士兵和运输人员参加作战。如果有人未经允许从战场上跑回来,他的统领、队长或分队长,在村中则是他的十人长就要控告他,而他在战场上抛弃战友、亲戚和统领,说到底是抛弃了印卡王或代表印卡王的统帅,因此就要以不忠和背叛罪被处以死刑。除了摊派税赋和参加战争的人员以外,还有一个作用,就是印卡王规定,每年都要掌握各省各村各种年龄百姓的数字,并掌握各省丰歉情况。这是为了在歉收和减产实行救济时,摸清必须提供口粮的数量并预先作好准备,也是为了摸清所需羊毛和棉花的数量,以便按时供给他们衣物,关于这一点到后面再详细介绍。印卡王规定,所有这一切都要心中有数并预作安排,以备不时之需,免得百姓缺衣少食时迟迟得不到救济。由于印卡王早已为百姓的福利作了精心准备,所以布拉斯·巴莱拉神父多次说,根本不应称他们为国王,而应称为孤儿们精明谨慎、勤勤恳恳的监护者。印第安人用一句话说明了所有这个意思,称他们是穷人的爱护者。

为防止省督和法官玩忽职守,防止其他低级官员、管理太阳神和印卡王财产的官员玩忽职守,国内设有巡视官和稽查官。他们在各地区秘密来往,巡视或稽查这些官员,如发现恶行劣迹,即报告负责惩办的上级官员,以及时惩办下级。这类官员称为"图奎·里科克"(Túcuy ricoc),意思是监察一切的人。这些官员和隶属于全国政府、王室财政部门或其他任何部门的所有官员,都是上级辖下级，以使任何人不能渎职。对于任何法官、省督或其他下级官员，如果发现其执法犯法或犯有任何其他罪行，都要给予比任何其他犯有同样罪行的一般犯人更为严厉的惩罚；官级越高，惩罚越严。因为他们认为，不能容忍选来执法的人为非作歹，也不能容忍负责惩罚犯罪的人违法犯罪；如果他们这样做，就是侮辱了选择他们做下属师表的太阳神和印卡王。

第十五章　印第安人否认王室血统的印卡犯过罪

没有发现他们惩罚过哪位王室血统的印卡王公，至少没有发现公开惩罚过，也可能是惩罚过而印第安人否认这一点。他们认为，印卡王公们接受过父母的教导，看见过长辈的榜样，被公认为太阳的儿子，生来就是教育和造福他人的，因此都能严格律己，言行端正，为人楷模，不会给国家丢丑，所以从未犯过什么罪行需要公开惩戒。此外还认为，他们也没有常会导致犯罪的那些诱因，诸如追求女子、贪图财产或蓄意报复等。因为如果他们想要美女，可以依法要多少有多少；印卡王公们知道，只要他们看中哪个美貌姑娘并派人向她父亲提出要求，不仅不会有人拒绝，反而因他们屈尊欲纳她为妾或用作使女，人们都会感激涕零地献给他。在财产上也是一样，他们根本不会因为缺少而要抢占别人的财产，也不会因穷困而受贿。因为不管他们在哪里担任官职（其实不任官职也一样），既然他们是太阳神和印卡王的官员，那里太阳神和印卡王的所有财产就全部由他们支配。如果他们自己不是行政和司法官员，那么行政和司法官员就必须从太阳神和印卡王的财产中拨给他们所需的部分。印第安人说，既然他们是太阳神的儿子和印卡王的兄弟，那些财产他们需要多少就可有多少。他们也从没有为了图报复泄私愤而杀死或伤害他人，因为谁也不能冒犯他们，相反他们受到仅次于国王本人那种规格的尊敬。如果有人惹怒某位印卡王公，不管他是多大的领主，那就等于亵渎神明，冒犯国王本人，因而要受非常严厉的惩罚。不过另一方面，也可以肯定地说，从来没有见过哪个印第安人因为冒犯某位印卡王公的人身、尊严和财产而受到惩罚，他们都把印卡王公敬若神明，所以没有发现过这样的事；同样也没有见过哪位印卡王公因为犯罪而受到惩罚。对照这两种情况，可以看出印第安人不愿承认冒犯过印卡王公，也否认印卡王公犯过严重罪行，甚至对西班牙人问起这类事情感到气愤。因此，有位西班牙史学家曾说，他们制定了这样一条法律：无论印卡王公犯了什么罪，都不会被处死。印第安人若听说有这样的法律会非常气愤，就会说那等于允许印卡王公为所欲为地干坏事，为自己制定的是一种法律，为别人制定的是另一种法律。其实情况恰恰相反，如果身为印卡王公而变成了“奥卡”(Auca)，即暴君、叛逆和不讲忠义的人，则首先降低他血统的等级或逐出王室血统，然后再更加严厉地予以惩罚。

佩德罗·德谢萨·德雷昂在关于军队情况的第四十四章中谈到印卡诸王的军法时说：“如果士兵在某个地区侮辱人或盗窃，立刻会受到严厉惩罚。印卡君主在这方面执法极其严明，即使对自己的亲生儿子也严惩不贷，绝不姑息”等等。他在第六十章讲到这种法律时又说：“因此，在随他到各处巡幸的人中，如果有谁胆敢闯入印第安人的禾田或家里，尽管没有造成多大损害，他也下令将其处死”，等等。这位著述者说这番话时没有区分是不是印加王公，因为他们的法律对所有人都适用。以太阳的儿子自诩这件事，最能迫使他们好自为之，无论在品德还是在血统方面都胜过他人，才能使印第安人相信他们继承了太阳的美德和血统。据印第安人自己说，他们相信是这样，而且深信无疑，以致如果哪个西班牙人在谈话中赞扬国王或他们的某位亲属的善举时，他们总是说：“这你不用奇怪，他们是印卡嘛！”反过来，如果西班牙人责骂什么事办得很糟时，他们就说：“你别相信有哪位印卡干过这种事。如果当真干了，那他就不是印卡，而是个被逐出王室血统的杂种。”阿塔瓦尔帕背叛了他的兄长、合法继位人瓦斯卡尔·印卡，印第安人就这样说他，这段情况我们在以后适当章节详细记述。

印卡王把帝国划分成四个行政区，每区设有军事院、司法院和财产院。各院又为各部设有官员，上级辖下级，一直到最下一级，即十人长一级。各级官员把帝国内各种情况逐级上报，直到各行政区的最高参政院。共设有四位副王，每行政区一名，他们是本行政区各事务院的首席长官；他们综合收集关于王国内发生的一切情况的报告，然后上报印卡王；他们直属印卡王领导，是本行政区的最高行政长官。他们在血统上必须是合法印卡王公，文治武功都有丰富经验。这四个人，而且只有这四个人可以进入全国参政院，由印卡王向他们发布命令，提出在平时和战时该做什么事，他们再逐级下达所辖官员，直到最低一级。关于印卡诸王的法律和统治方式现在暂时讲到这里，后面讲到印卡诸王的生平和事迹时，再随时穿插介绍最突出的事件。

第十六章　第二代印卡王辛奇·罗卡的生平和事迹

曼科·卡帕克·印卡故去后,其子辛奇·罗卡(Sinchi Roca)继位。“罗卡”是专有名词(Roca中的r发单击颤音),在秘鲁通用语中没有任何含义,在印卡人专用语中可能有,但我不知道。布拉斯·巴莱拉神父说,“罗卡”的意思是精明老练的国王,但也没有说明是在什么语言中;同时像我们一样,他也指出“r”发单击颤音。他是在讲到印卡·罗卡的高尚美德时这么说的,详情我们以后再讲。“辛奇”是形容词,意思是勇敢的,据说他生性果敢,膂力过人,不过他没有与人交过战,无缘施展;可是无论在搏斗、奔跑、跳跃、投石、掷矛还是在其他任何角力活动中,他都技高一筹,胜过所有同代人。

这位国王为父亲举行完隆重葬礼,接过国王的红色流苏王冠后,决定扩大疆土。为此,他召见父王传给他的最主要的“库拉卡”,把他们聚集一起,进行了一次长时间的、庄严的谈话。他说,为实现他父王即将回转天庭时对他的吩咐,就是劝说印第安人改变信仰,尊敬和崇拜太阳,他已决定动身去召集邻近的部族。他命令“库拉卡”们同样以此为己任,既然他们像国王一样也姓印卡,就有同样义务,为大家共同的父亲——太阳效力,为邻近部族的利益和福祉而效力。现在这些邻居迫切需要他们的帮助,以摆脱他们过的那种野蛮愚昧的生活。“库拉卡”们可以现身说法,证明现在的生活大有好转,与他的父亲印卡王到来之前迥然不同,所以他要求他们帮他劝服那些野蛮人，让野蛮人看到为他们做的好事后，更爽快地前来接受同样的好处。

"库拉卡"们说，他们早已作好准备，随时听从国王调遣，一定怀着对他的爱戴和报效之心赴汤蹈火，在所不辞。选定出发日期后，谈话就此结束。日期一到，印卡王便在部下簇拥下登程，前往科斯科城以南的科利亚苏尤。他们召集印第安人，用好言和实例进行劝说，要他们做印卡王的百姓，接受他的统治并崇拜太阳。在那一带边界毗邻地区生活的普奇纳部族和坎奇部族印第安人，像所有印第安人一样生性单纯，对什么新事都轻信不疑，看到已被征服者的榜样（这一点最能使他们心悦诚服地相信一切），便爽快地听从了印卡王的话，归顺了他的帝国。印卡王辛奇·罗卡在世的年代里，没有兴动干戈，也没有采用其他值得大书特书的手段，他就用上面说的这种方式，逐步把南部版图扩展到现在的琼卡拉村，即从他父亲已经占领的地方向前推进了二十莱瓜，并收服了大道两旁的许多村子。他父亲生前在征服的村子怎么做，他就在所有这些村子里怎么做：教给人们耕种土地，培养他们过讲道德、有理性的生活，劝导他们放弃原来的偶像和恶习，崇拜太阳，遵守他的法律和规定，即太阳启示和诏示印卡王曼科·卡帕克的那些法律和规定。印第安人完全服从了他，诸事都按他的吩咐照办不误，对他的新统治甚为满意。而印卡王辛奇·罗卡也一如他父亲的做法，怀着爱民如子之心，全力为他们造福。

有些印第安人说，这代印卡王征服的地方最远就到琼卡拉，因为那时候印卡人势力不大，征服到那里就相当可观了。然而也有些印第安人说，他的征服远远不止于此，还包括了其他许多村落和

部族,如坎卡利亚、卡查、鲁鲁卡奇、阿西柳、阿桑卡图、万卡尼,一直到称为乌马苏尤普卡拉的村落(为便于与奥尔科苏的普卡拉区别开来)。专门提到这些省份的名字,是为了秘鲁王国的人有个清楚的概念,如果对于其他王国的人有失恰当的话,那就请多多包涵了,因为我是想为所有人都提供方便。“普卡拉”(pucara)的意思是堡垒,据说这位国王吩咐在那里建筑了一座堡垒,作为他征服的土地的边界。在安蒂斯山方向,他征服到卡利亚瓦亚河畔(那里出产高纯度黄金,品位超过二十四开),并征服了卡利亚瓦亚河与乌马苏尤大道(就是上述村落所在的地方)之间的其他村落。第一种人说得对也好,第二种人说得对也罢,究竟是第二代还是第三代印卡王征服的这个地区,这都无关紧要,反正确实是他们征服的,而且不是凭借武力,而是采用规劝说服、许下诺言和实践诺言的方式征服的。既然是没有经过战争而征服的,这场征服就没有什么可说的了;只能说经历了许多年,但又说不清是多少年;也说不清印卡王辛奇·罗卡统治了多少年,有人说是三十年。在那些年代里,他犹如辛勤的园丁,栽下了一棵秧苗,并千方百计地培育它,让它结出渴望得到的果实。这位印卡王就是这样精心仔细、勤勤恳恳地做事,并且在一片太平安定气氛中看到并享受到了自己辛勤劳作得到的收获。他为百姓们制定法律和规章,让他们相信这都是他们的太阳神的旨意;百姓们则怀着爱戴之情拥护法律,怀着崇敬之意遵守法律,从而得到莫大福祉,自然对他忠心耿耿,感恩戴德。

印卡王辛奇·罗卡在太平盛世中生活了许多年,最后故去了。他在临终时说,他经历了许多辛苦来劝服人们尊敬他的父亲——

太阳,现在功成引退,要去与太阳一起安息了。他立略克·尤潘基继承王位,这是他的嫡子,是他的妻子和姐妹玛玛·科拉(也有人说叫玛玛·奥克略)所生。除了继位王子外,他还有其他子女,是与妻子和同血统的嫔妃、他的侄女们所生,这些在血统上都可称为合法子女。还有外族嫔妃所生的许多混血子女,他有众多外族嫔妃,据印卡人说子女多多益善,以使太阳的家族世世代代繁衍壮大。

第十七章　第三代国王略克·尤潘基及其名字的含义

秘鲁的第三代印卡王是略克·尤潘基(Lloque Yupanqui)。“略克”是他的本名,意思是左撇子,因为家庭教师教导无方,他成了左撇子,于是就为他取了这样一个本名;“尤潘基”这个名字是根据他的美德和事迹后取的。为了说明秘鲁印第安人通用语中的几种说话方式,应当指出,“尤潘基”这个词是动词,是陈述式将来未完成时单数第二人称形式,意思是“你将讲述”。仅用这一个动词独立结构,就包含和概括了可以讲述的一位国王的全部优点,就等于说:你将讲述他的丰功伟绩、杰出品德、博大胸怀、慈悲心肠和温柔性格等等,这种说法是那种语言的习惯用法和典雅文笔。前面讲过,那种语言词汇很少,但词汇本身含义非常丰富。印第安人这样用一个名词或动词来称呼他们的国王,就包括了这个动词或名词中蕴含的全部意思。例如前面讲过“卡帕克”这个名称,它的意思是富有,但不是指富有财产,而是指他具有贤明国王所能具有的一切美德。他们不用这种说法称呼其他人,即使是多大的领主也不用,而仅用来称呼国王,以免把用于印卡王的称谓变成一般称谓,他们认为这样做就是亵渎神明。看来这些称呼类似于“奥古斯都”,即罗马人因其美德而给予屋大维·恺撒①的称呼。如果不是对皇帝或声势显赫的国王,而是对其他人使用这个称呼,就失去了它本身具有的赫赫威严。

有人可能会说,动词“讲述”可以用来表示好坏两方面的含义,因此也有讲述坏事的意思。我要对这些人说,在那种语言中用这种典雅文笔时,他们不用同一个动词表示好坏两方面的含义,而只表示一方面的含义;为了表示反面的含义,他们使用含义相反、适于说明国王劣迹的另一类动词。例如(为了表明我们说的这种意思)说“瓦坎基”(Huacanqui),如果也用陈述式将来未完成时单数第二人称形式,它的意思就是:你就会为他用毒药和屠刀公开和秘密地干下的残酷行径、他永不满足的贪心、他不分神界和凡人对谁都非常残暴以及一位暴虐国王可能有的其他一切恶行而痛心。既然他们认为对印卡诸王没有什么可痛心的,就用动词“瓦坎基”这种同样的句型来形容相爱的人,意思是:他们将会为爱情经常给恋人们带来的痛苦和折磨而痛心。表示上述含义的“卡帕克”和“尤潘基”这两个名字,印第安人还用来称呼他们另外三位当之无愧于这个名字的国王,这到后面再讲。还有许多王室血统的人把称呼印卡王的本名变成了自己的别称,这样他们也用了这两个名

① 屋大维·恺撒(前63—14),罗马帝国皇帝,恺撒之外甥和养子。原名盖约·屋大维,公元前27年元老院奉以“奥古斯都”(拉丁文意为神圣的、至尊的)称号,后成为罗马及西方帝王习用的尊号。

字。就像西班牙姓曼努埃尔的人一样，曼努埃尔原来是一位卡斯蒂利亚王子的本名，用在他后代身上就变成了别名。

第十八章　印卡王略克·尤潘基进行的两次征服

印卡王略克·尤潘基继位称王并亲自巡视王国后，决定扩大疆土。为此，他命令征调六七千名士兵，用比先辈更大的声势和权威去征服，因为先辈为王已有六十多年，他觉得不能什么都指望请求和劝说，而应该兴兵动武才能奏效，至少对那些生性强悍、顽固不驯的人应该这样。他任命他的两位叔伯为将军，挑选另外几位亲戚分别担任统领和参谋，让开他父亲出征时走的乌马苏尤大道，取道乌尔科苏尤大道率军出征。这两条大路在琼卡拉分向延伸，穿过科利亚苏尤行政区，环绕宽阔的的的喀喀湖而行。

印卡王离开他的大行政区后，进入辽阔的卡纳省，派出使者去见当地土人，要求他们归顺，服从和效命太阳的儿子，放弃他们虚妄、恶劣的祭祀活动和野蛮习俗。卡纳人想详细了解印卡王派的使者要命令他们干什么，遵守什么法律，崇拜什么神明。弄清这些后，他们答复说情愿尊崇太阳为神，服从印卡王统治，遵守他的法律和实行他的习俗，因为他们认为这些法律和习俗比他们原来的好。于是，他们出来迎接国王，表示愿做恭顺百姓。印卡王委派一些官员就地留驻，一是教他们实行他的偶像崇拜，二是为他们分配土地并教他们耕种。然后，略克·尤潘基继续前进，到达阿亚维里部族居住的村子。与印卡诸王此前遇到的情况截然相反，那里的土人顽固不化，桀骜不驯，不听劝说，不信许诺，更不愿仿效已经归顺的印第安人的榜样，所有人都宁愿为保卫自由而死。他们根本不想听什么议论，便主动出击与印卡人交战，印卡人被迫拿起武器，但只是自卫，并不进攻。双方交战良久，互有伤亡，未分胜负。当地人退回村寨，深沟高垒，加强防御，并每天出兵与印卡王的军队厮杀。印卡王要按照先辈的吩咐做到仁至义尽，尽量避免与敌人交锋，倒好像他不是包围者而是被围者，忍受着敌人对他的侮辱，并吩咐手下士卒（如果可能的话）加紧收缩包围圈，但不要交手。但是，阿亚维里人却把印卡王的善意视作软弱可欺，认为他的善意是胆小怯战，反而一天比一天顽固，而且越战越凶，甚至冲进了印卡王的营地。在这些小规模遭遇和冲突中，被围的土人总是大败而归。

为使其他部族不像这个坏榜样那样放肆地挑衅，印卡王想惩罚一下这些顽抗的家伙。于是，他派出更多士卒，但这也主要是炫耀武力，并非真的需要；同时把敌人围个水泄不通，不让他们出寨寻找所需之物。阿亚维里人缺少所需物品，处境十分困难，更为严重的是粮食越来越少，士气大为低落。但他们想碰碰运气，看能否侥幸冲出重围，便在某一天发起残酷进攻。印卡王的军队英勇反击，双方均有许多伤亡。阿亚维里人死伤惨重，仓皇退出战斗，再也不敢出来搦战。印卡人完全可将他们斩尽杀绝，但不想这样做，只是再次收紧包围圈，迫使他们自己投降。与此同时，印卡王要求的援军赶到，终于使敌人士气一蹶不振，最后只好投降。印卡王未提任何条件，接待了他们，命令他们对不顺从太阳之子的做法进行深刻自责，然后饶恕了他们；另一方面他命令手下人对他们友好相待，不要计较他们过去的顽固态度。他委派官员驻守当地，对土人施以教化，并照看必须为太阳神和印卡王所使用的财产，然后继续向现在所称的普卡拉村进军。“普卡拉”是堡垒的意思，因这个村子也进行了自卫，是不得不用武力才占领的，为此他命令筑起堡垒保卫他征服的地方并作为它的边界。那地方地势极好，适于构筑堡垒，筑成之后，印卡王留下重兵驻守。诸事处理停当，印卡王回转科斯科城，受到盛大欢迎。

第十九章　对阿通科利亚的征服，科利亚人自以为荣的神话

过了几年（其实也没有几年），印卡王略克·尤潘基又去征服和说服印第安人，因为从最初时起，印卡王们就宣称自己是太阳派遣到人间来，帮助人们摆脱他们过的野蛮生活，教育他们知礼懂法的。为了让这种说法言而有据，他们就把劝服印第安人归顺帝国当作主要的荣耀，用“这是太阳的旨意”的说法来掩盖自己的勃勃野心。这位印卡王怀着这种动机，征召八九千名士兵，为军队挑选了参谋和指挥官，从科利亚苏尤行政区出发，进军到他们称为普卡拉的堡垒（后来在那里进行过一场战役，击溃了弗朗西斯科·埃尔南德斯·希龙[1]，这场战役就叫普卡拉之战）。印卡王从那里派出使者，前往保卡尔科利亚和阿通科利亚劝降。（科利亚苏尤行

① 弗·埃尔南德斯·希龙（1510—1554），西班牙征服者。曾参与反对皮萨罗的内讧，后带头发起暴乱反对拉加斯卡总督，被俘处死。

政区就是因这两个村而得名，这个大区土地辽阔，本身包含许多省份和部族，均称为科利亚。）印卡王像对以前征服的印第安人那样提出要求：不要像阿亚维里人那样负隅顽抗，这些人竟敢拿起武器反对太阳的儿子，结果遭到太阳用死亡和饥饿给予的惩罚；倘若他们不识时务，太阳也会照样惩罚他们。科利亚族主要头人聚在阿通科利亚（意为大科利亚）商讨对策，觉得阿亚维里人和普卡拉人遭受的灾难是上天的惩罚，最后取得一致意见，愿意吸取他们的教训；于是回复印卡王表示乐予做他的百姓，崇拜太阳，接受并遵守他的法律和规章。作出答复后，他们载歌载舞走出村寨，用盛大场面隆重地迎接印卡王，又新编了欢呼口号以表示他们的喜悦心情。

印卡王热情接见当地的“库拉卡”，把自己穿过的衣物赐给他们，并赐赠其他物品，“库拉卡”们对此极为珍视。到后来，印卡王和他的后代对这两个村子，特别是阿通科利亚极为恩宠和厚待，因为他们迎接他时表现出高度敬爱之情并忠心为他效力；而印卡国王们对这些恭顺做法总是非常赞许和感激，并要求自己的后代也这样做。所以后来，印卡诸王对那个村子恩赐有加，除建造太阳庙和贞女宫外，还盖了许多宽大漂亮的房舍，当地印第安人极为珍视。

话说科利亚人是许多不同的部族，所以自称是不同东西的后代。有些人说他们最初的父辈来自浩瀚的的的喀喀湖，所以把湖泊当作自己的母亲，印卡人到来之前，还把湖泊作为崇拜的众神之一，在湖边向它敬献祭物。另一些人自称来自一股汹涌的泉水，说最早的祖先就在那里现身。另一些人夸耀说，他们的先辈来自几处山洞和巨岩的缝隙，把那些地方视为圣地，按时去敬献祭物，以表子女敬父之心。另一些人自诩第一代祖先来自一条河,因此像对待父亲一样对它毕恭毕敬,顶礼膜拜;还说河里的鱼是他们的手足兄弟,认为捕杀鱼类是对神的极大不敬。就这样,关于他们的起源和最初时期,还有其他许多神话传说,因此他们有的出于这种原因,有的出于那种原因,各自随心所欲地供奉众多不同的神。但科利亚人一致供奉的只有一个神,大家共同崇拜他,把他当作主神,那是一种白色的公"绵羊",因为他们有无穷无尽的这种牲畜。他们说,上方世界(这是他们对天的称呼)的第一只公"绵羊"对他们的照顾多于对其他印第安人的照顾,而且更加偏爱他们,因为他在科利亚这片土地上生育和留下的"羊"群比全世界任何地方都多。那些印第安人这么说,因为那种牲畜在整个科利亚地区生长得比整个秘鲁任何地方都多、都好;科利亚人就因为得到这种好处才崇拜公"绵羊",为他敬献"羊羔"和"羊油"等祭物。在饲养的家畜中,他们对全身皆白的公"绵羊"格外尊敬,认为越与他们第一位父亲相似的越有神性。除了这种滑稽可笑的事情以外,科利亚许多省的人还默许一种无耻丑行,就是女人在结婚之前可以随意作践自己,越堕落的女人出嫁越快,好像越作践自己越是好姑娘似的。印卡诸王废止了所有这些习俗,特别是他们的神,劝导他们只有光辉美丽的太阳值得崇拜,而他们崇拜为神的所有东西都是由太阳哺育和抚养的。关于印第安人对于自己身世和来历的那些自以为荣的说法,印卡诸王并不反对,既然他们自称是太阳的子孙,倒也乐于有许多类似的神话,这样他们的神话就容易令人信服了。

印卡王略克·尤潘基在那几个主要村落建立起统治秩序,以传播他们那虚妄的宗教信仰,管理太阳神和印卡王的财产,然后班

师还朝，回到科斯科城后，暂时不想再事征服了。因为印卡诸王们一直认为，最好是一点一点地逐渐占领，每占一地就要有条有理地治理好，让百姓们尝到仁政的甜头，再由他们去劝说邻近部族归顺于他；而不要一下子吞并很多块土地，这很容易引起众怒，也显得自己专横残暴、野心勃勃和贪得无厌。

第二十章　著名的丘奎图省和平归顺，另外数省同样臣服

印卡王在科斯科受到盛大欢迎，此后留在京城专心治理国家，造福民众。过了几年，他又到全国巡视，一来想让印第安人有幸在自己的家乡瞻仰国王的威仪，二来可使驻守官员不会因国王不在而玩忽职守。巡视完毕，他吩咐征调军队，继续进行过去的征服。他率领一万大军和精心挑选的统领出征，抵达阿通科利亚和丘奎图省边缘。丘奎图是一著名省份，人口众多，十分重要，所以后来西班牙人瓜分土地时把它献给了国王陛下。印卡王派人向这个省及其附近村落照例提出要求：尊崇太阳为神。丘奎图人本来兵力强大，其先辈也曾征服过附近不少村庄，但现在不想抵抗，遂回复印卡王说：既然他是太阳的儿子，他们喜欢他的宽厚仁慈和待民温和，情愿归顺做他的百姓，以便享受他缔造的福祉。

印卡王以其惯有的亲切态度接见了他们，给予抚慰，赐赠礼品，印第安人对此极为珍视。印卡王见此次征服一帆风顺，又向附近其他村子直到广阔的的的喀喀湖湖口地区提出同样要求，比较重要的村子是伊利亚维、丘利、普马塔、西皮塔等。这些村子均以

阿通科利亚和丘奎图为榜样，痛痛快快地归顺了印卡王。至于对各村提出的要求和各村作出的答复，都与此前情况大同小异，为避免屡屡重复，恕我不再专门叙述，而在此一笔带过。也有人在征服方式上没有提出什么不同之处，但想说明印卡王在征服这些村子上花去了很多年的时间，这也无关宏旨，讲不讲都无所谓。

印卡王在各村安民已毕，命令撤走军队，只留下必要的护驾卫士和一些教化印第安人的官员。所有事情他都想亲自参加，既是为了鼓舞人心，也是为了使那些村落和省份感到他的光临是一种恩宠，这对于以后的事业尤为重要。“库拉卡”和所有百姓得知印卡王想留下来和他们一起过冬，都感到受宠若惊，因为这是印第安人所能得到的最大恩宠。除了先辈的教导外，印卡王还从经验中看到，友善待人，造福于民和赢得民心，对于吸引外族人遵从和效力于他是何等重要，所以对他们亲热和蔼，优抚有加，每天都有新的封赏和赐赠。印第安人到处赞扬国王的高尚美德，说他的确是太阳的儿子。在印卡王住在科亚俄期间，命令召集一万大军，准备来年夏季征战。时间一到，军兵调齐，他挑选了四名将军，派遣他的一个兄弟（印第安人说不清他的名字）为统帅，命他征询诸位将军的意见和计策，开始进行他下令发动的征服。他对这五个人发布命令和专门指示，对于不愿和平归附的印第安人绝对不要兵戎相见，必须按照先辈的做法，待人处事要像仁慈的父亲，而不要像暴戾的将领，务必要用安抚和善举来招抚他们。他命令他们从所在之处西征乌林帕卡萨省，降服那里遇到的印第安人。统帅和将军领命出征，一路顺利，安蒂斯山和内华达山（沿海和山区的分界）山坡二十莱瓜境内的印第安人纷纷归降。那些印第安人本是

一群乌合之众，如同一盘散沙，没有秩序、法律和礼教，过着野兽一般的生活，只有最有势的强人靠专横残暴进行统治，所以很容易降服。其中大部分人头脑都很简单，早已风闻关于太阳的儿子、诸代印卡王的种种奇迹，所以自觉地望风归顺。这次降服历时三年，因为那些人野蛮愚昧，所以教化用去的时间多于征服的时间。征服已毕，统帅和四位将军留下统治的官员和戍守的军卒，回去向印卡王报告降服经过。印卡王乘征服进行期间巡视了王国，千方百计美化国土，如扩展耕地，吩咐开挖新水渠，建筑必要的工程，诸如公共粮仓、桥梁和道路等，一来可供印第安人使用，二来可沟通各省之间的联系。统帅和将军来到印卡王驾前复命，因劳苦功高而受到热情接见和嘉奖。印卡王率领他们班师回朝，决定暂停征服，觉得帝国版图已大大扩展：从北到南占领了四十多莱瓜土地，从西到东占领了二十多莱瓜土地，已经到达了将平原和山区（这两个名称是西班牙人取的）分开的雪山脚下。

全城人民兴高采烈地欢迎印卡王回到科斯科，由于他性情温和，待人亲热，慷慨好施，人民对他的爱戴无以复加。此后，他致力于为民造福，秉公治国，在平静气氛中安度余年。其间他两次派遣王储迈塔·卡帕克，在经验丰富的元老的陪同下巡视全国，了解民情，熟悉治国之术。当他感到不久于人世时，便召见包括王储在内的所有儿子，留下遗训，嘱托他们为百姓造福，遵守先辈根据他们的神明和父亲——太阳的旨意留给他们的法律和规章，并要求他们在各个方面都要像太阳的儿子。他还嘱托印卡族统领和其他“库拉卡”（百姓的领主），要他们关心穷人并服从国王的命令。最后，他对众人说不必惊慌，因为是他的父亲召唤他在功成业就之后去安息。说完这番话后，印卡王略克·尤潘基溘然长逝，留下嫔妃生的许多子女，但他的合法妻子玛玛·卡瓦除王储迈塔·卡帕克和两三个女儿外，没有生育其他男孩。略克·尤潘基因功德卓著颇受爱戴，故去后全民悲恸，举国志哀。人民把他列入诸位神明和太阳儿子之中，并作为神明加以崇拜。战争和征服过程大体上是千篇一律，为使这部史书不因老讲一种事情而令人生厌，最好在介绍印卡诸王生平时插叙一些他们的习俗，这样读起来更有兴味。为此，下面我们谈一谈印卡人的科学成就。

第二十一章　印卡人的科学成就：先谈占星术

印卡人没有文字，他们中间有一些称为“阿毛塔”的智慧贤哲，能对国内谈论的许多细微而明显的事物粗浅地推究哲理，但未能书写成文供后人流传和发展，而是与提出者本人一起自生自灭，所以印卡人对于星占学和自然科学的了解微乎其微。其实他们对各门科学都所知甚少或全然无知，只是运用生来具有的一点理解力依稀懂得了几条原理，并用简单粗陋的标志表示出来，使人们看得明白。至于他们对各门科学所知多少，下面将分别叙述。他们对伦理学有深刻的了解，并在实践上体现于他们的法律、生活和习俗中，这在以后讲到这些情况时即可看到。他们之所以能做到这一点，是因为借助于他们愿意遵守的自然法则和在良好习俗中得到的经验，并根据这些法则和经验，一天一天地在国内树立起了伦理规范。

他们对于自然科学知之甚少甚至一无所知,因为他们用不着这方面的知识。在简单的原始生活中,他们没有必要去研究和探索大自然的奥秘,即使不知道、也不关心这些奥秘,照样可以活下去。因此,他们一点也不了解自然科学,甚至连土、水、气、火四大要素的性质也不知道,连土是凉的、干的和火是热的、干的也说不出来,但他们从经验中(而不是通过自然科学理论)知道,火能使他们取暖或烤灼得难受。他们只知道一些药用草木的功效,并用来医治疾患,这在下面医学部分可以讲到一些。但他们知道这一点东西也是通过经验(从需要中学到),而不是通过对自然科学的了解,因为他们对于用手触摸不到的事物没有多少思辨能力。

他们对星占学的了解略多于自然科学。因为太阳、月亮的情况和金星的运行常有变化,他们有时看见金星在太阳前面,有时又在太阳后面,这些现象促使他们对星占学进行思辨。类似的现象他们还看到,月亮有盈有亏,有时是一轮满月,有时又踪影全无(在朔日这三天他们根本看不见月亮),他们说是"月亮死了"。他们对太阳也很好奇并注意观察,发现太阳有时离他们远,有时又离他们近;有时昼比夜长,有时昼比夜短,有时昼夜相平。这些现象促使他们注意观察,但也只是非常简单地观察,绝没有超出肉眼所及的范围。

他们对事物的后果感到惊奇,但并不力图探究其原因,所以他们不去探讨是有好几个天空还是只有一个天空,也没有想象过天空可能不止一个。他们不知道月盈、月亏的原因是什么,也不知道其他行星为什么有时运行快、有时运行慢。他们只知道前面说到的三颗体大、光亮和美丽的行星,不知道另外四颗行星。他们对于黄道十二宫[①]没有什么想象力，更不知有什么影响。他们称太阳为“因蒂”(Inti)，称月亮为“基利亚”(Quilla)，称金星为“查斯卡”(Chasca)，意思是满头长发或满头卷发，因为金星金光四射。他们注意观察昴星团的七颗星，见它们紧紧挨在一起，而且与其他星不同，对此感到惊奇，但也仅此而已，并非出于其他原因。由于没有什么迫切需要，他们不知道观察有什么目的，所以不注意观察别的星；而且除了上述两颗星以外，也没有给其他星取什么专门名称，而只是统称为“科伊柳尔”(cóillur)，意思就是星。

第二十二章　印卡人知道年、至日和分日

印卡人虽然粗鄙无知，但知道太阳每年公转一次，把这称为“瓦塔”(huata)，这是名词，意思是年。这个词的发音和重音都不变，还有一个意思，是动词，系上。一般人以收成计年。他们还知道冬至和夏至，并且用很大的明显标志表示出来。所谓标志，是他们在科斯科城东、西两边各建造了八座观测塔。观测塔每四个为一组，约三人高的两座矮塔位于两座高塔中间；矮塔之间相距十八至二十西班牙尺，在两边同样距离处是两座高塔；高塔比西班牙的瞭望塔高大得多，高塔护卫着矮塔，又可以从高塔上瞭望矮塔，当日出日落阳光正好经过两座矮塔之间的空隙时，就是至日。东边的塔用来观测夏至，西边的塔用来观测冬至。

① 黄道十二宫：外国星占学把一年分为十二宫，每宫以一种星座为标志。每人根据出生日期来定属相。西方人认为，这种属相可以影响人的性格、行为和命运。

为了验证至日,一个印卡人在日出和日落时刻站在某一位置上,注意观察太阳是否从东、西两边两座矮塔之间升起和降落。在星占学方面,他们就用这种方法证明他们的至日。佩德罗·德谢萨在他那部著作第九十二章谈到了这些观测塔;阿科斯塔神父在他那部著作第六卷第三章也谈到过,但没有说明它们位于什么地方。印卡人不会确定至日是某月某日,就用这种粗陋的"文字"表示出来。这是因为他们不是用日相而是用月相来计算月份(下面接着就会讲到)。他们把一年分成十二个平太阴月,但是平太阳年比一般的平太阴年多出十一天,而他们又不会把平太阳年与平太阴年协调起来,于是就用至日来计测太阳的运行情况,以便调整和计数年份,而不用月相计年。他们就这样把平太阳年与平太阴年区别开,根据平太阳年而不是平太阴年来进行耕耘活动。有人说他们会把平太阳年和平太阴年协调起来,那是印第安人在讲述情况时欺骗了他们。如果他们会调整的话,就会把至日确定为某月某日,而不必建造塔楼做标志,每天劳神费力地站着用它们来观察日出日落、调整至日了。1560 年我离开秘鲁时,那些观测塔仍巍然屹立着。如果后来没有被推倒,现在根据它们仍可确认当时印卡人观察至日的地方,可能是太阳宫里的一座塔或是别的地方,既然我也记不准,现在就不去说它了。

他们还知道分日,而且当作盛典来庆祝。三月的分日这一天,他们兴高采烈地收割科斯科城,特别是科尔坎帕塔(意为太阳花园)梯田里的玉米。九月的分日这一天,他们庆祝四个主要太阳节的一个节日,称为"西图阿·拉伊米"(Citua Raimi),意思是主要节日,至于怎样庆祝,留待后文再讲。为了验证分日,他们精心雕制了石柱,立在太阳庙前的院落或广场上。祭司们感到分日将至的时候,每天都注意观察石柱形成的影子。石柱立在一个圆形栅栏中央,栅栏非常大,占据整个院落或广场。在栅栏中间用绳子从东到西拉一条线,根据长期经验他们知道该把起点和终点定在哪里,从石柱在线上形成的影子可以看出分日越来越近。当影子从日出到日落完全与线重合,正午时分阳光环照整根石柱,一点影子也没有时,就说那一天是分日。于是,他们各处采集鲜花香草,把石柱装饰起来,再把太阳的椅子安放在石柱之上,说太阳在那一天携带着他的全部光华正襟危坐在石柱之上。所以在那一天,他们对太阳的崇拜格外隆重,欢呼雀跃,喜气洋洋,同时向他敬献金银宝石等贵重礼品。应当说明,在逐步征服各省的同时,印卡诸王和他们的圣哲贤人"阿毛塔"们也逐步看到,他们越接近赤道,石柱在正午时分形成的影子越短,因此越加尊敬距基图城越近的石柱。对于立在基图城和直到沿海那一带的石柱的尊敬,超过对于其他所有石柱,因为太阳在那里是(像泥瓦匠所说的)铅垂照射,正午时一点影子也没有。他们说,那里的石柱是太阳最喜欢的座位,在别处是侧坐,在那里是正坐,因此对那些石柱尤为尊敬。正因为那些人想象力贫乏,对事物的认识只限于肉眼所及的范围,所以在他们的星占学中才有诸如此类的愚昧说法。至于基图城和整个那一地区的石柱,则可以肯定无误地说,因为那是印第安人崇拜的偶像,所以全被塞瓦斯蒂安·德贝拉尔卡萨尔[①]都督推倒在地,

① 塞瓦斯蒂安·德贝拉尔卡萨尔(1495—1551),西班牙征服者。参加对尼加拉瓜和秘鲁的远征,任皮乌拉都督。从秘鲁进入厄瓜多尔并攻占基多,后来建瓜亚基尔城。

砸成了碎片。整个王国的石柱,也在被其他西班牙统领看到时逐一毁掉了。

第二十三章　印卡人知道日食现象,发生月食时他们怎么办

印卡人根据月相计算月份,每出现一次新月算一个月,因此就像称月亮一样,把月也称为“基利亚”,并给每个月都取了名称。一般的月份根据月亮的圆缺来计算;以四分之一月为一个星期,但一星期内的各天没有名称。他们知道日食和月食现象,但不知其原因何在。关于日食,他们说是有人作孽冒犯了太阳,太阳发怒了,就像人生气一样脸色阴沉;并且像占星师一样预言他们一定会受到严厉惩罚。关于月食,当他们看到月亮逐渐昏暗时,就说月亮生病了;整个月亮都变黑时,就说它一定是死了,要是从天上坠落,会把所有的人都压死,世界就毁灭了。出于这种恐惧心理,在月亮初亏时,他们就吹起大、小号角,敲起大鼓小鼓以及能够找到的一切可以发出声响的用具;把大大小小的狗统统捆绑起来用棒子狠打,让它们狂吠乱叫,呼唤月亮——据他们流传的一个神话说,狗曾经为月亮效过劳,所以月亮喜欢狗,一旦听见它们哀叫就会生出怜悯之心,从疾病引起的昏睡中苏醒过来。

古代的异教徒们有自己的狄安娜[①],奉她为狩猎女神,为她编造了许多神话。上面说的关于狗的神话虽然粗野无知,但还可算

① 狄安娜:罗马神话中的月亮和狩猎女神。

在这类神话之列，可是关于月亮上的黑影，他们却还流传着一个比关于狗的神话更加无知、甚至野蛮的神话。他们说，一只狐狸见月亮美貌非凡便爱上了她，上天去抢她，刚要伸手去抓，月亮就抱住它，和自己黏在一起，所以月亮上出现了黑影。从这个无知透顶、驴唇不对马嘴的神话中可以想见那些人是何等愚昧。因此每当发生月食时，他们就叫大大小小的孩子哭啼喊叫，大声呼唤“玛玛·基利亚”，就是月亮妈妈，哀求她不要死，免得大家也都要死。成人男女也都又哭又喊，闹得乌烟瘴气，乱作一团，那场面怎么说也不为过。

他们根据食相的大小来判断月亮病情的轻重。不过到食甚时，就不必再作判断了，就说月亮死了，便时刻担心她会坠落，把他们压死；于是痛哭流涕，好像已经亲眼看到人都死光、世界毁灭一样。当看到月亮逐渐复明时，就说她病情转愈，因为宇宙的维护者帕查卡马克让她恢复健康，不要死去，免得世界毁灭。当月亮全部复明时，他们祝福她玉体康健，衷心感谢她没有坠落。关于月亮的这些事都是我亲眼所见。他们称白天为“蓬乔”（púnchau），称黑夜为“图塔”（tuta），清晨为“帕卡里”（pacari），白天和黑夜的其他阶段如黎明、午夜、正午等，也都有专门名称表示，

他们对闪电、雷鸣和霹雳有所了解，把这三种现象统称为“伊利亚帕”，但不把它们崇拜为神，只尊敬为太阳神的仆人。认为它们住在空中，但不是天庭。他们见彩虹五彩缤纷，美丽夺目，知道它是太阳发出来的，所以对它同样尊敬，印卡诸王还把它画在武器和国王标志上。他们在太阳宫里分别为这些东西安排了单间殿

舍,具体情况后面再讲。在占星师所称的天河中分布着几个黑影,他们据此想象出有一只奶羊的全身形状,说它正给小羊羔吃奶。他们还试图指给我看,说:“看,这儿是奶羊的头,那儿是吃奶羊羔的头,那是奶羊和羊羔的身子、前腿和后腿。”可是我看不出这些形状,只看到几块黑影,大概因为我不善于想象。

然而对于这些形状,他们除了根据想象进行描绘外,在占星术方面并不十分看重。他们也不根据太阳、月亮和彗星的征兆判断和预言一般的事情,只是判断和预言非常罕见和非常重大的事件,如国王的去世,王国或省份的毁灭等。以后如能有幸讲到这方面情况,我们要讲关于几颗彗星的事情。至于一般的事情,他们是根据梦中所见的景象和所献的祭物进行预测和判断,而不是凭借星辰和空中的现象。若是听到他们关于梦境的说法和预言,那确实够吓人的,为了大家不致惊得目瞪口呆,这方面本来可以讲的情况我就不说了。关于金星,有时在傍晚、有时在清晨看见它,他们说太阳作为所有星辰的主宰,见金星比所有的星都美丽,就吩咐她随侍身旁,有时在前,有时在后。

太阳坠落时,他们见它从大海中落下(整个秘鲁西部从北到南濒临海洋),就说它进入大海了,它的火焰和热度烤干很多海水;说它像水性极好的人一样在地下潜入水中,次日再从东方出来,意在说明陆地在海水上面。关于月亮和其他星辰的降落,他们倒没有什么说法。所有这些都是印卡人占星术中的无稽之谈,由此可见他们在这方面的知识何等贫乏。关于他们的占星术就谈到这里,下面讲一讲他们治疗疾病时所用的医学知识。

第二十四章　印卡人掌握的医学知识和治疗方法

印卡人知道，用放血和服用泻药来除病不仅有益甚至必要，所以从臂上和腿上放血；但不知道血管的分布情况和哪种疾病应从哪里放血，于是就把靠近疼痛部位的血管割开。如果头痛厉害，就在鼻子上方眉心处放血。放血针是一块带尖的石头，插在一根劈开的木棍里，再把木棍捆紧，以免石尖掉落。把石尖放在血管上，用手指弹一下血管，这样割开血管比用普通刺血针造成的痛苦少一些。服用泻药时，他们既不懂得根据尿液了解病情，也不知道什么是胆汁、黏痰和黑胆汁。

在感到难过和烦闷时，他们通常是服点泻药，这主要是为了保健而不是为了治病。除了用作泻药的几种药草外，他们还服用几种像小萝卜似的白色草根，据说这种根有雌雄之分，他们不管雌雄都吃，剂量大约两盎司。服用时将草根捣烂，放在水里或喝的酒中，服下后躺在阳光下，让太阳的热量帮助发挥药力。过一个小时或稍多一点时间，感到浑身瘫软无力，站也站不住，就像初次乘船出海一样，头晕目眩，臂上、腿上、血管、神经以及全身各个关节似乎都有蚂蚁爬动，几乎总是通过上吐下泻达到泻毒的目的。药力发作期间，病人头昏眼花，全身像散架似地疼痛难忍，所以对于那种草根的药性没有经验的人，一定会以为吃泻药的人必死无疑。那段时向里，病人不想吃也不想喝，把脏腑里所有汁液吐得一干二净，同时不断排出生长在体内的蛔虫、绦虫和其他寄生虫。药性发完后，病人精神恢复，食欲大增，给多少东西都能吃下去。我有几次犯胃疼，吃过两次泻药，上面说的情况我都有亲身体验。

吩咐采用这种放血法和泻毒法的人，通常是在这方面最有经验的人，特别是老太婆（就像西班牙这里的接生婆一样）和著名的草药医生。印卡诸王统治时期，有些颇有名气的草药郎中，他们熟知许多药草的功效，逐代父子相传。这些人就被视为医生，但不是为所有人治病，只为国王、王室血统的人、“库拉卡”及其亲属治病。平民百姓则只能用道听途说的办法互相医治。对于吃奶的孩子，如果感到他们有什么不舒服，特别是发烧的时候，就在早晨用尿给他们洗身，然后包裹起来；如能找到童子尿，还给他们喝上一两口。婴儿出生剪脐带时，把脐带留下一指长，脱落后精心保存起来，只要感到孩子身体不适，就拿给他们嘬。确认孩子有无不舒服的办法是看舌苔，如果舌面发白，就说孩子病了，便给他脐带嘬。不过他们说，必须嘬自己的脐带，别人的对他无效。

这些事情有什么天然的奥妙，没有人对我说过，我也没有问过，不过我见他们就是这样做的。他们不会诊脉，更不会看尿，就凭体温太热知道是发烧。在病人还能活动时，就采用放血和泻毒法，完全病倒后就不用了。这时他们什么疗法也不用，而是让病人听天由命，但要给他规定饮食。他们不知道常用的所谓清泻疗法（灌肠），也不会使用膏药和涂油疗法，他们所知的只是很少几种、而且极其常见的办法。一般人和穷人生病时，简直比牲畜好不了多少。间日疟或四日疟的发冷症状，他们叫作“丘克丘”（chucchu），意思是发抖；发烧症状称作“鲁帕”（rupa，r 发单击颤音），意思是发烫，对于这种忽冷忽热的病症他们非常害怕。

第二十五章　印卡人知道的草药

有一种树印卡人称为“穆利”（mulli），西班牙人称为“莫列”——加州胡椒树，他们知道这种树汁和树脂作用神奇，对于愈合新伤口有奇功异效。有一种药草称为“奇尔卡”（chillca），在土锅中加热后，治疗手足关节风寒和马蹄脱臼效果极佳。还有一种草，名称我不记得了，其根形似绊根草根，但比它粗得多，根上最小最硬的节子可用于固齿和促使新牙生长。草根用炭火烘烤，烤完后趁热用牙齿撕开，一半敷在一面齿龈上，另一半敷在另一面齿龈上，敷好后不再挪动，待其冷却后，药性就可作用于整个齿龈，只是草根热得烫嘴，病人大吃苦头。草根由病人自己敷，整个治疗都由自己动手；头一天晚上作，第二天早上白色齿龈好像烤肉一样红，两三天内不能咀嚼食物，只能吃流食。两三天后，齿龈的红肉脱落，就见上面长出红嫩的新肉。我多次看见他们用这种方法长出新齿龈。至于我，一来没有必要试验此法，二来也受不了那草根的烫嘴之苦，因此对它敬而远之。

关于西班牙人称为烟草、而印第安人叫作“塞里”（sairi）的这种草本植物，他们用来治疗多种疾病。他们用鼻子吸烟末，可治头痛。在西班牙，人们已经体验到它的多种疗效，所以给它取了个绰号叫“圣草”。印卡人还知道有一种药草治疗眼疾效果惊人，称为“马特克柳”（matecllu）。这种药草生在小溪里，长约一西班牙尺，每根茎上只长一片浑圆的叶子，形似西班牙冬天长在屋顶上的俯垂脐景天。这种草味道甘甜，印第安人生食，咀嚼后生出的汁液头一天晚上涂在患眼上，嚼过的草渣敷在眼皮上，外面包上一块布以免脱落，只消一夜即可消除各种云翳，减轻各种疼痛和疾患。

我曾给一个男孩子敷过这种草药。当时他有一只眼睛快要胀出眼眶，一半垂到面颊上，肿得活像一只辣椒，整只眼睛一片血红，分不清眼珠和眼白。给他用药后，当天夜晚眼睛复位，第二天晚上就痊愈复明了。后来我在西班牙又见到这个孩子，他对我说，害过病的那只眼比那只好眼视力还好。一位西班牙人也跟我说过这种草，赌咒发誓地说曾因患白翳病完全失明，后来就用这种草药医治，两个晚上就恢复了视力。不管在什么地方看见这种药草，他就满怀深情地抱吻，把它放在眼上和头上，衷心感谢上帝通过这种草药使他重见光明的恩惠。我的亲族印第安人还使用其他多种草药，可惜我都不记得了。

秘鲁印卡印第安人一般知道的医药知识就是这样，只用单方草药，不用复方药剂，仅此而已。既然在治病保健这种重要事情上他们所学所知都这么少，也就可想而知他们在与自己关系不太重要的事情上，诸如自然科学和占星学方面的知识更加贫乏了。至于神学，由于他们根本不能理解无形的事物，自然更加无知，“帕查卡马克”这一个名字就包括了印卡人的全部神学。后来西班牙人在这里获得了许多医药知识，特别是印卡人称为“萨拉”的玉米具有药用价值。这是因为一方面，印第安人把他们掌握的那一点点医疗知识告诉了西班牙人；另一方面，西班牙人从自己所见所闻中推论出了道理，发现玉米除了是非常重要的粮食外，对于腰肋疼痛、结石症、尿潴留、膀胱和尿道疼痛都很有疗效。原来西班牙人看到，印第安人很少或根本不得这些病，他们认为之所以如此，是因为印第安人经常喝一种用玉米做的酒,进而发现了这种疗效,于是许多患了类似疾病的西班牙人也喝起那种酒来。此外,印第安人还涂抹这种酒来治疗许多其他疾病。

第二十六章　几何、地理、算术和音乐方面的知识

印卡人为了丈量土地,计算面积,然后进行分配,需要几何学,所以这方面知识比较丰富。但这也只是就实际操作而言,即用细绳子和小石块来计算和划分,并不是用度数和理论来演算。关于他们的计算和分配方法,我不敢强不知以为知,所以我知道的那点情况还是不说为好。他们对地理很有知识,每个部族都为自己的村庄和省份制作模型和描画草图,即把自己看见过的情况绘制出来,不管其他部族的事。他们制作的模型堪称一绝。我见过科斯科及其附近地区的模型,模型根据他们计算的尺寸用泥土、碎石和木棍做成,四条大道、大小广场、大街小巷、城区和房屋(包括最偏僻的房屋)、流经城里的三条小溪等等应有尽有,令人叹为观止。

田野上的高山低岭、平川沟壑以及蜿蜒曲折的大河小溪,也都一览无遗,令人叫绝,即使世界上最好的宇宙志学者,所能做到的也莫过于此。制作这个模型是为了让一位西班牙巡视官查看,巡视官名叫达米安·德拉班德拉,他负有西班牙王室事务院的使命,了解科斯科地区有多少村落和多少印第安人。其他巡视官分赴王国其他地区,执行同样使命。我说见过的那个模型是在穆伊纳制作的,西班牙人称那个地方叫莫伊纳,距科斯科城南五莱瓜。那次

巡视中,查看了家父加西拉索·德拉维加分得土地上的一些村庄和印第安人,所以当时我也在场。

印卡人的算术知识相当丰富,而且算法令人惊叹,就是在多种颜色的绳子上打结,根据绳结可以了解印卡王国该征该免的赋税的全部情况。用绳结做加法、减法和乘法;为了知道每个村落应该缴纳多少,再用玉米粒和碎石子做除法,这样即可得出准确的结果。为了掌握平时和战时各种事物,诸如百姓、赋税、牲畜、法律、仪式以及其他各种情况,他们设有分门别类的统计官。这些人专门研习各自的事务和计算方法,上述各种事物的数量都分别记载在绳子和线头上,犹如分类账簿一样,所以很容易就可计算出来。即使一个印第安人负责两三项甚至更多项事物(这样的人相当于总统计官),每项事物也是分开记载。至于具体如何计算,又怎么能根据绳子和绳结知道是怎么回事,以后再作详细介绍。

在音乐方面,印第安人掌握了几个谐音,可由科利亚族(或科利亚区)印第安人在乐器上吹奏出来。乐器材料是苇管,把四五根苇管捆绑在一起,像管风琴那样,每根管比另一根管高一个调。捆绑在一起的苇管为四根,每根之间互不相同,其中一根发低音,再一根发音高些,依此类推,好似女高音、男高音、女低音和男低音四个天然声部。当一个印第安人吹奏苇管时,另一个人按照五度音程或随便其他音程来应和,第三人用另一音程,第四人又用另一音程,有时升高,有时降低,总能合节合拍。他们不会吹半音,所有的音都是一拍的全音。演奏者是经过专门训练、为国王和百姓的领主们奏乐的印第安人。虽然这种音乐非常粗俗,但也绝非人人都会,而是这些人努力研习才掌握的。印卡人有一种四至五个音的笛子,如同牧人的笛子;但不是几人同时合奏,而是每人单独吹奏,因为他们不会合奏。他们就用这种笛子吹奏他们的民歌,民歌用韵诗写成,大部分表现爱情的甜酸苦辣,有的表现欢乐,有的表现痛苦,有的表现得到女人的青睐,有的表现受到女人的冷遇。

每支民歌都有其独具特色的曲调,不能用同一曲调吹奏两支不同的民歌。这是因为热恋中的情郎在夜间用笛子吹奏时,就按照每种民歌的曲调,根据他是得到垂青还是受到冷遇,向那女子和众人诉说他的欢悦或哀愁。如果用同一曲调吹奏两种不同的情歌,就不知道情郎究竟要唱什么,因此可以说,他是通过笛声来倾吐自己的心曲。在科斯科城,有个西班牙人突然在深更半夜遇见他认识的一个印第安女子,想把她带回自己的客店,女子对他说:

“先生,让我到要去的地方去吧。你知道,你听到那座小山上的笛声在满怀深情地召唤我,使我不能不到那儿去。行行好,让我走吧,我不能不去,爱情驱使我非去不可,好让我做他的妻子,他做我的丈夫。”

他们不演奏根据征战和功业编成的民歌,因为这类民歌不是对女人吟唱,也不是用笛子吹奏的,而是在盛大节日和祝捷大会上吟唱,以纪念他们的英雄业绩。我在 1560 年离开秘鲁时,科斯科城有五个印第安人,是该城居民胡安·罗德里格斯·德比利亚洛沃斯手下的人,不管把什么诗歌曲谱放在他们面前,他们都能非常娴熟地吹奏出来。现在已是 1602 年了,我听说善于演奏乐器的印第安人已是大有人在,乐器也已到处都有了。我还在秘鲁的时候,印第安人不大唱歌,因为他们的嗓子不太好,大概因为不会唱而不练嗓子的缘故,可是有许多梅斯蒂索人嗓子很好。

第二十七章　印卡人“阿毛塔”(哲人)和“阿拉维库”(诗人)的诗歌

“阿毛塔”(哲人)们颇有才智,能够创作喜剧和悲剧,以供节日或盛典时为国王和云集宫廷的领主们演出。表演者不是平民百姓,而是印卡王公和贵族、“库拉卡”的子弟和“库拉卡”本人,以及军队的统领和将军。劝世短剧是表现这些人自己的,其故事情节都是先辈国王或其他英勇的文臣武将们的军事行动、大小胜利和光辉业绩。喜剧的情节表现农事、牧事和家庭事务。喜剧演完后,表演者按各自的身份和职务坐到自己的座位上去。不演不正派的、低级下流的幕间短剧,所有剧目都表现严肃正派的事情,并带有适于这种场合的格言警句和风趣言谈。演出中风度潇洒出众者,赐予珠宝和贵重物品。

他们在诗歌方面也略知一二,会作有节律的长短诗句,如上所述,他们那些配有不同曲调的爱情民歌就是诗句。他们还把诸代国王、其他著名的印卡王公和显要的“库拉卡”们的英雄业绩作成诗歌,代代相传,教给后人,让他们牢记先辈的功德并努力效仿。为便于记忆,诗句只有寥寥数行,但像密码一样言简意赅。所作诗句不押韵脚,均为自由体,大部分类似于西班牙名为“首尾韵四行诗”[①]的自由诗。现在我想起一首用四行诗作成的爱情民歌,从中可以看出他们的作诗技巧,以及他们从古朴心理出发所要表达的

① 首尾韵四行诗即指第一、四行和第二、三行押韵的诗。

简明扼要的意思。爱情诗句一般很短，这样便于在笛子上吹奏出来。本来应该把笛声的曲调也用管风琴的音符标出来，让读者既可看到诗句，又可看到乐谱，但因条件不便只好作罢。

现将原歌诗句和西班牙文译文恭录如下（附中文译文。——译注）：

（原歌诗句）	（西班牙文译文）	（中文译文）
Caylla llapi	Al cántico	你先伴着
Puñunqui	Dormirás	诗歌眠
Chaupit ta	Media noche	夜半时分
Sanúsac	Yo vendré	我自来

严格说来，西班牙文译文的"yo vendré"，应该像印第安人那样不要代词"yo"，而把动词"vendré"写成三个音节"veniré"，因为印第安人为了保持音节而不提人称，把它包括在动词之中。印卡人诗人称为"阿拉维克"（haráuèc），本意是发明创造者，他们还作过其他多种形式的诗句。我在布拉斯·巴莱拉神父大人的手稿中还发现了其他一些诗句，他称之为"扬扬格诗句"，即与上面三四个音节均有的诗句不同，都是四音节的。他是用印第安语和拉丁文写下来的，讲的是占星学方面的事。印卡诗人作成这些诗句，意在推断神在空中形成的自然现象，如雷鸣、闪电和霹雳以及雹、雪、雨的另一成因。下面就会谈到，他们在诗句中说明了所有这些现象。诗句系根据流传的一则神话故事作成的，神话故事说：造物主派一位少女住在天上，她是一位国王的女儿，有一只盛满水的瓦罐。让她在大地需要时洒水，由他的一个哥哥及时打破水罐，打破水罐时就发出雷鸣、电闪和霹雳。还说雷鸣、电闪和霹雳是他哥哥发出的，因为这是凶狠的男人、而不是温柔的女人应做的事。还说雹、

雪、雨是姑娘降下的，这些事轻松省力，对人有益。他们说，这些诗句由一位印卡诗人兼占星家作成并朗读，以赞颂姑娘的美德，这些美德是神赋予她的，让她以此为地上的生灵造福。布拉斯·巴莱拉神父说，这个神话故事和诗句是在一些记载古代纪年大事的绳结记事中发现的，绳结和记事系在多种颜色的细绳上；关于诗句和神话故事的传说，是印第安人统计官兼书记官告诉他的，这些人负责用绳结记载账目和历史事件。这位统计官兼书记官对“阿毛塔”们知识如此丰富非常钦佩，便作了诗记载下来，介绍他们的事迹。我记得早在童年时期就听过这个神话故事，还听亲属们讲过其他故事，但那时我年幼无知，没有问说明什么意思，他们也没有对我讲。我曾不揣冒昧，斗胆把这些诗句译成西班牙语，让既不懂印第安语又不懂拉丁文的人见识一下。但我在翻译时主要是依据印第安语的意思，而不是依据拉丁语。印第安语是我从吃奶时就接触的语言，而拉丁语对我来说则是一种外来语，我那点可怜的拉丁语是在我的祖国战火纷飞时学到的，戎马倥偬、枪林弹雨的场面我见识得很多，语言文字却学得很少。布拉斯·巴莱拉神父在译成拉丁文时，模仿了印第安语每句诗中的四个音节，而且模仿得惟妙惟肖。但我在译成西班牙文时，则不得不打破四音节的格律，因为为了完完全全地说明印第安语词汇的意思，有时必须用四个以上的音节，有时又用不了四个音节，所以就无法遵循四个音节的格律。（这里需要把一些印第安语词汇的意思事先交代一下：）“ñusta”是王室血统的少女，不能给这个词的含义降格，要说普通人家的少女，需用“tazque”这个词。“china”是指做仆人的姑娘。“illapántac”是动词，包括打雷、打闪和打霹雳三个动词的含义；但

印第安语原作者没有用来表示它本来的三个含义,而在这句前面加了一句诗"cunuñunun",这个词的意思就是打雷,所以,布拉斯·巴莱拉神父大人也把这三个含义写成了两句诗。"unu"是水。"para"是下雨。"chichi"是下雹。"riti"是降雪。"Pacha Cámac"是指其对世界的作用相当于灵魂对肉体作用一样的神。"Viracocha"是印第安人崇拜的一位现代神的名字,关于他的故事后面再详细讲述。"chura"是放置的意思。"cama"是赋予灵魂、生命、存在和主旨的意思。根据以上词义,我们试图在不失去印第安语原意的前提下,仅就我们的学识所及,尽量不致曲解地把诗句译成西班牙语。三种语言诗句如下(附中文译文):

(印第安语)	(拉丁文)	(西班牙文)	(中文)
Cúmac ñusta	Pulchra Nimpha	Hermosa donzella,	美丽的王室少女
Torallláiquim	Frater tuus	Aquese tu hermano	你的那位哥哥
Puiñuy quita	Urnam tuam	El tu cantarillo	正把你的
Páquir cayan	Nunc infringit	Lo está quebrantando,	水罐打破。
Hina mantara	Caius ictus	Y de aquesta causa	皆因他打破水罐
Cunuñunun	Tonat fulget	Truena y relampaguea,	才有雷鸣电闪
Illapántac	Fulminatque	También cayen rayos.	霹雳落长空。
Camri ñusta	Sed tu Ninpha	Tú, real donzella,	你,王室的少女
Unuiquita	Tuam limpham	Tus muy lindas aguas	把你的滴滴甘露
Para munqui	Fundens pluis	Nos darás lloviendo;	降到我们心中
Mai ñimpiri	Interdumque	También a las vezes	你还不时
Chichi munqui	Grandinem, seu	Granizar nos has,	为我们降下冰雹
Riti munqui	Nivem mittis	Nevarás assimesmo.	瑞雪飘飘漫长空。
Pacha rúrac	Mundi factor	El Hazedor del mundo,	世界的创造者
Pacha Cámac	Pacha camac,	El Dios que le anima,	赋予你生命的神明
Viracocha	Viracocha	El gran Viracocha,	还有伟大的维拉科查
Cai hinápac	Ad hoc munus	Para aqueste oficio	他们赋予你灵魂
Churasunqui	Te sufficit	Ya te colocaron	又把你派到天庭
Camasunqui	Ac praefecit	Y te dieron alma.	把这项使命担承。

可以毫不恭维地说，布拉斯·巴莱拉神父的笔下真是字字珠玑，句句瑰宝，我不过是借花献佛写在这里，给我这部干瘪乏味的史书增色生辉，其实我的祖国是不值得他那文采飞扬的佳句来形容的。

我听说到现在，一些梅斯蒂索人非常热衷于用印第安语写诗，以献给神界和凡间，既写这种格式的诗也写其他多种格式的诗。愿上帝把自己的天才赋予他们，使他们在各方面为上帝效劳。

从以上情况可以看到，在我们谈到的几门科学方面，即使秘鲁印卡人掌握了文字，并像最早的圣哲贤人和星占学家那样，把这些方面的知识一代一代地传下来，那也是极其有限、少得可怜的。唯独在道德观念方面，无论是在传授道德还是在遵守规范和习俗上，诸如百姓应该怎样按照自然规则彼此相处，怎样服从、效命和崇拜国王和上级，而国王又应该怎样进行统治，和怎样为“库拉卡”、其他臣属和下级百姓造福这些事情上，印卡人真是达到了登峰造极的地步。在实行这门科学方面，他们确是煞费苦心，不管怎样强调也不能确切说明他们达到的程度。这是因为他们在实践中精益求精，使这门科学不断向前发展，日臻完善。但在其他科学方面他们却没有这种实践，因为他们这些人生性纯朴，满足于已有的生活并听其自然，只求不做坏事，却无意深明事理，所以不能像对道德学那样实实在在地运用，也不能像其他科学所要求的那样进行深刻的思辨。尽管如此，佩德罗·德谢萨·德雷昂在其著作第三十八章中谈到印卡人和他们的统治时，还是这样说：“他们做出了如此伟大的事情，又治理得如此出色，世界上很少有人超过他们。”阿科斯塔神父大人在其著作的第六卷第一章中，也说了这样一段赞

扬印卡人和墨西哥人的话：

“前面讲了关于印第安人信奉宗教的情况，我在本卷中试图谈谈他们的风俗习惯、礼法规则和统治方式。这样做有两个目的，其一是驳斥对印第安人通常抱有的那种错误看法。这种看法认为，他们愚昧、野蛮、没有理性，或者说他们极端蠢钝，简直不配称为人。基于这种错误认识，有人在继续对他们进行大量的、明目张胆的侮辱，几乎把他们当作牛马使唤，缺乏对他们应有的、最起码的尊重。有些人怀着某种热情和敬意与印第安人有过交往，并且看到和了解到他们内心的奥秘和外在的表现，同时也看到和了解到那些自以为知识渊博、但通常是最狂妄无知、最刚愎自用的人对所有印第安人那种不屑一顾的态度，因此，他们深知那是一种极端庸俗和极端有害的错误认识。我认为，能使这种错误认识不攻自破的最好办法，就是说明印第安人在按照自己的法律生活时，是以怎样的秩序和方式来从事活动的。当然，在他们的法律中确有许多野蛮荒诞的东西，但也确有许多足以令人钦佩的东西。任何人都可以从这些令人钦佩的东西中清楚地体会到，他们生来就有接受良好教育的能力，甚至在很大程度上超过许多我们这样的国家。他们的法律中掺杂着一些严重错误，这本来不足为怪，甚至最有名的法学家和哲学家——包括利库尔戈斯[①]和柏拉图在内，都会犯错误的。既然在诸如罗马和雅典这些最有知识的国度里，我们都

① 利库尔戈斯（前九世纪），斯巴达立法家。游历多国，了解多种立法体系，以此为范本为本国立法。

可看到令人啼笑皆非的愚昧现象，那么如果把墨西哥人和印加人的国家放到罗马人或希腊人的时代去考察，他们的法律和统治方式确实该是令人肃然起敬的了。然而我们对这些情况一无所知，又不愿了解和理解印第安人，而是凭借武力闯了进来，不但认为印第安人的东西都不值得称赞，而且把那些人视为山中抓来的野兽，可以任意驱使。而那些学风最严谨、知识最丰富的人，在深入探究并完全理解了他们的内心奥秘、做人态度和古代统治方式之后，对事情的看法则完全不同，为他们的秩序井然和通情达理而感到惊异。”

以上是何塞·德阿科斯塔神父大人的原话，作为一位大名鼎鼎的人物，他的权威性大概足以证明，我们在前面和以后就印卡人及其法律、统治方式和才智本领所讲的一切情况都是真实可信的。印卡人的一种本领，就是善于用抒情手法把简短扼要的神话故事编成诗歌和散文，或者用来概括道德信条，或者用来把关于他们的偶像崇拜，他们的国王或其他德高望重贤者的卓越成就的某个传说保留下来。他们的许多神话故事与事实确有某些相似之处，以致西班牙人真愿意那不是神话故事而是真正的历史故事。对于其他许多神话故事，由于西班牙人不了解其中的田园风味，而觉得都是瞎编乱造的胡扯，往往嗤之以鼻。还有许多神话则愚蠢至极，前面已经谈到一些。在讲述历史的过程中，可能还会想起一些好的神话故事，那就届时再作介绍。

第二十八章　印第安人为从事自己行业而掌握的寥寥几种工具

上面讲了那些异教徒中的圣哲贤人和诗人的聪明才智及其掌握的科学知识，下面应当谈谈工匠们从事各自行业时的笨拙情况，从中可以看出那些人生活中一些必要的东西是多么简陋、多么缺乏。先说银匠，虽然当时银匠人数众多，而且长年累月从事这个行业，但他们不会制造铁砧或其他金属砧，这大概是因为尽管他们有铁矿——在他们的语言中称为“基莱”（quíllay），但不会炼铁的缘故。他们用坚硬的石块做砧，石块为黄绿色，互相压磨制成。这种石块极为罕见，所以他们视为珍贵之物。他们不会制作有木把的锤子，加工东西的工具用铜和黄铜合金制成，形如骰子，磨去棱角，有的很大，刚好能用手握住，锤打较大的东西。也有中等和小个的；还有的细长，用以锤打加工物的凹陷部位。干活时手握那种锤子，像拿着块大卵石一样击打。他们不会制作锉刀和雕刀。要熔化东西时也不会制作风箱，而是用几根铜管吹气。管长约半西班牙寻[①]，根据要熔化东西的多少可长可短；铜管一端堵住，留一小孔，使吹出的气更加集中、更加有力。用时将八根、十根或十二根管子捆在一起，根数多少依熔化规模而定。熔化时围着火堆用管子吹气。由于不愿改变习惯，他们现今仍然使用这种办法。他们也不会制作钳子，从火中取金属时使用木棒或铜棒，取出后插进一

① 西班牙寻：长度单位，一西班牙寻等于 1.6718 米。

堆为此而准备的湿土中灭火,然后来回翻转,直到可用手拿为止。虽然这些方法很笨拙,他们却制作出了了不起的东西,主要是用一些东西把另一些东西从内部掏空,关于这方面的详情以后再讲。虽然印第安人头脑非常简单,但也知道任何一种金属的烟都有害健康,所以在熔炼金属时,不论数量多少,都在院子或栅栏里露天操作,从来不搭棚子。木匠的聪明才智也不比银匠多,反倒显得比他们更加笨拙。现在西班牙人做木匠活用的所有工具中,当时的秘鲁人只会做斧子和锛子,而且还都是铜的。木匠活计用的锯、钻、刷子和其他工具,他们一概不会制作。因此,他们的木匠活无非是把木头砍断,好歹弄平能盖房子就行了,至于箱子和房门则一概不会制作。即使斧子、锛子和很少的几种小锄头,也是由银匠而不是铁匠制作,因为能制作的所有工具都是铜和黄铜的。他们不会用钉子,建筑物上所有的木头都是用一种叫细茎针茅草的植物作成的绳子捆绑,而不是用钉子钉上去的。石匠的情况也大致如此,他们用来打制石块的工具只是一些黑色的卵石,称为“伊瓦纳”(hihuana),加工石料时主要是压磨,而不是凿。石头搬上运下时,他们没有任何器具,全靠臂力搬运。尽管如此,他们还是建造了许多工程,而且正如西班牙史学家极力称赞、现在从许多建筑物的遗迹中可以看到的,这些工程宏伟壮观,又极为精巧和谐,简直令人难以置信。他们不会用金属制作剪刀和针,只用那里生长的一些植物的长刺当作剪刀和针,因此很少缝制衣物,其实只是补缀,不是缝制,有关具体情况后面再讲。他们还用这种植物的刺制作梳头的梳子,方法是用两根芦苇秆当梳子背,把刺夹在芦苇秆中间,让刺从秆的两边伸出,形状就像梳子了。王室血统妇女照的镜

子用磨得极光的银制作，普通妇女用的则用黄铜磨制，她们不能用银的，详情后面再讲。男人认为，照镜子是女人的事，男人照镜子丢人现眼，所以从来不照。人类生活中还有许多必需物品，他们也同样没有。他们在生活中只有最不可缺少的东西，因为他们本来就很少或根本没有发明创造能力，但对于看到别人做的事却有很强的模仿能力。凡是他们看到西班牙人从事的那些行业，他们都学会了，甚至在某些行业还超过了西班牙人，这种经历就证明了这一点。如果教他们科学知识，他们也会表现出这方面的聪明才智，从他们在许多地方演出的喜剧中就可以看出这一点。有这样一件事：许多教派，特别是耶稣会一些好奇的教士，知道印第安人在印卡诸王统治时期就表演喜剧，又见他们很有灵性，能够学会教给他们的事情，为了激发他们对表现基督舍身救世的圣迹剧目的兴趣，就编写喜剧让他们演出。一位耶稣会神父写了一出赞美圣母马利亚的喜剧，剧本用与秘鲁通用语不同的艾马拉语写成。情节讲的是关于《圣经·创世记》第三章的那几句话："我以生衅之心，置尔与妇之衷……彼将伤尔首。"[1]一些印第安人青、少年在一座名叫苏利的村子演出了这出喜剧。在波托克西表演过一段关于信仰的对话剧，有一万二千多个印第安人到场观看。在科斯科城还演出过一段关于圣婴耶稣的对话剧，全城所有的名人显贵都到场观看。在诸王之城的总督府门前，还当着所有贵族和无数印第安人的面，演出过另一出对话剧，情节是讲圣体的事，剧本是分段落用西班牙语和秘鲁通用语两种语言写的。印第安人青年完整地演出了对话

① 见《圣经·旧约》《创世记》第三章第十五节。

剧的四个部分，说白时风度潇洒，妙趣横生，还做出摇头晃脑等许多朴实的动作，唱歌时嗓音柔和，堪称动听。观众看得津津有味，兴致盎然。许多西班牙人看到这些年轻的印第安人这么洒脱自如，这么聪敏机智，竟然流出了欢快的泪水，并且转变了此前对印第安人的看法，不再认为他们愚蠢、粗野和笨拙了。

那些印第安青年人拿到写好的脚本后，为了记住必须诵说的台词，就去找有文化的西班牙人（世俗人士或神职人员），有时甚至去找最有名望的人，求他们把每一行读上四五遍，直到自己记住为止。为了不致忘掉，他们坚持不懈地练习，每个字都重复多次，并用一粒小石子或一粒豆子做上记号〔那里出产一种豆子，大小像鹰嘴豆，有多种颜色，他们称为“丘伊”（chúi）〕，每记住一个字就做一个记号。由于他们这样勤学苦练，用心钻研，没用多久就很容易地一点点地记住了。接受印第安青少年请求为他们念台词的西班牙人，知道他们为什么要学，即使是非常高贵的人，既不拿架子也不发脾气，而是亲切相待，乐于传授。因此，秘鲁的印第安人虽说在发明创造方面没有多少智慧，但在模仿和学会别人教给的事情上却非常聪敏。生于坎波城的胡安·德奎利亚尔硕士曾做过科斯科城天主教的受俸牧师，并且给城里贵族和富人的梅斯蒂索子女教过拉丁文，他对于印第安人的模仿能力有深刻体会。他之所以要教授拉丁语，一方面是出于自己的慈善心肠，一方面是因为学生们苦苦哀求。学生们原来有五位家庭教师，每人每月给老师们十比索，相当于十二杜卡多；但是学生人数太少，最多时不过十七八个人，老师觉得钱都加在一起也不多，靠别的途径可以赚更多的钱，所以弃职而去，使学生们的学业荒废了五六个月。我认识那

些学生中的一个印第安人,名叫费利佩·印卡,是一位名叫佩德罗·桑切斯神父的有钱有地位的神职人员手下的印第安人。神父见这印第安人在读书写字方面聪明伶俐,就供他念书学习,结果他对拉丁文理解非常深刻,毫不逊色于最优秀的梅斯蒂索学生。学生们的功课被家庭教师荒疏的时候,又回到学校读书。后来又请了一位家庭教师,这位教师教书的原则与前任不同,说如果他们过去学过的东西还记住一些的话,现在应该统统忘掉,因为那些东西毫无用处。所以,我在秘鲁的时候,学生们从一位教师的门下转到另一位的门下,每位老师都是误人子弟,学生们的学业始终没有走上正轨。最后,这位好心的受俸牧师把他们收进自己的门墙,在戎马倥偬、刀光剑影的环境中向他们讲授了将近两年拉丁文。需知那时候,唐塞瓦斯蒂安·德卡斯蒂利亚和弗朗西斯科·埃尔南德斯·德希龙相继发动叛乱,战事连绵,不曾间断,前次狼烟未熄,后次烽火又燃,且为害更烈,历时更久。就是在这种情况下,受俸牧师德奎利亚尔看到学生们学习拉丁文头脑非常灵活,掌握其他科学知识也很敏捷(因为土地贫瘠,他们很缺乏这些知识)。但因社会动荡,那几个颖慧的学生半途而废,他不胜痛惜,多次对他们说:"唉,孩子们,我真遗憾你们十几个人进不了萨拉曼卡大学①!"讲上面这些事的目的,是要说明印第安人有聪明的头脑,只要有人教,他们什么都能学会,而且与他们有血缘关系的梅斯蒂索人也同样是聪明的。胡安·德奎利亚尔牧师最初每天给学生们念四课课

① 萨拉曼卡大学:1220 年由西班牙国王阿方索九世创建,十六世纪时甚为兴旺,有本国及外国学生六千余人。

文，听他们集体朗读，可惜后来没有能继续下去，拉丁文课程没有教完，学生们没有完全掌握这种语言。现在活着的人应该衷心感谢上帝，他把耶稣会派到他们身边。多亏耶稣会到了那里，才有了那么丰富的各种科学知识，才有了一套很好的教学方法来传授科学知识，现在他们正在享受着这样的教育。这方面的情况就讲到这里，下面我们要继续讲述印卡诸王的更替以及他们的征服业绩。

第　三　卷

本卷记述第四代国王迈塔·卡帕克的生平和业绩；秘鲁建造的第一座柳索桥及人们对它的赞扬；第五代国王卡帕克·尤潘基的生平和征服活动；他命令在德萨瓜德罗河上用高莎草和水烛草建造的著名大桥；对太阳宫、太阳神庙及其富丽堂皇景象的描绘。本卷包括二十五章。

第一章　第四代印卡王迈塔·卡帕克攻占蒂亚瓦纳库，该村的建筑

印卡王迈塔·卡帕克（这个名字的含义无须说明，因为迈塔是专有名词，在秘鲁通用语中毫无意义，至于“卡帕克”这个名词的含义，前面已经说明）举行过父亲的葬礼和自己的登基大典后，以正式国王的身份再次巡视全国。其实早在他父王健在之时，他就两次巡视全国，但根据王国的法律，即使是王储，只要未届处理朝政的年龄，也不能发号施令。所以那时他只是个处于监护之下、不能自由行动的学生，没有他的参谋们的在场和同意，不能听事议政，不能答复奏议，也不能颁布赏赐。回复请求和颁发政令，宣布判决，斟酌和颁发国王应当给予的赏赐等诸项事宜，均由参谋们办理。现在既然他已摆脱师长和监护人的约束，就想再次巡视各省

体察民情，因为前面说过，这是那些国王乐此不疲、而百姓们也最感荣幸的一件事。因此，迈塔·卡帕克为了表示他的慷慨胸怀、温良性情和爱民之心，便进行了这次巡视，使“库拉卡”们和其他臣民感到王恩浩荡，受宠若惊。

巡视完毕后，他把精力用到印卡国王们视作主要荣耀的事情上，就是召集和吸引野蛮人皈依他们那虚妄的宗教。他们这样做，实际上是以他们那种偶像崇拜的名义，掩盖他们扩大王国疆土的野心和贪欲。迈塔·卡帕克也许是出于野心，也许是出于贪欲，也许是二者兼而有之（有权有势者无不如此），下令招募军队；待到春季来临，便率领一万二千名士兵、四位将军和其他文武官员出师，一直开到辽阔的的的喀喀湖边的德萨瓜德罗。整个科亚俄地区地势平坦，而且那里的人比较单纯驯顺，所以他觉得比其他地方容易征服。

军队开到德萨瓜德罗，他命令赶造大木筏，军队乘筏过湖，向前征进。每遇到一些村子，他就派人提出以前的那些要求，这里不再赘述。印第安人早已听说印卡人的神奇功业，纷纷望风归顺，就这样征服了许多村子。其中有个村子名叫蒂亚瓦纳库，那里有许多宏伟奇妙的建筑，值得作些介绍。说起那里的许多建筑，确实令人赞叹，其中有一座凭双手建造的小山或称小丘，从人工建造的角度来说，真是高峻得令人惊异。为使小山（或大土堆）不致滑坡而变成平地，把它建在了庞大的石基上面，至于为什么建造这座小山，到现在也不得而知。在离开小山的另一个地方，有两座石雕巨人像，头上有发饰，身着长衣直垂地面，整个人像因岁月流逝而模糊不清，足见其年代的久远。还有一面高大墙壁，系用巨石筑成。

然而环顾四周,很远地区之内确实没有大石和采石场,无从得到那些巨石,既然如此,又是怎样用人力把这些巨石运到那里的呢?想象至此,不禁为之称绝。另一处地方也有一些壮观的建筑,最令人惊叹的是建在不同地点的巨大石门,其中许多块石门居然是浑然一体,是四面均经打磨的一块独石,更加奇妙的是许多块石门稳立于石块之上;丈量几块后得知,石块竟有三十西班牙尺长,十五西班牙尺宽,六西班牙尺厚。大石和石门已经合成一体,如此硕大的作品究竟是用什么工具和器械打磨成的,至今无从得知,也不可思议。倘若深思一步,那些石头在打磨之前究竟该有多大呀!

当地人说,所有这些还有本书没有提到的其他建筑,都是印卡人到来以前时期的工程,印卡人照这些工程的样子建造了科斯科的那座城堡(关于城堡的情况后面再讲)。他们也不知道这些工程是什么人建造的,但听他们的前辈说,所有这些奇迹般的工程仅在一夜之间就突然建成了。看来这些工程并没有全部完成,只是为建造者们想要建造的东西开了个头。以上所述都是佩德罗·德谢萨·德雷昂写过的内容,他在其著作的第一百零五章描述秘鲁及其各省疆界时,曾详细记述了这些和其他一些建筑,我们只是在这里概括地作了介绍。我觉得,应该把一位教士给我写信时谈到的其他一些建筑写在这里,作个补充。这位教士名叫迭戈·德阿尔科瓦萨,是我的同窗好友。我们两人生在同一座房子里,他的父亲作为家庭教师培养教育了我,因此我可以与他兄弟相称。他和另外一些人从我的祖国给我写信,介绍了许多情况,在谈到蒂亚瓦纳库这些伟大建筑时说了这样一段话:“在科利亚多省蒂亚瓦纳库众多的古迹中，有一处古迹令人终生难忘。这处古迹紧傍一座湖泊，西班牙人称这座湖为丘奎图湖，准确名称应该叫丘基维图湖。那里有几处巨型建筑，其中有一座长宽均为十五西班牙寻的正方形院落，并建有两人多高的围栏。院内一边有一座厅房，长四十五西班牙尺，宽二十西班牙尺，厅顶类似于您曾在科斯科城太阳宫内见过的草屋顶。我说的这座院落，它的墙壁和地面，厅房及其内顶和外顶，厅房两扇门的门厅和门槛，以及院落的一扇大门，每一件都是作为一个整体而用一块巨大的山石建成的。院落和厅房的墙壁有四分之三巴拉宽，厅房屋顶从外表看像是用草搭成，实际上是用石铺成。原来印第安人建房时是以草盖顶，但为了使厅房与住房相似，他们将石块轻轻摩擦，磨出道道，使它的外形好像草制屋顶。湖水拍击院落的一面围墙。当地人说，那座房子和其他建筑是他们献给世界造物主的。那里附近还有许许多多雕成男人女人的石像，栩栩如生，酷似真人。石人中有的手拿杯子饮水，有的坐着，有的站立，有的在穿过建筑群的一条小溪中涉水；还有的石像裙上膝上婴儿环绕，也有的把婴儿背在背上，真个是千姿百态，应有尽有。现在住在那里的印第安人说，早年间的人向一位路过那里的人身上投石头，犯下弥天大罪，结果被点化成了石像。”以上所引是迭戈·德阿尔科瓦萨的原话。他是生于科斯科的梅斯蒂索人，比不是生于当地的人更好地掌握了印第安人的语言，高级神职人员曾多次把他从一处调往另一处，担任秘鲁王国许多省份里的教区牧师，向印第安人传经布道，他也取得了更大的成就。

第二章　阿通帕卡萨的归顺与对卡克－亚维里的征服

现在回过头来继续讲印卡王迈塔·卡帕克。他几乎没有遇到抵抗就降服了称为阿通帕卡萨省的大部分地区，即位于德萨瓜德罗左边的那片土地。至于是经过一次还是多次行动降服的，印第安人说法不一。多数人认为印卡王们是一点一点地攻占的，因为要逐步教化百姓和开垦土地；另一些人认为这是最初印卡王们不甚强盛时的情况，但在他们强盛之后，则是能征服多少就征服多少。反正不管是一次也好，多次也罢，这都无关紧要。其实，最好是把每位印卡王占领的地方一笔带过，免得反复唠叨同样的事情使人恼火，但是若不提他们各位在不同地方进行的征服，则显得对他们有所轻慢，因此还是介绍一下为好。话说印卡王迈塔·卡帕克继续向前征进，到了一座名叫卡克－亚维里的村子，其实根本没有村子的秩序，辖区内散居着许多野人般的群落，每个群落中有几个小头目统治，对其他人发号施令。这些小头目得知印卡王要来征服他们，经协商对策，收缩在辖区内一座小山上。小山像是人工堆成，高度不及四分之一莱瓜，像塔糖一样平滑。周围是一马平川，只有这座小山拔地而起，颇有景色，因此那些印第安人将它视为圣物，虔诚崇拜，敬献祭物。他们去那里向小山求救，求它像神一样保护他们不受敌人侵犯。他们在小山上筑造了一座用石和草皮相混的干垒墙碉堡。据说所需草皮都由妇女运送，男子专管垒石头，以便工程迅速建成。然后他们尽量收集食物，带着众多妇女

和孩子住了进去。

印卡王派人提出过去那些要求，特别说明不会杀死他们，也不剥夺他们的财产，而是要按照太阳的吩咐为他们印第安人造福；劝他们不要对太阳的儿子抗命不遵，不要与他们为敌，因为他们在所有征战中都得到太阳的佑助，因而是战无不胜的；要他们尊奉太阳为神，崇拜太阳。印卡王多次派人传达这番话，但那些印第安人冥顽不化，说他们的生活方式已经很好，不想进一步改善；说他们有自己的神，其中之一就是一直保护他们、而且今后还会佑助他们的那座小山；还要求印卡人乖乖地离去，向别人去传授他们想教的那套东西，他们不想学。印卡王不想对他们动武，只想用好话劝服；如果别无他法就用饥饿制服他们，于是兵分四路，包围了小山。

科利亚人坚守多日，并准备着对付印卡人攻打碉堡，可是见他们不想攻打，就认为他们是胆小怯阵，反而一天比一天放肆起来，竟然多次走出碉堡与他们交战。印卡人为执行国王的命令和规定，只是稍事反击，双方互有伤亡。但科利亚人毕竟是野人，不避敌方的武器蛮勇冲杀，因此伤亡更多。当时科亚俄的印第安人中有一种流行的说法，后来印卡人把它传播到了他们的所有王国：被围的印第安人经常出动向印卡人搦战，据说有一天，他们向印卡人投射石子、箭矢和其他武器，但武器却掉转方向射了他们自己，就这样被自己的武器打死打伤许多人。这是印卡人引为骄傲的神话故事之一，关于它的详情我们后面再讲。由于那一天伤亡惨重，反叛者终于投降，特别是“库拉卡”们更是后悔不该顽抗。他们害怕再受更大的惩罚，遂集合全体村民，列队前去请求饶恕。他们命儿童先出碉堡，其后是跟他们在一起的妇女和老人。片刻之后，士兵们走出来。最后是头目和“库拉卡”，他们捆缚双手，每人脖子上挂一条绳子，表示他们竟敢武装反抗太阳的子孙，实该处死；下面赤裸双足，这在秘鲁印第安人中是谦卑的表示，其意是他们要去朝拜的人具有崇高的威严或神性。

第三章　印卡王宽恕降者；对神话传说的说明

科利亚人成群结伙来到印卡王面前，跪倒在地，高声欢呼，尊崇他为太阳的儿子。众人跪拜以后，“库拉卡”们单独来见印卡王，行过他们习用的恭敬大礼，乞求国王陛下宽恕。他们说，只要饶恕士卒，即使让他们去死，他们也心甘情愿，士卒们所以斗胆反抗印卡王，是因为他们作出了坏榜样，是他们吩咐这样做的。他们还乞求饶恕妇女、老人和孩子，他们没有罪，罪过都是他们的，因此愿意为大家抵罪。

印卡王在手下军卒的簇拥下，坐在椅子上接见“库拉卡”们，听完他们的话后，吩咐为他们松绑，取下颈上的绳索，表示饶恕他们不死并给予自由。他用温和的话语对他们说，他到那里去的目的，不是要杀害他们和抢夺他们的财产，而是要为他们造福，教导他们按照理性和自然法则生活，教导他们放弃自己的偶像，崇拜太阳为神，因为这样的恩惠是太阳吩咐赐予他们的。印卡王还说，既然这是太阳的旨意，他就宽恕他们，并把那些百姓和土地重新赐给他们；这样做绝无其他意图，完全是为他们造福，来日方长，他们以及他们的子孙后代都会看到这一点，因为太阳就是这样吩咐的；因此，他们可以各自回家，养伤治病，听从对他们的吩咐——这都是为了让他们得到好处。为了让该村所有人更加确信已获宽恕，更加感受到他的温厚仁义，印卡王吩咐那些“库拉卡”，以全村人的名义亲吻他的右膝，让他们亲眼看到，既然允许他们碰触他的御体，当然就是把他们当作自己人了。需知印卡王是印第安人心目中的一位神，如果不是王室血统或获他恩准的人，是禁止接触他的御体的，否则就是亵渎神明。所以对“库拉卡”们来说，这真是王恩浩荡的表示。“库拉卡”们看到，国王已充分表现出仁慈胸怀，这才完全放心，再不担心会受惩罚，于是再次跪伏在地，说陛下的言行已表明确是太阳的儿子，对于罪该万死的人给予了根本不敢想象的恩赐，所以他们一定做恭顺的臣民，以无愧于这莫大的恩赐。

现在对上一章中提到的神话传说作个说明。据印卡人说，真实情况是这样：印卡王的统领见科利亚人的无耻行径日甚一日，便暗地吩咐手下士卒作好准备，在战斗中可以尽情烧杀，让他们尝尝国王军队的厉害；否则容忍他们对印卡王如此无礼，未免太无道理。科利亚人不知对手已被激怒并已作好准备，又像往常一样出兵进行威胁恫吓，结果遭到狠狠的回击，大部分被杀死。因为在此之前，印卡王的军兵并没有认真厮杀来消灭他们，只是自卫而已，他们就说那一天他们也没有攻击，而是太阳再也不能容忍科利亚人对他儿子的傲慢不尊，便命令他们的武器掉转方向杀向他们自己，以示惩罚，而印卡人并没有想杀死他们。既然被视为太阳子孙的印卡人这么说，头脑非常简单的印第安人便信以为真。作为贤哲的“阿毛塔”们，又给这个神话传说加上了讽喻的含义，说当他们命令科利亚人不要动武时,科利亚人不想放下武器,归顺印卡王,所以他们的武器就掉转方向杀向他们自己,造成许多人死亡。

第四章　降服三省,征服数省,移民垦荒,惩处以毒药害人的罪犯

上一章中讲的神话传说和印卡王的仁慈做法,在事件发生地阿通帕卡萨附近各部族中广泛流传,既使当地人称颂不已、倍感惊奇,又使他们心生好感、乐于归顺,所以许多村落自愿降服,纷纷前来听命于印卡王迈塔·卡帕克,尊崇他为太阳的儿子并愿为他效劳。归顺者中有三个大省,那里牲畜兴旺,军力强大,分别叫作考基库拉、马利亚马和瓦里纳,这最后一处就是后来贡萨洛·皮萨罗与迭戈·森特诺进行血战的地方。印卡王对于战败投降和自愿归顺者给予恩赐和封赏,之后再次通过德萨瓜德罗返回科斯科。他在阿通科利亚派四位统领率领军队向当时他所在的西面征战,命他们穿过称为阿通普纳(印卡王略克·尤潘基故去时已攻占到它的山坡)的无人地区,劝服在从无人地区另一端直到南海流域一带遇到的部族,让他们效命印卡王。印卡王吩咐他们,千万不要与敌人开战,如果有些人顽固抗拒不愿归顺,而一定要兵戎相见,那就姑且不予理会,因为吃亏的是那些野蛮人自己,而不是印卡人。统领接到命令并得到夜以继日运送到的大批给养后,遂率军出发,艰难地穿过内华达山脉(因为那里没有开通的道路,而且必须穿越三十莱瓜的荒芜地区),到达了称为库丘纳的省份。那个省人口众多,但居住得非常分散。当地人听说来了一支军队,便筑起一

座碉堡，携妻带子住了进去。印卡人包围了他们，虽说堡垒不堪一击，但为遵守印卡王的命令，也不想攻而取之，而是向他们提出议和结盟的条件。敌人根本不愿接受。双方这样僵持五十余天，其间印卡人有多次机会可以重创敌军，但为了遵守惯例和国王的特殊命令，仍不愿与其交锋，只是缩紧包围圈。另一方面，由于印卡人突然而至，当地人没有准备充足的给养，也没有料到印卡人会锲而不舍地围困这么久，以为见他们顽固不降就会撤军而去，所以这时受到了饥饿的严重威胁——这是任何被围困者的致命之敌。不管是男是女，大人还能咬紧牙关忍受饥饿，但孩子就忍受不住了，纷纷到田野寻找野菜充饥。许多孩子甚至跑到敌方那里去了，父母不忍见他们饿死在眼前，也默许他们这样做。印卡人对他们来者不拒，不仅给东西吃，还让他们给父母带去一些；除了带去食物外，还要他们转达提出的缔结盟好的条件。敌人本来孤立无援，看到这些之后，心想在他们抗命不遵时印卡人都这么宽厚仁慈，倘若投降臣服之后一定会更加如此，便同意无条件投降。于是，他们向印卡人表示投降。印卡人给予亲切接待，对他们过去的顽抗既不恼恨也不斥责，而是友好相待，给吃给喝，还给他们讲道理，说印卡王是太阳的儿子，他不想抢夺土地实行暴虐统治，只想遵照他父亲太阳的旨意为那里的生灵造福。为了让他们对此有实际体验，印卡人送给头人衣物和其他赠品，说是印卡王赐给他们的；给一般人赠送食物，让他们回家，众人纷纷满意而归。

印卡统领报告了征服中发生的一切情况，要求派人到那个省的两个村落居住，他们觉得那里土地肥沃，可容纳比原来多得多的人去开垦，并提出应该派军驻守，以维护攻占土地的安全和应付今后可能发生的任何情况。印卡王同意了他们的要求，派人携带妻小移居那两个村落：一个位于当地人筑造堡垒的山脚下，称为库丘纳，其实就是那座山的名称；另一个称为莫克瓦。两村相距五莱瓜，现在那两省还以村名称之，属科利亚苏尤区治辖。印卡统领在忙于画图建村、颁布命令实行教化和治理时，得知那里有些印第安人对冤家仇人使用毒药，这倒不是为了杀人害命，只是要在他们身上脸上毁容致伤。那种药毒性不大，中毒后只有体质虚弱者才会死去，体质健壮者不会送命，但活着也非常痛苦，落得感觉迟钝，理智丧失，四肢瘫痪，形体可怖，身上脸上奇丑无比，犹如患了麻风病一样，白一块紫一块的。总之，中毒者形神俱毁，惨不忍睹，任何人见他们那副样子都会深表同情。施毒者眼见他们不会立即丧命，活活受罪，反而更加幸灾乐祸。印卡统领们知道这种恶行后，如实奏报印卡王。印卡王派人传命，把凡是干过这种伤天害理事情的人，统统抓来活活烧死，并设法消除他们的一切痕迹。国王的命令在那些省的居民中深得人心，他们自己就进行侦查，执行判决：烧死罪犯，焚毁罪犯家中所有东西；推倒房屋，像对待该诅咒者的东西一样，将碎石块抛得远远的；烧死牲畜，捣毁田地，连他们栽种的树木也连根拔掉；并规定那些田地永远不许分给别人，任其荒芜，以免有人把原来主人的田地连同歹毒心肠一起继承。这种严厉的惩罚使当地人不寒而栗，据他们证实，在西班牙人征服以前的印卡诸王统治时期，再也没有发生过那种惨无人道的事。统领们在惩处罪人，为移民建起村落，为被征服的人建立统治秩序后，回转科斯科城报告执行使命情况，受到国王热烈欢迎并得到丰厚的赏赐。

第五章　印卡王降服三省，赢得一场激战

印卡人扩大疆土的欲望和野心与日俱增，过了几年后，印卡王迈塔·卡帕克决定亲自出征，为帝国征服新的地区。为此，他征调尽可能多的兵力，备好粮草给养，到了乌马苏尤的普卡拉，就是他的祖父（前面讲到，也有些人说是他的父亲）曾征服过的那一方最边远的村落。他从普卡拉向东进军，到达称为亚里卡萨的省份，该省土人乐于尊他为君主，所以未遇抵抗将其降服。接着，他从那里继续向桑卡万省进军，同样顺利地降而服之，因为那些省早已纷纷传说，大肆宣扬这位国王的祖父和父亲过去的丰功伟绩，所以各省土人纷纷自愿称臣。这两省都有五十多莱瓜长，一个有三十莱瓜，另一个有二十莱瓜宽，而且居民稠密，牲畜众多。印卡王依旧发布命令，在新百姓中实行他们那套偶像崇拜、田产制度和统治方式，然后向帕卡萨省征进，该省土人没有挑起任何大小战事进行反抗，一致表示服从并尊奉他为太阳的儿子，所以他逐步降服了他们。

帕卡萨省是前面说的印卡王略克·尤潘基曾经征服的省的一部分，该省地域辽阔，包括许多村落，所以是由父子两代印卡王全部征服的。征服该省后，印卡王率军抵达现称瓦伊丘村附近的乌马苏尤王室大道，得知前方聚集了大量士兵准备与其交战，于是便领兵前去迎敌。敌人出兵据守，不让他渡过现称的维丘河。他们出动了三四千名印第安人士兵，虽然都属科利亚族，但分属许多不同的姓氏。印卡王无意交战，只想按此前使用的方式进行征服，多次向敌方提出慷慨的盟好条件。但敌人非但根本不愿接受，反而

一天比一天厚颜无耻，认为印卡王之所以提出和平条件而不愿开战，完全是被他们吓破了胆。出于这种毫无根据的傲慢心理，他们成群结伙地从多处泅渡过河，肆无忌惮地进犯印卡王的营地。印卡王为避免双方伤亡，千方百计用好言相劝，极其耐心地忍受着敌兵的轻慢，连手下将士也认为这样做有害无益，对他说：允许和忍受那些野人如此骄横无礼是对太阳之子神威的极大不敬，今后会被人轻视，已经赢得的威望会丧失殆尽。

印卡王设法平息手下将士的怒火，说为了仿效先辈的榜样，也为了执行太阳父亲要他好生照料印第安人的吩咐，他希望不以武力惩罚他们；并要求将士们再等待几天，不要伤害印第安人，也不要擅自出战，看印第安人对他们的良好愿望能否有所认识。印卡王用诸如此类的话拖住将士许多天，始终不准他们与敌人交手。最后终于有一天，他耐不住部下的纠缠，又加上敌人的傲慢已到了忍无可忍的程度，便被迫下令准备出战。

印卡人求战心切，早已迫不及待，听到命令后立即勇猛出击。敌人见他们费尽心机挑起的战斗终于到来，也士气高昂地连忙迎敌。双方刚一交手，就奋不顾身地残酷厮杀起来：印第安人是为了维护自由而不愿向印卡王屈服效命，即使他是太阳的儿子也罢；印卡人则是为了惩罚敌人对他们国王的狂妄不尊。双方都很顽强，简直杀红了眼。特别是科利亚人，作为无理智的人，他们迎着印卡人的武器冲杀；作为野蛮人，他们冥顽不化，桀骜不驯，只知不顾章法、不讲配合地胡冲乱撞，因此损兵折将，伤亡惨重。激烈的战斗一刻不停，进行了整整一天。印卡王亲自参加了整个战役，在战场上时出时没，有时充当将官鼓舞士气，有时直接与敌军厮杀，以无愧于善战士兵的美名。

第六章　瓦伊丘人投降，印卡人宽恕他们

据瓦伊丘人的子孙们讲，因为战斗中配合混乱和指挥不当，瓦伊丘人死了六千多人。而印卡人方面，由于指挥有方和阵式严整，死了不过五百人。夜幕降临、田野昏暗之时，双方各自收军回营。科利亚人伤口已凉，疼痛钻心，再一看死了那么多人，此前的士气和蛮勇一扫而光，只落得无计可施，一筹莫展：想凭真刀实枪地拼杀来获取自由，已经没有力量；想撤退逃走，又不知路径，因为对方早已将他们团团围住，切断了一切通路；想请求宽恕，又觉得过去言行那么卑劣，竟对印卡王提出的慷慨条件不屑一顾，恐也难以得到谅解。

在这一片混乱之中，他们最终采取了最可靠的办法。这也是年纪最长者的主意，他们劝诫说，投降之后，虽然为时稍晚，但仍可乞求印卡王宽恕；印卡王虽然一再受辱，但仍会像他的父王一样仁慈为怀，至于他的父王对反叛的和不反叛的敌人多么仁慈，早已为人所知。科利亚人一致同意这么做。天色一明，他们费尽脑汁想出一种狼狈装束：不着外衣，只穿贴身汗衫，披头散发，打着赤足，准备投降。武将和头人自缚双手，低头不语，陆续走进印卡王营帐的门，受到印卡王的亲切接见。科利亚人跪伏于地，口称不是来求他发慈悲的，他们深知由于自己恩将仇报，冥顽不化，不配让他仁慈相待；只是请他命令兵士将他们斩首示众，以儆效尤，使其他人不敢再像他们那样对太阳之子抗命不遵。

印卡王吩咐手下一位统领以他的名义回话，说他的太阳父亲派他到人世来，不是要他杀戮印第安人，而是要为他们造福，帮他们摆脱野兽般的生活，教他们尊敬印卡人的神——太阳，为他们制定规章、法律和治国之道，以使他们过上人的生活，而不是禽兽的生活；为了执行这项旨意，他才辗转各地，劝服印第安人为太阳效命，不是要役使他们；虽然他们罪恶当诛，但他作为太阳的儿子饶他们不死；他们进行反叛，印卡王的父亲——太阳就要惩罚他们，而且已经进行了惩罚，他对此极为痛心；为此他要求他们从今以后悔过自新，遵从太阳的旨意，以便得到他的恩惠，从而可以安居乐业，繁荣昌盛。印卡统领回话已毕，让那些科利亚人穿上衣服，养伤治病，并说印卡人将尽量对他们优礼相待。科利亚印第安人各自回家，到处传扬造反叛逆给他们带来的灾难，多亏印卡王宽大仁慈才得以活命。

第七章　许多村庄归降；印卡王命令建造柳索桥

那次战役中大量伤亡的消息不胫而走，很快传遍了整个那一地区，到处传说那些印第安人不服从太阳的子孙印卡人，也不愿接受他们的恩惠，这便是太阳对他们进行的惩罚。因此，许多原来征好军队、安营扎寨准备抗拒的村庄，知道印卡王的仁慈胸怀后，纷纷拆除营寨，前往拜见，求他宽恕，表示乐于做他的百姓，恳请收纳。印卡王亲切接见，吩附发给衣物和其他赠品。印第安人带着东西满意而归，逢人便说印卡王的确是太阳的儿子。

前来归降印卡王的村庄,就是如今南部查尔卡斯大道上从瓦伊丘到卡利亚马卡之间的村庄,约有三十莱瓜长的地区。印卡王又从卡利亚马卡沿查尔卡斯王室大道前进二十四莱瓜,一路降服现在位于大道两旁、直到帕里亚湖的所有村庄,一直抵达卡拉科略。接着,他从那里折向东方,向安蒂斯山进军,到达现在称为丘基亚普的谷地。“丘基亚普”(chuquiapu)在秘鲁通用语中意思是指挥用的长矛或为首的长矛,二者是一个意思。印卡王看到那些谷地比科利亚名下所有其他省份炎热,更适宜种植玉米,便吩咐印第安移民在那些村庄定居。印卡王从卡拉卡图山谷东进,抵达安蒂斯山山系雪山的山坡,那里距乌马苏尤王室大道有三十多莱瓜。

印卡王用去三年时间奔波于征途之上,降服印第安人,规划村庄,安置居民,颁布法律,筹划治理。诸事完毕以后,他回转科斯科,受到盛大热烈欢迎。休整两三年后,他命令筹集军粮,征召士卒,准备在即将来临的夏季进行新的征服,以免因无所事事而寝食不安。这次征服他要兵发科斯科以西,即现在名为孔蒂苏尤的地区,那里有许多大的省份。因征途中需穿过宽阔的阿普里马克河,印卡王命令建造桥梁供大军通过。他请教了几位印第安人能工巧匠,画出图样,吩咐照图建造。为秘鲁写书的人们说到有草索桥,但没有说是怎么造的,因此我觉得应该在这里描绘一番,一来让没有见过的人有个印象,二来因为这是遵照印卡王的命令在秘鲁建造的第一座柳索桥。

建造这种桥时,先收集大量柳条。柳条品种与西班牙的不同,属另一品种,特点是细长柔韧。用三股单根柳条编成与桥的长度一样的柳索,用三条三股的柳索编成九股条的柳索,再用三条九股条的柳索编成二十七股的粗柳索，再用它编成更粗的柳索，如此不断增加股数，柳索越来越粗，直到跟人体一样粗或者更粗为止。这样的粗柳索一共编五条，由印第安人泅水或乘筏运到河的对岸。这些印第安人身上系一根细绳，细绳拴着一根粗绳，粗绳像野生苎麻（印第安人叫“查瓦尔”）枝杈一样粗；把一条柳索用这种粗绳拴住，由许多印第安人拉，直到从这一岸拉过去为止。五条柳索都拉过去后，放在两座高大的墩子上。在能够找到适宜的裸露生岩石的地方，就用它当作桥墩；在找不到适宜生岩石的地方，就用像它一样坚硬的石料做成桥墩。位于从科斯科到诸王之城之间王室大道上的阿普里马克大桥，一座桥墩用的是生岩石，另一座用的是石料。桥墩中空，成凹形，两旁形成坚实的墙壁。每座桥墩两墙之间的凹空处，横穿五六根粗如牛身的横梁，按次序和尺度摆成梯子形状。把每条粗壮的柳索在每根横梁上绕上一圈，以使索桥紧张有力，不会因本身的巨大重量而松弛下垂；但不论拉得多么紧，它总是要松成弓形，越往中间越低，越往两端越高，只要风力稍微大一些，就会来回摆动。

放上三根粗实的柳索做桥面，另外两根用做两侧的桥栏。做桥面的柳索上面，依次横铺粗如手臂的细木，形成大管箩的样子，宽度与桥一样，大概有两巴拉宽。铺放细木是为了保护柳索，以防很快断裂，铺好后跟柳索紧紧绑在一起。细木上再依次铺放捆好的树枝，这是为了牲畜蹄子有处落脚，不致滑倒。从下面当桥面的柳索到上面当桥栏的柳索之间，交叉地编上许多树枝和细木棍，捆绑结实，形成与桥同样长度的墙壁，这样人行畜走就安全无虞了。阿普里马克大桥是所有桥中最长的，约有二百步长。我没有量过，但在西班牙曾跟许多走过这座桥的人作过估计,他们都说有这么长,而且只多不少。我见过许多西班牙人过桥时不下马,有些人骑马飞驰而过,免得显出害怕的样子,不过,过这种桥也确实有点吓人。虽然我描绘得很粗略,但从这里也可看到,这种工具最初只用三股柳条做起,最后竟成了一件如此艰巨浩大的工程。这一工程确实绝妙神奇,如果不是像现在这样亲眼目睹,真会以为那是难以置信的。是共同的需要维护了这项伟大的工程,使它还没有毁掉,否则岁月也可能早已把它毁坏了,就像毁坏了西班牙人在那片土地上见过的其他一些同样伟大甚至更加伟大的工程一样。在印卡人统治时期,那里的所有桥梁每年都要翻修,由附近各省派人出工,所需器材按各省印第安人的数目和能力分摊。现在还实行这种办法。

第八章　大桥建成威名远震，许多部族欣然归降

印卡王得知桥已建成,遂统率一万二千大军和久经沙场的统领出征,浩浩荡荡直抵桥边,见桥上已布有严密岗哨,防止敌人放火焚烧。孰料敌人已对这项新工程敬佩得五体投地,正渴望让命令建造这么好渡河工具的国王也做他们的君主。在那个时代,甚至在西班牙人去了以后,秘鲁的印第安人极其单纯无知。只要有一件别人发明而他们没有见过的新东西,就足以令他们肃然起敬,承认建造者是太阳神的儿子。他们没有看见过什么神奇的东西,因此当他们看到西班牙人骑着战马这种在他们看来如此烈性的动

物作战,看到他们用火枪射击,在两三百步开外就能致敌死命时,由于从未见过如此令他们惊奇的东西,便不禁异常敬佩,以致在最初的征服中就把西班牙人当作神,纷纷归降。除了看到西班牙人别的东西外,就凭这两样东西,印第安人就把他们当作太阳的儿子,几乎毫无反抗地投降了。从那以后,每逢西班牙人拿出什么他们没有见过的新东西时,诸如磨面的石磨,耕田的牛,在河上造桥时建造的石料拱形顶(他们认为桥的巨大重量都由拱形的空间承受),他们都表现出这种佩服和尊敬之情。就根据每天看到的这些和其他一些东西,他们说印第安人理应臣服西班牙人。何况在印卡王迈塔·卡帕克时代,那些印第安人更加简单无知,对于建桥工程当然更感惊奇,所以仅此一件东西,就足以使那一地区的许多省份毫无反抗地接受了印卡王的统治。其中一省名叫琼皮维尔卡,该省位于孔蒂苏尤大行政区,长二十莱瓜,宽十多莱瓜。一则因为太阳之子早已威名远扬,二则因为新工程确是一大奇迹,在印第安人看来,只有天庭下凡的神人才能造出这样的东西,所以他们心悦诚服地拥戴印卡王为君主。印卡王只在一个名叫维利利的村庄遇到一点抵抗,当地土人在村庄外面筑起一座堡垒,躲进去拒不降顺。印卡王下令团团围住,不让一个印第安人逃脱,另一方面以惯用的宽厚仁慈之心感召他们。

堡垒里的人待了些天,大概不过十二三天的样子,最后终于归降。印卡王不咎既往,饶恕了他们。平定该省后,印卡王穿过孔蒂苏尤一片十六莱瓜长的无人区,遇到一片险恶的沼泽地,沼泽宽三莱瓜,两岸绵延很长距离,挡住大军的去路。

印卡王命令在沼泽里筑起一条通道,通道用大小石块填成,中间搀入草皮。印卡王亲自参加填路,既给出谋划策,又帮助抬运工程所需的石块。印卡王身先士卒,将士们争先恐后,全力以赴,几天之内就填出一条六巴拉宽、两巴拉高的通路。那个地区的印第安人过去和现在对这条路都极为尊崇,一是因为印卡王圣驾亲自参加筑造,二是因为从前他们必须从这一边或那一边绕行,才能越过沼泽,而现在走这一条通道则省时省力,极为方便。因此,他们总是非常尽心尽力地注意修缮,只要有一块石头脱落,就立即再次填好。他们实行各地区分段保养,各族负责修整本地段,彼此间竞相维修,所以总像今天刚刚建成的一样。他们对所有公共工程都实行分工制,小工程按家族分,较大工程按村落分,特大工程如桥梁、公共粮仓、王宫和其他类似工程,则按省份分。草皮在这类工程中大有用处,因为草根在石缝中盘根错节,把石头与石头紧紧连在一起,非常牢固。

第九章　又征服许多辽阔省份后,印卡王安然长逝

道路填好后,印卡王迈塔·卡帕克穿过沼泽,进入一个称为阿尔卡的省份,迎面遇上整个地区许多印第安人士兵扼住去路。那一带地方山坡陡峭,道路崎岖,险峻异常,即使平时行走也令人心惊胆战,如今要突破敌方的拦截方能通过,愈加困难重重。进军途中,印卡王不得不十分谨慎,反复思量,并运用了杰出的军事艺术,所以虽然敌人竭力抵抗,双方互有伤亡,但总能击败敌人,攻占地盘。敌人眼见在这么险峻的山口隘道上也不能阻止他的攻势,反

而日益败退,都说印卡王攻无不取、战无不胜,确是太阳的儿子。结果虽然抵抗了两个多月,最后还是抱着这种毫无根据的信念,全省一致同意拥戴印卡王为国王和君主,保证做他的忠顺臣民。

印卡王在欢呼声中进入主要村庄阿尔卡,又从那里继续进军,沿途经过几个大省:陶里斯马、科塔瓦西、普马坦普和帕里瓦纳科查。“帕里瓦纳科查”意为火烈鸟池塘,因该省一片蛮荒地带中有一座巨大的池塘,印卡语中把海洋和随便什么湖塘池沼都称作“科查”(cocha),被西班牙人称为火烈鸟的那种鸟禽称作“帕里瓦纳”(parihuana),便把这两个名词组合成一个名词,用来做那个省的名称。该省疆域辽阔,土地肥沃,风光绮丽,盛产黄金。西班牙人省去中间一个音节,称为帕里纳科查。“普马坦普”意为狮子聚居地,由“普马”(puma,狮子)和“坦普”(tampu,存放处、聚居处)组成。这大概是因为该省过去某个时期曾有过狮子窝,或该省狮子多于其他省的缘故。

印卡王从帕里瓦纳科查继续进军,穿过科罗普纳无人区。那里有一座巍峨壮丽、白雪皑皑的山峰,印第安人尊敬地称为“瓦卡”。“瓦卡”一词有好几个含义,这里意为值得赞叹的,因那座山峰确实令人赞叹。当地人从古代的愚昧无知出发,因其巍峨壮丽、值得赞叹而崇拜它。穿过无人区后,印卡王进入阿鲁尼省;又从那里到了另一省,称为科利亚瓦,该省绵延到阿雷克帕山谷,据布拉斯·巴莱拉神父说,阿雷克帕的意思是响亮的小号。

印卡国王仁慈宽厚,这些部族温良柔顺,双方一拍即合,所以迈塔·卡帕克尽皆轻易征服,纳入帝国。原来那些人早就听说印卡人在阿尔卡省险峻山口隘道上的英勇事迹,相信他们是所向无敌的，是太阳的子孙，所以乐于做他们的臣民百姓。印卡王在各省逗留一段时间，安顿居民，立法颁令，以便进行良好的治理，建立安宁的秩序，他发现阿雷克帕山谷无人居住，考虑到那里土质肥沃、气候温和，遂决定将征服的许多印第安人移居该地。他对这些人说，那里乃是安居乐业之所，如果住在那里开发土地，不仅对居住在那里的人而且对他们整个民族都有好处；只要很好地利用山谷，大家都会受益不尽。于是，他迁出三千多户移居山谷，建立了四五个村落，其中一个叫作钦帕，还有一个叫作苏卡瓦亚。印卡王派了省督和必要的官员驻守，然后班师还朝，回到科斯科。第二次征服共用去三年时间，其间印卡王在孔蒂苏尤大行政区，将长约九十莱瓜、宽约十到十五莱瓜不等的地区纳入帝国版图，整个这片土地都与已经征战降服、纳入帝国的地区毗邻。

印卡王在科斯科受到隆重欢迎，人们像过节一样，载歌载舞，欢声震天，颂扬他的丰功伟绩。印卡王广施封赠，奖励将士，然后解散军队。他觉得从当时来说征服的地域已相当广阔，应该休养生息，专心制定法律政令，励精图治，特别注意为穷人和鳏寡孤独造福。这些事占去了他余生的时间——据说他像前几代印卡王一样，在位时间有三十年左右。不过他究竟在位多少年，享寿多少年，确实无从得知，关于他的事迹我也无从知道更多了。总之，他在平时和战时创造了丰功伟业，政绩昭昭，最后安然长逝。按照印卡人的习俗，百姓为他哀悼一年，表达爱戴之情。临终之际，他降下遗诏，立长子卡帕克·尤潘基为全权继承人，这是他与姐妹和妻子玛玛·库卡所生之子。除此之外，他还有许多子女，既有所谓血统上嫡生的，也有非嫡生的。

第十章　第五代印卡王卡帕克·尤潘基征服昆蒂苏尤许多省份

印卡王卡帕克·尤潘基名字的意思，已在解释其先辈名字的含义时说明，这里不再赘述。他在父王故去后，戴起红色流苏登基称王、举行葬礼后，即出巡全国，遍访各省，了解省督和其他官员表现如何，共用去两年时间。回到科斯科后，他命令征集大军和粮草，以备来年听用。他知道昆蒂苏尤大行政区，即科斯科以西方向，有许多人口众多的省份，就想向那里出征。为使大军通过，他命令在宽阔的阿普里马克河上阿克查大桥的下游称为瓦卡查卡的地方，再建一座大桥。大桥经紧张施工终于建成，因那一段河面更宽，桥身比阿克查大桥还长。

印卡王亲率近两万士卒的大军从科斯科出发，来到位于城外八莱瓜的桥边。一路上悬崖峭壁，举步维艰。到达河边之前，先要走下一道山坡，山坡几乎垂直而立，仅走下来就足有三莱瓜，爬上对岸的山坡又有三莱瓜，其实两山地面距离不过半莱瓜。过桥之后，印卡王进入一个风景秀丽的省份。该省名叫亚纳瓦拉，现在有三十多个村庄，至于当时有哪些村庄尚无从得知，只知那里第一个村庄名叫皮蒂。该村居民不分男女老幼，全都兴高采烈地出来迎接，歌声震天，呼声撼地，拥戴印卡王为君主，对他表示臣服。印卡王热情迎接，赠给衣物和宫中日常穿戴的物品。皮蒂村民派出使者，前往本区同属亚纳瓦拉族各村，告诉他们印卡王驾临，他们已尊奉他为国王和君主。各村的“库拉卡”纷纷仿效，闻风而来，像皮蒂村民一样欢天喜地迎接印卡王。

印卡王像接待皮蒂人一样欢迎他们，广施恩惠和赐赠，为了更加显示王恩浩荡，还想走遍长二十莱瓜、宽十五莱瓜的地区，周游各村看望村民。他从亚纳瓦拉省继续前进，抵达艾马拉省。这两省之间有一片十五莱瓜长的荒凉地带，到了荒地另一边，只见一座称为穆坎萨的大山上，聚集着大批兵士扼住通路和该省的进口。该省有三十多莱瓜长，十五莱瓜宽，金、银、铅矿丰富，牧业发达，人口稠密，降服以前共有八十多座村庄。

印卡王命令军队在山脚下扎营，切断敌人退路。敌军本是野蛮未化之人，不懂用兵之术，弃村庄于不顾，统统收缩在山头以做顽抗之地，却不知退路已断，成了瓮中之鳖。印卡王静候多日，不想发起攻击，也不准采取其他敌对行动，只是切断他们可能得到的粮草，坐待对手迫于饥饿而降，同时吁请他们议和。

双方对峙一月有余，那些生来桀骜不驯的印第安人终于饥饿难忍，派出使者对印卡王说，他们已作好准备，只要太阳的儿子许诺并信守诺言，在他们投降之后就去征服乌马苏尤省并归入他的帝国，他们就拥戴他为国王，尊奉他为太阳之子。乌马苏尤是他们的邻省，居民黩武好斗，霸道凶蛮，经常把牲畜放牧到他们家门口，并不断骚扰他们，为此曾发生过战争，乌马苏尤人烧杀抢掠，无所不为。而且因为乌马苏尤人总想称王称霸，胡作非为，战事总是一波未平，一波又起。既然他们要做印卡王的百姓，便恳求他为他们除掉那些凶恶的对头。只要答应这个条件，他们就情愿归降，尊奉他为国王和君主。

印卡王通过一位统领回复说，他到那里的目的，就是铲除蛮不讲理和以强凌弱之事，教导所有野蛮部族摒弃野兽般的生活，过上人的日子，指引他们尊崇印卡人的神——太阳；既然为印第安人济困扶危，教导他们懂得理智是印卡王的职责所在，他们就没有必要以国王责无旁贷的事情为条件，因为他们不该规定太阳的儿子该怎么做，而只能按他的规定去做；至于涉及他们的不和、纠纷和战争的那些事情，就听凭印卡王裁决好了，他知道该怎么做。

使者得到答复后，回山去了。第二天，躲在山里的一万两千多印第安人士兵一齐来到山下，同时还带着妻儿老小三万多人。他们以村落为单位，分别排成方队，按他们的习俗跪伏在地，拜见印卡王，甘愿降做臣民。为了表示臣服之意，他们献上金、银、铅和其他所产物品。印卡王仁慈地接见他们，见众人早已饥肠辘辘，遂吩咐拿给饭吃，又给了足够回村的干粮，以免在路上挨饿，叫他们各自返回家园。

第十一章　征服艾马拉人，宽恕“库拉卡”，为牧场立桩为界

送走那些人后，印卡王前往同属于艾马拉人的一个村庄，名叫瓦基尔卡（该村现有两千多户）。他从那里派出使者去见乌马苏尤的“库拉卡”，命令他们去见他，他身为太阳的儿子，想了解他们与艾马拉省邻居因牧场牧草发生的纠纷。他在瓦基尔卡等候，准备为他们颁布法令，让他们像有理性的人一样相处，不要像野兽一样为了牧场这类区区小事互相杀戮，因为显而易见，双方的牧场都不小，足够放牧之用。乌马苏尤的“库拉卡”们都接到了同样命

令，于是聚在一起商讨如何作出共同的答复。他们说，对印卡王无所求，不必去见他；如果印卡王对他们有所求，就让他来好了，他们严阵以待；他们不知道他是不是太阳的儿子，也不承认他们的太阳神；他们有自己当地自然界的神，跟这些神相处得很融洽，不想再要别的神，也不想要太阳神；至于法规，谁愿意遵守，就让印卡王去给他们制定好了。他们认为，想要什么地方就用刀枪占领，想要什么东西就向拥有者武力夺取；如果有人想到他们的土地上去骚扰，也同样用武力去抵抗，这就是他们最好的法律。他们就这样作了答复，如果印卡王想要别的答复，他们将以英勇士兵的姿态在战场上作出。

印卡王卡帕克·尤潘基和手下将军仔细考虑了乌马苏尤人的答复，一致认为应当以最快速度赶到那些村庄，乘其不备之时炫耀武力，以突如其来的威慑手段制服他们的狂妄无耻，但要尽力避免杀伤破坏。正如前面所述，除非万不得已，在进行任何征服时不要造成流血，而应该力图用巧妙手段，以安抚和利诱方法吸引印第安人归附，这是第一代印卡王曼科·卡帕克特别为其后代国王定下的法律和命令。只有这样以仁爱之心征服，才能得到百姓的爱戴；若以武力压服，只能遭到百姓的永远痛恨。印卡王卡帕克·尤潘基看到，恪守这条法律，对于扩展和保卫王国确实有百利而无一弊，便命令从全军中精挑细选，火速组成一支八千人的队伍。他亲自率领这支队伍出发，日夜兼程，很快抵达乌马苏尤省。敌人知道印卡王军队庞大，由此带来诸多困难，怎么也没有料到仅用一个月即已赶到，因此毫无提防。但现在看到，他已率领精兵强将突然来到他们的村庄，而且后面的大军也即将赶到，觉得不等召集人马进行自卫，恐怕他们的家园早被印卡王化为灰烬了。他们想起此前作出的狂妄答复，不禁追悔莫及，于是纷纷放下武器。各处的"库拉卡"派出信使，互相通气联络，都去拜见印卡王，请求开恩饶恕他们的罪过。"库拉卡"们有的先来，有的后到，各依先后次序垂立在印卡王面前哀求宽宥，他们都尊奉他是太阳的儿子，求他以太阳之子的身份接受他们为臣民，并发誓忠贞不渝地为他效命。

"库拉卡"们个个胆战心惊，料想印卡王会下令将他们枭首示众。但恰恰相反，印卡王派人对他们说，他们作为未受教化的野人，不知道哪些事对他们的宗教信仰和道义生活有益，对此他毫不奇怪；一旦他们喜欢他的先辈诸王的秩序和治国之道，就会乐于做他的臣民；一旦他们想到并承认他们和所有人从他的父王太阳那里得到的诸多好处，就会同样唾弃自己那些偶像，就会知道只有太阳才是值得尊敬和崇拜的神；而他们所说当地的那些神，无非是龌龊卑贱的动物，只能唾弃，怎能奉为神明？为此他命令他们，在宗教和法律方面，时时处处服从他，因为这一切都是他的父王太阳的旨意。

"库拉卡"们毕恭毕敬地回答，保证只尊奉他的父王太阳为神，只遵守他为他们制定的法律。他们通过耳闻目睹的事实已经信服，这些法律都是为了造福于百姓和提高百姓的尊严而制定的。为了向新属民表示恩宠，印卡王亲自去往该省一个主要村庄，名叫奇里尔基。他在那里询问了引起纠纷和战争的牧场的分布情况，仔细斟酌了对双方都有利的办法，选择了他觉得最合适的地点，命令立下界桩，要求各省分占其地，不得闯入别省地界。过去和现在人们都满怀敬意地保护着这些界桩，因为那是整个秘鲁土地上最早根据印卡王的命令立下的界桩。

划分土地使双方皆大欢喜,两省的"库拉卡"亲吻了印卡王的手,表示千恩万谢。印卡王从容地巡视两省,定下法律规章。诸事完毕后,印卡王觉得,从国力昌盛和所到之处大获成功而言,虽然仍有余勇可鼓,但还是暂停征服,回科斯科为宜。印卡王卡帕克·尤潘基奏凯还朝,到处充满欢庆胜利的气氛。新征服三省的"库拉卡"和上层人物随同国王而来,瞻仰帝国京城的风采。为了表示对帝国的臣服,他们用金肩舆把国王抬入城中。国王手下的统领随侍肩舆周围,士兵们排列成队,军容整肃,前导开路。各省士兵按归附帝国的次序分别列队,先归附者离国王较近,后归附者较远。科斯科城一如旧例,万人空巷,载歌载舞地出城迎接印卡王。

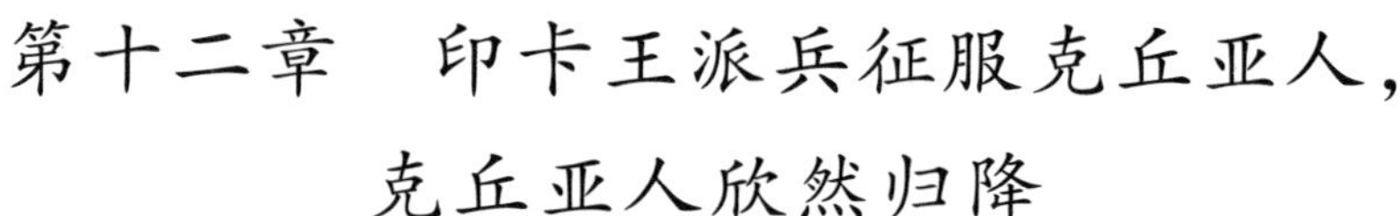

第十二章　印卡王派兵征服克丘亚人,克丘亚人欣然归降

此后四年间,印卡王专心治国,造福百姓;但他觉得不能如此长期沉湎于和平时期的安乐,使军队无所事事,于是传命加紧征调粮草和武器,士兵们作好准备,来年出征。翌年,时间一到,他挑选一位兄弟名叫奥基·蒂图封为统帅,又从近亲中选了四位文武双全的印卡王公任将军,命他们每人指挥一支五千士兵的军队,五个人共同统领全军,把他在昆蒂苏尤地区进行的征服继续下去。为使征服有个良好开端,他一直把他们送到瓦卡查卡大桥,叮嘱他们在征服印第安人时遵循他的先辈印卡诸王的榜样,然后返回科斯科。

身为统帅的印卡王公和四位将军驱兵直入科塔潘帕省，该省领主和他的亲戚、称为科塔内拉的另一个省的领主已在那里恭候。两位酋长都属于克丘亚族，得知印卡王派兵来到他们的土地，欣然聚在一起，准备尊奉他为国王和君主，因为多日以来他们就有此愿望。因此，他们率领许多人载歌载舞出来迎候印卡王公奥基·蒂图。两位酋长喜形于色地对他说："欢迎你，阿普（意为统帅）印卡，欢迎你给我们带来新生活和新地位，让我们成为太阳之子的仆人和臣民。因此，作为他的兄弟，我们也崇敬你，并把真情告诉你：即使你没有这么快地来降服我们为印卡王效劳，我们也早就决定，要在来年去科斯科向国王称臣，恳求他下令将我们收附在帝国辖下。因为太阳的儿子们在战时和平时的丰功伟绩和神才奇能，早已远近闻名，令我们五体投地，渴望做他的臣民为他效劳，以致朝思暮想，度日如年。再者，很多年以前，从我们祖辈先人时代起，昌卡人、安科瓦柳人以及他们附近几个部族的人，掠去我们大片土地，对我们横行霸道，欺压侮辱，我们想做印卡王的臣民，也是为了摆脱他们的专横暴虐。因此，我们甘愿归附印卡王治下，不再受暴君的欺凌。你的父王太阳保佑你来到这里，使我们宿愿得偿。"说完这番话后，他们对印卡统帅和他的将军深施大礼并献出许多黄金，请他进奉国王。在贡萨洛·皮萨罗挑起战争以后，科塔潘帕省分给了塞维利亚人唐佩德罗·路易斯·德卡夫雷拉，科塔内拉省和下面要提到的瓦曼帕尔帕省分给了家父加西拉索·德拉维加，这是在秘鲁第二次瓜分土地的事；第一次俟下文到时候再讲。

奥基·蒂图统帅和四位将军以印卡王的名义致答辞，说感谢他们过去的善意和现在的殷勤，他们的诚意、殷勤和他们说的话都

将详细禀报国王陛下，请他颁令酬谢，就像酬谢所有对他效劳的行动一样。酋长们听说他们的话语和殷勤举动都将禀报印卡王，一个个高兴非常，爱戴之情日甚一日，对于统帅和将军的吩咐无不欣然从命。统帅和将军依例在两省建立秩序，安定民心，然后向瓦曼帕尔帕省继续征进，未遇任何抵抗，不战而将其降服。那几省之间有两三条河汊，经过一段流程汇合一起，形成水量丰富的阿曼凯河。印卡人就从几条河汊处渡河，继续征进。

几条河汊中有一条流经丘基印卡，那就是后来弗朗西斯科·埃尔南德斯·希龙与唐阿隆索·德阿尔瓦拉多[①]元帅交战之处。再早几年，唐迭戈·德阿尔马格罗与德阿尔瓦拉多也曾在这里打过仗。两次战斗中，唐阿隆索·德阿尔瓦拉多均遭失败，关于战事详情到时候再作介绍，如果上帝保佑我能讲到那里的话。印卡人一路进发，逐步降服了阿曼凯河两岸诸省。那里有好几个省份，都属于克丘亚这个姓氏，各省都盛产黄金，牧业发达。

第十三章　征服沿海多块谷地，惩治鸡奸者

几位印卡王公在上述各省颁布政令，建立起必要的统治秩序后，率军进发瓦利亚里帕荒芜地带，那处山地因采出大量黄金和尚未开采的更多黄金而闻名。他们穿过一条长约三十五莱瓜的栈道，循山而下来到平川，原来已到沿海地区。凡是沿海地带或任何其他炎热地带，印第安人均称为“云卡”（yunca），意为炎热地区。

① 阿隆索·德阿尔瓦拉多（？—1552），西班牙征服者，曾任拉普拉塔督军。

整个沿海地区有许多片谷地,统统包括在“云卡”名下。西班牙人把发源山中、流入大海的河流能够灌溉的地方称为谷地。在那片沿海地带,只有这样的土地上有人居住,因为除了河水能够灌溉到的地方以外,其他地方都是寸草不生、禾苗不长的茫茫沙地,根本无法居住。

就在这些印卡人进入平川的地方,有片谷地名叫阿卡里,那里地域广大,土质肥沃,居民稠密,当时约有两万多人。印卡人不费吹灰之力将他们降服,使其愿意听命效劳。他们从阿卡里谷地继续前进,依次到达乌维尼亚、卡马纳、卡拉维利、皮克塔、克尔卡等片谷地。这些谷地从北向南沿海岸依次排开,共有六十多莱瓜的距离。这些著名谷地,每块都顺着河水流向形成,从山地到沿海有二十多莱瓜长,宽度约等于河水可灌溉的两岸距离,有的为两莱瓜,其余的多少不一,因河流水量而异。沿海地带有一些河流,印第安人不让它们流入大海,而是把水从主河道上引出,用以灌溉庄稼和树木。

印卡统帅奥基·蒂图和他的将军,未经战斗即降服那些谷地,使之效命于印卡王,随后将征服之事呈报国王。呈报时特别指出,在了解那些土人的秘密风俗、典礼仪式和神灵(即他们捕杀的鱼)的过程中,发现几个鸡奸者。并不是所有谷地都有这种人,只是在个别谷地中,也并非所有居民都有此恶习,只是个别人偷偷地干这种勾当。他们还报告说,由于征服了上述地区,他们已经完全控制了通向南部的整个沿海,因此那一带没有土地可征服了。

印卡王得到关于征服的报告非常高兴,更因未经流血完成大业而欢欣鼓舞,遂派人传命,要他们依旧例颁布政令,建立统治秩序,然后回科斯科。命令强调指出,要他们火速稽查鸡奸者,一经查出,无论是真正罪犯还是嫌疑犯,哪怕只有一点嫌疑,一律在公共广场活活烧死,房屋焚毁并夷为平地,田产上的树木也要烧掉并连根拔除,绝不让如此丑恶的事情留下丝毫痕迹;同时还要广为宣传,定下一条法律,绝对不得违犯:今后任何人不许犯此类罪行,否则一人有罪,众人连坐,全村都将夷为平地,村民都将烧死,就像当时对个别人那样。

这一切都按印卡王的命令严格执行,各片谷地的土人对于惩罚这种罪恶的办法非常赞赏。印卡诸王乃至所有的印卡人,都对这种罪行深恶痛绝,以致连提到它都招人憎恶,所以他们从来闭口不提。如果科斯科的土人中,不管有哪个印第安人(即使不是印卡人也一样),在跟别人吵架时出于一时之愤而骂他是这类人,那么连辱骂者自己也会名誉扫地,其他印第安人在很多天里都把他看作卑鄙可恶的东西,就因为他提到了这个字眼。

统帅和将军执行完印卡王派人传达的命令后,班师科斯科,受到给予凯旋者的盛大欢迎,得到许多褒奖和赏赐。这次征服过去几年之后,印卡王卡帕克·尤潘基想亲自统兵进行新的征服,向科利亚苏尤方面扩大帝国疆土,因为在前两次征服中,将士们都没有超出昆蒂苏尤区的范围。为此,他命令征召两万名精兵强将,以备来年听用。

在征集军队的同时,印卡王善理朝政,治国安邦。他任命他的兄弟奥基·蒂图为辅政王,主掌一切军政事务,任命原来随他出征的四位将军为他的参谋;又挑选四名将军和数名统领准备随他出征,指挥军队。这些统领都是印卡人,因为当时只要有印卡人,其他部族的人就不能做统领；虽然来自各省的士兵都有从本族中选出的统领，但一旦加入王室军队后，就给每位外族统领派一名印卡人做他的上级，在军事事务中外族统领充任副手，完全执行他的命令和指示。这样一来，整个军队就全都处于印卡人的指挥之下，但同时却不剥夺其他部族军官原有的职务，以免他们因被撤职而觉得受到轻慢和歧视。无论什么事情，只要不违反他们的法律和规定，印卡诸王总是满足各族酋长和居民的要求，以赢得人心。由于他们在任何事情上都以怀柔治国，所以印第安人总是有令即行，以爱戴之情为其效命。印卡王的王储虽然年纪尚幼，但也命他随军出征，以便熟悉用兵之道。

第十四章　两位大酋长请求印卡王仲裁，然后臣服印卡王

出征时间一到，印卡王卡帕克·尤潘基离开科斯科，抵达帕里亚湖，那是他父王生前征服那一地区的边界。一路之上，印卡王和几位同行官员把各省备好的军队汇集起来。同时他是有心之人，一路上凡是两旁能够到达的村庄，他都前去巡视，用王驾亲临对那些部族表示恩宠。这些部族看到印卡王驾临自己省份，深感王恩浩荡，所以直到今天，许多省的人对印卡王在田野和村庄中驻足停留，发布什么旨意，赐给他们什么东西，或是旅途小憩的许多地方，依然记忆犹新。而且因为那些地方留下过国王的足迹，印第安人对它们非常尊敬。印卡王到达帕里亚湖后，竭力想把在那一地区看到的村庄降服过来，结果有些村庄早已听说过印卡王的善举，另

一些村庄自知势小力单,无法抵抗,所以纷纷主动归降。印卡王正在征服这些村庄期间,科利亚苏尤区两位大酋长的使者前来求见,原来两位大酋长之间经常残酷交战。为使读者更好地了解这段历史,这里应该作些说明:这两位大酋长是两位著名头领的后代,早在印卡人以前的时期,两位头领各自在那些省份自立为王,攻占许多村庄,统治众多百姓,成了很大的领主。俗话说"山无二虎,国无二主",他们都不满足于征服的地盘,更不能容忍与对方平起平坐,于是便兵戎相见,争斗起来。两人都是蛮勇的头领,在世时一直残酷争战,双方互有胜负,没有定局,于是又把这场争斗传给了子孙后代。他们的后代像祖辈一样恃勇厮杀,战争一直延续到印卡王卡帕克·尤潘基时期。

两位大酋长看到,他们之间的残酷战争连年不断,由于双方势均力敌,旗鼓相当,多次被拖得筋疲力尽,所以担心谁也占不到便宜,反而落个两败俱伤的结局。于是,他们征求各自头领和亲属的意见,商定听凭印卡王卡帕克·尤潘基的意志作出仲裁,不论他对他们之间的战争和恩怨作出什么裁决和命令,他们都照办不误。他们达成这项协议,是因为折服于已故和当今印卡王的威名,历代印卡王的公平正直,以及传说中他们的父亲太阳为他们创造的奇迹,在那些部族中广泛流传,有口皆碑,所有人都想一睹他们的威仪。两位酋长一位名叫卡里,另一位名叫奇帕纳;他们的先辈从第一代起就叫这个名字,后人为了牢记和效仿他们的勇敢无畏精神,想用名字来保持对他们的纪念,便一代一代沿用下来。佩德罗·德谢萨·德雷昂在其著作的第一百章中简要地记述了这段历史,不过把事件发生的时间向后移了许多。他说,一位酋长名叫卡里,另一位名叫萨帕纳。两位酋长得知印卡王正在靠近他们省份的一带进行征服，便派遣使者向他报告他们之间的争端和战事，请求他开恩行善，允许他们前去吻他的手，并更为详细地说明他们的恩怨和争端，请国王陛下为他们调解；既然普天之下都尊奉印卡王为太阳的儿子，他们又期望他为双方主持公道，使两家永世修好，所以他们发誓对印卡王唯命是从。

印卡王听了使者的报告，说酋长们可在他们认为适当的时候来见他，他将尽力为他们调解，期望使他们化干戈为玉帛；至于他为此向他们传达的法律和命令，则需由他的父亲太阳授意颁布，为此他将就此征求他的旨意，以便作出更为正确的决定。两位酋长对这样的答复非常高兴，没过几天就来到印卡王驻跸的帕里亚，按事先商定在同一天从不同地点进入印卡王驻地，来到他的面前，以同样方式吻过他的双手，谁也不想压过对方。卡里酋长统治的地方距印卡王的土地较近，所以由他代表双方讲话，详细说明了他们之间的不和及其原因。他说，关于不和的原因，有时是嫉妒对方的功勋业绩，有时则是企图吞并对方领地，至少是争夺疆界和管辖范围的贪婪野心。他们请求国王陛下为他们调解，照他的意愿吩咐该怎么办。因为他们已经厌倦了双方多年来的频繁战争，现在就是来求他帮助讲和的。印卡王一如既往亲切接见后，留他们在军中逗留几日，从最老的印卡人统领中挑选两名，让他们分别向两位酋长讲授根据自然法则制定的法律，印卡诸王就是用这些法律统治诸王国，使臣民安居乐业、和睦相处、互相尊重人格和田产的。关于他们在疆界和管辖范围方面的分歧以及因此而发生的战争，印卡王派遣两位王公亲属到两位酋长的省里去调查，彻底弄清战

争的原因。印卡王得知一切详情后,征询了参政院里印卡王公的意见,然后召见酋长,扼要地对他们说,为了达到和睦融洽,他的父亲太阳要他们遵守印卡王传授的法律,以百姓的生命和人丁兴旺为重,而打仗只能自取灭亡和杀害生命,绝不能人丁兴旺。他还告诫他们,其他酋长见他们争斗不和,势力衰微,可能会乘机起兵征服他们,夺取他们的土地,使他们先辈的威名付于流水;要想保持土地,扩大威名,就需和平相处。他还要他们在一些地方立下界标,不得越过。最后他对他们说,是他们的太阳神吩咐和命令这样做,要他们和睦相处、休养生息的;既然他们请印卡王作解决争端的仲裁,那么他本人也要求他们照此行事,如有违犯,必将严惩不贷。

卡里和奇帕纳两位酋长说,他们将完全遵照陛下的旨意去办,凭着国王对他们的一片好意,他们也要结成亲密好友。接着,两位酋长就印卡王的法律,治理家庭、朝廷和整个王国的方式,他在战争中的怀柔政策,以及他对所有人的公正态度和不允许欺侮任何人的做法议论了一番。他们特别注意到,国王对他们多么亲切和平等,土地划分得多么公正。他们对这一切极为珍视,经过与随同前来的亲属和部下商议,大家一致决定降顺印卡王,做他的臣民。他们这样做,当然还有另外原因,那就是看到印卡王的帝国距他们的属地已近在咫尺,说不定哪一天就会用武力来征服,而他们是无力抗拒的。作为明智之举,与其被迫臣服,不如自愿归顺,这样还不会失去自愿归顺者可以从印卡人那里得到的奖赏。计议已定,他们来到国王陛下面前,恳求接受他们为他效劳,因为他们愿做太阳之子的臣民和仆人,当然也把属地拱手相奉;请陛下派驻省督和官员,教导新臣民应如何为他效劳。

印卡王说感谢他们的一片好意,他将永远尽可能地赐予他们恩惠。于是,他命令赏赐他们印卡王式样的衣服,供酋长穿用,又赐给另一种不太华贵的衣服,供酋长的亲属穿用;此外还有许多贵重的赐赠,酋长们心满意足,异常高兴。这样,印卡王就把两位酋长在科利亚苏尤地区占有的许多省份和村庄纳入帝国版图,其中包括波科阿塔、穆鲁穆鲁、马克查、卡拉卡拉,这些省份以东直至安第斯大山系的整片土地,以及直到塔帕克－里省边界的整个一片蛮荒之地。西班牙人把塔帕克－里省称作塔帕卡里省,这片荒地有三十多莱瓜长的严寒地区,因气候奇冷而无人居住。但那里牧草繁茂,野兽牲畜不计其数,且有许多温泉,水温滚烫,手都不敢伸进去。泉水涌出时冒出呼呼的热气,即使在远处也能看到泉源之所在。温泉热水散发出硫黄的气味。此外,在水温极高的温泉之间,还有许多冷冽的甘泉。温泉和冷泉汇集一起,形成一条河流,名叫科查潘帕河。

穿过布满泉水的大片荒芜地带,他们到达一座山坡,从七莱瓜长的山路走下,进入塔帕克－里省的平原地带,家父加西拉索·德拉维加在秘鲁第一次分到的印第安人和土地就在这个省。这个省长二十莱瓜,宽十二莱瓜,土地肥沃,居民众多,牧业发达。再往前八莱瓜,是一个风光旖旎的省份,名叫科查潘帕。这是一条三十莱瓜长、四莱瓜宽的山谷,中间有一条水量充沛的河流。如上所述,这两个美丽的省份连同其他一些地方,统统包括在卡里和奇帕纳酋长归降时献出的土地之内。印卡人降服了这片地区,就把他们帝国的版图扩展了六十莱瓜长。1565 年,西班牙人见科查潘帕省风光秀丽,土质肥美,就在这里安民定居,形成一个村庄,称为圣佩德罗德卡德尼亚,建村人是一位出生于布尔戈斯的骑士,名叫路易斯·奥索里奥统领。

印卡王征服已毕,命令随同出征的两位将军去往酋长们的属地,同时带去必要的官员,治理和教导新百姓。作出这些安排后,印卡王觉得当年征服的土地已相当可观,甚至超过原来预计,于是,班师科斯科,同时归途中带两位酋长同行,一是让他们瞻仰宫廷气派,二是要在那里款待他们。酋长们在城里受到热情招待,人们遵照印卡王的吩咐,对他们殷勤备至,优礼有加。欢度数日后,他们获准各回原地,对印卡王的恩宠十分高兴。临行之际,印卡王要他们作好准备,他打算不久之后,到他们的属地去降服另一地区的印第安人。

第十五章　用针茅草、水烛草和高莎草在德萨瓜德罗河上建一座桥;查扬塔降服

前面讲过,印卡王卡帕克·尤潘基对于阿普里马克河上的瓦卡查卡大桥工程颇为得意,就命令在的的喀喀湖的德萨瓜德罗河上再建一座,因为他想不久后再去征服科利亚苏尤区的省份。那里土地平坦,便于行军,印卡人在征服中一路顺利,正是由于这个原因,他们才执意要征服整个大区。瓦卡查卡大桥以及秘鲁许多桥都是用柳条建造,而西班牙人称作德萨瓜德罗河上的这座桥却是用高莎草和其他一些材料建造的。它像塞维利亚那座用船建成的桥一样浮在水面,不像前面说的柳索桥那样悬在空中。整个秘

鲁都生长一种很长的草，又软又韧，印第安人称为“伊初”（ichú，伊初针茅草），用来盖屋顶。科利亚奥地区生长的那种草又胜过一筹，是牲畜的上好牧草，科利亚人还用它编织大筐、小篮、绳索、缆绳以及他们称为“帕塔卡”（pataca，类似于小箱子）的东西。除去这种优质针茅草，的的喀喀湖畔还生长大量的高莎草和水烛草，水烛草又叫“埃内亚”（enea）。在负责建桥的省份，印第安人届时割下大批水烛草和高莎草，晾晒储存，以备建桥时使用。用上面说的那种伊初针茅草编成四根像腿一样粗的缆绳，把两根抛到河里，横跨河面。据曾亲眼观察过河水的人说，表面看来那河好像静止不动，但河面下却是水流湍急。缆绳上面不是放船，而是铺放大捆水烛草和高莎草，每捆粗大如牛，互相紧紧捆绑一起，再和缆绳捆绑起来；然后再把另外两根缆绳放在大捆高莎草和水烛草上面，并把它们和草捆绑结实，使其形成一体，互相固定。为了不致因牲畜践踏而很快断裂，在后两根缆绳上再铺上大量像手臂和腿一样粗细的水烛草束，草束之间依次捆扎，再与缆绳绑在一起。西班牙人把这些较小的草束叫作桥面。这座桥宽有十三四西班牙尺，高有一巴拉多，长约一百五十步左右。由此可以想象，要用多少高莎草和水烛草才能建造起如此浩大的工程。而且还应指出的是，每六个月要更新一次，就是重新建造一座，因为所用材料都是伊初针茅草、水烛草和高莎草这类纤细之物，不能一直使用下去。为了过桥的安全，他们不等缆绳腐烂断裂，就更新一次。

在印卡人统治时期，这座桥像其他大型工程一样由附近各省分工合建。每省都清楚要提供多少材料，因为他们都是前一年就为后一年作好准备，所以很短时间就可建造起来。缆绳两端是桥的基座,要把它埋在地下,不建造石墩捆绑缆绳。印第安人说,造那种桥这种办法最好,不过他们之所以这样做也是因为要经常变换桥的地点,有时往上游移一点,有时往下游移一点,但距离都不太远。印卡王得知桥已建好,便带着王储离开科斯科,一路急行慢赶,来到卡里和奇帕纳两位酋长最边远的省份,前面说过,就是塔帕克-里省和科查潘帕省。酋长们已率领军队作好效命印卡王的准备。印卡王一行离开科查潘帕前往查扬塔,穿过介于二者之间一片三十莱瓜长的无人区。那里连巴掌大的可耕地也没有,到处是巨石巉岩、乱石滩和光秃秃的石头。整个地区一片荒芜,寸草不生,只有为数不多的仙人掌,长着手指长的尖刺,印第安人妇女用它做针,干些缝缝连连的活计。这种仙人掌秘鲁到处都有。他们穿过无人区,进入查扬塔省,这个省有二十莱瓜长,将近二十莱瓜宽。印卡王命王储派遣使者,像往常一样提出要求。

在如何回复使者这件事上,查扬塔的印第安人看法不一。一些人说,接受太阳的儿子为君主和遵守他的法律是非常正确的,应该相信,既然这些法律是太阳指示制定的,就一定是公正、宽容和有益的,都对百姓有利,没有一条是为着印卡王的私利。另一些人说,他们不需要国王和新的法律,他们原来实行的就蛮好,他们的祖先就实行这些法律;他们自己的神就够了,不必接受新的宗教和新的习惯;他们认为最糟不过的是服从别人的意志,这个人现在宣讲宗教和圣德,等到明天把他们都制服后,就会随心所欲地把法律强加到他们头上,而这些法律都是有益于他自己、有损于百姓的;还说最好不要去受那份罪,应该像此前一样自由自在地过活,要么就为自由而死。

双方这样争论了几天,都想使自己的意见占上风。最后,一方面由于害怕印卡王的武力,另一方面由于听说他的法律很公正,统治很温和,双方终于达成一致。他们既不绝对赞成,也不完全否定,而是以一种兼顾两种看法的折中态度回复使者,说他们很高兴拥戴印卡王做国王和君主,但不知道他要命令他们遵守什么样的法律,法律对他们有害还是有益。因此,他们请求印卡王允许双方都不急于求成,他可以一方面派人讲授法律,另一方面率军进入该省,但要许下诺言:如果他们不喜欢他的法律,他就撤军离去,让他们自由自在地生活;如果法律果真像他说的那么好,他们当然尊崇他为太阳的儿子,承认他是君主。

印卡王说,虽然他可以用武力征服他们,但他同意他们拥戴他的条件,他愿意效法先辈的榜样,用仁爱而不是武力来赢得人心。他许下诺言,如果他们不崇拜他的父亲——太阳,不遵守他的法律,他一定让他们像现在那样自由地生活下去。因为他胸有成竹,深信他们知道并理解了他的法律之后,不仅不会厌恶,肯定会喜欢,而且会为没有早几百年就知道它们而感到遗憾。

许下诺言后,印卡王进入查扬塔,该省人毕恭毕敬地迎接,但不像其他省那样兴高采烈,他们还不知道这个协议对他们会怎么样,所以还处于恐惧和观望之间。印卡王从身边担任参谋、治理军队的年迈贤者中选派数人去讲授法律,贤者当着王储的面(有几天讲授时他也在场)给印第安人讲解法律,既有关于偶像崇拜的,也有关于治国兴邦的法律。如此这般反复讲解多日,直到他们完全理解为止。印第安人专心倾听,心想所有这些法律都是让他们活得更加高尚,对他们大有益处,于是说道,给人们制定这样的法律和规章的太阳及他的儿子印卡诸王完全应该受到崇拜,尊奉为人间的神和君主。因此,他们立誓遵守他的法律和规章,放弃自己现在的一切偶像、祭仪和习俗。他们对王储发出这样的誓言:就是把他当作他的父亲太阳神和印卡王卡帕克·尤潘基,对他顶礼膜拜。

宣誓仪式结束后,印第安人按自己的习俗跳起大型舞蹈,都是为印卡王和王储新编排的。他们身着盛装,佩戴饰物,放声高歌,赞颂太阳神和印卡诸王以及他们的英明法律和治国之道,殷勤之意、敬爱之情和亲善之心溢于言表。

第十六章　印第安人掌握的几种渡河和捕鱼工具

既然已经介绍了印卡诸王命令建桥渡河的方式,即建造柳索桥与高莎草和水烛草桥的两种方式,现在应该介绍一下他们掌握的另外几种渡河方式。由于工程复杂,耗费巨大,只有在王室大道上才能建桥。而秘鲁那块地方却是土地辽阔,河川纵横,于是印第安人纯粹从需要中获得了真知,根据那里河流的不同状况创造了不同的渡河工具,同时也创造了他们所能进行的一点航海所用的工具。在渡河航海方面,他们不会或不能像佛罗里达、向风群岛和陆地人那样,建造形同木槽的独木舟和小划子,因为秘鲁没有能作这种东西的粗大木材。虽然也有非常粗大的树木,但其木材像铁一样沉重。因此他们用的是另一种木材,有大腿那么粗,重量较轻,像无花果木。据印第安人说,最好的木材生长在基图各省。印卡王命令一下,他们就从那里运到各条河边,用这种木材作成大小不一的木筏。木筏由五根或七根长圆木捆扎在一起组成,中间一根最长,紧挨的两根短些,往外的再短些,最外边的最短。这样船头不是平的,可以更好地劈水前进。船尾与船头样子相同。再捆上两根绳子,用来把筏子拖过河面。因为没有人撑筏子,旅客常常自己拉着绳子,从一岸渡到另一岸。记得我曾乘过几条印卡时代的木筏渡河,印第安人对筏子充满敬意。

除了木筏以外,他们还会造另一种比较容易操纵的小船。用像牛身一样粗的一大捆水烛草,紧紧捆绑起来,从中间往前扎成纺锤形,前端弯起做船头,劈水前进。从三分之二往后部分逐渐加宽,草束上面是平的,可放置摆渡的东西。这种草船筏只要一个印第安人就可操纵:人趴在船尾,用两臂和双腿作桨,借助水势撑船前进。如果河水湍急,小船就会从原地被冲向下游一两百步远才能到达彼岸。渡人过河时,让他头朝艄公,顺着趴在船上,抓紧船上的绳子,脸贴船面,不要抬头睁眼,什么也不要看。我曾用这种方式渡过一条水深浪急的河(在这样的河里艄公才吩咐要如此这般,在水势平缓的河里他们就不说什么),印第安人艄公再三再四地叮嘱我,千万不要抬头睁眼,因为我年纪太小,看到那有如天塌地陷的情景,会惊慌恐惧的。但我总想睁眼,看看有什么令人着迷的或另一个世界的离奇事物。当我感到渡到河中心时,便怀着这种渴望微微抬起头,只见河水倾泻而下,真觉得我们是从天上落下一般。河里水急浪高,水烛草捆扎的小船顺着水势猛烈地颠簸前进,弄得我头晕目眩,恐惧感使我闭上了眼睛,承认艄公们叫乘客不要睁眼是很有道理的。

他们还会扎另一种筏子，方法是把整个的大葫芦串起来，再紧紧捆在一起，按需要扎成大约一巴拉半见方的一片。筏子前端绑一条类似马鞍的皮带，艄公把头套在皮带上游水，一边游水一边拖着筏子和运载的东西前进，渡过河流或小海湾。如果需要的话，艄公带上一两个印第安人做助手，让他们在后面游水推筏子。

在水势急、浪头恶的大河里，不能用葫芦筏和水烛草船渡河，因为两岸布满巨石巉岩，没有可供上、下船的河滩。在这种情况下，就用他们称为“查瓦尔”的苎麻拧成粗缆绳，在空中从一座山拉到另一座山上，两端分别系在粗大的树木或坚固的岩石上。把一个柳条大筐上粗如手臂的木把吊在缆绳上，大筐可容纳三至四人，两边分别拴着两根绳子，通过绳子拉动大筐，从一岸渡到另一岸。缆绳很长，中间部分形成很大的凹形，必须缓缓地把大筐放松到中间部分，因为下滑的坡度很大，到了中间以后就要用臂力拖拉。邻近各省轮流派遣印第安人去干这件事，帮助行人渡河，不取任何报酬。大筐里的渡河人也帮助拉绳子。许多人不用别人帮忙，自己渡河，方法是站在大筐里，双手攀着缆绳一点一点儿地前行。记得我也曾用这种方法渡过两三次河，那时我还很小，几乎刚过孩童时期，在路上的时候有印第安人背着我走。他们也用大筐渡家畜，尽管数量不多，但很费事，必须给它们捆住四脚再放进筐里，所以要耽误很多时间。对西班牙的小家畜，如绵羊、山羊、猪等，也用这个办法。但像马、骡、驴、牛这些大牲口，由于身大体重，就不能用大筐，而只能赶到有桥的地方或好走的浅滩去渡河。这种渡河方法不在王室大道上使用，只在印第安人村与村之间的平民小路上使用，他们把它叫作“乌鲁亚”(uruya)。

关于捕鱼,整个秘鲁沿海的印第安人都用上面说的水烛草船筏捕捞,进入海里五六莱瓜的地方,需要的话还可再远一点,反正海面很平静,这样不结实的小船也可任意划行。若是来回运送大宗货物,就需使用木筏。渔民们把一根一西班牙寻长的粗芦竹从中间直着劈成两半,出海时双膝跪在水烛草船上,用芦竹片划水前进。那里的芦竹,有的像小腿或大腿一般粗,这种情况到后面再详细介绍。划船时双手握住竹片,一只手握住上端,另一只手握住中间,竹片的空凹部位好像铲子,划水更为有力。在左边划一下,赶快抽出竹片掉换双手,再在右边划一下,原来右手握的地方改用左手,原来左手握的地方改用右手,就这样一边划水一边换手,竹片时左时右地划动。在出海捕鱼时那些令人称奇的事物中,这是最令人叫绝的了。在这种小船全速前进时,不管多快的驿车也追赶不上。印第安人用渔叉捕鱼(他们的工具实在简陋),能捕到人体那么大的鱼。这种用渔叉捕鱼的方法,与比斯开人捕鲸鱼相似。在渔叉上拴一根细绳,水手们叫钓鱼线,有二十、三十甚至四十西班牙寻长,绳的另一端拴在船头。鱼被叉中后,印第安人分开双腿,夹住小船,用手慢慢向逃跑的鱼放绳,绳子放完后,紧紧抱住小船;如果鱼很大,小船就会这样被拖着前进,速度之快犹如禽鸟在海上飞翔。人和鱼就这样进行搏斗,直到鱼儿累得有气无力,落入渔夫手中。他们也用渔网和鱼钩捕鱼,但都很简陋(因为每个人都是单独捕鱼,不是合伙作业),渔网很小,鱼钩也很不像样。这是因为虽然他们有铁矿,管它叫"基莱",但不会开采,所以没有钢铁。在水烛草的小船上,他们不用帆,因为没有桅杆张挂,而且我认为,即使有帆,也未必像用单桨划得那么快。但用木筏出海时,

则在上面挂帆。秘鲁印第安人出海和渡大河时所用的这些工具，在我离开那里时还在使用，而且现在大概还在使用，因为那些人安贫乐道，除了已有的东西外没有什么奢望。在关于佛罗里达那部书的第六卷，在谈到那里的人为了渡河和航行（那里也有许多水势滔滔的大河）而制作的独木舟时，曾简单地谈到过这些工具，现在详细介绍后，我们还是继续记述印卡王卡帕克·尤潘基的征服吧。

第十七章　关于征服五个大省和另外一些小省的情况

印卡王留下守卫官兵以及掌管偶像崇拜和田产的必要官员，离开查扬塔，来到查尔卡地区的其他省份。查尔卡这个名称之下，包含着不同民族和语言的许多省份，都属于科利亚苏尤大区，最主要的是图图拉、西皮西皮和查基。这几省以东，即靠近安蒂斯山的地方还有几个省，一个称为查穆鲁（这个省也生长他们称为“库卡”的那种灌木，但不如科斯科的那么好），另一省称为萨卡卡；此外还有许多省份，为避免烦琐，恕不一一详列。印卡王向这些省份派出使者，像过去一样晓以利害。

那些部族早已得知查扬塔省发生的事情，作出大同小异、几乎完全一致的答复，概括起来就是：他们对崇拜太阳和尊奉太阳的儿子印卡王为君主深感幸运，对他的法律和德政早有所闻，请求把他们置于他的保护之下，他们愿意向他敬献田产，舍身效劳；还请求下令征服和荡平周围相邻的其他部族，否则这些部族会因他们放弃原来的偶像、接受新的宗教和新的法律而仇视甚至征讨他们。

印卡王吩咐回复他们，征服邻人的事由他去办，他要考虑怎么样和什么时候征服对百姓最为有利；要他们不用害怕，谁也不会因他们臣服于印卡王和接受他的法律而伤害他们；法律是太阳颁布的，不管是他们还是他们的邻近部族，等到亲自体验之后，都会乐于按照这些法律生活。那些省听到这番话后，二话没说，尽皆归附了印卡王，由于没有什么值得大书特书之事，所以这里一笔带过。印卡王这次征服用去两年时间——也有人说是三年，留下足够的守卫将士，以防邻近部族铤而走险，进攻他们，然后回返科斯科，顺路巡视了此前归附的各省人民；同时命王子绕道而回，也去巡视，因为百姓在自己村里瞻仰到国王和王子的威仪，会感到极大恩宠。

印卡王在手下统领们前呼后拥之下走进王宫，受到盛大热情的迎接。统领前面是新征服各省的酋长，他们来瞻仰帝国京城的风采。几天之后，王子印卡·罗卡回到京城，受到同样热烈的迎接，早有人编好歌舞，纵情欢庆一番，颂扬他们的胜利。印卡王封赏统领已毕，命他们各自回家，他自己留在宫中，专心治理所辖各王国和省份。这时疆土的界线，南面，已从科斯科延伸出一百八十多莱瓜，到了图图拉和查基；西面，已经到达南海，有的地方从科斯科向外延伸了六十多莱瓜，有的地方延伸了八十多莱瓜；在科斯科以东，到达保卡尔坦普河，距城正东十三莱瓜；在东南方，已扩展到卡利亚瓦亚，距科斯科四十莱瓜。为此，印卡王觉得暂时不必征服新土地，应该保持好已征服的国土，同时造福于民，让百姓休养生息，于是在一派和平安定的气氛中治理了好几年。在这期间，他竭力美化第一代印卡王曼科·卡帕克建造的太阳宫和贞女宫，下令在京城和需要增设太阳宫和贞女官的外省动工营造，开凿大水渠以灌溉耕地，在名川大河上建造桥梁以保行人安全，在省份之间开辟新路，把帝国所有道路连通起来。总之，凡认为能普遍造福百姓和提高自己尊严威望的事情，他都想到做到。

第十八章　印卡·罗卡王子征服内陆和沿海许多大省

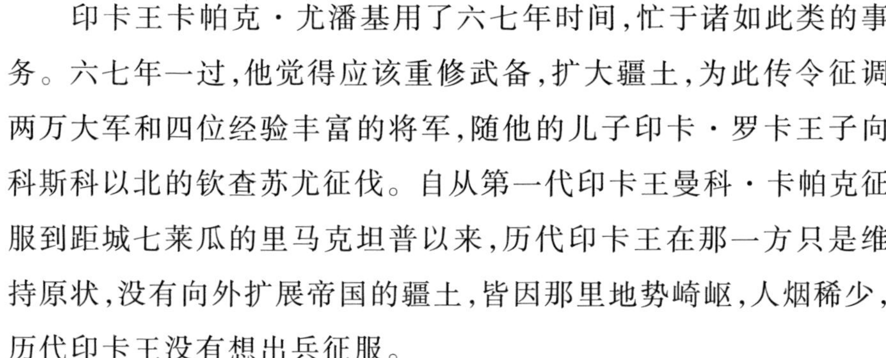

印卡王卡帕克·尤潘基用了六七年时间，忙于诸如此类的事务。六七年一过，他觉得应该重修武备，扩大疆土，为此传令征调两万大军和四位经验丰富的将军，随他的儿子印卡·罗卡王子向科斯科以北的钦查苏尤征伐。自从第一代印卡王曼科·卡帕克征服到距城七莱瓜的里马克坦普以来，历代印卡王在那一方只是维持原状，没有向外扩展帝国的疆土，皆因那里地势崎岖，人烟稀少，历代印卡王没有想出兵征服。

王子离开科斯科到达阿普里马克河边，早有人备好大木筏，他乘筏渡过了那条河。因那里荒无人烟，王子长驱直入，抵达距城十八莱瓜的库拉瓦西和阿曼凯，将在那里遇到的为数不多的印第安人轻易征服。接着离开阿曼凯省，从由科斯科到里马克的王室大道上折向左方进军，穿过那里一片二十二莱瓜宽、名叫科查卡萨的无人荒地，进入苏拉省。这个省人烟稠密，盛产黄金，牧业兴旺。王子在那里未动干戈，当地人即尊奉印卡王为君主。印卡王子从那里转到另一省，名叫阿普卡拉，那里的人也是二话没说，望风归顺。这几省之所以如此顺利降服，是因为它们各自为政，而且彼此敌视，没有一个能够抵抗印卡王子。

印卡王子从阿普卡拉向鲁卡纳省进发，这个大省又分为两省，一省名叫鲁卡纳，另一省名叫阿通鲁卡纳，意思是大鲁卡纳。那里的土人眉清目秀，相貌英俊，王子征服了他们，并受到热烈欢迎。接着，他从那里翻山而下，向西班牙人称为平原的沿海地区前进，到达那一带的第一片山谷，名叫纳纳斯卡(Nanasca)，意思是受过损害或受过惩戒的。不知人们出于什么意图给它起了这样一个名称，大概不会是无缘无故的，或许是因为那里遭受过什么惩罚或诸如此类的灾难(西班牙人把它称为拉纳斯卡)。印卡王子在那里也未遇抵抗，受到人们以温顺、恭敬态度给予的欢迎，然后向沿海进发，在从纳纳斯卡到阿雷克帕这片八十多莱瓜长、十四五莱瓜宽地域内的其他山谷也都如此。其中最主要的山谷是阿卡里和卡马塔，共有两万居民；还有一些不太重要的较小山谷，它们是阿蒂库、乌库尼亚、阿蒂基帕和克尔卡。印卡·罗卡王子轻而易举地把那里的土人统统降服，使他们遵命于他。这一方面是因为他们无力抵抗，另一方面因为居民赤身裸体，每片小山谷中有一个自立的小领主，大一些的山谷有两三个小领主，彼此之间视若仇敌，争斗不休。

既然讲到了阿卡里山谷，那就先讲一讲西班牙人占领那里不久之后发生的一件怪事，然后再继续讲征服过程，当然这样做是把时间提前了一点。事情是这样的：山谷里有两位还没有接受洗礼的酋长，就边界的事发生了严重争议，以致双方互相厮杀，死伤多人。西班牙统治官员派去一位代表主持正义，进行调解，让他们化敌为友。代表按照自己的意见划分边界，吩咐酋长们和平友好地相处。酋长们答应照办不误，但其中一人觉得自己在划分中吃了亏，于是怀恨在心，准备表面佯装友好，暗中报复对手。等到缔结和约那一天，大家一起进餐，就是双方面对面地在广场上吃饭。饭毕之后，心怀忌恨的那位酋长站起身来，从自己的酒器中倒出两杯酒，要和他的新朋友干杯（这是印第安人共同的风俗习惯）。他端起其中下过毒的那杯酒，走到另一位酋长面前，举杯请他喝下去。被敬酒的酋长或许是看出敬酒的酋长面有异色，或许是认为他的人品不堪信任，因而怀疑其中有诈，便说："把那一杯给我，你自己喝这一杯。"那位酋长不甘示弱，立即换过两手里的酒杯，把无毒的一杯递给对方，自己喝下了有毒的一杯。结果一方面因为毒性发作，一方面因为看到本想害死仇敌，不料反要自食其果而怒火攻心，没过几个小时便七窍流血，一命呜呼了。

第十九章　把沿海印第安人迁居到内地垦殖；印卡王卡帕克·尤潘基安然逝世

印卡王子把那个部族的印卡印第安人从纳纳斯卡迁到阿普里马克河定居，因为那条河位于从科斯科到里马克的王室大道范围以内，流经的地区非常炎热，山区的印第安人像寒冷地区和温和地区的人一样，无法在那么热的气候下生活，否则很快会生病死亡。前面说过，印卡诸王曾颁布过命令，在把印第安人从一省迁往另一省时——他们把这叫作"米特马克"（mítmac），总要考虑两个地区条件相等，温度相同，以免把寒冷地区的人迁到炎热地区，或把炎热地区的人迁到寒冷地区；否则因温差变化有损健康，他们会很快死亡。因此，禁止把山区的印第安人迁往平原，否则过不了多久肯定会死亡。鉴于这种危险，印卡王子把炎热地区的印第安人迁到炎热地区居住。但迁移的人数不多，因为阿普里马克河穿过高耸险峻的山地，两岸可用的土地很少，不能安置许多人。但即使这一点点好地，印卡王子也不肯任其荒废，就想用来建成果园，哪怕收点水果也好，因那条著名河流两岸可生长多种鲜美水果。

移民已毕，又像往常一样建立了治理新征服地区的秩序，然后印卡·罗卡王子回到科斯科，受到父王和朝臣的欢迎。众将士征战有功，印卡王卡帕克·尤潘基给予封赠和赏赐，传命将他们遣送回家。这时印卡王觉得不必继续征服，因他感到自己年事已高，想要安度晚年，巩固已征服的国土，使其为己效命。他勤于国事，为民造福，安然度过了几年。无论是修建太阳宫还是营造其他建筑，百姓们全都闻风而动，怀着敬爱之情为他效劳。这些工程有些是根据印卡王的命令而建，有些是印第安人为了效劳和取悦于他，各省在自己土地上主动发起营建的。

印卡王卡帕克·尤潘基在这种安然宽慰的气氛中逝去。在世时，他是位勇武非常的国君，无愧于印第安人如此尊重的“卡帕克”这个名号。宫廷和全国为之大恸，沉痛哀悼。他的遗体涂上防腐剂，与其先人的遗体安放在一起。临终前他立印卡·罗卡继位，那是他的姐妹和妻子玛玛·库里伊尔派王后所生的长子。还留下许许多多婚生和非婚生子女，因不知确切数字，恕不详记，不过据说共有八十多个。多数印卡王都留下过一百甚至两百个子女，还有几位曾生有三百多个子女。

第二十章　对太阳神庙及其富丽堂皇景象的描绘

印卡诸王及其百姓崇拜许多偶像，其中主要的一个就是帝国京城科斯科。该城由第一代印卡王曼科·卡帕克建立，在他进行的征服中屡屡获胜，又是人们心目中的神印卡诸王的住地和宫廷所在地，所以印第安人对她敬若圣物。这种崇拜如此虔诚，以致在非常琐细的事物上都表现出来。例如，两个同等身份的印第安人在路上不期而遇，一个离科斯科而去，一个往科斯科而来，离城而去的人仅仅因为到过城里，现在离去，就受到奔城而来的人的尊敬和服从，如同上、下级一样。如果是京城居民，则更受尊敬；而如果是出生于城里，则更进一层。从科斯科带出的粮食、蔬菜以及任何一种东西也都如此，虽然质量并不优于其他，但仅仅因为是京城里的东西，身价便高于其他地区和省份的东西。至于在重要事物上情况如何，由此便可想而知。由于对她敬若神明，印卡诸王便营造辉煌的王宫和其他建筑（其中许多房屋是为他们自己建造的），尽其所能地把她装饰得尊贵堂皇。下面我们就详细描绘几处的景象。在这些建筑中，最精心装饰的当推太阳宫或叫太阳神庙，他们把它装饰得富丽堂皇，每代印卡王都各自为它添姿加彩，以图胜过先辈。那座宫殿真可谓金碧辉煌，若不是所有为秘鲁修史的西班牙史学家都这样写，我是不敢这样说的。但不管是他们说的还是我要讲的，都不能如实地尽述那般华丽壮观。有人说那座神庙是瓦伊纳·卡帕克的祖父印卡·尤潘基那代国王建造的，但那不是

他建造的，其实从第一代印卡王时就建造好了，而是他最终完成了对它的装饰，把它修葺成西班牙人到达时见到的那般富丽庄严的雄姿。

说到神庙的外观，其实太阳神的宫殿就是现在的圣多明各教堂，因为手头没有长度和宽度的精确数字，这里无法记述，但它的规模即如同现在一样。神庙用平面石板砌成，用料精美，光滑如镜。

主祭坛（其实印第安人不会建造祭坛，但为了便于理解，姑且借这个词一用）坐西朝东。木质殿顶很高，便于空气流通；外面用茅草覆盖，因为不会制瓦。神殿的四面墙壁，从上到下都覆以金箔金片。在我们称为主祭坛的神位上，供奉太阳神像。神像用一块双层金箔制成，厚于覆盖墙壁的金箔。神像是一张圆形面庞，与其光芒和火焰浑成一体，与现在画家所绘毫无二致。神像巨大，占据了神庙内两面墙壁中间的整整一面内墙。无论在那座还是在其他神庙里，除了太阳神像以外，印卡人都没有自己或别人的其他偶像，因为他们只崇拜太阳神，尽管有人说还崇拜别的神。

在西班牙人进入那座城时，这件神像经抽签分给了一位尊贵的人，他是第一批征服者之一，名叫曼西奥·塞拉·德莱吉萨莫。我与他相识，在我来西班牙时他依然健在。他是个沉醉于各种赌博的大赌棍，看到神像那么大，就用它做赌注，一夜之间就输掉了。根据阿科斯塔神父的说法，我们可以说这段故事引出了一句谚语："一夜天还没亮，赌输一个太阳。"后来时过境迁，城里市政议会看到它的这位公民因为赌博而穷困潦倒，为了让他戒除嗜赌恶习，有一年选他做了治安法官。他一丝不苟、满腔热忱地为祖国效劳

(因为他颇有高尚的骑士品德),整整一年手不沾牌。城里人见到这情形,又选他干了一年,以后多年继续让他担任公职。曼西奥·塞拉身为治安法官,一想到每日公务繁杂,需要处理,便不思赌博,进而终生对它深恶痛绝。由此显然可见,“一懒生恶癖,一勤铸美德”这句话真是至理名言。现在言归正传,仅从抽签分给一个西班牙人的那样一件东西上,就可想象西班牙人在那座城市和城内神庙中找到了多少财宝。太阳神像两旁是已故诸主的遗体,他们是太阳的儿子,依年代先后安放,遗体都经过防腐处理(不知用的什么方法),宛如活人一般。遗体安坐在金御椅上,金椅置于生前经常安放的厚金板上。遗体面向臣民。只有瓦伊纳·卡帕克与众不同,他从年少时起就表现出帝王的才气和美德,生前就当之无愧地被崇拜为神,因此作为太阳神最宠爱的儿子,位置优于其他人,遗体安放在太阳神像前,面对神像。这些遗体连同其他许多财宝全由印第安人隐藏起来,大部分迄今未能找到。1559 年波洛硕士发现了其中的五具,三具是国王,两具是王后。

神庙正门像如今一样坐南朝北;除去正门外,还有几道小门,供神庙仆人出入。无论正门还是小门全都包有打成门形的金箔。神庙外墙的上面,有一黄金边饰,系用一巴拉多宽的金板制成,形如王冠,围着整个神庙。

第二十一章　关于神庙的寺院,月亮殿,众星殿,雷鸣、闪电殿和彩虹殿

过了神庙,有一座四面围墙的寺院,其中一面是神庙的围墙。

整个寺院上方,有一块用一巴拉多宽的金片制成的边饰,权做寺院的王冠。为了纪念过去的边饰,西班牙人命人重新放了一块白色边饰,代替原来的边饰。这是石膏做的,与黄金的一般宽,我离开秘鲁时,它还依然安放在尚未倾倒、照旧矗立着的墙壁上。寺院周围有五座正方形大房间,各自独立,互不相连,顶端呈金字塔形,这几座房间组成寺院的另外三面围墙。

第一座房间用作太阳神的妻子月亮的宫殿。这座小殿距神庙的主殿最近,整座小殿及其各扇门全都镶以银片,所以根据白色就可看出是月亮的宫殿。如同供奉太阳神像一样,殿内供奉月亮的像,是在银片上绘成女子面容。人们认为她是太阳的姐姐和妻子,是印卡诸王及所有印卡人的母亲,所以称她为"玛玛基莉娅"(Mamaquilla),意思是月亮妈妈。为此,人们进殿去瞻仰她的仪容,求她保佑,但不像对太阳那样敬献祭物。月亮像两侧,依年代顺序安放已故王后的遗体,瓦伊纳·卡帕克的母亲玛玛·奥克略,因生育了国之明君,身份尊于其他王后,故而与月亮面面相对。

另一房间,即距月亮殿最近的房间,用于供奉金星、七颗昴星和所有其他众星。他们把金星叫作"查斯卡",意思是生着长毛卷发的;说金星是太阳的侍童,离太阳最近,有时在前,有时在后,所以尊敬它。他们尊敬七颗昴星,因为它们形态奇特,大小一致。他们认为星星是月亮的仆从,所以把它们的宫殿建在它们主人宫殿的附近,以便于在身边伺候她。因为他们只在夜间看见星星,白天看不见,便说它们作为月亮的仆从,在天上与她同行,而不与太阳同行。

如同月亮殿一样,这座殿的墙和门也都镶银,整个屋顶布满大大小小的星星，宛若星空。众星殿旁的殿舍供奉闪电、雷鸣和霹雳。他们用“伊利亚帕”这一个名词统称这三种现象，根据同时使用的动词来辨别它所确指的含义，如果说“你看见伊利亚帕了吗?”就是指闪电;说“你听见伊利亚帕了吗?”就是指雷鸣;说“伊利亚帕落在了某某地方，或造成了什么灾害”，那就是指霹雳。

他们尊敬闪电、雷鸣和霹雳，因为它们是太阳的仆人，但不把它们崇拜为神。他们对这三者的感情，如同古代异教人对霹雳的感情一样，古代异教人把霹雳看作是自己大力神的工具和武器。因此，印卡人像对待太阳的仆人一样，在太阳宫里为闪电、雷鸣和霹雳建造了一座小殿，而且整个小殿都镶上黄金。(虽然他们总是力图为一切有形的事物画像，但)总不能把闪电、雷鸣和霹雳如实地描绘出来，所以没有供奉它们的画像和塑像，只是尊称它们为“伊利亚帕”。关于这个名词的三重含义，西班牙史学家至今还没有搞清楚，却把印第安人的偶像崇拜与我们的神圣宗教等同起来，把它当作了一个三位一体的神，并把这个概念传给了印第安人。对于其他一些形体不太清晰、色彩较淡的事物，他们也当成了三位一体的事物，并在语言上造出了新名词，但印第安人并不是那样想的。前面说过，我记述的都是我在吃奶时就知道的、亲眼所见的或从我的长辈那里听到的事情。关于他们对雷鸣的其他一些认识，已经在前文中讲过了。

另一座小殿(第四座)供奉天上的彩虹。他们知道彩虹源于太阳，印卡诸王又以太阳的后裔自诩，于是便以彩虹为标志和族徽。整座小殿都镶金。在一面墙的金片上，非常逼真地绘着一条巨大的彩虹，横跨整整一面墙，而且七色俱全，鲜艳夺目。他们把彩虹叫作“奎丘”(cuichu),对它非常尊敬。看到它在天空出现时,便闭上嘴巴,用手捂住,据说如果对它露出牙齿,会被照坏腐烂。在其他一些事情上,他们也有这种愚昧的想法,但也说不清道理。最后一座即第五座小殿,供担负神庙事务的最高祭司和其他祭司们使用。他们都必须是王室血统的印卡人,占用这座小殿不是为了在那里就寝用饭,而是用作议事厅,分派需要敬献的祭物,办理神庙中敬神活动中诸项事宜。这座小殿与其他各殿一样,从上到下也都镶以黄金。

第二十二章　最高祭司的名称,太阳宫的其他部分

西班牙人把最高祭司叫作比拉奥马(Vilaoma),其实应该称为“维利亚克·乌穆”(Uillac Umu)。这个名词由动词“维利亚”(uilla,意思是说话),加上名词“乌穆”(umu,意思是占卜师或巫师)组成。“维利亚克”是加上“克”(c)后成了现在分词,再加上名词“乌穆”,意思就是说话的占卜师或巫师。至于他说什么话,人们都秘而不宣,但可以意会,说的无非是这几方面的内容:根据他们的神话,他作为最高祭司向太阳请示什么,太阳吩咐他怎样说;化身成他们偶像或圣物的魔鬼对他讲些什么;他自己身为最高主教,在祭祀仪式上吟唱以及为他的人民圆梦和解说他们奉行的其他迷信时,根据先兆猜测出什么和得出什么看法。至于一般祭司,印第安人没有确指他们的名词,只根据他们做什么事情来组成名称。

五座小殿中我曾亲眼见过三座，当时它们的墙壁和殿顶依然如故，只是金片银片已不复存在。另外两座，即月亮殿和众星殿已经倾覆于地。在五座小殿朝向寺院的墙上，每道墙外面的加厚部位都嵌有四座神龛，墙壁如同太阳宫里其他墙壁一样，均用石板砌成。神龛四角和整个凹穴都有木制贴缝板条，顺着嵌在石板里的板条，不仅在神龛的墙面和顶部，包括地面全都镶着金片。板条角上镶嵌着许多宝石，如祖母绿和绿松石（那片土地上不产钻石和红宝石）。每当为太阳神举行庆典时，印卡王就坐在神龛里，根据庆典时间不同，有时坐在这面墙上，有时坐在那面墙上。

我记得朝东的一面墙上的两座神龛里，在装在石板里的木制贴缝板条上（神龛角上的板条从一端跨到另一端，而神龛地面和空中的板条已经不复存在，只在墙上留下了一点痕迹）有许多小洞，听太阳宫里的印第安人和祭司说，在那些人生活的时代，宝石就经常是镶嵌在小洞的金面上。神龛和通向寺院的各道门——不算月亮殿和众星殿的门共计十二道，全都包有作成门形的金片；另外两座小殿，为了与主人的白颜色一致，门上均镶银片。

除去上述五座殿舍外，太阳宫里还有许多房舍，是为宫里祭司和仆人用的。他们都是享有特权的印卡人，至于印第安人，不管是多大的领主，只要不是印卡人，谁也不能进入太阳宫。女人，即使是国王本人的女儿和妻子也不能进宫。祭司们按周轮流到神庙内司职，以太阴月的四分之一为一周。司职期间，他们日夜不出神庙，不得与妻子同房。

有些印第安人可在神庙里充当仆人，诸如守门人、清洁伕、厨伕、酿酒伕、炊具保管人、珍宝保管人、砍柴伕、打水伕，或从事其他任何一种与神庙事务有关的差事。这些人就是为王宫提供仆人那些村里的印第安人,这些村的职责就是专门为印卡王宫和太阳宫出这类公差。两座宫殿犹如父亲和儿子的家,任何事务上都没有区别,只是太阳宫里没有女人的活计,印卡王宫里则不用摆献祭品,其他一切都同样高贵尊严。

第二十三章　焚烧祭物的地点,前往神庙必须脱鞋的界线,神庙里的泉水

焚烧祭物的地点依祭祀活动的庄严程度而定。根据印卡王对神的感恩和虔诚程度,太阳宫里有好几个庭院专门用于举行这种或那种特定的节日,所以有时在这个庭院焚烧,有时在那个庭院焚烧。总祭祀在主要节日太阳节(他们叫作"拉伊米")时举行,地点是在城里的主广场。其他不太重要的祭祀和节日,在神庙前的一座大广场上举行,帝国各省和各族在那里唱歌跳舞,但不能越过广场进入神庙,而且即使在广场上也必须人人赤足,因为已经进入了必须赤足的地界。为了便于了解哪里是赤足地界,下面略作介绍。

从科斯科主广场有三条主要街道由北向南通向神庙:一条与水溪平行而下;第二条,当我在那里生活时称为监狱街,因为西班牙人的监狱就设在那条街上,不过现在有人告诉我,监狱已迁到别处去了;第三条起自广场一角,由北向南。这三条东面还有一条街,也是由北向南,现在名叫圣阿古斯丁街。沿着这四条街都可到达太阳神庙。但最直接通向庙门的最主要街道,是称为监狱街的那一条。这条街从广场正中向外伸展,凡是去神庙朝拜太阳、乞求

保佑和敬献祭物的人,都从这条街上往返,所以是太阳神街。另有一条街起自小溪、止于圣阿古斯丁街,从西向东横跨这四条街。这条横向街道就是界线,往前禁止穿鞋通行,所以凡是去神庙的人到那里都必须脱去鞋子,即使不去神庙也必须脱鞋。从上面所说作为界线的那条街到神庙大门,距离有二百多步。神庙的东、西、南三面,也都有这样的界线,到了那里必须脱鞋。现在继续记述神庙的设施。神庙内有五条泉水,是从不同地方流入的。泉水有金制水管,还有石凿大水池和金制或银制大水缸,根据祭物等级的高低和节日的隆重程度,用来洗涤不同的祭物。几条泉水中我只看见过一条,是用来浇灌当时修道院的菜园的。至于另外几条,或许因为不再需要,但更可能是因为不知道从哪里引进而任其流失,结果都已不复存在了。就连所说我见过的那一条,我也曾见它干涸了六七个月,结果因无水可浇,菜园也被废弃,因为找不到哪个印第安人能确切说出那条泉水源于何处、流向何方,整个修道院和全城都为它的消失而痛惜。

当时流失的原因是这样的:泉水从修道院以西地下流入,跨越流过城中的水溪。在印卡人时代,水溪上建有上等石料的河岸和石板铺成的岸底,以免涨水时冲坏,这项工程一直延伸到城外四分之一莱瓜的地方。但是,由于西班牙人不注意保护,石铺岸底逐渐损坏,而那条水溪虽然几乎就从城内发源,通常水量不大,但也不断地水势陡涨,这样就逐渐把石板冲走了。

1558 年,溪水终于冲走了泉水水管上的石板,水管就此破裂损坏,被淤泥掩埋,阻断了水流,造成菜园干旱,加上整年向水溪里倾倒垃圾废物,整条泉水即被堵死,连水管的痕迹也无从寻觅了。

泉水位于上面，为了寻找各出水管的痕迹，必须推倒许多建筑，掘开大量泥土。修士们费尽九牛二虎之力，没有找到一点痕迹，也找不到印第安人为其指引方向，于是就像怀疑太阳宫里其他泉水一样，怀疑它是否真正存在了。由此可以推断，如今那些印第安人对他们古迹的传说知道的情况多么可怜。事情发生距今只有四十二年，泉水是流向他们太阳神的宫殿的，可他们对于如此重大事情的传说也失传了。关于这些事情，必须由营造师传给他们的学徒，由祭司传给他们的继任者，才能不致湮没无闻。但事实是，关于他们视为与神庙的骄傲和事务有关的神圣东西的传说，早在那个时代就已消失，因而无人讲述了，就像印第安人说不出所以然的其他许多事情一样。如果这个传说记在统计贡赋的绳结上，或记在王室徭役分工账上，或记在大事年记上（这些都属世俗事务），那么无疑会找到关于那些泉水的记述。关于其他一些重大事件，现在不是都找到了有关的记述，而且那些保留着这些事件传说的讲述者和历史学家也就此提供了不少说法。当然，由于要改记新帝国的新事件和新历史，这种传说也会随着岁月的流逝而逐渐被人遗忘的。

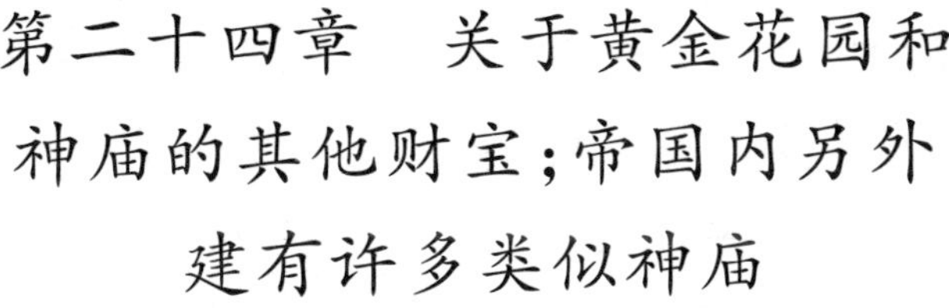

第二十四章　关于黄金花园和神庙的其他财宝；帝国内另外建有许多类似神庙

现在回过头来再讲一讲那股泉水。在泉水流失六七个月后，有几个印第安孩童顺着溪水玩耍，突然看见泉水从断裂之后被淤泥堵塞的水管中流泻出来。泉水重新出现，孩子们辗转相告，终于传到大人那里，又由这些人传到西班牙人那里。西班牙人见泉水离修道院很近，就怀疑是它流失的那一条，于是开始寻找水管的走向，见它们通向修道院，便由怀疑转而肯定，并告诉了修士。修士们兴高采烈地修通水管（虽然不像从前那么规整），重新把泉水引进菜园，而没有再花气力去探寻它从哪里发源和流经什么地方。当时水管埋在很深的地下，上面确实盖了很厚的土。

现在为修道院提供果菜的果菜园，在印卡诸王时代如同王宫里的一样，是一座金银花园。那里有各种奇花异草，巨木幼树，大小野兽家畜，还有蛇、大小蜥蜴、蜗牛等爬虫，蝴蝶、飞鸟和其他大飞禽，每种东西都放在仿照自然形态逼真地模拟出来的环境中。

还有一大片玉米田，他们称为“基努阿”的粮食以及其他蔬菜和果树，各种果实都是模拟实物用金银仿造的。像王宫里一样，神庙里也有金银仿做的柴堆；还有金银铸成的男子、女子和儿童的大型人像，许多称为“比鲁阿”的粮仓谷囤。所有这些都是为了装饰他们太阳神的宫殿，增加它的威严。每年为太阳举行盛大节日时，都向他敬献大量金银。专门为太阳神服役的金银匠人，其他事情一概不管，只管制作和仿造上述各种东西，所以就每天都发明出新的华贵物品，把金银全都用来装饰他的宫殿。他们还制作了数不清的炊具，神庙所用的锅、罐、大缸、大瓮应有尽有。总之，在那座宫殿里，一切手用的物品，甚至连给花园锄草用的锄头和薅锄在内，都用纯金纯银制作。由此可见，他们把太阳神庙和整座宫殿叫作“科里坎查”（Coricancha，意思是黄金区），是有充分理由，也是名副其实的。

王国的许多省份也都建有神庙,其情况与科斯科城这座相似。佩德罗·德谢萨·德雷昂在描绘那片土地疆界那部书中,谈到许多这类神庙和贞女宫。他几乎是逐省进行描绘,能够说出它们位于何处,但他讲的不是所有的神庙和贞女宫,只是讲了他在描绘的各条王室大道上看到的那些,至于几个大省道路两侧的那些,他都未予提及。为了避免冗赘,我也略而不谈了,因为已经讲了最主要的那一座,就不必逐一介绍。反正其他各座都与科斯科城那座相似,每位酋长都根据当地生产金银的多少,倾其全力地刻意装饰,这既是为了光耀和效命他们的太阳神,也是为了取悦于他们自诩为太阳之子韵诸位国王。因此,各省的所有神庙也都镶金嵌银,竞相与科斯科城的神庙媲美。

各省太阳神庙的祭司由酋长最近的亲属担任,作为每省主教的最高祭司则由王室血统的印卡人担任,以便按照科斯科的祭祀仪式,而不是按照某些省份的迷信向太阳敬献祭物。对于某些省的这类迷信,诸如用男人、妇女或儿童做牺牲,以牺牲的人肉为食,以及前面讲到的最初那些异教人奉行的极其野蛮的习俗,印卡诸王一律严禁实行,并且为使百姓们不再回到那些习俗上去,便强迫他们以一位印卡王公即王室血统的成年男子为最高祭司。

印卡王给百姓们派遣最高祭司,也是为了提高他们的荣誉感。前面多次讲过,派遣印卡人充当上级(不管是平时的祭司还是战时的统领),百姓们都当成了不起的大事,因为这是让下属充当那些头面人物手下的成员。关于那座富丽堂皇的神庙,能用生花妙笔把它描绘得更加尽善尽美的人,还可以说出多得多的情况,我就讲到这里为止了。

第二十五章 的的喀喀岛上的著名神庙，关于岛屿的神话及其寓意

在秘鲁那片土地上，还有许多为太阳神建造的著名神庙，其装饰之堂皇和金银之丰富，完全可与科斯科的神庙相媲美，其中有一座建在名叫的的喀喀的岛屿上。“的的喀喀”(Titicaca)这个词，由“的的”(titi，意思是铅)和“喀喀”(caca，意思是山)组成，所以合起来意思就是铅山。“喀喀”这两个音节必须从喉头内部发出，倘若照西班牙字母那样发音，就是舅舅的意思了。岛屿所在的湖泊就以岛屿的名字为名，称为的的喀喀湖。岛屿是一块比两个火枪射程略宽一点的陆地，周长五千至六千步。印卡人说，太阳就是把他的那一双儿女送到这个岛上，派他们到地球向当时那片土地上的野蛮生番施行教化和传授文明生活方式的。除了这个神话，他们还编造出一个更为古老的神话，说洪水时期过后，人们在那座小岛和那片大湖上先于其他任何地方看到了阳光。湖泊有些地方深达七八十西班牙寻，周长八十莱瓜。布拉斯·巴莱拉神父写道，湖底有许多磁石，由于这种特性的缘故，水面上不能行船，对此我不想说三道四。

第一代印卡王曼科·卡帕克看到印第安人相信这个古代神话，把湖泊和小岛视作圣地，便凭借他的聪明才智和想象能力，根据这个神话编出了第二个神话，称他和他的妻子是太阳的儿女，父亲把他们送到岛上，让他们从那里出发，到整个那片土地去教化当地人，就像本书开头详细记述的那样。印卡人的“阿毛塔”们(这

些人是他们国家的贤哲和智者），把第一个神话并入第二个神话，当成预兆或预言（如果可以这么说的话）广泛传播。他们说，太阳把照亮世界的光线最先射到那座小岛上，这是一个信号和预示，说明他将要把自己的长子和长女派到那里，让他们教导和启示那些人，帮助他们抛弃野兽般的生活方式——那些国王后来就是这样做的。印卡王利用为神化自己而杜撰的这些和诸如此类的说法，使得其他印第安人相信了他们是太阳的儿子，他们还广施恩惠证明确实如此。根据这两个神话，印卡诸王和帝国所有臣民百姓把小岛视为圣地，于是在岛上建造了一座富丽堂皇的神庙，用来供奉太阳。神庙外部全都镶着金片，凡臣服于印卡王的各省，每年都进贡大量金银宝石，对太阳神在岛上施给他们的两大恩惠千恩万谢。那座神庙的器物都与科斯科的神庙相同。据说贡奉的金银除建造神庙时使用的以外，多余下来的堆积成山，不过印第安人关于此事的说法只能令人惊奇赞叹，却很难信以为真。布拉斯·巴莱拉神父在谈到那座神庙的财富和建庙时多余出来堆积成山的金银时，说住在科帕卡瓦纳的印第安移民（他们称为“米特马克”）向他证实，剩余下来的金银非常之多，可以再建一座从庙基到庙顶都用金银、而不必掺加其他材料的神庙。印第安人得知西班牙人进入那片土地，只要找到金银财宝就据为己有，于是便把它们全部抛进了那座大湖。

我又想起一个类似的故事，说在位于科斯科以南六莱瓜的奥尔科斯山谷有一个小湖，周长不到半莱瓜，但高山环抱，深不可测。传说印第安人得知西班牙人去了以后，把科斯科城里的许多财宝抛进了湖里，其中有瓦伊纳·卡帕克下令铸造的纯金锁链（关于

锁链的情况,以后到适当时候再讲)。有十二三个住在科斯科的西班牙人,他们不是分得了印第安人的居民,而是做买卖的商人,对这个传说动了心,利害与共地合起伙来,要淘干湖水,占有那些财宝。经过探测,他们发现不算厚厚的烂泥,仅水深就有二十三至二十四西班牙寻。因为四周都是高山,无法排水,他们决定在湖的东面挖一条地道,那里有尤凯河流过,地面低于湖底,可把湖水引入河中,抽干湖泊。他们觉得,从地下挖地道深入湖泊更能省钱省力,就没有从地上劈山挖渠(其实真要这样做结果也许会好些)。他们满怀找到财宝的希望,于1557年开始动工,在从山下向前掘进了五十多步的时候,迎面碰到一块巨石。他们拼命要凿碎它,发现是块非常坚硬的燧石;他们继续凿,但凿不碎石块,反而迸出火花。就这样,他们花费了许多杜卡多的资财,最后大失所望,只好作罢。在他们又挖又凿的时候,我曾从挖开的洞里钻进去两三次。可见就像那几个西班牙人听到的一样,大家都传说印第安人在湖沼、山洞和高山里隐藏了无数财宝,但若想找到却是根本没有希望的。

印卡诸王说,那座岛屿是他们第一代长子长女从天上下凡时最先踏上的土地,所以除了建造和大事装潢神庙以外,还努力整治岛屿。他们清除大小石块,尽力平整土地,建造许多梯田,从远处运来上等沃土铺在上面,让它们长出玉米。那个地区气温太低,什么庄稼也不收。他们在梯田上撒下种子,即使努力精耕细作,也只能收获不多几个玉米穗,当作圣物献给国王。国王把它们献入太阳神庙,从中分出一点送给住在科斯科的贞女,并命人分送到王国其他的贞女宫和神庙,今年送给这几座,明年送给那几座,让大家都能享用到那犹如从天庭带来的粮谷。在各省建有太阳神庙和贞女宫的地方，都在花园里播种这种玉米，收获的粮食分给这些省的人民。还把几粒玉米存进太阳神、印卡王和村政会的粮仓，让这几粒圣物保护收集在那里、大家赖以生存的公用食粮，使它不仅不会腐烂变质，还会不断增加。能够得到那样一粒玉米或其他任何一粒粮食存进自己粮仓的印第安人，就认为自己一生不会缺粮——无论何事，只要跟他们的印卡王沾上边，他们都这样迷信。

第 四 卷

本卷论及太阳贞女及惩罚奸污贞女者的法律；一般印第安人如何结婚，如何为王储娶妻；继承王位的方式；如何抚养子女。第六代国王印卡·罗卡的生平，他进行的征服、创办的学校、讲过的格言。第七代国王亚瓦尔·瓦卡克的生平，以及一个对他的王子显身的奇怪幽灵。本卷包括二十四章。

第一章 太阳贞女宫

印卡诸王从他们异教徒那种虚妄的宗教信仰出发，做出许多颇应重视的大事，其中之一就是在帝国的许多省内建造隐居宫，安置许多妇女，让她们永葆童贞。西班牙史学家在谈到这件事时，正像成语所说只是“浮光掠影”，一带而过。为使读者了解太阳贞女是什么样的女子、献身给谁和操习什么活计，我们将如实介绍。我们还要特别介绍一下科斯科城的贞女宫，因为遍布全秘鲁的贞女宫都是后来仿照它建造的。

就是因为建有贞女宫，科斯科城的一个区才叫“阿克利亚瓦西”(Acllahuasi)，意思就是入选少女的宫院。这个区位于两条街之间，两街起自主广场，通向圣多明各修道院，那里曾是太阳宫的所在地。其中一条起自广场一角大教堂左方，由北向南，我在

1560年离开该城时，那条街是主要的商业街。另一条起自广场中部——我离开时那里是监狱，直通那座圣多明各修道院，也是由北向南。贞女宫的正面朝向上述两条街之间的主广场，背面直抵由东而西横贯两街的那条街道，所以在广场与三条街道之间形成一片街区。这片街区与太阳神庙之间是另一片很大的街区，那里房屋林立，神庙前有一个宽大的广场。由此可以清楚地看出，史学家所谓贞女住在太阳神庙、是女祭司、帮助男祭司举行祭祀活动的说法是不正确的。实际上，贞女宫与太阳神庙之间相距很远，印卡诸王这样做的意图，就是不准男子进入贞女宫，也不准贞女进入太阳神庙。这座宫名叫入选贞女宫，她们是根据血统高贵和姿容秀美而挑选的，而且必须是处女。为了确保是处女，总是选八岁以下的幼女。

科斯科那座宫里的贞女是献给太阳做妻子的，因此必须与太阳同一血统，就是说必须是印卡王族的女儿，是国王及其婚生的、没有外来血统的亲属的女儿。混有外来血统的女子，即我们所说的混血女子，则不得进入我们讲的科斯科这座贞女宫。据说这样做的理由，是不能容忍把破身的女子献给太阳，而只能奉献处女，也不能奉献杂有外来血统的混血女子。在他们的想象中，太阳总要生儿育女，因此这些儿女不应是神明血统与凡人血统混在一起的杂种人。因此，她们必须是王室血统的婚生女子，与太阳同一血统。这类贞女通常有一千五百多个，至于多少人可以成为这类贞女，则没有限制。

宫里有些成年妇女，同样保持童贞，直至年迈。她们是根据同样条件选入宫中的。由于年纪已老和所操职业，称她们为“玛玛库纳”,粗略说来意思就是主妇,但全面说明它的含义,应该是应尽母亲职责的妇女。因为这个词由“玛玛”即母亲和后缀“库纳”组成,后缀本身毫无意义,但与“玛玛”组合起来就是上面说的意思。当然它还有多种组合,也有多种多样的含义。这些妇女叫这个名称非常合适,因为她们之中有人出任贞女宫主管,有人出任新入宫者的老师,教她们偶像崇拜的敬神仪式和手工活计,诸如纺线、织布、缝衣;还有些人守门护院,有些人总管宫内所需,要求拨发所需的物品。她们都是太阳的妻子,所以凡有所需均从太阳神的财库中充分供给。

第二章　入选贞女的清规和劳作

入选的贞女毕生幽居,永葆童身。没有探视室、门厅和任何场所可与男人或女人相见和交谈,只能在她们之间互相见面或谈话,因为据说太阳的妻子非同常人,任何人不得相见。这道清规非常严格,只有印卡国王才有特权见到她们,同她们说话,然而即使那些印卡王也不愿享受这种特权,为的是任何人也不敢奢望得到这样的特权。只有“科娅”即王后和她的女儿才能获准进入禁宫,与年轻和年老的贞女谈话。

印卡王派王后和她的女儿去看望她们,了解她们生活如何,需要何物。我曾亲眼得见这座宫的全貌。在反对西班牙人的大起义中,印第安人(烧毁了城内一切其他建筑)唯独没有烧毁这座宫院、太阳神庙(占两个区)和曾经是印卡国王宫院的四座大棚屋,因为其中一座是他们太阳神的宫殿,一座是太阳妻子的宫院,另几处是他们国王的王宫,他们很尊崇这几处建筑。在贞女宫建筑的奇观中,有一条可容两人通行的狭窄巷道,巷道穿过整座宫院,两旁有许多小房间,那就是宫中的工作间,当仆人的妇女在那里做活计。每个房间门口有几个看门妇严加看守;巷道尽头最里边的房间,就是太阳的妻子所在之处,那里任何人不得进入。宫院有一主门,这里称为正门,只有王后驾临和接纳进宫做贞女的女孩时才打开。

巷道的起点是宫中的便门,通常有二十个守门男子,把宫中需运出的东西从二道门取出,把需运进宫中的东西送到二道门。守门男子不得越过二道门,即使有人命令他们进到里面也不行,违者处以死刑;当然谁也不能下这样的命令,违者也要处死。

有五百名姑娘为贞女和宫中做杂役,她们也必须是处女。她们是第一代印卡王收服时给予特权的那些印卡人的女儿,不是王室血统印卡王公的女儿,她们进宫不是做太阳的妻子,而是做仆人的。印卡诸王不想让外族血统的女儿充任此职,只让印卡人的女儿去做,虽然他们享有特权。这些姑娘也有自己同族的"玛玛库纳"和侍女,所需事务吩咐她们去做。这些"玛玛库纳"都是宫中的年老妇女,一到这个年龄,就这样称呼她们,让她们管家,对她们说:"你们已经可以做母亲、掌管宫中家务了。"西班牙人攻占科斯科城后,在分配王室的房子做住所时,这座修女院的一半即工作间的那一部分分给了佩德罗·德尔巴尔科——关于这个人我们后面再讲;另一半分给了德拉加马硕士,我在童年时期见过他;后来转归了出生于塞维利亚的骑士迭戈·奥尔蒂斯·德古斯曼,此人我认识,在我离开秘鲁来西班牙时,他依然健在。

太阳的妻子从事的主要劳作是纺线织布，为印卡王和她的发妻和王后制作身上穿的和头上戴的衣物。祭祀时献给太阳的所有精致衣物也由她们制作。印卡王头上戴的是一根发辫状饰物，名叫“廖图”，那饰物又宽又厚，截面几乎成正方形，在头上盘四五圈，还有一条横贯两鬓的红色流苏。

国王穿的衣服是一种紧身长衫，长及双膝，叫作“温库”(uncu)，西班牙人把它叫作“库斯马”(cusma)，这个词不是通用语，而是从某个省份传入的。国王身上披一块有两条长斜条的方披巾作为斗篷，称作“亚科利亚”(yacolla)。修女们还为印卡王缝制一种方布袋，四边都是一拃长；布袋缝在一根编织带子上，挎在臂下，带子编得很精致，宽约两指，像背带一样从左肩套到右肋。他们把这种布袋叫作“丘斯帕”(chuspa)，只用来装称为“库卡”的草药。印第安人现在都咀嚼这种草药，但当时却不像现在这样普遍，只有印卡诸王及其亲属才可享用，某些酋长也可嚼食，那是国王的特别恩赐，每年送给他们几篮。

修女们还制作一种黄、红两色的小流苏，称为“派查”(paicha)，系在一根一西班牙寻长的细绳上。小流苏不是为印卡王制作的，而是为王室血统的宗亲制作的，他们戴在头上，垂于右鬓。

第三章　贞女制作的东西受到的虔敬，惩罚奸淫贞女者的法律

贞女亲手为她们的丈夫——太阳大量制作这些东西。这些衣

服和饰物太阳不能穿戴,据说印卡王是他当然的合法儿子和继承人,便送给他穿戴。印卡王像圣物一样收下这些东西,他本人和整个帝国对它们都极为虔敬。希腊人和罗马人出于自己的异教信仰,对他们的朱诺、维纳斯和帕拉斯诸位女神非常尊敬,但比起印卡帝国那种虔敬还是望尘莫及。这些新的异教徒比古希腊人和古罗马人还要简单无知,所以对凡是从他们那虚妄的宗教信仰出发认为神圣和神明的东西,统统诚心诚意、五体投地地顶礼膜拜。既然这些东西是由太阳的妻子——“科娅”们亲手为太阳制作,而这些女子从身份上说又与太阳同属一个血统,因此便对这些东西虔敬到了无以复加的地步。即使印卡王也不得把它们赐给任何一个非王室血统或非王室亲属的人,因为据他们认为,人间凡人使用神明之物是不合法的亵渎行为,所以不管酋长或头领们有多大功劳,但只要不属于王室血统,也禁止国王赐给他们这些圣物。至于印卡王出于极度恩宠可以赐给酋长、总督、省督和军中统领们哪些衣物,留待后文再讲。

除上述东西外,贞女们每到一定时候还负责制作一种称为“桑库”(zancu)的面食,在称为“拉伊米”和“西图阿”的重大节日上献给太阳神。她们还酿制酒浆,供印卡王及其亲属在节日期间饮用。这种酒在他们的语言里称为“阿卡”(aca),最后一个音节“ca”用咽门发音,如果照西班牙语字母那样念,意思就成了粪便。贞女宫与太阳宫一样,里面的一切用具甚至锅、罐、瓮都是银制和金制的,因为贞女是太阳的妻子,身份尊贵,有资格使用。宫内有一座花园,点缀着树木花草、走兽飞禽,与太阳神庙里一样,均用金银制作。

上面所说就是科斯科城的贞女从事的主要活计。其他一切事情均需符合终生幽居、永葆童贞的女人那种生活和言谈规范。法律规定，这些修女犯有失贞罪应予活埋，同案男犯处以绞刑。他们认为(也这样讲)，如果有人胆敢奸淫献给他们的神和诸王之父——太阳的女人，就是犯了弥天大罪，只杀死他一人仍然罚不当罪。于是法律规定，不但要处死罪犯，还要处死他的妻子、子女和仆人，此外还要杀死他的亲属、村里的邻居和居民以及他的所有牲畜，正像俗话所说，“灭门九族，鸡犬不留”。作为生养了这样十恶不赦的逆子的土地和母亲，他住的村子，如果可能的话，要夷为平地，撒满石头，使其变成荒无人烟的地方、该诅咒的处所，让人畜不能踏入。

法律就是这样严酷无情。但是如前所述，秘鲁的印第安人对他们的法律总是心怀畏惧，恪守不误，特别是涉及他们宗教和国王的法律，所以从来没有发现过违法犯罪的人，这些法律也就从来没有执行过。但如果发现有人违犯，那就严格执法，绝不宽恕，如同杀死一只狗一样。印卡诸王制定法律绝不仅仅是为了恐吓百姓，也不是要百姓知法犯法，对于胆敢以身试法者总是严惩不贷。

第四章　还有许多贞女宫；对该项严厉法律的考证

以上所讲都是科斯科城太阳贞女宫的情况。印卡王为了显示恩宠和给予特权，还命令在整个王国境内最主要省份另外建造了许多座贞女宫，其规格均与科斯科城的那座相似。能选进这些贞女宫的有各种各样的少女,既有王室血统的婚生女孩,也有我们所称的混血少女,即带有其他血统的混血女子。如获恩宠,百姓的领主——酋长的女儿也可入宫,甚至一般人的女儿也可入宫。这些贞女是做印卡王(不是太阳神)的妻子或嫔妃,所以必须非常美貌才可入选。如果自己的女儿被选作国王的妻子,做父母的则视为莫大荣幸,女儿也是如此。

如同对太阳神的贞女一样,对这些贞女也同样严加看管,细心守护。她们也有像太阳贞女宫里使女一样的女仆;作为国王的妻子,她们的所需由国王财库中供给;她们从事与太阳贞女一样的劳作:为印卡王大量纺线、织布、做衣,还制作前面所说太阳贞女做的所有东西。这些东西印卡王可以分给王室血统的亲属,分给百姓的领主,分给军中的统领,分给为了表示恩宠而想要赐予礼物的其他人。既然这些东西是他的妻子为他制作的,不是太阳的妻子为太阳制作的,所以赐给别人不在禁止之列。

这些贞女也有自己的“玛玛库纳”,这些人像管理科斯科的太阳贞女一样管理她们。总之,这些贞女宫与科斯科的贞女宫完全一样,只有一点不同,就是选入科斯科贞女宫的是做太阳的妻子,因此必须是王室血统的婚生女子,而且终生幽居;而选入王国内其他贞女宫的是各种各样的女子,但因为是做印卡王的妻子,所以只要是貌美的少女就行。因此,当印卡王需要时,就从中挑选最漂亮的送到自己的住处做嫔妃。

为了惩罚印卡王妻子的贞女宫里的罪犯,制定的法律与惩罚亵渎太阳妻子的通奸犯的法律完全一样,因为两者的罪行性质一样,但因没有执法对象,所以从未执行过。王室财务总管阿古斯丁·德萨拉特在他那部著作的第二卷第七章谈到阿塔瓦尔帕被残杀身死的原因时讲了一段话,证实了我们所说关于惩罚胆敢奸淫太阳神或印卡王妻子的人的严厉法律。这段话与我们的说法不谋而合,现照录如下:“因为就此事进行的调查是通过菲利皮略[①]本人之口得到的,而他是按照自己的意图作出解释的。促使他这样做的原因根本无法搞清,只能说二者必居其一:或者是这个印第安人与阿塔瓦利瓦[②]的一个妻子有私情,想杀死阿塔瓦利瓦以便可靠地占有她。阿塔瓦利瓦早已风闻此事,并向省督[③]诉苦,说他对这种犯上行为极为痛心,无论是他身陷囹圄,还是遭受一切灾难,甚至因饱受灾难而死去也不会这样痛心。因为一个如此卑下的印第安人,明明知道在那片土地上对这种罪行制定的法律,却还对他如此不敬,使他蒙受这般奇耻大辱。须知法律规定,凡犯有这类罪行或仅仅有此犯罪动机者,都要与有罪的女人一起活活烧死,还要处死他的父母、子女、兄弟姐妹以及其他所有近亲,甚至还要杀死通奸犯的羊群;此外还要把他出生的土地变成无人区,撒满盐粒,砍光树木,毁掉全村房舍,还要采取其他一些严厉惩罚行动,以便让百姓永远记住这类罪行。”以上是阿古斯丁·德萨拉特的原话,这段话表明他已对这项法律的严酷性作了完整的记述。我是在写完我对该项法律所知情况后发现这段话的,发现一位西班牙骑士

① 菲利皮略(16世纪)秘鲁印第安人,向西班牙人学会西班牙语,先后为皮萨罗、埃尔南多·德索托和阿尔马格罗等征服者充当通译。

② 即阿塔瓦尔帕。

③ 省督指弗朗西斯科·皮萨罗。他在征服秘鲁后,秘鲁成为新卡斯蒂利亚省,他被任命为省督。

对这项法律有如此详尽的记述,我深感庆幸,这样我便可以借助他的权威。虽然所有其他历史学家都谈到了这项法律,但他们说得最多的是对罪犯处以死刑,至于还要株连子女、父母、亲属和村中所有居民,甚至杀死牲畜,拔掉树木,捣毁房屋,全村撒上石头或盐粒(反正是一回事)等情节,却均未提及。由于把这种罪行看得非常严重,法律才规定了所有这些内容,以提醒人们这种罪行十恶不赦。也正因如此,那位可怜的印卡王阿塔瓦尔帕才把此事看得如此严重,以致说他对这种犯上行为极为痛心,无论是他被囚禁还是他遭受种种灾难,甚至因饱受灾难而死去也不会如此痛心。

一旦出宫做了国王嫔妃的女子,因为已经破身,便不能再回贞女宫,而只能在王宫充当王后的侍女或仆人,直到被辞退为止。这时,允许她们回到自己的故乡,村里人分给房屋和田产,殷勤侍奉,因为本族中有一个印卡王的妻子乃是全村的极大荣耀。未能成为国王嫔妃的女子,则继续留在贞女宫中,直到年老为止,这时她们可以自由地回到家乡,享受上述侍奉,或者仍然留在宫中,至死为止。

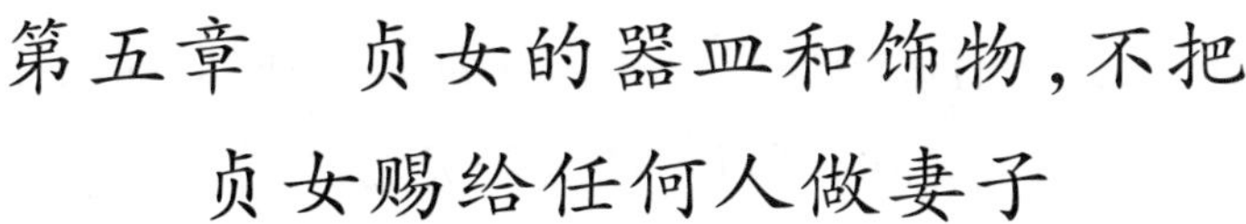

第五章　贞女的器皿和饰物,不把贞女赐给任何人做妻子

献给在位国王的女子,在国王去世以后,便成为继位国王的母亲,这时赐给她们以更加确切的“玛玛库纳”称号。既然她们已做了母亲,便像婆婆对儿媳一样,教导和管束刚刚进宫做新登基印卡王嫔妃的女子。每一座这样的贞女宫都有自己的掌宫官,他必须

是印卡王公;有总管家和膳食官以及为侍奉国王妻子所必需的其他仆役。她们虽然是嫔妃,但为了称呼庄重起见,也称为妻子。在所有为印卡王选出的贞女的宫院中,如同太阳神妻子的宫院、著名的太阳神庙和王宫一样,所用的餐具和杯子都用金银制作——关于王宫中情况后文再讲。总而言之,可以肯定地说,在那座辽阔帝国开采出来的所有金银宝石没有其他用场,而统统用来制作太阳神庙(数量很多)和贞女宫(数量也很多)的装饰品和器皿,都用来显示王宫的富丽堂皇了。用在领主器皿上的则很少或根本没有,因为器皿无非是酒杯,而根据印卡王赐予他们的特权,酒杯的数量是很有限的。此外,还有一点则用在他们欢庆主要节日时穿戴的衣服和饰物上。

有些著述者说,从贞女宫中挑选少女许配给百姓的领主、著名将领和印卡王的其他有功之臣做妻子,而且是印卡王亲自赐给他们,这是人们用不符事实的说法给这些著述者造成的错误。因为这些女子一经献给印卡王做妻子并被接纳为贞女之后,就不准降低她们的地位,而且即使当真做了某人的妻子,也绝对不允许说“这女人过去曾是印卡王的妻子”,否则就是亵渎神圣。除了太阳以外,人们认为所有献给印卡王的东西都是神圣的,而由于印卡王与他的妻子关系最密切,所以他的妻子尤为神圣。因此不能容忍侮辱她们,把她们从印卡王的妻子降格为一般人的妻子。既然在无足轻重的事情上都绝对不许侮辱任何人,在如此重大的事情上当然更不允许这样做。印第安人认为,女子做印卡王的奴隶胜过做部族领主的妻子,因为身为印卡王的奴隶(实际上印卡人没有奴隶,也不知道做奴隶是怎么回事,这里不过是姑妄言之),就是属于印卡王所有,人们就像对神圣事物一样尊崇她们;如果身为部族领主的妻子,那就只能得到像对一般东西那样的尊敬,而得不到像对印卡王的东西那样的尊崇。对于这一套道理,印第安人全都看得无比重要,并且心悦诚服地恪守不误,因为如前所说,他们不仅把自己的印卡王看作国王陛下,还把他看作神。

第六章　印卡王恩赐哪些女子

印卡诸王确实把某些女子许配给勤王有功的人,诸如酋长和将领等人。但那都是其他酋长和将领的女儿,印卡王挑选出来,赐给勤王的功臣做妻子。被要求献出女儿的人,并不觉得自己受到的恩宠和褒赏低于被赐给女子的人,这是因为印卡王想到了他的女儿,要求献出,并把她当作自己的女儿嫁给功臣的。在印卡王给予赏赐这类事情上,既然赏赐来自印卡王之手,人们就看作神的赏赐而不是人的赏赐,所以并不看重赏赐本身的大小。

印卡王也把自己王室血统中的私生女子赐给大省的领主——酋长做妻子(不过这种情况极为罕见),这既是为了论功行赏,也是为了用这女子来迫使他们做印卡王的忠实臣仆。由此可见,国王既然有那么多女子可封赐,就无需把贞女宫中献给他的女子再封赐出去。这样做有损于国王、女子和他们的宗教信仰,而他们认为他们的宗教信仰是不可侵犯的。婚生女子可以做太阳神的妻子(这种情况已经讲过),可以做印卡王的妻子(从王室血统中纳妾是他们的习俗),也可以做另一位婚生印卡王公的妻子,在这三种情况中,这些女子都没有离开人们认为是神人的地位。但如果做了凡人的妻子,则不管这人是多大的领主,也是把人们认为有神明血统的人贬到了凡人地位,因此是非法的。但是,私生女子本来就不享有所谓神的地位,所以把她们赐给大领主为妻并不算辱没她们。

第七章 关于另一类保持童贞的女子和孀妇

除了进修女院永葆童贞的贞女以外,还有许多王室血统的女子立下守贞誓愿,在宫中过着幽居和清心寡欲的生活,但在她们最近的女亲属生病或分娩,或给长子剪发和取名时,她们也可以出宫探望,所以不是修女式的封闭生活。这些女子因其贞洁和清白而受到极大尊敬,因具有美德和神性而被称为"奥克略"(ocllo),这在他们的偶像崇拜中是一个神圣的称呼。她们的贞洁不是装出来的,而是完全真实的,否则,如系欺瞒不实,则要根据他们虚妄的宗教信仰,将她们活活烧死或投入狮窟。我曾有幸见过一位垂垂老矣的妇女,因终生未婚而被称为"奥克略";她有时来看我的母亲,据我所知是她父亲的姑姑,即她祖父的姐妹。人们就像上面说的那样尊敬她,无论在什么地方都让她位居上座;我还亲眼看见家母也对她尊敬有加,因为她是她的姑奶奶,也因为她年高德劭、清白贞洁。

这里还不能不介绍一下一般孀妇的守节情况。在孀居的整个第一年里,她们过着严格的幽居生活。没有子女的孀妇中,有极少数人再婚;有子女的则永不再嫁,终生守寡。因为她们具有这种美德,法律法令对她们特别优待,除给予其他许多特权外,还规定人们先去耕种她们的土地,然后才是酋长和印卡王的土地。与寡妇结婚也确实对印第安男人不利,尤其不是鳏夫的男子,因为人们往往对与寡妇结婚的人说三道四,指责他们有伤风化。关于贞女、节妇和孀妇可以说的主要情况,就是以上这些。

第八章　一般人怎样结婚和安家

现在应该谈谈臣服于印卡王的诸王国和诸省份的婚嫁方式。首先应该说明,国王规定,每隔一年或两年的一定时间,为科斯科城自己家族中所有要结婚的男女青年主婚。姑娘年龄需在十八至二十岁,小伙需在二十四岁以上,不到这个年龄不准结婚。因为他们认为,新婚者必须具备当家理财的年龄和智力,不到这个年龄让他们结婚,就会太孩子气。

订婚双方相隔不远地站在一起,印卡王来到他们中间,眼睛望着男女双方,把他们叫到跟前,牵起每人一只手,把他们拉在一起,就算是用夫妻关系把他们联系起来,然后交给他们的父母。夫妻双方到新郎家中,在最近的亲戚之间举行隆重的婚礼,历时两天、四天或六天,如果愿意还可多些。这样的女子即是合法妻子,为了对女方表示更大的恩宠和尊敬,按照他们的语言把新娘称为印卡王亲手交给的妻子。国王为自己家族的人主婚之后的次日,由专门委派的大臣按照同样程序为城里其他居民的子女主婚,但上科斯科和下科斯科两个城区需分开举行——关于这两个城区的划分,我们在本书开头已详细介绍过。

身为印卡王族的新婚夫妇（现在谈到的那些人）居住的房屋，按照事先规定的各种事务的分工，由负责此项事务的省份的印第安人建造。家中所用的衣物器皿由亲属提供，每位亲属把自己的东西送到那里，此外没有其他典礼和祭祀仪式。西班牙史学家说结婚时还有其他习俗，那是因为他们没有把还保留了这样那样习俗的省份区别开来，而把这些省份臣服于印卡王之前实行的野蛮习俗，说成是印卡人共有的了。实际上印卡人不仅没有这类习俗，而且还废除了印第安人的这些习俗，如果实行，则给予严厉惩罚。

除了上面说的以外，印卡人没有别的婚配方式。根据这种方式，把印卡王的命令晓谕全国，让各大区的长官与该省的酋长一起，在大行政区内为要结婚的男女青年主婚。酋长作为一方土地的领主和父母官，必须出席婚礼或亲自主婚。印卡诸王对于酋长管辖区内的任何事务从不实行独裁，身为大区长官的印卡王公出席酋长主持的婚礼，但不是为了指手画脚地瞎指挥，而是为了以国王的名义对酋长为自己百姓所做的事情表示赞同。

在一般人结婚时，各村村政会必须为本村新婚夫妇建造房屋，衣物器皿由亲属提供。不允许这个省和这个村的人到另一省和另一村去结婚，所有人都必须在本村和自己亲属以内结婚（如同以色列的部落那样），以免村与村混血，造成家族和部族混杂。他们保持血缘关系，一村内的所有人都互为亲属（就像同一蜂房内的蜜蜂），甚至同一省的所有人互为亲属，同属一个部族，同讲一种语言。也不允许从这一省、这一村或这一居住区迁徙到另一省、另一村或另一居住区，因为不准打乱对每村和每个居住区内居民实行的十人编组制，同时因为房屋是由村政会建造，只能建造一次，而且必须建在他们亲属的那个居住区或那一排里。

第九章　让王储与自己的姐妹结婚，他们对这种做法提出的理由

上面已经讲了一般印第安人的结婚方式，现在来谈王国的王储这种特殊情况怎样结婚。为此首先要说明，印卡诸王从第一代开始，就把王位继承人与自己的姐姐结婚定为严格遵守的法律和习俗。这位姐姐是父母的婚生女儿，是他的法定妻子，称为“科娅”，意思就是王后或皇后。这姐弟俩生的长子就是法定的王位继承人。

从第一代印卡王曼科·卡帕克和他的妻子玛玛·奥克略·瓦科起，他们就恪守这条法律和习俗，因为他们一直宣称是姐弟，是太阳和月亮的子女。不管是不是他们的臣民，所有印第安人都对此信以为真。他们还引证另一个古代范例来说明这第二个范例的权威性，那就是前面讲过的，根据他们的异教信仰，认为月亮是太阳的姐妹和妻子，印卡诸王自称是他们的后代。因此，为了完全遵行太阳和他的子女——第一代印卡王和王后的旧制，便制定了一条法律，规定印卡王的长子依照上述两个范例与自己的亲姐妹通婚。如果没有亲姐妹，就与王室血统中最近的女亲属通婚，如堂姐妹甚至侄女或姑母，即如果没有男子，可以像西班牙法律那样继承王位的女子。

如果王子与第一个姐妹没有生育儿子，就再娶第二个、第三个，直到生育儿子为止——他们就根据上述范例制定了这样的法

律。他们认为,既然太阳与自己的姐妹结婚,并且让他们的长子与长女通婚,那么理应对国王的长子长女实行同样的法规。他们这样做,也是为了保持太阳血统的纯洁,据他们说,与凡人血统混血是非法的。所谓凡人血统,就是指非印卡王族的血统。他们还说,让王子与自己的姐妹通婚,可使王储从父母双方来说都是名正言顺的继位人。据说倘若不是这样,王储就通过母系渠道发生了蜕化。在传宗接代和王位继承权这些事情上,他们就是如此一丝不苟。

除此之外,他们还提出另外一些理由:如果把王后的尊严称号给予不具有合法权利(即不是国王配偶)而不应得到的女子,这是不允许的;如果这样的女子不能成为王后,而硬要条件优于她的女子像王后那样尊崇和效命她,这是不公正的。

除了合法妻子外,印卡诸王还有许多嫔妃,其中有些人是他们四级以内和以外的血亲,另一些则属于外族血统。属于血亲的嫔妃,其所生子女没有混杂外族血统,被视为合法子女。印卡王族对血统的纯洁看得至关重要,不仅国王这样,所有王室血统的人也都如此。外族血统嫔妃所生的子女被看作混血儿,虽然对他们也作为国王的子女一样尊敬,但在内心和外表均不像对王室血统的合法子女那样服从和崇拜,对合法子女是崇拜为神,对混血子女是尊敬为人。综上所述,印卡国王有三类子女:妻子生的,是王位的合法继承人;血亲女子生的,血统上是合法子女;外族女子生的,是混血子女。

第十章　不同的继位方式

如果合法妻子未生子嗣，血统上的合法长子可以依法继位，曼科·印卡继承瓦斯卡尔就属这种情况，详情以后再讲。如果长子亡故，其他儿子按年纪长幼递补，但绝对不许混血儿子继位。如果没有血统上的合法儿子，继承权回到最近的合法男性血亲手里。

阿塔瓦尔帕是个混血儿子，由于有这条法律，他唯恐别人剥夺他篡取的王位，授给某位合法继承人，于是便把王室血统的所有男子和女人斩尽杀绝，关于这件事的详情留待后面再讲。印卡诸王让王室血统的所有王子与四级血亲以内的女子通婚，这样就有许许多多血统上的合法儿子。他们把姐妹留作自己的妻子，因为这些女子只能与国王结婚。王位总是由长子继承，西班牙人到达以前统治王国的十二代国王，一直是这样传下来的。至于百姓的领主即酋长，则有几种不同的继位方式：有些省份由长子继位，即简单的父位子继；在另一些省份，由德才兼备、待人和蔼、最受百姓爱戴的儿子继位——这与其说是继承，不如说是选举。这种法则是一种约束，迫使酋长的哪个儿子也不会成为飞扬跋扈的暴戾头领，而是个个力争做到宽厚仁慈、有德有才，以便有资格继位成为领主，使百姓爱其德才，要求他们做一方之主。

还有一些省份，所有的儿子以长幼为序继位，就是说，父亲死后由长子继位，然后是次子、三子，以此类推。所有的兄弟都死去以后，回过头来再由长子的诸子继承，然后是次子、三子的诸子，以此类推，所以要没完没了地等待。一位西班牙史学家从几位酋长那里听说这种继位方式,产生了错觉,便说这是整个秘鲁的共同习俗,不仅酋长这样,国王也是这样,先由国王的弟弟们继位,再由国王和他弟弟的诸子按长幼次序继位。但正如上面所说,印卡王的继位不实行这种做法,只是某些地方酋长的继位才这样做。

某些省份百姓领主实行的这三种继位习俗或法律,印卡诸王并不实行,因为只有他们的法律和法令才在所有王国普遍通用。酋长们在印卡帝国时期以前规定和实行这种做法,虽然印卡王后来征服了他们,但既没有剥夺他们的领地,也没有废除他们自古沿袭下来的习俗——只要与印卡王规定遵守的习俗没有抵触。相反,印卡诸王倒认可了许多他们也认为是好的习俗,特别是由品德最好、最受爱戴的儿子继位的习俗。他们认为这种做法值得赞赏,于是便肯定了这种习俗,并下令凡是实行过和愿意实行的地方遵照实行。甚至有一位国王曾想借助酋长的这种法则,斥责他长子性情粗暴,详情到后面再讲。科斯科以西四十莱瓜处有一座村庄,是克丘亚族村庄,名叫苏特昆卡。我曾在那里看到发生过这样一件事,是关于那片土地上不同继位方式的事情。村里的酋长名叫唐加西亚,他看到自己不久于人世,便把四个儿子和村里的显贵召到跟前,留下遗言,要他们遵守刚刚接受的耶稣基督的法律,并永远感谢上帝给他们传来这样的法律;要他们效命和尊敬西班牙人,因为西班牙人为他们送来了这样的法律;他还特别叮嘱在场的显贵要满怀敬爱之情效命他们的西班牙主人,因为他成为他们的领主乃是他们的莫大幸运。最后他对大家说:“你们很清楚,根据我们这里的习俗,应由我最有德才、最受爱戴的儿子继承领地。我委托你们挑选符合这样条件的人。如果我的儿子中没有这样的人,

我命令你们剥夺他们的继承权，在你们当中挑选一个关心你们的荣誉、兴旺和利益的人，因为我更希望你们大家共享安乐，而不希望我的儿子独享荣华。"这番话都是对他们布道的那位西班牙教士传出来的，以此赞扬他这位教民的高尚行为和非同一般的遗嘱。

第十一章　为婴儿断奶、剪发和取名

给长子断奶时，印卡王总要举行盛大仪式，但给女儿、次子和三子断奶时则无此仪式，至少不像对长子那样隆重。因为印卡诸王对长子长女的身份，特别是长子身份的尊严看得非常重要。上行下效，所有的臣民百姓也都如此。

婴儿长满两岁，给他们断奶、剪去出生时带来的胎毛（两岁以前不动），并取一个必须使用的本名。为此，所有亲属济济一堂，从中选出一人做婴儿的教父，由他为教子剪第一绺头发。所谓剪子就是石刀，因为印第安人还不知道剪子这项发明。教父之后，其他人以年龄或尊卑为序，依次为断乳婴儿剪发。剪发完毕后，为他取名并送上带去的礼物，有人送衣物，有人送牲畜，有人送各种各样的武器，也有人送金制或银制的水罐——当然这是指王室家族而言，一般人除非享有特权，否则是不会有这类东西的。

送礼完毕，设下隆重的酒宴，因为"无酒不成席"嘛。人们唱歌跳舞，至夜方休。根据婴儿亲属的情况，这种欢乐场面往往持续两天、三天、四天甚至更多日子。为王储断奶和剪发时情况大体一样，所不同的只是举行王室的典礼仪式，由太阳神庙的最高祭司做教父。王国各地的酋长均亲自出席或派使者参加，举行的典礼至少持续二十多天，送给王储大量礼物，均是各省出产的金银宝石和各种奇珍异宝。

鉴于人人都想仿效头面人物的做法，秘鲁的酋长们以及推而广之到所有的平民百姓，全都根据个人的地位和亲属情况如法炮制，把这个仪式办成最欢乐热闹的节日之一。对于热心研究语言的人，我们应该在这里介绍一些情况：秘鲁通用语中有两个名词是子女的意思，父亲说“丘里”（churi），母亲说“瓦瓦”（huahua）（这个名词的写法应当没有那两个“h”，只写四个元音字母，组成两个单独发音的二重元音“uaua”；两个“h”是我加上的，以免形成两个音节[①]）。这两个词都是名词，意思都是子女，每一个都包括阴阳两个性和单复两个数。使用时必须非常严格，父母亲不得交换着使用，否则男的就变成了女的，女的就变成了男的。为了区分性别，再加上表示阳性或阴性的名词；但不管表示单数还是复数的子女，父亲都说“丘里”，母亲都说“瓦瓦”。兄弟姐妹之间相称时，有四个不同的名词：男性称男性时叫“瓦乌克”（huauque），意思是兄弟；女性称女性时叫“尼亚尼亚”（nana），意思是姐妹。如果兄弟称姐妹时叫“尼亚尼亚”（意思是姐妹），那他自己就变成了女的；如果姐妹称兄弟时叫“瓦乌克”（意思是兄弟），那她自己就变成了男的。兄弟称姐妹时应该叫“帕纳”（pana），意思是姐妹；姐妹称兄弟时应该叫“托拉”（tora），意思是兄弟。虽然“托拉”的意思是兄弟，但一个兄弟不能这样称呼另一个兄弟，否则自己就变成了女的；虽然“帕纳”的意思是姐妹，但一个姐妹也不能这样称呼另一

① 按照现代西班牙语语音规则，二重元音可单独构成音节。

个姐妹,否则自己就变成了男的。所以,虽然有些名词意思相同、性也相同,但有些是由男子使用、有些是由女子使用的;必须分别使用,不可交换,否则就会出现上面的情况。所有这些都应引起高度注意,才能向印第安人传布天主教,而不致因为说出不规范的语汇而留下笑柄。本书开头时讲过,耶稣会的神父(他们对任何事情都有一种深入钻研的精神)和其他一些教士在向那些异教徒传布教义时,就非常刻苦地学习这种语言。

第十二章　对子女不娇生惯养

印卡人抚养子女的方式很奇特,不管是印卡王族还是普通人,不管是富人还是穷人,全都无一例外地尽量不娇不惯。婴儿出生后,就用冷水给他洗身,然后包在襁褓里。每天早晨用襁褓包起来时,都要用冷水洗身,而且多数情况下让婴儿露宿。比较娇惯的做法,就是母亲用嘴含水,给婴儿洗涤全身,但不洗头部,特别是脑盖,根本连碰也不碰。据说,这样做是为了让孩子习惯于寒冷的环境和能够吃苦耐劳,也是为了锻炼他们的四肢。只有在婴儿长到三个多月时,才给解开襁褓松开手臂,说松早了会使胳膊松弛无力。他们总是把孩子放在摇篮里,所谓摇篮,不过是一只制作粗糙的四腿小凳,一条腿比其他三条腿略短,便于摇晃。放孩子的座位或床,是一张粗绳编织的网,这样就不致像木床那么硬,用这张粗网从摇篮的两边把孩子兜住,再捆扎起来,免得掉下来。

不管是喂奶还是别的时候,都不把孩子抱在膝头或怀里,说这样抱惯了孩子爱哭,不想待在摇篮里,总想让人抱。妈妈侧俯在孩子身上,给他喂奶,每天早、中、晚这样喂三次。除去这三个时辰,即使孩子哭也不给奶吃,说不然的话,孩子就会习惯于叼着奶吃,容易上吐下泻,肮脏不堪,长大后会成为贪吃的大肚汉;还说连动物也不是整日整夜给幼崽吃奶,而是按一定时辰。孩子都由母亲自己抚养,除非母亲有病,否则不管多么高贵的领主夫人,也不允许托给别人抚养。母亲哺乳期间禁行房事,说房事对奶水不利,会使婴儿瘦弱。他们管因此而瘦弱的婴儿叫"阿尤斯卡"(ayusca),这是个过去分词,整个意思是被甩掉的孩子,更确切地说是被自己父母的另一个孩子取代的孩子。类似的情况是,如果一个小伙子追求的女子钟情于别人,而对他冷淡,那么就给他取这样的外号,管他叫"阿尤斯卡"。这是个侮辱性字眼,对已婚男子不能这么叫,谁若叫了要受严厉惩罚。我见过一位王室血统的"帕莉娅",她出于无奈把自己的一个女儿送给别人去抚养。女仆要么是没有尽心哺育,要么是怀了身孕,反正那女孩变得瘦弱不堪,只剩了皮包骨头一副空架子。母亲在奶水干了八个月后看到自己的女儿成了"阿尤斯卡",便用灰泥膏和草药膏敷背,再次回奶,重新哺育自己的女儿,使她逐渐康复,免于一死。她再也不想把孩子托给女仆,说对孩子最有益的还是母亲的乳汁。

如果母亲有充足的奶水哺养子女,那么在断奶之前就绝对不给他喂饭,认为饭食对奶水有害,孩子会长得龌龊肮脏。到了孩子该离开摇篮时,为了不把他抱在怀里,就在地上挖一个深及胸部的小坑,用几块旧布把孩子包裹起来,放在坑里,周围放几件小玩艺儿,供他们玩耍。孩子可以在坑里蹦跳,但绝对不抱,即使是王国内最大酋长的孩子也不抱。

等到孩子会爬了，能够在母亲左右吃奶时，也是让他跪在地上吃，不放在膝上；要吃另一只奶时，母亲示意让他绕过去，也不抱他。产妇对自己也不娇气，甚至不如对待孩子，分娩后就到小溪或在家中用冷水给自己和孩子洗浴，洗完就操持家务，好像根本没有生过孩子一样。妇女分娩时不用助产婆，也没有助产婆；如果哪个女人充当助产婆，那也多半是女巫而不是助产婆。以上就是秘鲁印第安妇女在分娩和哺育婴儿方面的共同习俗，这已是习以为常，无论富人穷人、贵族百姓，一概如此，无一例外。

第十三章　已婚妇女的生活和活计

已婚妇女的生活一般是终生操持家务。寒冷地区的妇女会用畜毛纺线织布，炎热地区的妇女则用棉花纺线织布。每个妇女都要为自己、丈夫和子女纺线织布。她们不太会缝衣，不管男人还是女人，穿的衣服都是粗针大线。她们织的东西，不管是棉布还是毛布都是斜的。不管什么布都织成有四个布边，每块布不大于一块披巾或一件汗衫所需的长度。衣服不经剪裁，而是完整的一块，织出的布多大，衣服就做多大，因为织布之前就大致估计好了需要的长度和宽度。

印第安人中没有成衣匠、制鞋匠和织袜匠。有多少这里有的东西在那里不需要啊，他们没有这些东西也照样生活！妇女管全家穿的衣服，男子管鞋子。前面说过，男子在受封武士头衔时，必须会做鞋子。尽管王室血统的印卡王公、酋长和富人都有仆人给做鞋，但他们也不轻视这件活计，都要不时地练习做鞋和他们职业要求必须会做的任何一种器具，因为人人都以遵守规章为荣。至于田间耕作，则不分男女大家都干，互相帮助。

在一些远离科斯科的省份，因为还没有受到印卡诸王的充分教化，是妻子下地耕作，丈夫居家纺织。不过我在这里是要讲印卡王朝和模仿印卡人的那些部族，这些部族都在印卡帝国版图以内；至于还有其他一些部族，则纯属蛮人，还是略去不说为好。印第安妇女非常喜欢纺线，又非常不愿意浪费片刻时间，所以在来往于村里和城里之间，甚至在必须从一个城区到另一个城区探亲访友时，也带着纺线和搓线这两种活计所用的东西。搓线的事最容易干，就一边走路一边把纺好的纱搓成线；在别人家里做客时，就拿出纺线杆，一边亲热交谈一边纺线。这样在走路时纺纱搓线是指平民百姓，至于王室血统的“帕莉娅”，她们在互相走访时，则是由女仆带着纱丝和活计，这样，访问者和被访者在谈话时就可纺线，不会空着手没事干。纺锤用芦竹制作(类似西班牙的铁制纺锤)，安上锭盘，但在头上不刻螺纹槽。把要纺的纱丝用活扣拴在锭盘上，纺时用手放开纺锤，让锭盘旋转；纱线能纺多长就纺多长；用左手拇指和食指捏住，放进纺锤。纺线杆有一拃长，携带时拿在手里，不是插在腰上；用两根小手指捏住，用两手把纱线搓细，去掉小疙瘩。我在那儿生活期间不纺亚麻，因为还没有亚麻，只纺毛和棉花，所以不用嘴抿。如前所述，这种活干起来很烦琐，所以纺出的线不多。

第十四章　妇女怎样互访；印第安人怎样补衣；妓女

如果某个妇女只是百姓领主即酋长的妻子，但不是“帕莉娅”，去拜访王室血统的“帕莉娅”，就不带自己要做的活计。道过寒暄或请安问好（多是表示尊敬）之后，便请求给她找点活儿做，以示她不是去做客（因为不是同一等级的人），而是以下等人身份去为上等人效劳的。“帕莉娅”为了表示恩宠，总是满足这种要求，把她自己或某个女儿做的活计给她一点儿，而不是给她女仆们做的活计，以示不把她视作与女仆同一等级。“帕莉娅”屈尊俯就，把来访者视作与自己或女儿同一等级的人，这种恩宠是来访者求之不得的。在那个国度里，妇女和男子都以这种亲热谦恭态度待人，在任何事情上都表现出这种品德，从身为国君的印卡王到最卑微的“利亚马米切克”（llamamichec，牧人），下级都考虑怎样效力和取悦于上级，上级都考虑如何善待和施恩于下级。

印第安妇女随身带着活计互相拜访，是一个良好习惯。直到弗朗西斯科·埃尔南德斯·希龙实行暴政和发动战争之前，科斯科的西班牙妇女都对此赞叹不已，模仿和保持了这种习惯。弗朗西斯科·埃尔南德斯·希龙在实行残暴统治期间，破坏了一切美德，也破坏了这种美德。我忘记介绍平民百姓怎样缝补衣服了，这事也很值得一提。如果身上穿的衣服或任何用的东西，不是因为日晒而是因为偶然事故破损了，例如被树杈刮了，被火星烧了或因类似不幸事故弄破了，他们就拿着它，用一根骨刺做的针（他们不会用金属做针)和一根与衣物同样颜色、同样粗细的线重新缝好。先顺着断线的地方缝经线,再在破处往前一点的地方两边各缝十五到二十针纬线,到破处时把线弄断;然后再用那条线穿过经线缝纬线,再穿过纬线缝经线,始终这样缝织,结果缝补之后跟没破过一样。即使破口像手掌或者比手掌还大,也照上面说的这样缝补,同时用一只锅口或从正中切开的葫芦做撑架,让布绷紧平贴。他们笑话西班牙人的缝补办法,印第安人的缝补方法确实不同,而西班牙人的衣服是经受不住这种缝补方法的。还应该介绍的是,印第安人家中做饭用的炉灶是泥砌的小灶,根据家庭的需要有大有小。从灶口添火,根据所吃饭菜的多少,在上面砌两个或三个火眼,做饭的锅放在火眼上。他们为人勤快,做事认真,这样做为的是不浪费火,不多烧柴。他们对西班牙人浪费木柴的做法感到吃惊。

现在介绍妓女的情况。为了防止造成更大的危害,印卡诸王允许妓女存在。妓女住在野外破旧的茅屋里,茅屋各自独立,互不相连。她们不得进入村子,以免与其他妇女来往。妓女称作“潘派鲁纳”(pampairuna),这个名词的意思就是这种住处和这种职业。这个词由“潘帕”(pampa)和“鲁纳”(runa)两个词组成,“潘帕”有广场和田野两个含义,“鲁纳”在单数时意思是人,不管男人或女人,在复数时意思是人群。把这两个词连在一起,如果取其田野的含义,“潘派鲁纳”的意思就是住在野外的人群,这是因为她们从事卑贱的职业。如果取其广场的含义,就是指广场上的人或女人。那意思就是说,因为广场是公共的,谁都可以去,而这些女人则随时准备接客,是大家公有的。总而言之,这个词的意思就是妓女。

男子对妓女非常蔑视。普通妇女也不跟她们讲话,否则会得同样的臭名,并被当众剪去头发,被视作声名狼藉的女人。如果是已婚妇女跟妓女讲话,就要被丈夫唾弃。人们叫妓女时不称她们的名字,而叫她们"潘派鲁纳",就是妓女。

第十五章　第六代国王印卡·罗卡征服许多部族,包括昌卡人和安科瓦柳人

根据布拉斯·巴莱拉神父前面所说,印卡·罗卡国王名字的意思是谨慎、成熟的王子。老王故去后,他接过红色流苏,举行了隆重葬礼后,便去巡视全国。这次巡视用去了他登基后头三年的时间。然后,他传命征调军队,向科斯科以北的钦查苏尤方面征服。他觉得自己已经身为国君,再像做王子时那样让军队乘木筏渡河有失体统,便命令在阿普里马克河上架一座桥,就是现在位于从科斯科到诸王之城的王室大道上的那座桥。上一代印卡王没有命令架桥,那是因为当时他还没有降服该地区各省,而现在已经降服了。

大桥建成后,印卡王率领两万大军和四位将军离开科斯科。他命令军队列成三路纵队通过新桥,以永远纪念大桥的初次使用。大军抵达阿曼凯山谷,"阿曼凯"(amancay)的意思是白花香百合,因为这种花长得满山满谷,一望无际。"阿曼凯"花在形状和气味上与西班牙的白花香百合不同,形状像铃铛,枝条为绿色,而且很光滑,不长叶子,没有任何气味。只是因为白、绿两色与白花香百

合相似，西班牙人才这样叫它。印卡·罗卡从阿曼凯折向大道右方，向称为内华达山的山系进军，在山脉与大道之间发现有不多的几个村落，遂将它们并入帝国。村中部族称为塔克马拉人和基纽阿利亚人。从那里继续挺进到科查卡萨，下令在那里建造一座巨大的粮仓。又从那里进军库兰帕，那里人烟稀少，遂轻而易举地将其征服。从库兰帕到达一个辽阔省份称为安塔瓦伊利亚，那里的居民分布于王室大道两侧，分别绵延十六和十七莱瓜。那些人生活富庶，生性好战。这个部族名叫昌卡，自诩是狮子的后代，所以把狮子奉若神灵，顶礼膜拜。在被印卡人征服之前和以后，每逢盛大节日时，他们都要挑选二十四个身材魁梧、膀大腰圆的印第安人，让他们身披狮子皮，头伸进狮子头，扮成狮子模样。在科斯科的圣体节庆祝活动中，我就曾看见过这种场面。

昌卡这个姓氏下面包括许多部族，如安科瓦柳、乌通苏利亚、乌拉马卡和维尔卡等。这些部族都宣称自己是某个祖先的后代，有的祖先是一股泉水，有的是一个池塘，有的是一座高山；每个部族都把自己视为祖先的东西敬为神灵，向它敬献牺牲。那些部族的祖先来自遥远的地方，征服了许多省份，最后到达了他们那时居住的地方——安塔瓦伊利亚省，用武力征服了它，将原来的居民驱赶出去。他们占据克丘亚人许多土地，逼迫克丘亚族印第安人退居到自己省份，强迫他们缴纳贡赋，对他们实行暴虐统治。他们还建立了其他一些功业，所以他们的后代至今引以为荣。印卡·罗卡国王一路上逐步得知了所有这些情况，在到达安塔瓦伊利亚省边界时，便照例向昌卡人提出要求：要么臣服太阳的儿子，要么准备交战。那些部族聚在一起，商讨如何回复，但因分成两派，双方各持己见。一派人说，印卡王是太阳的儿子，应该拥戴他为君主。另一派人持反对意见（这些人是狮子的后代），说他们是狮子的后代，又统治着这么多百姓，不应尊奉他人为君主。还说他们知道印卡王的身世，不相信他是太阳的儿子；凭着他们前辈昌卡人的荣耀和丰功伟绩，他们更应努力征服其他民族归附他们的统治，不能未经最终考验一下自己的勇气如何，就甘愿做印卡王的臣仆。因此，首先应该抗击印卡王，不能刚刚接到口信，军旗未扬，将士未上战场，就卑躬屈膝地俯首称臣。

昌卡人有的主降，有的主战，就这样争执多日，未能达成一致。印卡王获悉后，决定进入该省以示威慑，免得他们见他温良恭顺，反而气焰嚣张，甚至因过去打过多次胜仗而自恃无敌，放肆地冒犯他的威严，从而迫使他发动残酷战争，严厉惩罚他们。于是，他命令几个将军进入安塔瓦伊利亚省，同时又派遣一位使者对昌卡人说，对他们迄今表现出的冥顽不化和抗命不遵已经忍无可忍，命他们要么尊他为君，要么引颈就戮，他要把他们斩尽杀绝。昌卡人看到印卡王决心已下，又得知他的军中有许多他们曾欺辱过的克丘亚人和其他部族，不得不收敛一下自己的狂妄架势，暂且降服印卡人。他们这样做，只是因为惧怕印卡王的军队，也是为了他们的冤家对头不对他们进行报复，并非因为他们喜欢印卡王的法律和统治方式。于是，他们派人回复说，甘愿尊奉印卡王为君主，服从他的法律和政令。但他们并没有消除心头之恨，这在以后就会讲到。

印卡王留下必要的官员，继续向另一省进军。这个省名叫乌拉马卡，也属于昌卡部族。乌拉马卡省面积很小，但人口稠密，居民勇武善战。印卡王虽然遇到一些抵抗，最终还是将其征服。如果他们不仅骁勇好战，而且兵力强大的话，那么就会进行名副其实的抵抗，因为这一带的印第安人，不像孔蒂苏尤和科利亚苏尤的印第安人那样对印卡诸王表示温顺和友爱。但不管怎样，虽然乌拉马卡人不太心甘情愿，最终还是归降。印卡王从那里进军，到达安塔瓦伊利亚和维尔卡——西班牙人称为比尔卡斯。这些部族也是昌卡族人，曾以武力征服过其他省份，成了那一方的主宰，而且野心勃勃，经常出征，开拓疆土，对新征服的居民飞扬跋扈，滥施淫威。这次虽然心中不服，也还是归附了印卡帝国。印卡·罗卡国王威势逼人，迫使他们不得不听命于他，结果所有这些人感情上受到严重伤害，对此怀恨在心。在这两个省份，每逢盛大节日之时，都向他们的神祭献孩童做牺牲。印卡王得知后，与他们进行谈话，劝说他们崇拜太阳，废止那种残忍做法。为了彻底根绝这种习俗，印卡王为他们制定法律并亲口宣布，以便他们更好地遵守；还对他们说，只要祭献一个孩童，就将他们斩尽杀绝，把疼爱孩子、不杀孩子的其他部族迁居到他们的土地上。那些省的居民觉得，这种做法未免过于严厉，因为他们相信他们那些神——魔鬼，认为这是献给它们的最好牺牲。

印卡王离开维尔卡，取道左方，向西即沿海地区进军。那里有两个大省，名字都叫苏利亚，但为了区别开来，把其中一省叫作乌通苏利亚。印卡王到了其中一省。两省内有不同姓氏的许多部族，有些人数众多，有些人数很少，为避免絮繁，笼统说来共有四万多居民。为了避免发生战争以刀兵相见，印卡王用了好几年时间才以怀柔手段使他们归附（当地人说用了三年）。但那些印第安人自恃人多势众，加上生性好战，粗暴野蛮，曾有多次几乎挑起战事。然而印卡王的高超手腕和亲切态度大显威力，结果在经过了那么长时间后，他们终于自愿归降于他，信奉了他颁布的法律，接受了他留驻的省督和官员。于是印卡王班师还朝，回到科斯科。距今三十二年前，在这位印卡王最后征服的两省，即苏利亚省和乌通苏利亚省中，发现了几处白银矿和水银矿，水银矿含量非常丰富，对于冶炼白银矿极其重要。

第十六章　亚瓦尔·瓦卡克王子及其名字的含义

印卡·罗卡国王在和平安宁的环境中治理国家，过了几年后，觉得应派他的儿子和王储亚瓦尔·瓦卡克去征服安蒂苏尤。安蒂苏尤位于科斯科以东，距该城很近。自从第一代印卡王曼科·卡帕克征服到普卡尔坦普河以后，帝国的疆土在那一带没有向外扩展。

在继续介绍征服事业之前，最好先讲一讲亚瓦尔·瓦卡克这个名字的含义和给王子取这个名字的原因。据印第安人说，当王子还是三四岁的婴儿时，啼哭时从眼睛里流出血泪。究竟是只有一次还是多次哭出血来，他们也说不清楚。可能是眼睛有疾，疾病使眼内有点血。还有些印第安人说，他生下来就是哭时流血泪，人们都觉得这种说法更为确实。也可能是眼睛里的几滴血是出生时从母体带来的，但印第安人非常迷信，相信各种预兆，就说那是婴儿的眼泪。反正不管是哪种情况，他们都肯定地说他哭时泣血。印第安人笃信巫术，既然预兆出在王储身上，他们就格外重视，认为是不祥之兆，担心他们的王子会遇到大灾大难，或受到他父亲（他们认为就是太阳）的诅咒。亚瓦尔·瓦卡克（Yáhuar Huácac）这个名字就是这样来的，意思是啼哭时流血泪的人，并非像有些人说的是因流血而哭。啼哭是他孩童时期的事，不是长大成人以后的事，而且也不是像有些人说的那样是因兵败被俘而哭，因为除了不幸的瓦斯卡尔以外，没有任何一位印卡王兵败被俘。瓦斯卡尔是被他的同父异母兄弟、背信弃义的阿塔瓦尔帕俘虏的，如果至高无上的主让我活下去，那就等讲到这件事情时再详细记述。还有一位历史学家说，这位国王在小时候曾被人偷走，这也不是事实。因为印第安人对他们的印卡王尊崇备至，根本不可能发生这种事情；受专门派遣教育王子的家庭教师以及侍奉和保卫他的仆从不会如此粗心大意，竟然让人把他偷走；再者，即使有哪个印第安人能够把他偷走，也不敢如此胆大妄为。恰恰相反，如果他真的想去偷，那么他也知道，尽管没有付诸行动，仅仅因为想过这样做，也会大地开裂，把他本人、他的所有亲戚、全村乃至全省的人都吞吃进去。因为前面多次讲过，他们把诸位国王视为他们的神，视为他们太阳神的儿子，对他们尊崇到无以复加的程度，远远胜过任何其他异教徒对自己神明的崇拜。

我又想起印第安人把眼睛，即上下眼皮的跳动看作某种预兆的那种迷信，这与把啼哭时流血泪当作预兆相似，并且可以作为它的佐证。因为这也是关于眼睛的迷信，不致离题，现在我就来讲一讲，让大家看看和了解，印卡诸王和他们的所有臣民是如何根据眼皮的跳动来判断吉凶的。左上眼皮跳动是吉兆，说这样必将看到令人高兴的喜事。如果右上眼皮跳动那就更好，是更大的吉兆，预示会看到大吉大利、大喜大安——这个吉兆之幸怎么说也不为过。反之，下眼皮跳动则是凶兆，右眼的预示哭泣，会碰上伤心痛苦之事，但不太严重。但如果左下眼皮跳动，则是大灾大难，预示人要痛哭流涕，会遇上出乎意料的悲惨灾难、不幸祸事。他们对这些预兆笃信不疑，只要碰上前面说的最后一种预兆，便立刻放声大哭，仿佛已经置身于所担心的各种灾祸之中。为了不致为那些还没有发生的灾祸悲恸而死，他们用另一种迷信来解脱自己，而这种迷信又像凶兆那种迷信一样滑稽可笑：就是找一根尖草叶，用唾液蘸湿，粘在跳动的下眼皮上，自我安慰地说，那根横在眼皮上的尖草叶可以挡住眼泪，使他们害怕会流个不停的眼泪淌不出来，这样就破了眼皮跳动预示的凶兆，消灾解难。对于耳鸣，他们也有几乎同样的迷信，但由于这不像上面说的关于眼睛的迷信那么切合本章的题目，就略去不讲了，不过我保证，这两种迷信我都亲眼见过。

（如前所述）印卡·罗卡国王决定派他的儿子去征服安蒂苏尤，为此下令征调一万五千大军，并派三位将军同行，充当参谋。王子领命出征时，已为要进行的事业经过严格训练，所以一路顺利，直抵普卡尔坦普河，从那里进军到查利亚潘帕，征服了那里为数不多的印第安人。随后，他又从那里进军到皮尔库帕塔，命令外地流民在那里定居，建立了四个村庄。他从皮尔库帕塔挥师阿维斯卡和图努，这是印卡国王最早建立的两座“库卡”种植园，“库卡”就是印卡人视为宝物的那种草药。后来，名为阿维斯卡的庄园成了家父加西拉索·德拉维加的财产，他在世时又赏赐给我，我因为来西班牙而失掉了它。要进入这两块生长“库卡”的山谷，必须通过一处名叫卡尼亚克－瓦伊的山坡，山坡有五莱瓜高，几乎垂直而下,看上一眼就令人头晕目眩,顿生畏惧,更不用说沿坡上下了,因为道路就在整个山坡上左弯右拐,蜿蜒而上。

第十七章 安蒂斯印第安人的偶像,查尔卡斯的征服

在安蒂斯山的这些省份,都把老虎和称为“阿马鲁”(amarú)的大蛇崇拜为神。这种蛇比人的大腿还粗,身长二十五到三十西班牙尺;还有另外一些较小的蛇。那些印第安人崇拜大蛇,是因为它们身长体大,形象丑恶,其实它们性情憨直,不伤害人。据说原来这种蛇非常残忍,是一位女巫施了魔法,才使它不伤人的。他们崇拜老虎,因为它凶残勇猛。他们说,老虎和蛇是那片土地原来的住户,是那片土地的主宰,理应受到崇拜,而他们是异乡人、外来户。他们还崇拜古柯这种草药,当地人把它称为“库卡”,西班牙人则称为“科卡”(coca)。在这次征战中,亚瓦尔·瓦卡克王子为帝国扩展版图将近三十莱瓜,但那里人烟稀少,村落寥寥。那片地区与严格说来称为安蒂的省份接壤,因此整个那一带都称为安蒂苏尤。这一地区杂草丛生,沼泽遍地,王子没有继续征伐。

征服结束,王子回到科斯科。这时在东面的安蒂苏尤已经没有地方可征服;在称为昆蒂苏尤的西面,帝国的边界已达南海,也已没有地方可征服,于是他的父王暂时不再进行新的征服。这样一来,他们以科斯科为中心,从东到西占有了一百多莱瓜土地,从北到南占有了二百多莱瓜土地。印第安人在整个这片土地上为印卡王建造王宫、花园、浴场和游乐的行宫,同时还沿王室大道建造

了许多粮仓，储存供平民和士兵所用的给养、武器、弹药和衣物。

印卡·罗卡国王安度几年岁月之后，决定亲自进行一次大规模的征伐，要一举征服称为查尔卡斯的诸省，那是他的父亲、印卡王卡帕克·尤潘基在科利亚苏尤区已经开始、但尚未最终征服的地方。为此，他传令装备三万大军（在此之前，他的任何一位先辈都未曾征集过这么多军队），任命了六位将军以及另外一些较次要的文官武将。他命亚瓦尔·瓦卡克王子以及另外四位印卡王公为参谋，留守京城治理国家。

印卡王从科利亚苏尤的王室大道离开科斯科，沿途召集各省整装待发的军队，到达距王国最近的琼库里、普库纳和穆尤穆尤几省。他向各省派出使者，通告他们他要征服那些部族，让他们按照他的父亲——太阳的法律生活，承认太阳为神，放弃他们自己用石头和木头制作的偶像，以及那些违反自然法则和人道生活的诸多陋习。当地土人听后勃然大怒，年轻好战的头领们气势汹汹地拿起武器，说放弃自己当地的神去崇拜别人的神，放弃自己的法律和习俗去遵守印卡王的法律和习俗，这是大逆不道、天理难容的事；况且印卡王还会剥夺百姓的土地，强迫他们缴纳贡赋，甚至把他们当作奴隶驱使，这是绝对不能容忍也不该接受的；与其如此，不如大家戮力同心，为保卫自己的神明、祖国和自由而决一死战。

第十八章　年长者讲出一番道理，土人热烈欢迎印卡王

土人中最为德高望重的长者们说，由于他们与印卡王的臣民

为邻,多年来就知道那里法律严明,治理有方;国王爱民如子;他们占领的土地不是印第安人必需的,而是不能耕种的多余土地;印卡王要的贡赋,是让印第安人出力耕种土地得到的收成,不是要他们的财产,除去军队和宫廷开支外,印卡王还把多余的收成分给印第安人。为了证实他们说的这番话,无须再讲什么道理,只要冷静地看看下面事实就可令人信服,那就是:现在印卡王百姓的情况比未归顺以前大有改善,生活比从前大为富足,为人也比从前老实、平和和懂得教养。过去他们经常为了些许小事就反目不和,吵骂打架,如今已经没有这些现象;他们路不拾遗,夜不闭户,家财安全可靠;那里没有淫荡好色之徒,他们的妻子女儿不用担心害怕。总之,整个国家是个礼仪之邦,无论贫富,无论长幼,谁都不会受到侮辱伤害。

长者们还说,显而易见,印卡王国土周围的许多省份,在确实看到这些好处后,都已自愿臣服他的帝国和统治,接受他的德政的恩泽。既然这些情况他们都看得一清二楚,那么他们也理应这样做。因为与其拒绝印卡王的要求而激怒他,不如同意他的要求而使他心平气和,这样较为稳妥有益。如果最终迫于武力而不得不降,失去印卡王的恩宠,何不现在就甘愿服从,以得到他的恩宠呢?要知道这样做较为妥善,可以确保生命财产和妻子儿女的安全。至于印卡王的神,印卡王不是强令他们崇拜,而是用道理说服,让他们知道太阳神远比他们的偶像值得崇拜。因此,他们应该心悦诚服地尊奉印卡王为君主,敬奉太阳为神,这样他们会从印卡王和太阳神那里得到尊严和福祉。长者们用诸如此类的道理,说得年轻人心服口服,怒气全消。于是老人和年轻人一致同意,前去迎接印卡王，年轻人手里拿着武器，老人手里带着当地出产的赠品和礼物，口称向印卡王敬献自己土地上的果实，以示把自己的土地献给他。年轻人说，他们手执武器而来，表示要像忠诚的臣民一样在国王的军队中服役，为征服其他省份略助一臂之力。

印卡王亲切接见他们，吩咐赐给老者衣物：主要头人赐给印卡王的衣服，以示更大恩宠，其他人赐给普通衣服。为了顺应年轻头领和士兵表示的一片好意，他恩准接收其中五百人加入国王军队，但他不想自己挑选和指定，免得选不上的难为情，而是让他们抽签入伍。为了安抚其他人，他说不能把他们统统收编，以免他们的土地无人守卫。年老和年轻的印第安人得到这些恩宠和赐赠，个个得意洋洋，异口同声地欢呼，说道："你真是太阳的儿子，你无愧于国王的称号。人们称你是爱护穷人的人，这话说得对极了。我们刚刚成为你的臣民，你就对我们慷慨施恩。愿你的父亲、太阳神赐福于你，愿世界四方的人都服从和效命于你，因为你无愧于'萨帕·印卡'——独一无二的君主的称号。"印卡·罗卡国王得到新臣民的崇拜，受到诸如此类的一片赞美。然后，国王派驻了必要的官员，继续前去征服米斯基、萨卡卡、马查卡、卡拉卡拉等邻近各省，直达现在称为拉普拉塔城（银城）的丘基萨卡。这些省虽属不同部族，语言各异，但都姓查尔卡，印卡·罗卡国王像过去一样轻易将其征服。此次出征，他把帝国从北向南扩展了五十莱瓜长，从东向西扩展了五十莱瓜宽。他依照旧例，在各省派驻了必要的官员，传授他的偶像崇拜，管理他的财产，然后班师科斯科。如同出征时沿途会合部队一样，他在归途之上把各路军兵遣回各省；对于头领，则施恩赐物，以示犒赏。

诸事已毕，印卡·罗卡国王觉得应该暂停征服，安度岁月，专心治国。在他有生之年（说不清具体是多少年），他一直是这样，直至故去。他在一生中始终兢兢业业地实行先辈的德政，无论在开拓疆土还是在为民造福方面，总是尽其所能地效仿他们。他建立学校，由“阿毛塔”传授他们掌握的科学知识；他在学校附近建造了自己的王宫——详情下一章再讲；他制定法律，还讲过不少高雅的格言——布拉斯·巴莱拉神父专门记述了一些，确实很值得一提，我在下一章就介绍他记录到的格言。他的逝世使举国悲恸，臣民哀伤，他的遗体按诸王旧例涂上防腐剂。临终之时，他立他的合法妻子和姐妹玛玛·米凯生的儿子亚瓦尔·瓦卡克为继承人，还留下其他许多婚生和非婚生子女。

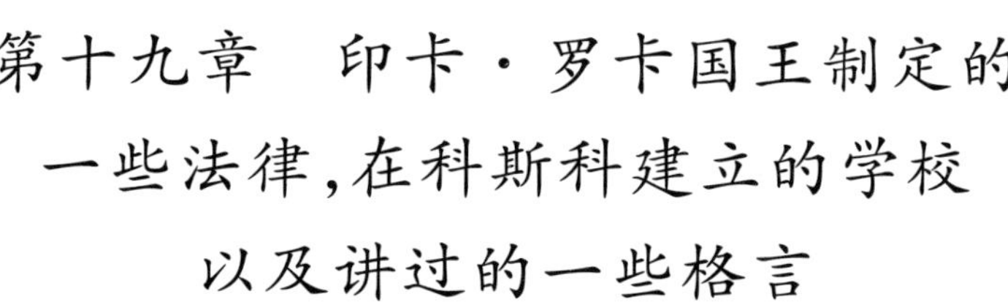

第十九章　印卡·罗卡国王制定的一些法律，在科斯科建立的学校以及讲过的一些格言

布拉斯·巴莱拉神父对于印卡诸王的事迹进行过深入的探究，关于印卡·罗卡国王，他说他在位将近五十年，其间制定了许多法律，其中最主要的是下面一些。他规定：科学知识只能为贵族掌握，平民百姓的子女不得学习，免得他们傲慢狂妄，蔑视国家；向百姓的子女传授其父辈的技能，因为这就足够他们用的；对盗窃犯、杀人犯、通奸犯和纵火犯处以绞刑，绝不宽恕；儿子在二十五岁以前侍奉父母，二十五岁以后效力国家。巴莱拉神父说，印卡·罗卡国王是第一位在京城科斯科建立学校的，其目的第一是让“阿

毛塔”向印卡王子、王室血统子弟和帝国的贵族传授他们掌握的科学知识，传授方法不是教念书，因为他们没有文字，而是通过实践、日常习俗和经验，以使他们了解那种虚妄的宗教中的仪式、典礼和戒律，懂得他的法规的道理和根据，掌握它们的数目和内容；第二是让他们掌握治国安邦的才能，学到更多的军事本领，并使自己更有教养；第三是让他们知道时间和年代，根据绳结了解历史和讲述历史；第四是让他们言谈优美文雅，善于教子理家。教授的内容有诗歌、音乐、哲学和星占学，当然，也就是他们对每门科学所掌握的那一点点知识。老师称为“阿毛塔”，意思是哲学家和博学的智者，他们极受尊敬。布拉斯·巴莱拉神父说，这些都是印卡·罗卡国王以法律形式规定的事情，后来由他的曾孙印卡·帕查库特克予以重新确认、颁布并制定了细则，另外还制定了其他许多新法律。巴莱拉神父还说，印卡·罗卡国王看到天的伟大、光辉和美丽，曾多次说可以得出这样的结论：“帕查卡马克”（即神）是天上威力无比的国王，因为他有如此辽阔、如此美丽的住所。印卡·罗卡国王还说：“天地万物之间，如果我要崇拜什么的话，我肯定崇拜博学、机智的人，因为他超过大地上的一切生灵。但是，生为幼年、长为成年、碌碌无为而终其一生的人；昨日有始、今日有终的人；不能免于一死、不能恢复死神夺去的生命的人，都是不应该受到崇拜的。”以上就是布拉斯·巴莱拉神父论述的内容。

第二十章　第七代国王——啼血的印卡王，他的恐惧和征服；王子失宠

印卡·罗卡国王故去后，他的儿子亚瓦尔·瓦卡克继承王位。他以公正、仁慈和怀柔之心治理国家，体恤百姓，尽力为民造福。但他只想仰仗父辈和祖辈留给他的繁荣，不愿去征服和讨伐任何人。由于他的名字本有凶兆，加上人们每次给他作的预测也很不利，他总担心会有什么灾祸临头，不敢碰运气，以免激怒他的父亲——太阳，这样他也就不会像人们说的那样会严厉地惩罚他。他怀着这种惶惶不安的心情过了几年，只求自己和百姓平安无事。为了不致无所事事，他一而再、再而三地巡视诸王国。他尽力用辉煌的建筑装点国土，对臣民施以普遍的或特殊的恩泽，比他的前辈更加热心和温和地对待百姓——这是他出于恐惧的表示和结果。这样过了九年或十年。但是为了不显得怯懦无能，因不为帝国开拓疆土而成为印卡诸王中的胆小鬼，他决定派一支两万人的大军去征伐科斯科西南，即阿雷克帕以南的沿海地区。他的前辈诸王在那一带留下了一块狭长土地没有征服，不过那里人烟相当稀少。他选任他的兄弟印卡·迈塔为统帅，自从在这次征战中任统帅后，他就总叫“阿普·迈塔”了(Apu Maita)，意思就是迈塔统帅。他还任命了四位有经验的印卡王公为将军，助他出征。他本想御驾亲征，但是，关于他(在战事方面)的凶兆，总是裹胁着他颠簸于捉摸不定的惊涛骇浪之间，欲望刚刚把他推上波峰，恐惧就把他跌入浪谷，所以总是犹豫不决，不敢贸然出征。由于心怀恐惧，他便任命

自己的兄弟和其他官员去征战。他们很快就顺利地完成使命，把从阿雷克帕到塔卡马的整片土地并入印卡帝国。那片土地叫科利苏尤，是现在称为秘鲁的这个国家在沿海地区的边界和终点。那片土地形状狭长，人烟稀少，所以几位印卡王公在行军和停留上用去的时间，比征服用去的时间还多。

这次征战结束后，几位印卡王公回到科斯科，把征服经过禀告印卡王亚瓦尔·瓦卡克。印卡王见这次征服顺利成功，颇受鼓舞，决定进行一次更加辉煌、更大规模的征服，把科利亚苏尤大区内尚未征服的几个大省纳入帝国。这几省名叫卡兰卡、乌利亚卡、利皮、奇查和安帕拉，不仅土地辽阔，人口众多，而且居民骁勇好战。正是由于这些不利条件，前辈印卡王没有用武力征服，以免灭绝那些野蛮不化的部族；而是让他们目睹印卡帝国的统治对他们邻近居民多么温和、多么仁慈和多么有利，使他们得到感同身受的印象，从而自己也逐步驯顺和开化，自愿接受印卡人的统治。

印卡王亚瓦尔·瓦卡克为征服那几省的战事终日劳神，郁郁寡欢，既有担心又怀希望；根据他兄弟阿普·迈塔进行的战事来看，他有时估计会大获全胜；有时又因自己早有凶兆在先（就是因为这个凶兆，他总担心发动征战会有危险，从来不敢统兵出征），不相信会取得成功。就在受着这些痛苦煎熬之时，他又把眼睛转向了家庭事务。多日以来，家中发生的事情也令他苦恼和难过，那就是将要成为王国继承人的长子性情粗暴。这个儿子从小就性情暴躁，欺侮跟他一起玩耍的同龄孩子，而且有一些暴虐、残忍的迹象。印卡王也曾谆谆教诲，劝他改邪归正，希望他长大成人更懂道理时，逐渐改掉粗暴残忍的坏脾气。但看来这种指望会完全落空，因为随着年龄的增长，他那残暴性情非但没有收敛，反而越来越烈，这对他的父亲来说是极为痛苦的事。他的诸代前辈都以亲切温和为荣，如今王子性情却截然相反，他自然极为痛心。他苦口婆心地劝说，以他的长辈为榜样，对他回忆他们的为人，让他学习他们的样子；也用过斥责和冷遇的办法，企图使他改弦易辙。但这一切全都收效甚微，或徒劳无益，因为在有权势的大人物身上，不良习性是很少能改正，或根本不能改正的。

总而言之，为了改变王子的恶劣习性，已经用了种种“良药”，但王子认为都是“毒剂”。他的父亲眼见事情已经无法挽救，便决定彻底贬斥他，从身边把他逐走，他的用意是：如果用贬斥的办法也不能改变他的性子，就索性废除他的继承人地位，从诸子中另选一个与其先辈性情相同的贤者做继承人。帝国中的一些省份就是由最受爱戴的儿子继承领主地位的，亚瓦尔·瓦卡克国王也想效仿这种习俗行事。虽然前辈印卡诸王中没有这样做过，但这位印卡王想对自己的儿子实行这样的法律。他怀着这样的意图，下令将年已十九岁的王子逐出家门和宫廷，送到城东一莱瓜多的地方，那里是一片广阔、美丽的牧场，名叫奇塔，我曾多次去过。牧场里有太阳神的许多牲畜，国王命他在那里与照看牲畜的牧人一同放牧。王子别无他法，接受了为惩罚他性情暴虐好斗而对他实行的贬斥和流放，甘心与其他牧人一起操起放牧的差事，看护太阳神的牲畜，好在牲畜是太阳神的，这对那伤心的印卡王子倒也是个安慰。如果我们没有说错的话，失宠王子的这份差事干了三年多的时间，到后来他又引出许多值得大书特书的事情。这是后话，暂且按下不表，容我到时再说。

第二十一章　一具幽灵向王子发出警告，令他禀告他的父亲

印卡王亚瓦尔·瓦卡克放逐长子后（他的长子在做王子时叫什么名字，已完全被后来给他取的名字所取代，所以已无从知晓。关于他的一些值得记忆的传说，因为没有文字而统统失传，也永远无法得知了），觉得应该完全停止战争，不再征服新土地，而全力以赴地安邦治国和管教他的儿子。虽说他已将儿子逐出，但也不能丢开不管，还需用心观察，争取他弃旧图新。如果还不能使他改邪归正，则需另谋良策。尽管他想到了许多方法，诸如罚他终身监禁，废除他的继承人地位，另选他人取而代之，但又觉得这些做法未免过于严厉，且效果并不可靠。这种事情前所未有，关系重大，涉及把奉为太阳神之子的印卡王子赶下神位，而且对王子实行他想到的上述和其他惩罚，臣民们也未必同意。

印卡王为此心情焦虑，郁郁寡欢，寝食俱废，时间过了三年，没有发生什么值得记述之事。在此期间，他两次派遣四位王室亲属巡视王国，让他们分别巡视应该去的几省；命他们大兴建筑，为印卡王增添荣耀，为众百姓共同造福，诸如开新渠、建粮仓、筑行宫、垒水池、架桥梁、修道路等等。但他自己不敢离开，而是留在宫廷主持太阳节和一年中其他节日的庆典活动，和为百姓主持正义。这段时间过后，一天正午刚过，被国王贬斥的王子，突然独自一人闯进父亲的王宫。他命人报告国王说他来了，有重要事情需向他禀告。印卡王气恼地传下回话，说他应该清楚，不管王命涉及的事

情多么无关紧要，任何人也一律不得违抗；如果他不想因违抗王命而被处死的话，就立即回到命他居住的地方去。王子回禀说，他不是为了违抗王命而来，而是为了遵从像他一样伟大的另一位印卡王的命令而来。那位印卡王派他来禀报一些事情，这些事情关系重大，亚瓦尔·瓦卡克必须知道；如果他想听，就允许他进宫禀告；如不想听，他就回到命他去的地方，把他的回答禀告派他前来的那位印卡王，也算完成了他的嘱托。

印卡王听说事关像他一样伟大的另一位君王，遂命他进宫，倒要看他会说出什么胡言乱语，还想了解派这个被流放的失宠儿子传递消息的人究竟是谁。他想弄清儿子会要出什么新花招，然后再惩罚他。王子来到父亲面前，对他说道：

“启禀独一无二的君主，我遵奉您的命令，在奇塔牧场放牧我们的父亲——太阳的羊群。今天中午，我正倚靠在那里的一块大石上，也说不清是睡是醒，突然有一人来到我的面前。此人衣着奇特，相貌也与我们不同。他的衣服又长又肥，遮盖双脚；他脸生胡须，足有一拃多长；他牵着一只野兽的脖子，是我们不曾见过的动物。那人对我说：‘贤侄，我乃太阳之子，你的第一代先祖、印卡王曼科·卡帕克和他的妻子和姐姐科亚·玛玛·奥克略之弟，因此我是你父亲和你们所有人的兄弟。我的名字叫维拉科查·印卡。今奉我们的父亲——太阳之命而来，有一警报告你，要你转告我的兄弟——当朝印卡王。那就是已经归顺他的帝国的钦查苏尤诸省的整片辽阔土地，以及尚未归顺的其他地区，如今发生了叛乱。他们纠集了大批兵士，欲率大军来犯，推翻他的王位，毁灭我们帝国的京城科斯科。因此，你速到我的兄弟印卡王那里去，替我告诉他作好准备，审时度势，妥善处之，以应此变。我要特别告诉你，不管遇到什么情况，你都不要担心我会袖手旁观，置你于不顾。我会像对亲生骨肉一样赶来救援，助你脱离险境。建功立业的时机到了，不管多么艰险，你都要一往直前，这样的英勇壮举才无愧于你高贵的血统和你伟大的帝国。我将永远福佑和保护你，需要时我会设法帮助你。'（王子说）说完这番话后，印卡王维拉科查隐身离我而去，无影无踪。于是我立即上路前来，按他的旨意向您禀报。”

第二十二章　印卡王公就幽灵传达的重要消息商讨对策

印卡王亚瓦尔·瓦卡克出于对儿子的忌恨，根本不愿相信他的话，反而斥责他是个狂妄自负的疯子，竟把自己幻想出来的胡言乱语说成是他父亲太阳的启示，于是喝令他立即返回奇塔，永远不准离开，免得惹他生气。事已至此，王子只好回去牧羊，比以前更加失宠于他的父亲。经常侍奉在国王左右的印卡王公，都是他的兄弟和叔伯，他们非常迷信预兆，特别是梦中情景，所以对王子说的事情采取了不同的态度。他们对印卡王说，既然他的兄弟——印卡王维拉科查说自己是太阳的儿子，而且是奉他的命令而来，那么他传来的消息和警告则不应轻视。仅凭想象杜撰那套言语已属亵渎神明，对他的父亲国王这样讲更是罪加一等，因此不应认为王子竟会冒犯太阳的神威，编造那番话语。因此，最好对王子的话逐字逐句认真思考，就此向太阳敬献牺牲，观察太阳的预示是吉是凶，并作好必要准备，以应付如此重大的事件。既然太阳已发出警告，并派他的儿子、印卡王维拉科查前来转达，如果对此置之不理，不仅对事情本身有害，而且等于是藐视大家共同的父亲——太阳神，岂不是错上加错？

印卡王痛恨儿子的恶劣习性，不愿接受亲属对他的劝告，说不要理会这个发狂疯子的话，他不但不改掉自己那暴虐的劣性，以求得到父亲的宠爱，反而又来胡言乱语，仅凭这套稀奇古怪的无稽之谈，就应该废黜他，剥夺他的王子称号和王位继承权。他想立即就这样做，从王子的兄弟中选择一个效仿先辈的人，一个有仁慈、怜悯、怀柔之心而无愧于太阳之子称号的人。因为前辈历代印卡王用怀柔之心和造福于民的行动为帝国征服了大片领土，倘若让一个性情暴虐、报复心重的疯子用残酷的屠刀毁掉这一切，实在是于理难容。印卡王要求亲属们关心这件更为重要的事情，设法挽救国家于危亡，而不要理会一个疯子的胡言乱语，这些话本身就说明说话者是个癫狂之人。国王亚瓦尔·瓦卡克还说，姑念王子声称他的胆大妄为是受了太阳一个儿子的指使，否则定要因违抗对他的放逐令而将他斩首示众。因此，印卡王说他知道此事应该如何处理，命令亲属们不要再议论，而且永远不得再提，因为只要让他想起王子的事，他就怒火中烧。

国王既出此令，印卡王公们只得默不作声，不再谈论此事，但心里依然惴惴不安，害怕灾祸临头。因为这些印第安人像其他所有异教徒一样，非常相信预兆，特别看重梦中之事，如果是国王、王储或最高祭司梦见的事，就越发看得重要。他们认为这些人是神明和绝对权威，当印卡王自己不说梦见的情景时，就由占卜师或巫师向他们了解，然后作出解释，说明其含义。

第二十三章　昌卡人的叛乱以及他们早年的英勇壮举

维拉科查·印卡王子(从那以后,拥戴他的人根据他梦见的那具幽灵都这样称呼他)梦见幽灵三个月后,就传来消息(虽然不太肯定)说,从阿塔瓦利亚(位于科斯科以北将近四十莱瓜)以外的钦查苏尤各省发生了叛乱。消息不知始出何人,就像经常说到这类事情时那样,即使知道,也要故意含糊其辞或隐去那人的名字。所以,尽管维拉科查王子梦见过此事,现在的消息也证实了梦中之事,亚瓦尔·瓦卡克国王仍是不予理会,他认为那是道听途说,是对似乎已经忘却的梦境旧事重提。没过几天,消息再次不胫而走,但仍然不很确实,使人将信将疑。原来敌人已经严密封锁了道路,防止叛乱之事泄露出去。他们希望在无人知晓他们进军的情况下,突然攻入科斯科。消息第三次传来时已是千真万确,昌卡、乌拉马卡、维尔卡、乌图苏利亚、安科瓦柳及其附近各部族已经发动叛乱,国王派驻的省督和官员均已被杀死,一支四万多士兵组成的大军正向京城逼近。

前面讲过,这些部族之所以归附印卡·罗卡国王的帝国,是慑于他的武力,而不是喜欢他的统治。当时我们就曾说到,他们把对印卡人的仇恨隐藏在心底,以图待机发泄。如今他们看到印卡王亚瓦尔·瓦卡克如此不善战事,反被名字的凶兆吓得畏畏缩缩,又被自己暴虐成性的儿子印卡·维拉科查王子气得心绪不宁,一筹莫展,而且国王最近对儿子大发雷霆、狠狠训斥他的事也传到了这些印第安人那里(但没有说是因为什么),便认为良机已到,正好可以发泄他们对印卡王的不满和对帝国统治的仇恨。于是,他们在很短的时间内,极其秘密地彼此串联,并号召邻近部族,共同拉起一支三万多人的强大队伍,向帝国京城科斯科征伐。叛乱的主谋,即煽动其他领主谋反的是三个印第安头人,他们是昌卡族(这个姓氏还包括其他许多部族)三个大省的酋长。其中一个名叫安科瓦柳,是个二十六岁的壮汉;另一个名叫图迈·瓦拉卡,第三个名叫阿斯图·瓦拉卡,这两人是亲兄弟,是安科瓦柳的亲戚。印卡人到来之前,这三个草头王的先辈曾与邻省部族,特别是克丘亚族(这个姓氏包括五个大省)常年交战。他们对这些部族以及与其毗邻的其他部族专横暴戾,把他们压制得俯首帖耳。因此前面讲过,克丘亚人和他们的邻居主动归顺了印卡王,甘愿做他的臣民,以求摆脱昌卡人的暴虐统治。昌卡人则相反,印卡王打破了他们的昌盛好景,把他们从百姓的主宰变成纳贡的臣仆,他们对此耿耿于怀。就是由于这个原因,他们怀着父辈留下的旧日仇恨,发动了现在这场叛乱。他们料定印卡王毫无戒备,且身旁没有军队,只要发起突然袭击,便可轻易取胜,一战成功,不仅成为他们旧日敌人的主宰,也可成为整个印卡帝国的主宰。

昌卡人抱着这种希望,召集了已经归顺和尚未归顺印卡王的邻近部族,许诺给予丰厚的战利品。邻近部族一是贪图重赏,二是早知昌卡人骁勇善战,所以轻易被他们说服。叛军推举勇猛的印第安人安科瓦柳为统帅,那两兄弟为将军,其他酋长分任本部士兵的头目和统领,日夜兼程进逼科斯科。

第二十四章　印卡王弃城而走，王子率众救城

印卡王亚瓦尔·瓦卡克见敌人果真来犯，一时惊慌失措，因为根据历来的经验，自从第一代印卡王曼科·卡帕克直到现在这代印卡王，征服了那么多省份归附帝国，从没有哪个省份发动过叛乱，所以他始终不相信会发生这样的事。由于抱着这种自信心理，又对预报叛乱的王子心怀憎恶，印卡王让感情控制了理智，既没有相信王子的话，也没有接受亲属的劝告。现在已来不及征调军队，城里也没有堡垒要塞可以据守抵抗，以待救援，他陷入了一筹莫展的困境。最后，他只好任凭那些暴虐之徒耀武扬威，自己则向科利亚苏尤撤退，期望能够保全性命，因为那里的百姓品德高尚，忠心耿耿。主意已定，他便带着尚能跟随的一些印卡王族，一直退到城南五莱瓜处的穆伊纳狭长河道，在那里停了下来，察看敌人在路上的动静，打听他们已经到了什么地方。

国王既已离去，科斯科城也就等于被抛弃。尽管人们也想守卫京城，但因群龙无首，没有人敢发话下令，大家只好一逃了之。于是，凡是能逃的人纷纷逃亡，觉得哪里可以更好地保全性命就往哪里跑。一些出逃的人在路上遇见了维拉科查·印卡王子，向他报告了钦查苏尤叛乱的消息，并说他的父亲、印卡王因为敌人来犯，无力抵挡，已向科利亚苏尤撤退。

王子得知父亲弃城而逃，非常痛心。他吩咐报信的人和身边的几个牧人赶往城里，代表他对沿途碰上和在城里找到的印第安

人传令,凡是能去的人都拿上自己的武器,去追随他们的君主印卡王,他自己也要去追他;并要他们把这道命令互相转告。维拉科查王子不想进城,下过命令后,便离开那里抄近路去追赶他的父亲。他一路疾行,在穆伊纳狭道赶上了印卡王,这时他还没有离开那里。王子风尘仆仆,汗水淋淋,手握一路携带的长矛来到国王面前,惨然而又严肃地对他说:

"印卡王,仅凭一条尚不知真假的消息说有几个百姓发动叛乱,连敌人的影子还没看见,您就抛弃了您的宫室和朝廷望风而逃,怎么能允许这样做呢?您把您的父亲——太阳的宫室拱手交给敌人,任凭他们穿着鞋子去践踏,在里边干您的先辈禁止的那些令人憎恶的事,比如用男人、女人和孩童做牺牲以及其他一些极其野蛮、亵渎神明的事,这该多么令人痛心?那些献给太阳做妻子、恪守永葆童贞之训的贞女,如果我们把她们弃而不顾,任凭粗野、兽性的敌人对她们肆意蹂躏,我们对得起她们吗?在她们面前我们将何言以对?如果为了保全性命而允许这些卑劣行为发生,我们还有什么尊严可言?我不吝惜生命,所以才回来迎敌,宁可让他们杀了我,也不能让他们踏进科斯科,因为我不愿看到那些野蛮人在太阳和他的儿子们建立的神圣的帝国京城里干这类令人深恶痛绝的勾当。愿意跟随我的人都跟我走,我要让你们看看什么叫宁可舍生取义,绝不苟且偷生。"

王子非常痛心和伤感地说完这番话,粒米未进,滴水未沾,立即返身奔向科斯科城。跟国王一起逃出的印卡王公——有他的兄弟、许多侄辈、堂兄弟和其他亲属,共计四千余人,除了老弱病残者跟国王留下以外,全都随王子一起回城。沿途道路两旁,他们碰上许多从城里逃出来的人。他们告诉这些人说,印卡·维拉科查王子要回去保卫京城和他的父亲——太阳的宫室,鼓励他们振作起来,一同回去。印第安人听到这个消息,顿时群情振奋,出逃的人,特别是那些能够作战的人纷纷转身而回,在田野上互相鼓励,辗转相告,说王子回来保卫京城来了。这一英勇壮举使大家异常振奋,深感宽慰,全都返身追随王子,共赴国难。王子愈发显出雄赳赳、气昂昂的神态,并以这种情绪感染着跟随他的人。

王子就这样进了城,说自己在前,吩咐集聚起来的人紧随其后,直奔敌人来犯的钦查苏尤大道,要赶在敌人进城之前与其遭遇。他的意图不是挡住敌人,因为他非常清楚,自己人少力单,难以抵御敌军来势;他只求战死沙场,也不愿看着敌人冲入,以胜利者的姿态野蛮地践踏城市,亵渎太阳,因为这是他最痛心的事。现在我们记述的是印卡王亚瓦尔·瓦卡克的生平,读到后面就会知道,他的在位时间也就到此为止。既然如此,我觉得应该把历史的长线在这里暂时割断,以便把他的事迹与他儿子印卡·维拉科查的事迹分开叙述。与此同时,我们先换换话题,插叙一些在治理那个帝国时的其他事情,免得总讲一样的内容。讲完这些之后,再回过头来记述维拉科查王子那惊天动地的英雄业绩。

第五卷

本卷记述如何分配和耕种土地，向印卡王缴纳的贡赋，战争期间武器和给养的供应，使百姓人人得衣，印卡人中没有乞丐，造福百姓的法律和法规以及其他重大事件。记述第八代印卡王印卡·维拉科查王子的胜利和宽宏大量，他的父亲被剥夺帝王称号，一位大领主的出逃；关于西班牙人即将去那里的预言。本卷包括二十九章。

第一章　如何扩展耕地并将其分配给百姓

印卡诸王每征服一个王国或省份，并按照他的偶像崇拜和法律建立统治、安顿居民之后，便下令扩展耕地，即种植玉米的土地，为此传命召集工匠开凿水渠。无论是已经被毁、但遗迹尚存，还是依然保存完好的工程都表明，他们有一些非常能干的工匠，工匠们根据当地可耕地的情况开凿需要的水渠。须知大多数地区耕地都很贫乏，因此总是想尽办法扩展。而且那些土地都处于热带地区，需要灌溉，所以人们总是认真仔细地进行灌溉，没有浇过水就不播种玉米。到秋季没有雨水时，还开河修渠灌溉牧场，因为有数不尽的牲畜，所以要像保住农田一样保住牧场。西班牙人进入那里后，为牧场开挖的这些水渠均已被毁，但遗迹至今犹存。

水渠建成后，即平整土地，分成方块畦田，以便得到充分灌溉。在土质优良的山丘和山坡上建成梯田，然后平整，现在，在科斯科和整个秘鲁都可看到这样的梯田。建梯田时，先用结实的石料垒起三堵墙，正面一堵，两旁各一堵，如同他们建造的所有墙壁一样，墙体略微向内倾斜，以便能够承受土的重量；然后向墙里填土，填到与墙一样高为止。第一层梯田建成后，再建较小块的梯田，往上再建更小块的，逐步建到山顶为止。逐层平整每块梯田，也就平整了整座小山，把凡是能够播种和灌溉的好地都利用起来。遇到有乱石的地方，首先清除乱石，再从别处运土造田，务使地尽其用，不致浪费。第一层梯田地块很大，依所处位置不同，其面积大约可播种一百、二百甚至三百法内加[①]种子；第二层面积小些，越往高处面积越小，最上面的只能播种两三行玉米。在增加土地、播种玉米方面印卡人有多么勤劳能干，由此可见一斑。为了不浪费土地，他们在许多地区开出十五至二十莱瓜长的水渠，浇灌只能播种几个法内加玉米的耕地。

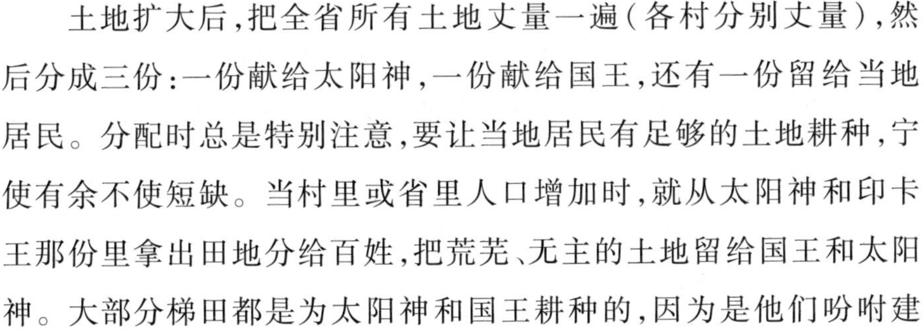

土地扩大后，把全省所有土地丈量一遍（各村分别丈量），然后分成三份：一份献给太阳神，一份献给国王，还有一份留给当地居民。分配时总是特别注意，要让当地居民有足够的土地耕种，宁使有余不使短缺。当村里或省里人口增加时，就从太阳神和印卡王那份里拿出田地分给百姓，把荒芜、无主的土地留给国王和太阳神。大部分梯田都是为太阳神和国王耕种的，因为是他们吩咐建

① 法内加：干量单位，在不同地区分别合 22.5 或 55.5 升。亦可做地积单位，各地不等，有的地区合 6 600 平方米。

造的。除了可以灌溉的玉米田外，还分配得不到灌溉的其他田地，在这些地里干播其他重要的粮食和果菜，例如他们叫作“帕帕”（papa，马铃薯）、“奥卡”（oca，一种酢浆草）和“阿纽斯”（añus，一种类似于“奥卡”的块根作物）的这几种东西。这样的田地也按他们那种份额和比例分配，即百姓、太阳神和印卡王各占三分之一。这些田地得不到灌溉，土质贫瘠，所以只种一两年，然后再陆续分配其他田地，让种过的土地休耕。对于贫瘠的土地，他们就这样有条不紊地轮流耕种，使它们总有较好的收成。

对于玉米田，则灌溉施肥，像对果园一样精耕细作，所以年年耕种，而且年年丰收。除玉米外，他们还播种一种酷似稻子的作物，称为“基努阿”（quinua，昆诺阿藜），这种作物在寒冷地区也能生长。

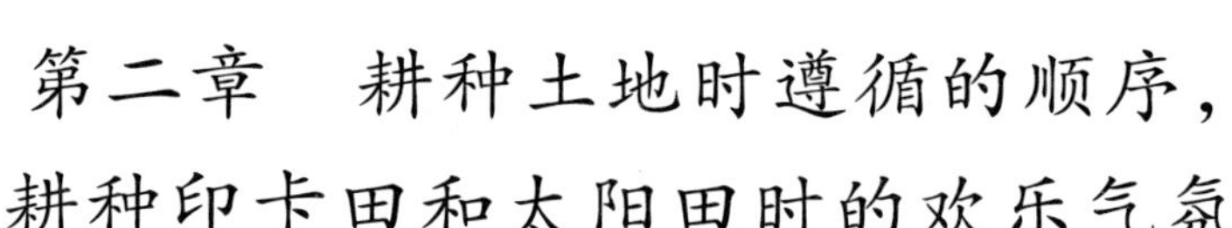

第二章　耕种土地时遵循的顺序，耕种印卡田和太阳田时的欢乐气氛

耕种土地时也有一定的顺序和条理。首先耕种太阳的土地，然后耕种寡妇、孤儿和丧失劳力者即老弱病残人的土地，这些人都被视作穷人，所以印卡王规定为他们代耕。每个村庄，如果村庄很大则在每个居民区里，都设有专门人员，负责督促为穷人代耕土地。这些专门负责人称为“利亚克塔卡马尤”（llactacamayu），是一村之长。每到耕耘、播种和收获季节，他们在夜间登上专门为此修建的瞭望塔楼，吹起号角或海螺叫大家注意，然后高声呼叫：“某某日耕种丧失劳力者的土地，请各人到自己负责的地块去。”各区

居民根据已经立好的标志,就知道该去哪些地块,一般都是他们亲属或附近邻居的土地。每个人必须从家里自带饭菜,丧失劳力的人不管饭。他们说,老弱病残和寡妇孤儿自己已经够穷苦的了,无力再管别人。如果丧失劳力者没有种子,则从粮仓中拨给——关于粮仓的情况下面再讲。在沙场征战的士兵的土地,像寡妇、孤儿和穷人的土地一样,也由村政会督促代耕;丈夫离家服役期间,妻子就被划入寡妇之列,所以像对穷人一样为她代耕。对于沙场捐躯者的子女,则精心抚养,直至长大成人,为他们完婚为止。

耕种完穷人的土地,大家以互相帮助的形式耕种各自的土地,他们把这种形式叫作“以工换工”。然后再耕种酋长的土地,这些土地在各村和各省都必须最后耕种。瓦伊纳·卡帕克统治时期,在查查普亚人一个村庄里,有一个印第安人村长命人先耕种酋长的土地(因为酋长是他的亲戚),后耕种一位寡妇的土地,结果因为破坏了印卡王规定的耕地顺序而被绞死,绞架就设在酋长的那块地上。印卡王规定百姓的土地优先于他的土地,因为人们说,百姓丰衣足食,才能安心为国王效命;如果他们缺吃少穿,就不可能在战时和平时为国效命。

最后耕种的是国王的土地,方法是众人同耕。所有的印第安人都到国王和太阳的土地里去,人人兴高采烈,穿上最盛大节日才穿的华丽服装,上面缀满金箔银片,头上戴着高大的羽毛饰物。耕耘土地时——这是当时最令人愉快的活计,演唱许多为赞美印卡诸王而编成的歌曲,把劳动变成了欢乐的节日,因为那是在为他们的神明和他们的国王效劳。

科斯科城里,在城堡所在的那座山坡上,有一片面积为许多法内加的广阔梯田,名叫科尔坎帕塔。如果没有被房子盖住,那么如今还应存在,梯田所在的那个城区就以梯田的名字为名。这是整个印卡帝国范围内献给太阳的第一块梯田,是太阳的珍贵宝地。这块梯田别人不能耕种,只有王室血统的人,即印卡王公和“帕莉娅”才能耕种。耕种,特别是耕耘的时候,印卡王公们个个盛装华服,缀满饰物,简直是一派节日气氛。为赞美太阳和他们的诸王而演唱的颂歌,都是根据“艾利”(hailli)这个词的含义编出来的。在秘鲁通用语中,这个词的意思是胜利,演唱这样的颂歌就好像是欢庆战胜了土地:耕耘它,翻掘它,让它结出果实。唱颂歌时,还不时插入一些关于守口如瓶的恋人和勇敢无畏的战士的诙谐笑话,都是为了欢庆他们耕种土地取得胜利。印第安人在犁地时每一个动作——插进、掘出、翻转、打碎——都形成节奏,每节诗的俏皮话则以“艾利”这个词结束,并多次重复,需要多少次就重复多少次,只要与犁地动作的节奏相配合就行。

他们用的犁是一根木棒,长一西班牙寻,前平后圆,粗约四指;木棒上装一个尖头,便于掘进地里;在距尖端半个巴拉处,用两根木棍紧紧绑在木棒上,成为一个踏板。印第安人把脚蹬在踏板上,用力把犁插进地里,直到踏板处的深度。按照亲属和伙伴关系,七八个人一组齐头并进,大家一齐掘,一下就掘起很大的一片草皮,没有见过的人简直不敢相信。用这么简单的工具干出这么多活计,而且干时轻松愉快,随着歌声的节奏,确实令人叹为观止。妇女站在男子对面,用手帮他们把草皮掘起,把草根翻转朝上,让它枯死,这样到锄地时草就少了。她们还在男子唱歌时帮腔,特别是在唱“艾利”这句俏皮话时。

那座大教堂乐队的乐师觉得印第安人的歌声和曲调优美动听，在1551年或1552年为圣体节谱写了一首用管风琴伴奏的宗教歌曲，把印卡人歌曲模仿得惟妙惟肖。从我的同学中挑选了八个梅斯蒂索少年，身着印第安服装，每人手持一犁，在宗教节日盛会上，表演印第安人的歌曲和诙谐的“艾利”，唱到歌曲的戏谑语“艾利”时，整个乐队一齐帮腔。西班牙人看得津津有味，印第安人看到西班牙人用他们的歌舞隆重庆祝上帝我主的节日，更是欢喜异常——印第安人把上帝我主称为“帕查卡马克”，意思是创世主。

印卡王公在耕耘献给太阳的那块梯田时举行的那种特殊的欢庆活动，是我在两三岁时的幼年时期亲眼见过的，现在把它记述下来，人们便可由此想象出在耕耘太阳田和印卡田时，全秘鲁举行的其他欢庆活动的景象。不过，据印第安人绘声绘色描述的情况来看，与他们印卡诸王统治时期那种欢庆气氛相比，我所看到的那个场面已经大为逊色了。

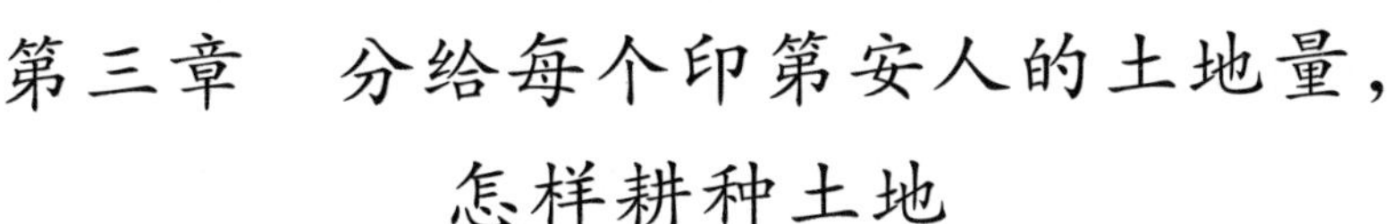

第三章　分给每个印第安人的土地量，怎样耕种土地

分给每个印第安人一个“图普”（tupu），即一个法内加的土地，用来种植玉米，但实际上，一个“图普”等于西班牙的一个半法内加。一莱瓜路程也叫“图普”。他们还把“图普”变成了动词，意思是计量。不管是一个计量单位的水，果酒还是随便什么酒，统统叫作“图普”，妇女穿衣时用的大别针也叫“图普”。种子的计量单

位另有名称，叫作“波克查”(poccha)，意思是一个法内加。

一“图普”土地足够一个已经结婚、尚无子女的百姓养家糊口，有了子女后，再分给每个儿子一“图普”，每个女儿半“图普”。儿子结婚时，父亲把他得到的那一份口粮地分给他，因为父亲让儿子分家另过时，不得把那份土地占为己有。

分配给女儿的土地只能做口粮地，不能做嫁妆，所以结婚时不能带走。既然要把土地分到丈夫名下，他们便不能带走原来那份。妇女只是在无人抚养时，如结婚前或丧夫后才计算在内，结婚后则不计在内。父母如果需要，可以留下那份土地；如不需要，就交还村政会，任何人不得买卖。

关于种植果菜的不能灌溉的土地，参照种植玉米的土地的分配情况进行分配。

对于贵族，如身为百姓领主的酋长，则按照其所有妻妾、子女、男佣女仆等家中人口数目分配土地。对于王室血统的人即印卡王公，不论其住在何处，也按照同样标准分给最好的土地。就是说，除了他们作为太阳的儿子和国王的兄弟，在太阳田和印卡田中共同占有的那一份，另外再分给一份。

印卡人施用粪肥来增加土地的肥力。值得一提的是，在整个科斯科山谷以及几乎整个山区，都是给玉米施人粪，他们认为这是最好的肥料。他们精心收捡人粪，晒干敲碎存放起来，以备播种玉米时使用。科亚俄地区共有一百五十多莱瓜长，那一带气候寒冷，不能生长玉米，往马铃薯和其他果菜地里施用畜粪，那里的人认为畜粪比任何其他肥料都好。

在沿海地区，从阿雷克帕到塔拉帕卡二百多莱瓜长的土地上，不用其他肥料，只用鸟粪。整个秘鲁沿海都有大大小小的海鸟，成群结队，黑压压一片铺天盖地飞来飞去，若非亲眼得见，真令人难以置信。海鸟生活在沿海几座荒凉的小岛上，排出大量粪便，逐渐堆积成山，远远望去，犹如座座雪山巍然屹立，蔚为奇观。印卡诸王统治时期，为保护海鸟总是严加戒备，繁殖期间，不准任何人进入岛屿，以免把海鸟惊吓出窝，违者处以死刑。而且任何时候也不准在岛内岛外捕杀海鸟，违者也要以死论处。

根据印卡王的命令，把每座岛屿划归这个或那个省，如岛屿很大就分给两个或三个省。岛上立起界标，这一省的人不得进入另一省的区域；然后再进一步划分，根据对所需鸟粪数量的估计，用界标分出每个村庄和每个村民应该开采的地块。这一村的村民不得开采别村范围内的鸟粪，违者即为偷盗，应予处死，即使在本村范围内，也不得开采超过按其土地规定的数量，因为规定的数量足够使用，多采者要因抗命不遵而受惩罚。现在时代变了，开采方式也改变了。那种鸟粪肥效极高。

在沿海其他地方，例如阿蒂卡、阿蒂基帕、维利亚科里、马利亚和奇尔卡这些坑洼地带和其他一些谷地，施肥时用的是沙丁鱼头，而不是粪便之类。上述地区以及其他一些类似地区的人，生活非常艰难，因为情况很明显，在那里六百多莱瓜长的沿海地带，终年无雨，也没有河流流经那里，所以他们无水灌溉，既没有山上流下的水，也没有雨水。那里土地干热，遍布荒沙，因此当地人为了寻找湿润的土地种植玉米，总是尽可能把村庄建在靠近大海的地方，扒开遍布那一狭长地区上面的表层沙土，根据不同地段挖出一人或两人来深的大坑，一直挖到海水平面为止。所以，西班牙人管这个叫作坑洼。这种坑有大有小,最小的大约可播半个法内加的种子,最大的大约可播三四法内加的种子。这些坑洼地不用耕耘,也不用除草,因为没有必要。播种时,用一根粗木棍按一定尺寸掘出小坑,放进沙丁鱼头和两三粒玉米种子,用土盖上就行了。鱼头就是他们在坑洼地下种时经常使用的肥料,他们认为任何其他粪肥都有害无益。是处处显威显灵的上帝养活了那片沿海地区的印第安人和鸟类,因为大海总是及时地从自己的胸怀里献出大量鲜活的沙丁鱼,使人和海鸟饥有所食,鱼头还可用作肥料;而且如果去捕的话,可以令许多船只满载而归。有人说,沙丁鱼游离大海,是为了逃避以它们为食的鲻鱼和其他较大的鱼类。不管怎么说,都是印第安人的福分,使他们得到了肥料。至于是谁首先发明了掘坑种地这一招,印第安人也说不清楚。大概是需要吧,俗话说得好,“需要使人聪明”。正如我们说过的,整个秘鲁都耕地奇缺,可以认为,他们是像营造梯田那样想出挖坑造田这个办法的。由此可见,当时普天之下的秘鲁人,都种植自己需要的东西来养家糊口,因此无需买卖口粮,也无需抬高粮价,更不知涨价为何物。

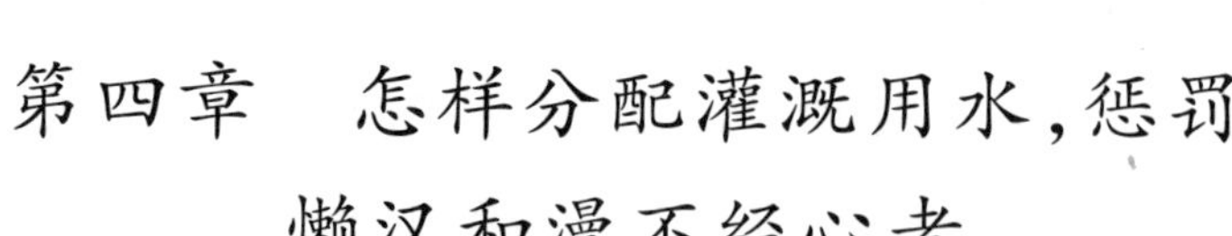

第四章　怎样分配灌溉用水,惩罚懒汉和漫不经心者

在灌溉用水稀少的地方,像分配其他东西一样,按照顺序和定量进行分配,以免印第安人之间因为用水而发生争吵。在雨量稀少、需水较多的年份里就这样做。首先核定水量。他们凭经验就知道,浇灌一法内加地需要多长时间,按照这种计算方法,规定每

个印第安人可以从容浇完自己土地所需的时间。如同耕地的方法一样,轮到自己时才可用水,一个接一个地轮流浇地。无论是最富的人还是最高贵的人,是酋长的家属还是亲戚,甚至酋长本人、国王的官员还是省督,谁也不得优先。对于在轮到自己的那段时间里懒散闲逛、疏于浇地的人,要予以羞辱性惩罚,就是当众甩石头、打背三下或四下,或者用柳木棍抽打胳膊和腿。这样的人是懒汉,为众人所不齿,被称为"米斯基图柳"(mizquitullu)。这个词由"米斯基"(柔软的)和"图柳"(骨头)组成,意思是软骨头。

第五章　向印卡王缴纳的贡赋;介绍粮囤的情况

上面讲了印卡诸王怎样分配土地和他们的百姓怎样耕种土地,现在应该讲一讲百姓向国王缴纳的贡赋。最主要的贡赋是为太阳神和印卡王耕种土地、收获果实(不管是什么果实)、装进粮囤、放入建在各村准备储藏收成的王室粮仓。收获的一种主要果实名叫"乌丘",西班牙人叫它"阿希"(ají),又叫"皮米恩托"(pimiento,意思均是辣椒)。

印卡人管粮囤叫作"比鲁阿",往泥巴中加入茅草,用脚踩踏和弄后制成。在印卡诸王统治时期,粮囤制作得非常精细:一般与放置它们的仓房的墙壁一样高,囤身狭长,囤口四方,浑然一体,可能是用不同规格的模子做的。制作时按照一定的比例和尺寸,所以大小不一,根据制作的情况,分别约盛三十、五十、一百或二百法内加粮食。每种规格的粮囤分别放置于各自的仓房内,因为它们是按照仓房的尺寸制作的;放置时紧挨四面墙壁,仓房中间留出空地,每排之间留有通道,以便到时装囤和出囤。一经放置妥当,便不再移动。为便于出囤,按照一定的比例和尺寸在大囤正面开几个截面为方形的小窗,这样不经称量,即可透过小窗知道取出多少法内加,还剩多少法内加粮食。因此,根据粮囤的规格,一看便知道每间仓房和每座粮仓存有多少玉米;透过小窗,一看便知道从每个粮囤里取出多少、还剩多少玉米。印卡时期留下许多这样的粮囤,我曾看见过几个,都是最好的,因为是放置在太阳的妻子——贞女的宫院里,是为这些女子使用而制作的。我看到粮囤的时候,那座贞女宫已成了佩德罗·德尔巴尔科的孩子们的住宅,他们是我的同学。

太阳的收成和印卡王的收成都储存在共用的几座粮仓里,但在同一座粮仓里要分开储存。播种所需的种子,由土地的主人即太阳神或印卡王提供;耕作的印第安人的口粮也由太阳神和印卡王分别供给,因为在印第安人为他们耕种土地时,需由他们用各自的财产供给,印第安人只提供劳力。百姓不从自己土地的收成中向印卡王缴纳任何东西。阿科斯塔神父在他那部著作的第六卷第十五章中也是这样讲的,其原话如下:“印卡王把第三部分土地分给村社共同所有。这部分土地究竟有多少,比起印卡王那部分和圣地那部分来是大是小,这都尚未搞清楚,但务必使它足以养活全村人,这一点是确定无疑的。在这第三部分土地中,任何个人都没有私人财产,而且印第安人从来没有私人财产——印加王的特别恩赐除外。第三部分土地不得转让他人,也不得在后代中分割。村社共同所有的土地每年分配一次,给每个人划出一小块土地,供其养活自己及妻子儿女。既然已经有了确定的数量，根据家庭人口的多少就可以固定几年不变，有的多几年，有的少几年。给每人分配的这一小块土地，不缴任何贡赋，全部贡赋都用为印加田和圣地耕种、收获并把收成储存在粮仓里代替。”以上就是阿科斯塔神父的原话。他把太阳田称作圣地，因为那是神圣的东西。

在长达一百五十多莱瓜、名为科利亚的整个省内，因为那里非常寒冷，不能生长玉米，盛产一种类似稻米的“基努阿”和其他谷物，还有在地下结实的果蔬。其中一种名叫“帕帕”，果呈圆形，非常潮湿，因含有很多水分，极易腐烂。为防止腐烂，把它放在地上，下面铺上茅草——那一带田野有一种上好的茅草。那个省终年冰封雪冻，把“帕帕”在冰雪之中放置几夜，经冰雪浸透之后犹如煮透一样，然后用茅草盖上，轻轻踩踏，挤出本身含有和冰雪渗进的水分；挤干压净之后，放在太阳下晾晒，夜间要防止露水，直到干透为止。经这样加工后，“帕帕”即可长期保存，名字也变了，称为“丘纽”（chuñu）。太阳田和印卡田里收获的所有“帕帕”都要这样加工，然后与其他果蔬和谷物一起储存在粮仓里。

第六章　为军人制作衣服、鞋子和武器

除了为太阳田和印卡田播种、收获和加工收获物这项主要贡赋外，印卡百姓还有第二项贡赋，就是制作衣服、鞋子和武器以供战争之需，并为穷人（即因年迈或生病而丧失劳力的人）制作衣服和鞋子。分派和缴纳第二项贡赋时，像做其他一切事情一样井然有序，非常协调。在整个山区，衣服用毛线制作，毛线用印卡王从

自己和太阳神拥有的不计其数的牲畜中提供。在平原，即沿海地区属炎热地带，不穿毛制衣服，就制作布衣，所需棉花由太阳田和印卡田的收获中提供，印第安人只管出工动手就是了。制作的毛料衣服分为三等：最下等的叫作“阿瓦斯卡”(auasca)，供普通人穿用。另一种比较精致，叫作“孔皮”(compi)，供将领、酋长和其他官员等高贵人穿用；如同制作佛兰德毛料一样，制作这种衣服时用梳子精心梳理，作成各种颜色，可以正反两面穿。另一种衣服精致之极，名字也叫“孔皮”，是为王室血统的人制作，不管在战争时期充任将领或士兵，还是在和平时期充任王室官员时均可穿用。精致衣服在有能工巧匠的土著人的省份里制作，非精致衣服在手艺不太高超的另外一些省份制作。所有这些衣服所需的毛线，均由妇女纺制。称作“阿瓦斯卡”的粗衣由妇女缝制，精致衣服由男子缝制，因为做活时必须站着。不论粗糙衣服还是精致衣服都由百姓制作，印卡王公们不制作，即使为了自己穿用也不制作。我之所以要说明这一点，是因为有人说印卡王公也纺线。下面讲到怎样为印卡王公封授武士称号时，再讲所谓印卡王公纺线是怎么回事。盛产麻线的省份负责制鞋，这种麻线用龙舌兰树的叶状茎制作。盛产制作武器原料的地区负责制作武器。有些地方做弓箭，有些地方做长矛和投枪，有些地方做锤子和斧头，有些地方做投石器和发射用的绳子，有些地方做大盾牌和护胸盾。印卡时期的人不会制作其他防御武器。概括地说，每省和每个部族只缴纳自己收获的东西，不必到别人的地域去找自己地域里没有的东西，因为不让他们承担其他义务。总之，整个帝国有一项通用的法律，就是任何印第安人不得离开自己的土地去寻找缴纳贡赋的东西，所以他们

不出家门就缴纳了贡赋。因为印卡诸王认为,向百姓征收他们不生产的东西是没有道理的;如果这样做,就等于为他们敞开家门,让他们以寻找贡赋为借口东游西逛,变成懒汉。由此看来,向印卡王缴纳的贡赋是四种东西,即国王自己土地上的收获物,用国王的牲畜的毛制作的衣服,以及用各省自产东西制作的武器和鞋子。分派这些东西时井然有序,非常协调:有些省份手艺精湛,善做衣服,被分派承担做衣后,就免除制作武器和鞋子的负担。以此类推,凡是提供这种东西的省份,就免缴其他东西。在有关缴纳赋税的一切事务上全都遵循这一原则,所以无论集体还是个人,谁也不觉得负担太重。由于印卡王的法律坚持这种温和原则,百姓们才有令即行,乐于为印卡王效命。一位著名西班牙史学家也谈到这种情况,他说:"不过,那些蛮族国王的最大财富,是所有的百姓都是他的奴隶,他们靠奴隶的劳动尽情享受。令人惊叹的是,他们在使用奴隶时却治理得井井有条、章法严明,以致奴隶们并不觉得是被人奴役,反而认为生活过得很适意。"这一段是别人的话,我高兴地把它引录于此。在适当的地方我还要引述这位德高望重的作者的其他一些话,这位作者就是耶稣会的何塞·德阿科斯塔神父。在遇到类似这样的情况时,我想借助这位神父和其他西班牙史学家的权威性来反驳那些恶意诽谤者,免得他们说我编造天方夜谭来美化我的祖国和我的亲属。以上所讲就是当时向作为崇拜偶像的国王们缴纳贡赋的情况。

另一种贡赋由称为穷人的丧失劳力者缴纳,就是每隔多少天必须向村里的掌权者缴纳几根苇管的虱子。据说,印卡王征收这种贡赋,是因为不管多穷,除去免征贡赋的人以外,任何人也不能

不缴贡赋;既然他们是丧失劳力的穷人,不能像其他人缴纳贡赋那样在体力上效劳,便向他们征收虱子。但也有人说,印卡诸王征收这种贡赋,其主要意图是通过强迫丧失劳力的穷人捉拿虱子、搞好个人卫生,来表示对他们的爱护和关心,免得这些不幸的人被虱子咬死。正因为印卡国王们在一切事情上都表现出这种爱民之心,人们才把他们称为爱护穷人的人。负责征收这种贡赋的人是十人长,关于十人长的情况前面已经讲过了。

关于上面说到的免征贡赋的人,包括所有王室血统的人、各神庙的祭司和辅祭以及百姓的领主——酋长;所有的将军和身份较高的将领以及百人长,尽管他们不属于王室血统;所有在任期间的王室省督、法官和其他官员;所有正在参战的士兵和不满二十五岁的青年男子——后面这些人二十五岁以前帮助父亲干活,不能结婚,婚后第一年免征任何贡赋。五十岁以上的老年男子和所有妇女(不管是姑娘或已婚还是寡妇)也免征贡赋。许多西班牙人固执地认为,他们全都干活,所以都在缴纳贡赋。实际上他们是搞错了,妇女们虽然干活,但那是出于自愿,是为了帮助她们的父亲、丈夫或亲戚尽快把活干完,不是迫于缴纳贡赋的义务。尚未完全康复的病人以及盲人、腿残、手残和全身残疾人也都免征贡赋。但是,聋哑人能够劳动,故不予免征。由此可见,仔细分析起来,体力劳动是每个人都应缴纳的贡赋。从下文中可以看到,布拉斯·巴莱拉神父讲过的一段话,与我们这里所讲关于贡赋的情况完全一致,好像是互相引录的一样。其实在我们所讲关于贡赋的一切情况中,都可看到这种一致性。

第七章 金、银和其他贵重物品不是赋税用品,而是贡品

印卡诸王拥有大量的金、银和宝石,但这些东西显然不属于印第安人必须缴纳的强制性赋税的物品,印卡诸王不征收这些东西。因为他们不认为这是战争时期或和平时期的必需之物,也不认为这是财产和珍宝而予以珍视。众所周知,他们不用金银买卖任何东西,也不用金银给士兵发放军饷,更不用金银来应付一时的紧急需要。这些东西既不能吃,也不能用来买饭吃,所以他们认为这是多余之物。只是因为金银形状美丽,熠熠闪光,他们才予以珍视,用来装饰和美化王宫、太阳神庙和贞女宫,这些情况前面曾经讲过,后面还会讲到。印卡诸王知道水银,但认为它毫无用途,不曾使用,反而觉得它有害,所以禁止开采。关于水银,后面适当时候再详细介绍。

所以我们说,他们把金银交给国王,是进贡,而不是赋税。因为那些印第安人从来不会空着两手去拜见上级,即使没有其他东西,也要带上一小篮干鲜果品,现在他们还保持着这种习俗。而身为百姓领主的酋长们谒见印卡王,都是在一年中的主要节日期间(特别是称为"拉伊米"的祭祀太阳神的盛典期间),在为庆祝胜利而举行的庆功会上,在为王储剃发和取名的仪式上,以及在每年都有的许多其他场合。当他们在这种场合向国王禀奏自己的私人事务或所辖土地上的事务时,或是在国王巡视他们所辖的地方时,总之在所有这类谒见和巡视的场合,他们都要在亲吻国王的手时,献

上辖区内印第安人开采的金、银和宝石。这些东西都是印第安人在闲暇之时开采的,因为不是人们生活中的必需品,在有其他事情可做的时候,酋长不让他们开采。但是,印第安人看到印卡诸王用这些东西来装饰王宫和神庙(那是他们敬奉的圣地),便利用闲暇时间去寻觅金、银和宝石,以便有礼物敬献他们的神——印卡王和太阳。

除去这些财宝外,酋长还向国王敬献多种多样的名贵木材,以供建筑王宫之用,还敬献在某种行业上出类拔萃的匠人,如银匠、画匠、石匠、木匠和泥瓦匠。印卡诸王手下,五行八作都有能工巧匠,都因为是各自行业的行家里手而由酋长敬献的。一般人不需要他们,每个人家中那点活计自己都会,诸如缝衣做鞋、搭建栖身的茅屋等——关于茅屋,那时候是村政会建好后分给各家,现在是个人在亲友帮助下自己建造。一般穷人只求丰衣足食,安贫乐道,不像权势人物那样追求奢华,所以各行各业的熟练匠人与他们关系不大。

除著名匠人外,还向印卡王敬献猛兽——虎、狮、熊,和一般的鸟兽——长尾猴、猴、薮猫、鹦鹉、赤鹅鹎和其他较大的禽类,如美洲鸵鸟和称为"昆图尔"的鸟,这种鸟比秘鲁和西班牙所有的鸟都大。还敬献大大小小的蛇,都是安第斯山里生长的;大蛇称为"阿马鲁",身长二十五到三十西班牙尺,甚至更长。他们还敬献大青蛙、癞蛤蟆和凶猛的蜥蜴。沿海地区的人敬献海豹和鳄鱼,他们管鳄鱼叫"开曼"(caiman),大的也有二十五到三十西班牙尺长。总之,凡是在性猛、体大和形美方面突出的动物,都要与金银一起拿去敬献国王,以表明国王是天下万物包括他们敬献的那些东西的主宰，以及他们甘愿为国王效劳的一片敬爱之心。

第八章　粮食的储存和使用

现在应该讲一讲粮食这种贡赋是如何储存和怎样使用的。要知道，整个王国有三种仓库用来储存收获的粮食和征收的粮食。每个村庄不论大小都有两种仓库，一种储存遇上荒年救助本村人所用的粮食，另一种储存太阳田和印卡田里收获的粮食。第三种仓库建于王室大道上，每隔三莱瓜一座，现在成了西班牙人的杂货铺和小客栈。

科斯科城周围五十莱瓜以内太阳田和印卡田的收获，均需运到城里，以供宫廷生活所需，并使印卡王随时有粮，以便用来赏赐去科斯科的头人和酋长。从太阳田的收获中取出一部分，留给周围五十莱瓜内的每座村庄，存入百姓的公用粮仓。

宫廷区以外其他村庄的收获，储存在建于村里的王室粮仓，再从那里按照一定的数量和比例，运送到建于王室大道上、用于储存军需粮草、武器、衣服和鞋子的仓库里，因为军队要通过这些大道前往称为“塔万廷苏尤”的世界四方。王室大道上仓库储备的这四种物资非常充足，即使有许多相当于现在西班牙连队和团队的士兵经过，也足以满足需要。印卡诸王不允许军队在村中借宿，让老百姓养活。他们认为，每个村都已缴纳了应缴的贡赋，没有理由再扰害村民。因此制定了一条法律，不论哪个士兵拿了百姓的东西，也不论东西多么微不足道，都要以死论处。佩德罗·德谢萨·德雷昂在他那部著作的第六十章中讲述王室大道时也谈到这种情况，他说："各地为印卡王建有很大和极为重要的仓房，还有储备士兵需用物资的仓库。人们对印卡王敬畏非常，不敢对储存大量物资的命令稍有怠慢；如果缺少什么东西，必将受到严惩。因此，跟随印卡王从一地到另一地巡视的人中，如果有谁胆敢闯进印第安人的庄稼地或家里，即使没有造成多大的损害，也要下令把他处死。"这一段是引录佩德罗·德谢萨的原话。印第安人说，为了禁止士兵在田野或村庄扰民，为了用严明的法纪惩罚扰民的士兵，印卡王们总是充分供应士兵的一切所需。随着王室大道上粮仓里的东西被征战的士兵逐渐消耗，各村粮仓按照一定的数量和比例再把物资源源运来，所以那些粮仓里从来不会缺少什么。

阿古斯丁·德萨拉特曾经谈到王室大道的胜景奇观（详细情况我们到时再讲），他在第一卷第十四章说过这样的话："除去建造和使用这些道路外，瓜伊纳卡瓦[①]还命人在山区大道每隔一日行程的地方，建造了一些十分宽阔的宫室和房舍，可以容纳他本人、家眷及所有军队。在平原的大道上也建有类似的设施，但不像山区中那么密集常见，如前所述，这些设施建在河边，一般相距八至十莱瓜，有些地方相距十五至二十莱瓜。这些房舍称为'坦博'（tambo），每个'坦博'辖区内的印第安人，都储备了瓜伊纳卡瓦为供应其军队所需的一切物资，不仅有口粮，还有武器、衣服及其他一切必需物品。所以，如果他想在任何一个'坦博'里为辖区内两万或三万军队更换武器和军服，不出'坦博'即可办到。

"他亲自统率大批士兵，有的士兵使用矛、戟、大锤、斧头——

① 即瓦伊纳·卡帕克。

有些武器用银、铜制作,也有些用黄金制作;有的使用投石器和棕榈叶制作的弓箭,其尖端经过烘烤。”这段话引自阿古斯丁·德萨拉特的著作,描绘了印卡诸王在王室大道上储备军需物资的情况。

如果战事消耗物资过多,国王的收成不堪应付时,由于国王自称是太阳的合法儿子和天下万物的继承人,便以这样的身份动用太阳的财产。战争和宫廷消耗剩余的粮食,存放于上述三种仓库中,以备荒年时分给百姓,因为印卡诸王主要关心的事情就是为民造福。

在整个王国,专管偶像崇拜事务的祭司和辅祭人员是按周轮流执事。他们在神庙司职期间,用太阳神的财产供养;但像对待其他一般人一样,也分给他们耕地,所以在居家期间就要自食其力。由于采取了这套办法,太阳神财产的消耗与其岁入相比着实不多,可有许多剩余贴补印卡王的不时之需。

第九章　使百姓人人有衣穿,没有乞讨的穷人

如同按照一定的顺序和管理办法保证士兵有足够的衣服一样,也按照同样的办法每隔两年向百姓和酋长普遍分发羊毛,让他们给自己和妻儿织布做衣。十进制长官负责查看是否人人都有衣穿。一般印第安人几乎没有牲畜,酋长即使有少量牲畜,也只够自己和家属所用,而太阳神和印卡王则是牲畜成群,不计其数。据印第安人说,西班牙人进入那片土地时,牲畜多得已经无处放牧了。我从家父和他的同时代人那里也听说过这种情况,说一些西班牙

人宰杀和糟蹋了许多牲畜——详细情况或许后面会有机会讲到。在热带地区,从王室的收获中给印第安人分发棉花,供他们给自己和全家做衣服。总之,人们生活所需的东西,如衣、食、鞋等都是应有尽有,谁也不会叫穷和乞讨。一方面,他们丰衣足食,犹如富人一般;另一方面,他们又极为清贫,没有一点多余之物。所以阿科斯塔神父在谈到秘鲁时,对我们不厌其烦地介绍的这种情况也作了简明扼要的记述。他在第六卷第十五章的最后部分讲了这样一段话:“到一定时候给牲畜剪毛,分给每个人纺线,给妻子儿女织布做衣。有人检查他们是否这样做了,如果有人懒散偷闲,就要进行惩罚。多余的畜毛储存在仓库里,所以西班牙人进入那里的时候,发现里面堆满了畜毛和各种生活必需品。印第安人既无信仰也不是基督徒,然而却按他们的方式达到了如此高度完美的境界,既没有个人财产,又能提供一切必需物品,还能保证他们的教会、国王和君主物资充盈,所以任何有头脑的人,无不对他们如此高尚和如此宽厚的治国方式表示惊叹。”题目为《印卡王的财产与贡赋》的第十五章,就以这段话做了结束语。

下面一章讲的是印第安人从事的行业,涉及许多我们已经讲过和将要讲到的事情,现将其中一段话照录如下:“秘鲁的印第安人还有一个优点,就是每个人从孩童时起,就学着做一个人生活中所需的一切活计。他们不像我们这样,有专门的手艺人,如裁缝、鞋匠和纺织匠等;他们自己和家中需要的一切事情都要学会,一切东西都要自给。他们人人都会织布做衣,所以只要印卡王给了他们畜毛,就等于给了他们衣服。他们人人都会耕种收割,无需雇用他人。他们人人都会为自己造房子。妇女更是无所不会,她们决不贪图舒适，而是尽心操劳，侍奉丈夫。一些不是人们生活必需事务的活计，则有专门的工匠，如银匠、画匠、陶器匠、造船匠、统计师、乐师等；即使在织布、耕地和造房这几种行业中，也有一些专做精细活计的熟练工匠，他们专为领主出力效劳。但一般平民则如上所说，家中所需一切都由每人自己制作，不必为此雇用他人，到现在依然如此。因此，家中和自己所需一切，诸如做鞋、做衣、造房、耕种、收割以及为此制作必要的工具等等，谁也不需别人。在这方面，印第安人几乎是模仿古代僧侣的生活方式。实际上，他们是既无贪心也不追求安逸的人，因此，他们生活简朴，随遇而安。确实，如果他们不是习惯和天性使然，而是选择了这种生活方式，我们就会说这是一种完美的生活方式，而且有着深厚的基础来接受《福音书》的教义，因为教义也是强烈反对狂妄、贪婪和安逸的。然而，传教者们并非总是与他们自己树立的榜样和他们向印第安人传播的教义相一致的。”他在这段话下面不远的地方又写道：“即使迁居到另外一省，也不得改变本省的衣着和装束，这是一条不可违反的法律；为了便于治理，印卡王对此极为重视，直到现在依然如此，不过不像从前那么认真了。”以上是引录阿科斯塔神父大人的话。印第安人看到西班牙人每年都更换衣服，觉得非常惊奇，认为这是出于狂妄、自负和放荡。

我在秘鲁生活时期，那里还保持着谁也不乞讨的习惯。1560年我离开秘鲁，在我经过的所有地方，没有看见任何一个印第安男子或女人乞讨。我只在科斯科见过一个自称伊萨贝尔的老妇乞讨，不过她是像吉卜赛女人那样挨门挨户地骗吃骗喝，而不是当真为穷困所迫。印第安男人和女人都斥责她，一边斥责一边向地上吐唾沫,表示责备和憎恶之意。因此,那老太婆不向印第安人,而专门向西班牙人讨要。那时我的故国还没有钱币,人们向她施舍玉米,她就是乞讨这东西;如果觉得人家乐于给,她就再要点肉;如果给了肉,她又要点人们喝的酒;然后她索性这样骗下去,摆出一副无赖的样子,要人家再给点“库卡”——就是印第安人咀嚼的那种贵重草药。她一生都是这样游手好闲,甘心堕落的。印卡诸王也没有忘记那些行人过客,他们命人在所有王室大道和一般道路上建起客栈,名叫“科帕瓦西”(corpahuaci),用各村王室粮仓里的东西为他们提供饮食和路上所需的一切物品。如果行人过客偶尔生病,有人为他们精心医治,使他们不致想家,反而觉得胜过家里。实际上,这些人不是出于个人的兴趣爱好,也不是为了自己有利可图或类似原因而在路上劳碌奔波,因为他们不是为了私人事务,而是受国王或酋长之命,或者战时受将领、平时受官员之命,才到处奔忙的。所以,印卡王才对这类行人过客给予充分照顾;至于其他一些没有正当理由而东游西逛的人,则以游手好闲的罪名予以惩罚。

第十章　牲畜的种类和划分,关于珍禽异兽

印卡王牲畜成群,这些牲畜如同西班牙的马一样,毛色多种多样,各不相同。为了统计数目,就将牲畜按毛色分群,每种颜色有一个专门名称。两种毛色的杂花牲畜称为“穆鲁穆鲁”(murumuru),西班牙人说成“莫罗莫罗”。如果哪只“羊羔”出生时与种“羊”毛色不同,就待长大后把它分到相同毛色的群里去。这样就

能很容易地用绳结统计出牲畜的数目，因为每根绳子与每群牲畜属于同一颜色。

有一种牲畜西班牙人称为“绵羊”，其实它更像骆驼（去掉驼峰），而不太像羊。印第安人用这种牲畜组成驮队，向各处驮运粮草。虽然印第安人肩扛背驮已经习以为常，但除特别需要时外，印卡王一般不让他们用人力驮运。他规定，凡是能够不用人力做的活计，就尽量不要使用人力，说这是为了保存人力，以便他们去从事不可避免、而又能更好发挥作用的活计，诸如建筑堡垒和王宫、架桥开路、营造梯田、开凿水渠和其他公益工程，所以印第安人经常忙于这些活计。

关于百姓们敬献给印卡王的金银，其用途前面已经讲过，是用于装饰太阳神庙、王宫和贞女宫，详细情况留待后面再讲。

酋长们奉献的珍禽异鸟、凶猛野兽、大蟒小蛇以及其他有善有恶的爬虫，放在某些省份喂养，这些省到现在还保留着以它们为名的名称。还有一些也在宫廷中喂养，这既是为了显示宫廷的堂皇富丽，也是为了让百姓们知道，印卡王吩咐把他们敬献的东西放在宫廷喂养，说明他对他们的忠心效劳颇为欣慰，印第安人觉得这是极大荣幸。

关于喂养这些动物的城区，在我离开科斯科时还留有一些遗迹：现在成为耶稣会诸位神父住所的那个区称为“阿马鲁坎查”（“阿马鲁”是指身体硕大的蟒蛇，所以这名称的意思就是蟒蛇区）；还有，喂养狮子、老虎和熊的两个区，分别叫作“普马库尔库”和“普马普丘潘”，他们管狮子叫作“普马”，所以给两个区取了这样的名称，其中一区位于建有堡垒的那座山坡上，另一区在圣多明各修道院的后面。

为使禽鸟更好地生长，将它们养在城外一块地方，因此这块地方就叫作苏里瓦利亚，意思是美洲鸵鸟草场。这是位于科斯科以南将近一莱瓜的一片田产，曾为我的家庭教师胡安·德阿尔科瓦萨所有，后来作为遗产留给了他的儿子、我的同学迭戈·德阿尔科瓦萨神父。

饲养老虎、狮子、蛇蟒和癞蛤蟆这类毒虫猛兽，除去为了显示宫廷的富丽堂皇以外，也是为了惩罚为非作歹之徒，详细情况待后面讲到惩治这类罪犯的法律时再介绍。

关于向印卡诸王缴纳的贡赋和印卡诸王如何使用这些贡赋，需要记述的就是以上这些。下面一章的内容，是我从勤于钻研、博学多识的布拉斯·巴莱拉神父大人的手稿中引录的一段原文，用意是让大家了解，关于那个国家的起源、习惯、法律和统治方式，他所讲的一切与我们讲的是不谋而合的。神父大人写得更有条理，更为简洁，而且词句优美，文采飞扬，我把它恭录于此，既可证明对这段历史认识一致，也可借他人之笔为拙著增添光彩，并聊补拙作之不足。

第十一章　印卡诸王造福百姓的法律规章

关于印卡诸王的治国之道，布拉斯·巴莱拉神父讲了下面一段话，其内容与我们讲过的不谋而合，我想借助他的权威证明我讲的内容绝非虚构，故将他那优美的拉丁文试译如下：

“自从印卡王曼科·卡帕克和诸王之一的印卡·罗卡国王时

期起，秘鲁的印第安人就有了某种国家的形式。在此之前的许多世纪里，他们生活在极度愚昧和野蛮之中，丝毫没有接受法律和礼仪的教化。从那个时代起，他们开始互相交流思想，教养子女知情达理，为自己制作衣服，不仅懂得蔽体遮羞，而且还略加修饰打扮；耕种田地讲究技艺，互相协作；开始有了仲裁人，说话谦逊有礼；营建私人、政府和公用房屋，会做其他许多诸如此类值得赞美的事情。他们的君王在自然灵光的启示下颁布了许多法律，他们则心悦诚服地接受，一丝不苟地遵守。我觉得在这方面，秘鲁印卡人不仅超过中国人、日本人、印度人，同时也超过亚洲和希腊那些当地的异教徒。因为仔细分析起来，努马·庞皮利乌斯、梭伦[①]和利库尔戈斯分别为罗马人、雅典人和斯巴达人苦心地立法之举并不令人十分敬佩，需知他们通晓文字，熟知人文科学，这些都能教导人怎样制定良好的法律和习俗，所以他们只不过是把这些法律和习俗整理成文，供当代和后代人遵守而已。印第安人却是令人惊叹折服的，因为他们是在全然没有这些知识帮助的情况下，竟能以如此完美的方式制定出自己的法律（属于他们偶像崇拜和谬误的除外）。我们现在看到，这些法律全都通情达理，而且与著名博学家的法律颇为一致，忠于自己信仰的印第安人直至今天仍然遵行不误。这些法律分别记入他们用以计数的多种颜色的绳结上，并传

① 努马·庞皮利乌斯（公元前700年），罗马传说中在共和国成立前统治罗马的七代国王中的第二代，据传公元前715—公元前673年在位，曾创立宗教立法和制定各项宗教制度。

梭伦（约公元前630—约公元前560年），雅典政治家和诗人。为雅典制定新法典，称为“梭伦法典”。

授给他们的子女和后代，以致他们第一代国王在六百年前制定的法律人们至今还记忆犹新，就像刚刚颁布一样。他们有市政法，讲的是每个部族和村庄在自己辖区内享有的专门利益。他们有土地法，讲的是如何分割和丈量土地，以及如何分配给每个村庄的村民，土地法执行起来非常严格，一丝不苟，丈量人以法内加（他们称为'图普'）为单位用绳子丈量土地，分给村民，并为每人的土地立上标志。有一种法律规定印第安人除老、幼、病者以外共同参与国家事务，诸如建造神庙、国王或君主的宫院、耕种国王的土地、筑路架桥以及其他诸如此类的事务，他们把这项法律称为普通法。还有一种法律，规定每村的村民之间无偿互助，进行耕耘、播种、收获、建房等类的活动，这项法律称为兄弟互助法。称为'米塔查纳奎'（Mitachanácuy）的法律，其内容是讲家族轮作制，法律规定：需以共同劳动形式建筑的工程和完成的活计，按分配土地的数量和比例进行分派，每个省份、每个村庄、每个家族和每个人只做分派给自己的那一部分，而且这种活计要不时轮换，务使劳逸均匀。有关日用开支的法律，禁止在日常衣着方面追求奢华、佩戴金银宝石等贵重物品；彻底废除摆设酒席、大吃大喝等繁文缛节；但法律规定，各村村民每月需当着酋长的面聚餐两至三次，开展军事游戏和民间游戏，以便联络感情，永保和睦，并让乡村的牧民和其他劳动者振奋精神，愉悦心情。还有救助穷人法，规定盲人、哑人、跛者、瘫痪者、年迈体衰者、久病不愈者和其他丧失劳力者，因不能自己动手耕种土地以满足衣食之需，一律用国家仓库的储备供养。还有一项法律，规定接待的一切客人如外邦人、朝圣者和行人过客，也由国家仓库供养，务使每人都有公房居住——公房名叫'科帕瓦西’,是接待客人的用房,那里有人殷勤、无偿地提供一切所需。除此之外,这项法律还规定,对于上面说到的穷人,每月邀请两至三次吃公餐,让他们聚在一起共享欢乐,忘却一点自己的不幸。还有一项法律叫家庭法,包括两项内容:第一、任何人不得无所事事。因此,即使五岁的儿童也要干些与其年龄相适应的轻微活计;盲人、哑人和跛者如无其他疾病,也要让他们干些不同的活计;至于其他人,只要身体健康,都应各操其业,自食其力;在他们中间,有人因懒惰而当众受罚是非常耻辱丢脸的事。第二,这项法律规定,印第安人在中午和晚上吃饭时需敞开门户,以便法官手下的人员能够更加方便地进屋巡查。那时已经有了一些负责巡查神庙、公共场所和建筑物以及私人房舍的法官,称为‘利亚克塔卡马尤’(llactacamayu)。这些人经常亲自或派遣手下人员到各家巡查,查看主人和主妇持家是否认真勤奋,子女是否听话和勤劳。他们根据家中的布置和摆设情况,根据房子、家具、衣服甚至杯盘和其他一切家用杂物的整洁情况来判断主人的勤奋程度。整洁者当众表扬,以示奖励;邋遢者按法律规定抽背、打腿或使用其他刑罚,以示惩处。正因为有了这些法律,人们生活所需各种物品才如此充裕丰盛,甚至包括现在视为贵重的东西都几乎是无偿供给。至于人人都共同或个别遵守的其他法律和道德规章,从我们下面要讲的他们的生活和习惯中可以看出,也十分通情达理。我们在第八章和第九章中还要详细讲到,这些法律规章的全部或大部分,以及印卡诸王那种非常讲究策略、非常值得赞美的治国之道为什么会彻底失传,为什么印第安人现在反而更加野蛮、不谙公民事务,又怎么会反而比那个时代的印第安人还缺少生活必需物品。”

第十二章　怎样征服和驯服新百姓

“印卡诸王用来征服土地的规律和方式，以及用来教育人们过礼貌文明生活的手段，确实不能忽略或根本不提。因为从为其继承者所仿效的最初几代国王时起，他们就只是在认为有某种充分理由时才发起战争，例如某些野蛮人需要由他们去征服才能过上文明礼貌的生活，或者在邻区部族骚扰和蹂躏印卡百姓的时候。即使这样，他们在发动战争之前，也是一而再、再而三地争取敌人。征服一省之后，印卡王做的第一件事就是像对待人质一样，抓住该省崇拜的主要偶像带回科斯科，命人把它放进一座神庙，直到酋长和他手下的印第安人幡然醒悟，认识到他们那些虚妄的神多么荒诞可笑，从而自愿接受印卡诸王的偶像崇拜——即崇拜太阳神为止。征服一省之后，为了表示尊重，他们并不打倒别人的神，而是等待当地土人经过教化认识到自己的宗教信仰毫无根据之后，主动唾弃自己那些卑污的神。他们还把主要酋长及其子女带回科斯科，倍加爱抚，殷勤款待，让他们经常出入宫廷，不仅学习印卡人的法律、习俗和语言，同时也学习印卡人的教仪、典礼和迷信。做完这些事后，印卡王便恢复酋长原有的尊严和领地，以国王的身份命令百姓尊他为当地领主并为他效劳。为了使胜负双方士兵重新修好，和平共处，友好相待，永远忘却交战期间产生的仇视和怨恨心理，印卡王命令为双方大摆筵席，赐给丰盛的饮食，盲人、哑人、跛者和其他丧失劳力的穷人也来参加，使大家共享国王的慷慨恩赐。在这类喜庆活动中，姑娘翩翩起舞，小伙子尽情嬉戏，成年男子演

练军操。此外,还赠给许多金、银、羽毛等礼品,让他们点缀在大节盛典上穿戴的衣服和饰物。除此之外,还赠给衣物和首饰,这都是他们认为非常贵重的东西。印卡王这样慷慨施恩,把新征服的印第安人安抚得心服口服,不管他们多么野蛮冥顽,也都心甘情愿地降服他、爱戴他并为他效命,结果从来没有哪个省蓄意叛乱谋反。为了完全消除产生不满以及由不满引发叛乱的因素,印卡王确认或重新颁布原有的诸项法律、法典和规章(使其更加得到尊重和遵守),只要印第安人的旧章法与印卡帝国的偶像崇拜和法律不相抵触,均可维持原样不动。必要时,印卡王把一省的居民迁居到另一省,向他们提供充裕的田产、房屋、仆役和牲畜;把科斯科或其他忠于帝国的省份的人迁到那些居民的省份,让他们充当当地的驻军,向邻区居民传授帝国的法律、教仪、典礼和通用语。

"印卡诸王的统治方式胜过新大陆所有其他国王和民族。关于他们实行仁政的其他情况,不仅清楚地记载在印第安人用来计数和记事的绳结上,也清楚地记载在唐弗朗西斯科·德托莱多[①]总督命人撰写的确实可信的手抄本上。总督手下的巡视官、法官和书记官受总督之命,从各省印第安人那里详细了解到大量情况后,才写成了这些手抄本。这些文件现在收藏于国家档案馆,从中可以看出秘鲁印卡诸王对他们的臣民多么宽厚。如前所述,除了涉及整个帝国安全的某些情况以外,属国的所有其他法律和权利全都未受触动地保留下来。印卡诸王规定,不论村社的还是个人

① 弗朗西斯科·德托莱多(1516—1582),西班牙殖民官员,秘鲁总督辖区第五任总督(1569—1581)。

的田产和遗产，均应不受限制地保持完整，丝毫不准减少。他们绝对不准手下士兵抢掠以武力征服和降顺的省份和王国，对于那些省中被战败的土人，无论在和平统治时期还是在忙于征战时期，都立即供给所需物品，好像这些人早就是印卡王的老兵，而原来的士兵倒是忠诚不贰的仆人一样。

“印卡诸王对百姓征收的贡赋如此轻微，以致人们在读到我们下面讲述的情况时会觉得滑稽可笑。然而，印卡诸王不仅如此，除了实行其他许多德政以外，还向领主和贵族乃至平民和穷人慷慨地分配衣、食等必需物品，因此他们简直不像国王，而是更有理由称为慈爱的家长或尽心的管家。正因为如此，才有了印第安人经常用来称呼他们的雅号：卡帕克·蒂图（Cápac Titu）——“卡帕克”的意思是富有而崇高的万能君主，“蒂图”的意思是慷慨大方、宽宏大度、半神半人和至尊至贵的君主。也正因为秘鲁那些国王如此爱民如子，才受到百姓发自肺腑的尊敬和爱戴，甚至到现在，印第安人虽然已经信仰了基督教，但对他们始终没有忘怀。每当遇上劳苦艰辛、缺衣少食之际，他们总是一边啼哭和哀叹，一边放开喉咙逐一呼唤那些国王的名字。在现在读到的文字材料中，亚洲、非洲和欧洲的古代帝王之中，没有一个像印卡诸王那样对自己的百姓如此体贴入微、温和宽厚、造福谋利和慷慨好施。通过这里和下面记述的这些历史情况，读者自会推断出秘鲁印第安人的法律法规、风俗习惯和规章制度多么通情达理，因此他们是多么安居乐业，无愁无忧。我想，这些东西本来也是可以保留下来的，那样就会使他们比较温顺、比较情愿地皈依基督教了。”

第十三章　怎样派遣主管各种事务的官员

布拉斯·巴莱拉神父在继续记述时，首先列出一个题目："印卡诸王怎样派遣和平时期的省督和官员；怎样分派工程匠人和劳作者；怎样支配公共和私人财产；怎样征收贡赋"。然后他写道：

"印卡王降服任何一个新省后，即命人把该省主要偶像带回科斯科，安定了领主和百姓的情绪后，便规定不管是祭司、占卜师还是其他普通人，所有印第安人都要崇拜蒂克西·维拉科查神(Ticci Viracocha)，也叫'帕查卡马克'，尊他为万能之神、战胜了其他诸神的胜利者。然后规定尊奉印卡王为国王和至高无上的君主，效命于他，遵从于他；命令酋长按各省距离远近，每隔一年或两年轮流进入宫廷一次——由于这项规定，科斯科成了新大陆最繁华、人口最稠密的城市之一。除此之外，还命令将该省所有土人和居民(包括儿童)，按照年龄、家族、职业、财产、家庭、技艺和习惯进行统计并编入户籍；如同登记造册一样，用不同颜色的线绳把所有这些情况记录在案，以备将来据此征收贡赋和分派对国家事务和公共工程所负担的徭役。印卡王还任命不同级别的统兵打仗的军官，计有：统帅、将军、统领、副统领、队长、分队长和小队长。有些军官率十名士卒，有些率五十名士卒。副统领率百名士卒，有的率五百名士卒，有的率千名士卒。将军率三千、四千甚至五千士卒。统帅率万名以上士卒，称为'阿通·阿普'(Hatun Apu)，意思是大统领。类似于公爵、伯爵和侯爵的百姓领主，称为'库拉卡'(即酋长)，他们作为一方的真正主宰，无论和平时期或战争时期

都是当地百姓的首席长官，有权根据印卡王的法律和章程制定专门法规，分派赋役，在必要时为其家族和百姓供应物品。统领和副统领虽然无权制定和宣布法律，但实行职务继承制；和平时期不缴贡赋，被列为免征税役者；衣食短缺时，由王室仓库而不是公共仓库中供给。统领以下的官员，如率卒十人至五十人的队长，因为不是出身名门，不予免征贡赋。统帅和将军可以挑选队长；因是终身制，所以一经选定之后，便不得剥夺其职务。队长的贡赋就是担负十人长的那些事务，即照看和巡查土地、田产、王室宫院和普通人的衣食。印卡王还任命省督和其他官员，掌管有关帝国治理和贡赋方面的事务；他们之间下级服从上级，以便通过他们的报告随时掌握事务进展情况，务使谁也不受蒙蔽。还设有主牧官和副牧官，将王室和公共所有的牲畜交由他们放牧；他们则精心看管，连一只羊也不会少。这是因为：一方面他们注意驱赶猛兽，另一方面他们不会遇上盗贼，因为根本没有盗贼，人人均可高枕无忧。设有护卫土地和田产的正、副守护官和看护官。还设有大总管和司务官，法官和巡查官，这些人的职责是保证全村居民和每一个人不缺少任何必需物品，如有短缺——不管什么东西，均立即报告省督、酋长直至国王本人，以便及时供给。这件事他们做得非常出色，特别是印卡王，在这种事情上他绝不让百姓把他视为国王，而是尽责的家长和保护人。法官和巡查官负责下列事务：让男子各操其业，绝对不准游手好闲；让女子操持家务，整理房间，缝衣做饭，抚养子女，最后还要为全家纺线织布；让女孩谨遵母亲和女主人的训诫，勤于家务和女红；让不能从事重活的老翁、老妪和残疾人做些于己有益的轻微琐事，至少要捡些碎柴干草和给自己捉虱子，把虱子交给十

人长或小队长。盲人的专门活计是摘除棉花里的棉籽和给玉米棒子脱粒。除国家所需的匠人外,还有五行八作的专职匠人,各行各业都有公认的能工巧匠,如银匠(制作金、银、铜和黄铜器具)、木匠、泥瓦匠、采石匠、宝石匠等。假如他们的后代现在按照印卡王当时规定的类别分工协作地从事那些行业,并得到至尊皇帝查理五世认可的话,那么印第安人的国家现在或许比过去更加繁荣昌盛,更加丰衣足食,人民也会心悦诚服地接受《福音书》的传道。然而,由于我们疏忽大意和草率行事,已经深深地伤害了他们的心灵。所以现在,酋长们和位于上层的印第安人,在把我们的时代与印卡诸王的时代进行比较时,也在他们聚在一起闲谈之时,强烈地抱怨和嘲笑现在的统治方式——详细情况如何,我们在下文第二卷第九章第五十五页再讲。"以上系引自布拉斯·巴莱拉神父的著作。他许诺要讲的那一部分,其手稿不幸散佚无存了。

尊敬的神父大人在继续讲述这方面内容时,还写道:"除以上情况外,还有专司巡查田野的农事官,捕鸟的猎手,在河流和海洋中捕鱼的渔夫,纺织匠,制作他们那种鞋的鞋匠,为王室宫舍和公共建筑伐木的伐木工,用铜制作所需工具的铜匠;除此之外,还有一类懂得机械的匠人。这些官员匠人为数众多,难以计数,但人人各负其责,恪尽职守。但到了我们这个时代,印第安人已把远古时代做这些事情时那种井然有序的章法忘得一干二净,却非常固执地竭力保留另外一些古代风俗习惯,而如果我们的省督强行废止某些风俗习惯,他们又是怀着多么沉重的心情忍受这种专横行为,看到这些情况真令人惊诧不已。"

第十四章　公共和私人财产的比例和数量

“印卡王征服一省，命人将该省土人编入户籍，派出省督和掌管偶像崇拜的祭司以后，便着力处理和整顿该地区的事务。为此，他命人将草场、高低不等的山岭、耕地、田产、金属矿场、盐场、水泉、湖泊、河流、棉田、野生果木、有毛和无毛的大小牲畜，统统按数量记录在绳结上。他命人把所有这些和其他东西分门别类进行统计、测量和记载，首先是全省的，而后是每村的，最后是每个村民的。他命人丈量耕地和田野的长度和宽度，分别丈量准确后，将所有情况清楚地禀报他。他之所以要求全面、详细地了解这些情况，不是要把什么东西占为己有或充入国库，而是为了确切了解那一地区和那些村庄的土地肥沃与否，物产丰富与否，以便规定当地人需要缴纳贡赋和提供劳役的数量，并在饥荒、瘟疫和战争时期及时提供口粮、衣物或其他必需品的救济。最后，他吩咐把印第安人为效力印卡王、酋长和国家而应做的各种事务公开向他们宣布。这样一来，百姓们不能少做他们承担的任何赋役，酋长和王室官员也不能骚扰和侵害百姓。除此之外，他还命人按照对该省统计和丈量的情况，立上界标以划出界线，使该省与邻省分开。为使将来不致出现任何混乱，他给山岭、岗丘、荒野、草场、泉水和其他地方，分别取一个专有的新名称；如果原来已有名称，他便予以确认，同时再加上一点新概念，以便与其他地方区别开来——这一点应予牢记，这样就会明白下文讲到的情况，即为什么直到如今印第安人对这类地方依然毕恭毕敬。做完这件事后，就给该省各村分配应得

的土地，让各村把它当作本村自己的属地，以防在各村范围内已经标定和丈量过的共有荒地混在一起；草场、山岭和其他东西都只能为某一省的土人和某一村的村民所共有。原有和新发现的金银矿山，分给酋长及其亲属和百姓，他们只能开采标明属于自己的部分，但并不把金银作为财宝收藏起来（相反他们是轻财的），只用来装饰重要庆典时才穿戴的衣物和制作酋长饮酒用的杯子——制作酒杯要受到一定限制。作出这些规定后，他们对矿山就不再理会，倒好像是全然忘记、任其荒废了。正因为这个缘故，其他行业和手艺的匠人多得不计其数，而开采和冶炼金属的矿工却寥寥无几。采矿工、冶炼工和从事这一行业的其他人员，只需按本职做工，不再缴纳其他贡赋。如果是给国王或百姓的领主做活，那么所需的家什、工具、衣食和其他一切东西，均从他们的财产中充分供给。他们必须干两个月的活，但也不必多干，这样就算缴足了贡赋，一年中余下的时间可以任意支配。并非一省中所有的印第安人都干这种活计，只是以此为专门职业和懂得这门技艺的人才干这种活，这些人称为金属制造匠。他们把铜叫作“安塔”（anta），以铜代铁制作武器、砍刀、木匠使用的少数几种工具、妇女用来别衣服的大别针、照人用的镜子、除草用的薅锄和银匠用的锤子。铜在各方面的用途大于金银，所以他们认为这种金属非常宝贵，开采的数量也多于金银。

“印卡王规定，咸水泉和海水中的盐、河溪湖塘里的鱼、野生树木上的果实以及棉花和苎麻，属于出产这些东西的省份的所有当地人共同所有，任何人不得单独享用，人人都可按需取用，但不得多取。印卡王允许个人在自己土地上自由栽种果树，归自己随

意享用。

“印第安人播种粮食和其他果菜的土地，印卡王把它分成三份：第一份献给太阳和太阳神庙、祭司和辅祭；第二份属于王室财产，用这份土地的收获供养离开家园的省督和王室派驻的其他官员，还要从中取出一部分存入公共粮仓；第三份分给该省当地人和各村居民，每个村民均得一块，足以养活全家。印卡王在帝国的所有省份都是这样分配，分配定了以后，任何时候都不再让印第安人用自己的财物缴纳贡赋，因为他们也没有义务再向酋长、本村公共粮仓、国王的省督、国王本人、神庙和祭司缴纳贡赋，甚至连献给太阳的供品也不必缴纳；任何人也不得催逼他们缴纳，因为各份土地的用途都已安排妥当。分给国王的那份土地，其收获若有剩余，则用来充实各村的公共粮仓。太阳田的收获若有剩余，则用来救济穷人，即残疾人、跛者、独臂人、盲人、瘫痪者等。不过这是在绰绰有余地献过大量供品，留足神庙里无数祭司和辅祭的口粮之后，才能这样做。”

第十五章　用什么缴纳贡赋，贡赋的数量和关于贡赋的法律

“说到秘鲁印卡诸王向百姓征收的贡赋，那确实微不足道，从征收的东西和数量来看，完全可以毫不夸张地说，古代的所有帝王，包括被称为‘奥古斯都’和‘庇护’①的罗马大帝们，无一可以

① 奥古斯都和庇护均系拉丁文的音译。前者意为“神圣的、至尊的”，后者意为“慈悲的、有同情心的、有怜悯心的”。

与印卡诸王媲美。因为仔细研究起来，根据印卡诸王用贡赋为民造福来看，好像不是他们向百姓征收贡赋，而是他们向百姓缴纳贡赋，换句话说是取之于民、用之于民。按照那个时代的数量和比例、劳动者的日工作量、东西的价值和印卡诸王付出的东西来衡量，贡赋的数量确实微乎其微，许多印第安人缴纳的贡赋也就仅仅相当于如今四个雷阿尔[①]的价值。当然，因为缴纳贡赋与为国王和酋长出徭役，确实不断有些麻烦事，但因贡赋数量很小，而且他们所出的徭役可以得到作为代价的补偿，例如只要出工就会有很多好处，所以都非常愉快地承担。关于保护纳贡人的法律法规，逐项都须一丝不苟地严格遵守，不得违反，无论法官、省督还是统帅，甚至印卡王本人也不得知法枉法，侵害百姓。这方面的法律有以下几项。第一项也是最主要的法律是，对于免征贡赋者，不得在任何时候、以任何理由强迫其缴纳贡赋。所谓免征贡赋者，是指所有王室血统的人，所有的正、副统领，包括百人长及其子孙、所有的酋长及其家属；次要职务的王室官员（如果是普通人）在任职期间不缴贡赋，正在服役作战的士兵和不满二十五岁的男子也不缴纳，因为不满二十五岁的青年男子必须帮助父亲。五十岁以上的老人、所有妇女（包括少女、未婚青年女子、孀妇和已婚女子）和尚未痊愈的病人，一律免征贡赋。诸如盲人、跛者、独臂者和其他肢体不便的所有残疾人也予免征；但聋哑人需干些不需要说话能力和听力的活计。第二项法律是，除上面开列的人以外，只要不是太阳神

① 雷阿尔系西班牙和拉丁美洲国家的辅币名，有银制的也有镍制的，币值也因时代变迁和国家不同而异。

庙和贞女宫的祭司辅祭,所有的印第安人均必须依法缴纳贡赋。第三项法律是,印第安人只用自己的劳动、供职或为国王和国家出一定时间的徭役缴纳贡赋,除此之外,不得以任何理由和托辞强迫任何人用自己的财物缴纳任何东西。在这方面,可以说是贫富平等,富者不多缴,穷者也不少缴。所谓富者,是指有儿子和家属者,他们可以帮助父亲尽快做完分派给他充作贡赋的活计;没有儿子的人虽然其他东西富有,也是穷者。第四项法律是,除人人均应种田和从军外,不得强制任何人从事其职业以外的任何职业。第五项,印卡王认为向百姓征收其土地上不出产的东西为害太甚,故规定每人用本区自产的物品缴纳贡赋,无需到他乡去寻觅本地没有的东西。第六项法律规定,凡为印卡王或酋长出徭役的工匠艺人,一律向其提供其本行活计所需的一切物品,即向银匠提供其工作所需的金、银、铜,向织布匠提供畜毛和棉花,向画匠提供颜料,其他行业也照此办理,务使匠人除按规定的时间出役做工外,不再贡献物料;规定的时间为两个月,最多不超过三个月;期限届满,不必多服工役。但是,如果工匠承担的活计尚有一部分没有完成,而本人又自愿继续做完,可予同意,但需酌量减少其来年的贡赋,并在绳结账目上记录在案。第七项法律规定,对于不论从事何种行业和手艺的所有工匠艺人,在其出徭役期间应提供衣食所需一切物品,如果患病还应提供医药和护理;如系一人出工就向一人提供;如系为得到妻儿帮助尽快完工而携其一同出工者,也应向其妻儿提供。在按任务分派工役时,不以时间计算,而以完成活计为准。所以,如果在家属的帮助下用一个星期完成了应在两个月内做完的活计,那就等于提前超额履行了当年的义务,因此不得强迫其再

缴纳任何其他贡赋。有人说,古代时期不管是谁,儿子、女儿和母亲都必须缴纳贡赋,但我刚刚讲的这种情况就足以回答和驳斥他们这种说法。这些人确实都干活,但不是迫于缴纳贡赋的义务,而是为了帮助他们的父亲、丈夫或主人;如果男子宁愿自己一个人做工,不让家里人帮助,那么他们的妻儿尽可自由地留在家里做自己的事;除非他们贪闲偷懒不种庄田,否则无论法官还是十人长均不得强制他们做任何事情。由于这个缘故,在印卡诸王时代,多子多女、丁口兴旺的人被视为富有,而没有子女的人中,为了缴纳贡赋必须长时间不停地出工,许多人难免因劳累而生病。为了解决这类问题,也有相应的法律,即人丁兴旺的富户和已做完自己那份活计的人,应帮助他们干上一两天,这种做法受到所有印第安人的热烈欢迎。"

第十六章　收取贡赋的次序和份额;印卡王把献给他的贵重物品赐给酋长

第八项法律讲如何收取贡赋。如下所述,收取贡赋时都有一定的次序、数量和份额。每到规定时间,收赋官和会计官——即掌管贡赋绳结账目的书记官,一齐来到一省的主要村庄,当着酋长和印卡王派驻省督的面,按照该省居民的数目,用绳结和碎石子算出总数和各份的数量。他们计算得准确无误,丝毫不差,在这件事情上我真不知该敬佩哪个:是敬佩虽然没有数字符号,却能把如此琐细事物的总数和份数算得如此精确的会计官呢(需知即使现在的算术学家计算起来也颇费周折),还是敬佩一眼就能看懂交给他们的那些账目的王室省督的官员呢？

“从绳结上可以看出每个印第安人完成多少工作量，做过哪行的活计，奉国王或上司命令走过多少路，以及分派他做过的任何事情，从他应缴纳的贡赋中把这些全部扣除。然后，把已经储入王室仓库的各种物品让收赋官和省督逐一过目（这些物品包括分别存放的粮食、辣椒、衣服、鞋子、武器以及印第安人作为贡赋缴纳的一切东西，也包括献给国王和太阳的金、银、铜和宝石），还要报告各村仓库里储存东西的情况。法律规定，印卡王派驻各省的省督需接管所有这些物品的账目，以免缴赋人或收赋官弄虚作假。第九项法律是，除满足王室消费支出以外，贡赋中多余部分用于公共福利，存入公共仓库以备不时之需。至于酋长每年或每次拜见印卡王时敬献的贵重物品，诸如金、银、铜、宝石、各种鸟禽的羽毛、颜料和染料等等，国王吩咐大家可拿回家去自用：王室血统的人各取所需；多余部分分别赏赐前来献宝的头人和领主。这些东西虽然是他们当地的物产，但未经印卡王赏赐和授予特权时，不得擅自使用。从上述情况可以得出这样一个结论：百姓们缴纳的贡赋，印卡诸王只给自己留下一小部分，大部分都用来为缴赋的百姓造福。第十项法律规定了印第安人在为国王服劳役和为本村和国家做公益事务时必须承担的各种活计，规定以这些活计代替贡赋，而且必须结伴或大家一起劳作。这些活计包括：平整和铺设道路，整修或新建太阳神庙和他们那种偶像崇拜中的其他庙宇，以及从事与神庙有关的任何其他活计。印第安人还需建造公用房屋，如仓库、法官和省督的住房等；整修桥梁，充当称为“查斯基”的信使，耕种土地，收储果实，放牧牲畜；守卫田产、庄稼和其他公共财产；建造安

顿行人过客的客栈并在其中当差，从王室财库中提取行人过客所需物品。除所说的这些活计以外，他们还必须承担对他们大家有益、或为酋长和国王效力的任何事情。不过在那个时代，印第安人数目非常之多，所以事情虽多，但分派到每人头上只有很少一点，不会特别劳累；再者他们是轮流出役，一起劳作，大家公平合理，不会有人负担太多，有人负担太少。这项法律还规定，每年整修一次道路和路旁栏杆，重铺一次桥面，为灌溉水渠清一次淤泥。法律规定，做这些事情一律不付报酬，因为属于各王国、各省份和整个帝国的公益劳动。

“关于贡赋方面的主要法律就讲以上这些，为避免读者厌烦，还有一些更加琐细的法律就只好略去不讲了。”以上是引录布拉斯·巴莱拉神父的几段话。讲到这里我倒有一个问题。有位历史学家说，为了让百姓缴纳苛捐杂税，印卡诸王制定了严酷的法律，我想请他说一说这里边哪些是严酷的法律。殊不知就连布拉斯·巴莱拉神父都说，好几位西班牙国王都君心大悦地肯定，这些法律和下面还要讲到的一些法律确实值得赞美，而且足可光照后世。关于法律的情况就讲到这里，现在应该回过头来继续讲维拉科查王子了，前面说到，他正在为维护先辈和自己的赫赫尊严而殚精竭虑呢。

第十七章　印卡王子维拉科查得知敌人的消息；一支援军赶到

印卡王子维拉科查英勇果敢，功绩显赫，为此我们不得不按下其他事情不表，先来记述他的英雄壮举。前文在讲到他的父亲生平末期之时，说到他把父亲留在穆伊纳，自己返回科斯科，召集流散在田野上的人，然后出城迎敌，宁愿与敌人战死，也不愿看到他们在王宫、太阳神庙、贞女修道院和视为神圣之都的整个城市骄横肆虐、胡作非为。现在要说的是，城北半莱瓜多的地方有一片大平原，印卡·维拉科查王子走到这里停了下来，一来等候随他离城而来的人，二来收编田野上逃散的百姓。他把这些人和随身带领的人收编在一起，组成一支八千多人的队伍，他们都是印卡族人，个个决心在自己的王子面前与敌人决一死战。王子在那里得到报告，说敌人已在距城大约十莱瓜的地方渡过了宽阔的阿普里马克河。坏消息传来的次日，又传来了对印卡人有利的好消息。消息来自孔蒂苏尤方面，说有一支两万士卒的援军前来勤王，距他们所在之处只有几莱瓜之遥；援军由克丘亚、科塔潘帕、科塔内拉和艾马拉诸部族以及与反叛省份交界地区的部族组成。

尽管昌卡人竭力隐瞒自己的背叛行径，克丘亚人因与他们的土地交界，还是得知了事情真相。克丘亚人认为时间紧迫，来不及报告印卡王和等待他的命令，便以十万火急的最快速度，把能够征集的人统统征集起来，组成一支军队直奔科斯科城，准备能救城则救城，不能救城也要为自己的国王战死沙场。前面讲过，这些部族是自愿归顺印卡王卡帕克·尤潘基的，现在为了表示对印卡王的爱戴之心，火速率军赶来救援。再者，多年以来，克丘亚人与昌卡人宿怨颇深，互为仇敌，他们这样做也是为了自己的利益。率军增援，倘若通过某种途径战而胜之，则可不再受昌卡人的欺凌。为了不让敌人抢先进城，他们取捷径，直逼城北堵截叛军。因此，友军和叛军几乎是同时到达。

得知在千钧一发之际大队援军赶到,印卡·维拉科查王子及手下众人大为振奋,说这归功于他叔王维拉科查·印卡幽灵梦中显圣时对他许下的诺言,当时他说,只要王子遇到什么危难,他就会像对待亲骨肉那样保佑他,设法向他提供必要的救援。王子看到援军及时赶到,便想起了这番话,并对手下众人说了一遍,肯定他们是得到了维拉科查神的保佑,因为他的诺言已经实现。印卡人听到这话,顿时士气大振,确信可以稳操胜券。原来他们已经准备驱兵迎敌,在阿普里马克河与维利亚昆卡山之间的山坡和隘道上交战,因为那样他们居高临下,比敌人占有优势。现在既然得知援军将到,遂决定暂时按兵不动,待友军到达后略事休整,同时等候敌军到来。印卡·维拉科查王子和为他充当参谋的亲属还认为,既然兵力大增,最好不要离城太远,这样可以就近得到军队需要的口粮和其他物资,同时,如果城市遇到危险,也可迅速救援。计议已定,印卡·维拉科查王子在平原上原地按兵不动,后来援军赶到,计有一万二千名士卒。王子近前欢迎,深深感谢他们对印卡王的爱戴之情,对各部族酋长和所有将领尽力款待,赞扬他们的一片忠心,答应将来必定奖赏这次非同一般的勤王之举。众酋长对他们的印卡王子维拉科查参拜已毕,禀报说距那里两日行程之处,还有另外五千名士卒正在赶来,他们为了尽速救援,没有等那支军队同行。王子对两支大军赶来救援再次表示感谢,经征询亲属计策后,命酋长们派人把那里情况通报正在兼程而来的人,说王子带领军队屯扎在平原上,要他们尽快赶到那里附近几座山头和峡谷,就地隐蔽埋伏,观察敌军动静:如果敌军想战,就一鼓作气,从侧翼

向敌军冲锋,一举战而胜之;如果敌军不想战,他们也像优秀士兵那样履行了使命。印卡王子得到援军两天后,敌军前锋部队在里马克坦普山坡上露面。他们探知印卡王子维拉科查在距那里五莱瓜的地方屯兵,便缓步徐行,同时向后面传话,要求中军和后卫部队迅速推进,与前锋会合。这样,当日又行进了一天,三军一齐到达萨克萨瓦纳,那里距维拉科查王子所在之处有三个半莱瓜,就是后来贡萨洛·皮萨罗与加斯卡①交战的地方。

第十八章　一场血战,王子巧计胜敌

印卡王子维拉科查派出使者到萨克萨瓦纳去见敌军,传达他的旨意:只要他们罢战求和,重修旧好,即可既往不咎。昌卡人知道印卡王亚瓦尔·瓦卡克已经弃城而逃,虽然他的儿子决心保卫京城,并传来那样的旨意,但他们极其狂妄地认为,既然老子已经逃之夭夭,儿子还有什么可怕的,所以确信自己必胜无疑。他们抱着这样的希望,根本不听使者传话,立即将他逐回。次日天刚破晓,他们即离开萨克萨瓦纳,进军科斯科。他们是按照战斗阵式列队而行,因此尽管急速行军,也未能在天黑以前赶到王子屯兵之处,便在距王子四分之一莱瓜处停了下来。印卡王子维拉科查不断派出新使者,在中途迎着他们,规劝他们友好相处,反叛之事可以原谅。昌卡人根本不听他们的话,只是安营扎寨以后,才听取了

① 佩德罗·德拉加斯卡(1485—1560),西班牙高级神职人员,曾任秘鲁检审院院长,其间率军平息贡萨洛·皮萨罗叛乱,将其战败并处死。

最后一批使者的传话，但却轻蔑地回答说："明天再看谁该称王，谁会原谅谁吧！"

昌卡人作出如此无礼答复后，整个一夜双方都密布岗哨，严阵以待。天刚破晓，双方就整队列阵，高声呐喊，鼓号齐鸣，螺角喧天地向前进逼。印卡王子维拉科查一心要身先士卒，他第一个把手中的武器抛向敌军，紧接着便开始了一场残酷的厮杀。昌卡人早就夸下海口，认为必操胜券，所以顽强战斗。印卡人为了保护王子不被杀死和不受侮辱，也针锋相对，寸步不让。在这场战斗中，双方将士个个奋勇，互相厮杀，战至中午未分胜负。就在这时，早已埋伏好的五千名印第安人突然出现，随着一声呼啸，勇猛无比地从敌军右侧冲杀过去。由于他们好像从天而降，且攻势锐不可当，昌卡人伤亡惨重，被迫后撤。不久，他们又互相打着气卷土重来。他们本以为必胜无疑，然而苦战了多半日还无法取胜，于是在战斗中先自焦躁起来。

在第二次冲锋中，双方厮杀了两个多小时，仍是难分胜负。但自这次冲锋后，昌卡人觉得对手不断有新来的队伍投入战斗，士气便开始低落。原来是逃离城市的人和城市附近各村的居民得知维拉科查·印卡王子回来保卫太阳宫，也纷纷前来助战，聚在一起，大致五十人、一百人地组织起来，要去与王子同生共死。他们看到战事正酣，就高声呼喊投入战斗，其实是虚张声势，人数并不多。昌卡人见对方援兵源源不断，以为他们的兵力还要多得多，便对取胜丧失了信心，此后虽然还在拼杀，但只有送命的份儿，而毫无取胜的可能了。印卡人就像他们用神话传说和虚假的证据极力颂扬太阳一样，生来就善于夸大事实，此时看到实际很少、但看来颇多的援兵,就想莫失良机,应利用自己对这类事情特有的聪明机智,一鼓作气,夺取全胜。他们高声呐喊,大事张扬地说,那一带田野上的山石草木都变成了士兵来为王子助战,因为这是太阳和维拉科查神的旨意。昌卡人本来笃信神话,听到这通胡编乱造,顿时一蹶不振。整个那个王国的平民百姓也都非常迷信,所以从那以后都把这个神话铭记在心。赫罗尼莫·罗曼修士在其所著《西印度国》一书的第二卷第十一章谈到这次战役时,也是这么说的,现将原文照录如下:"结果印加王子在战场上占了上风。直到现在每逢谈起那次英勇的战役时,所有印第安人还说当时战场上的石头都变成了士兵为他们战斗;这都是太阳的旨意,目的是实践他对英勇的帕查库蒂·印加·尤潘吉(这位无畏的小伙子也叫这个名字)许下的诺言。"以上是这位一丝不苟地调查各国情况的人写的一段话。他在上述那一章和下一章中,简要地涉及我们已经讲过和将要讲到的关于秘鲁诸王的许多事情。阿科斯塔神父大人也曾写到维拉科查这具幽灵的事,不过改换了当时几位国王的名字;也讲过与昌卡人的那次战役和我们要讲的关于这位王子的一些情况,但是比较简短,也不太清楚。因为印第安人对西班牙人讲的所有事情都很紊乱。这是因为,一方面存在着语言上的困难,另一方面那些史实世代相传,他们也记忆不清了。即使史实的主要脉络,他们也讲得很混乱,既无顺序又无时间。然而不管神父写得怎样,我仍乐于照录于此,目的是让大家知道,杜撰神话的不是我,而是我的亲属,而且西班牙人也听说过这些神话,不过不像我那样是在襁褓中吃奶时就开始听说的。

神父大人在第六卷第二十一章中说了一段话,现照录如下:

"帕查库蒂·印加·尤潘基在位六十年,征服了许多疆土。他的一系列胜利是这样开始的:他有一个哥哥在其父在世时就成了君王,根据他的意志主持战事,但在与昌加人[①]进行的一次战役中被击溃。昌加部族盘踞安达瓜伊拉斯山谷,山谷距库斯科约三十莱瓜,可通利马。他兄长溃败后,率领少数人撤退他方。弟弟印加·尤潘基见此情景,就想自立为君。为此他编造说:在他孤独一人、悲痛非常的时候,造物主维拉科查神对他抱怨说,他身为宇宙的主宰和万物的造物主,造了苍天、太阳、世界和人,虽然万物都在他的权威之下,但人们却没有对他表现出应有的恭顺,而是把他与太阳、雷电、大地和其他东西等同起来,其实它们仅有的那些功德都是他给予的。维拉科查神对他说,在他所在的天上,诸神都称他为维拉科查·帕查亚查奇克(Viracocha Pachayacháchic),意思是宇宙造物主;还说为了让人们相信这是真的,虽然他是孤身一人,但不要怀疑他会用这个姓氏造人;尽管现在昌加人人多势众,并因一时得势而趾高气扬,但他可以让他战胜他们,立他为君,因为他要给他派兵遣将,暗中佑助他。于是,他开始用这个姓氏造人,组成一支大军,取得了胜利,并自立为君,剥夺了他父亲和兄长的王位。自从那次获胜以后,他就立下章法,尊维拉科查为宇宙的主宰,太阳和雷电的神像也要对他大礼参拜。从那时起,维拉科查的神像就竖立得高过太阳、雷电和其他偶像。虽然这位印加·尤潘基为太阳、雷电和其他偶像分封了'查克－拉斯'(chac-ras,土地)和牲畜,但却没有给维拉科查分封任何东西,因为他身为宇宙的主宰和

① 即昌卡人。

造物主,不需要这些东西。

"打败昌加人后,这位王子向士兵们宣布,说这个仗不是他们打赢的,而是维拉科查神给他派去的一些长着大胡子的人打赢的;这些人只有他能看得见,后来都变成了石头,应该找找他们,他能够认出来。于是,他从山上收集了大量石头,经他挑选后立为偶像,让人们顶礼膜拜,敬献牺牲。这些石头称为"普鲁劳卡"(pururauca),人们出兵打仗时,总是非常虔诚地带在身上,以为有它助战便可稳操胜券。这位印卡王子的想象和杜撰竟有如此强大的威力,以致后来就凭这个办法多次取得辉煌的胜利。"以上系引录阿科斯塔神父大人的话。根据神父的记述来看,这是一个完整的神话,不过所谓维拉科查的神像竖得高过太阳神像之说,则是印第安人新编出来的情节,这样就等于说是把西班牙人称为他们信奉的地位最高、最受尊敬的神的名字,也就取得了西班牙人的欢心。事实上不是这么回事,他们只有两位神,一位是看不见、谁也不了解的帕查卡马克,一位是看得见、而且众所周知的太阳。至于维拉科查和其他印卡王,他们认为都是太阳的儿子。

第十九章　印卡·维拉科查王子获胜后的宽宏之举

印卡人看到敌军士气已经瓦解,便按照王子的号令,齐声高呼着他叔父印卡·维拉科查幽灵的名字,以猛虎下山之势包抄过去,逼得昌卡人阵脚大乱。敌人绝大多数被杀,为数不多的幸存者掉过头去,拼命逃窜。王子追赶了一程,传令收兵,敌人已经战败认输，就不要再行杀戮。他亲自在刚刚打过仗的整个田野上巡视一遍，传命集中伤员派人治疗，集中尸体派人掩埋。他还传命释放俘虏，让他们自由回家，说全都宽恕他们。这场进行了八个多小时的激战非常残酷，真个是尸横遍野，血流成河。据印第安人说，鲜血不仅撒满了原野，而且在穿过平原的一条干涸的小溪中汇成一条血河，所以从那以后，就把那个地方称为“亚瓦尔潘帕”（Yáhuar Pampa），意思就是血染的田野。在这场战役中，共有三万多印第安人丧命，印卡王子维拉科查方面损失八千人，其余都是昌卡、安科瓦柳、乌拉马卡、维尔卡和乌通苏利亚等部族的人。

两位将军和安科瓦柳统帅做了俘虏，统帅身上负了轻伤，王子命人为他精心医治，并且挽留三人参加他打算将来举行的祝捷大会。战役过后几天，针对三人冒犯太阳儿子的狂妄之举，王子的一位叔父狠狠训斥一番，说他们在刚刚结束的战役中已经看到，太阳的儿子是战无不胜的，因为根据他们的父亲——太阳的旨意，山石草木都变化成人为他助战；今后不论什么时候，如果他们还想再试验一番，也还会看到同样的景象。他还讲了一些赞扬印卡人的神话，最后让他们感谢太阳的宏恩，是他命令自己的儿子对印第安人宽大为怀、仁慈为本的，由于这个缘故，王子才饶恕他们不死，并把领地重新赐给他们；与他们一起反叛的所有其他酋长，虽然罪该万死，也都一律赦免；如果不想让太阳惩罚他们，命令大地将他们生吞下去的话，从今以后就要做安分守己的臣民。酋长们诚惶诚恐，毕恭毕敬地感谢王子的恩德，保证永做忠诚的奴仆。

战役大获全胜后，印卡王子维拉科查派出三个信使。第一个派往太阳宫，把依靠太阳神的福佑和帮助获得胜利的消息奏报给

他，好像他并未亲眼看到一样。原来这些印卡人虽然尊太阳为神，但仍把他看作血肉之躯，是像他们一样的人。在许多事情上对他都像常人一样，其中之一就是向他敬酒：把太阳要喝的酒倒进一个中等金缸，放在举行庆典的广场上或太阳神庙里敬献给他，说从某个地方开始少掉的那些是他喝掉了——其实这种说法也不无道理，因为是太阳的热度给蒸发掉了。印卡人还敬献饮食菜肴供太阳神食用。每当发生什么重大事件后，例如刚刚在打仗中获得大捷，要专门给他派出一个信使，禀报事情经过并为此向他谢恩。维拉科查·印卡王子遵照这个古老习俗，派出信使向太阳报捷，同时吩咐祭司们（逃散的祭司们这时都已聚在一起返回神庙）向太阳谢恩，重新献上供品。第二个信使派到献给太阳做妻子的贞女那里，通报胜利消息，好像是由于她们的祈祷和美德，太阳才让王子获胜的。第三个信使（他们称信使为“查斯基”）派到他父亲印卡王那里，报告直到彼时发生的一切情况，请求他在王子回来之前不要离开原地。

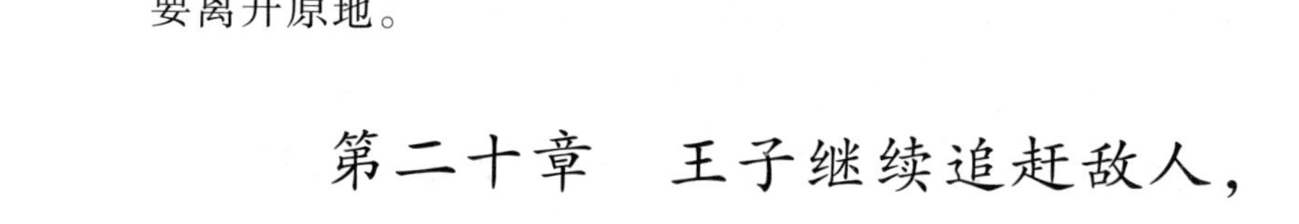

第二十章　王子继续追赶敌人，返回科斯科，会见其父，剥夺其王位

王子派出信使后，传命挑选六千士卒随他继续追赶昌卡人，其余人员尽皆遣散，让其各回家园，并向酋长们许下诺言，将来适当时机奖赏他们的勤王义举；同时又任命两位叔父为将军随他同行。战役结束后两天，他率军启程，继续追赶敌人，但不是要去惩罚他们，而是劝慰他们不必为自己的罪过担惊害怕。因此，凡是在沿途

追赶上的人,不论有伤无伤,他命令一律热情款待,有伤的派人医治;又从战败的印第安人当中挑选数名信使,派回各省各村,告诉人们印卡王子如何宽恕和安慰他们,要大家不必心存恐惧。诸事安排已毕,王子继续兼程行进。当到达属于昌卡人的安塔瓦伊利亚省时,凡能聚在一起的妇孺全都出来迎接,他们手挥绿树枝,齐声高呼:“唯一的君主,太阳的儿子,穷人的爱护者,请您可怜我们、饶恕我们吧!”

王子亲切接待他们,命人传话说,他们之所以遭此不幸全是他们父亲和丈夫的过错,但所有反叛作乱的人都已得到他的宽恕。他现在亲自来看望大家,亲口对他们说出“宽恕”二字,让他们更加放心,丢掉因负罪感而可能产生的恐惧心理。他传令部下以仁爱之心对待他们,发给所需之物,要特别关心在亚瓦尔潘帕之役中战死者抛下的孤儿寡母的口粮。

他很快在反叛的各省巡视一遍,派驻了省督和足够的官员,然后返回科斯科城,这是他在离城一个太阴月后重新回城(“太阴月”是印第安人的说法,因为他们是用月相来计算月份)。忠顺的和反叛过的印第安人看到王子这么仁慈宽厚,个个惊诧莫名,从他那粗暴性情来看,不曾想到会有这般做法。原先他们都很担心,获胜之后他定会大开杀戒,所以此时都说是他们的太阳神命他改变秉性,学习前辈的榜样。现在看来,其实是追求荣誉和声名的欲望对于出类拔萃的人物无所不能,以致迫使他们改掉暴虐劣性,弃恶从善,从而像这位王子一样在百姓中留下美名。

为了更像普通士卒而不像帝王,印卡王子维拉科查徒步进入科斯科。他在部下士卒的簇拥下,夹在身为将军的两位叔父中间,身后是战俘,沿着卡门卡山坡徐徐而下。人群欢呼雀跃地迎接他。印卡长者们趋身向前欢迎,尊崇他为太阳的儿子,恭行大礼之后,走进士兵群中分享祝捷的欢乐,大有恨不得返老还童,在这样一位统帅的麾下征战沙场的意味。他的母亲玛玛·奇克娅王后和与他血统最近的妇女们(无非是姐妹、姑姨、表姐妹、堂姐妹)以及一大群“帕莉娅”,一个个兴高采烈,载歌载舞地从另一旁近前迎接。有的拥抱他,有的为他揩抹脸上的汗水,有的为他掸扫身上的征尘,有的向他抛撒鲜花香草。王子在这样一派气氛中一直走到太阳宫,按照他们的习俗跣足而入,感谢太阳赐予的胜利,接着就去看望太阳的妻子——贞女。拜谒了这两个地方后,王子出城去见他父亲,这时他还待在王子离开他时所在的穆伊纳狭道里。

印卡王亚瓦尔·瓦卡克接见了王子。按说王子建立了如此奇功伟绩,获得连想也不敢想的胜利,他本该兴高采烈、豪情满怀才是,然而此刻他却表情严肃,满面愁容,全然一副痛苦难过的样子,毫无一点欢悦之色。他是嫉妒儿子的辉煌胜利,抑或是惭愧自己的懦弱无能,还是因为抛弃太阳宫、太阳的妻子贞女和帝国京城于不顾,担心王子会剥夺他的王位呢?不知他的痛苦出自哪种原因,也许是三者兼而有之。

在那次公开的仪式中,他们只交谈了三言两语,但后来在私下里却谈了很长时间。关于谈话的内容,印第安人无从得知,但人们可以推测,大概是父子二人谁应为王的事,因为王子在结束秘密谈话离开时已作出决定,既然他父亲弃城出逃,那就不能再回科斯科。普天之下的王子都是野心勃勃,急欲登基称王。我们这位王子也随时都想找到某种表面的借口,现在凭这一点就可剥夺他父亲的王位。印卡王亚瓦尔·瓦卡克感到,作为王国首脑机构的整个宫廷都倾向于王子的欲望,他已无计可施,为了避免动乱和内战,只好屈从了儿子的决定,至于自己则任凭他去安排。达成协议后,在穆伊纳和克斯皮坎查之间的狭道中选择了一块景色宜人的地方(其实整个山谷风景都很秀丽),设计了一座王宫,其中既有果园花圃,又有狩猎垂钓的处所,总之,凡是想象中可供为王者赏心悦目、娱乐消遣的设施应有尽有;王宫东面,尤凯河及其许多支流小溪在近处流淌而过。

宫室设计完毕后(这座宫室的遗迹和地基至今犹存),维拉科查·印卡王子返回城里。他取下黄色流苏,戴上红色流苏。不过尽管他戴上了红流苏,但从未要求他父亲取下自己的红流苏——反正没有了帝位和实权,帝王标志也就无所谓了。宫室建完后,王子派去各种各样的仆人,送去必要的用具,事事办得十分周到,除了王国的统治权以外,印卡王亚瓦尔·瓦卡克可说是无一短缺。这位可怜的国王就像不久前自己对儿子那样,现在被自己的儿子剥夺了王位,流放到荒野之中,与鸟兽为伴,孤苦伶仃地度过自己的余生。

据印第安人说,国王童年时啼血的凶兆就已预示了这场灾难。他们在互相议论、回首往事时还说,如果这位印卡王在担心儿子的暴虐性情并设法要他弃恶从善时,想到按照暴君的惯例和帝国中某些省的巫师的做法给他投放一点毒药,后来也许就不会被他剥夺王位了。另一些人则为王子辩护,他们不否认王子对自己的父亲过于残酷,但说这样做也不无道理,因为他在敌人来犯时临阵退却,弃城而逃;如果他被敌人抓住,结局就会更为悲惨:敌人会结果他的性命,剥夺他的王位,废除子孙们的继承权,那就一切都完了;幸亏王子大智大勇,力挽狂澜,才保住了一切。另一些人一致歌颂他们诸位国王,说这位倒霉的印卡王之所以没有使用毒药,因为前辈诸王都是竭力在世界上清除毒药,而不是使用毒药。还有一些自称祭司的人,则更加赞美印卡诸王的高尚美德,声称尽管有人提醒亚瓦尔·瓦卡克国王使用毒药,但他仍然不用,因为连老百姓都禁止对外族人投毒,倘若国王给自己的儿子投毒,那就不配做太阳的儿子——印卡王。总之,印第安人在闲谈时,每人根据自己的好恶,提出了诸如此类的种种说法。关于"啼血的印卡王"就此打住,恕不再表。

第二十一章　关于维拉科查这个名字,为什么把西班牙人称为维拉科查

现在回过头来再讲王子。首先要说明,人们根据过去的梦境管他叫维拉科查·印卡或印卡·维拉科查,其实"印卡"这个名词并不是放在前面有含义,放在后面就没有含义,所以二者是一回事。向王子显身的幽灵自称维拉科查,所以人们也就用这个名字称呼王子。王子说,幽灵与通常无须的印第安人不同,他脸上长着大胡子,而且与印第安人仅及膝盖的衣服也不同,他身上穿着垂及脚面的长袍,因此当印第安人看到最早进入秘鲁的西班牙人面留长须、衣服遮住全身时,就管他们叫维拉科查。西班牙人进入秘鲁之前不久,暴君阿塔瓦尔帕杀死了法定王位继承人瓦斯卡尔·印卡,并且不分男女老幼把王室血统的人斩尽杀绝(详情后面再

讲)。西班牙人进入秘鲁后,逮捕并杀死了阿塔瓦尔帕。印第安人便说,西班牙人是他们维拉科查神的儿子,是他派遣他们从天上下凡来拯救印卡人、科斯科城和整个帝国,使其免遭阿塔瓦尔帕的暴行和涂炭,就像上次维拉科查神亲自对印卡·维拉科查王子显身,助他平息昌卡人叛乱一样,这样就更加确认西班牙人对维拉科查的名字当之无愧。印第安人说,西班牙人遵照他们父亲维拉科查神的旨意替印卡人报仇雪恨,杀死了暴君,正是根据这个理由,他们才把最先到那里的西班牙人称为维拉科查。从下面讲到对王国的征服中可以看到,印第安人相信西班牙人是他们的神的儿子,对他们尊敬备至,崇拜有加,毫无戒备之心。所以,仅仅六个西班牙人(埃尔南多·德索托①和佩德罗·德尔巴尔科等)就敢大摇大摆地长驱两三百莱瓜,从卡哈马卡直达科斯科和其他地方,去看那里的财宝;而且印第安人为了更加优待,是用肩舆抬着他们去的,还像对待自己的国王一样,称呼他们为太阳的子孙——印卡人。如果西班牙人顺应印第安人这种虚妄的信仰,声称自己是真正的上帝派来拯救他们,使他们免受比阿塔瓦尔帕更厉害的魔鬼的暴行之苦,并按照教义的要求用实际行动宣讲《福音书》,他们无疑会大获成功的。但正如他们自己的历史所说,实际情况远非如此,我因不便明说,还是姑且不说为好,否则有人会说因为我是印第安人,一谈到这些就感情用事。确实不能说所有人都有过错,多数人还是尽到了作为好基督徒的职责;但那些异教徒是些头脑非常简

① 埃尔南多·德索托(1500? —1542),西班牙征服者。曾到尼加拉瓜,后与皮萨罗到秘鲁。任古巴都督,1539年征服佛罗里达;探查今美国北方,发现密西西比河,死于该河岸边。

单的人，因此一个害群之马在他们之中的破坏作用，就会毁掉一百个好人建树的功绩。

所有的西班牙史学家都说，西班牙人是从海上到那里去的，所以印第安人管他们叫维拉科查。他们说，维拉科查这个名字由意为“脂肪”的“维拉”（uira）和意为“大海”的“科查”（cocha）组成，加起来意思是“大海的脂肪”。其实他们在构词法和含义上都搞错了，因为按照西班牙人使用的构词法，把本意为“脂肪”的“维拉”和本意为“大海”的“科查”组合在一起，那意思应该是“盛满脂肪的大海”；这是因为在主格与属格的这类组合中，印第安人总是把属格放在前面。由此可以清楚地看到，维拉科查不是组合名词，而是自称为维拉科查和太阳之子的那具幽灵的专有名词。我在这里为那些一丝不苟的学者说明这一点，希望他们能够高兴地搞清这个极为常用的名词的含义，并且了解这样一种情况，即不是在科斯科城里从吃奶时就学到秘鲁语言的人，在说明这种语言的含义时竟会如此谬之千里；即使是印第安人，但只要不是出生于科斯科，那也同西班牙人一样，就语言上来说是外国人、没有修养的人。在为什么把西班牙人称为维拉科查这件事情上，除了上述理由，以后我们还要讲到另外一个同样非常重要的理由，其根据就是西班牙人带去的大炮和火枪。布拉斯·巴莱拉神父在解释这个名词的含义时，说它就是神的意思，指上帝的意志和威力。他说，这倒不是因为维拉科查这个名词含有这个意思，而是因为印第安人认为幽灵具有神性，除了太阳之外就崇拜它，它位居第二，在它以下才崇拜印卡诸王，此外就没有其他的神了。

印卡王维拉科查通过梦境和大捷在亲属和百姓中享有极高的

威望，所以在世时被崇拜为新的神，是太阳派来拯救印卡血统的人免遭灭亡，保护帝国京城、太阳宫和贞女宫免遭敌人毁灭的。因此，人们想出新的、比对他的前辈更加豪华的排场对他顶礼膜拜，恭而敬之，就好像在他身上体现出新的、比其前辈更大的神性似的，因为他经历了如此罕见、如此令人惊叹的事件。虽然这位印卡王想禁止印第安人崇拜他，而应该崇拜对他显灵的叔父，却是禁而不止。不过他同意对他们两位同样崇拜，既然他们两位叫同一个名字，那么在叫到他们任何一个人的名字时，也就等于叫到了两位。印卡王维拉科查为了使他的幽灵叔父和自己享有更大的尊严和威名，建造了一座神庙，下一章就要讲到。

关于那场梦，可以这样推测：作为专门制造邪恶的行家里手的魔鬼，是在王子熟睡之时让他做梦的，或者是在他尚未入睡时幻化成幽灵对他显身的。究竟王子是熟睡还是没有入睡，这一点很难说清，不过印第安人从前比较倾向于认为他还没有熟睡，是斜靠在大石之下昏昏欲睡。为了提高印卡王偶像崇拜的威望和可信性，人类的敌人魔鬼是可能干出这种勾当的。因为他看到印卡王的王国正在建立，印卡王们为了被人们当作神明来崇拜和服从，就必然要亲自规定他们那异教徒的迷信和虚妄的法则，于是魔鬼就在那次幻化成幽灵显身。印第安人传说还有另外几次显身，但对他们来说，没有哪一次像维拉科查·印卡显身那样令人惊奇，因为那幽灵显身时说自己是太阳的儿子、印卡诸王的兄弟。印卡王子在战胜昌卡人、平息叛乱之后，具有了极大的权威和声望，俨然成了天神一般，从那以后可以对印第安人颐指气使、发号施令。这就是某些历史学家所说印第安人奉为主神、比对太阳还要尊敬的幽灵之神维拉科查,而且印第安人就用这位主神的名字称呼西班牙人。其实这种说法毫无根据,是印第安人为了取悦西班牙人而对他们说的奉承话。事实是除了不曾见过的神"帕查卡马克"以外,印第安人只有太阳一位主神,只是为了赋予西班牙人以神性,才在最初说他们是太阳的儿子,就像说是维拉科查幽灵一样。

第二十二章　为使幽灵叔父流芳百世,印卡王维拉科查命人建造一座神庙

为了强调托梦之事的重要性,并使它在人们的记忆中流传百世,印卡王维拉科查命人在位于科斯科城南十六莱瓜、名叫卡查的村子建造一座神庙,以奉祀对他显圣的幽灵叔父。他吩咐,神庙的样子要尽量模仿显圣之处,要像田野一样不建屋顶,呈开放式;庙内建一小圣堂,以石封顶,犹如他曾睡卧的石凹,神庙应有一座顶楼拔地而起。这种设计和工程与那些印第安人此前此后所建的一切工程全不相同,因为他们从来没有建造过带有顶楼的房子和屋室。神庙的空间长一百二十西班牙尺,宽八十西班牙尺。神庙所用的石料都像印第安人加工的所有石料一样,磨得很光,颇为精美。神庙有四座门,分别朝向天空四大方向;其中三座关闭,只做装饰墙面的门厅,朝东的门是神庙的出口和入口,建在山墙中央。印第安人不会建造拱顶支托顶楼,就用同样的石料建墙充当横梁,可比木梁更为耐久。这种墙分开建造,每面墙之间相隔七西班牙尺,墙厚三西班牙尺。墙壁隔成十二条通道,通道上方不用木板,而用石板封顶,每块石板长六西班牙尺,厚半个巴拉,均打成六面

体。走进神庙的门以后，从第一条通道向右拐，可到神庙右面墙壁，然后从第二条通道向左拐，可到另一面墙壁，在那里从第三条通道向右拐，按照这块地面各行的空间如此依次前行，便可一条通道一条通道地走过神庙的空间，直达后面即第十二条通道，那里有一道台阶直通神庙顶楼。

每条通道两旁，正面建有像射击孔似的窗口，可使通道光线充足。每扇窗下的墙面上开一个小洞，设有一个坐着的守门人，但不影响在通道内穿行。台阶建成双坡式，可以分别上下，台阶顶部正对大神坛。顶楼地面用光滑的黑石板铺成，石板晶若乌玉，系从远处运来。一座小神堂充作大神坛，小神堂四面长度均为十二西班牙尺，用同样的黑石板封顶，石板互相接合而上，状若四坡面的塔尖——这是整个建筑中最令人叹为观止的部分。小神堂内，神庙的厚墙上辟一神龛，供奉维拉科查幽灵的神像；神堂左右两边另外各有一座神龛，但里面空无所有，只是作为主要小神堂的装饰和陪衬。顶楼上面神庙的墙壁其高三巴拉，耸入云天，但均无窗户；四面墙上都有内外磨光的石飞檐。小神堂里的神龛上建一宽大底座，座上供一尊石像，根据印卡王维拉科查的旨意，雕刻得与他所说对他显圣的幽灵一模一样。

雕成的神像是一位身材高大的男子，须长一拃有余，衣长且宽，状似长衫或道袍，垂及双脚。神像牵一异兽，形状不曾见过，四爪如狮，一条锁链缚于颈上，锁链一端系在神像一只手里。整个神像均用石头雕成。匠人们从未见过其人其像，无法按照印卡王所说的样子如实雕制，于是印卡王本人多次身着长袍，摆出自己所说见过的样子。倘若不是国王亲自装扮成他的样子，而允许别人代劳,那就难免有亵渎维拉科查神的形象之嫌。为了防止出现这种情况,他绝不允许别人装扮;对他们那些虚幻的诸神敬重之虔诚,竟达到如此程度。

印卡王维拉科查的神像,与我们吉祥使徒的形象颇为相似,确切地说更像使徒圣巴多罗买,因为他的像上画着一个魔鬼捆缚在他的脚上,而维拉科查的神像是牵着一只从未见过的异兽。西班牙人看到神庙和上述形象的神像后都说,可能是使徒圣巴多罗买到了秘鲁向那里的异教徒传经布道,印第安人为了纪念他才建造了神像和神庙。从现在算起三十年前,出生于科斯科的梅斯蒂索人自己组织了一个不让西班牙人参加的教友会,且不惜破费地为神像举行隆重大典,尊奉这位吉祥使徒为保护神,说不管是不是凭空杜撰,反正有人说他曾到过秘鲁传经布道,他们愿意尊他为保护神。但是,一些专事诽谤的西班牙人看到那天穿戴出来的盛装华饰,却说他们那样做不是为了纪念这位教徒,而是为了怀念印卡王维拉科查。

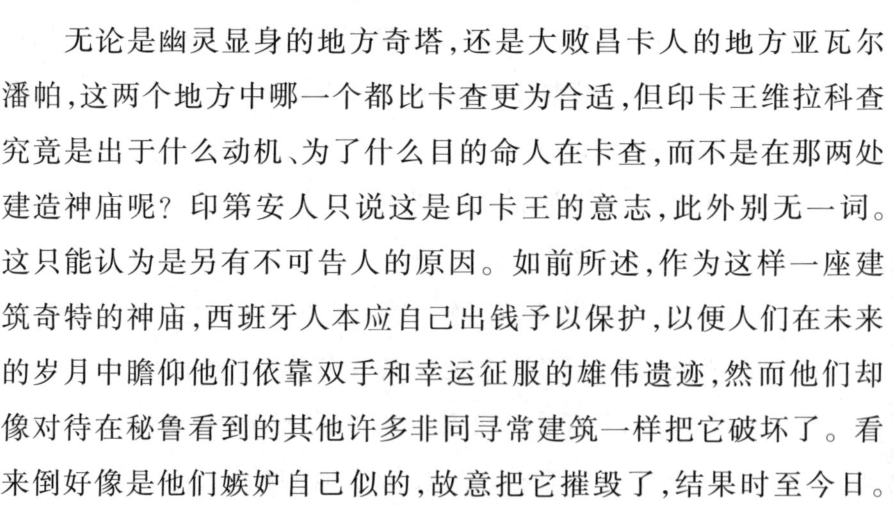

无论是幽灵显身的地方奇塔,还是大败昌卡人的地方亚瓦尔潘帕,这两个地方中哪一个都比卡查更为合适,但印卡王维拉科查究竟是出于什么动机、为了什么目的命人在卡查,而不是在那两处建造神庙呢?印第安人只说这是印卡王的意志,此外别无一词。这只能认为是另有不可告人的原因。如前所述,作为这样一座建筑奇特的神庙,西班牙人本应自己出钱予以保护,以便人们在未来的岁月中瞻仰他们依靠双手和幸运征服的雄伟遗迹,然而他们却像对待在秘鲁看到的其他许多非同寻常建筑一样把它破坏了。看来倒好像是他们嫉妒自己似的,故意把它摧毁了,结果时至今日。

这座建筑像当时其他一些类似的建筑一样，连地基也几乎荡然无存，这样的事已使许多有识之士深感痛心。促使他们毁灭这座以及他们毁灭的所有建筑的原因不可能是别的，只能是关于建筑物下面藏着许多财宝的传说。他们首先摧毁的是神像，因为据说神像脚下埋藏着许多黄金。他们忽而从这里、忽而从那里地在神庙里试探着挖掘，直挖到地基才算罢休，把整个建筑弄了个地覆天翻。几年以前石雕神像依然立在那里，但人们随意抛石取乐，也早已被打得面目全非了。

第二十三章　著名的绘画；酬谢救援部族

说到印卡王维拉科查，自从建立丰功伟绩并得到印第安人对他的新崇拜后，变得骄矜自负，趾高气扬。他对神庙那样一座精美的建筑仍不满足，又搞了一件引人注目的夸张性作品，不惜尖刻地讥讽他的父亲，炫耀自己——不过据印第安人说，是在他父亲去世以后搞的。事情是这样：在他父亲逃避昌卡人、撤出科斯科城时落脚的地方有许多巨石，他命人在最高的那块巨石上面画了两只印第安人称为“昆图尔”的猛禽。此种猛禽体形硕大，许多这种鸟两翼尖端之间有五巴拉宽；而且性情凶残，虽然宇宙的母亲大自然为了让它变得温和些，剥夺了它的利爪，使爪子状若鸡爪，但嘴却既坚硬又凶狠，一啄便可撕开奶牛的皮；两只这种猛禽便可攻击一头奶牛并把它啄死，犹如恶狼一般。它们像喜鹊一样，身上黑白两色相间。印卡王维拉科查就命人画了两只这样的猛禽。一只紧闭双翼，缩脖低头，就像有些鸟儿不管多么凶残，但当它想躲藏起来时也是一副狼狈的样子。这只鸟面向科利亚苏尤,背对科斯科。他命人把另一只画得截然相反:面向科斯科城,两眼虎视眈眈,双翼张开,就像正在空中翱翔、随时准备扑向猎物一般。印第安人说,一只"昆图尔"画的是仓皇逃出科斯科、准备躲藏到科亚俄的父亲;另一只画的是飞回科斯科、决心保卫城池和整个帝国的印卡王维拉科查。

1580 年时,这幅画还依然存在而且保存完好。1595 年,我向一位从秘鲁来到西班牙的克里奥尔人教士打听,是否见过那幅画,情况怎样。他说,由于时光磨损,雨水冲刷,加上对那处和其他类似古迹多年不加爱护,那幅古画已剥蚀得非常厉害,几乎什么也看不清,完全损坏了。

如前所述,印卡王维拉科查已成为整个帝国的绝对君主,受到臣民的拥戴,并被崇拜为神明,所以登基伊始就力图稳定国内局面,注意休养生息,料理政务,造福人民。

他做的第一件事就是广施恩泽,酬谢在上次叛乱中救援他的部族,特别是科塔潘帕和科塔内拉两个姓氏的克丘亚人,这些人是援军中的主力。为此国王规定,他们可以像印卡人那样剪去长发,戴"廖图"饰物和穿耳孔,但耳孔很小,就像第一代印卡王曼科·卡帕克允许最早的百姓穿的一样。

对于其他部族,他也给予优厚赐赠,令人人满意,个个欢喜。由于百姓纷纷传颂他的种种奇迹,都想一睹他的风采,为此他巡视各王国,让百姓有幸瞻仰。巡视几年之后,他返回科斯科,接受参政院的主张,决定征服称为卡兰卡、乌利亚卡、利皮和奇查的几个大省。前文讲过,这是他父亲只顾改变他儿子的暴虐性情,暂时放弃征服的省份。为此印卡王维拉科查传命,在科利亚苏尤和昆蒂苏尤征调三万大军,以备来年夏季听用。他又挑选自己一个兄弟任统帅,他的名字叫帕瓦克·迈塔·印卡,意思是翱翔的迈塔·印卡,他在当时所有人中行动最为敏捷,所以人们就把他这种天生本领用作了他的绰号。

他还挑选四位印卡王公做他兄弟的参谋和将军。时间一到,他们离开科斯科,沿途汇集征调的军队,径往上述各省进发。其中的奇查和安帕拉两地,因内华达山气势雄伟壮丽,许多用于灌溉田地的河流均发源于此,所以崇拜那连绵的山脉。两军进行了几次遭遇战和交锋,但都历时很短。印卡人早已威力无比,而且印卡王维拉科查最近因功勋显赫而声名远震,敌人无力抵挡。所以尽管他们生性好战,但实际只想试探印卡人实力,无意大战。这几个大省人口众多,民风好战,最初曾担心会有巨大危险和伤亡,但因上述原因却都比较顺利地归附于印卡帝国;尽管如此,收服和征服它们也用去了三年多的时间。

第二十四章　印卡王征服的新省;一条灌溉牧场的水渠

印卡王公帕瓦尔·迈塔与其几位叔父征战已毕,派驻省督和必要的官员以教化新臣民,然后班师科斯科。印卡王热烈欢迎并慷慨恩赐,褒奖他们征服了大片土地。由于此次征服大功告成,印卡王维拉科查已把他的帝国扩展到极限:东面已达连绵雪山的脚下,西面已及大海,南面已到查尔卡斯最边远的省份,距科斯科有二百多莱瓜之遥。至此，西面有大海相阻，东面有安第斯雪山大岭为障，南面有秘鲁与奇利王国之间的沙漠隔断，所以这三面已经没有什么地方可供征服。尽管如此，称王称霸的欲望总是没有止境，于是印卡王又打起了北面钦查苏尤方面的算盘，想在那里尽量为帝国开疆扩土。经与参政院的人商议，他命令征调三万大军，并从最有经验的印卡王公中挑选六人随他出征。诸事安排停当后，他留下他的兄弟、印卡王公帕瓦克·迈塔主理城中之事，便率军沿钦查苏尤的大道出征，抵达属于昌卡族的安塔瓦伊利亚省。这个省因起兵谋反，背叛印卡王亚瓦尔·瓦卡克，得了个“叛贼”的绰号，在印第安人中一直流传至今，只要一说到昌卡人，就必然加上“奥卡”(auca)一词，意思就是“背叛者”。它还有“暴虐的”、“狡诈的”和“骗人的”等词义，一切与暴虐和狡诈有关的事情都包括在“奥卡”这个形容词内。此外，它还有“作战”和“发动战争”的意思，可见在秘鲁通用语中一个词的含义有多么广泛。

昌卡人虽然忧心忡忡，还是强装笑颜，用欢乐场面迎接印卡王维拉科查。印卡王对众人十分亲切，对主要头人好言抚慰，又赐给衣物家什，劝他们不必为过去的罪行担惊害怕，因为他们觉得自己罚不当罪，始终担心印卡王迟早会来算后账。印卡王对众人普遍施恩，又巡视各省，安排他认为应该做的事项。然后，他集合分别驻扎在各省的队伍，向要征服的省份进发。最近的省称为瓦伊塔拉，那里地广人稠，居民富足，生性好战，曾经站在叛军一边。印卡王维拉科查派去使者，要他们服从于他。他们吸取了亚瓦尔潘帕战役的教训，立即归降，恭恭敬敬地出来迎接印卡王，拥戴他为君主。印卡王亲切地接见，命人传话给他们，要他们平平安安过日子，这正是他们求之不得的。

他从那里进军到波克拉省（也叫瓦曼卡）以及阿桑卡鲁、帕尔科、皮奎和阿科斯几省，各省均望风归顺，甘愿臣服于他的帝国。这是因为印卡王维拉科查创造了奇迹，为四方所拥戴。印卡王征服诸省后，遣散军队，吩咐办理为百姓造福应做的各项事务。其中一件就是修建一条深度超过十二西班牙尺、长度超过一百二十莱瓜的水渠。水渠起自帕尔科与皮奎之间的山顶，有几条美丽的泉水从那里发源，宛若水量充沛的河川。水渠向鲁卡纳地区蜿蜒，可用来灌溉那一无人地带中的草场。无人地带宽为十八莱瓜，长度几乎纵贯整个秘鲁。

另一条类似的水渠穿越几乎整个孔蒂苏尤，它起自那几省最高山脉的顶端，由南向北伸展一百五十莱瓜，流向克丘亚人地区，过去和现在都只在秋季缺水时用来浇灌牧场。在印卡诸王统治的整个帝国，有许多灌溉牧场用的类似水渠，它们不愧是表明这些帝王治国有方、政绩辉煌的杰作。需知那里的人必须在高山峻岭中开渠引水，他们没有钢铁工具，全凭膂力以石击石来打碎硕大的石头，而且他们也不会打造拱模再在上面安装横跨溪流的桥拱。如果考虑到这些情况，那么这些水渠完全可以与世界上已有的最宏伟建筑相媲美，而且可以名列前茅。如果遇有深溪挡住水渠的去路，他们就绕过遇上的所有山岭，追溯到源头以阻断水流。遇有山岭时就劈山引水，近山之处的水渠深达十至十二西班牙尺。水渠外面覆以宽大石板，石板六面均经打磨，长为一巴拉半至两巴拉，宽为一巴拉多，依次排放，互相黏合，板上盖土，植以草被，以利坚固，免得牲畜穿过时踏坏。

穿过整个昆蒂苏尤大区、止于该区尽头克丘亚省的这条水渠，我曾仔细看过，上面说的各种设施应有尽有。这类水渠确实都是伟大的、令人赞叹的工程，无论怎样描绘和赞美也不为过。作为异邦来客，西班牙人对这类伟大建筑工程却冷漠置之，既不重视也不保护，甚至在他们的史书里只字不提，反倒故意地，或更可能是漫不经心地任其全部毁坏。印第安人开凿出来、用于灌溉粮田的水渠也同样遭此厄运，已有三分之二被毁坏。现在，甚至在很多年以前，就只有出于需要而不得不经常保护的那些水渠还可以使用。至于已经毁坏的大大小小的水渠，则只是空留遗迹在人间了。

第二十五章　印卡王巡视帝国；异邦使者前来臣服

印卡王维拉科查将灌溉牧场的大水渠设计完毕并拨给必需的物料后，离开钦查苏尤省，前往昆蒂苏尤大区各省，去巡视此行计划中的各个王国。首先巡视的是克丘亚人居住的省份，该姓氏包括好几省，其中主要是两个，一个名叫科塔潘帕，一个名叫科塔内拉。这两省在平息昌卡人叛乱时出兵救援，勤王有功，印卡王对他们广施赐赠，格外恩宠。然后他继续前行，巡视昆蒂苏尤大区其他各省。由于各省都想一睹国王威仪，所以他不仅巡视山区各省，而且足迹遍及平原谷地和沿海地区，以免哪个省因他不及巡幸而有失宠之感。

印卡王广泛查访，了解省督和王室官员在各自任上是否尽职，凡有渎职者，下令严惩不贷。他说，渎职官员应受到比剪径强盗还要严厉的惩罚,因为国王授予权力是要他们主持正义,为民造福,他们却违背印卡王的意旨,蔑视他的法律规章,扰害百姓和欺压人民。巡视完昆蒂苏尤,他进入科利亚苏尤大区,逐一巡视了最主要村庄,像在上述各省一样,对全体印第安人和每位酋长广施赐赠。在那片沿海地区,他的足迹直达塔拉帕卡。

印卡王正在查尔卡省驻跸时,忽有外邦使者求见,他们来自图克马王国(西班牙人称为图库曼),位于查尔卡人地区东南二百莱瓜。使者来到印卡王面前说道:“萨帕·印卡·维拉科查,您的先辈印卡诸王的丰功伟业早已传播于国内外,他们执法公正严明,他们的法律仁厚温良,他们的统治之道体恤人心,造福百姓,他们的宗教信仰无与伦比。您们诸位国王皆以慈悲为怀,宽厚为本,您的父亲太阳最近使您创造了伟大的奇迹。所有这些早已传到我邦的各个角落,而且在继续传向天涯海角。整个图克马王国的酋长对这些光辉伟业敬慕已久,特命我等前来恳求您不吝行善,将他们收附于您的帝国之下,恩准他们对您称臣,以便沐浴您的福祉;并恳求您屈尊垂顾,派遣王室血统印卡王公随我等前往,帮助我们抛弃野蛮的法律和习俗,传授我们应该接受的宗教信仰和我们应该遵守的法律规章。为此,谨以我们整个王国的名义,崇拜您是太阳的儿子,拥戴您为我们的国王和君主,并向您敬献我方黎民和土产,以表示我们称臣之意、耿耿之心,以此为证。”使者一席话说完,即献上他们土地出产的许多布衣、上等蜂蜜、玉米以及其他粮禾果蔬——各样东西都有一些,表示让印卡王拥有万物之意。但没有带来金银,因为那一方的印第安人并无此物,直到现在,尽管人们不辞劳苦地多方寻找,也始终未能发现。

献上礼品后,使者按自己的习俗跪倒在印卡王面前,尊奉他为神明和他们的国王。印卡王非常亲切地予以接待,并接受了礼品,表示他已拥有了整个那个王国;然后吩咐亲属向使者敬酒,表示赐予他们无可估量的恩宠。使者饮酒已毕,印卡王命人传话,说他非常高兴他们自愿前来臣服印卡诸王的君主权威,与屈服于武力前来称臣的人相比,他们对印卡王怀有更深的爱戴之情和良好意愿,理应受到更好的礼遇和优待。因此,命人从为印卡王制作的精致毛料衣服中,从贞女亲手制作、只有印卡王才能使用、并被视为圣物的首饰中,各取一部分送给他们的酋长,此外还给使者许多赐赠。印卡王还让他的亲属、印卡王公去教授印第安人实行印卡人的偶像崇拜,废止他们原来实行的恶习陋俗,传授印卡人的法律规章,让他们照此遵行;又派精于开挖水渠、耕种土地的工匠与其同往,以扩充太阳和国王的田产。

使者一连几天得见印卡王,对国王的性情非常钦佩,对宫廷的严明法律和良好习俗赞叹不已,经过与自己的法律和习俗相比较,纷纷称颂那才是太阳的儿子、人的法律,而他们自己那些纯粹是没有理性的畜牲的法律。临行之时,他们出于一片热诚对印卡王说道:"独一无二的君主,为使普天之下人人都能沐浴您的宗教、法律和治国之道的恩泽,我们特意向您禀告,在远离我方土地的南面与西面之间,有一个很大的王国名叫奇利。那里人烟稠密,因有一道雪山相隔,我们与他们没有交往,但从父辈和祖辈那里听说过他们的情况。为此觉得应该禀报您,请您出于良好的愿望,务必前去征服那方土地,纳入您帝国的治辖之下,也让那里的人民知道您的宗教信仰,崇拜太阳为神和享受您的福祉。"印卡王命人记下所述之事，准予使者返回自己的土地。

言归正传，印卡王维拉科查继续前行，巡视了科利亚苏尤各省，所到之处均厚赏酋长、军事将领、乡官地保和普通百姓，使大家对印卡王人人称赞，个个钦佩。在那几省内，欢迎印卡王时都举行了大规模的庆典，真个是欢声雷动，盛况空前。因为正如我们多次说过的，托梦之事和亚瓦尔潘帕大捷，早已使那些印第安人对这位印卡王尊敬得五体投地，以致把他崇拜为新的神明。时至今日，印第安人对于传说幽灵显身时他睡卧的那块巨石，仍然非常尊敬。由于上帝的慈悲，他们现在已不再像过去那样崇拜偶像，因此尊敬巨石不是为了把它当作偶像来崇拜，而是为了缅怀无论在和平时期还是在战争时期都对他们非常善良宽厚的国王。

巡视完科利亚苏尤后，印卡王进入安蒂苏尤。那里人口少于以上几个地方，欢迎场面虽不甚铺张奢华，但也尽量做到场面盛大。大路上用木头高高搭起凯旋门，门上缀满鲜花绿草（这是印第安人举行盛大欢迎时常有的做法），印卡王所经之路也撒满各种花草。总之，他们竭尽所能地布置出豪华场面，以表示他们对印卡王怀有的盲目崇拜。印卡王维拉科查用三年时间巡视了帝国三个大区，所到之处如遇上他们称为“拉伊米”的太阳节和“西图亚”节，就在当地庆祝。这些地方的节日虽不如科斯科城里那么盛大，但也尽量办得庄严隆重，以实行他们那盲目的宗教信仰。巡视已毕，印卡王返回帝国京城，受到他所希望的盛大欢迎。他作为帝国京城新的缔造者、保卫者和守护者，所有朝臣倾城而出，恭迎圣驾还都，一时间欢声雷动，赞歌喧天，颂扬他的辉煌业绩。

第二十六章　剽悍的安科瓦柳逃出印卡帝国

按照前一章记述的方式，印卡王维拉科查又到各王国和各省份巡视过两次。在第二次巡视中，当他正在秘鲁南方最边远的奇查人省份盘桓之际，有人向他报告了一桩罕有的事件，令他非常痛心，原来是剽悍的安科瓦柳逃出了印卡帝国。前面讲过，安科瓦柳本是昌卡人的国王，他沐浴印卡人的仁政已有九年或十年之久，他所统辖的土地并没有被剥夺，他仍像以前那样担任大领主之职，印卡王一直对他竭力抚慰，优礼相待。但他生性傲慢，自恃蛮勇，不能忍受屈从他人、甘作别人百姓和附庸的地位。过去他曾是许多百姓的绝对君主，他的列祖列宗曾征服过众多部族，特别是征服过率先救援印卡王维拉科查、而使他未能得到预想胜利的克丘亚人。使其臣服于他们的国家和统治。现在他看到自己与过去的下属平起平坐，而且根据他的想象和清醒判断来看，过去的仇人因对印卡王助战有功，反而比他更受宠爱和敬重，而他自己的地位肯定会每况愈下，日渐轻微。虽然他也看到，印卡人的统治总是乐于满足他的意愿，让他自由地享受君侯和领主的地位，但种种胡思乱想无时不在他的脑海里翻腾。因此，他除了要求自由以外，还总想抛弃现有的一切，争取统辖更大的领地。为此，他与几个心腹印第安人计议，吐露自己的心事，说他真想抛弃自己的故国和领主地位，摆脱印卡人附庸的身份，逃出印卡帝国，另觅他方安民建寨，不做绝对君主死不瞑目。为了实现这个愿望，他让印第安人互相转告，带着

妻儿尽量神不知鬼不觉地逃出印卡王的管辖范围；为了顺利逃脱，他将发给他们通行标志，免得有人盘问出行目的。逃出以后，在邻近的外族土地上等他，他将尽快随后逃出，但不能大家同时出走，否则印卡王就会发现并命人阻拦。他还说，若想获得失去的自由，这是最可靠的办法；如果企图发动叛乱，那简直是发疯蛮干，因为他们没有力量抗击印卡王；即使有力量也不能那么干，因为印卡王曾给他丰厚赐赠，对他宽宏大量，他不愿忘却旧恩，背信弃义。还说，他只想寻求自由，丝毫不想冒犯像印卡王维拉科查这样英明的国君。

剽悍蛮勇的安科瓦柳，用这一席话说服了最先跟他密谋的人，这些人又说服了第二层人，第二层人又说服了第三层人。这样一一相传，便有很多昌卡人出于对自己当地领主的真心爱戴，轻而易举地被说服。没过多久，八千多个能征善战的印第安士兵离开了家园，此外还有大批妇女儿童等平民百姓。傲慢的安科瓦柳与他们一起，凭借手中武器和昌卡人名声的威慑，闯进了邻区土地。邻区部族对昌卡人的残忍和骁勇素怀恐惧，安科瓦柳就利用那些人的惊恐获取给养，一直行进到距自己土地六十莱瓜的塔尔马和蓬普两地，打了几场遭遇战。他本可一举征服那些部族，在那里安顿定居，但觉得距印卡帝国太近，而印卡王野心勃勃，不久就会前来征服那片土地，他将会重新陷入刚刚脱离的屈从地位，再次遭遇不幸，所以不想那样做。他认为应该继续前进，逃到至少在他活着的时候印卡王不能很快到达的地方。计议已定，他从原路折向右方，继续向高大的安第斯山方向进发，企图逃进山中，选择地形适当的地方定居。现在的昌卡族印第安人说，安科瓦柳当时真是这样，在

离开自己土地将近二百莱瓜的地方择地而居的。但究竟是从什么地方进山,在什么地方定居,他们却说不清楚。不过据说是沿着山下一条大河进了山,在几座美丽大湖的岸边安顿下来,而且还说他们在那里成就了不少英雄业绩。根据铮铮铁汉安科瓦柳的禀性和勇气来看,可以推测会有很大作为。虽然如此,这种说法也不像是真实可信的历史,倒像是为赞美他们昌卡部族的先辈而杜撰的神话故事。不过这些事情与本部史书无关,还是不说为好,有关的情况讲过这些也就足够了。

第二十七章　安科瓦柳领地内的居民点,风景如画的尤凯山谷

印卡王维拉科查对安科瓦柳逃走之事非常痛心,他本想阻止,无奈为时已晚,只好以不是因为他而出逃来聊以自慰。印第安人私下仔细琢磨这件事时,认为天下为君主者的性情均是如此,他们难以容忍性格如此刚烈的臣属,因为这种人着实对他们是一种威胁,所以印卡王也乐得他一走了事。印卡王详细询问了安科瓦柳出逃的情况,那几省情况如何,得知局势无甚变化后,为了不中断巡视,遂派人命留守科斯科主持政务的兄弟帕瓦克.迈塔和参政院两位印卡王公,由精干卫士随行,前去巡查昌卡人村落,运用怀柔手段安抚因安科瓦柳出逃而可能被扰乱的民心。

几位印卡王公立即前往,巡查了那些村落及毗邻省份,极力平息事态,安定民心。他们还游览了两座著名堡垒,那是安科瓦柳先辈留下的古迹,分别叫作查尔库马卡和苏拉马卡。“马卡”(marca)

在那几省的语言中就是堡垒的意思。现已背井离乡的安科瓦柳，在身为领主的最后几天就待在里面，好像是与它们依依惜别似的。据他手下的印第安人说，他离弃那两座堡垒比离弃整个自己的属地还要心情沉痛。安科瓦柳出逃引起的混乱平息之后，印卡王也已巡视完帝国。于是他回到科斯科，决定在宫廷中安度几年时光，专心处理朝政，为各王国造福，直到把昌卡人第二次骚乱彻底忘却为止。他做的第一件事，就是颁布几项必要的法律，防止发生像以前那样的叛乱。他又从被称为外来户的那些人中，抽调一万居民派到昌卡人各省定居，补充亚瓦尔潘帕战役的死难者和跟随安科瓦柳出逃者留下的缺额；同时派遣享有特权的印卡人做那些地方的首领，填补那里的空缺。这件事做完后，他下令在整个帝国，特别是在尤凯山谷及其以下的坦普地区大兴土木，建造富丽堂皇的宫舍。在秘鲁各地的所有山谷中，尤凯山谷的景色甲于天下。因此，从第一代印卡王曼科·卡帕克到最后一代印卡王，都把那里当作花园和休憩场所，在终年累月处理国事、不断忙于政务和征战之余，到那里去消闲解闷。山谷位于城东北仅四莱瓜，那去处山清水秀，风光宜人，无酷暑严寒，有微风送爽，终年气候温和，且没有苍蝇、蚊子和其他讨厌的昆虫。谷地夹在两座大山之间，东面是起伏连绵的内华达山，千回百转伸延到那里。山顶常年积雪，许多条溪水自山上流向山谷，可开渠引水浇灌田地。山半腰崎岖陡峭，山坡上牧草丰盛，鹿、麈、雄扁角鹿、原驼、小羊驼、石鸡和多种其他鸟兽出没其间。但是，由于西班牙人肆意捕杀，现在鸟兽已经非常罕见。山谷中的平地是片片肥沃良田，现在布满了西班牙人种植的葡萄、果木和甘蔗。

西面那座山很矮,只有一莱瓜多高;水量充沛的尤凯河流过山下,水势平缓,波澜不惊,群群游鱼和大量草鹭、鸭子等水禽在河中嬉戏。正因为山谷有这般景致,科斯科城里的病人,凡是能去的都到那里去疗养,何况城里气候较冷,不利于恢复健康呢。如今,科斯科城里的西班牙居民,倘若没有到那里游历一番,便认为自己是没有福分的人了。印卡王维拉科查特别喜爱那个去处,所以命人在那里建造了许多宫舍,有些是为了娱乐消遣,有些是为了显示尊严和炫耀权势。这些宫舍我曾亲眼见过一些。

印卡王维拉科查还出于自己的豪爽宽宏,出于所有印卡王,特别是他自己(因为太阳通过幽灵向他传达了使命)对太阳宫的景仰和尊崇,为它扩建了房舍,增其富丽,并添加勤杂人员。

第二十八章　印卡王维拉科查为长子取名,预言西班牙人将去秘鲁

几年之内,印卡王维拉科查忙于上述事务,整个帝国治理得井井有条,国泰民安。此时他的长子早已出世,是他的合法妻子和姐妹玛玛·伦图王后所生,原名蒂图·曼科·卡帕克。这时,印卡王维拉科查立下遗言,传旨为他取名帕查库特克。“帕查库特克”(Pachacútec)是现在分词,意思是翻转世界的人,或扰乱世界的人。或改变世界的人。他们有一句谚语说“帕查姆·库廷”(páchamcutin),意思是“世界改变了”。多数情况下,是在重大事件由好变坏时才这么说,很少在由坏变好时这么说。所以人们认为,它的意思指由好变坏比由坏变好更确切。由于昌卡人发动叛

乱和他父亲仓皇出逃，国家形势由好变坏；而印卡王维拉科查挽救了帝国，形势又转危为安，所以根据谚语，他应该叫帕查卡特克。但自从幽灵向他显身之后，各王国都称他为维拉科查，他便不能叫帕查库特克，所以就用他自己应该取的这个名字为他的继承人王储命了名，把对父亲光辉业绩的纪念寄托在儿子身上。阿科斯塔神父大人在他那部著作的第六卷第二十章中说："人们对这位印卡王自称维拉科查颇有微词，因为那是神的名字。为了自我辩解，这位印卡王说维拉科查曾亲自在梦中对他显灵，吩咐他取用这个名字。继他登位的是帕查库蒂·印加·尤潘基[1]，他对外开疆扩土，对内治国安邦，他们那偶像崇拜中的大部分仪典和迷信均是由他首次制定的——这些事情后面再讲。"这是第二十章结尾时的几句话。我在这里引用它的三个情节，作为拙著的佐证，即幽灵曾向印卡王维拉科查显灵；他取了幽灵的名字；名叫帕查库特克的儿子继承了他的王位。神父大人在第二十一章说帕查库特克夺取了父亲的王位，实际上是我们说的印卡·维拉科查夺取其父亚瓦尔·瓦卡克的王位，不是帕查库特克夺取其父维拉科查的王位。之所以出现这样的差错，是因为人们在向神父大人介绍情况时，把时间推迟了一代。尽管如此，我仍很高兴地讲了这段经过，证明我说的是确有其事。

印卡王维拉科查的妻子、王后的名字叫玛玛·伦图（Mama Runtu），意思是"禽卵母亲"。这位王后的肤色比一般印第安女子白皙，于是就用比拟的方法称她为"禽卵母亲"，这是那种语言中

① 即帕查库特克·印卡·尤潘基。

一种文雅的说法,意思是白如禽卵的母亲。我在这里和其他一些地方都对某些词的含义作过烦琐的解释,喜欢钻研语言的人大概不会认为是嚼舌之辞,而乐于听到这些说明。至于无意钻研语言的人,那就请多多原谅了。

秘鲁诸王中流传着一个预言,说他们中的一些人统治一段时间后,必有前所未见的人来到那方土地,而且一定会废除那里的偶像崇拜,夺取他们的帝国。印卡王维拉科查的亲信说,这个预言就源出于这位印卡王。预言的话说得扑朔迷离,带有说不清楚的两种含义,但大致包括上述内容。据印第安人说,自从幽灵托梦以后,这位印卡王就成了他们的神明,身为贤哲的"阿毛塔"和最高祭司,以及身为占卜师的太阳神庙里资历最深的祭司们,每到一定时候就叩问印卡王梦见了什么。印卡王根据自己的梦境和天上彗星的出没,根据这些人在鸟兽身上观察到的地面上的征兆,根据他们从献祭牺牲中测出的迷信和预兆,并与其亲信对这些现象共同商议后,提出了上面说的这个预言,从而成了最权威的占卜师。他传出旨意,让这个预言在诸代国王中世代相传,牢记于心,但不得在平民百姓中传扬,因为亵渎他们奉为上天启示的事情乃是大逆不道,而且也不应该让人们知道和传说印卡诸王在某个时候会失去自己的偶像崇拜,丧失自己的帝国,从被尊崇为帝王和神明的地位上跌落下来。所以此后多年之间,再没有谈起过这个预言,直到印卡王瓦伊纳·卡帕克在临终不久之前才把它公之于众——关于这件事的详细情况,留待后面再讲。有几位历史学家曾简略地涉及我们说的这件事,说是印第安人尊奉的一位名叫蒂克西·维拉科查的人提出的这个预言。我说的情况是从本书开头时提到的那

位年迈的印卡王公那里听到的,他经常在家母面前讲述印卡诸王的古代往事和神话故事。

正因为印卡王维拉科查作了这样的预言,而且由于西班牙人去了秘鲁,征服了秘鲁,取缔了印卡王的偶像崇拜,并传播了我们神圣罗马教会的天主教信仰,从而应验了这个预言,印第安人就把西班牙人称作维拉科查。这是印第安人这样称呼西班牙人的第二个理由。如前所述,第一个理由是说他们是幽灵之神维拉科查的儿子,是受他派遣来拯救印卡人民、惩罚暴君的。我们提前讲述了这段故事,目的是全面叙述这个神奇的预言,印卡诸王多年以前就得知了这个预言,然而却是在维拉科查这位印卡王的第四代孙瓦斯卡尔和阿塔瓦尔帕时代才得到应验。

第二十九章　印卡王维拉科查仙逝,笔者曾目睹他的遗体

印卡王维拉科查在前面说的赫赫威严和崇高地位上仙逝,因他已被崇拜为神明和太阳的儿子,他故去时整个帝国上下哀恸,为他敬献许多祭物。他立帕查库特克·印卡为继承人,此外还留下其他许多子女,既有王室血统婚生的也有非婚生的。他一生中征服了十一个省,四个位于科斯科以南,七个位于科斯科以北。他享年多少,统治多长时间,谁也说不确切,但一般认为他在位五十多年。我在科斯科看到他的遗体时,遗体的样子也表明是这样。那是 1560 年年初的事,当时我要离开那里到西班牙来,便去科斯科城督办、萨拉曼卡人波洛·翁德加多硕士的府第去吻手辞行。他

对我盛情款待,然后对我说:"既然您要去西班牙了,那就请到这个房间来,看看我发掘出来的您的几位亲人,也好带点情况到那边去说道说道。"我在房子里看到五位印卡国王和王后的遗体:三位国王,两位王后。据当时一位印第安人说,其中一位就是这位印卡·维拉科查,遗体上满头白发如雪,清楚地表明他寿命很长。据说第二位是伟大的图帕克·印卡·尤潘基,他是维拉科查·印卡的曾孙。第三位是瓦伊纳·卡帕克,他是图帕克·印卡·尤潘基的儿子、印卡·维拉科查的玄孙。从上述遗体的后两具来看,生前没有那么高寿,因为头上虽有白发,但少于维拉科查。女性遗体中一位是玛玛·伦图王后,即印卡·维拉科查的妻子。另一位是玛玛·奥克略王后,她是瓦伊纳·卡帕克的母亲。极有可能的是,印第安人在他们夫妻死后,把他们安葬在一起,就像在世时一起生活一样。遗体保存得完好无损,头发、眉毛和睫毛样样俱全。身上衣着与生前一样,头戴"廖图",没有国王的其他装饰和标志。遗体为坐势,如同印第安人男女经常坐着时的姿态:两手交叉胸前,右手放在左手上;双目低垂,似乎在望着地面。阿科斯塔神父大人也曾见过这几具遗体,他在第六卷第二十一章谈到其中一具时说:"遗体保存得如此完好,而且经过用某种防腐剂处理,因此显得如同活人一样。遗体的眼睛用一层金箔贴成,粘贴得非常巧妙,与天然生成的不差分毫。"我承认自己漫不经心,没有观察得这般仔细。当时我并没有想到要记述这些遗体的情况,如果想到的话,一定会更加认真仔细地观察一番,并且问一问印第安人是用什么办法、给遗体涂了什么防腐剂的。作为与他们同族的孩子,他们是不会拒绝告诉我的。但他们拒绝了西班牙人的要求,所以尽管西班

牙人不辞辛苦地多方打听,始终未能从印第安人那里得到回答:关于遗体的防腐办法可能已经失传了,就像我们已经讲过和将要讲到的其他事情一样。虽然遗体像神父大人讲的那样完好,有如活人,我也没有发现那种防腐药剂。不过,关于遗体上有这种东西的说法还是可信的,因为死后这么多年的遗体仍然如此完好,而且肌肤仍然如此丰满,只能用涂了某种东西才能解释。但印第安人守口如瓶,所以无法解开这个谜团。阿科斯塔神父在第五卷第六章讲到这些遗体时,说了这样一段话:"首先,他们力图保存王族和领主的遗体,所以经历二百多年后依然完好无损,没有腐败发臭。印加诸王的遗体都保存在科斯科城,分别安放在各自的圣堂和坛庙中。(为了根除他们的偶像崇拜)总督卡涅特侯爵[①]命人抬出三四具运到诸王之城,人们看到死后这么多年的遗体依然完好无损、面部肌肤仍然宛若活人,无不惊诧莫名。"以上是引述神父大人的话。应当指出,诸王之城(神父大人看到遗体时,它们运到那里已经将近二十年了)那地方炎热潮湿,东西容易腐败,特别是肉类,连存放两天也不可能。但即使如此,神父大人还说,人们看到死后这么多年的遗体仍然完好无损,面部肌肤如同活人,无不惊诧莫名,那么可以想象,二十年前时遗体肯定更加好得多了。在科斯科城,因为那里寒冷干燥,保存的肉类直到干成像木棒一样也不会腐败。据我估计,为防止尸体腐败,印第安人采取的最主要和最绝妙的办法,是把尸体运到靠近终年积雪的地方,晾在那里,待肌肉彻

① 卡涅特侯爵即安德烈斯·乌尔塔多·德门多萨(? —1561),1555—1561 年任秘鲁总督。

底干燥后，再涂上神父大人说的那种防腐药剂，使干瘪了的皮肉充实起来。所以尸体各部分都保存得如此完好，简直就像健全的活人一样，正如人们所说，只是不会说话而已。我的这种推测是根据我见过的印第安人在所有寒冷地区制作干肉的情况产生的：制作时只需将肉晾在露天，让它自己散失所含的全部水分，既不撒盐也不涂任何保护剂，这样晾干的肉想保存多长时间都可以。印卡诸王时代，供征战士兵食用的所有干肉都是用这种方法制作的。

记得我还摸了摸瓦伊纳·卡帕克遗体的一只手指，觉得那遗体又僵又硬，像是一座木雕。所有的遗体都非常之轻，随便一个印第安人都能抱起或背起来，挨门串户地到提出想看的骑士家里去。背去时盖着白布单，走在大街或广场上时，印第安人纷纷跪倒在地，对遗体恭行大礼，抽泣呜咽，涕泪交流。由于那是国王的遗体，许多西班牙人也向它们脱帽致敬，印第安人对此感激得不知说什么才好。

关于印卡王维拉科查的丰功伟业，能够记述到的就是这些，这位著名国王的作为和言论中其他一些比较琐细的事情便无从得知了。由于没有文字，如此出类拔萃人物的英雄事迹随同这些人一起消失和埋葬了，这确实是非常遗憾的。

布拉斯·巴莱拉神父只提到过维拉科查这位印卡王的一段名言，说他在世时多次说过这段话。关于这段言论和其他印卡王言论（这些言论我们后面再讲）的传说，是三位印卡王族告诉神父的（神父列出了他们的名字）。这段言论讲的是关于教养子女的事。由于这位印卡主在成长过程中饱受父亲的粗暴对待，甚至失去宠爱，想起自己经历过的一切，便告诫自己的亲属应当用什么方式教养子女,使他们成为德才兼备的人。这段名言说:“父母常常是子女腐败堕落的原因,因为他们听任子女从小养成恶习。有些人教养子女时溺爱备至、温情有加,由于沉醉于孩子的美貌和甜蜜,便娇惯他们,任其为所欲为,全然不顾将来他们长大成人后会遇到什么事情。还有一些人教养子女时过分粗暴、动辄予以惩罚,这样也会毁了孩子。因为过分溺爱,孩子会娇气十足,身心懒散;过分惩罚,孩子会心灰气馁,丧失学习愿望,而厌恶求知明理、谨小慎微的人是不可能奋发进取,去成就无愧于大人物的事业的。教养子女应遵循的法则是介乎二者之间,这样他们长大成人后,便可成为体魄健壮、志气昂扬、知识渊博、机智谨慎的人才,从文就武,均能胜任。”布拉斯·巴莱拉神父以引述这段名言结束了对维拉科查这位印卡王生平的记述。

第六卷

本卷记述印卡王宫的装饰和用品，国王的葬礼，国王的狩猎，邮差，用绳结计数，第九代印卡王帕查库特克的征服、法律和治国之道，举行的重要节日庆典，对沿海地区多座山谷的征服，科斯科城学校的扩建，印卡王帕查库特克的格言。本卷包括三十六章。

第一章 王宫的建造与装饰

秘鲁印卡诸王王宫的建筑和装饰，在富丽堂皇和宏伟壮观方面，毫不逊色于为他们营造的任何其他辉煌建筑。而且正如从下面可以看到的，在某些王宫中，其富丽堂皇和宏伟壮观甚至超过迄今所知世界上已有帝王的所有宫殿。说到建造情况，印卡诸王的王宫、神庙、花园和浴场都建造得极其光滑，用的是精心打凿的石料，石料之间衔接得严丝合缝，根本不用黏合物。不过事实上还是用了黏合物，那是一种调成乳汁状的红色泥浆，在他们的语言里称为“良卡克·阿尔帕”（lláncac allpa），意思就是黏泥浆。涂抹的这种泥浆在石头中不留丝毫痕迹，所以西班牙人说他们造房子不用黏合物。也有人说用的是石灰，那是他们搞错了，因为秘鲁的印第安人不会烧制石灰石膏，也不会烧砖烧瓦。

在许多王宫和太阳神庙里,他们浇洒熔化的铅、银或金来代替黏合物。佩德罗·德谢萨在他那部著作的第九十四章也谈到这种情况,我愿意引用西班牙史学家的话来证实我所言不虚。浇洒这种东西是为了显得更加威严,不想这倒成了那些建筑物均遭破坏的主要原因。西班牙人在某些建筑物里发现了金银,于是便为了寻找这些金属而把所有建筑物都夷为平地。其实建筑物本身都是用上等石料精心建造而成,倘若不把它们毁掉,定会保存千百年之久。佩德罗·德谢萨在第四十二章、第六十章和第九十四章也是这样说的,如果不被摧毁,本可存留很久。太阳神庙和王宫不管建于何处,都用金箔镶贴墙面,还放置许多男子女子、飞禽水鸟、猛兽家禽的铸像,如老虎、熊、狮子、狐狸、狗、薮猫、鹿、原驼、小羊驼和"绵羊"等,都是金的或银的,形态和大小均按实物铸成,挂在墙上或放在空洞和凹穴中,这些洞穴就是为此而建造的。佩德罗·德谢萨在第四十四章中对此曾有详细记载。

他们根据墙上生长的草木进行仿制,然后嵌在墙上,俨然从墙里长出来一样。还在墙上放满蜥蜴、蝴蝶、老鼠和大蟒小蛇,好像是在飞上爬下。印卡王通常坐在一个实心的金座位上,他们叫作"蒂亚纳"(tiana),有一台尔西亚[①]高,既无扶手也无靠背,略成凹状以便于就座。王座安放在一块巨大的正方形金板上。王宫中所用的一切大小器皿,不管是餐具、酒具还是厨具,全是金银制作。这些用具平时存放在各处王宫的仓库里,以备国王出行时使用,免得搬来运去。印卡王每座王宫,不论是王室大道上的还是各省的,

① 台尔西亚为长度单位,等于三分之一巴拉。

都备有一切必需之物,印卡王率军出征或巡视王国到达那里时即可使用。这些王宫里还有粮仓和许多粮囤,印第安人称之为“比鲁阿”,是用金银建造,但不是为了储存粮食,而是为了显示王宫及其主人的尊贵与威严。

王宫中还有许多床上用品和衣物,衣服总是崭新的,每件衣服印卡王只穿一次,然后就赐给亲属。床上用品是用小羊驼毛制作的被子和毯子,这种毛光滑轻柔,细腻舒适。有人连同那片土地上生产的其他贵重物品一起,带了几块到西班牙来,献给唐费利佩二世①做床上用品。他们下面铺的和上面盖的都用被子或毯子,不会、也许是不想做垫子。不过可以认为是不想做,因为他们在西班牙人的床上看见过垫子,觉得用这种东西过于舒适和讲究,与他们奉行的天然生活方式相去甚远,根本不想在自己的床上铺。

秘鲁印卡诸王也不用壁毯,前面讲过,他们是用金箔银箔装饰墙面。膳食非常丰盛,因为每餐都是为所有想去与国王一起用饭的印卡亲属和王宫里众多仆役准备的。不论印卡王还是平民百姓,主餐的时间是早上八九点钟;黄昏时分天还没黑就草草地吃点晚饭,除这两次外不再进餐。一般说来他们不讲究吃,我是说吃得不多;但饮酒癖好比较强烈,吃饭时不喝酒,但饭后就要“找补”了——喝到深夜方休。这种习俗多见于富人之中,穷人中很少见,他们是一般平民,各种东西都不宽裕,但也不会缺衣少食。他们睡觉很早,第二天一大早就起床去料理自己的活计。

---

① 费利佩二世(1527—1598),西班牙国王,1556—1598 年在位。

第二章　用金银仿制万物，以此装饰王宫

所有王宫都建有花圃果园，供印卡王休憩之用。里面广植国内各种名贵树木和奇花异草，并按照它们的样子，用金银仿制许多小株草木，叶、茎、花、果，应有尽有，形态逼真，栩栩如生：有的刚刚发芽，有的长到半熟，有的已完全成熟，大小与实物一样。除去这些富丽东西外，还仿制出逼真的玉米田，植株上根、茎、叶、花、穗一应俱全。玉米穗吐出的须是金的，其余部位都是银的，把两部分连接在一起。在仿制其他草木时也这样区别开来，花朵或凡是黄色的部位都用黄金，其他部分则用白银。

还有大大小小的野兽，都用金银仿照实物铸成，有兔子、老鼠、蜥蜴、蛇、蝴蝶、狐狸和欧林猫等，但没有家猫。有五花八门的禽鸟，有的似在树上歌唱，有的似在凌空飞翔，有的似在吸吮花蜜。还有鹿和雄扁角鹿，狮子和老虎，以及当地生长的其他各种禽兽，每种东西都放在各自生活的环境，以示仿造得多么逼真。

在许多王宫里（或许在所有王宫里）都建有浴室，安放着印卡王洗浴用的金银大缸，还有向大缸里送水的金银水管。凡是有天然温泉的地方都有浴场，建造得富丽堂皇。除去其他名贵物品外，还有用金银按实物仿制的成堆成山的木柴，好像是存放在那里供王宫随时使用。

印第安人看到西班牙人对金银贪得无厌，便把这些财宝中的大部分埋藏起来了。埋藏得非常隐蔽，以致到今天也不知踪迹，而且倘若不是偶然碰上，也难以指望重见天日了。人们认为，现在活

在世上的印第安人不知道埋藏财宝的地点，他们的父辈和祖辈也不愿告诉他们关于财宝的消息，因为不想让别人享用供他们国王享用的东西。以上讲的关于印卡王拥有珍宝和财富的情况，所有为秘鲁修史的作者都广泛地谈到，每个人又根据各自听到的情况大事渲染一番。记述最详的是佩德罗·德谢萨·德雷昂和财务总管阿古斯丁·德萨拉特。前者在他那部史著的第二十一章、第三十七章、第四十一章、第四十四章和第九十四章以及其他许多地方都有记载。后者在其著作的第一卷第十四章讲了这样一段话："他们把黄金看得非常宝贵，国王和王族都用它制作自己使用的瓮罐，用它制作自己装饰用的首饰，还用它在神庙里供献祭品。国王有一块自己安坐时用的厚金板，系用十六开金铸成，按纯金计算，其价值等于两万五千杜卡多。这块金板就是征服时期唐弗朗西斯科·皮萨罗为自己挑选的珍宝，因为根据他[①]的投降条件，印第安人必须送给他一件他自己挑选的超过一般价值的珍宝。

"在瓜伊纳卡瓦的一个儿子（长子）出生时，他命人铸造了一根金缆绳，缆绳如此粗大，（据许多活着的印第安人说）两百多个大耳朵印第安人抓住它，抬起来也很费力。为了纪念这件稀世珍宝，便把这位王子叫作瓜斯卡[②]，'瓜斯卡'（guasca）在他们的语言里意思就是大缆绳，再加上'印加'这个王号，这是他们所有国王的号，就像罗马皇帝都称奥古斯都一样。我在这里记述这件事情，目的是彻底否定在卡斯蒂利亚那些没有听人讲过西印度情况的人

① 这里的他指阿塔瓦尔帕。

② 即瓦斯卡尔。

中通常流传的一种说法,因为他们说印第安人根本不把黄金当回事,也不知道它的价值。他们还有许多金银建造的粮仓粮囤;男子女子的大型铸像,羊以及生长在那片土地上所有其他动物和各种草木的铸像,都是仿照实物制作,草木上的穗、枝、节应有尽有;有大量金线编织的毯子和绳子;甚至还有一些金银制作的柴禾,就像烧火用的一样。"以上都是那位著作者的原话,他以这段文字结束了他那部《秘鲁史》的第十四章。

这位作者所说唐弗朗西斯科·皮萨罗挑选的那件珍宝,是阿塔瓦尔帕自愿献出的那笔巨额赎金里的一件,皮萨罗作为统帅,可以根据军中法则从中挑选自己喜欢的珍宝。虽然还有价值更高的东西,如大小金缸,他还是挑了那一件,因为那是件独一无二的东西,是国王的座下之物(座椅就安放在那块厚金板上),好像是预示西班牙国王必将坐在上面。关于那根金缆绳,我们在讲到最后一代印卡王瓦伊纳·卡帕克的生平时再讲,那确是一件了不起的稀有之物。

佩德罗·德谢萨也记述了秘鲁的巨大财富和印第安人隐藏财宝的事。除了前面提到的几章以外,他在第二十一章中写了这样一段话:"如果把在秘鲁和这片土地上埋藏的东西统统挖掘出来,其价值之巨大是无法用数字计算的;据我估计,西班牙人迄今所有的一切与其相比也是小巫见大巫。在我居住于库斯科、请那里的王族介绍印加王的事情时,曾听保罗·印加和其他一些王族讲过,如果把各省和圣地(即他们的神庙)以及墓葬里的所有财宝都加在一起,西班牙人拿走的简直是微不足道,犹如从一大罐水中取出一滴。为了把这种比较说得更加清楚明确,他们取出一法内加的玉米，从中抓出一小把说：‘基督徒只拿走这么一点，其余的在什么地方连我们也不知道。’可见，大量财宝全都埋没在这片土地上了。至于已经发现的，如果西班牙人没有得到的话，那肯定是全部或大部分都献给魔鬼、神庙和他们埋葬死者的墓穴了。他们不用这种东西给士兵发放军饷，也不用这种东西购买城市和国土；他们想的只是活着时用它来装饰，死后就都带走。尽管有这些情况，我觉得我们有义务规劝那些印第安人，让他们了解我们神圣的天主教信仰，而不要只想装满自己的腰包。”这是佩德罗·德谢萨在第二十一章讲的话，现照录如上。他称为保罗的印卡王族名叫保柳，所有西班牙史学家都曾提到他。他是瓦伊纳·卡帕克众多儿子中的一个，颇有胆识，在西班牙人之间的内讧中曾为西班牙国王效劳，接受洗礼时取名唐克里斯托瓦尔·保柳，家父加西拉索·德拉维加是他和他的一个兄弟的教父。他的这个兄弟在血统上是合法儿子，名叫蒂图·奥基，因为崇敬当时的西班牙太子费利佩二世，洗礼时取名唐费利佩。这两兄弟我都见过，不久之后他们便故去了。我也见过保柳的母亲，名叫阿尼娅斯。

弗朗西斯科·洛佩斯·德戈马拉在他那部史书的第一百二十一章中，也记述了关于那些国王拥有财宝的情况，现引录如下：“他们的王宫、餐桌和厨房里的所有用具都是用黄金和白银制作的，起码也是用银和铜制作的，这样更为结实耐用。王宫侧室有空心金像，状如巨人一般；还有仿照地上生长的各种鸟、兽、草、木和各王国海、河、湖、沼里生长的各种鱼的铸像，均按实物的形状和大小制作。还有金银制作的绳子、口袋、篮筐和粮囤，像劈好备烧的木柴一样成堆的金棍棒。总之，那里大地上有什么东西，王宫里就有它们的金银仿制品。人们甚至说，印卡诸王在普纳岛附近一座岛屿上有一座花果园。每当他们想观赏海上景色时就到那里去消遣，那里有金银制作的果蔬、树木和花草，这是直到当时从未见过的宏伟建筑。除去所有这些以外，库斯科还有无法计量的尚未加工的金银，都因瓜斯卡尔死去而不知去向了。印第安人看到，西班牙人抢到金银财宝后就运往西班牙，便都隐藏起来了。后来许多人曾在这里寻找，但都没有找到。”以上是弗朗西斯科·洛佩斯·德戈马拉的原话。他所说的印卡诸王在普纳岛附近的那座花果园，其实在帝国的所有王宫里都有，他写到的各种财宝也应有尽有。只是因为西班牙人只看到了他们进入那个帝国之处的那一座，而没有见过其他完好的花果园，所以说不出还有其他花果园。正如这位作者和所有其他史学家所说，西班牙人进入之后，印第安人把花果园都毁掉，财宝都隐藏起来，以后就再也没有找到。除了他说到那些王宫的富丽景象外，还说到科斯科有无法计量的尚未加工的金银，这是用于装饰王宫后剩余下来的，因为没有用场，便堆积成山保存起来。后来确实从我的故国运来了那么多金银，对于在这里看到过这种情况的人来说，不难相信所谓金银堆积成山是确有其事的。君不见仅在1595年这一年八个月的时间里，就有“圣卢卡尔号”船分三批运来三千五百万么！

第三章　王宫里的仆役和抬肩舆的仆役

供王宫里役使的仆人有清扫工、打水工、砍柴工、国宴厨师（印卡王个人的御膳由他们的妻子和嫔妃烹调）、酿酒工、守门人、衣饰管理工、珍宝管理工、园艺工、房舍管理工以及宫中各种其他勤杂人员。他们都不是由个别人充任,而是根据工种规定由一个、两个或三个村子担任。这些村子负责提供数目充足、熟练而又忠诚的人役专管某一种杂务,每隔数天、数周或数月轮换一次,这就是那些村子的赋役。仆人中不管哪一个,如稍有疏忽或懈怠,就等于全村犯罪,虽然只是一个人的事,也要根据罪行大小对全村人实行程度不同的严厉惩罚。如果是冒犯国王的尊严,就要将全村夷为平地。所谓砍柴工,不是说他们上山砍柴,而是把各处百姓运来、供王宫使用的木柴运进宫里。其他工种也可以这样理解。印第安人把这些官差看得非常高贵,觉得是在做国王的贴身仆人,得到了王宫和国王本人的信任,所以他们觉得是莫大荣幸之事。

以这种方式在王宫里出官差的,是距科斯科城最近的那些村庄,即京城周围五六或七莱瓜的村庄,是第一代印卡王曼科·卡帕克让他征服的野蛮人最早定居的那些村庄。由于曼科·卡帕克赐予的特权和给予的恩宠,他们也姓印卡,并领受了印卡族徽和与印卡王本人一样的服式和发式——这是在本部史书开头就已讲过的。

国王御驾出行时是乘金肩舆,为此挑选了两个省的人专门抬肩舆。这两省互相毗连,而且同名,为了区别开来,把一个省称为鲁卡纳,另一省称为阿通鲁卡纳,意思是大鲁卡纳。两省共有一万五千居民,这些人身材高大,体形匀称,面貌英俊。他们一旦年满二十岁,就练习怎样能把肩舆抬得平稳,既不颠簸又不摇摆,自己既不跌倒又不磕碰。如果哪个人倒霉,抬时出现这种情况,就会遭受奇耻大辱,作为头领的舆夫队长就对他施行公开的羞辱性惩罚,就像西班牙的公开示众一样。据一位史学家说,如果哪个舆夫跌倒,就要被处以死刑。这些百姓轮流在这一行里为印卡王当差,这是他们的主要赋役,缴纳这项赋役就免除了其他赋役。他们内心感受到极大恩宠,认为用自己的肩膀抬着自己的国王是很体面的。抬肩舆时,人数总在二十五个或二十五个以上,这样,如果偶尔有人磕绊或跌倒,也不致觉察出来。

王宫的膳食消耗很大,主要消耗的是肉,因为居住在宫廷里所有王室血统的人,其所需肉食均从印卡王的宫里供给,不论国王本人在哪里都是这样。他们食用的粮食——玉米,如果不算王宫仆人消耗的部分,则消耗不多,因为所有王宫以外的人都有足够的收成养活家里人。对于鹿、雄扁角鹿、麀、原驼、小羊驼等猎物,平时连一只也不宰杀去供王室或百姓的领主家吃肉,他们只宰杀鸟禽猎物;兽类都留作狩猎消遣之用。狩猎叫作"查库"(chacu),在适当时候举行,详情到后面狩猎那一章再讲。狩猎时节,把兽肉和兽毛分给所有的穷人和富人。印卡王宫里消耗的酒,其数量之大简直无法计量。凡是前来为印卡王效劳的人(不管是不是酋长),不是为拜谒国王而来,就是为文治武功之事而来,给予他们的主要款待就是赐酒饮宴,所以消耗量之大令人难以置信。

第四章 可用作广场的大厅和王宫里的其他东西

在许多座印卡王宫里,都建有很大的棚屋。棚屋有二百步长,五六十步宽,整个棚屋是一个大厅房,可以当广场用,遇上雨天不能到露天广场上去时，就在里面唱歌跳舞，举行节庆活动。我在科斯科城看见过四座这样的棚屋，它们在我年幼时期仍然保存完好。一座位于阿马鲁坎查区，曾做过埃尔南多·皮萨罗的住所，现在是耶稣会教团所在地。另一座位于卡萨纳区，现在是我的同窗学友胡安·德塞略里科开的商店。第三座位于科尔坎帕塔区，曾是印卡王族保柳和他的儿子唐卡洛斯的房子，唐卡洛斯也曾是我的同学。这座棚屋是四座之中最小的一座，最大的是位于卡萨纳区的那一座，可以容纳三千人。竟然有能够盖住这么大房间的木料，这真是令人难以置信的事。第四座棚屋是现在充作大教堂的那一座。应该指出，秘鲁印第安人从来不在自己的房子上建顶楼，他们建的都是矮房子，而且是一个房间一个房间地分别建造，彼此互不相连；充其量是在一间非常宽阔的大厅或大房间里，在两边各辟出几个小房间充作侧室。专门用房则用或高或矮的栅栏分开，使其互不相通。

还应指出，任何一种或大或小的房屋或房间，其四面墙壁或坯墙里层都留有准备放木料的地方。因为他们不会把一个房间与另一个房间连接起来，不会在两面墙上放置系梁，也不会使用钉子。他们是把当作叉形支架的所有木料，散放在墙上，支架顶端不用钉子，而用结实的粗绳捆绑起来，这种绳子是用一种细长柔软、像是针茅草一样的草搓成的。在第一层木料上，再放置做椽子用的木料，也是一根接一根地捆绑起来；然后再在椽木上面放置草帘子搭成屋顶，草帘子放得很多，我们讲的这些王室建筑的草屋顶，至少有将近一西班牙寻那么厚。草屋顶本身就是墙壁的飞檐，可保护墙壁不被淋湿。草屋顶伸出墙面一巴拉多，便于流水；伸出墙面以外的所有茅草都修剪得非常整齐。我曾在尤凯山谷见过一座大棚屋,就是按上述方式建造的,六十多西班牙尺见方,尖形盖顶,墙壁有三人高,屋顶面积为十二埃斯塔多①,两边有两个小房间。印第安人在他们发动的反抗西班牙人的大起义中没有烧掉这座棚屋,因为他们的印卡王曾经常坐在里面观看重大的节日活动,房子前面有一片非常宽阔的正方形广场(确切地说是田野),就在那里为他举行节日活动。那座山谷里还有其他许多美丽的建筑,都被印第安人付之一炬了,我曾见过那些建筑剩下来的墙壁。

除去石墙外,他们还建筑坯墙。坯用模子脱制,就像这里制砖一样,用料是加草后经过踩和的泥。想砌多厚的墙壁就脱多长的坯,最短的也有一巴拉长,约有一塞斯马②宽,近一塞斯马厚;脱完后先放在太阳下晾晒,然后依次堆起,放在太阳或屋顶下两至三年,使其完全干透。建房时像砌砖一样砌起来,就用制坯时用的那种加草后踩和的泥做灰浆。

印第安人不会建围墙,由于坯的原料是泥,西班牙人也不建围墙。在我们说的这种宏伟建筑中,如果有哪座房屋被烧毁,印第安人就不在烧毁的墙壁上重建,因为他们认为,坯上的草被火烧过后,墙壁就像散沙一样不结实,承受不住屋顶的压力。但我在那些建筑物中看见过许多墙壁,它们虽曾被火烧过,却仍然非常结实。看来他们之所以这样做,大概是出于另一种迷信。拥有那座房子的国王去世后,就把他通常就寝的房间连同里面所有的金银饰物

① 人高为长度单位,约合 7 英尺。埃斯塔多为面积单位,约合 49 平方英尺。但在西班牙每英尺合 0.28 米。

② 塞斯马为长度单位,合八分之一巴拉。

封闭起来,奉为圣地,永远不许任何人进入。在帝国所有的王宫内,凡是印卡王住过一夜或几夜的地方,哪怕只是在出行时住过,也都照此办理,然后为继他登基的国王再建一座房间供其就寝。对于封闭的房间从外面精心修缮,使其不致破败。国王亲手用过的各种器皿,如坛、罐、瓮和厨房里的所有餐具,王宫里其他东西,以及他身上穿戴的衣物珠宝等等,全都与故去的国王一起埋葬。在王国所有其他王宫里的类似器皿也都统统埋掉,犹如是把这些东西寄送给他,供他在阴间使用。为装饰王宫和显示尊严的其他财富,如花园、浴室、仿制的木柴和其他华贵之物,则留给继位者使用。

印卡王住在科斯科城时,王宫里使用的木柴和水,由称为“塔万廷苏尤”的四个大区的印第安人分期分批运来。就是说,由四个大区中距城最近的村子,即城周围十五至二十莱瓜的村子运送。印卡王不在城里时,也由这些人运送,但不需这么多。用来酿酒的水——他们把这种酒叫作“阿卡”(aca),最后一个音节从喉部最深处发音,他们喜欢略带咸味的硬水,据他们认为,淡而无味的软水使人形体消瘦,有害健康,酿出酒来也是淡而无味,不成其为酒。就因为喜欢硬水而不喜欢软水的缘故,印第安人不注意寻找优质水源,即使科斯科城这样的地方也没有优质水。弗朗西斯科·埃尔南德斯·希龙发起战争后,家父任科斯科城督办时,曾于1555至1556年引来了称为蒂卡蒂卡的泉水。泉水发源于城外四分之一莱瓜处,水质很好,把它引进了主广场,(有人告诉我)后来又从这里引进了圣弗朗西斯科广场,把另一条水量充沛、味道甜美的水源引进了主广场。

第五章　如何安葬国王，葬礼持续一年

为印卡王举行的葬礼非常隆重，但也相当冗长繁琐。不知用什么方法给死者遗体涂上防腐剂，正如前面谈到1559年发现的五具印卡国王和王后遗体时讲的，遗体保存得极其完好，犹如活人一般。遗体的内脏全部埋在名叫坦普的那座村庄的神庙里，坦普村位于尤凯河下游，距科斯科城不到五莱瓜，那里有高大宏伟的石料房屋。佩德罗·德谢萨在其著作的第九十四章谈到这些建筑时说，人们非常肯定地告诉他，在王宫或太阳神庙的某个地方，曾发现过用熔化的黄金做黏合剂，把金水与填塞料混在一起浇在墙上，把一块块石料黏合在一起。这是佩德罗·德谢萨的原话，特引录于此。

当印卡王或某位主要酋长亡故时，最受宠幸的仆人和女子或者自杀，或者让人把他们活埋，说他们自愿在来世侍奉自己的国王或领主。前面讲过，根据他们的异教信仰，他们认为在现世生活之后，还有一个与其相似的来世生活，而且是肉体生活而不是精神生活。他们是出于对自己主人的一片敬爱之情，自愿一死或自杀相随而去的。有些历史学家说，是杀死他们然后再与其主人或丈夫一起埋葬，这种说法不对。因为如果是为了给主人殉葬而把他们当作恶人杀死，这是一种非常惨无人道、暴虐专横和骇人听闻的做法。实际情况是，他们自己情愿去死，而且往往是自愿去死的人太多，上司不得不制止他们，说这次这些人去侍奉就够了，以后再有领主死亡时别人再去。

国王遗体涂上防腐剂后，安放在科斯科城神庙的太阳神像前，因为人们都说他们是太阳的儿子，所以像对神一样向他奉献许多祭物。国王故去的第一个月，全城人每天满怀悲痛，呼天抢地地为他哭丧。哭丧时，每个区的居民分别走向田野，带着印卡王的王徽、王旗、武器和衣物，这些东西不予掩埋，专门留着举行葬礼时用。人们在痛哭的同时，高声述说他在战争中创造的英雄业绩，称颂他赐予本区居民出生省份的恩惠和好处。第一个月过去后，每隔十五天逢朔月和望月重复一次，如此持续整整一年。一年过后，以尽可能隆重的形式为他举行周年大祭，照例恸哭一番。有些男人妇女像哭丧妇一样，在这方面出类拔萃，技高一筹，他们一边拖着悲腔唱赞歌，一边述说已故国王的伟大和美德。这里记述的这种事，科斯科的平民百姓这样做，王室血统的印卡人也这样做，不过场面要隆重得多，王族贵胄的气派远远胜过普通百姓的气派。

帝国各省里也照此行事，各省的领主都因国王去世而竭力表现出如丧考妣的悲痛心情。他们一边恸哭，一边拜谒国王为了施恩而曾在他们省内停留过的地方，诸如步行过的田野或驻足过的村庄。如前所述，他们对这些场所毕恭毕敬。到了那里，哭号声有增无减，还要大讲特讲国王在那里给予他们的宠幸、恩惠和好处。关于国王的葬礼就讲这些。在各省里，为酋长举行的葬礼与此大同小异，我记得童年时曾见识过这种场面。在克丘亚地区一个省份里，我见过一大群人走向田野去哀悼他们的酋长，穿的衣服撕成长条，犹如丧幡。他们发出的哀号引起了我的好奇心，便问那是怎么回事，他们告诉我：是为瓦曼帕尔帕酋长举行葬礼（瓦曼帕尔帕是死者的名字）。

第六章　国王在全国举行的隆重狩猎

秘鲁印卡诸王举行许多种王室大典，其中之一就是在适当季节举行隆重的狩猎。狩猎在他们的语言里称为“查库”，意思是围捕，因为他们是围捕猎物。欲知这是怎么回事，首先需要说明，在整个王国禁止捕捉任何猎物，但可以捕捉供印卡人省督和酋长食用的石鸡、鸽子、斑鸠和其他小型禽类。即使这些也要尽量少捕，而且未经法律许可不得捕捉。其他动物一律禁止捕杀，以免印第安人贪图捕猎的快乐而变成懒汉，不顾家中和田里必要的活计。因此，人们连一只小鸟也不敢捕杀，否则就会因违犯印卡王的法律而被处死，须知他们是有法必依、违法必究的。

印第安人在各种事情上都严格守法，在捕猎方面尤其如此，所以国内鸟兽繁殖得无以计数，以致经常闯进居民家里。然而如果发现有鹿闯进百姓的家里或田里，法律并不要求一定要赶出去，据他们说，印卡王本来就是想让鹿等动物供百姓吃，而不是让百姓供动物吃。

每年一定时候，动物发育季节一过，印卡王根据文治武功事务的安排，选择一个空闲时机离开科斯科，到他中意的一个省份去狩猎。他规定，狩猎时出动两三万印第安人，有时多些有时少些，根据围猎区的大小而定。印第安人分成两部分：一部分向右，一部分向左，分别鱼贯前进，根据围猎区域的大小，形成一个大约二十或三十莱瓜长的大包围圈。猎手们沿着确定为当年捕猎地区界限和标志的江河溪流和峡谷沟壑前进，不进入为下一年确定的捕猎地区。他们一面前进，一面高声呐喊，驱赶前面碰上的所有动物。他们预先知道前进到什么地方为止，两股人合拢起来，收紧撒下的包围圈，将驱赶到一起的动物团团围住；他们也知道要把动物驱赶到什么地方，那就是没有山峦峭壁、乱石巉岩的地方，以免妨碍捕捉。到达预定地点后，印第安人组成三四道人墙，把猎物围个水泄不通，直到生擒活捉为止。

捕猎的时候，先抓狮子、熊、母狐、薮猫（他们叫“奥斯科略”，有两三个种类），小斑貘以及其他类似小动物。这些动物是猎物中的害兽，捉到后要统统杀死，给田野除去这类祸害。这里没有提到老虎，因为除了安蒂斯山的高山峻岭以外，别处没有老虎。过去，鹿，麆、雄扁角鹿和另外两种动物数量很多，其中一种形体较大，他们叫作“瓦纳库”（huanacu，原驼），毛质粗糙；另一种叫“维库尼亚”（vicuña，小羊驼），形体较小，毛质极其柔软。往往因地区不同，在有些地区捕获较多，有些地区捕获较少，数目为两万、三万、四万头不等，捕到这么多猎物真是件赏心悦目的事。不过这都是过去的事了，至于现在，让在世的人说说看，有几只动物逃脱了火枪手滥捕滥杀的灾难？除了那些人无法到达的地方以外，几乎已经看不到原驼和小羊驼了。

所有这些动物都是用手捕捉。鹿科动物如鹿、扁角鹿和麆的雌兽，因为无毛可剪，抓住后再放掉，不能生育的老兽杀死。他们觉得需要做种兽的雄兽也要放掉，挑选最好和最大的放。其余的统统杀死，把肉分给平民百姓。原驼和小羊驼剪毛后也要放掉。对于所有这些野兽，如同对家畜一样，都有数目统计；在当年簿册“基普”（quipu，结绳）上分类统计，雄雌分开。杀死的野兽不管是害兽还是益兽，也有数目记载，掌握杀死了多少头，还剩多少头，以便在将来围猎时知道繁殖了多少。

原驼的毛质地粗糙，分给平民；小羊驼的毛质地柔软，极为珍贵，全部献给印卡王，印卡王再分给王室血统的王族。其他人不得穿这种毛做的衣服，违者处死。印卡王也把这种毛赏给酋长作为特殊恩赐和特殊礼遇，除去这种情况外，他们也不得穿这种毛的衣服。杀死的原驼、小羊驼和麋的肉，全部分给平民，也分给酋长一份，但这不是各取所需，而是按家庭人口分配，让每个人都得到一点，分享狩猎的欢乐。

这样的狩猎每隔四年在一个大区举行一次，每次之间空出三年时间。据印第安人说，在这段时间里，小羊驼的毛即可长到应有的长度。他们不愿早剪，免得毛质欠佳。这样每隔四年在一个大区狩猎一次，也是为了让各种野兽有时间繁殖，不致受到惊扰。否则，如果每年驱赶惊扰，不仅于人无益，于兽也有害。由于每年都要狩猎一次（显然，他们已把狩猎变成了一年一度的收成），便把各省分成了三四个大区，或像庄稼人说的三四个“轮作地块”，这样，每年都在已经空闲了三年的地区狩猎。

印卡王以这种有条不紊的方式在国土上狩猎，既保护了动物使它们充分繁殖生长，以备将来再捕，国王和廷臣也尽了狩猎之兴，又使百姓从中受益。他们把这种狩猎次序作为法令颁布，让全国遵行。他们说，既然“帕查卡马克”神或太阳神创造了野兽，就不会毫无用处，因此应该好生对待，使它们像家畜一样于人有益。当然，也要捕猎害人的坏兽然后把它杀死，从益兽群中除掉，就像除掉秧苗中的莠草一样。关于称为“查库”的国王狩猎活动，印卡王说出了这样一番道理,从这些道理和上面讲的狩猎情况中可以看到,这些国王在处理最重大事务方面是有条有理、颇具章法的。从这种野兽身上,可以取出一种叫作毛粪石①的东西,有人把这种东西从那里带到西班牙来,据说各种毛粪石质量很不相同,从那里带来的这一种比任何其他种类都好。

印卡王族的副王和省督,也按照这种次序在各自地区里组织狩猎,并且亲自参加,这既是为了消遣娱乐,也是为了避免在向平民和穷人(即因年迈体弱或长期患病而丧失劳力的人)分配兽肉兽毛时发生不快事件。

平民百姓一般没有多少家畜(但科利亚族人家畜很多),因此缺少肉食,只有在得到酋长的赏赐或在盛大节日杀掉个把自养的家兔时才能吃到一点肉——他们把家兔叫作“科伊”(coy)。正是为了缓和普遍缺少肉食的状况,印卡王才规定进行狩猎,把兽肉分给所有百姓。百姓们把兽肉做成干肉,称为“查尔基”(charqui),可以吃上一整年,直到下次狩猎的时候,因为印第安人一向是“粗茶淡饭”,有点干肉也总是留着,舍不得吃。

在菜肴方面,凡是田野里生长的各种野菜,不管是甜是苦,只要没有毒性,印第安人一律照吃不误。苦菜先在水里煮上两三遍,然后在太阳下晒干,收存起来,等到没有鲜菜时再吃。他们连长在溪水里的水藻也不放过,也要把它洗净晒干,以备不时之需。他们也生吃绿色野菜,就像现在吃莴苣和萝卜一样,但从来不用野菜腌

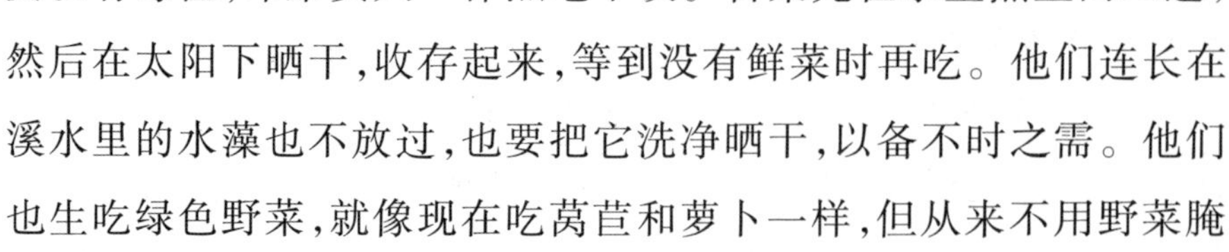

① 毛粪石:在反刍动物消化器官中发现的各种结石,曾相信它有不可思议的特性,东方用作药物和颜料。

制咸菜。

第七章　驿站和邮差及其传送的公文

为了尽快把国王的命令传送出去，把远近王国和省份的重要消息和报告传送进来，沿路设置了邮差，称为“查斯基”（chasqui）。为此，每隔四分之一莱瓜派驻四至六个年轻力壮、行动敏捷的印第安人，分别在两座茅屋里躲避酷暑严寒。他们轮流值班，有时是这座茅屋里的人，有时是那座茅屋里的人传送公文。为了一点儿也不浪费时间，这座茅屋的人注视着大路的这一边，那座茅屋的人注视着大路的那一边，这样在信使没到跟前时就可看见，并作好接收公文的准备。为了做到这一点，茅屋总是建在高处，还要建得能够互相望见。茅屋之间相隔四分之一莱瓜，据说，这是一个印第安人能够一口气轻松地跑完而不致劳累的距离。

这种人叫“查斯基”，意思是“交换”，或者说“传出和接收”，意思是一样的，因为他们的职责就是把要传送的公文“交换”一下：从一个人那里接收过来，再向另一个人传递出去；另一个人又从他那里接收过来，再向另一个人传递出去。这种人不叫“卡查”（cacha，信使），只有亲自从一位君主到另一位君主、或从领主到百姓那里去的使者和信使才称为“卡查”。秘鲁的印第安人不会写字，所以“查斯基”传送的公文信件都是口头的。为了使传话不致走样，所传的话语都很简短，而且非常精炼和流畅，因为传的话语太多，容易遗忘出错。带信而来的人到达从茅屋里能够看得见的地方时就高声呼叫，让当班传送的人作好准备，就像现在邮差吹喇叭让人为他备好驿马一样。跑到能够听清说话的地方时,他就说出信件内容,然后重复三四次,直到应该传送的人听懂为止。如果重复多次仍然没有听懂,就等他跑到身边,正式说出信件内容,这样一个接一个地传下去,直至应该到达的目的地为止。

他们还传送另一种公文,不是口头的而是"书面"的,虽然上面说过他们没有文字,但还是姑且说它是文字的东西为好。所谓文字,就是在多种颜色的不同线绳上结成的绳结。绳结按一定次序结成,但方式并非一成不变,有时这种颜色在那种颜色之前,有时那种颜色在这种颜色之前。这种形式的公文犹如密码,印卡王和省督一看就明白应该做什么。线绳上的绳结和颜色指的是应该筹集、准备和运送的人员、武器、被服、口粮或其他某种物资的数量。印第安人把结有绳结的线绳称为"基普"(它既是动词又是名词,意思是结出绳结或绳结),根据它就可以弄清他们的统计方法。下面我们要单列一章,详细说明结绳的方法和用途。遇有紧急公文时,就加派邮差,在每座驿站里派驻八个、十个甚至十二个印第安人"查斯基"。用这种邮差传送情况时还有另外一种方式,就是白天点烽烟,黑夜燃烽火,一一相传,作为警报。为此,"查斯基"们总是备好火种和火把,不分白天黑夜,时时轮流观察,准备为突然发生的紧急大事报警,只有在某个王国或大省发生暴动或叛乱时,才用这种报警的方式,为的是让印卡王最多在两三个小时内得知事态(即使出事地点距朝廷五六百莱瓜也可得知),以便传令作好必要准备,在得到确实情报搞清哪个王国或省份发生暴动时采取行动。这就是"查斯基"的职责和他们传送的公文。

第八章　用线结和绳结统计数量，统计官忠诚可信

“基普”一词的意思是结出线结或绳结，绳结可以表示各种事物的数量，所以也可用来指数量。印第安人纺出多种颜色的线绳，有单色的、双色的、三色的甚至更多颜色的，不管是单色还是混色，每种颜色都有自己独立的含义。线绳九曲八弯，由三四股组成，粗若铁纺锤，长有四分之三巴拉；这些线绳依次顺着系在另一根线绳上，状似流苏。根据每根绳的颜色可以看出它表示的内容，例如黄色代表黄金，白色代表白银，红色代表士兵。

没有颜色的东西按等级顺序依次记载，从最上等的直到最下等的；每种东西都归入自己的一类，如粮食类、果蔬类等。用西班牙的东西作比方来说吧：首先是小麦，其次是大麦，再次是鹰嘴豆，蚕豆，黍子等等，依此类推。统计武器时也照此办理，首先记载认为是最高贵的武器，如长矛，其次是投枪，再次是弓箭，大锤和板斧，投石器以及其他武器，依此类推。至于百姓，首先统计每个村庄的居民，然后是每个省的居民总数：第一根绳上统计六十岁以上的老翁，第二根上统计五十岁以上的成年男子，第三根上统计四十岁以上的男子，这样以每十岁为一组，直到哺乳的婴儿。统计女子时，也遵循同样的年龄顺序。

在某些这样的线绳上，还有同一颜色但较细的线绳，犹如主干上的分支或特例。例如，在表示某个年龄段里已婚男子或妇女的线绳上，较细的线绳表示当年那个年龄段里鳏夫和寡妇的数目。

这些数字都是每年统计一次，所以只能说明一年的情况。

绳结以个、十、百、千、万的顺序依次结扎，很少或根本不会超过十万；因为每村都是分别统计本村，每个大行政区分别统计本大区，所以无论是村还是大区需要的数目，根本不会大到超过十万位；而十万位以下的数目，绳结上多得很，完全可以表示出来。但如果出现必须用十万位统计数目的情况，它们也能统计出来；不过由于没有必要使用大数字，所以不超过万位。用结在线绳上的绳结统计的这些数目是各自分开的；但每个数目的绳结都一起系在一个结下，就像方济各始祖腰上绳子所系的结一样。由于个、十等位都不超过九，绳结也不会超过九个，所以能够结扎得很清楚。

线绳最上端记载最大的数目，即万位，以下记千位，依此类推，直到个位。每个数目和每根线绳的绳结彼此之间基本上一样大小，好的统计官结扎得非常整齐，可以算出一笔很大的数目。这些结绳或“基普”分别由一些印第安人专门掌管，这些人称为“基普卡马尤”（quipucamayu），意思是担负统计职责的人。在那个时代，印第安人好人与坏人之间没有多大区别，由于他们没有什么恶意，而且善于自我约束，因此所有人都可称为好人。尽管如此，还是挑选久经考验、长期表明最为忠诚的人来掌管这种和其他事务。他们从不为了提携什么人而让他掌管什么事务，印第安人中没有靠别人提携的习惯，全凭自己的品德才能来安身立命。他们没有货币，不懂得买卖租赁，所以也不会出卖自身和受雇他人。他们实行以物易物（当然只是食用的东西而已），不会出卖衣服、房子和田产。

在每个村庄里，根据居民数目的多少，设置一定名额的“基普卡马尤”。上面说过，他们都非常忠诚可靠，遵纪守法。但不管村庄多么小，也要有四名“基普卡马尤”；村民多的可以有二三十名，都掌管同样的“文簿”。虽然掌管的“文簿”都一样，只要有一名统计官或文书官也就够了，但印卡王宁愿每个村庄和每项事务上设置多名统计官，以防一两个人掌管会弄虚作假。印卡王们认为，多人掌管，要么都坏，要么一个也不坏。

第九章　记载在账册上的事物；怎样看懂账册

统计官用结绳记载每年向印卡王缴纳的赋役，各种事物要分门别类按等级记载。他们还记载出征作战的人，战争中伤亡的人，按月记载每年出生和死亡的人。总之可以说，凡是可以用数字统计的事物，甚至进行多少次大战役和小遭遇，传给印卡王多少件消息，国王发表多少次谈话和议论，全都记载在绳结上。但是，消息的内容、议论的话语和其他历史事件的情况，都不能用绳结来说明。因为这都是用活生生的口头语言或“书面语言”传达的，而绳结只能说出数目，不能说出语言，所以无法用绳结来说明。为了弥补这个不足，他们专有一些标记可以说明英勇的历史事件、在和平时期或战争时期传送过的消息或发表过的议论和讲话。充任“基普卡马尤”的印第安人，把这些话语归纳成三言两语牢记在心，再用口头方式传给后代，由父及子代代相传。这种做法在发生过这类事情的那些村庄和省份尤为盛行，当地人以这些事件和讲话为荣，比其他地方记忆得更为牢固。为了让他们的英雄事迹、传送给印卡王的消息和印卡王作出的答复保留在人们的记忆中，他们还利用另一种补救办法，就是由身为圣哲贤人的“阿毛塔”精心编成像寓言一样短小的散文和历史故事，按年代讲给儿童、青年和一般粗人，这样由此及彼代代相传，记忆在所有人的脑海中。他们还把历史事实连同它具有的寓意编成神话故事，这在前面讲过一些，以后还要讲到一些。同时，称为“阿拉维库”的诗人还编诵言简意赅的诗歌，把历史、国王得到的消息和作出的回复糅合进去。总之，凡是不能记录在绳结上的事情都用诗歌讲述。这些诗歌在祝捷大会上和盛大节日时演唱，在给应试的印卡青年加封武士头衔时朗诵给他们听，他们就用这种方式记住自己的历史。然而正如经验表明，所有这些办法都是权宜之计，只有文字才能使历史事实世代永存。但印卡人没有文字，便只好利用他们能够发明的方法，把绳结当作文字，挑选称为“基普卡马尤”的史官和统计官来掌管结绳记事的事务，以便用绳结、线绳和线绳的颜色，并借助诗歌和故事来记录和保存关于他们历史事实的传说，这就是印卡人在自己国家里使用的记事方式。

各省的酋长和贵族，每当想要了解自己祖辈的历史情况或本省发生过的重大事件时，都去向“基普卡马尤”请教。作为文书官和统计官，“基普卡马尤”保管着“文簿”，即根据值得记忆的重大事件编结的当年的“基普”。由于职务使然，他们成年累月地研习绳结上的标志和符号，以便牢记关于那些重大事件的传说，因为作为文书官，当有人来请教时，他们必须讲解明白。他们掌管这种事务，便免除了其他赋税和任何劳役，因此总是绳不离手，研习不辍。

他们在记载法律法规、仪式典礼时都遵照同样规则，因此，根据绳子的颜色和绳结的数目,可以说明禁止某某种犯罪行为和给予违法者某某种刑罚的法律;说明某某节日为太阳神举行的祭祀和典礼;说明救助寡妇、穷人和行人过客的法律法规;也能说明根据传说记忆的其他各种事情。由此可见,每根线绳和每个绳结都能使他们回忆起记载在上面的内容,就像我们神圣天主教的戒律、信条或善举一样,根据条目的顺序号,我们就能在顺序号的下面看到为我们规定的内容。印第安人就这样通过绳结来回忆他们父辈和祖辈用口头相传的方式教给他们的事物,他们对这些事物极为尊重,犹如他们那偶像崇拜里的圣事和他们印卡王的法律一般。由于没有文字,他们总是尽心竭力地牢记于心。没有能凭口授记住计数方法或他们中发生过的历史情况的印第安人,就像西班牙人或任何其他外国人一样,在计数和历史方面一无所知。从前每逢圣胡安节和圣诞节,家父管辖的印第安人和别处的一些酋长到城里来缴纳赋税时,我曾给他们解释过关于"基普"和绳结的事。当时是别处的酋长哀求家母,让她命我为他们核对账目,因为他们为人多疑,不相信西班牙人在赋税方面说的是真话,直到我把交给我的记有他们赋税的清单念给他们听,并用他们的绳结核对一遍,证实西班牙人说的是真话时,他们才确信无疑。因此,我像印第安人一样精通结绳记事之道。

第十章　印卡王帕查库特克巡视帝国;征服万卡部族

印卡王维拉科查故去后,他的婚生儿子帕查库特克·印卡继承王位。帕查库特克·印卡隆重地举行过父亲的葬礼后，专心治理国事，三年未出宫廷。三年过后，他亲自巡视帝国，逐一走遍各省，各省省督和王室官员唯恐遭受杀身之祸，个个严于律己，为官清正，所以国王没有遇上要惩罚的事。需知每到一定时候，印卡诸王都要进行全面巡视，否则久居宫廷不问下情，难免官员们玩忽职守，专横暴虐。印卡诸王巡视全国，也是为了让百姓们能够当面向他本人申诉冤屈。因为国王不愿意让第三者奏报，以免第三者或因与被告交好，或因接受被告贿赂，对被告的罪过和苦主的冤情轻描淡写。在按照自然法则，不分长、幼、贫、富地平等执法这类事情上，印卡诸王确实是一丝不苟，从不冤枉任何一个人的。正由于他们公正廉明，才深受爱戴，并在印第安人中流芳数百年。帕查库特克这次巡视全国，又用去三年时间。回朝之后，他觉得应该用些时间创建武功，不要以执法为名，安于一片升平，无所事事，这未免显得有些怯懦。于是，他传令集合三万大军，在他兄弟卡帕克·尤潘基的陪同下，率军出征钦查苏尤大区。卡帕克·尤潘基是位英勇果敢的亲王，无愧于这个名字[①]。大军直抵他们在那一方已经征服的土地的边缘，名叫维尔卡。

战争所需各种事物均已齐备之后，印卡·帕查库特克派遣他的兄弟从维尔卡出发，前去征战。他的兄弟进入一省，称为绍萨——西班牙人弄错了两个字母，把它称为豪哈。该省风光优美，有居民三万多人，同宗同姓同名，都姓万卡。他们自豪地宣称是一个男人和一个女人的后代，据说这两个人是从一条泉水中出世的。

① 尤潘基在印卡语中意思为光荣的、尊严的。

万卡人生性好战，如在战争中抓获俘虏，则活剥人皮，并把一些人皮填满草灰，放进一座神庙，当作他们英勇拼杀得来的战利品；另一些人皮用来蒙战鼓，说只要敌人听见鼓声，看见是自己人的人皮，就会丢魂丧胆，望风而逃。他们有自己的村庄，村庄很小，但个个壁垒森严，按照他们的习惯建有许多碉堡。他们虽然同属一个部族，但派别林立，经常为了耕地和村界而争斗不已。

在被印卡人征服以前，万卡人按照自己古代的异教信仰，崇拜狗像为神，在神庙里供奉狗为偶像。他们醉心于狗肉，吃起来津津有味，忘乎所以。有人说他们因狗肉味道鲜美而崇拜狗，这种说法是大可怀疑的，但不管怎么说，举行狗肉宴却是他们最大的喜庆活动。为了大肆炫耀对狗的崇拜，他们还把狗头作成号角，在节日和舞会上吹奏，视为非常悦耳的音乐。在战争中他们也吹奏狗头号角，用来惊吓敌人。万卡人宣称，他们这尊神的威力能够产生两种截然相反的效果：对于尊崇它的万卡人来说，声音悦耳动听；对于万卡人的敌人来说，声音惊心动魄，足令他们闻声逃遁。印卡王废除了他们这些迷信和残酷行为，但为了保留他们的上古习俗，允许他们按照自己的意愿，从那以后用鹿头和鹿头做号角，以代替狗头号角。所以直到现在，他们在节日和舞会上就吹奏这种号角。又因为这个部族爱吃狗肉而且嗜此成癖，便有人给他们起了个绰号，至今仍在流传，每当叫到万卡这个姓氏时，立刻就加上一句“吃狗肉的”。他们还有一个人形偶像：据说魔鬼附在他的身上说话，发布他想发布的命令，回答人们提出的问题。这是一尊会说话的神，与印卡王的偶像崇拜没有抵触，万卡人被征服后保留了这个偶像；但印卡王不允许崇拜动物神像，所以废除了对狗的崇拜。

印卡王公卡帕克·尤潘基没有动用武力,而是热情地好言相劝,降服了这个力量强大、爱狗如命的部族,因为印卡人是要征服人心而不是征服肉体。万卡人民心安定之后,为了消除他们内部的争斗,卡帕克·尤潘基下令把他们分成三部分,并为他们划分土地,标出地界。一部分称为绍萨,一部分称为马卡维尔卡,第三部分称为利亚克萨帕良卡。原来他们头上戴的布巾形状都一样,卡帕克·尤潘基下令可以不变形状,但要用颜色区别开来。上面讲过,这个省名叫万卡,到了现在,不知西班牙人出于什么理由,把它称作了万卡维尔卡。他们没有注意到,万卡维尔卡省在通皮斯附近,而万卡省位于瓦曼卡城附近,两省之间相距将近三十莱瓜之遥;万卡维尔卡省就在沿海地区,而万卡省却在深入内地很远的地方。我们说明这一点,以免阅读这部史书的人搞混。万卡维尔卡曾发生一些稀奇古怪的事情,以后到适当地方再讲。

第十一章 关于印卡王公征服的其他省份以及它们的习俗;惩罚鸡奸犯

钦查苏尤大区王室大道两侧,还有好几个省份,印卡王公卡帕克·尤潘基以同样手段尽皆征服。其中最主要的是塔尔马和蓬普,西班牙人把后者称为“邦邦”。两省土地肥沃,物产丰盈。印卡王公卡帕克·尤潘基赠予物品,许以诺言,灵活地运用娴熟的手段,轻而易举地将其征服。虽说那里的人蛮勇好战,少不得有几场战斗,死了一些士卒,但没有像担心的那样进行顽抗,只略事招架就投降了。塔尔马和蓬普两省及附近许多地方的土人,以新郎亲吻新娘的额头或面颊为结成夫妇的标志。寡妇需剃光头发，以示服孝，一年内不得再嫁。斋戒期间，男子不吃肉、盐和辣椒，也不与妻子同房。信教最虔诚的人如同僧人一般，为亲人节食一年。

征服塔尔马和蓬普后，印卡王公卡帕克·尤潘基继续进军，又征服了安第斯山以东的几个省份。那里的人犹如乌合之众，既无秩序又无人治理，既没有村庄也没有神明崇拜，更不懂人间世事。他们像野兽一样生活，散居于田野、山林和峡谷，无端地互相残杀；他们不承认谁是领主，所以各省都没有名称。从南到北、从东到西三十莱瓜的范围内，就是这样一幅景象。这些人为印卡王帕查库特克的善意所吸引，自愿归顺了他。他们头脑简单，命令到哪里就去哪里，于是纷纷结村而居，学习印卡人的礼教，此外没有发生什么值得记述的事情。卡帕克·尤潘基继续征进，抵达丘库尔普省。住在那里的人野蛮好斗，粗暴顽劣，习俗落后，并由此而崇拜一种残忍凶猛的老虎。

这个部族残忍无情，野蛮无知，反以不听半点劝告为荣，因此印卡王公卡帕克·尤潘基与其数次交锋，双方共有四千多印第安人战死沙场。但他们领教了印卡王公的强大攻势，也感受到了他的怀柔仁爱之心，最后还是投降了。他们看到，印卡王公本来有多次机会可以把他们斩尽杀绝，但又于心不忍，只是一面加紧围困，施以强大压力，一面以温和容忍的态度要求他们罢战求和。因此他们觉得，废弃他们奉为神明的老虎，放弃他们先辈的偶像崇拜和生活方式，服从印卡王帕查库特克的统治，接受他的法律和习俗，崇拜太阳乃是上策。

根据那些人表现出的桀骜不驯来看，印卡王公卡帕克·尤潘基一直担心，若用武力征服，定会毁灭整个部族；但若不行杀戮，只好听任他们像过去一样任意胡为，而这两种做法都有损于印卡诸王的声威。所以当他得知那个部族终于归降时，心中十分欢喜。于是他巧用计策，热情相待，平定了丘库尔普省，并留驻省督和必要的官员教化印第安人，管理太阳神和印卡王的田产，还派驻了戍边部队，以保证征服的土地安全无虞。

接着，卡帕克·尤潘基折向王室大道右侧，用同样手段又征服了两省（为了避免重复同样的事情，还是长话短说为好）。这两省土地广阔，人口众多，一个名叫安卡拉，一个名叫瓦伊利亚斯。像在其他省份一样，他在那里派驻了主持政务和管理财产的官员和戍边官兵。在瓦伊利亚斯省，有些人有那种令人深恶痛绝的陋习——偷偷摸摸地搞鸡奸，他严厉惩罚了这些人。前面讲过，平原地区有这种罪恶，但在此之前，从未发现、也未觉察山区的印第安人也有这种无耻丑行。某些瓦伊利亚斯人有这种恶习便成了一大丑闻，由于这个丑闻，那个时代的印第安人还编出一句俚语来表示对那个部族的轻蔑，并且一直流传至今。俚语说："阿斯塔亚，瓦伊利亚斯人"（Astaya Huaillas），意思是"快走开，瓦伊利亚斯人来了"，就好像瓦伊利亚斯人自古有此恶习，至今仍在散发臭气似的，虽然有此恶习的只是极其个别的人，方式也非常隐蔽，并且早已受到印卡王公卡帕克·尤潘基的严厉惩处。

这次征服的疆土南北长度为六十莱瓜，东西宽度是从平原到内华达山脉。卡帕克·尤潘基觉得，暂时扩展到那里已经相当可观，于是在上述诸事处理停当后返回科斯科。算来离城已有三年之久，回城之后他拜见了他的兄长、印卡王帕查库特克。印卡王举行祝捷大会欢迎他凯旋，按照印第安人以太阴月计时来算，庆祝活动持续了一个月的时间。

第十二章　印卡王帕查库特克建造宫室，颁布法律，征服新疆土

欢庆已毕，印卡王犒赏参加征服的将军、统领及个别酋长，对表现突出、胜过他人的士卒也各有赏赐。过了数月，为了关怀苍生和体察民情，他决定再次巡视全国——这是他能够给予他们的最大恩惠。巡视期间，他传命在最文明和最富饶的省份建造神庙奉祀太阳神，供印第安人崇拜；同时还建造贞女宫，因为他们总是建造神庙的同时必然建造宫院。这对出生于建庙建宫省份的人来说是莫大的荣幸，等于使他们成了生于科斯科的居民。除了神庙以外，他还传命在与尚未征服地区交界的地方营建碉堡，在最能赏心悦目的山谷和景点建造王宫，干道上也营建宫舍，以备印卡王族率军出征时住宿之用。他还命人在某些特定村庄建造公共粮仓，用来储备粮食，以备荒年救济当地居民。

印卡王帕查库特克还颁布了许多法律法规，其基础是那些省份必须遵守的古代习俗。印卡诸王不愿让人觉得是在实行专横统治，而是要引导那里的人民脱离禽兽般的生活，过上人的生活，所以凡是与印卡人的偶像崇拜和共同法则不相抵触的，凡是与印卡人最想遵守的自然法则不相抵触的，都认为让各部族仍像古代一样继续实行为好。

印卡王用了三年时间进行巡视，然后御驾还朝，连续几个月大

事庆贺欢乐。紧接着,他就与依为股肱的兄弟和参政院的大臣们商议,准备再度出征钦查苏尤大区,因为只有那里还有可供征服的有用土地,至于安蒂苏尤大区,因靠近连绵的雪山,看到的都是险山恶石。他们商定,既然印卡王公卡帕克·尤潘基在上次征战中充分显示了作为统帅应有的胆魄、谋略和才能,那么此次仍由他出征;并决定由他携其侄子、继位王子一同前往,以便见习印卡诸王十分重视的用兵之术。这位王储名叫印卡·尤潘基,是个十六岁的少年,当年已按照称为“瓦拉库”(huaracú)的隆重仪式封为武士——关于这种仪式,后面再作详细介绍。于是征调了五万大军,叔侄两位印卡王族率第一支队伍出征,直抵辽阔的丘库尔普省,那是帝国在那一方最边远的省份。

到了那里后,他们一如既往,向称为平库省的土人晓以利害。平库省居民看到无法抵挡印卡王的军队,又因早已风闻各处百姓从印卡王的法律和统治中得到莫大好处,便立即回复说他们乐意接受印卡王的统治和法律。得到回复后,叔侄两位印卡王公进驻该省,又从那里向邻近诸省提出同样的要求。附近的省份主要有瓦拉斯、皮斯科潘帕和昆丘库。这几省本应仿效平库省的榜样,但却反其道而行之:他们调集兵力,互相串联,捐弃彼此之间的宿怨前嫌,准备共同抵御来犯者。于是,他们合兵一处,回复说:宁愿统统战死,也不愿接受新的法律和习俗,崇拜新的神明;他们原来的法律和习俗是祖先制定的,已经实行了好几百年,他们据此生活得非常安适,不需要别的法律和习俗。他们甚至还说,印卡王利用信教热情,已经篡夺了被他征服的那么多酋长的领主地位,实行暴虐统治,对此本该心满意足,而不应得寸进尺,欲壑难填。

作出这样的答复后，他们感到在公开交锋中无法抵挡印卡王公咄咄逼人的威势，便决定退守碉堡，坚壁清野，破坏大路，扼守险峻通道，并以最快速度完成了这些部署。

第十三章　印卡王公运用断粮手段和军事妙计征服顽抗的省份

卡帕克·尤潘基统帅生性豁达大度，心中早有准备，不论好言恶语，祸福吉凶，都能泰然处之，不为所动，所以得到敌人狂妄无耻的答复后毫不惊怪。虽然如此，他还是立即部署兵力，准备出动。他得知敌人退守坚固堡垒，便把自己的军队分成各有一万人的四个支队，命令各支队进逼距自己最近的堡垒，但警告他们不得与敌人交锋，只许紧紧包围，使其断粮挨饿，自愿归降。他与其侄王子留在原地观察事态，哪方需要就向哪方救援。由于敌人已经坚壁清野，他担心战事旷日持久，军中给养不足，于是派人命令与其兄印卡王邻近的各省，以比往常多一倍的数量运送粮草。

印卡王公卡帕克·尤潘基部署已毕，静观战事发展。战役开始后，敌人顽强据守通道要塞，看到印卡人并不进击，便蜂拥而出，冲入印卡人阵中，拼命死战。三省中的每一省都争先恐后，人人奋勇，个个当先，竭力胜过他人。所以战斗非常激烈，双方都有伤亡。

印卡人略事招架，并不主动进攻，只等敌人因断粮挨饿和战争中的其他烦扰而被拖垮。敌人未能把妻子儿女统统带走，留在原地不少，印卡人只要在田野和遗弃的村庄里碰上，就给他们吃的，热情招待，备加安抚。他们尽量收容家属，然后送去与其丈夫和父亲团聚，让他们看到印卡人不是要来奴役他们，而是让他们在更好的法律和习俗下生活。印卡人这样做也是一条军事妙计，目的是迫使敌人养活、守护和照顾更多的家属，而无法像原来那样无妻无子，孑然一身，可以毫无拖累地专心打仗。孩子的饥饿和悲伤会比自己挨饿更令父亲痛苦，妻子的哭泣则会软化丈夫的心肠，使他们丧失斗志，收敛残忍之心，更快投降。

敌人虽也承认印卡人对他们的妻儿做了好事，但他们却是如此冥顽不化，不知感恩戴德，倒像是因这些善举而横下了铁石心肠。

敌我双方在战争中这样对峙了五六个月。敌人营垒中终于开始感到了断粮饥饿之苦，最脆弱的人，就是虚弱的妇女和儿童死去不少；男子们虽说不惧一死，但有越来越多的妇女和儿童饿死，迫使他们考虑何去何从。于是，经各省官兵在自己据守的堡垒内协商，选派了几名使者，低声下气地去见印卡王公，请求他不咎既往，表示自己甘愿臣服。

印卡王公一如既往，以宽厚态度对待来使，用最温和的话语劝慰他们各自回村回家，要他们尊奉印卡王为君主，争做安顺百姓，以不辜负他的善举；至于过去之事，他自会原谅他们，永不再提。

使者高高兴兴回到自己人身边，报告谈判顺利。三个省的人得知印卡王公的答复，人人喜笑颜开，遂按印卡人的吩咐各回村寨，受到他们的安慰，得到了他们提供的必需物品。战争之初，印卡王公派人征调双倍粮草，如今有了大用处，就用它向投降的敌人提供口粮。因人们忙于打仗，那里所有庄稼都颗粒无收，若非印卡人帮助，战后第一年恐怕难以熬过。除供给口粮外，印卡王公还派驻了必要的官员，管理司法和财产，传授他们的偶像崇拜。

第十四章　仁义的瓦马丘库酋长以及他是如何归降的

印卡王公继续向前征服，直抵一个辽阔省份的边界。该省名叫瓦马丘库，那里有一位名叫瓦马丘库的大领主，都说他是个头脑清醒、做事谨慎的人。印卡王公派人向他发出同样宣告，提出与他结为盟好，向他传授更好的宗教、法律和习俗。当地部族的宗教、法律和习俗确实野蛮残忍：偶像崇拜和祭祀活动野蛮之极，竟然崇拜在河溪中捡到的杂色石头，如斑纹大理石。他们认为，若不是石头富有极大的神性，一块石头上不可能有那么多种颜色，出于这种愚昧心理，他们把石头供在家里奉为偶像，敬若神明。在祭祀中，他们竟然以人肉人血为祭物。他们没有村庄，而是散居于荒野杂乱无章的茅屋里，生活无异于禽兽。仁义的瓦马丘库本来渴望改变这一切，但手下的人说若改变他们的生活，就等于蔑视祖先的宗教和生活方式，因此他不敢尝试，以免被他们杀害。由于这种恐惧使他忧心忡忡，空有良好愿望而无所作为，所以他接到印卡王公的宣告后非常高兴。

他出于自己的清醒理智回复说，非常高兴印卡王的统治和旗帜到了他的领地的边界，他早就听说过关于印卡王文明宗教和贤明统治的好消息，多年来一直渴望尊他为君主和国王。只是由于中间隔着敌对的省份，他不能弃自己的领地于不顾，故而没有去朝见印卡王，当面表示降顺和尊崇他为太阳的儿子。现在夙愿得偿，他表示以历来甘为臣仆之心欢迎印卡王，为此也恳求印卡王热情地接受他自愿投诚，并像对待其他印第安人一样，为他和他的百姓造福。

得到杰出的瓦马丘库酋长的善意回复，印卡·尤潘基王子和身为统帅的叔叔进驻他的领地。瓦马丘库酋长带着领地上的各种物产作为礼物，出寨欢迎叔侄二人，并走到他们面前躬身施礼。印卡统帅亲切迎接，以其兄长印卡王的名义感谢他的敬爱之情和良好意愿；王子命人取来父王穿的许多衣服，分赐给酋长及其亲属并领地内的贵族头人。除了印第安人视为珍贵之物的这些赐赠外，还给予他们许多恩惠和特权、宠幸和荣光，以褒奖他们对印卡王表现的爱戴之情。瓦马丘库酋长以上面说的这种方式自愿归顺了印卡帝国，所以印卡王帕查库特克及后来历代国王，一直非常器重他和他的后裔，大事美化他的省份。

为接受印卡王为君主而举行的欢庆活动结束后，杰出的瓦马丘库酋长对印卡统帅说，请求他传命迅速废止他的领地内那种居住方式，实行一种更好的方式，并为他们规定更好的偶像崇拜、法律和习俗。他说他非常清楚，先辈留给他们的这些是禽兽般的东西，只能令人耻笑，因此他早就渴望实行更好的礼法；但手下人愚昧无知，对祖先留下的东西视若家珍，谁若想改变就要谁的命，认为是轻视祖上制定的法律，所以他始终不敢贸然改变。然而现在，既然他三生有幸，承蒙太阳的儿子、印卡王公驾临他的土地，他请求为这一方的庶民制定一套好的法规，因为他们都是印卡王的臣民。

印卡王公听他讲完这番话，心中大悦，遂下令把散布在荒野上的草房茅屋一律毁弃，在最适宜的地点建造起内有街道、房房相邻的村庄；又派人宣告只能尊太阳为神，把家中供为偶像的彩色石头抛到街上，那些破烂只能供小孩玩耍，不能供成人当作偶像来崇拜；同时传命选派人员，以教师身份分赴各村，传授印卡人的法律法规，要当地人遵守和执行。

第十五章　卡萨马卡人抗拒征服，但终于归顺

诸事安排已毕，仁义的瓦马丘库夙愿得遂。印卡王公叔侄二人继续向前征服，抵达后来因阿塔瓦尔帕被囚而出名的卡萨马卡省边界。卡萨马卡是个大省，土地肥沃，物产丰富，居民众多且生性好战。为了防止他们以后说对他们发动突然袭击，叔侄二人一如既往，派使者前去说明情况和提出要求：要战要和，从速抉择。

卡萨马卡人生来蛮勇好战，由于看到战火已烧到自己的家门，早就备好武器给养，加固堡垒要塞，并控制了险要关隘。此时他们听了使者的话，大为恼怒，狂妄地回复说：他们不需要新的神明，不需要外来君主给他们制定新的法律规章；他们需要的东西已经应有尽有，都是他们祖先规定的，不需要什么新奇玩艺儿。他们还说，印卡王有那么多人愿意听命，本该心满意足；再不满足就去找别人吧，他们不需要印卡王的友谊，更不需要他的统治；并且扬言誓为捍卫自由血战到底。

印卡王公卡帕克·尤潘基得到回复后，进入卡萨马卡地界。当地土人气势汹汹，扼守着险关要道，挡住他们的去路，决心奋力

一拼,不能取胜,也要战死沙场。卡帕克·尤潘基本想避而不战,但已经不可能,为了催军前进,必须以武力夺取险要通道。于是,双方在险关之上展开激战,多有伤亡。旷野上也有几场厮杀,双方互有伤亡。但印卡人威力无比,敌人无法抵挡,收缩到堡垒要塞和巨石巉岩等处,想凭借天然障碍死守。他们还不时从这些地方窜出,杀死许多印卡人,自己也有许多人被杀。战争就这样持续了四个月之久,这是因为印卡人不想把敌人斩尽杀绝,而是有意把战事拖长,决非因为敌人力量强大,他们难以得手。与此同时,卡萨马卡人虽不断鼓动士气,全力抵抗,最初的蛮勇劲头也已减弱。

战役进行期间,印卡人为了以德取胜,尽量为敌方做好事。凡在战斗中抓获的人,他们统统放掉,恢复其自由,并好言抚慰,让他们对酋长说,印卡人愿意和平友好。他们还为伤员治疗,伤愈后送其回去,向酋长传达同样的口信。印卡人还说,如果他们将来再与印卡人交锋,打伤或俘获他们多少次,就医治和释放多少次,因为他们要像印卡人那样取胜,不愿像暴君和仇敌那样取胜。若在山里和洞穴中碰上妇女和儿童,先是善意招待,然后送他们与丈夫和父亲团聚,让他们说服亲人不要顽抗,因为他们是不可能战胜太阳的子孙的。

在那么长的时间里,印卡人坚持用诸如此类的善意行动进行感化,卡萨马卡人的凶猛气焰开始减弱,顽固态度开始软化。他们渐渐醒悟,进而冷静思考:印卡人本可杀死他们,反而对他们那么好,向这样的人降顺倒也是好事。除此之外,他们根据经验看得出来,印卡王的威势日益增强,自己的力量时刻减弱,而且饥饿正在严厉地折磨着他们,用不了多久就会被饿死,哪里还能指望抵抗和战胜印卡人呢。鉴于这重重困难,酋长们与领地内主要头人商议,觉得与其顽固不化、忘恩负义地一味抗拒,不如接受印卡人提出的条件为好。于是,他们即刻派出使者,说他们已经亲身体验到印卡王的仁慈宽容、温和忍让态度,并且领教了印卡王军队的强大威力。因此他们承认,对敌人广施善举的人不愧是世界的君主,而且有充分理由宣称自己是太阳的儿子;他们确信,倘若做了他的臣民,定会得到他更大的恩惠。从前他们广受恩惠而没有报答,此时不禁对自己的冥顽不化追悔莫及,对自己的忘恩负义羞愧难当,为此恳求王子和他的叔父和军队统帅开恩,饶恕他们的反叛抗拒,充当他们的保护人和辩护人,请印卡王陛下收纳他们为臣仆。

使者刚刚到了印卡王公面前,卡萨马卡的酋长和手下显贵头人,为了激起印卡王公更大的恻隐之心,决定亲自前去请求宽恕。于是他们竭力作出恭顺的样子,来到王子和印卡统帅面前,按照他们的习惯躬身施礼,把使者讲过的话重复了一遍。印卡王公卡帕克·尤潘基替王子亲切地接待他们,用温柔的话语说:他以其兄印卡王和其侄王子的名义宽恕他们,并像对待任何臣民一样接受他们的效劳,过去的事情永不再提。但他要求他们知恩图报,好自为之,不要辜负印卡王的一片好意;国王陛下必将一如既往对他们广施恩德,像他的父亲太阳神吩咐的那样对待他们。最后,他要他们放心地回去,各归村寨,想要得到什么恩赐尽可提出。

酋长及其手下人等,再次向印卡王公躬身礼拜,并代表全部族人说,印卡诸王充分表明是太阳的儿子,他们得遇这样的君主真是三生有幸,今后一定要做恭顺百姓,竭诚效命印卡王。说完之后,便辞别而去,各自返回家园。

第十六章　印卡人征服瑶尤，叔侄得胜还朝

身为统帅的印卡王公对征服卡萨马卡省颇为得意，因为这是他兄长整个帝国里最好的省份之一。接着，他竭力美化这个省，传令把分散的房屋归并成集中的村落，命人设计了一座太阳神庙和一座贞女宫。这一庙一宫后经扩建，其装饰之华丽，器皿之精美，均属整个秘鲁主要宫庙之列。他还派出教师传授他们的偶像崇拜，任命官员执掌政务、管理太阳神和国王的财产，吩咐优秀工匠开挖水渠、扩充耕地，并派兵留驻那里，以维护征服的土地的安全。

诸事安排已毕，他决定返回科斯科，顺路征服曾经放过的一小片土地，那片土地距来时的大路很远，所以没有去征服。这个省名叫瑶尤，地势险恶，民风好战。尽管如此，他觉得有一万二千士卒足以胜任，遂吩咐如数挑选，其余军兵则统统遣回，以免毫无必要地兴师动众。兵抵该省边界，印卡王公照例派人去询问，看那里的人要战要和。

瑶尤人聚集一处，就此商议对策，但意见不一。有人说，宁愿统统死光，也要为保卫祖国、自由和自古以来就崇拜的神灵而战。另一些人比较明智，说印卡王公已从四面八方将他们团团围住，显然无法抵挡他的威势来保住祖国和自由，提出这种显而易见的鲁莽蛮干办法是毫无道理的。大家知道，印卡王公已经征服了其他较大的省份，但那里的神灵并没有受辱，只是当地部族人出于无奈，被迫放弃了他们。其他部族抗拒征服已经铸成大错，他们不该明知故犯。应当看到，根据听说过的情况，印卡诸王对其臣民非常

之好，因而他们不仅不厌恶印卡人的统治，而是喜爱他们的统治。权衡利弊，他们认为立即从命方为上策，否则就会大错特错，想保住的东西就会彻底毁灭，因为印卡人如果想干的话，一定能掀倒他们周围的大山，把他们压成齑粉。

结果这种主张占了上风。经一致同意后，他们全力以赴，用最隆重的仪式和最欢乐的气氛迎接两位印卡王公。印卡王公统帅给予酋长许多赠物，命人赏给他的亲属、头人和贵族许多称为"孔皮"的细料衣服，赏给平民百姓许多称为"阿瓦斯卡"的一般衣服。众人为得遇这样的国王和君主而感到十分幸运。

印卡王公叔侄二人遵循旧例，在瑶尤省留驻官员治理百姓、管理王室财产，然后回转科斯科。印卡王帕查库特克早为御弟和王子安排好祝捷大会和欢庆活动，并亲自出城迎接，要他们乘上肩舆，由那次出征征服省份的印第安人抬进城里。

住在城里的各部族人和前来参加欢庆活动的酋长，均分别列队入城。他们按照本地风俗，各自演奏不同的乐器，鼓角螺号应有尽有，并高唱用各自语言编排的多首新歌，颂扬卡帕克·尤潘基统帅和他的侄子印卡·尤潘基王子的功绩和美德。父亲、亲属和百姓众人，对王子初次出征即告大捷喜悦非常。征战的士兵继居民和朝臣之后入城，按部族分别列队，各执兵器在手，也高声歌唱印卡王公在战争中的英雄业绩。他们把两人放在一起歌颂，尽述他们的声威和美德：在战斗中的奋勇当先和无畏气魄，指挥战役时的勤奋操劳和神机妙算，对待无知狂妄部族的忍耐宽厚和沉着冷静，对战败者的宽容怜悯和仁爱同情，对自己将士和外族人的亲切和蔼与慷慨豪爽，以及在采取任何行动时的谦虚谨慎和从善如流。

他们多次欢呼印卡王公叔侄二人的名字，说他们具有这么多美德，无愧于意味着如此威严和如此崇高的称号。在军队后面进城的是王室血统印卡人，不论是出城迎接的，还是征战而归的，他们毫无分别，统一列队，手执兵器而入，因为他们认为，不管是多少印卡人成就的什么样的功勋业绩，都是所有印卡人共同创建的，犹如大家都亲身参加了一样。

统帅位于印卡王族中间，右侧是王子，印卡王帕查库特克在后，分乘金肩舆而行。他们如此依次前行，来到太阳宫界外，印卡王族三人躬身下了肩舆，除国王外众人脱去鞋子，赤脚步行到神庙大门。印卡王在门外脱去鞋子，率领所有王室血统人员走进神庙，其他人留在外边。印卡王向太阳神躬身礼拜，感谢赐给他们的胜利，然后径直去往城内主要广场，隆重举行欢庆活动。众人载歌载舞，盛宴豪饮——这是他们欢庆活动的最主要内容。

各部族依照归附帝国的先后顺序离开座位，按本地风俗在国王面前献歌献舞。他们都带着自己的仆人，演奏鼓号等乐器，并为歌曲唱和。歌舞结束后，互相祝酒。然后另一部族起身献舞，然后又是一个部族，依此类推，舞会持续整整一天。众人按照这样的程序，纷纷为那次大捷隆重集会，尽情欢乐了一个月之久。其实过去的祝捷会都是这种做法，只不过我们没有详细记述而已。这次为卡帕克·尤潘基举行的祝捷会，是到当时为止最盛大的一次。

第十七章 两片山谷降服，钦查山谷作出狂妄的回复

欢庆活动过后，印卡王休整了三四年，没有进行征战，只是大兴土木，广施恩泽，为已征服的省份和王国增光添彩。人民经长期休养生息后，印卡王想去征服平原地区，因为那一带地方只征服到纳纳斯卡。经在军机院商议后，印卡王传命征调三万大军准备出征，另备三万大军原地待命，每隔两月轮换一次。平原本是多病地区，对生长在山区的人非常危险，所以这样做乃是上策。

大军备齐后，印卡王帕查库特克传命，三万人暂时留在邻近村庄，准备随时听调，另三万人即刻出师征伐。国王、印卡·尤潘基王子和卡帕克·尤潘基统帅三位印卡率军出征，一路前行，直抵称为鲁卡纳和阿通鲁卡纳的两省。印卡王想自己留守那里，不再前进，因为在那个地区既可为征战的军兵鼓舞士气，又可及时处理国内政务。

印卡王公叔侄二人继续进军到纳纳斯卡，从那里向位于北面的伊卡山谷派去使者，提出像往常一样的要求。当地人要求给个期限再作答复；尽管有个别不同意见，最终还是同意拥戴印卡王为君主，因为他们长期与纳纳斯卡为邻，对印卡王的温和治国之道早已耳闻目睹。皮斯科山谷的人虽小有周折，也还是降服了。他们与辽阔的钦查山谷为邻，本想求它大力救援，但觉得援军不可能强大到足以抵御印卡王的大军，便放弃了这种尝试。所以，他们采纳了最保险和最有利的主张，接受印卡王的法律和习俗，答应崇拜太

阳为神，废弃原有的诸神。

伊卡山谷像所有山谷一样，本来土地就很肥沃，印卡王命人从高山之上开出一条美丽的水渠，又为它平添了光彩。灌渠水量充沛，他们巧夺天工，完全改变了由西向东的自然流向，使它由东向西。原来那片山谷有一条河，因多年来山区降雨稀少，每逢夏季几近干涸，印第安人饱尝无水灌溉之苦，庄稼减产，土地荒芜。这次开出的水渠比河流还宽，靠着它的帮助，耕地扩充了一倍还多，从那以后，五谷丰登，人民富足。就因为这些，不管是已征服的还是未征服的印第安人，看到印卡王总是尽心竭力为山谷造福，全都衷心喜爱印卡帝国。

应该说明，沿海地区是秘鲁国土一方的边缘，从特鲁希略到塔拉帕卡北南长度将近五百莱瓜。一般来说，(除了各省各自崇拜的偶像以外)那里的印第安人全都崇拜大海。大海产鱼，可供他们饮食，可供他们给土地施肥——沿海有些省份用沙丁鱼头做肥料。大海为他们造福，所以他们称大海为“玛玛科查”，意思是大海母亲，比喻它喂养他们，行使母亲的职责。他们还一致崇拜鲸鱼，因为它身躯硕大，形状可怖。还有些省专门崇拜其他鱼类，他们捕杀大量的鱼类，视其对自己用处大小，有些省崇拜这几种，有些省崇拜那几种。总之，这就是印卡帝国统治以前的时期，沿海地区云卡人偶像崇拜的情况。

印卡王公征服伊卡和皮斯科两片山谷后，向土地辽阔、力量强大的钦查山谷派出使者(印卡诸王将他们的帝国分为四个大区，其中一个大区就是因为钦查这个名称而称为钦查苏尤)，说要么拿起武器准备交战，要么降顺太阳的儿子、印卡王帕查库特克。

钦查人拥有众多武装,颇为自信,想用大话唬人。他们扬言:不需要印卡王做他们的国王,也不需要太阳做他们的神明,他们有自己崇拜的神明,也有为之效命的国王;他们共同崇拜的神明就是大海,谁都看得见,大海比太阳大得多,并赐给他们大量的鱼,可是太阳非但没有给他们任何好处,反而喷射烈焰,烤得他们其热难熬;他们那里土地炎热,不需要太阳,让住在寒冷地区的山区人去崇拜他吧,他们倒是需要他。至于国王,他们说有自己当地的国王,与他们同宗同种,所以不要外来的国王,即使他是太阳的儿子也罢,反正他们既不需要太阳也不需要他的儿子。他们不需要印卡人提醒他们拿起武器准备交战,倘若有人前来寻衅,就会看到他们时刻严阵以待,准备保卫他们的土地、自由和神明,特别是保卫他们称为"钦查·卡马克"的神,那是钦查的造物主和保护神。他们还说,印卡人最好滚回老家去,不要跟钦查的君主和国王交战,他是位威力无比的国君。钦查人自称其祖先来自遥远的地方(但没有说明具体来自何方),据说他们有一位信仰虔诚、勇敢无畏的统帅,他们用武力征服了那片山谷;那里原来的居民粗鄙怯懦,他们没费吹灰之力就把山谷里那些人一个不剩地斩尽杀绝、彻底毁灭了。据说他们还有许多勇敢的壮举,留待后文再讲。

第十八章　钦查省顽固抵抗及最终如何归降

印卡人得到答复后,向钦查省挺进。名叫钦查的酋长率领一支精兵冲出山谷,要与印卡人较量。但因黄沙遍地,双方无法交锋。云卡人逐渐退回山谷抵抗,不让印卡人进入,但也无济于事,丧失了原来扎营的许多地盘。战事越来越残酷,双方互有伤亡。云卡人是为保卫祖国而拼杀,印卡人是为扩展自己的帝国、提高自己的荣誉和声威而奋战。

双方就这样激烈地争夺多日:印卡人多次催促云卡人媾和盟好;云卡人却顽固坚持,自信那里气候炎热,必将迫使山区人退去,所以不愿接受任何条件,反而更加桀骜不驯,死抱着无谓的希望不放。印卡人遵守不以战争毁灭敌人、要以怀柔征服敌人的老规矩,任凭时间消逝,静待云卡人被拖得筋疲力尽时自愿投降。因为时间已经过去了两个月之久,印卡王公没等当地的炎热气候损害士兵的健康,就下令轮换军队。为此他们派人传令,命留守原地准备轮换的队伍以最快速度急行军赶来,让参战队伍还没有因酷热而生病就撤出战场。

这支新军的将军急速行军,没过几天就抵达钦查。卡帕克·尤潘基统帅迎接他们的到来,同时遣回原来的将士;他还传命再备三万军兵,以便必要时再行轮换;同时命他的侄子和王储与原来的队伍一起离开战场,不要拿他的健康和生命在平原上冒这么大的风险。

诸事安排已毕,印卡统帅加快了对钦查人的战事:收紧包围圈,砍掉田野的禾苗和果实,让饥饿迫使他们投降。他还传令毁掉水渠,让钦查人无法浇灌来不及砍伐的庄稼。这一着击中了云卡人的要害,因为那里烈日当空,气候酷热,必须每隔三四天浇水灌田,庄稼才能结出果实。

现在云卡人已是腹背受敌:一方面,陷入更紧密的包围,水渠已被破坏；另一方面，原来设想印卡人害怕平原上的瘟疫，必将撤回山区的希望已经落空，反而看到来了一支新军，料想每隔两三个月必然还有军队来替换。在这种情况下，他们的傲慢心理先自消失了一半，但顽固态度毫无改变。他们又坚持了两个月的时间，其间每隔八天印卡人就提出一次媾和结盟，他们都拒不接受。他们一边咬紧牙关，忍受着作战的劳顿之苦，倾其全力抵抗敌军；一边满怀虔诚地许愿祷告，求助于他们的“钦查·卡马克”神，特别是妇女，更是用眼泪和祭物请求他解救，免得他们落入印卡人的控制。

现在回过头来说明一下，美丽的钦查山谷里的印第安人有一个名气很大的偶像，他们崇拜为神明，称他为“钦查·卡马克”。钦查人知道，他们山谷前面有另一个大山谷（我们很快就要讲到它），那里的土人立了一位名叫“帕查卡马克”的神明（前面讲过，“帕查卡马克”是印卡人心目中崇拜的没有见过面的神明），并为他建造了一座著名的神庙，于是他们就立了这位类似于“帕查卡马克”的神明。他们知道“帕查卡马克”的意思是宇宙的维护者，但又觉得他有那么多地方要维护，万一他漫不经心或者不能像居民希望的那样维护钦查时该怎么办呢，于是觉得最好还是创造一个能够专门维护自己土地的神明，这样便把这位神明称为“钦查·卡马克”。就是因为他们笃信这位神明，所以顽固地坚持不向敌军投降，指望自己的家神很快会来解救他们。

为了不致毁灭这个部族，印卡人极为耐心地克服着厌战情绪，迁就着云卡人的顽固态度，虽然如此，并没有停止全力围困，只是力求不伤人命。

印卡王公卡帕克·尤潘基看到了云卡人的桀骜不驯，等待这么多日子既浪费时间又有损名望；即使为了体现他的兄长、印卡王的慈悲之心，等待这么长时间也足够了；如果像担心的那样，不适应那里炎热气候的印第安人再纷纷病倒，那么对敌人的温和就会变成对自己部下的残酷。于是，他派人给钦查人传去口信，说他已经遵行了他的兄长和印卡王的旨意，即不用武力，而用善行来诱导印第安人归附帝国；然而他们越感受到印卡人的慈悲胸怀，反而表现得越加狂妄不驯，把印卡人的一再忍让视作怯懦可欺。因此，他派人传达此信，劝诫他们在八天之内投降印卡王，倘若逾期不降，定将他们斩尽杀绝，然后调来新百姓在他们的土地上居住。他命令使者，口信送达后不必等待答复，立即返回。

云卡人接到口信后甚为恐慌。他们看到印卡王公确实理由充分，他已经忍耐和等待了这么长时间；他本可对他们发动一场血与火的战争，但他一直让战争保持在非常温和的状态，对他们的人身和田地也都如此，即使庄稼也并没有砍光伐尽。云卡人经过商议，觉得不应再激怒于他，最好是照他的旨意行事，更何况饥饿和劳乏已使他们难以支撑，不得不降了。计议已定，他们派出自己的使者，去请求印卡王饶恕并接受他们为百姓，说从今以后他们一定要把此前表现的犯上不驯变成耿耿忠心，像恭顺的臣仆一样为他效命。次日，酋长在亲属和贵族陪同下亲自前往，亲吻印卡王公的手并表示顺从之意。

第十九章　钦查人过去的业绩和胡乱吹嘘

印卡王公对这场战争早已感到厌倦和烦躁，如今看到它终于结束,钦查的酋长亲自前来,心中十分高兴,便非常亲切地接见了这位云卡头领,说了许多宽慰人心的话,表示原谅他过去的倨傲不驯。云卡的酋长显出负罪的痛苦心情,印卡王公叫他不要再提往事,别人也不会向他提起,说他的印卡王兄长已经忘却。为了让他看到已经得到宽恕,印卡王公以印卡王的名义对他及其部下广施恩赐,赠予印卡王穿戴的珍贵衣物和珠宝,众人欣然领受。

现在,这些钦查族印第安人却在大肆吹嘘,说他们对印卡人进行了顽强抵抗,印卡人没有能够一举征服他们,而是两次征战才告成功,第一次征服未能成功,曾退回到自己的国土。其实正如前面所讲,他们这种说法指的是两支军队轮换作战,进攻他们的土地。他们还说,印卡人用了好几年时间才征服他们,而且不是凭借武力,而是用诺言、赠品和礼物才使他们归顺,把印卡人的怀柔政策说成是自己的英勇壮举。其实当时印卡人已经强大无比,如果想以武力征服,本是轻而易举的事。反正像这样自吹自擂的话,在风暴过去之后,谁都会张口就来的。

他们还吹嘘说,在印卡人征服以前,他们势力强大,骁勇善战,曾多次出征他方,掠获大批财物;山区人畏惧他们,往往弃村而逃,所以他们曾进逼到科利亚省。其实这些都是无稽之谈,因为云卡人大多好逸恶劳,而若想袭击科利亚人,必须走出将近二百莱瓜的路程,穿越比他们省份还要地广人多的省份才行。有件事情是对他们最有力的反驳:云卡人自己土地上气候炎热,终年无雨,他们从未听见过雷声,在进入山区听见雷声时,个个吓得魂不附体,不知何处藏身,急忙掉头逃回自己家乡。根据这些事实可以看出,云卡人是在大吹大擂,借以抬高自己,贬低山区人。

印卡王公卡帕克·尤潘基一面在钦查建立秩序,安抚百姓,一面把此前发生的一切情况报告他的兄长印卡王,并请求他派遣新的军队,以替换他手下的军队,继续征服云卡人。在设法为钦查省颁布必须遵行的新法律和新风俗时,他得知有为数不少的鸡奸之徒,便下令全部捉来,在同一天内统统活活烧死,并捣毁他们的房屋,砍掉他们的庄稼,连根拔掉树木,使鸡奸之徒栽种的树木不留任何痕迹。若不是显得太不人道,恐怕连他们的妻子儿女也要烧死,因为印卡人对这种恶习痛恨到了咬牙切齿的程度。

后来,印卡诸王把钦查山谷变成了一处胜地,建造了辉煌的太阳神庙和贞女宫院。那时山谷有居民三万多,至今它仍是秘鲁最美丽的山谷之一。由于这位帕查库特克国王进行过多次征服,建树过无数英雄业绩,倘若总讲一个话题很容易令人生厌,所以我觉得最好把他的生平事迹分作两部分来讲。现在先来插叙印卡诸王按他们的异教信仰庆祝的两个重要节日,然后回过头来继续讲这位国王的生平。

第二十章　主要节日——太阳节,如何准备过节

"拉伊米"这个名称像基督教的圣诞节或盛大节日一样响亮。科斯科就是另一个罗马,在印卡诸王在城里隆重庆祝的四个节日中,最盛大的就是六月份为太阳庆祝的节日,称为"因蒂普·拉伊米"(Intip Raimi),意思是太阳诞辰盛典。也可单独地称为"拉伊米",意思相同。"拉伊米"这个名词本义就是专门指这个日子,在

过了六月夏至时庆祝。如果用这个名词称呼其他节日，则属于借用。

庆祝太阳节是为了表明，承认和崇拜太阳是至高无上的、独一无二的全能之神，他用自己的光辉和美德抚育和维护着天下万物。

庆祝太阳节也是为了表明，承认太阳是第一代印卡王曼科·卡帕克和王后玛玛·奥克略·瓦科、所有国王及其所有子女和后裔的理所当然的父亲，这些人都是他派到地上来为宇宙众生造福的。正如他们所说，由于以上这些原因，这个节日极其隆重。

整个帝国所有已经退休和不在现役的主要将领和所有百姓领主——酋长，全都参加节日庆典。这倒不是他们迫于规定不得不参加，而是自己乐于参加如此隆重的节日盛典，因为这本身就包含着对太阳神的崇拜之情和对印卡国王的尊敬之意，所以没有人不去参加。如果哪位酋长或因年事已高，或因身患疾病，或因肩负勤王重任，或因路途过于遥远而不能前往，也都派遣自己的儿子或兄弟，在最高贵亲属的陪同下代表他们去参加。印卡王只要不是因在外征战或巡视全国而不能脱身，也必然是御驾亲临。

帝国由王室血统的人充任最高祭司，因为最高祭司必须是父母的合法儿子、印卡王的兄弟或叔伯。但这是专门为太阳庆祝的节日，必须由太阳的长子——国王亲自主持仪式。

酋长们来时尽量穿上他们所能有的华丽服装。有的身着镶金缀银的服装，头饰上戴着金银花环。

有的打扮得与大力神一模一样，身披狮子皮，头顶狮子头，因为这些人自称是一头狮子的后代。

有的打扮得浑如天使一般，身上插着一种飞禽的大翅膀（这种飞禽称为“昆图尔”，羽毛黑白相间，体形硕大，西班牙人捕杀的许多“昆图尔”，其两翼顶端的距离有十四至十五西班牙尺），因为这些人以源于一只“昆图尔”和是它的后代为荣。

有的故意画上脸谱，而且尽量把那形象涂抹得令人厌恶，这是云卡人。他们走进节日广场时，作出或疯、或傻、或痴、或呆的表情和怪样；同时每人手中各执自己的乐器或其他器物，如笛子、不谐音的鼓和小块兽皮等，借此显乖露丑，大出洋相。

还有些酋长举着他们设计的形形色色的族徽。每个部族都携带着自己作战时用的武器：有的带弓箭，有的带长矛、标枪、长箭、大锤、投石器、作战时单手使用的短柄大斧和双手使用的长柄大斧。

他们还携带着表现自己在效命太阳神和印卡王时建树丰功伟绩的图画；还携带着大鼓大号，并由许多乐师专门演奏。总而言之，每个部族都尽其所能使仪仗严整，每个人都打扮得器宇轩昂，力图胜过邻居和邻界的部族，甚至可能的话胜过所有人。

在准备迎接太阳节时，所有人一律严格斋戒，三天之内不进餐，只吃一点生的白玉米、几棵称为“丘卡姆”（chúcam）的野菜，喝几口白水。整个斋戒期间，全城不起炊火，丈夫不与妻子同房。

斋戒过后、节日前夜，主管祭祀的印卡王族祭司便行动起来，准备用作牺牲的“绵羊”和雄“羊羔”，要献给太阳的食品、酒以及其他祭物。这些东西都要按照前来参加庆典的人数准备，因为这些供品各部族全都有份，不仅是酋长和使者，即使他们的亲属、百姓和仆人也都可分享。

那天夜里，太阳的妻子动手磨出大量玉米面渣，称为“桑库”

(sancu),还要赶制成像一般苹果大小的圆形面食。需要说明,只有在这个节日和称为"西图阿"(Citua)的另一个节日时,印第安人才用粮食磨成面粉,做成这种面食吃,而且不是整顿饭都吃,只是在开始时吃上两三口。他们通常吃的饭不是面食,而是烤熟或煮熟的玉米粒。

用来做这种面食的面粉,主要是供印卡王和王室血统的人享用,磨面和和面的事都由太阳的妻子——贞女来做。这次庆典的其他菜肴也由她们烹制。这次宴会与其说是太阳的儿子招待太阳,不如说是太阳招待自己的儿子,所以由身为太阳妻子的贞女们负责烹调。

另有一大批妇女专门为其他一般人制作面食和准备饭菜。虽然这种面食是为一般人做的,但一年之内都不准吃,只在这次节中之节的庆典时才能吃上一次,因此被视为圣物,所以做时格外精心。至少面粉必须由处女磨制。

第二十一章　朝拜太阳,前往太阳宫,祭献一只公"羊羔"

必要事物准备停当后,次日过节那一天,刚到黎明时分,印卡王便由所有亲属陪同,径直前往城内称为奥凯帕塔的主广场,亲属们依年龄长幼和地位尊卑顺序随行,到广场恭候太阳出升。所有人都跣足而立,专注地遥望东方。太阳刚一露头,众人一齐蹲下朝拜(印第安人以蹲为跪),两臂张开,双手对着脸举起,望空而吻(与西班牙礼拜国王时吻他的手和衣服一样),恭敬地礼拜,以示尊他为他们的神明和当然的父亲。

酋长不属于王室血统,来到紧挨主广场的另一座广场,称为库西帕塔,对太阳恭行与印卡王族一样的朝拜礼。行礼之后,国王起身(其他人继续蹲着),拿起两只称为“阿基利亚”(aquilla)的大金杯,里面盛满他们饮的那种玉米酒。印卡王身为长子,以他父亲太阳的名义举行仪式:举起右手里的金杯请太阳赏饮,因为那杯酒应该是由太阳喝的;然后邀请所有亲属饮酒。这种互相敬酒的做法是印卡人最主要和最常见的一种方式,表示上级对下级亲切关怀,朋友与朋友之间情深意笃。

敬过酒后,国王把右手杯子里献给太阳的酒倒进一只金制大缸,从缸里流进一条用精美石料凿成的管槽,从主广场一直流入太阳宫,象征太阳已经饮进腹中。印卡王左手另拿一只大杯子,从中饮上属于他那一份的一口,余下的分给其他印卡王公。每位王公都准备好一只金制或银制的小杯来接酒,国王给每人倒上一点儿。印卡王手中那只大杯,每倒出一点都要续满,以便让最初那杯由太阳神或印卡王或两者的手变成圣物的酒液,把太阳神的美德传给依次接酒的人。每个王室血统的人都从这种酒中喝一小口。对于在另一座广场上朝拜的酋长,也给他们喝太阳的妻子酿制的这种酒,但不是只供印卡王公饮的这种圣酒。

这个饮酒仪式好像是对以后要喝的酒进行一次预先品尝。仪式结束后,众人依次前往太阳宫,距宫门二百步时都脱掉鞋子,但印卡王除外,他要到神庙门口才脱。身为当然儿子的印卡王和王室血统的人进入神庙,对太阳神像行朝拜礼。酋长们不是太阳的儿子,没有资格享受这么高的礼遇,留在外面一座大广场上,就是现在神庙门前的那一座。

印卡王亲手献上举行前面那次仪式时用的金杯，其他印卡王公把酒杯交给被专门选定终身为太阳效劳的印卡王公祭司，因为虽然王族都是出自太阳的同一血统，但不是祭司的王族只是俗人，不允许他们做祭司的事。祭司献过印卡王公的酒杯后，走出门外收取酋长们的酒杯。酋长们按归附帝国时间的先后依次向前，交出酒杯和从自己那方土地上带来、准备献给太阳的金银制品，如公“绵羊”、公“羊羔”、小蜥蜴、蟾蜍、蛇、狐狸、老虎、狮子和多种飞禽，总之，都是自己省内数量最多的禽兽。所有东西都用金银依实物仿制，只是形体很小。

献过礼品后，酋长们顺序回到广场。接着，印卡王公祭司们牵来一大群各种毛色的雄“羊羔”，不能生育的母“绵羊”和公“绵羊”——如同西班牙的马一样，那里的原生家畜也是各种毛色都有。所有这些家畜都是太阳的财产。祭司们抓起一只黑色公“羊羔”做牺牲，据印第安人说，黑色家畜全身都是黑色，白色家畜虽然全身是白色，但总是长着一只黑色的嘴巴，这是一种缺陷，认为不如全黑色的好。他们认为黑色最有神性，所以在做牺牲时，黑色优先于任何其他颜色。就是由于这个原因，国王们最常穿的是黑色衣服，但丧服是棕褐色的，他们称为褐色。

用黑色公“羊羔”做这第一个牺牲，是为了预卜庆典的吉凶。不管是和平时期还是战争时期，他们在做任何一件重要事情时，几乎总要杀一只雄“羊羔”做牺牲，通过观察它的心肺来确认太阳是不是喜欢，据此预测那场战争是否会顺利，那年的庄稼是否会丰收等等。有些事情用公“羊羔”预卜，有些事情用雄“绵羊”预卜，还有些事情用不能生育的母“绵羊”预卜——凡是说到母“绵羊”时,都应该理解成是不能生育的,因为能够生育的从来不杀,更不会杀来吃肉,只有到不能生育时才会宰杀。

祭司们牵过公“羊羔”或公“绵羊”,让它头朝东方,前蹄和后蹄均不捆绑,而让三四个印第安人抓住;祭司从左肋活活开膛,伸进手去,把心脏连同肺脏以及整个胸腔内的器官一起掏出,不能拉断,必须从腭部起整个完好地掏出。

第二十二章　牺牲显示的预兆,焚烧牺牲所用的火

如果肺叶掏出来时还在跳动,用他们的话说就是“还没有死亡”,就认为是大吉之兆。只要有了这个吉兆,即使有其他凶兆,他们也不予理会,因为据他们说,这个吉兆威力无边,足以克除一切凶兆的灾祸和不幸。掏出肺脏后,用一口气吹起,让空气憋在里面,把肺管捆住或用手捏紧,然后观察空气进入肺叶的气管及肺叶上的细气管,看肺叶是否充满空气:肺叶胀得越大,预兆就越吉利。他们还观察其他内脏,但我没有看见过,说不清是什么。上面说的这种情况我记得,因为我看见过两次。那是在我还是孩童时期,有幸进过几处羊栏,几位还没有受过洗礼的印第安老人正在那里做这种占卜。但不是像“拉伊米”节的那种,我出生时,这个节日已经废除了。他们是在为别的专门事情观察预兆,为此就像前面讲的太阳节的牺牲一样,宰杀公“羊羔”和公“绵羊”;为专门事情做牺牲时的一切情景,都与主要节日上所做的相似。

如果在开膛时，家畜拼死挣脱抓住它的人，直挺挺地站立起来，他们就认为是大凶之兆。如果在掏肺管时肺管破裂，掏出来时不完整，这也是凶兆。肺叶掏出时破裂或心脏掏出时有损（或其他脏器破损——不过上面说过，究竟是什么脏器，我没问过，也没见过），这也是凶兆。这种情况我记得很清楚，因为是听我看到的正在做占卜的印第安人讲的，当时他们正在互相询问吉凶如何，我那时年龄幼小，他们对我并不回避。

现在继续讲太阳节盛典，如果从公“羊羔”牺牲中看出预兆不吉利，就再用公“绵羊”做一次牺牲；如果还不吉利，就用不能生育的母“绵羊”再做一次。如果仍不吉利，他们倒也照样过节，不过满脸愁云惨雾，从内心里哭泣落泪，说他们在为太阳父亲效劳时不知不觉地做了错事或有了疏忽，所以太阳生他们的气了。

这时他们就担心会发生诸如战争残酷、庄稼无收或家畜死亡等类的灾祸。但如果预兆显示吉利，他们便希望喜事即将来临，庆祝太阳圣诞节的欢乐气氛则更加热烈。

做完这个公“羊羔”的牺牲，又牵来大群公“羊羔”、母“绵羊”和公“绵羊”做集体牺牲。这次不像上面说的那样活活开膛，而是一律砍头剥皮，但要像第一只公“羊羔”那样，收集所有牺牲的血和心脏，把它们献给太阳，方法是用火焚烧，直到全部化成灰烬为止。

用来焚烧牺牲的火必须是新生的火，按他们的说法，是太阳亲手赐的火。为此，取一只称为“奇帕纳”（chipana）的大手镯（类似于印卡王左腕上通常戴的那种东西），最高祭司有这种手镯，它大于通常的手镯，上面有一个像半只橘子一样的、非常光亮的凹形杯状物。把手镯对着太阳置于某一点，要让透过杯状物的阳光集中照射到一点，下面放一点仔细梳理过的棉花(因为他们不会做火绒)，棉花自然很快起火燃烧。就用太阳这样亲手赐予的火，焚烧这种牺牲和烤食那一天所有的肉。从这种火中取出一点，送到太阳神庙和贞女宫终年保存。不管因为什么，火种熄灭都是凶兆。如果节日前夕，即为第二天的牺牲作准备时没有太阳，无法取新火，就用两根圆木棍取火。木棍细若小手指，长约半巴拉，用一根在另一根上钻孔；木棍为肉桂色，木棍本身和用木棍取火都称为“乌亚卡”(úyaca)，这个词既是名词又是动词。印第安人不知道使用火镰和火石，就用木棍取火。出门赶路时把木棍带在身边，如在旷野过夜时，即可用来取火，我多次与他们一起出行时就见过这种情况。牧人们也用木棍取火。

他们认为，用木棍取火来焚烧节日的牺牲是凶兆，据他们说，那是因为太阳生他们的气，拒绝亲手赐火给他们。这些牺牲的肉，全都在两个广场当众烤熟，按级别分给所有参加节日庆典的人，无论是印卡王公还是酋长和平民百姓，大家人人有份。还要给每个人吃称为“桑库”的面食，这是大典和盛宴的第一道吃食。然后再上五花八门的吃食供大家享用，但在吃饭过程中不喝酒，秘鲁印第安人普遍实行的风俗是吃饭时不喝酒。

有些西班牙人提出一种说法，说印卡王和他们的百姓都像基督教徒一样领食圣餐，这种说法可能就是从我们上面说的情况推断出来的。其实我们已经一语道破了西班牙人的做法：他们每个人都随心所欲地把一种事物说成类似的另一种事物。

进餐之后，再上大量的酒供人们开怀畅饮——这是那些印第安人养成的最大恶习之一。不过今天，由于上帝大发慈悲和西班牙人在这方面为他们树立了良好榜样，已经没有印第安人酗酒成性了，他们都谴责和厌恶这种极坏的丑行。如果在对待所有恶习方面都有这么好的榜样，那他们早就成为宣讲《福音书》的传道使徒了。

第二十三章　互相敬酒和敬酒的顺序

印卡王坐在安放于一块金板上的纯金座椅上，吩咐称为“阿南·科斯科”和“乌林·科斯科”的亲属，代表他去向其他部族中最杰出的印第安人敬酒。亲属们首先请在战争中表现勇敢的将领饮酒，这些人虽然不是百姓的领主，但因胆略过人而优先于酋长。但如果某位酋长既是百姓的领主又在战争中做过将领，就要以双重身份向他们敬酒。然后到第二轮，印卡王吩咐向科斯科城周围的酋长敬酒，这些人都是第一代印卡王曼科·卡帕克征服的人，他们享有那位国王赐姓印卡的极大特权，所以被视为印卡人，被尊为仅次于王室血统印卡王公的第一等级，优先于所有其他部族。对于先辈给予那些百姓集体或个人的特权或恩宠，后代印卡诸王从来没有想过全部或部分地削减，而是逐代确认并不断增加。

讲到这里，应该说明一点情况，为了举行这个互相敬酒的仪式，这些印第安人都（根据自己的条件）备有供两个人兄弟般对饮的酒杯，这种酒杯可大可小，但必须大小相同，式样相同，用料相同——或金、或银、或木。之所以要这样做，是为了在喝酒时彼此平等。邀请者手拿两只酒杯，如果被邀请者身份低于自己，就递给他左手的酒杯；如果身份高于或同于自己，就递给他右手的酒杯。递杯者根据两人彼此的级别或身份，表现出或卑或亢的态度，然后同时一饮而尽，邀请者收回酒杯，退回原地。在类似这样的节日上，第一次总是尊者向卑者敬酒，以示上级对下级的恩典和关怀。过一会儿后，卑者再向尊者敬酒，以示对他的服从和效命。

按照这个共同风俗，印卡王命人依上述顺序首先向臣民敬酒，先是各部族中的将领，后是非将领。执酒的印卡王公对被邀请者说："萨帕·印卡派人请你饮酒，我代表他来与你同饮。"将领或酋长毕恭毕敬地接过酒杯，仰望太阳神，好像对他的儿子给予的受之有愧的赏赐表示谢恩之意，然后一饮而尽，把杯子交还印卡王公，此时便不再说话，只用双手高举和嘴唇望空而吻来表示崇拜。

应该指出，印卡王不是派人向所有的酋长普遍敬酒（对军中将领是普遍敬酒），而只是敬个别的酋长，即最受百姓爱戴和最乐于为公众造福的那些人，因为无论是印卡王还是酋长以及文武官员，都把成为这样的人作为自己欲达到的目标。至于其他酋长，印卡王公也向他们敬酒，但那是以自己的名义，而不是以印卡王的名义。不过即使这样，他们也感到心满意足，认为是三生有幸之事，因为作为太阳儿子的印卡王公也犹如他们的国王一般。

第一巡酒敬过之后，稍停片刻，各部族的军中将领和酋长按照各人原来受邀的顺序，反过来分别向请他们饮酒的印卡王或印卡王公敬酒。向印卡王敬酒的人一言不发，只在脸上露出上面说的那种崇敬之情。印卡王亲切地接受，接过他们递上的酒杯，因为不能也不许都喝掉，便把酒杯一一送到嘴边，从某些杯子里喝上一点——根据他想按照杯子主人的功绩和身份给予恩宠的大小，有的多喝一点，有的少喝一点；然后吩咐贴身仆人代他与将领和酋长同饮，这些仆人都是享有特权的印卡人，他们喝完之后，便把杯子还给将领和酋长。

这些酒杯因为萨帕·印卡用手和嘴唇碰过，酋长们便敬若圣物一般，从此之后再不用来饮酒，也再不摸碰，而是像偶像一样供奉起来，对它顶礼膜拜，以示对曾经动用过它的印卡王的缅怀和尊敬。讲到这里，确实可以看到，这些印第安人内心和外表对他们国王的爱戴和敬仰之情，无论用什么样的言辞也不能充分说明。

回敬完了以后，大家各归原位。接着，演出各种歌舞，同时展示各部族带来的族标、族徽、面具和各种新奇物品。轻歌曼舞之间，仍在不停地饮酒，印卡王公之间，将领和酋长之间，纷纷按照个人友情的深浅、居住地区相距的远近和其他关系互相敬酒。

如上所述，“拉伊米”节上，真个是食如山、酒如海的丰盛筵席，人人皆可尽情欢乐。庆祝活动一直持续九天，但宰杀牺牲预卜吉凶的仪式只在第一天举行。九天过后，酋长们在参加了太阳神的主要节日后，经国王恩准，兴高采烈地返回自己的土地。如果国王战事繁忙或正在巡视全国，节日那天国王御驾在哪里就在那里庆祝，但不如在科斯科城那么隆重。在外地，由印卡王公省督、主祭司和王室血统其他印卡王公负责操办，距离最近省份的酋长或使者前往参加。

第二十四章　对印卡王族青年授予武士称号和如何对他们进行考试

“瓦拉库”(huaracu)这个词像西班牙语中的“授予骑士头衔”一样响亮,它的意思是指给王室血统的青年授予成年男子的标志,并使他们具备武能征战、文能治国的本领。倘若没有这些标志,他们则像骑士小说所说的那样,仍然是不能披坚执锐的黄口孺子,既不能征战,也不能治国。若想取得这些标志(具体标志后面再讲),准备取得这些标志的青年必须经历一个严格的考验期,就是在可能遇上的既有顺境、也有逆境的战争中,接受一切艰难困苦的考验。为使我的意思便于理解,最好把这项隆重的仪式分解开来,分段叙述,因为他们虽属化外的野蛮人,但在培养军事人才方面,倒也颇有一套章法严明、令人惊叹的办法。首先要说明,这对一般人来说,是一场充满欢乐的节日活动,而对年老和年青的、已经通过考试和正在接受考试的印卡王族来说,更是一场有关荣耀和尊严的节日活动。因为应试者在考试中的荣辱与所有的亲属都息息相关,而印卡王族的亲属同属一个大家族,主要是婚生子女和纯王室血统的人组成的大家族,所以每个人考试的成败都牵动着所有人的心弦,当然,特别是最亲近者的心弦。

根据规定,大约每隔一年或两年,接受印卡王族的小伙子(要知道只能是印卡王族的小伙子,除此之外的人,即使是大领主的儿子也不行)进行军事考试,这些人必须年满十六岁以上。考试时,把他们关在为进行这些训练而在科尔坎帕塔城区建造的一间大房

子里。在我看见的时候，那所房子依然完好，而且我还在房子里看见过这种节日活动的部分情景，不过确切地讲，那只能说是这种节日的一点影子，而没有从前那种真实和盛大的气派了。房子里有几位年迈的印卡王族，他们在文治武功方面经验丰富，是应试者们的老师，要在许多事情上考验他们，有些事情下面就讲，有些事情我已经淡忘了。老师要求应试者实行极其严格的六天斋戒，只给每人一把生“萨拉”做他们的口粮，一罐白水，此外再无他物，既没有盐，也没有“乌丘”。“乌丘”就是在西班牙叫作小尖辣椒的那种东西，是一种美味调料，不管是什么样的粗食淡饭，即使不是粮食而只是野菜，加上它也会变成美味可口的东西，正是因为这个才不给应试者吃。

一般来说，严格的斋戒不准超过三天，但对应试者却增加一倍时间，因为这是考试，要看他们是不是像男子汉一样，能够忍受在战争中可能遇上的任何饥渴。应试者们的父母、兄弟和最近的亲属也非常认真地实行斋戒，但斋戒本身不那么严格；他们一齐请求他们的太阳父亲赐予他们的亲人以力量和勇气，使他们光荣地通过这些演练。凡在斋戒中表现乏力虚弱或要求再给吃食的人，就认为他考试不合格，取消其应试资格。斋戒过后再给他们一些吃食，然后考查身体的灵巧程度。为此，要求他们从名叫瓦纳考里的小山（他们尊它为圣山）跑到城里的堡垒，大约是一莱瓜半的路程。堡垒处立着一个或旗或幡的标志，第一名到达者被选为所有人的队长。第二名、第三名、第四名直到前十名，都算是最灵巧的，都很光荣。相形之下，奔跑过程中精神不振和气力不支者，则被认为是丢人，考试不合格。父母和亲属间隔地站在跑道旁，为奔跑者加油打气,提醒他们事关荣辱,鼓励他们即使累死也比泄气胜强百倍。

第二天,把他们分成人数相等的两个组,命一组进入堡垒里面,另一组留在堡垒外面,一组守卫,一组进攻,两组互相搏击。这样战斗一天后,第二天调换过来,守卫者改为进攻,进攻者改为守卫,要求他们无论如何,运用一切必要的敏捷手段和高明计策,达到攻占或守住要塞的目的。在这类搏击中,虽然弄钝了他们的武器,以免像实战那般残酷,但也有人身受重伤,甚至有时有人被杀死,因为人人求胜心切,头脑发热,以至真地厮杀起来。

第二十五章 必须会制作武器和鞋子

经过这些集体演练后,让应试者按相同年龄分组,比试下列项目:投掷大小石子、长矛、标枪或其他投掷类武器;用弓箭射靶子,看他们在使用弓箭技能上的准确性和熟练程度;不断地拉弓,测试他们手臂的力量和灵活程度;连续发射投石器,分别测试发射的准确性和距离。除去这些武器,还用战争中使用的其他各种武器进行考试,看他们使用的熟练程度。有的时候,要求他们像哨兵一样站岗,守卫十夜或十二夜,考查他们是否能像真正男子汉一样抵抗睡意。考查这个项目期间,说不定什么时候派专人检查,发现谁站岗时睡觉,就用非常尖刻的语言加以斥责,说他是乳臭未干的娃娃,根本不能领受光荣、威风的军人标志。还用柳条或其他树枝做的鞭子狠狠抽打双臂和双腿(秘鲁印第安人通常习惯于裸露双臂和双腿),看他们挨打时表情如何。如果面露痛苦之色或者尽力缩回胳膊和腿，就鄙弃他们说，连这样软鞭子抽打也忍受不住的人，更忍受不了敌人强兵利刃的打击和杀伤了。他们必须像毫无感觉一样才行。

还有的时候，命令他们间隔地站在街上，一位军事教官走进大街，手里拿着一件像圆木柱一样的武器——这种武器需用两手挥舞，最像狼牙棒，姑且就叫狼牙棒吧，但印第安人管它叫“马卡纳”（macana）；有时手拿一根长矛，印第安人管它叫“丘基”（chuquí）或随便一件类似的武器，在应试者当中熟练地挥舞，尖刃在他们眼前或腿边转来转去，好像是要挖出眼珠或刺断双腿。如果在这个时候应试者不幸面露恐惧之色，眨动眼睛或收回双腿，那就取消他的考试资格，斥责他说：明知武器伤不着却害怕它舞来舞去的人，肯定会对敌人的武器怕得要死，因为那些逼来的武器确实是会要他的命的。因此，应试者应该像坚强的巨石一样，任凭海浪冲击、狂风扑打，仍然纹丝不动。

除了上面说的以外，他们还必须会亲手制作战争中所需的进攻性武器，至少是常见的和不用铁匠制作的武器：如一套弓箭；一支鹿角镞长箭，这种东西是用皮带或细绳发射，大概可以叫作短矛吧；一支长矛，顶端不包铁，而是磨尖；一件投石器，这种东西用麻绳或细茎针茅草制作，如果没有麻绳或茅草，用随便什么东西都能制作。关于防身武器，他们只用护胸盾和大盾牌，他们称为“瓦尔坎卡”（huallcanca）。护胸盾也必须有什么东西就会用什么做。他们还必须会做自己穿的鞋子，这种鞋称为“乌苏塔”，实际上只是用皮革、或针茅草或麻绳做成的一个鞋底，像西班牙制作的草鞋底一样；他们不会做鞋帮，但会用麻绳或毛绳把鞋底绑在脚上——简单地说,就像方济各会教士们穿的那种鞋一样。

捆绑这种鞋子的细绳是用畜毛由一根细木棍捻成的,捻时一手拿畜毛,一手持木棍。半西班牙寻长的细绳就足够绑一只脚用。细绳有小手指那么粗,越粗越不勒脚。关于这种捻绳的方法和我们讲的绳子的用途,一位为西印度修史的著作家在谈到印卡人时,说他们是纺出来的,但没有说是怎么纺的和有什么用途。说到这种和其他许多既有损于印第安人、也有损于西班牙人的不实之说,倒是可以原谅这位史学家,这不是他的过错,因为他是在遥远的地方著书立说,依据的说法又被提供情况的人按照自己的好恶和意图编造得五花八门,莫衷一是。因此,一般说来,在所有异教徒中,还没有人像印卡男子这样具有如此强烈的男人性格,这样如此喜欢男人事务,这样如此厌恶女人事务。确实,所有印卡男子都非常宽宏大度,总是渴望干些他们力所能及的最高尚的事务,因为他们以太阳的儿子自诩,这种荣耀就足以把他们抬高到英雄的地位。

这种捻毛绳的方法叫作"米柳伊"(mílluy),这是一个动词,不加别的词单独使用时,意思是用细木棍把毛线捻成绑鞋的细绳或背物的粗绳(粗绳也是用毛线捻的)。这是男人的活计,在他们的语言中女人不用这个动词,否则就成了男人。女人纺线的活计称为"布卡"(buhca),这也是一个动词,意思是用纺锤纺出用来织布的线,也指纺锤。这是女人专门做的活计,男人不用"布卡"这个动词,否则就成了女人。印卡人语言中有许多这种用法,在后面还要介绍一些动词和名词,好学的读者可能乐于知道。因此,在西班牙写秘鲁历史的西班牙人根本没有掌握那种语言的确切含义,而在秘鲁写秘鲁历史的西班牙人又根本没有听到关于那些词语的解释，在这种情况下，他们便不知不觉地按照西班牙语去理解那些词语，从而使关于印卡人的史料有许多不实之处，当然这倒也不是什么了不起的事情。现在让我们言归正传：前面说到，应试者必须会制作战争中或不知什么时候就需要的武器和鞋子。对他们提出这些要求，是为了把他们训练得心灵手巧，能够自助自救，免得一旦遇到什么不测事件、处境艰难时束手无策。

第二十六章　王子参加考试，对王子比对别人更加严格

主持考试仪式的军事教官和导师，每天有一人对应试者发表一次长篇说教。内容包括让他们回顾太阳的家世，缅怀前辈诸王和王室血统其他著名贤者在文治武功方面创造的英雄业绩；教育他们在战争中要鼓足勇气奋力拼杀，以扩展帝国疆土；做事要吃苦耐劳，以显示他们意志坚强、心胸豁达；对待穷人和臣民要宽厚、仁爱和温和；要秉公执法，不允许侵害任何人；人人都是太阳的儿子，因此对众人要慷慨大度，乐善好施。总之，他们根据印卡人的道义准则，认为自诩为来自于上天的神人应该具备什么样的美德，就教导应试者们树立什么样的美德。此外，还要求他们睡光地、吃粗食、忍饥饿、打赤脚，并学会适应战争中出现的其他艰难，以便在作战时成为合格的士兵。

印卡王的长子、帝国的合法继承人在长到能够进行训练的年龄时，也参加这种考试。值得指出的是，在各项训练中对他的考试如同对其他人一样严格，他虽然身为王子殿下，但也不能免除任何

劳苦训练。不过,赛跑中捷足先登成为队长者争得的旗幡要让给他,据说,这面旗幡与王位继承权一样,理应归他所有。在斋戒、军事科目、会为自己制作必要的武器和草鞋、睡光地、吃粗食和打赤脚等其他各项训练中,在哪一项上对王子也没有特殊照顾,而且如果可能的话,对他反而比对其他人更加严格。关于这一点,印卡人解释说,既然他要做国王,那就理应在他必须要做的各种事情上超过所有其他人,就像他在一国之君主这个崇高位置上做的一样。如果大家遇上同样情况,国王反而不如别人,岂不有失体统?因此,在顺境和逆境两种情况中,无论是在精神素质,还是在身体力行,特别是在诸项武功方面,他都应该超群出众,高人一筹。

他们说,王子不能凭着是他父亲的长子,而只能凭着这些美德才能更好地统治国家。还说,国王和王子必须亲身经历战争的艰苦,这样才能懂得尊重、嘉奖和感激在战争中为其效命的人。在持续一个月的整个应试期内,王子身着破衣烂衫,寒酸透顶,而且在必要的时候,就这样一身褴褛地在公众中抛头露面。关于这一点,他们说,让他穿这样的衣服,将来他成为权集一身的国王时不会鄙视穷人,而会想起自己曾是穷人中的一员,穿过穷人的衣服,因此就会成为他们的朋友,这样才无愧于"瓦克查库亚克"这个称号——这是他们送给国王的称号,意思是穷人的爱护者和造福者。考试完毕后,对应试者进行评定,承认他们有资格接受印卡王族的标志,正式称呼他们为真正的印卡王族、太阳的儿子。然后,应试小伙子们的母亲和姐妹走上前去,给他们穿上生茅草编制的"乌苏塔"鞋,证明他们已经走过了军事训练的艰难道路。

第二十七章　印卡王授予主要标志，一位亲属授予其他标志

穿鞋仪式结束后，有人把情况报告印卡王。印卡王由王室血统中年纪最长者陪同，来到应试者面前进行简短的训话，告诫他们不要满足于接受王室血统武士的标志和因此而得到的荣誉，而应该在接受标志以后，弘扬前辈树立的美德，特别是对所有人公正无私和对贫弱者同情怜悯的美德，真正表明是太阳的儿子，并像他们的太阳父亲一样，在建树光辉业绩方面，在为百姓普遍造福方面，以他为自己的楷模，因为太阳派他们从上天来到地上，就是要他们为百姓造福的。训过话后，应试者次第走到国王面前，双膝跪地，接受他亲手授予第一个、也是最主要的标志：穿耳孔，这是至高无上的王族标志。在通常佩戴耳环的地方，国王亲自用粗大的金别针为他们穿耳孔，穿完后把别针留在耳朵上，用来治愈伤口，使耳孔逐渐长大，大得令人难以相信。

应试者亲吻印卡王的手，证明给他们以如此恩赐的手是值得亲吻的（他们就是这样说的）。然后，应试者继续向前，站在一位印卡王公面前，他或者是国王的兄弟，或者是他的叔伯，其权威仅次于国王，居第二位。印卡王公为他脱掉生茅草编的鞋子，证明他已通过严格的考试，为他换上非常精美的毛线鞋，就像国王和其他印卡王公穿的那种。这个仪式就像西班牙对军人团骑士授予服装时给他穿戴马刺一样。穿上鞋后，印卡王公吻他的右肩膀，同时说道："你自己已经证明的确是太阳的儿子，理应受到崇拜。"动词

“吻”也含有崇拜、崇敬和给予礼遇的意思。这个仪式结束后，应试者走进一个装有幔幛的围栅，另有几位年迈的印卡王公为他系上围腰布——这是成年男子的标志，在此之前禁止他们穿戴。围腰布样子像三角头巾，其中两角横向拴在一条粗如手指的细绳子上，绕过身体，从身后系在右腰上，这样围腰布就遮住了下身。围腰布的另一角穿过大腿中间，也从身后系在细绳上，这样即使脱去衣服，也足以遮羞。

主要标志是穿耳孔，这是王族的标志；居第二位的标志是系围腰布，这是成年男子的标志。至于换鞋子，则是向受苦受累的人表示慰问的仪式，不是代表荣誉和身份的必不可少的仪式。“瓦拉库”这个名词本身包含了上面讲到的这个隆重活动的全部内容，它来源于名词“瓦拉”（huara），即围腰布，因为凡是有资格系上围腰布的成年男子，就可以得到当时和此后在文治武功方面授予他的其他一切标志、荣誉和地位。除去上面说的标志以外，还给应试者佩戴两种花的花束，一种花称为“坎图特”（cántut），这种花形状美丽，颜色鲜艳，有黄、紫、红几种颜色，每种颜色都颇为雅致；另一种花称为“奇瓦伊瓦”（chihuaihua），黄色，花茎与西班牙的麝香石竹很相似。一般人，包括不管是身为多大领主的酋长，也不能佩戴这两种花，只有王室血统的人才能佩戴。还在应试者头上插一种草叶，称为“乌伊尼亚伊·奥伊纳”（uíñay hauina），意思是万年青。这种草为绿色，像百合的叶子，其绿色非常持久，即使干枯，仍然青翠可爱，所以叫万年青。

前面讲过，王储与其他印卡王族青年基本一样，因此也给他授予鲜花、草叶和其他各种标志，但有一点不同，就是在他前额上佩

戴一挂流苏。流苏穗长四指，从一个太阳穴到另一个太阳穴；但不像西班牙人根据流苏一词理解的那样是圆的，而是像“刘海”一样扁长形。流苏用毛线做成（印第安人没有丝线），黄色。这个标志是王储独有的，其他任何人包括他的兄弟都不能佩戴，即使王储本人也只有在考试合格后才可佩戴。

作为王储的最后一个标志，是授给王储一把钺，他们叫作“昌皮”（champi），装有一西班牙寻多长的柄。这件武器头上一边是锋刃，另一边是一个钻石尖，只是前面没有枪尖，否则就是戟。在把它递到王储手里时，递者对他说：“奥卡库纳帕克”（Aucacuńapac）。这是复数与格，意思是说：叫那些专横霸道、背主降敌、惨无人道、奸猾狡诈和背信弃义之徒尝尝这个家伙的厉害。因为“奥卡”这个名词就是所有这些人的意思，甚至还要广泛。按照那种语言的说法，他们是想用这一个词说明这样的意思：授予他那件武器是要他必须尽职尽责，对这类人严惩不贷。至于授予美丽芬芳的鲜花等其他标志，则是告诉他：这些标志意味着他对善良和忠诚的人应该具有的宽厚、仁爱、温和和为王者的其他美德。他的太阳父亲在田野上抚育了那些鲜花使人们赏心悦目，他们要王子像太阳一样在心灵上培养起这些美德，以便为众人造福，才能当之无愧地被人称为穷人的爱护者和造福者，才能名扬天下，万古流芳。

训话完毕，让王子站在他的父亲和主持封授仪式的大臣面前，王子的叔伯和兄弟以及所有的王室血统人员一齐向前，按照他们的礼仪跪倒在地，尊崇他为印卡王的长子。这个仪式犹如宣誓忠于他这位王储和帝国继承人，同时在这时给他戴上黄色流苏。至此，印卡人隆重的封授武士典礼即告结束。

第二十八章　诸代国王和其他印卡王族的标志；应试者的导师

国王也戴这种流苏，但颜色是红的。除了红流苏外，印卡王头上还佩戴另一种专门为他独有的标志，那是一种禽鸟的两根大复羽。这种禽鸟叫作“科雷肯克”（corequenque），这个字是秘鲁通用语的专有名词，没有指代任何事物的含义；在印卡人专用语中可能意有所指，但这种语言已经失传。这种禽鸟羽毛的颜色是黑白相间，大若雌鹰隼的羽毛；两根羽毛必须是“姐妹”，分别取自两翼。我曾看见印卡·赛里·图帕克佩戴过。在距科斯科城三十二莱瓜的维尔卡努塔荒原上有长着这种羽毛的鸟，它们生活在那片难以攀越的雪山脚下一座小池塘中。见过的人说只有雌雄各一只，不知是不是只有这两只，也不知来自哪方，生于何处。据印第安人说，秘鲁那片土地上还有许多像维尔卡努塔一样的雪山荒原、大小湖池，但却没有见过还有这种鸟。我不知道还有谁像那些人那样也见过这种鸟，但看起来这种鸟与凤凰极为相似。

由于只发现过这么两只，而且据说也不知道世界上是否还有，所以印卡诸王才佩戴这种鸟的羽毛，并视为奇珍异宝，其他人，甚至连王储也绝对不准佩戴。印卡诸王说，这一对独一无二的鸟就像他们的父母、第一代印卡王和王后一样，只有男女二人，像他们所说是从上天下凡，他们佩戴这种鸟的羽毛并将其视为神圣之物，就是为了对他们第一代祖先永志不忘。我个人认为，这种鸟不可能是绝无仅有,不像凤凰那样只有一对,一定还有很多,但它们可能正像上面所说,总是雌雄成对地单独在一起,印第安人觉得与他们第一代国王和王后相似,就说了上面的一番话。至于"科雷肯克"鸟的羽毛像上面说的那么珍贵,也属无稽之谈。我听说到了现在这年月,许多印第安人都戴起了这种羽毛,自称是印卡王室血统的后裔,殊不知那个血统几乎已经完全灭绝了,可见这些人真是可笑之极。加上外来的异邦人头上也戴着作为识别符号的各种标志,有了这个榜样,他们便越发大胆戴起这种羽毛,甚至走得更远,竟然自称是印卡王公和印卡贵妇了。

两根羽毛插在红色流苏上,尖端朝上,下端挨在一起,上面分开一点距离。为了得到这种羽毛,他们捕鸟时总是尽可能轻手轻脚,取下两根羽毛后就把它放掉。每逢新继位的印卡王登基,就再一次捕鸟取毛,因为继位国王从不佩戴父亲原来的标志,而要佩戴同样的新标志。国王去世后,要给尸体涂防腐剂,连同生前佩戴的国王标志安放在应该停放的地方。"科雷肯克"鸟的尊贵,印卡诸王对这种鸟羽的尊敬和珍视,由此可见一斑。这点情况虽然对西班牙人意义不大或毫无意义,但也属于有关前辈国王的资料,所以我觉得还是写出来为好。现在接着讲我们的应试者。应试者接受标志后,佩戴着标志由人领到城内主要广场,一般总要连续多日载歌载舞,隆重庆贺他们的胜利。在他们父母的家里也如法炮制,最近的亲属欢聚一堂,庆祝他们的应试者考试成功。教他们军事科目及制作武器和鞋子的导师,其实就是他们的父亲。孩子刚过幼年阶段,父亲就训练他们做各种必需的事务,以便将来能够通过考试;同时不让他们再过安逸生活,而是交替着让他们进行体力劳动

和军事演练,使他们长大后成为文能安邦、武能定国的人。

第二十九章　四片谷地的领主丘基曼库投降

现在回过头来继续记述印卡王帕查库特克的生平和征服业绩。前面讲到,他的兄弟卡帕克·尤潘基统帅征服了杰出的钦查酋长,派人请求兄王增派军队,以便征服前面的山谷。印卡王看到即将进行的征服规模浩大,困难极多,便立即增派军队,同时派去许多著名工匠,运去大量粮草兵器。酷爱在实战中锻炼自己的印卡·尤潘基王子与援军一道返回,到达之后,统帅挥师离开钦查,向美丽的鲁纳瓦纳克山谷进军。"鲁纳瓦纳克"(Runáhuánac)的意思是叫人引以为戒,这是因为山谷中有一条河,水深流急,淹死过许多人,便得了这样一个充满凶气的名称。河的浅滩上游有一座桥,绕过一莱瓜路程即可到达。但许多人颇为自信,以为既然夏季能过,当然冬季也能过,因此冒险在浅滩涉渡,结果惨死河中。河的名称由名词"鲁纳"(意思是人)和动词"瓦纳"(huana,意思是引以为戒)组成,最后加上词尾"克"(c)构成现在分词,意思就是使人引以为戒的;两个词加在一起,意思就是使人引以为戒的人或物。西班牙史学家把这里的山谷和河流叫成"卢纳瓜纳",显然可见,他们读错了这个名称中的三个字母。一位史学家说,这个名称来自"瓜诺"(guano)即鸟粪,说这是因为山谷里给庄稼大量施用鸟粪。其实名词"瓜诺"应该写成"瓦诺"(huano),即鸟粪,因为本书开头就已讲过,秘鲁通用语中没有"g"这个字母。而"瓦纳"

是动词,意思就是引以为戒。从这件以及后面还要指出的其他许多事情中可以看出,西班牙人对那种语言误解到了何种程度。甚至我的梅斯蒂索人同胞都在发音和书写上跟着西班牙人亦步亦趋,在他们用我的、也是他们的这种语言写来的书信中,几乎所有的用词都像西班牙人写字说话一样西班牙语化了。我曾就此责备过他们,但是因为有的民族居于主宰地位和不同民族互相沟通,语言混杂已成为一种普遍现象,所以我也只是徒劳而已。

在当时的年代,鲁纳瓦纳克山谷人口非常稠密。位于它北面的瓦尔库山谷,与钦查山谷以及它们南面和北面的其他山谷一样,都是各有三万居民。但到现在,居民最多的也不到两千人,甚至有的山谷已是一片荒凉,一个当地居民也没有,只有个把西班牙人了。

说到对云卡人的征服,首先要交待一下,鲁纳瓦纳克山谷北面还有另外三座山谷,分别称为瓦尔库、马利亚和奇尔卡,这四座山谷都在一位名叫丘基曼库的领主的治辖之下。丘基曼库自称国王,自吹自擂地说,那方土地上的人虽说不是他的百姓,但全都惧怕于他,对他甘拜下风。他得知印卡人正在向他的王国进军(既然那方土地的酋长如此妄自尊大,我们姑且称它是王国吧),便全力征集土人,出兵阻挡他们渡河。双方进行了几次交锋,各有不少伤亡。但印卡人随军备有大小木筏,云卡人也没有竭力死守,所以终于渡过河去。这是因为丘基曼库国王不懂起码的用兵之道,觉得瓦尔库山谷地形更为有利,意欲在那里交战,而没有在鲁纳瓦纳克全力抵抗——从下文可以看到,这是他指挥错误。由于丘基曼库谋略失当,印卡王公率军长驱直入,不到一个月就占领了整个那片美丽的山谷。

印卡王公卡帕克·尤潘基留下一支军队驻守鲁纳瓦纳克,负责接收运来的粮草和为他殿后,自己则继续向瓦尔库进军,在那里进行了一场极其残酷的战役。因为丘基曼库把全部兵力收缩在瓦尔库山谷,集合起两万士兵,妄想竭尽全力,并绞尽脑汁运用一切谋略抵抗敌军,以图保住自己的威名。印卡人方面只求抵挡和取胜,并不想杀死他们。双方如此对峙了八个多月,进行了多次残酷厮杀。云卡人负隅顽抗,印卡王公不得不三次(甚至有人说是四次)轮换军队。为了让云卡人明白,不取得胜利他决不收兵,他的士兵像在宫廷里一样惬意,他们把设立印卡王公军帐的地方称为科斯科,把军队的兵营叫成科斯科城最主要城区的名称。由于印卡人给印卡王公军帐所在地取名科斯科,佩德罗·德谢萨·德雷昂在他那部著作的第七十三章中说,印卡人见敌人执意不降,就在那里建造了一座像科斯科一样的城市,还说战争持续了四年之久云云。他说是根据云卡人的说法这样写的,但正像他自己指出的那样,云卡人在坚守战中确有不少英勇壮举,但为了夸大自己的光辉业绩,也有许多言过其实之处。但不管怎么说,所谓四年,实际上是印卡人更换了四支军队;所谓科斯科城,实际上是印卡人为自己营地取的名称。关于两种说法的实际情况,就是上面说的这些。

经过一段长期对峙,云卡人开始感到饥饿难忍,这是足以令最英勇顽强、最坚韧不拔的人都不能不屈服和软化的那种饥饿。除了饥饿以外,鲁纳瓦纳克的土人也不断地纠缠他们的丘基曼库国王,指出他抵挡不住印卡人,劝说他主动投降;否则,印卡人不会因为他们顽固坚持而自行撤走,而终会剥夺他们的房屋土地,分给他

们的宿敌钦查人。当看到国王不理会他们的要求时，许多人便心怀恐惧地逃之夭夭或溜回家去，有的还把云卡人的兵力状况和饥肠辘辘的情景报告了印卡王公。

丘基曼库看到和听到这一切后，担心手下士兵全都弃他而去，转而投向印卡王公，便有些动心，想照他们的要求办（此前他确曾表现了优秀统帅的气魄）。经过与主要头人计议，一致同意不派使者，由他们自己直接去面见印卡王公。拿定主意后，他们按计议的办法一齐出营，到了印卡王公的军帐，双膝跪地，请求开恩饶恕他们的罪过，口称甘愿做印卡王的臣民，因为他的父亲——太阳的旨意就是让他成为普天之下的君主。

印卡王公叔侄二人亲切接见，说饶恕他们的罪过，照例赏给许多衣服和其他珍贵物品，让他们高兴地返回家园。

那四省的土人也都像钦查人一样，吹嘘说印卡人倾其全力也未能在四年之久的战争中降服他们，于是他们建了一座城市，最后也不是凭武力，而是用赠品和许诺才收服他们的。他们这样说的根据是印卡人轮换了三四次军队，印卡人轮换军队是因为不愿凭借武力，而想使用让他们断粮挨饿、产生厌战情绪的方法来征服他们。关于他们的英勇果敢事迹，土人还有许多说法，但因与史无关，还是略去为好。

印卡王公叔侄二人认为，降服丘基曼库国王、取得胜利是件了不起的大事。为了纪念这次胜利，为了永远铭记手下将士以及云卡人（他们也表现得很勇敢）在战争中的英雄事迹，他们命人在瓦尔库山谷建造了一座堡垒。这座堡垒规模不大，却是建筑上的宏伟奇迹。无论从建筑物本身，还是从它所处的位置来说——不断受到海浪的拍击,都应该让它尽可能永远矗立在那里。根据建造的情况来看,它本身完全可以历经数百年沧桑而安然无恙。当我在1560年途经那里时,堡垒依然显示着当年的雄姿,令瞻仰者更生思古之幽情。

第三十章　帕查卡马克和里马克山谷,两座山谷的偶像

印卡王公叔侄二人降服丘基曼库国王,整顿政务,颁布国王及其治下人等应当遵守的法律民约后,继续进军去征服帕查卡马克、里马克、昌凯和瓦曼山谷——西班牙人把它们统称为巴兰卡峡谷区。这六座(原文如此——译注)山谷都为一位强大的领主所有,领主名叫奎斯曼库,他像丘基曼库一样,也是称孤道寡,自立为王。不过印第安人不使用"国王"这个称号,而用一个相似的称号叫作"阿通·阿普"(Hatun Apu),意思是大领主。鉴于一般的情况不必多次重复,这里只记述帕查卡马克和另一座山谷的特殊情况。这另一座山谷名叫里马克(Rímac),但西班牙人读音不准,把它念成了利马(Lima)。

需要说明,正如我们前面讲过、后面还要讲的,而且所有历史学家也都是这样写的,秘鲁的印卡诸王以上帝赋予他们的天生灵感意会到有一位万物的造物主,并把他称为"帕查卡马克",意思就是创世主和宇宙的维护者。这个信念最初来源于印卡人,后来传遍他们所有的王国,有的是在被征服以前,有的是在被征服以后。

他们说，这位造物主是看不见、也不让人看见的，所以不像对太阳那样为他建造神庙和敬献祭物，只是非常虔诚地在内心里崇拜他，这从他们每当提到他的名字时头、眼、臂和身躯的动作上可以看出来。这个信念广为传播后，所有那些部族在被征服以前或以后都接受了它。在被印卡人征服以前，最虔诚信仰这一点的就是这位奎斯曼库国王的先辈，他们为帕查卡马克建造了神庙，并以他的名字为建造神庙的山谷命名，当时那是整个沿海地区最重要的山谷之一。云卡人在神庙中供奉起他们崇拜的偶像，主要是鱼，其中也夹杂着狐狸的神像。

帕查卡马克神庙殿宇庄严宏伟，神器精美浩繁，曾在整个秘鲁堪称独一无二。云卡人在神庙里敬献牺牲和其他供品，他们还像其他省份被印卡人征服以前一样，在主要节日时杀死男人、妇女和儿童，用人血做成某些供品。关于帕查卡马克还有些情况要说，现在暂时讲到这里，其余情况在本部史书的适当篇章再作记述。

里马克山谷位于帕查卡马克山谷以北四莱瓜处。“里马克”这个名称是现在分词，意思是说话者。山谷因为有一尊人形偶像而得名，这尊偶像会说话并能回答人的问话，就像特尔菲城[①]的阿波罗神和古代异教中的许多神一样。因为偶像会说话，便称他为“说话的神”，并以此命名他所在的山谷。

云卡人对这尊偶像非常虔敬，印卡人在征服了那座美丽山谷后也同样如此。西班牙人在那里建了一座城市，命名为“诸王之城”，因为建城那天适逢耶稣复活节，上帝向异教徒显灵。由此可

① 古希腊城市。

见，所谓“里马克”、“利马”和“诸王之城”实际上是一回事，它的城徽是三顶王冠和一颗星。

里马克人把“说话者”偶像供奉在一座辉煌的神庙里（但不像帕查卡马克神庙那般辉煌），秘鲁各地的领主们经常亲自或派使者到那里去，就遇到的重大事件向偶像求教。西班牙史学家把里马克神庙与帕查卡马克神庙混同了一座，说帕查卡马克是会说话的偶像，而对里马克只字不提。这个错误以及他们写的史书里许多类似错误，都是由于他们没有弄懂语言的确切含义，而在打听情况时又没有得到充分说明而出现的；也可能是因为两座山谷近在咫尺（彼此之间只隔四莱瓜），而又都属于同一位领主而引起的。实际上，会说话的偶像是在里马克山谷，不在帕查卡马克山谷。关于那两座山谷的情况暂时讲到这里，现在继续记述对这些山谷的征服。

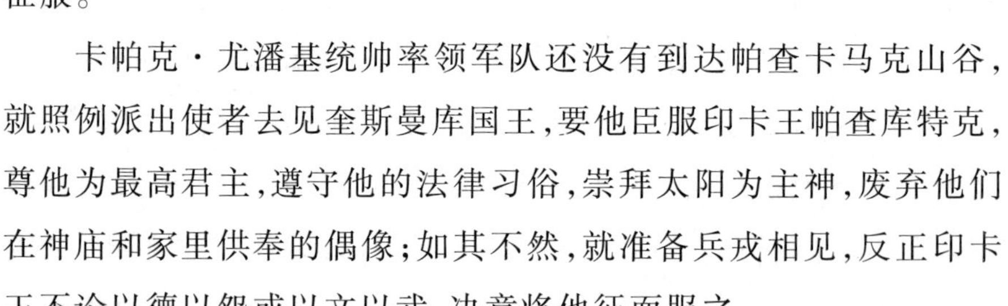

卡帕克·尤潘基统帅率领军队还没有到达帕查卡马克山谷，就照例派出使者去见奎斯曼库国王，要他臣服印卡王帕查库特克，尊他为最高君主，遵守他的法律习俗，崇拜太阳为主神，废弃他们在神庙和家里供奉的偶像；如其不然，就准备兵戎相见，反正印卡王不论以德以怨或以文以武，决意将他征而服之。

第三十一章　要求奎斯曼库作出答复，和约的条款

大领主奎斯曼库早已看到毗邻土地上的战争情况，担心印卡人要来攻占他的土地，为此他决心守卫国土，并已作好交战准备。

于是,他在手下将士簇拥下听取了印卡王公使者的传话,然后答复说:他的百姓不需要别的领主,百姓和那片土地有他这一位领主就行了;他们实行的法律和习俗是他们祖先传下来的,他们觉得都很好,不需要别的法律;他们不想废弃自己的神,这些神都很有名,其中就有他们崇拜的帕查卡马克,据说是世界的造物主和维护者;如果确有这位神明,他肯定是比太阳还大的神;他们为这位神明建造了神庙,敬献他们最好的东西,为了更加表示尊崇,甚至杀死男人、妇女和婴孩作为祭物;他们极其敬畏他的神威,甚至不敢用眼看他,为了不让人们乘机抬眼观望,祭司和国王进庙礼拜之时,均需背朝偶像而入,出庙时也需如此。他们也崇拜里马克,那位神能对他们说话,有求必答,并能预言未来之事。他们还崇拜狐狸,因它奸诈狡猾,诡计多端。他们还崇拜"玛玛科查",就是大海,因为大海用鱼类抚养他们。至于太阳神,他们没有听说过,也不知道他能不能像里马克一样说话。总而言之,他们有现在的那些神就足够了,不想再要别的神,更不想要太阳神,因为现在他们土地上给的热量已经够用,不需要更多。为此,他们恳求或说要求印卡王让他们就这样自由自在地生活下去,因为他们不需要他这位帝王的统治。

印卡王公叔侄二人得知云卡人如此虔敬帕查卡马克,心中十分高兴,那也是他们内心崇拜为至高无上的神。因此他们决定不动干戈,而要讲道理、许诺言,用文攻方法好言规劝他们降服,倘若好言相劝不能奏效,那时再使用武力,这是万不得已的手段。

作出决定后,两位印卡王公领兵到达帕查卡马克山谷,奎斯曼库国王率大批土人出寨阻挡,决心保卫自己的国土。卡帕克·尤潘基统帅派人对他说，最好先谈谈他们的神，然后再交锋不迟。他对奎斯曼库说，印卡人不仅崇拜太阳，同时也崇拜帕查卡马克，不过还没有看见过他，不了解也不知道他是什么样子，所以没有为他建造神庙和敬献祭物。但他们内心里对他顶礼膜拜，毕恭毕敬，即使口中提到他的名字时也无比谦恭。既然双方崇拜同一位神，就没有理由纷争不和、兵戎相见，而应该友好相处、亲如兄弟。印卡人不仅崇拜帕查卡马克，尊他为创世主和世界的维护者，今后还要尊崇云卡人崇拜的里马克为神明和圣物。既然印卡人自愿崇拜他们的偶像里马克，他们也应该相应对等地崇拜太阳为神，因为他辉煌美丽，为人造福，理应受到崇拜，但狐狸以及其他海中和陆上的动物不应受到崇拜。为了和平友好，他要求他们臣服他的兄长印卡国王，因为他是太阳的儿子，被尊为大地上的神。印卡王为人公正、仁爱、宽厚、温和，法律严明、治国有方，深受众多部族的爱戴。他的才德和尊严早已传为美谈，许多部族听说后纷纷望风来朝，自愿臣服。现在他派印卡王公到他们的国土来找他们，为他们造福，倘若他们拒之于门外，那是毫无道理的。他劝他们冷静地思考这番话，做顺乎天理人情之事，不要坐失印卡王的厚爱，迫使他放弃现在得到印卡王陛下赞赏的做法，转而采用武力手段，须知印卡王军队是天下无敌的。

奎斯曼库国王和手下亲信听完印卡王公提出的条件，双方议定休战，并就此进行了多目的讨价还价。最后，因印卡王公采取了灵活策略，双方终于以下述条件议和：

云卡人像印卡人一样崇拜太阳，并像敬奉帕查卡马克一样为他另建一座神庙，敬献祭物和供品，但不要人血做的东西，因为杀人献祭违反自然法则,应予彻底废止。印卡人清除帕查卡马克神庙里的偶像,因为既然帕查卡马克是创世主和世界的维护者,让那些不三不四的偶像摆在他的神庙里和圣坛旁边未免有失体统;印卡人在内心里崇拜帕查卡马克,但因为他没有显过身,不知他是什么样子,所以不像对太阳那样为他竖立神像和绘制肖像。为了把帕查卡马克山谷装点得更加辉煌灿烂,在那里建造一座贞女宫,这样,太阳宫和贞女宫就成为所在省份之内极为珍贵的两大建筑,可与科斯科城内最珍贵的同类建筑相媲美。奎斯曼库国王如同其他诸位酋长一样,继续做一方的领主,同时尊奉印卡王为最高领主,遵守他的法律和习俗。印卡人则尊崇里马克神,并且命他们统治的所有王国都照此办理。

卡帕克·尤潘基统帅与奎斯曼库国王依上述条件盟定了和约。随后,统帅把印卡王规定遵守的法律规章传达给奎斯曼库国王,他觉得这些法律规章以及有关向太阳神和印卡王缴纳贡赋的规定都很公平合理,遂一一欣然接受。诸事安排整顿已毕,又留驻了必要的官员和戍边兵士,以维护新征服地区的安全。印卡王公卡帕克·尤潘基觉得,应该与侄儿王储一起班师科斯科,把两次征服中与云卡人交战和议和的情况禀报兄长印卡王知道,并带奎斯曼库国王一同回京城,让印卡王接见并亲自赐赠,因为他是自愿结成盟邦的朋友,而不是一般的战败者。奎斯曼库听说要去亲吻印卡王的手,并瞻仰宫廷和闻名遐迩的科斯科城,心中十分高兴。

征战开始之初留驻在鲁卡纳省的印卡王帕查库特克,得知他的兄弟在征战平原各省中进展顺利,早已返回帝国都城。这时他像上次一样,传命组织盛大的祝捷活动(如果可能的话,要比上次更加盛大),出城迎接他的兄弟和儿子,又好言抚慰奎斯曼库,要他与王室血统印卡人一起参加祝捷庆功会,因为他与他们都崇拜帕查卡马克。奎斯曼库对此恩宠十分得意,令所有其他酋长羡慕不已。

祝捷活动结束后,印卡王对奎斯曼库广施赐赠,使他满身荣耀、衣锦还乡,对与他同去者也各有赐赠。他们高高兴兴地回到自己家乡,广为宣扬印卡王真正是太阳的儿子,无愧于普天之下对他的尊崇和效命。后来,魔鬼看到印卡人统治了帕查卡马克山谷,帕查卡马克神庙里的众多偶像都被清除之后,便想自己独占神庙,妄图让人们把他当成印第安人非常尊敬的、不识其面的神明,以便千方百计骗取崇拜,到处恣意兜售他的谎言。为此,他从神庙角落里向身份最高、名望最大的祭司说,既然现在只剩他只身一人,就由他来施予恩惠满足他们的要求,回答他们的问题了。但是,他不能答复所有一般的要求和问题,只能答复最重要的那些要求和问题,因为与卑微的下等人说话与他的权势和威严太不相称,所以他只能与国王和大领主交谈。魔鬼还说里马克偶像是他的仆人,他命令里马克对平民百姓说话,答复他们提出的一切问题。所以从那以后便有了这样的一定之规:国王和领主的事务在帕查卡马克神庙求计,平民百姓的事务在里马克神庙求计,这样也就确认了里马克偶像叫作“说话者”的名字,因为他要回答所有人的问题,必然要不停地说话。布拉斯·巴莱拉神父也讲到了这段故事,但讲得比较简短。

军队轮番出征,已产生了厌战情绪,因此印卡王帕查库特克觉得,应该让将士们歇息几年,暂停征服新地区。于是,他专心致力

于平时政务，治理各个王国，并广兴建筑，美化国土，还改革旧制，重新制定法律规章和祭礼仪典。他这样做的目的，就是要无愧于其帕查库特克名字的含义，以治国安民的大帝、指导他们那虚妄信仰的大祭司和开拓疆土的大统帅（因为他征服的省份比任何一位先辈都多）的英名流芳百世。他还大事装修太阳神庙，传命用金箔装饰墙面，除神庙的墙壁外，神庙里的诸座小殿和那座寺院的墙壁也都装金饰银。这座神庙当时就已是金玉满堂，如今更因拥有真正的华美和精神上的财富而愈显富丽堂皇，因为圣体就安放在神庙内当年供奉太阳神像的地方，寺院已成为每年为圣体举行迎神活动的场所，使上帝的一片慈悲受到赞美——它就是现在的圣多明各修道院。

第三十二章　兴兵征服奇穆国王，双方浴血奋战

印卡王帕查库特克用六年时间，专心致力于上述国内事务。六年过后，他见国家得到休整，更加繁荣强大，遂传命调集三万大军，征服直到卡萨马卡一带的沿海山谷，那里是他的帝国在山区大道上的边界。

士卒征齐后，印卡王从最有经验的印卡王公中任命六人，分别担任军队的将军（或上校）和他儿子印卡·尤潘基的参谋。对于王子，则任命他为这次出征的统帅，因为在此之前，他作为其叔父卡帕克·尤潘基这位英明导师的学生和这位杰出统帅的士兵，早已在军事方面取得了丰富的实战经验，不管什么样的重任也可以委托给他。对于自己的兄弟,因功勋显赫视为得力臂膀,命他留在自己身边,调养休息,消除过去的劳苦。为了酬答他的劳苦功高和证明他的崇高品德,印卡王特意任命他为辅政王——总揽文武事务的第二把手,并赋予他绝对权力,号令整个帝国。

大军备好后,印卡·尤潘基王子率领第一批将士沿山区大道出征,直抵位于诸王之城一带的瑶尤省,等候全军会齐。全军到达后,大兵进发到"会说话的神"所在的里马克山谷。关于这位印卡·尤潘基王储,印第安人称颂他是印卡诸王中第一位看见南海的人,也是在那片沿海地区征战了最多省份的人,关于这一点,随着逐步记述他的生平就可看到。帕查卡马克山谷的酋长奎斯曼库和鲁纳瓦纳克山谷的酋长丘基曼库二人,率领手下军兵出迎王子,准备在征战中为他效命。王子感谢他们的一片好意,施予赐赠以示恩宠。王子离开里马克山谷,前去参拜帕查卡马克神庙,在庙里他遵循前面所说印卡人从内心崇拜帕查卡马克的那套做法,既不敬献祭物也不喃喃祷告。接着他又去参拜太阳神庙,在那里贡献了许多祭物和金银供品。他还去参拜了里马克偶像,以示对云卡人的善意:为了履行达成的议和条款,他命人向偶像献上祭物,并命祭司为他占卜此次出征吉凶如何,得到"大吉"的回答。然后他领兵继续前行,到达印第安人称为瓦曼,西班牙人称为巴兰卡的山谷,从那里照例向一位大领主发出通牒,询问他欲战欲和。大领主名叫奇穆,是从巴兰卡另一边直到特鲁希略城之间几座山谷的领主。那里主要有五座山谷,分别称作帕尔蒙卡、瓦尔米、桑塔、瓦纳普和奇穆(今特鲁希略城所在地)。五座山谷都是风光秀丽、土地肥沃、人口稠密。为首的酋长以其朝廷所在地为名,名叫"强人"奇穆。此

人自封为王，与他的土地毗邻的东、北、南三方的人全都惧怕他（西面是大海）。

大领主"强人"奇穆听完印卡王子提出的要求，答复说他已刀枪在手，准备一战，宁愿为保卫国土和法律法规而死，也不要新的神明；他要使者就用这话回报印卡王子，他说一不二，绝不改变主意。印卡·尤潘基王子得知奇穆坚定不移的态度，领兵到达帕尔蒙卡山谷。奇穆早在那里等候，这时便率领一支精兵出寨讨战，试探印卡人兵力虚实。他与印卡人激战多时，妄图阻止他们进入山谷，但毕竟难敌印卡人的攻势，被他们攻占了山谷入口和自己军队的营地，战斗中双方互有不少伤亡。王子看到云卡人奋力顽抗，唯恐他们见印卡军队兵员不多而越发嚣张，便派出信使去见他的印卡父王，报告战事情况，请求增派两万士兵。但他这样做，不是要像前几次征服那样轮换军队，而是要两军合力攻打，以求速战速决，他不愿像对前几次敌军那样给他们那么长的时间，因为这股敌人的气焰更加嚣张。

派出信使后，印卡王子从四面八方加紧督战。战斗中，帕查卡马克山谷和鲁纳瓦纳克山谷的两位酋长，表现出与"强人"奇穆势不两立的劲头。因为在印卡人到来之前那些年代里，为了争夺草场、边界和互相掠夺对方人员充当奴隶，"强人"奇穆曾与他们残酷交战，迫使他们臣服，现在他们想借助印卡王的威力报仇雪耻。"强人"奇穆比对任何其他事物都敏锐地感到了这一点，所以竭尽全力进行抵抗。

云卡人心怀往日仇怨，为印卡人效命胜过任何其他部族，坚持浴血奋战。所以没过几天，印卡人就攻取了整个帕尔蒙卡山谷，将谷内土人驱赶到瓦尔米山谷。那里又进行了一些规模不同的战斗，奇穆人也未能守住，又败退到桑塔山谷。桑塔山谷在当时是沿海一带最美的山谷，但如今却像所有其他山谷一样，因土人都已灭绝，几乎已是荒无人烟了。

桑塔人比瓦尔米人和帕尔蒙卡人显得更加勇武善战。他们出寨迎敌，守卫国土，每场战斗都士气高昂，不遗余力，一连多日抗拒着对方的强大攻势，毫不示弱。他们表现得如此骁勇顽强，以至他们的对手也不能不肃然起敬，因此，他们的酋长"强人"奇穆也增强了希望。交战当中还流传着一些幻想，说王子是个娇生惯养的人，很快就会厌倦战争的劳苦，对宫廷安逸的渴望不久就会驱使他回去享受宫中的舒适生活；回家与妻儿团聚的渴望也会驱使他的士卒不战自退；还说即使他们不愿自动离去，当地的酷热也会迫使他们撤走，如果坚持待在那里，就会把他们热死。狂妄的奇穆坚信手下军卒表现的勇敢精神和这些毫无根据的想象，顽固地坚持继续交战，不愿听取和接受印卡王子不时提出的议和条件。相反，为了充分表明顽抗到底的决心，他还召来自己领地内其他山谷拥有的军兵。随着他的队伍不断到来，战事也逐步升级，一日比一日残酷。双方都求胜心切，也都有许多伤亡。这是印卡人到当时为止进行的最激烈的战争。虽然如此，奇穆的将领和主要头人冷静地观察战况后，都希望他们的酋长接受印卡王子提出的议和盟好建议，因为他们心里明白，印卡王子的强大攻势迟早是抵抗不住的。但是，为了迁就领主的意愿，他们咬紧牙关，耐心忍受着战争的折磨，甚至眼睁睁地看着他们的亲属妻儿即将沦为奴隶，而不敢把自己对战争的想法对他明言。

第三十三章　“强人”奇穆从顽抗到伤心，他是如何投降的

就在战事变得如此残酷激烈之际，王子要求的两万援兵及时赶到。王子得到援兵后，军力大增，压下了奇穆的气焰。一方面，奇穆原以为印卡人的兵力在逐渐削弱，现在却看到增加了一倍，另一方面，感到手下将士见敌方新军赶到，士气大为低落。总之，事态变化与他心中的希望恰恰相反，原来的狂妄嚣张变成了悲伤凄惨。那些天里，手下军兵之所以坚持作战，是由于屈从领主的顽固态度，对于能否抗拒印卡王子本来不抱希望。现在，他们看到王子兵力大增，便一下子泄了气。于是，主要亲信纷纷去见奇穆，劝他不要顽抗到底以致全军覆没，应该看到理智的办法是接受印卡王子的建议，倘若能够这样做，起码可使他们的对手和宿敌不能每天抢劫大批财物以肥私，掠去他们的妻儿当作奴隶；现在应该尽快解救这场危难，不要等到损失进一步扩大，更不要等到印卡王子因为他顽固抗上和桀骜不驯，而关闭宽厚、温和的大门，把他们烧光杀光。

听了手下人一番议论，凶蛮的奇穆（他觉得这是威胁和训斥，而不是良言相劝）陷入了一筹莫展的境地，真个是问计无门，求助无人。皆因他为人狂妄骄横，邻近部族从前曾饱受欺凌，现在不会愿意帮助他；自己的人已惶惶如惊弓之鸟，而敌方却军力强大，势不可挡。奇穆眼见自己已是四面楚歌，末路穷途，就在内心盘算，只要王子再派人来提条件，他就接受下来，但他自己不提条件，因

为他不愿显出灰心丧气、大势已去的样子。因此，他没有对手下人透露这个打算，而是说他还有希望、也有能力抗拒印卡王子，要依靠手下人的勇敢精神光荣体面地结束那场战争。他要求大家振奋起来保卫国家，为了国家的兴旺和自由而战死沙场，不要怯懦消沉，因为战场上胜负乃兵家常事，毫不足奇；虽然现在敌人掠去了他们一些妇女充当奴隶，但应该想一想，他们从前掠来仇人的妇女要多得多了，他倒很想立即释放她们；他们应鼓足勇气，不要示弱，既然他们的仇人过去从未感到他们是弱者，现在更不应该让他们有这种感觉；他让他们放心地回去，稳定情绪，因为他关心手下人的安危远远胜于关心自己。

“强人”奇穆用这些软弱无力的安慰和阴暗惨淡的希望（都是空话并无行动）打发走了手下亲信，但是见他们那一蹶不振的样子，自己也感到极度伤心。然而他脸上却极力装出若无其事的样子，维持着交战状态。印卡王子终于像此前多次那样发出往常的通牒，表示愿意饶恕他并提出议和盟好。奇穆的强硬早已变成虚弱，但他听罢通牒内容后，却依然摆出气壮如牛的样子，答复说：就他的本意而言，并不想接受什么议和，不过考虑到手下人的安危祸福，他打算与他们商议一下，按他们认为妥善的办法去做。接着，他命人召来头人和亲属，说明印卡王子的建议，要他们审时度势，找出对大家最为有利的办法，虽然是违心之举，但他将为了众人的安全服从王子的安排。

众头人感到他们的酋长多少放弃了一点过去的强硬和顽固态度，心中十分高兴，这才壮起胆子，坦率而热切地向他倾吐真言，说听命于这位印卡王子并尊他为君主是完全正确的，他是那么慈善宽厚，即使在即将完全战胜他们的情况下，仍然邀请他们缔结友好。

这是自由人坚决大胆地提出的看法，不是附庸者低声下气地说出的意见。这个果断的主张终于使“强人”奇穆认识并放弃了傲慢不驯的态度，显出比较谦恭的神色，派出使者去见印卡·尤潘基，请求王子殿下不要违背对他手下人和他本人采取仁慈和宽厚态度的诺言，因为太阳的儿子、印卡诸王在征服的世界四方一直是这样做的，像他一样身有罪过和顽固不化的人都曾得到了宽恕；说他知道自己罪孽深重，但他相信自己对王子的先辈印卡诸王宽厚胸怀具有的长期经验，所以请求饶恕；恳请王子殿下不要拒绝饶恕他，因为王子历来非常珍惜他那穷人的爱护者和造福者的称号；他还请求同样饶恕他的手下众人，他们没有过错，只他一人有错，他们虽然抗拒过王子殿下，那是为了迁就酋长的态度，而并非出自本意。

王子听罢使者带来的口信，想到战争在没有像担心的那样大量流血的情况下终于结束，心中甚是欣慰。他亲切地接见了几位使者，命人赠给礼物，然后让他们回复酋长，并陪他前来倾听印卡王子亲口饶恕，接受他亲手赐赠，以便更好地稳定他的情绪。

凶蛮的奇穆早被打掉了狂妄高傲的气焰，换上一副谦卑恭顺的样子来到王子面前，伏地参拜，再次提出使者转达过的请求。王子为了让他不再伤心痛苦，满怀爱怜地接见他，命手下两位统领扶他起身，听过他的一席话后对他说，过去的一切，甚至如果他做得再过分些，他也都一概饶恕；他到那里去，不是要抢占奇穆的领地和剥夺他的领主地位，而是要教奇穆人更好的偶像崇拜、法律规章和风俗习惯；为了证明他说的不是空话，如果奇穆担心已经失去了领地的话，他现在就封赐给他，让他牢固地拥有它，但必须推倒他们那些鱼、兽偶像，崇拜太阳神和效命他的父亲印卡王。

奇穆见王子表情和颜悦色，话语亲切随和，顿时振作起来。他重新施了一礼回复说，他最感痛心的，就是没有及时听从如此仁义君王的话；虽然王子殿下现在已经宽恕了他的过错，但他将终生痛悔；至于其他事情，不论在宗教信仰方面，还是在风俗习惯方面，他都将满怀敬意、心甘情愿地执行印卡王子的命令。

于是，双方媾和，奇穆称臣。印卡王子以衣物赐给奇穆和他手下的贵族，然后巡视他领地内的山谷，并命人营造王室建筑以进行美化，重新开凿大型水渠以灌溉和扩大耕地面积（增加的土地比原有的还多），建造粮仓以储存太阳神和印卡王的岁入，同时储备粮食以备荒年救济当地居民——这都是历代印卡王按古来习惯下令做的事。作为特殊情况，王子命人在帕尔蒙卡山谷建造一座堡垒，以纪念征服奇穆国王那次战役的胜利，这是因为那次战役从帕尔蒙卡山谷开始，双方打得非常激烈，王子认为此次大捷非同寻常。堡垒建得坚固宏伟，还有许多彩绘和其他王室奇珍异宝作为装饰，显得甚是雄伟华丽。但外国人对建筑本身和各种装饰毫不爱护，堡垒终被破坏倾覆。不过有几段残垣断壁逃过了破坏者的愚昧无知，幸免于劫难，仍然留存在那里，使人依稀可见当年的雄伟英姿。

对上述诸项事务计划、安排妥当后，王子留驻了执掌司法和管理财产的官员以及日常戍边的军士，命令备受恩宠、欣喜非常的奇穆驻守他的领地，自己则返回科斯科。回城后，王子受到热烈欢

迎，像前面讲的几次征战一样，举行了隆重的祝捷大会，欢庆活动持续了一个月之久。

第三十四章　印卡王美化帝国，以及他在逝世前的作为

印卡王帕查库特克见自己年事已高，决定休战养民，不再进行征战。这时他的帝国，南北长度已扩展了一百三十多莱瓜，东西宽度已占有了从内华达大山脉直到大海之间的整片土地，那里有些地段的宽度是六十莱瓜，有些地段大约是七十莱瓜。于是，他全心致力于过去一直从事的政务：确立前辈留传下来的法律，并制定新的法律以普遍造福于民。

他凭着自己的智慧，命人开凿许多水渠，把贫瘠的不毛之地改造成肥沃的丰产良田，并在那里为外地迁来的居民建立了许多村庄。

他仿照科斯科城里的样子，建造许多太阳神庙和贞女宫，下令整修粮仓并在王室大道上建造许多新粮仓，储存粮草、兵器、辎重，以备出征路过军队之需，还命人建造王室宫院，供印卡王公出行时安歇。

他命人在凡是没有仓库的大小村庄建造仓库，并用王室和太阳神收缴的贡赋充实仓廪，储存粮食，以备荒年救济居民。

总之可以说，他使整个帝国的面貌焕然一新：在他们那虚妄的宗教信仰方面，规定新的典礼和祭仪，废弃了百姓崇拜的许多偶像；在风俗习惯和道德生活方面，制定新的法律法令，禁绝了印第

安人在接受他的统治以前实行的许多野蛮的恶习陋俗。

为了显示自己既是国王和大祭司、又是大统帅的才能，他还按自己的意志改革了军事，给在军事方面的佼佼者增加赐赠，提高荣誉。他还特别大兴建筑，广泛移民，扩建和美化了辉煌的科斯科城；又命人在他曾祖父印卡·罗卡建造的学校附近，为自己建了一座宫室。他待人亲切，政绩卓著，统治温和，所以像朱庇特主神一样备受爱戴和敬仰。关于他在位的时间，有人说五十多年，有人说六十多年。他一生中天下太平，国泰民安，因乐善不倦而有口皆碑，人们心悦诚服地尊敬他、爱戴他，不遗余力地为他效命。在位五六十年后，印卡王帕查库特克与世长辞，举国上下同声哀悼，像对他的先辈印卡诸王一样，将他的名字列入众神牌位。遗体按他们的办法做了防腐处理，并按其风俗为他举行悼念、祭祀和安葬仪式，历时达一年之久。

临终之时，印卡王帕查库特克立印卡·尤潘基继位，治理天下。印卡·尤潘基是他和他的合法妻子、也是他的姐妹阿纳瓦克王后所生的儿子；此外他还留下三百多个子女，但也有人说，他生前寿命很长，妻妾成群，遗下的合法和非婚生子女共有四百多个。印第安人还说，尽管他有四百多个子女，但对如此德高望重的父亲来说也不算多。

西班牙史学家把这父子两代国王搞混了，把两人的名字说成了一个人。事实是父亲名叫帕查库特克，是他的本名；印卡的称号是他们每人都有的，是从第一代印卡王曼科·卡帕克起就取的姓氏。曼科·卡帕克的孙子叫略克·尤潘基，关于尤潘基这个字的含义，我们在记述他的生平时已经讲过。从他这代国王以后，尤潘基也变成了姓，两姓并用称为印卡·尤潘基。对印卡诸王都可称尤潘基，因为这不是某一个人的本名。印卡诸王都乐于接受这个别号，这就像称历代罗马皇帝为恺撒·奥古斯都一样。由于印第安人在称颂他们国王的功勋业绩和提到他们名字时说成了帕查库特克·印卡·尤潘基，西班牙人就理解成是一位国王的名字，而没有把帕查库特克的继位王子包括在内。这位王子取两个姓为本名，叫作印卡·尤潘基，后来他给自己的继位王子也取名叫印卡·尤潘基，由于这位王子德才超群，为了把他与他的父亲区别开来，印第安人便称他为图帕克（意思是闪光的、超群出众的）·印卡·尤潘基，即瓦伊纳·卡帕克－印卡·尤潘基的父亲，瓦斯卡尔－印卡·尤潘基的祖父。因此可以说，其他所有印卡王都姓印卡·尤潘基。我现在说明这一点，以免阅读史书的人搞混。

第三十五章　扩建学校，制定法律以施仁政

布拉斯·巴莱拉神父在谈到帕查库特克这位印卡王时，总结性地说了这样一段话：

“维拉科查·印卡故去后，被印第安人奉为众神之一。他的儿子继承王位，这位王子原名大蒂图，别号曼科·卡帕克，后来父亲为他取名‘帕查库特克’，意思是革新天下的人。后来，他以自己的光辉业绩和精辟格言证明了他无愧于这个名字，以致人们淡忘了他原来的名字，都叫他帕查库特克了。他以经邦济世之才，文韬武略之功，宽严有致之法治理帝国，不仅在称为‘塔万廷苏尤’的世界四方扩展了版图，而且制定了许多法律规章。除了关于偶像崇拜和非法婚姻的以外，我们尊敬的天主教国王[①]都非常欣慰地承认了这些法律。这位印卡王首先以巨大的热情扩建和美化印卡·罗卡国王在科斯科城创建的学校，增加教师和导师数量；又规定领主和将领及其子女，无论从事何种职业的所有印第安人、军人及其下属，一律使用科斯科的语言，只有熟练掌握这种语言的人，才能赋予管理国家事务的权力和地位。为了使这么好的法律不致成为一纸空文，他指定由通晓印第安人事务的人做科斯科城里王公和贵族子弟的老师；并向国内各省派出教师，向所有对国家有用的人传授科斯科的语言，结果是整个秘鲁王国都说这一种语言。然而现在，由于推广不力（我不知道应由谁来承担这个责任），许多会讲这种语言的省份都已完全忘记了，这不能不给传播福音活动造成巨大损失。凡是遵行这条法律，直到现在仍然掌握科斯科语言的印第安人，都是教养较好、智能较强的人，其他印第安人就稍逊一筹了。

“这位帕查库特克规定，除印卡王公及其子女外，任何人不得佩戴金银宝石和彩色羽毛饰物，也不得穿着精工织造的小羊驼毛料服装，但他允许人们在每月最初几天和节庆仪典的日子适度地打扮。直到现在，纳贡的印第安人还遵守这项法律，因此避免了盛装华服带来的许多恶习，而为西班牙人充当仆人和居住在西班牙人城市里的印第安人，在穿戴方面就非常奢侈，既浪费金钱又有害于思想。这位印卡王规定，吃饭要精打细算，但无论是印卡王公还是平民百姓在饮酒上却比较放纵。他规定设立专门法官惩治闲夫

① 指西班牙的费尔南多（1452—1516）国王和伊莎贝尔（1451—1594）女王夫妇。

懒汉，要求人人有事做，或从事自己的职业，或效力于父母或主人，或有益于国家；这项规定非常严格，连五六岁或六七岁的男女儿童，也要求他们做些与年龄相当的事情。他还规定能够从事手工劳动的盲人、跛者和哑人做不同的活计；老翁老妪轰赶田里的鸟；所有这些人的生活由公共粮仓供给，务使其丰衣足食。为使人们不致因连续劳作而过于紧张疲惫，他制定的法律规定每月（以月相计算）有三天假日，人们可用各种兴味平常的游戏轻松娱乐一下。还规定每月有三次大型交易会，每九天一次，让乡里村民和农夫在劳作八天之后或进城或逛市场，并借此机会耳闻目睹印卡王或他的参政院发布法令公告；后来这位印卡王规定，每天都开办集市，就像我们现在看到的那样，他们把集市称为'卡图'（catu）；但规定只有假日那天才有大型交易会，以使其更加引人注目。他制定法律，规定各省、市明确标定边界，将山岭、草地、森林、河流、湖塘和耕地全都包括在内；这些资源均为有关各省、市所有，永久管辖，任何省督或酋长不得破坏、分割或将任何部分归为自己或他人使用，这些地块应按该项法律规定的数量平均分配，使其为有关各省、市居民专门所有、共同使用，同时划分出用于缴纳王室和太阳神贡赋的地块。印第安人必须按照分给的地块个别或集体地耕种国库的土地，因此，无论自己的还是国库的土地，均由印第安人耕耘、播种和收获。由此可以看到，许多人所谓印第安人没有私人财产的说法是不实之辞。这是因为他们不知道，田产不是按照土地的数量和比例来划分，而是按照他们为耕种土地需要投入的集体或个人劳动来划分。因为印第安人有一个非常古老的习惯，不论公益事务还是个人事务都是大家集体完成，所以才要丈量土地，使

每个人在分给自己的那块土地上耕作。干活时大家聚在一起，首先互相帮助，共同耕耘个人的土地，然后耕耘国王的土地；播种、收割和入仓（把收获物储存在王室和公共粮仓）时也是这样。自家盖房子也采用几乎同样的方式：哪个印第安人需要盖房子时先找村政会，让它定个日期，全村人齐心协力前去支援邻居，房子很快就可盖好。印卡诸王很赞同这种做法，并通过有关法律的形式把它肯定下来。直到今天，仍然实行这项法律的那些印第安人村庄，为基督教的慈善事业帮了大忙，而那些只顾自身的吝啬的印第安人，往往是既损害自己又不利他人，只能令人气愤。”

第三十六章　印卡王帕查库特克的其他法律以及他的精辟格言

“总而言之，这位国王根据参政院的建议，批准了许多省份和地区有利于当地居民的法律、法规、法典、规章和风俗习惯；废除了许多有害于公共安宁和有损于王室统治和尊严的法律；此外还制定了许多新法律，用以惩治亵渎神明犯、弑父犯、杀害兄弟姐妹犯和其他杀人犯，惩治印卡王的叛徒，惩治男、女通奸犯，惩治诱拐少女犯，惩治强奸少女犯，惩治胆敢猥亵贞女的不法之徒，惩治盗窃犯（不管偷盗什么东西），惩治鸡奸犯，惩治纵火犯，惩治直系亲属乱伦犯；制定了许多关于树立良好习俗和规定神庙祭祀仪式和祭物的法令；再次确认了前辈印卡诸王制定的许多法令，这些法令是：子女在二十五岁以前需服从和效力父母。任何人需征得本人，和女方父母的同意后方可结婚。未经父母同意结婚者，其婚约无效，所生子女视为非法。但如已婚者在生育子女且共同生活后得到本人和对方父母的同意和允许，则婚姻属于合法，子女亦视为合法。他根据各省份和各王国的古代习惯批准了对领地和王国的继承权；他规定法官不得收受诉讼人的贿赂。这位印卡王还制定了许多比较次要的法律，为避免繁琐姑且不再赘述。在以后的文字中，我们将介绍他制定的关于约束法官、缔结婚约、订立遗嘱以及关于军事和计年的法律。到了现在的岁月，唐弗朗西斯科·德托莱多总督修订、更改和废除了这位印卡王制定的许多法律和规章，印第安人为他的绝对权力所敬服，称他为‘第二个帕查库特克’，意在说他是第一位改革者的改革者。可见印第安人对那位印卡王虔敬恭顺到何种程度，所以时至今日仍不能忘怀。”

以上是布拉斯·巴莱拉神父写的原话，我是在他那些断篇残稿中发现的。至于他许诺在后文中介绍有关法官、婚约、遗嘱和有关军事和计年的法律的文字，都散佚无存了，这实在令人可惜。我在另一张残稿上，不期看到印卡王帕查库特克的一部分精辟格言，现照录如下：

“如果百姓、头领和酋长对国王欣然从命，则国泰民安。”

“嫉妒是蛀虫，它咬噬和啃食嫉妒者的脏腑。”

“嫉妒人者为人嫉妒，无端招来双倍痛苦。”

“宁可因自身之善而为人嫉妒，不要因自身之恶而嫉妒他人。”

“嫉妒人者徒害自身。”

“嫉妒好人者从好人身上学习缺点，犹如蜘蛛从鲜花中吸吮毒汁。”

“酗酒、生气和疯癫症，这三者同样有害；酗酒和生气是有意为之，因此是可以改的，而疯癫症则会贻害终生。”

“未经授权又没有正当理由而杀人，等于自己判了自己的死刑。”

“杀死同类者必须偿命；因此我们的先辈诸王规定，凡杀人者必须叫他粉身碎骨，我们重申这项规定。”

“绝不允许盗贼存在。这些人本可用诚实劳动挣得财物，合法地拥有财物，却想用偷盗抢劫占有更多的财物，因此，犯盗窃罪者被处以绞刑是罪有应得。”

“通奸者损害他人名誉，使他人不能安居乐业，因此应判为盗贼，处以死刑，绝不宽恕。”

“身处逆境而坚忍不拔，高尚勇敢者是也。”

“浮躁是没有志气、没有教养、沾染恶习的表现。”

“百姓恭敬从命时，国王和地方长官应对他们宽宏大度；反之，则应依法严办，但应时刻谨慎从事。”

“法官私自收受说客和事主的馈赠，应视为盗贼，并以盗窃罪处死。”

“地方长官应该全力关注两件事，第一，他们及其下属要一丝不苟地遵守和执行国王的法律；第二，要非常认真负责地互相协商，为本地的集体和个人造福谋利。不善于管理家务的印第安人，不可能善于执掌国事，此类人绝不可重用。”

“医生或郎中不知草木的性能，或只知某些草木的性能，而不想通晓所有草木的性能，即为无知或少知。此类人应该刻苦学习，能识有益和有害的所有草木，方能成为名符其实的医生。”

“既不会用人体高度也不会用绳结计算的人就想数清星辰的数目,必定成为笑柄。”

以上就是印卡王帕查库特克的格言。那时他们没有用来书写的文字,也没有用来计数的数字,是用绳结和人体高度来计算数量,所以上面才有绳结和人体高度之说。

第七卷

本卷记述印卡人进行的移民，对领主子弟的培养，印卡人的第三和第四个重大节日，对科斯科城的描述，第十代国王印卡·尤潘基在秘鲁和奇利王国进行的征服活动，阿劳科人反抗西班牙人的暴动，巴尔迪维亚之死，科斯科的堡垒及其宏伟气势。本卷包括二十九章。

第一章　印卡人进行移民；他们使用两种语言

印卡王将一些省份的印第安人迁徙到另一些省份，让他们在那里定居。印卡诸王之所以这样做，一方面是为其臣民的利益，另一方面也是为他们自身利益——确保王国不发生起义和暴动。印卡王在征服活动中发现，有些省份本来很肥沃，然而人烟稀少，土地因无人耕种而荒芜。为使这些省份不致荒废，印卡王从条件和气温冷热与之相似的其他省份迁来印第安人，这样他们就不致因气候的差异而损害健康。另外，当印第安人繁衍过多、原居住省份容纳不下时，印卡王也进行移民：将其一半或数量大致相当的人口，迁居到与其原居住地条件相似的省份。有时，印卡王也将土地贫瘠、物产匮乏地区的印第安人迁居到土地肥沃、物产丰富的地区。这样做，既有利于迁走的人，也有利于留下的人，因为他们都是亲戚，彼此可以用自己的收获互相帮助。在整个科利亚奥就是这样，该省长一百二十多莱瓜，本身就是一个包括许多不同部族的省。那里气候非常寒冷，不出产玉米和西班牙人叫作辣椒的"乌丘"，但大量出产炎热地区所不出产的另外一些谷物和菜蔬，如叫作"帕帕"和"基努阿"的作物，还有大批大批的牲畜。印卡王根据其具体情况和比例关系，从整个那片寒冷地区迁出许多印第安人，安置在东部的安第斯山地区和西部的沿海地区，那里有大片肥沃的谷地，盛产玉米、辣椒和水果。但是在印卡人到来之前，那里无人居住，一片荒凉，因为其他印第安人不懂也不会开渠浇地。印卡王们经过深思熟虑，把谷地两旁最近的印第安人迁到谷地；开渠引水，同时平整土地，让水流进农田；还通过法令让印第安人像亲戚那样互相帮助，在物资方面互通有无。印卡王这样做也是为了他们自身的利益，可以征收玉米以供军需，因为如前所述，印第安人耕种的土地中三分之二实际上是归属印卡王的，因为三分之一归太阳神，另外三分之一归印卡王所有。这样，国王们就能从那些寒冷的不毛之地获得大量玉米，而科利亚人则用牲口驮运大量的"基努阿"、"丘纽"（即经过加工的马铃薯）以及许多印第安人叫作"查尔基"的腌肉，去同迁居他乡的亲戚们交换，驮回他们土地上没有的玉米、辣椒和水果。这是印第安人十分重视的一种预防灾荒的措施。

佩德罗·德谢萨·德莱昂在第九十九章谈到这一问题时写道："丰年时节，科利亚奥这一地区的所有居民丰衣足食，不愁吃穿，但是如果碰上干旱歉收年份，生活就非常艰难。统治那个帝国

的印卡诸王确实非常明智,治理有方并有充分的储备,他们按照自己的习惯建立和确定了一些法律和规章制度。如果不是这样,他们治下的大多数人就要像归他们统治之前那样,劳动更为艰辛,生活更为困苦。我之所以这样说,是因为科利亚人这些地区和秘鲁所有其他谷地气候都很寒冷,不像气候温暖和条件优越的村庄那样土地肥沃、物产丰富。因此,印卡王命令与这些村庄毗邻的大面积安第斯山区的每个村落抽出一部分印第安人,带着他们的妻子一起迁居到酋长们指定的地方,耕耘劳作,种植当地原来没有的作物,并将收获的果实供应他们的领主或头人。这些印第安人就被称作'米特马克'。现在他们在最大的监护征赋区里劳动和生活,种植和加工珍贵的古柯。因此,尽管在整个科利亚奥不能播种和收获玉米,但是当地领主和根据上述惯例应该得到玉米的人并不缺少这种东西,事实上他们一直向这里驮运玉米、古柯、各种水果以及大量蜂蜜。"以上引用的是佩德罗·德谢萨的原话。

还有另外一种情况,就是在征服某个好斗的省份之后,由于担心那里远离科斯科,居民又凶狠残暴,不那么忠诚,也不会老老实实地为国效命,于是也要迁移那里的印第安人。印卡王把那些地方的一部分人,经常是全部居民都迁移到其他驯顺的省份,他们看到自己四面都被对印卡王忠诚和温和的臣民包围着,又在难以打破的枷锁的压迫下,也只好驯服了。在这种迁徙印第安人行动中,总要派去一些由第一代国王曼科·卡帕克的特许而姓印卡的人,由他们治理和教化其他印第安人。用这些印卡人的名义提高与之同往的其他印第安人的地位,使他们比当地人更受尊重。对所有用这种方法迁徙的印第安人——包括迁来的和迁走的,统称为

“米特马克”。其意为移民或外来户，二者意思都一样。

为了更好地治理帝国，印卡国王们还想出了一个办法：让臣民都学习宫廷中使用的一种语言，即现在所称的通用语。为了教授这种语言，特向各省派遣了享有特权的印卡人老师。要知道，印卡人有一种他们之间使用的特殊语言，这是一种神圣的语言，其他的印第安人不仅听不懂，也不允许他们学。据我收到的秘鲁来信说，现在这种语言已经完全消失了，因为印卡人自己的国家已经灭亡，他们的语言也就不复存在了。印卡王让人们学习通用语主要有两方面的原因：一方面，他们帝国内有多种不同的语言和部族，要相互交流沟通就必须有大量的通译人员，而他们不愿意面前有一大群通译。印卡王希望其臣民能同他们面对面地交谈（至少不用通过第三者而直接交谈），直接从他们口中听到对事务的处理意见。因为同一句话，由印卡王口中说出使聆听者产生的满意和慰藉之情，远非由大臣口中说出所能比拟。另一方面，也是最为重要的原因，是为了让外族人（如前所述，他们彼此之间不能交流理解，因而互相敌视，残酷厮杀）通过相互交谈，推心置腹地交流思想，从而消除由于彼此不了解而产生的隔阂，相亲相爱，如同一家。印卡王使用这种手段，将他们所发现的在偶像崇拜和习俗方面迥然不同甚至相抵触的众多部族驯服并统一起来，由其帝国管辖，而且通过这种共同语言促使各部族团结友爱，亲如兄弟。所以，印卡帝国鞭长莫及的许多省份，出于对这种好处的热爱和信任，后来也到此学习科斯科的通用语。许多使用不同语言的部族都讲这种语言，用它交流思想，而且仅仅通过这种通用语，一些过去一直不共戴天的部族也化干戈为玉帛，结为盟友了。然而与此相反，新政府

统治①以来，许多过去会讲这种通用语的部族也把它忘却了。布拉斯·巴莱拉神父证实了这一点，他在谈到印卡诸王时这样写道："他们规定所有的人都讲一种语言，然而现在，由于疏忽（我也不知是谁的责任），许多省份已经把它忘光了，这对福音布道影响很大。因为所有服从这一法令的印第安人迄今仍保留着这种科斯科语，他们都比较有教养，而且有较强的理解力，而其他印第安人则不然。"以上是引用布拉斯·巴莱拉神父的话，后文也许将引用他的一个章节，专门说明不应当听任印第安人把秘鲁的通用语忘掉，因为忘掉了通用语，传教士们就必须学会多种语言来宣讲福音，而这是不可能的。

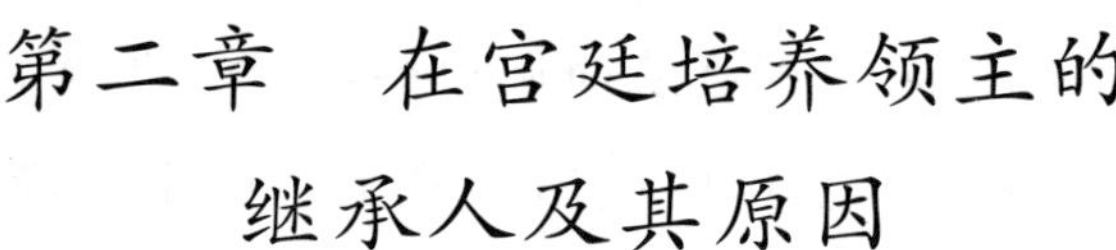

第二章　在宫廷培养领主的继承人及其原因

国王们还规定，其属下领主的继承人在继承领地之前，在宫廷培养并住在宫中，使他们受到良好的教育，适应印卡人的性格和习俗。印卡王对他们友好相待，目的在于日后他们能念及往昔的交往和感情，热爱印卡王并勤奋地为之效力。印卡王把他们叫作"米特马克"，因为他们都是外面来的人。印卡王这样做，把帝国中各王国、州省和领地的继承者聚集一堂，也是为了增加宫廷的尊贵和高尚气派。这种规定促进了通用语的学习，人们学起来更有兴趣，费力较少，不会成为负担。因为继承者们的臣仆轮流到宫廷

① 指西班牙人对印第安人的统治。

侍奉他们的老爷,当他们回到自己家乡时总能学会一点宫廷语言,于是就在同伴当中使用,得意洋洋地自我炫耀,因为那是被他们视为神明的人使用的语言。这样就引起人们强烈的羡慕心理,都希望掌握并努力学习它。而多少学会一些的人,为了今后能有更大的进步,就力争有更多机会更亲切地同在当地掌管司法和王室财政的官员打交道。这样,在那些国王征服的长近一千三百莱瓜的土地上,不用教师专门讲授,人们就轻松地学会并使用科斯科的通用语。

印卡王们规定那么多藩国王储住进宫廷,除了显示宫廷威严之外,还有另外一个意图,就是确保诸王国和省份安宁无事,不致发生暴乱和反叛。由于帝国幅员辽阔,很多省份远离宫廷达四百五百甚至六百莱瓜,这些都是面积最大、人最好斗的省份,如基图和奇利王国及其周围地区。印卡诸王担心,由于相距遥远,居民凶残野蛮,说不定什么时候会发生暴动,以求摆脱帝国的控制。尽管各个省份单独成不了气候,但很多省份和许多地区可以互相通气,联合起来,从各个地方进攻帝国,这就会酿成巨大危险,使印卡王有可能丧失他们的统治地位。在如此辽阔的帝国,诸如此类的麻烦是可能发生的,为了防止万一,印卡王采用的办法就是规定所有领主继承人都住进宫廷,不管印卡王在不在宫中,均给予礼遇和厚待,并根据每人的优点、性格和心理状况予以安抚。王储们经常把受到的特殊照顾和一般待遇告知其父母,同时捎回去一些印卡王穿戴之后又赐给他们的衣服和饰物——他们非常珍惜这些东西,视为无价之宝。印卡诸王企图用这种方法,使其臣属感恩戴德而忠贞不贰。即使有的臣属忘恩负义,不承认印卡王的统治地位,但

考虑到他们的儿子和继承人住在宫廷，成了人质和抵押品，至少也会有所顾忌而克制那些不轨想法。

由于采用了诸如此类精明巧妙的手段，加之执法公正严明，印卡诸王把帝国治理得太平安宁，他们在位时，几乎没有发生什么暴乱或反叛，因而无需平息或惩治。何塞·德阿科斯塔神父在第六卷第十二章谈到印卡王的治国之道时说："毫无疑问，这些人对他们的印卡王是极为尊敬和爱戴的，从未发现任何人有过背叛行为。这是因为他们在治理国家时不仅很有权威，而且执法非常公正，不允许任何人遭受欺凌。印卡王向各省派驻官员，有直接隶属于他们的高级官员，也有中级和专门官员。他们都非常顺从服帖，连喝醉酒或拿村民一个玉米棒子的事也不敢干。"以上引文为阿科斯塔神父大人的话。

第三章　关于宫廷语言

前面曾说要介绍布拉斯·巴莱拉神父论及秘鲁通用语的一章文字，从那残缺不全的书稿看，是他著的《历史》一书的第二卷第九章。现将这一章文字连同神父大人写下的标题照录如下：

第九章　关于通用语，其方便之处和使用情况

"还要讲一下秘鲁当地人的通用语。尽管各省确有自己不同于其他语言的独特语言，但是还有一种统一的和通用的语言，人们称它为科斯科语。在印卡王统治时期，从基图到奇利王国和图克

马王国都使用这种语言，现在酋长们和那些为西班牙人做仆人或工匠艺人的印第安人仍在使用它。从古时候起，印卡王在征服某一王国或省份之后，为其藩属考虑而所做的事情之一，就是规定他们学会科斯科的宫廷语言，并教授其子女。为使这一规定不致落空，印卡王派给属邦一些科斯科出生的印第安人，去教授宫廷的语言和习俗。在这些印第安人所去的省份和村镇里，分给他们房屋、土地和产业，让他们在当地定居，以便他们及其子女能够永远充当教员。印卡人官员在安排国家职务时，无论在和平时期或战争时期，均优先任用通用语讲得较好的人。印卡诸王使用这种温和的方法，将整个帝国治理得太平安宁，不同部族的百姓亲如兄弟，因为大家都讲同一种语言。那些出生于科斯科的教员的子女，现在仍然散居在其父辈曾经施教的各个地区，但由于没有被授予其父辈的那种权威而无法施教，也不能强迫印第安人学习。因此出现了这种情况：当西班牙人刚进入卡萨马卡时，很多省份尚能同其他印第安人一样讲这种共同语言，然而现在却忘得一干二净。因为印卡人的帝国及其统治土崩瓦解之后，西班牙人又发生内讧，自相残杀，根本无暇顾及，还有谁会想着对宣讲神圣福音如此方便而又必不可少的通用语呢？此外还有其他原因（我这样想），主要是十恶不赦的魔鬼撒旦制造了许多障碍，使一项那么好的规定未能继续实行。因此，在整个特鲁希略城和基图所辖的其他省份，对过去曾经使用过的通用语已一无所知。所有科利亚人和普基纳人都满足于自己所讲的独特语言，而蔑视科斯科的通用语。此外，在许多仍然使用宫廷语言的地方，这种语言也已经严重不纯，几乎变成另一种语言了。还要指出，原先印卡王刻意要消除的语言上种类繁

多和相互混杂现象，现在又重新出现，以致现在印第安人之间使用的语言其差异之大，更甚于他们末代皇帝瓦伊纳·卡帕克时期。因此出现了这样的情况：从前印卡诸王希望通过语言的统一，在那些异教徒中产生和睦精神，因为语言的相似和一致总是有助于人们实现和解，达到真正的团结友爱；然而现在，虽然人们都成了天主教徒，却没有和睦精神。对此，官员们很少或根本没有理会，他们奉某位总督之命，致力于将许多印第安人小村庄合并成大村镇，把许多不同部族聚居一处，企图消除原来因相距遥远而对向他们传教所形成的障碍，但因为这么多使用不同语言的不同部族聚居一处，障碍却反而较前大得多了。因此，（从人道方面讲）只要这种语言混乱现象持续下去，而教士们又不能通晓那个帝国的所有语言（若想都通晓是不可能的），秘鲁印第安人就不可能在信仰和习俗方面受到良好教化。而如果能像希望的那样让印第安人只学会科斯科语，那就会得益不浅。也有人认为，强迫所有的印第安人学习西班牙语是大有好处的，这样教士们就可以不必徒劳无益地去学那些印第安语了。听了这种意见的人无不认为，之所以产生这种想法，主要是缺乏热情而不是智力迟钝。如果说唯一的办法是让印第安人学习那极难掌握的西班牙语，那么让他们学习自己那非常容易的、对他们来说几乎就是当地语言的宫廷语言岂不更好吗？反之，如果像他们所说，聪明绝伦、深谙科学的西班牙人尚且学不会科斯科的通用语，那怎么能让没有开化、目不识丁的印第安人学会西班牙语呢？事实是，尽管有很多教师愿意无偿地向印第安人教授西班牙语，但是由于印第安人，特别是普通老百姓从未受过教育，学习效果一定很差，难以掌握和使用西班牙语；但如果

想学的话,任何一位教士都可以学会和熟练地使用十种不同的秘鲁人语言。另外,没有理由为了让我们摆脱学习印第安人宫廷语言的小小麻烦,而给他们增加两大沉重负担:忘掉他们自己的语言,去学习一种别人的语言。还是就用科斯科通用语传播天主教吧,那种语言与帝国的其他语言没有很大差别。语言方面出现的混乱,总督和各地省督本可以轻而易举地消除:只要在关心其他问题时顺便关心一下这个问题,规定让印卡王派去充当教员的那些人的子女们像过去那样重操旧业,教授其他印第安人通用语即可。这种语言学起来毫不费事。我认识一位通晓宗教法规并富有同情心的教士,他很想让分派给他布道的那些印第安人得救。为了更好地向他们传教,他下了很大工夫学会了通用语,同时要求并不厌其烦地督促他的那些印第安人也学通用语。印第安人为了使他高兴,纷纷刻苦学习,只用一年多一点的时间就学会了,讲起来就像自己的母语一样,而且也当真成了他们的母语。那位教士通过自身经历发现,使用那种通用语,印第安人更愿意接受和顺从基督教教义,其效果远比使用他们原来语言好得多。既然这位善良的教士没花多大气力就达到了目的,实现了他对印第安人的期望,那么主教和总督们为什么不能这样做呢? 的确,如能规定从基图到奇查斯的秘鲁印第安人都学会通用语,那么他们都会非常温顺地接受统治和教育。印卡王只用很少的法官即能统治印第安人,现在有三百多名督办管理他们,费了九牛二虎之力还感到人手不够,工作也几乎没有成效,这是一件很应引起注意的事情。其主要原因在于语言混乱,人们无法沟通思想。秘鲁通用语可以在短时间内、不用花费很大力气就能容易地学会,许多曾试图掌握它的人都证

实了这一点。我认识很多教士,他们稍加努力就熟练地掌握了。丘基亚普有一位传教士,曾听信那些不喜欢印第安人通用语者的意见,以为这种语言难乎其难,从而对它非常讨厌,甚至听到别人提起也会大发雷霆,认为自己无论如何不会去学。后来发生了这样一件事:在那个村里建立耶稣教士会之前,碰巧该会一位教士到了村里,在那里住了几天,向印第安人传教,公开用通用语布道。那位教士觉得这件事很新鲜,就去听了一次。他看到传教会的教士用印第安语宣讲圣经的许多段落,印第安人听后面露惊喜之色,喜爱上了这种教义。于是,他对这种通用语也产生了一点好感。布道结束后他问传教士:'难道用一种如此野蛮的语言,能够说明和转达如此甜美和神秘的神的语言吗?'那教士答道'是',而且说如果愿意花点工夫学习通用语,四五个月之内他也能用它来讲经布道。怀着拯救印第安人灵魂的愿望,他保证全力以赴地刻苦学习。他从传教士那里问到一些学习规则和应注意的问题,就学了起来。六个月后,他就能够听印第安人忏悔并向他们布道了,结果他自己感到非常愉快,也使印第安人受益匪浅。"

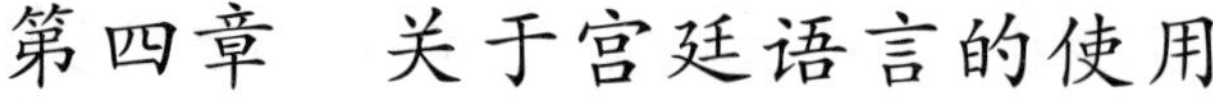

第四章　关于宫廷语言的使用

"我们已经说明并且证实,即使是从这里去的西班牙人,学习那种宫廷语言也是非常容易的。还必须指出并承认,秘鲁的印第安人学起来更加容易得多,因为尽管他们使用的语言不同,但宫廷语言仍然像是他们本部族的语言,因而是他们自己的语言。这一点是很容易证实的,因为我们看见过这种情况:一些来到诸王之城或科斯科、拉普拉塔城或波托奇[1]矿区的普通印第安人，他们不得不依靠自己的双手劳动谋生，并且只能靠过去的生活经历、习惯和真挚感情同其他印第安人交往，并没有人给他们讲规则和方法，但几个月的时间就能流利地讲科斯科语。当他们带着已掌握的新的和更高贵的语言回到自己家乡时，他们显得更高贵、更神气也更聪明能干了。他们感到更为重要的是因为学到这种通用语，故乡的其他印第安人更加敬重他们了。在一座名叫苏利的村庄，耶稣会的神父们发现并注意到了这一点，那里的居民全是艾马拉人。那些省份的教士、法官和督办都这样说，他们还断言印卡人的宫廷语言具有这样一种值得称赞的特殊效能，它对秘鲁的印第安人来说，如同拉丁语对我们那样有益。因为这种语言除了在商业活动、交往、商讨契约和其他临时性使用以及涉及精神财富时对印第安人非常有益之外，还使他们理解力更为敏锐，更加聪明灵巧，更快地掌握想学会的事物，从而把他们从野蛮人变成通达事理和较有教养的人。因此，粗野卤钝、连本部族语言也讲不好的普基纳、科利亚、乌鲁和云卡以及其他部族的印第安人，当他们学会科斯科通用语之后，好像摆脱了他们原先的粗野和笨拙，开始追求彬彬有礼的举止习惯，他们的聪明才智也力图追求更加高尚的事物。最后，他们终于变得更加能干了。能够绰绰有余地接受天主教的教义。精通宫廷语言的传教士们，确实乐于毫无顾虑地向听众讲解比较高深的内容。正因为能够讲这种话的印第安人都比较聪明能干，而且这种语言用途广阔，词汇丰富多彩，语调动听，所以，使用这种语

① 即波托西。

言讲话最优雅、最彬彬有礼的科斯科的印卡人接受福音教义时，在理解和信服方面效果更佳。尽管在很多地方，如在极其愚笨粗犷的乌里基利亚印第安人和非常粗鲁野蛮的奇里瓦纳印第安人中间，神的恩典在没有得到这种帮助的情况下，多次创造了伟大的奇迹（后文将予以叙述），但是也可看到，人们还是愿意响应和接受我们这类人道的手段。在上帝为了感召这些充满兽性的野蛮人、使之接受福音布道而使用的手段中，确实就包括印卡王们殚精竭虑地用自然规律的启示和用让大家都讲一种语言教化其臣民的方法。这是实现上帝意志的主要手段之一。所有那些印卡王（还有神明保佑），都孜孜不倦并小心翼翼地力图在其整个帝国使用和保持这种手段。然而遗憾的是，尽管那些野蛮的异教徒辛勤努力要消除语言上的混乱，并且通过巧妙的手段已经收到了成效，而我们对这种极为有利于向印第安人传授我主基督教义的事却如此草率和漠不关心。既然那些官员实行和成就了一切艰难事业，包括让居民皈依基督教这样艰难困苦的事，那么也应该能够规定和实行这件如此轻而易举的事，以便在已经成为基督教信徒的印第安人中，消除偶像崇拜和野蛮愚昧的陋习。”

以上系引用布拉斯·巴莱拉神父的原话。我觉得这些话对传授基督教义是非常需要的，故而引用于此。作为一位精通多种语言的人，他对那种秘鲁通用语谈论最多的，是它在哪些方面与拉丁语相似，在哪些方面又与希腊语和希伯来语相似，但因为这与传授基督教义无关紧要，故而未予引用。有些人认为，新大陆的印第安人是亚伯拉罕的犹太人后裔的后裔，为了证实这一点，他们指出了秘鲁通用语中与希伯来语相似的一些词汇（但只是在发音而不是在词义上相似)。布拉斯·巴莱拉神父在另一处曾讲过一段话,以驳斥这些人的看法。由于尚未离开语言这个题目,现在介绍如下。布拉斯·巴莱拉神父在驳斥这一点时说了一些有趣的情况,其中包括我们在《几点说明》中讲到的一个情况,即秘鲁的通用语中没有 b、d、f、g、j、x 这些字母。而犹太人非常敬爱他们的始祖亚伯拉罕(Abraham),所以言必称其名。b 对亚伯拉罕这个名字的发音极为重要,他们的语言中不可能没有这个字母。我们还可以再补充一个理由。秘鲁通用语没有两个辅音组成的音节,他们叫作“穆塔·库姆·利基达”(muta cum liquida),如 bra,cra,cro,pla,pri,clla,cllo 等以及其他类似音节。这样,要称呼“亚伯拉罕”这个名字,秘鲁通用语不仅缺少 b,也没有 bra 这种音节。由此可见,那些并不确切了解情况而根据推测便作出上述论断的人是没有道理的。尽管在我的那种秘鲁通用语中某些词汇有“穆塔·库姆·利基达”,例如 papri,huacra,rocro,pocra,chacra,llaclla,choclllo 等,但是应当知道,在拼读这些音节和发这些词汇的音时,必须把“穆塔”和“利基达”分开,读成 pap-ri,huac-ra,roc-ro,poc-ra,chac-ra,llac-lla,choc-llo,所有其他类似情况也都如此。西班牙人并没有注意到这种情况,他们在说这些词时字母和音节发音不准,随意乱讲。如印第安人说“潘帕”(pampa,广场的意思),西班牙人讲成“班巴”(bamba),“印卡”(Inca)讲成“印加”(Inga),“罗克-罗”(roc-ro)讲成“洛克罗”(locro)还有许多类似情况。正如我们多次讲过而且以后还要再讲的那样,西班牙人在讲秘鲁通用语时,几乎所有词汇都发音不准。至此告一段落,我们再回头讲述历史。

第五章　为太阳神举办的第三个隆重庆典

印卡王每年在宫中举办四个隆重庆典。最重要也是最隆重的节日是太阳神节，叫作“拉伊米”，我们曾详细叙述过。居第二位但也非常重要的节日庆典，是为王室血统的应试者封授武士称号时举办的，我们也叙述过。还有两次庆典需要叙述，讲过之后就结束了对庆典的介绍。如果要介绍每个太阴月都举行的一般庆典和为庆祝取得重大胜利或某个省份、某个王国自愿臣服于印卡帝国而举行的特殊庆典，那就过于冗长繁琐，而且也太费事，所以知道其大致情况就足够了。那就是所有这些庆典活动都在太阳神庙里举行，形式与最重要的典礼相似，但规模没有那么大，也没有那样隆重，并且也不到广场上去。

第三大隆重庆典叫作库斯基耶拉伊米（Cusquieraimi），在玉米播种完毕并开始发芽时举行。人们向太阳神贡奉许多“绵羊羔”、没有下过崽的“母绵羊”和“公绵羊”，祈祷太阳神命令冰冻不要把他们的玉米冻死。因为在科斯科谷地和萨克萨瓦纳谷地及其附近地区，在属于这种气候的任何地方，由于天气寒冷，冰冻极为严重，对玉米的伤害甚于对其他庄稼或蔬菜的伤害。要知道在那些谷地，由于傍晚时分天空往往晴朗无云，一年四季、从夏到冬全都结冰；圣胡安节[1]时的冰冻甚于圣诞节的冰冻，因为那时太阳离他们更远。印第安人一看到晚上天气晴朗、万里无云，就担心出现冰

---

① 圣胡安节在每年6月24日。

冻，于是就点燃垃圾污物让其冒烟，家家户户还在各自的庭院里设法燃物放烟。据说用烟可以防止冰冻，因为烟会像云彩一样形成保护层，防止冰冻。我曾在科斯科城见过我说的这种情况，但不知印第安人现在是否还这样做。当时也不清楚烟是否真能防止冰冻，因为那时我还是个小孩子，对于所见印第安人做的事情，没有留意仔细打听。

由于玉米是印第安人的主要食粮，而冰冻对玉米的损害又那么严重，所以他们都很害怕。因此，在冰冻可能造成损害的季节，就用祭祀、庆典活动和舞蹈以及大量的酒来祈求太阳神，求他命令冰冻不要伤害他们。用以祭祀的动物，除了献给太阳神的那只最大的“公绵羊”和宰杀其他牲畜得到的血和内脏以外（这些东西都像拉伊米典礼那样，由印第安人投入火中烧掉，献给他们的太阳神），其余的肉都由参加典礼的人分享，因为这些祭祀物品是由大家提供的。

第六章　第四大庆典；斋戒及消灾弭患

印卡诸王在王宫中举行的第四次也是一年中最后一次隆重庆典称作“西图亚”（Citua）。这是一次大家都感到兴高采烈的节日，因为举行这次庆典，是为了从科斯科城及其附近地区驱除可能折磨人的疾病和任何其他灾难困苦。它类似于古代异教徒的赎罪活动——涤罪和消灾弭患。准备这一庆典时要戒食戒色，戒食从秋分过后太阴月九月的第一天开始。印卡人有两次严格的斋戒，但严格程度并不相同。最严格的一次只能进食玉米和水，而且只能吃一点点生玉米。这次斋戒因极为严格而不能超过三天。另一次不那么严格，允许吃烤玉米，量也可以多些，还允许吃些生蔬菜，如莴苣、萝卜和印第安人叫作“乌丘”的辣椒以及盐；还可以喝些他们的酒，但是不能吃鱼肉荤腥和烧熟的蔬菜。在这两次斋戒中，每天只能进食一次。印第安人称其中一次斋戒为“卡西”(caci)，另一次更严格的称作“阿通卡西”(hatuncaci)，意即“大斋”。

在所有的人——男人、妇女、包括孩子——经过一天严格戒食之后，次日夜晚制作他们称为“桑库”的面包。他们把面揉成球形，放在锅里(因为他们不会制作烤箱)干烤，烤成半熟的面团就行。制作的面食分为两种：其中一种加上五岁以上、十岁以下的少年儿童的人血。取血方法是切口放血而不是把人杀死，放血部位是鼻梁上面的眉心。印第安人还用这种放血方法治病，我曾目睹他们这样做。两种面食要分开做，因为用途各异。举行这些仪式时根据亲属关系聚在一起：兄弟们都到长兄家里去，没有兄弟的则去血统最近、年龄最大的亲戚家。

就在和面的当晚，即将天亮的时刻，所有经过斋戒的人洗净全身，再抓一点用血调和的面团搓擦头、脸、胸和背，搓擦胳膊和腿，好像要用这块面团把所有疾病都从他们身上擦洗掉似的。这样做完之后，年龄最大的亲戚(即一家之长)把面团涂抹在临街大门的门槛上，让面团粘在上面，以表示那一家人已经做完洗礼、净过身了。最高祭司在太阳神的家和太阳神庙也举行同样的仪式，他还另派祭司到太阳神妻子的家和瓦纳考里主持同样的仪式。瓦纳考里是离城一莱瓜的一座庙宇，印第安人对它非常崇拜，因为那是印卡王曼科·卡帕克来科斯科途中停留的第一个地方，我们在前面谈到此事时曾提及过。他们也向其他被认为是圣地的地方派遣祭司，就是魔鬼装扮成神向人们讲话的那些地方。在王宫，由国王最年长的一位叔伯主持仪式，他必须是正统嫡亲。

随后，太阳一出来，大家就向它顶礼膜拜，祈求它下令驱除印第安人体内和身外的一切灾难，然后进早餐，吃另外一种不是用血调和的面食。在指定的时间对太阳神敬拜完毕（让大家都在同一时间向太阳神顶礼膜拜）并进早餐之后，从堡垒里出来一位王室血统的印卡人，他作为太阳神的使者，衣着华丽，外披紧身斗篷，手持长矛，矛上镶有用各色羽毛编织的宽一个特西亚的条饰，条饰从长矛的尖端到护尖用几道金箍固定（这一标志在战争时期也用作旗帜）。他从堡垒而不是从太阳神庙中出来，这是因为人们说他是战争使者而不是和平使者，堡垒是太阳神处理有关战争和军务的住所，而神庙则是处理和平与友谊事宜的居地。他挥舞着长矛，沿着名叫萨克萨瓦曼的小山山坡跑下来，一直跑到主广场中央。那里另有四名王室血统的印卡人，每人手持同第一位印卡人所持一样的长矛，身穿的斗篷也是紧身的，这和所有的印第安人一样，每当他们必须跑步或从事某种重要工作时，都穿紧身斗篷以免碍事。由山上跑来的使者，用长矛碰一下另外四名印第安人的长矛，告诉他们说，太阳神命令他们这些使者为城市及其周围地区驱除一切疾病和灾难。

四名印卡人跑步奔向四条王室大道，大道起自科斯科城，通往名叫塔万廷苏尤的世界的四方。在四名印第安人奔跑的时候，居民们不分男女老少，都来到自家门口，兴高采烈地狂呼乱叫，拍打手里拿的和身上穿的衣服，就像要抖掉灰尘一样；随后，用手擦摸

头、脸、胳膊和腿以及全身，就像洗澡一样。这一切表示把家里的灾难扔到屋外，让太阳神的使者驱赶出城。不仅在四名印卡人经过的街道人们这样做，全城的人都在这样做。四名使者手持长矛跑出城外约四分之一莱瓜，与准备就绪的另外四名印卡人相遇。这四人不是王室血统印卡人，而是根据特许姓印卡的人。他们接过长矛，再跑四分之一莱瓜。这样一批一批地接下去，直到离城五六莱瓜，把长矛插在地上，好像为被驱赶的灾难立下界线，使其永远不能从那里返回城里。

第七章　为从城里驱除灾难而举行的晚间典礼

次日晚上，人们拿着稻草做的大火把纷纷上街。这种火把的编织方法，同油坊装磨碎的油橄榄的草包一样，是个球形的圆状物，人们叫它“潘空库”（pancuncu），可以燃烧很长时间。每支火把用一根一西班牙寻长的绳子捆绑，高举它沿着全城各条街道搜索，直到跑出城外，好像是在用长矛驱除了白昼的灾难以后，再用火把将夜晚的灾难驱除干净。他们把燃烧过的火把投到流经城市的小河里，前一天他们曾用河里的水沐浴，现在则让流水把各家各户以及全城用两种方法赶出来的灾难冲到大海里去。如果此后的某一天，不管年龄多大的哪个印第安人在小河里碰到一束火把，就会用比被火烧着了时还要快的速度逃之夭夭，免得被他们已经用火把吓跑了的灾难再缠上身。

经过这一番忙乱，用铁与火驱除了灾难后，整个那四分之一个月都举行大规模的典礼和庆祝，答谢太阳神为他们驱除了灾难。人们向太阳神贡奉许多“绵羊羔”和“绵羊”——以焚烧后的羊血和内脏做祭物，羊肉则在广场上烤熟，分给所有参加典礼活动的人享用。在那些日子里，无论白昼还是夜晚，在家里还是在广场上，人们都在跳舞唱歌，以及用其他各种形式表达欢欣鼓舞的愉快心情，因为大家都得到了恩惠和健康。

我记得童年时曾目睹这种典礼的部分情景。我看到第一名手持长矛的印卡人走出来（但不是从堡垒里出来，因为那时堡垒已经变成废墟，而是从堡垒所在的那座山丘的山腰间一所印卡人的房屋里出来，人们把那所房屋所在的地方称为科尔坎帕塔）；我看到四名印第安人手持长矛奔跑而去；看到所有其他普通印第安人拍打衣服和做其他动作；看到他们吃那种叫作“桑库”的面食；还看到叫作“潘空库”的火把。我未能看到他们在夜晚用火把举行的典礼，因为时已深夜，我已经睡着了。记得有一天，我在流经广场中央的一条小河里（我的拉丁语课同学胡安·德塞略里科的家离那里很近）看到一个“潘空库”，从街上经过的印第安人青年见到它后都纷纷逃去。我当时没有逃，因为不知道这内中的原因，如果人们告诉了我，我也会逃之夭夭。当时我是个六七岁的孩子。

那支火把之所以被扔到城里我说的那个地方，是因为当时举行典礼已没有了他们国王在位时期的那种庄严隆重和崇拜尊敬的气氛。举行仪式已不再是为了驱除灾难，因为他们逐渐醒悟了；举行仪式是为了怀念过去的时代，因为那时还有很多老人健在，他们坚持他们古老的信仰，没有接受洗礼。在印卡王统治时期，人们要举着火把跑出城外才止步，把火把扔掉。他们沐浴用过的水，也要泼到流经城市的小河里，尽管从家到河边要走很远的路，因为不允许把这种水倒在河外面。如前所述，为了不让被水洗掉的灾难留在他们中间，所以要让流水将其冲到大海里去。

还有一种每个印第安人分别在自己家里举行的仪式，就是把粮食收藏在叫作“比鲁阿”的粮囤之后，在粮囤旁边焚烧一点礼品祭祀太阳神。贵族和富人焚烧家兔（他们叫作“科伊”），感谢太阳神给他们提供了全年的食粮，同时祈求他命令粮囤保存好它赐予维持生计的粮食，除此之外没有其他祈求。

祭司们每年还要举行一些仪式，但都是在太阳神的家中而不到广场上去，也无法同我们已介绍的四个主要庆典相比拟，这四次典礼犹如每年的重大节日，而其他仪式则是每个太阴月为太阳神举行的一般性祭祀。

第八章　对帝国京城科斯科的描述

科斯科城是由印卡王曼科·卡帕克缔造的。西班牙人用一个很长的光荣别名（并未去掉它的原名）称颂它，把它叫作“秘鲁诸王国和诸省份的首都、伟大的科斯科城”。西班牙人还曾把它叫作新托莱多，但这第二个名字并不确切，后来就被人遗忘了。因为科斯科不像托莱多[1]那样有一条河流环绕着它，而且地形也不同，科斯科的居民区从一座颇高的小山山坡上开始向四周辽阔的大平原伸展，城里有宽而长的街道和大广场。因此，一般说来西班牙

① 西班牙城市，位于塔霍河岸，1560 年前为西班牙首都。

人，包括王室书记官和一般书记官，在其公开著作中都使用第一个名称。科斯科在其帝国的地位，犹如罗马城在罗马帝国的地位，它们在最重要的方面情况也很相似，因而两者之间可以这样比较。首先，也是主要的一条，两城均是由其最早的国王建立的。第二，两城都征服了众多的不同部族，使之归附于它们的帝国。第三，为了统治其各自国家，都制定了数量众多、内容非常完善的法律。第四，都孕育和培养了大批杰出的人才，这些人都有非凡的文韬武略。在人才方面，罗马城比科斯科城更胜一筹，这并非因为它培养出的人才更为优秀，而是因为它幸运地掌握了文字，从而能用文字让她的儿女永垂青史。罗马城的确既有著名的文人，又有杰出的武将，武将和文人互为补充，相得益彰：武将在文治武功方面创建丰功伟业，文人则把各种丰功伟业记载下来，讴歌他们的祖国，并使他们都永垂不朽。我搞不清楚他们之中谁的贡献更大，是披坚执锐的人还是秉笔为文的人？因为文武两者都有强大力量，可以并驾齐驱。正如人们看到伟大数倍的儒略·恺撒那样，他把这两种武器使用得那么卓有成效，以致分不出哪一种威力更大。也说不清这两类名人之间究竟谁欠谁的情：是因为文人书写了武将的功勋使之永垂青史，武将应欠文人的情呢？还是因为武将像他们每日所做的那样给文人创建了惊天动地的业绩，让文人一生都有事可写，故而文人应欠武将的情呢？文武双方都可举出很多论据为自己争光，我们还是将他们搁置一边，谈谈我们祖国的不幸吧：尽管她有一些儿女精通军事，长于征战，也有一些儿女才思敏捷，熟谙科学，但是由于没有文字，未能将他们的丰功伟绩和真知灼见记录下来。因此，这些人才和业绩都随同他们的国家一起灭亡了。

关于他们的业绩和言论，只有一星半点存留下来，依靠一种软弱无力的传说即父子相传、口头亲授那种可怜的方式流传。随着外界新人的进入和统治权力易主，就像每当帝国灭亡、改朝换代时经常发生的那样，连这一点传说也不复存在了。

在争取保存祖国古代往事这一愿望的激励下，为了使现在仅存的一点古代往事不致全部失传，我自愿承担了一项直到目前、而且将来也肯定是我力所不及的工作——为这个古老的国家著书立说，写到她被灭亡为止。特别为了使她的母亲和主宰——科斯科城不被遗忘，我决定根据自己作为土生土长的孩子听到的传说和亲眼目睹的情况，在本章中描绘一下这座城市。我将把该城各区从古代起一直使用到1560年我离开时的古代名称记录下来。我离开后，由于某些城区修建了教区教堂，名称也随之改了。

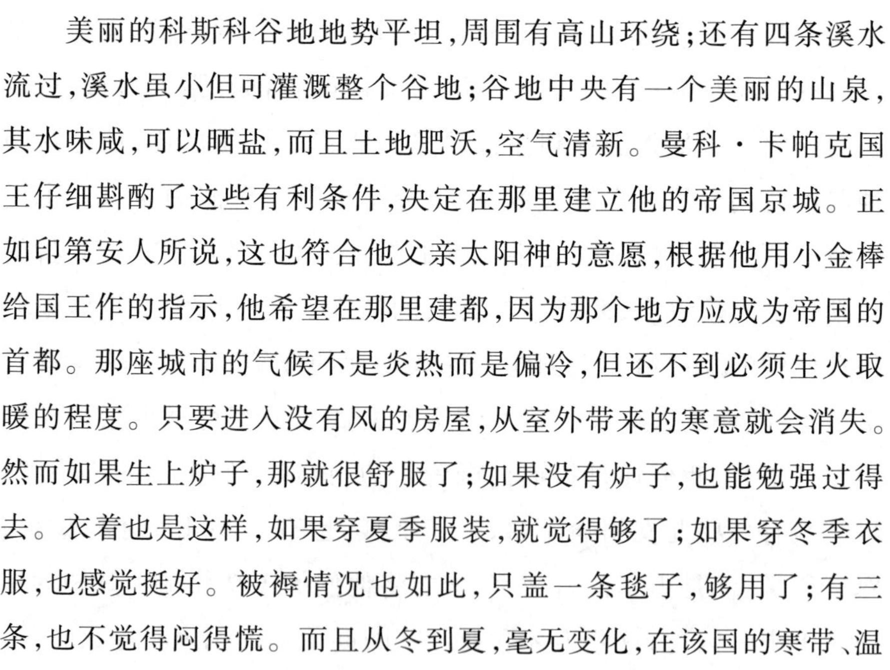

美丽的科斯科谷地地势平坦，周围有高山环绕；还有四条溪水流过，溪水虽小但可灌溉整个谷地；谷地中央有一个美丽的山泉，其水味咸，可以晒盐，而且土地肥沃，空气清新。曼科·卡帕克国王仔细斟酌了这些有利条件，决定在那里建立他的帝国京城。正如印第安人所说，这也符合他父亲太阳神的意愿，根据他用小金棒给国王作的指示，他希望在那里建都，因为那个地方应成为帝国的首都。那座城市的气候不是炎热而是偏冷，但还不到必须生火取暖的程度。只要进入没有风的房屋，从室外带来的寒意就会消失。然而如果生上炉子，那就很舒服了；如果没有炉子，也能勉强过得去。衣着也是这样，如果穿夏季服装，就觉得够了；如果穿冬季衣服，也感觉挺好。被褥情况也如此，只盖一条毯子，够用了；有三条，也不觉得闷得慌。而且从冬到夏，毫无变化，在该国的寒带、温带和热带地区的任何地方也一概如此。我们说过，特别是在科斯科，由于比较寒冷干燥而不那么温暖潮湿，肉一般不会变质。所以如果把一块肉挂在一个开着窗户的房间里，可以保存八天、十五天、三十天、一百天，直到晾成干肉。我见过当地的家畜肉就是这种情况。我不知道从西班牙带去的家畜肉会不会也是这样，不知道是否因为当地的“羊”肉没有西班牙的羊肉热才这样，不知道西班牙羊肉也能晾成干肉，还是会腐败变质。这我没有见过，因为我在那里的时候，西班牙绵羊饲养数量很少，还不供宰杀。由于气候寒冷，科斯科城里没有苍蝇，即使有个把苍蝇，也都待在太阳地里，从不飞进房间。那里没有叮人的蚊虫，也没有其他扰人的昆虫：那是一座没有虫豸的城市。该城最早的房屋和住宅，建在城东北名叫萨克萨瓦曼的一座山的山坡上。后来，印卡王曼科·卡帕克的继承者们在山顶上建造了一所巍峨的堡垒。攻占了这座堡垒的西班牙人不仅不珍惜反而厌恶它，不久就把它毁了。本书开头时说过，城市分为两部分，叫作“阿南科斯科”和“乌林科斯科”，即上科斯科和下科斯科。通往东部的安蒂苏尤大道将它一分为二，北边叫作阿南科斯科，南边叫作乌林科斯科。第一个城区亦即最重要的城区叫作科尔坎帕塔。“科尔坎”大概是印卡人方言中的词汇，我不知道是什么意思；“帕塔”（pata）的意思是梯田，也有台阶的意思，因为梯田是修成阶梯状，所以取了这个名字；也可以指石凳，哪一种石凳均可。

印卡王曼科·卡帕克在那块梯田上修建了他的王宫，后来成为瓦伊纳·卡帕克的儿子保柳的府第。我有幸见过王宫留下的一所宽敞的大棚屋，它在下雨时代替广场，供人们在那里举行重要的

典礼活动。我离开科斯科时,只有那座棚屋还在,后文将提及的所有其他类似的棚屋均倒塌了。由那里向东绕行,就是另外一个区,叫做坎图特帕塔:意为石竹梯田。印第安人把一些同西班牙的麝香石竹有些相似并非常漂亮的花称为“坎图特”。西班牙人到达之前,那里没有麝香石竹。坎图特与安达卢西亚枸杞的枝、叶和刺都很相似,它们都是高大的灌木。在那个区里这种植物长得非常高大(我还赶上看到过),因此得名。由该区继续向东绕行,就来到一个名叫普马库尔库的区,意思是狮柱。“普马”是美洲狮的意思,“库尔库”是梁柱。过去曾用该区一些巨大木柱拴缚献给印卡王的美洲狮,直到驯化后放养到它们该待着的适当地方去。紧接着是另外一个区,名叫托科卡奇。我不知道这个名字组合有何含义,因为“托科”(toco)意为窗户,“卡奇”是食盐,我不懂这有何含义。不过也许它是一个专有名称,另有含义,但我不知道。在这个区里修建了第一座方济各会的修道院。稍向南拐继续前进,就来到穆奈森卡区,这个名字的意思是爱鼻,因为“穆纳”(muna)是爱或喜欢,“森卡”(cenca)是鼻子。我不知道为何取这样一个名字,一定是有某种理由或是出于迷信,因为印第安人是从不随意取名的。继续往南绕行,就来到另外一个大区,它的名字叫里马克潘帕,意为讲话广场,因为经常在广场宣讲为统治国家而制定的法令。过去官员们在需要的时候就向居民宣讲那些法令,让居民了解并完成依据法令让他们做的事。由于广场在这个区,所以给它取了这样一个名字。通往科利亚苏尤的王室大道就以这个广场为起点。过了里马克潘帕是位于城南的另一个区,叫作普马普丘潘,意思是狮尾,因为该区的一端呈尖角形,有两条小溪流过并在那里

交汇成一个尖角。取这样一个名字还因为它是科斯科城最边缘的区,称它为"狮尾"以示敬意。除此而外,还在这个区放养狮子和其他一些猛兽。在远离这个区的西边,有一座有三百多居民的村庄,名叫卡尧卡奇。在1560年时,该村距离科斯科城最边缘的房屋有一千多步远,现在我写这本书时已是1602年,(有人告诉我)那个村庄已位于科斯科城内,城市人口增长很多,已经把那个村庄完全包括在城里了。

在科斯科城西一千步处,也有一个区,名叫查基尔查卡,它如果不是专有名称,就也是个组合不当的名称。这个区有一条通往昆蒂苏尤的王室大道,大道附近有两条地下水道,水质洁净,在地下流过。印第安人不知道水自何处流来,因为那个工程年代久远,而且关于这样奇特事物的传说也在逐渐失传。他们把这两条地下水道称作"科尔克马查克-瓦伊",意思是银蛇。因为那水洁白如银,地下管道曲曲弯弯,其形如蛇。有人告诉我,科斯科城的居民区也发展到了查基尔查卡。沿着同样方向由西向北,又有一个区,叫作皮丘。这个区也在科斯科城外。越过这个区沿着同一方向继续向前,是基利帕塔区,该区也在科斯科城外。越过这个区并沿同一方向向前,有一个名叫卡尔门卡的大区,这是特殊名称,不是通用语。这个区有通往钦查苏尤的王室大道。从该区绕向东方,不远处就是瓦卡蓬库区,这个名字的意思是圣殿之门。前面曾经说过,"瓦卡"一词有多种含义,其中有神庙或圣殿的意思,"蓬库"(puncu)即门。这样称呼这个区,是因为流经科斯科城主广场中央的小溪就是从这个区进入城里,沿着小溪有一条又宽又长的街道,小溪和街道平行地穿过全城,在出城一莱瓜半处与科利亚苏尤

王室大道相交。印第安人把这个入口称为圣殿之门或神庙之门，因为除了用以建筑太阳神庙和贞女宫的那些城区（这是他们的主要圣地）之外，他们还把整个科斯科城视为圣地，是他们主要的崇拜物之一，因此他们把那条小溪和街道的入口称为圣殿之门；而把小溪和街道的出口称为狮尾，也就是说，在他们的法律和虚妄的宗教中，他们的城市是神圣的，而对他们的武库和士兵而言，这座城市就是一头雄狮。瓦卡蓬库这个区与科尔坎帕塔区相连，我们从科尔坎帕塔开始环绕城市各区旅行，至此形成一个完整的圆圈。

第九章　从科斯科城看整个帝国的全貌

印卡王是根据他们称为“塔万廷苏尤”的帝国的四个部分划分那些区域的。这种做法始于第一代印卡王曼科·卡帕克，他下令被他征服的那些野蛮人根据来自何方而安排居住的地方：从东方来的住在东边，从西方来的住在西边，以此类推。根据这种原则，第一批臣民的房屋，就建在那个大圈靠里的一条圆周线上。后来逐渐被征服的臣民，也都按照他们省份的方位居住。酋长们在那里建造房子，以备进京城时居住。一个酋长盖完了，另一个接着盖，一个接一个地盖下去，但每个酋长均需根据自己省份的方位建房：如果他的省份在他邻居省份的右面，他的房子就建在那位邻居的右面；他的省份在邻居省份的左边，他的房子就建在邻居的左边；省份在后面，建房也在后面。城市建筑秩序井然，有条不紊，只要仔细观察那些区域和房屋，看到其中居住的众多不同部族，也就看到并了解了整个帝国的全貌，如同从一面镜子或一幅宇宙志图画所看到的一样。佩德罗·德谢萨在第九十三章记述科斯科城情况时也谈到这一问题,原文如下:"由于这座城市住满了形形色色的外来部族,这就有了智利、帕斯托、卡尼亚雷斯、查查波亚、关卡、科利亚以及上述这些省里的各部族的印第安人。每个部族自成单位,分别聚居在该城官员指定的地方。他们都保持着其父辈的习俗和家乡的装束,所以假若有十万人混杂在一起,根据他们头上的标志也可以轻而易举地加以识别",等等。以上是引用佩德罗·德谢萨的话。

所谓头上的标志是指不同的发式,各个部族和省份之间均有差异,目的是便于识别。这并非印卡人的发明,而是那些印第安人原有的习惯,印卡诸王命令他们保持下来,以避免从帕斯托到智利之间的不同部族和种族互相混淆。据佩德罗·德谢萨在第三十八章中说,帕斯托到智利之间的距离有一千三百多莱瓜。因此,在那个庞大的环形居民住宅区里生活的,只是整个帝国的臣民,印卡王及其王族并不住在那里,那里只算是该城的郊区。现在我们将由北向南描述一下科斯科城的街道和街上的房屋情况,讲一讲印卡王的王宫以及西班牙人占据王宫后的分配情况。

一条水量不大的小溪从萨克萨瓦曼山上流下,由北向南流经最南边的普马普丘潘区,把市区与郊区分开。进入市区,有一条现今叫作圣阿古斯丁大街的街道,它从第一代印卡王曼科·卡帕克的王宫一直通到里马克潘帕广场。另有三四条街道由东而西穿过圣阿古斯丁大街与小溪之间的一块长条地区。在那块又宽又长的地区,居住着王室血统的印卡人,他们根据各自的"艾柳"(即家族)分成片。尽管他们都属于同一血统和同一家族,即都是曼科·卡帕克国王的后裔,但还是按这位或那位国王的后裔分开,如这些是印卡王甲的后裔,那些是印卡王乙的后裔,所有印卡王的后裔都这样区别的。这种情况给一些西班牙历史学家造成了混乱:他们说某位印卡王开创了某个家族,另外一个家族是属于另外一位印卡王的,因而使人觉得那是一些不同的家族。其实正如印第安人告诉人们的那样,他们都是一个家族,印第安人把那些分居的家族统统叫作"卡帕克·艾柳",即王室血统的尊贵家族。他们也把这个家族的男性一概称为"印卡",意思是王室血统的男子;妇女称为"帕莉娅",意为有同样王室血统的妇女。当我在那里的时候,从那条街的北边数起,住在那里的有罗德里戈·德皮内达、霍安·德萨阿韦德拉、迭戈·奥尔蒂斯·德古斯曼、佩德罗·德洛斯里奥斯和他的兄弟迭戈·德洛斯里奥斯、耶罗尼莫·科斯蒂利亚斯、加斯帕尔·哈拉(他的房屋现今已成为奥古斯托修道院)、米格尔·桑切斯、胡安·德圣克鲁斯、阿隆索·德索托、加夫列尔·卡雷拉、迭戈·德特鲁希略(他是第一批征服者之一和坚定支持唐弗朗西斯科·皮萨罗的十三名伙伴之一,详情后面再讲)、安东·鲁伊斯·德格瓦拉、霍安·德萨拉斯(他是塞维利亚大主教和宗教法庭庭长巴尔德斯·德萨拉斯的兄弟),还有一些人我记不清了。上述这些人都是百姓的领主,都分到了印第安人,他们是第二批来秘鲁的征服者。除去这些人之外,在那里还居住着很多没有分得印第安人的西班牙人。我离开该城之后,在那些房屋中的一所建立了奥古斯托修道院。我们把与唐弗朗西斯科·皮萨罗一起囚禁阿塔瓦尔帕的一百六十名西班牙人统称为第一批征服者;把同唐迭戈·德阿尔马格罗进入秘鲁的,以及同唐佩德罗·阿尔瓦拉多

进入秘鲁的人(他们几乎同时进入)称为第二批征服者。只有这两批人(不包括其他人)得到了秘鲁征服者的称号。第二批征服者对第一批很尊重,尽管其中有些人在地位和素质上还不如第三批人,但他们毕竟是最早到达那里的。

现在我们回到圣阿古斯丁大街北端,从那里再往市里走,我们说,这条街道的北端是圣克拉拉修道院,修道院的房子曾经属于阿隆索·迪亚斯,他是佩德罗·阿里亚斯·德阿维拉都督的女婿。修道院的右侧有许多西班牙人的房屋,其中有弗朗西斯科·德巴里恩托斯的房子,这些房子后来又归胡安·阿尔瓦雷斯·马尔多纳多所有。从这里往右的房子,先是属埃尔南多·巴奇考所有,后来成为胡安·阿隆索·帕洛米诺的财产。这些房子的正南面是主教住宅,起初属于胡安·巴尔萨,后来属于弗朗西斯科·德比利亚卡斯廷所有。再往南是大教堂,它前面是主广场。在印卡帝国时期,那座教堂本是一座漂亮的大棚屋,在下雨时充当印卡人举行庆典活动的广场。它曾是第八代国王印卡·维拉科查的王宫,我见到它时,只剩下一座棚屋。西班牙人进入科斯科城时,他们全都集中住在那里,以防发生不测。我最初见到它时是茅草屋顶,后来看到已经铺上了瓦。跨过一条街,有一些带有门廊的房屋,门廊通往主广场。从前这是工匠们的住所。现在大教堂南面,穿过街道就是最富有商人开办的主要商店。

教堂背后的房屋是胡安·德贝里奥的家,还有些房屋的主人我记不得了。

主要商店背后的房屋是迭戈·马尔多纳多的,他的外号是“富翁”,因为他是秘鲁人中最富有的,是第一批征服者之一。在印卡帝国时期，这个地方叫阿通坎查，意为大区。那里的房子过去属于一位名叫印卡·尤潘基的国王。迭戈·马尔多纳多房屋的南面，跨过一条街的房子属于弗朗西斯科·埃尔南德斯·希龙。由此往南的那些房子属于安东尼奥·阿尔塔米拉诺（他是第一批征服者）以及弗朗西斯科·德弗里亚斯和塞瓦斯蒂安·德卡萨利亚所有，这些房屋背后和左右两侧还有许多房屋。这个区叫作普卡马尔卡，意思是红区。这些房子从前是图帕克·印卡·尤潘基国王的。由这个区再向南，是另一个特别大的区，但我记不得它的名字了。那里的房子是阿隆索·德洛艾萨、马丁·德梅内塞斯、霍安·德菲格罗亚、唐佩德罗·普埃尔托·卡雷罗、加西亚·德梅洛、弗朗西斯科·德尔加多等人的，还有许多房子是属于另外一些领主和居民的，我忘记了他们的名字。从那个区继续向南，就是称作因蒂潘帕的广场，意思是太阳神广场，因为它位于太阳神的宫殿和庙宇之前。那些不能进入太阳神宫殿的非印卡人，就带着他们的贡品到这个广场来。祭司们在那里接下贡品，再送到奉为神明的太阳神像面前。太阳神庙所在的区叫科里坎查，即黄金、白银和宝石区之意。前文说过，在太阳神庙和那个区里有很多金银宝石。挨着这个区的是叫作普马普丘潘的那个区，它已是该城的郊区了。

第十章　学校、三座王宫和贞女宫的地址

为了叙述剩下的几个区，我们最好再从瓦卡蓬库区——即圣殿之门说起。它位于科斯科城主广场的北部，在南面与它接连的是另一个很大的区，它的名字我记不得了，但可以叫它学校区，因

为印卡·罗卡国王建立的学校都在此区,我们在介绍这位印卡王生平时提到过。印第安语把学校叫作“亚查·瓦西”(Yacha Huaci),意为教育之家。那个国家的学者和教师都住在那里,这些人叫作“阿毛塔”和“阿拉韦克”,意思分别是哲人和诗人。印卡诸王乃至整个帝国,都非常尊敬他们。和他们住在一起的还有很多学生,主要是王室血统的学生。学校区以南有两个区,那里有两处王宫,全都面向主广场。两所王宫占据了广场的整个一面,东边的一所叫作科拉科拉(coracora),意思是草场,因为那个地方过去曾是一片大草场;而前面的广场过去是一片颤沼或泥塘,印卡王命令就按当时的状况取名。佩德罗·德谢萨在第九十二章中也谈到了这一点。印卡·罗卡国王就在那片草场建起了他的王宫,目的是便于驾幸学校,他曾多次去学校听教师讲课。我无缘见到科拉科拉王宫,因为我在那里的时候,它已是一片废墟。在瓜分科斯科城时,贡萨洛·皮萨罗幸运地分得这所王宫,他是弗朗西斯科·皮萨罗侯爵的弟弟,也是攻占该城的人物之一。在瓦里纳战役之后和萨克萨瓦纳战役之前,我在科斯科城认识了这位骑士,他待我如同亲生儿子,当时我只有八九岁。另一座王宫位于科拉科拉王宫的西边,名叫卡萨纳,意思是令人惊讶的东西。为它取这个名字是出于赞美的心情,意思是那是一些非常宏伟华丽的建筑物,凡是仔细观赏它的人都会惊讶不已。这是伟大的印卡·帕查库特克的王宫,他是印卡·罗卡的曾孙,为了便于驾幸曾祖父创建的学校,他命令将王宫建在靠近学校的地方。两所王宫的北面就是学校,王宫和学校连成一片,没有分开。学校的正门面向大街和小溪。印卡诸王经常从便门到学校去听哲学家们讲课,而印卡·帕查库特

克也曾多次向学校宣讲他的法律和条令,他是个伟大的立法家。当我在秘鲁时,西班牙人筑了一条路,把学校和王宫分开。关于名叫卡萨纳的那座王宫,我曾见过它的大部分墙壁,那是用经过仔细磨光的石块砌成的,表明那里曾是王宫。我还见过宫中一座很漂亮的棚屋,那是印卡帝国时期遇上雨天举行庆典和跳舞的场所。棚屋非常宽敞,可供六十个人骑马玩竹尖刺杀游戏还绰绰有余。我曾见过设在那所棚屋里的方济各会修道院,由于修道院距西班牙人居住区很远,便从原来所在的托科卡奇区迁到棚屋去了。棚屋里有很大一块地方用作教堂,能容纳很多人;还有单人禅房、寝室和饭厅以及修道院的其他办公室。如果去掉屋顶,那块地方可以建造寺院。第一批征服者之一的胡安·德潘科沃,把棚屋和整个那块地方都赠给了修道士。在分配房屋时他分到了那座王宫,还有很多西班牙人也在那里分到了部分房屋,但由于闲置不用,潘科沃一开始就从他们手中都买了下来。几年后修道院迁到了现在的地方(后文还会谈到),那是因为城里的人给教士们一笔施舍,用以购置这块地方和已建好的教堂。我还目睹了人们推倒棚屋,在卡萨纳区修建现在这些带门廊的店铺的情况。现在这些店铺供商人和工匠们居住。

在那些曾是王宫的房屋前面,是科斯科城的主广场,名叫奥凯帕塔(Haucaipata),意思是梯田或欢庆广场。这个广场,南北大约有两百步长,约合四百英尺,东西有一百五十步宽,直到小溪。在广场南端另有两处王宫,跨过一条街靠近小溪的那一所叫作阿马鲁坎查,即大蛇区。它在卡萨纳对面,原来是瓦伊纳·卡帕克的王宫,现在属耶稣会所有。我曾有幸见过宫中的一座大棚屋,但没有卡萨纳棚屋那么大。我还赶上见过在广场上、在那所王宫的前面有一个非常漂亮的圆形建筑物。以后我们还要谈到这个圆形建筑物，由于它是西班牙人进入该城后的第一处住所（此外它还非常漂亮），城市的征服者们把它保留了下来，这样做是很正确的。那所王宫的其他东西我都未能见到，因为其他建筑都早已化为一片废墟了。在第一次分配房产时，这所王宫的主要部分，即通往广场的那一部分，分给了唐弗朗西斯科·皮萨罗侯爵的弟弟埃尔南多·皮萨罗，他也是科斯科城的第一批征服者之一，1562 年我曾在马德里宫廷中见过这位骑士。这所王宫的另一部分分给了曼西奥·塞拉·德莱吉萨莫，他是第一批征服者中的一员。安东尼奥·阿尔塔米拉诺也分得一部分，我知道他有两处房产，其中一处大概是他购置的。还有部分房屋充当了西班牙人的监狱。另外有一处分给了阿隆索·马苏埃拉，他也是第一批征服者之一，这一部分后来归了马丁·多尔莫斯。还有一些房屋分给了另外一些人，我记不得他们的名字了。在阿马鲁坎查以东，过了太阳神大街，就是阿克-利亚瓦西区，意思是贞女宫。献给太阳神的贞女的修道院就在那里，关于她们的情况前文已详细叙述。现在还要说的是，在我见到过的那些房子中，有一部分给了弗朗西斯科·梅希亚，那是靠近广场围墙的一部分，后来也成了商人的住所。佩德罗·德尔巴尔科和德拉加马硕士也分别得到一部分，还有一些人也分到了房子，但我不记得他们的名字了。

我们提到的这些居住区和王宫的居民，都在穿过主广场的那条小溪的东岸，还要指出在广场正面及两侧有三所棚屋，如果根据某个月份中新月出现或至日到来要举行庆典而又赶上雨天的话，

印卡人就在那里举行主要的庆典活动。在印第安人举行反对西班牙人的大暴动时，整个科斯科城变成一片火海，在我们提到的四座棚屋中有三座在大火中幸存下来，即科尔坎帕塔、卡萨纳和阿马鲁坎查的三座。第四座，即西班牙人住过的那一座（现在是大教堂），被许多带着火的飞箭击中，茅草屋顶有二十多处被引燃，但又自行熄灭了。因为上帝不允许那座棚屋在那天夜晚（以及在企图烧掉它的其他任何一个夜晚或白天）被烧掉。上帝为了让天主教进入那个帝国，创造了许多诸如此类的奇迹，因此西班牙人赢得了那个帝国。太阳神庙和贞女宫也在那次暴动中保留下来，其他的一切，都因为要烧死西班牙人而被大火化成灰烬。

第十一章　小溪西岸的城区和房屋

我们前面谈到的科斯科城那些王宫和居民区，全都位于流经该城中央的那条小溪的东岸。小溪西岸有一座广场叫作库西帕塔，意为欢乐的过道。在印卡帝国时期，那两座广场本是合为一座的，整条小溪上面放了粗大的木柱，木柱上面再用大块石板铺成地面。因为在举行祭祀太阳神的主要庆典时，来的领主太多，我们称为主广场的那座广场容纳不下，所以就把它扩展一下，同另一个略小于它的广场连成一片。印第安人当时不会建造拱形结构，所以就在小溪上面码放木头。西班牙人用光了小溪上的木头，但有四处留下了桥。那些桥我曾经见过，也是木头的。后来又建了三座拱桥，我离开时已经建好了。我在那里时，那两座广场没有分开，也不像现在这样在小溪两岸有许多房屋。1555 年当先父加西拉索·德拉维加任督办时,为他的下属修建了房屋。尽管这座城市曾是那个伟大帝国的母亲和皇后,但那对却可怜得连一个马拉韦迪的收益都没有。现在收益情况如何,我不得而知。印卡王没有在小溪西岸建造房屋,只有前面说过的那片环形郊区。那块地方是留作印卡王及其继承人像其祖先那样建造王宫用的,尽管实际上,先辈的王宫也是属于继承人的,但为了表现其伟大与威严,仍然规定继承人为自己再建王宫,让人们记住下令建造者的名字。这如同他们建造的其他所有房屋一样,全都保留着所有者印卡王的名字,这也是那些印卡王们的一种特权。西班牙人在那里修建了他们的住房,下面我们就由北往南地介绍一下,我离开那里时那些房子归谁所有,现在情况如何。

从阿瓦卡蓬库门沿着小溪南下,第一片宅邸是佩德罗·德奥鲁埃的,挨着它的是胡安·德潘科沃的住所,阿隆索·德马切纳也住在那里——尽管他也有印第安人,但由于胡安·德潘科沃与他历来交情甚笃,不愿意他另居他处。再往南走,穿过一条街道是埃尔南·布拉沃·德拉古纳的住宅,这片房子过去曾为第一批征服者中的安东尼奥·纳瓦罗和洛佩·马丁所有。还有一些房屋挨着这所住宅,它们的主人是没有分得印第安人的西班牙人,我们就不一一列举他们的名字了。在我们已经或将要提到的一些区里,凡类似情况都这样处理,否则就要冗长到令人难以忍受的地步。埃尔南·布拉沃的宅邸南面是阿隆索·德伊诺霍萨的家,这些房子过去曾为卡瓦哈尔硕士所有,他是几部秘鲁史中曾提到过的皇家收税官伊连·苏亚雷斯·卡瓦哈尔的兄弟。再往南就到了库西帕塔广场,现在叫施恩会圣母广场。我在秘鲁时,男男女女的印第安人在那里用一些零碎杂物做生意，实行以物易物（因为当时以及在那以后的二十年间还没有使用货币），就像一个集市或市场，印第安人称为“卡图”。穿过广场再往南，就是施恩会圣母修道院，它包括拥有四条街的一整个街区。在它后面越过一条街，有一些居民住家，主人拥有印第安人，由于我忘记了他们的名字，故而不能一一列举。当时的居民区就到此为止。

让我们回到卡尔门卡区，沿另一条住宅街道南行，我要说一下，离卡尔门卡区最近的房屋是迭戈·德席尔瓦的，他是大名鼎鼎的费利西亚诺·德席尔瓦[①]之子，也是我行坚信礼的见证人。这些建筑物以南，越过一条街道就是佩德罗·洛佩斯·德卡萨利亚（他是加斯卡[②]庭长的书记官）和胡安·德贝坦索斯的房屋。在他们两家的两侧和背后还有很多房子，但它们的主人都不拥有印第安人。再往南穿过一条街道，是第一批征服者之一的阿隆索·德梅萨的家，这些房屋面向圣母广场，其两侧和后面还有多所房屋，这里不予赘述。在阿隆索·德梅萨住宅南面，跨过一条街道就是家父加西拉索·德拉维加的府邸，这所房屋大门上面有一个狭长的走廊，科斯科城的达官显贵们常到那上面观看节日里在广场上举行的传戒指游戏、斗牛和骑马斯打游戏。家父的府邸过去曾属于一位名叫弗朗西斯科·德奥尼亚特的名人所有，他是第一批征服者之一，在丘帕斯战役中阵亡。从那条小门廊和城里其他一切

① 费利西亚诺·德席尔瓦（1492？—1560？），西班牙16世纪骑士小说的主要代表作家之一，著有《希腊的阿马迪斯》、《希腊的罗赫尔》等。

② 佩德罗·德拉加斯卡（1485—1567），西班牙高级教士。任秘鲁检审庭庭长时平息了贡萨洛·皮萨罗叛乱并于1548年将其处死。

地方，可以看到一座金字塔形的雪山。雪山非常之高，即使在方圆二十五莱瓜以外，也可透过群山看见它鹤立鸡群般高耸云端，在山峰顶部看不到岩石和峭壁，而是一年四季白雪皑皑，永不消融。人们称这座山峰为维尔卡努塔，意为不同凡物的神圣或奇妙的东西，因为“维尔卡”(uillca)这个名词只用来指称值得赞美的东西，而金字塔形的雪山顶就是这样的东西，什么样的赞美它都受之无愧。我赞同那些看到过或将要看到那座雪山峰的人的意见。在家父府第西面是巴斯克·德格瓦拉的府第(他是第二批征服者之一)，后来这些房子成了瓦伊纳·卡帕克的女儿唐娜比阿特丽斯公主的府第。南面是安东尼奥·德基尼奥内斯的宅邸，这些房子也面向圣母广场，中间有一条街道。在安东尼奥·德基尼奥内斯宅邸的南面，是第一批征服者之一的托马斯·巴斯克斯的宅邸。那些房屋从前原属贡萨洛·皮萨罗的副手阿隆索·德托罗所有，他因在家庭争执中引起怨恨，岳父迭戈·冈萨雷斯对他心怀恐惧，将他杀死。托马斯·巴斯克斯宅邸西边的房屋，先是属唐佩德罗·路易斯·德卡夫雷拉所有，后成为罗德里戈·德埃斯基韦尔的宅邸。托马斯·巴斯克斯家南面是唐安东尼奥·佩雷拉的宅第，佩雷拉是葡萄牙人洛佩·马丁的儿子。紧挨着的是第一批征服者之一佩德罗·阿隆索·卡拉斯科的宅邸。在佩德罗·阿隆索·卡拉斯科宅邸南面还有一些不甚重要的房屋，是那个区的边缘。在1557和1558年间那个区逐渐住满了人。现在我们再回到卡尔门卡山坡继续介绍。在迭戈·德席尔瓦宅邸西面是弗朗西斯科·德比利亚富埃特的宅邸，他是第一批征服者之一，也是唐弗朗西斯科·皮萨罗的十三位同伴中的一位。比利亚富埃特住宅南面的街道前有一

条又长又宽的梯田,没有房屋。在这块梯田南面有另外一块非常漂亮的梯田,现在那里有一座方济各会修道院,修道院前面是一个很大的广场。广场南面隔着一条街,是胡安·胡利奥·德奥赫达的家,他是第一批征服者之一,是现今仍健在的唐戈麦斯·德托尔多亚的父亲。唐戈麦斯宅邸的西面是马丁·德阿维耶托的宅邸。1560 年时那个地方的居民就是那么几家。马丁·德阿维耶托宅邸的西面是一大片平地,我在秘鲁时那个地方用以训练马匹。在那片平地的边缘地带修建了那所颇负盛名、设备良好的印第安人医院,那是 1555 或 1556 年的事,这在后文还将提到。当时的居民就是我们上面提到的那些。现在居民多了,都是从那以后陆续定居下来的。本文提到的这些骑士都有着高贵的血统和显赫战功,因为他们攻占了那个极为富有的帝国。他们之中的绝大部分人我都认识,在我列举的人中,不认识的不超过十位。

第十二章　科斯科城为慈善事业进行的两次施舍

在叙述兴办那所医院和为此筹集的第一次施舍之前,我应当说一说科斯科城居民对方济各会教士们的一次施舍,那是为了购买地皮和已经建好的教堂而进行的。这两次施舍都是在家父加西拉索·德拉维加任科斯科城督办时先后进行的。事情是这样的:我们说过,由于修道院位于卡萨纳,已经建好的修道院和地皮的主人是胡安·罗德里格斯·德比利亚洛沃斯,不知出于什么原因,那些修士们向他提出要求,并出示了诸王之城总督府的函件和重审函件，请他把那块地皮交给他们，而他们则按对那两块梯田和已经建好的教堂的估价向他付款，全部价值为 22 200 杜卡多。当时，修道院的院长是一位名叫胡安·加列戈斯的修士，他是一位恪守戒律、生活圣洁、堪称楷模的人。他在家父家中付了款（带去的款是银锭），家父便把那块地皮的所有权给了他。教士们本来一贫如洗，却在那么短的时间内如期付出这样一笔巨款，在场的人无不惊奇。修道院院长见此情景说道："先生们，你们不必感到惊奇，这是上天的安排和本城——让上帝保佑这座城市——乐善好施的结果。为了让大家了解这座城市是多么乐善好施，我要告诉诸位，就在本周的星期一时，我连三百杜卡多也交不出。而今天，星期四上午，我已经拥有诸位看到的这笔款项。这两天晚上，拥有印第安人的居民和没有印第安人的士兵先生，全都悄悄地送来了施舍。施舍的数量如此巨大，当我看到已经收到足够的款项时，不得不谢绝了许多施舍。此外，我还要告诉诸位，由于人们怀着慈悲心肠，接连不断地敲门来送施舍，这两个晚上我们都是彻夜未眠。"关于科斯科城的乐善好施，那位善良的教士说了这样一番话，这是我亲耳听到的。现在再说兴办那所医院的事情。众所周知，接替那位修道院院长的是另一位修士，名叫安东尼奥·德圣米格尔，属于萨拉曼卡那一姓氏的一个名门望族。他是一位伟大的神学家，在生活上和理论上都是圣方济各的真正子孙。也正因为这样，后来他成了奇利的主教，在那里仍始终如一地保持着高风亮节，从而得到奇利和秘鲁那些国家的赞扬。这位德高望重的人在他三年任期中的第二年，在大四旬斋期间每星期三、五、日都在科斯科城大教堂讲经布道。一个星期天，他提出在城里修建一所印第安人医院，这

将是一大善举,而且应当由市政议会充当赞助人,就像充当原有的西班牙人医院里教堂的赞助人一样。他说,建造那样一所医院,西班牙人就有机会向印第安人偿还一点债务,因为不管是不是征服者,西班牙人无一例外都或多或少地欠了印第安人的债。他在此后一周的传教过程中继续进行这种规劝,到第二个星期日他决定动员全城布施。他对人们说:"先生们,看在上帝分上,今天下午一点钟我要和督办去为这项事业募化。你们在征服这个帝国时表现得坚强有力、英勇无比,现在要修建医院,希望你们同样表现得慷慨大方、侠义豪爽。"那天下午,他们二位就去请求布施,并把每位施主施舍的财物登记下来。当天他们挨家串户地走访拥有印第安人的居民,而没有向其他人募化。晚上家父回到家里,吩咐我把登记在纸上的各笔施舍加起来,看看总数有多少。我核算的结果是二万八千五百比索,合三万四千二百杜卡多。施舍中最少的一笔是五百比索,合六百杜卡多,有几笔高达一千比索。这是那天下午用了五个小时筹集到的款项。以后几天,既向该城居民也向非居民普遍募化。大家都慷慨解囊,几个月就募集到十几万杜卡多。随后全国都得知要为印第安人修建医院,当年即收到大量施舍,有的是在世时当场布施,有的立下遗嘱做身后遗赠。有了这些钱,医院开始破土动工了。科斯科城辖区的印第安人获悉医院是为他们修建的,纷纷赶来出力。

作为科斯科城督办,家父加西拉索·德拉维加在医院楼房的基石下面放了一枚多夫隆金币[①],即那种被称为两面币的金币,头

① 西班牙古金币。

像是天主教国王唐费尔南多和女王唐娜伊莎贝尔。家父放置那枚多夫隆金币,是件罕见而珍贵的物品,当时在那边既没有金币也没有其他金属货币,因为那时还不铸造货币。西班牙商人的习惯,是运去商品以换取当地的商品,而不是带去金币或银币。那是一枚西班牙货币,想必是某位好奇心很强的人,像有人把其他当地没有的东西带去一样,把那枚多夫隆金币带了过去,又在那个场合作为新鲜玩艺儿赠给了家父(那枚金币究竟是怎么来的,我也搞不清)。反正那天见到的人也的确把它当成新鲜玩艺儿,参加隆重奠基仪式的市政议会议员和许多骑士,都一个接一个地传看,并说那是在当地见到的第一枚铸币。把这件新奇玩艺儿用在那项工程上真可谓物尽其用。因家财万贯而被称作"富翁"的萨拉曼卡人迭戈·马尔多纳多,以资历最老的市政议会议员身份,放置了一面刻有他家族徽的银箔。这点些微之物就成了那座豪华楼房的奠基物。后来,罗马教皇在这里(西班牙)对死于那座医院里的人给予了免罪和宽恕。我认识一位王室血统的印第安人妇女,她得知此事后,见自己已不久于人世,就要求把她送到那所医院去治疗。她的亲属劝她别去医院,免得让他们丢脸,因为她有足够的财产,可以在自己家里治病。她回答说不是想医治她的肉体,因为已经没有必要了,她需要的是用罗马教皇给予死在医院里的人的宽恕和赦免来医治她的灵魂。这样,她就被送到了医院,但她不愿进入病房,而让人把担架抬到医院教堂的一个角落里。她要求在她的病床附近修掘坟墓,并要求得到方济各会的袈裟做殉葬。她把袈裟铺在病床上,让人取来葬礼上要用的蜡烛,她把蜡烛放在自己身边,并做了临终圣事和涂油礼。就这样,她口中念叨着上帝、圣母

马利亚和整个天国，四天之后寿终正寝。看到一位印第安人妇女完全像基督徒一样地死去，科斯科城的要人们打算隆重地为她举行葬礼，用赞扬这件事的办法鼓励其他印第安人也来效仿。于是，除了其他头面人物外，教会和俗家的两个互助会的成员也参加了她的葬礼，她的亲属和其他印第安人为此身价倍增。这件事就谈到这里，我们再回过头来讲第十代印卡王的生平和事迹，读者将会看到一些了不起的事情。

第十三章 印卡·尤潘基国王企图进行新的征服

善良的印卡·尤潘基厚葬父王、加冕红色流苏、举行过执掌朝政的大典后，为了表现他的仁慈宽厚、恩泽天下，想做的第一件事就是巡幸他统治下的所有王国和省份。前文已经说过，印卡人那些虚妄的信仰之一，就是认为君王们是太阳神的神子，而不是血肉之躯的普通人，因此把能在自己的土地上和家里见到君王，视为了不起的幸事，无论怎么夸张也不为过分。因此，这是印卡王对其臣民所做的最能表现善意恩宠、最使他们感到高兴的事。于是，这位印卡王出巡他的藩属国，在各国受到按照当地异教习俗的接待和崇拜。印卡王尤潘基这次巡幸历时三年有余。回到科斯科城，消除了长途跋涉的劳累之后，他立即同参政院成员议事，商讨进行一次勇敢而艰巨的远征，就是向科斯科城以东的安第斯山方向前进。由于巨大的内华达山脉在那里的帝国边界上形成一道屏障，他想沿着一条由西向东流过山脉的河流穿越它，因为山高路险，而且长年积雪不化，从山顶翻越过去是不可能的。

印卡·尤潘基怀有这一愿望，是为了征服高山那边的部族，把他们并入帝国，并像以前历代印卡王对征服的部族那样，使他们摆脱原来那些野蛮残忍的习惯，了解他的父亲太阳神，接受并尊崇他为自己的神。这位印卡王之所以有这个愿望，与他和他的祖先们听到的某种说法有关。据说那片广阔的地区有许多土地，其中有些地方有人居住，有些则不适于居住，因为有许多高山峻岭、湖泊、泥塘和沼泽，条件太艰苦而无法居住。

印卡王得到消息说，在有人居住的地区中，最好的省份之一叫作穆苏（西班牙人称它为莫霍），顺着一条大河能够到达那里。这条大河由许多支流组成，在科斯科城东面的安第斯山地区汇成一条河流。主要支流有五条，每条都有自己的名字，还有无数的小溪，所有这些河流和小溪汇合成一条巨大的河流，叫作阿马鲁马尤。我说不清这条河流在哪里注入北海，但是，由于它这么巨大，又向东方奔流而下，我猜想它可能是汇成拉普拉塔河的众多江河的主要河流之一。拉普拉塔河名字的来源是这样的：发现这条河的西班牙人询问海岸地区的当地人，那里有没有白银；他们回答说没有，但在那条大河的发源地有很多白银。从这段话中产生了这条河现今使用的名字——拉普拉塔河①，尽管那里一点银子也没有。拉普拉塔河大名鼎鼎，声震天下，在迄今所知道的河流中居第二位，居第一位的是奥雷利亚纳河②。

---

① 即白银之河。

② 即亚马孙河。

在印第安人的语言中，拉普拉塔叫作巴拉瓦伊河[①]。这个词如果是秘鲁通用语，意思就是“向我这里下雨吧”！用这种语言的行文中则可解释为，“向我这里下雨吧，那将会出现奇迹”，意思是在炫耀它那汹涌澎湃的激流。我们曾多次说过，用一个意味深长的词说明它所能包含的一定意义，这是秘鲁通用语的一种用法。如果巴拉瓦伊一词不是秘鲁通用语而属于另外某种语言，那我就不知道它究竟所含何意了。[②]

五条大河汇聚一起形成一条大河，每条河均不再使用原来的名字而统称为阿马鲁马尤。“马尤”的意思就是河流，“阿马鲁”是对当地山区一种巨蛇的称呼（这种蛇，我们前面已经描述过）。由于这条河流宏伟壮观，人们便恰如其分地给它取了这样一个名字，意思是说，百川之中以它为首，犹如群蛇之中以“阿马鲁”为大。

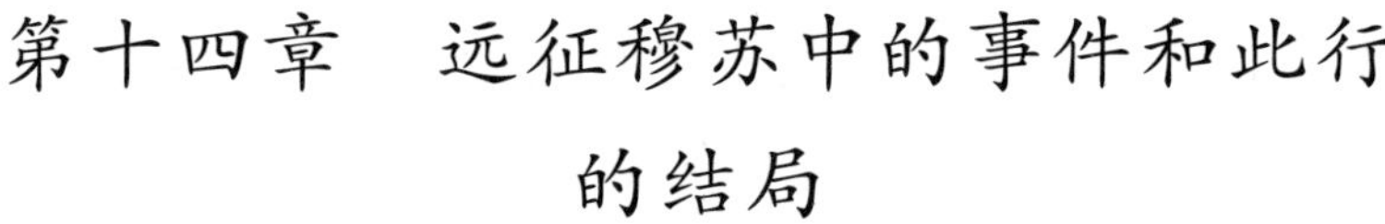

第十四章　远征穆苏中的事件和此行的结局

印卡·尤潘基国王认为，沿着这条人们尚不了解的大河可以进入穆苏省，而由于山路险峻，又有许多湖泊、泥塘和沼泽，从陆地进入该地区则是不可能的。为此，他下令大量砍伐当地生长的一种树木。我不知道在印第安语中这种树木叫什么名字，西班牙人把它叫作无花果，这倒不是因为它结无花果（因为它并不结果），

---

① 即巴拉圭河。

② 在印第安人瓜拉尼语中，巴拉圭的意思是“被多种多样花草装饰起来的河流”。

而是因为它的木材像无花果木一样轻,甚至比无花果木还轻。

砍伐木材,粗粗加工并制成巨大的木筏,这就几乎用了两年时间。他们做的木筏非常多,足以运载一万名士兵和他们携带的给养。当木筏造好、人员和给养都已齐备并任命了统帅、将军以及军队中的其他官员(他们都是王室血统的印卡人)后,就登上木筏出征了。每只木筏可运载三十、四十或五十人左右。口粮放在木筏中央,下面垫着半个巴拉高的木板或木台子,防止被水打湿。印卡人乘着木筏在河里顺流而下,途中不断与居住在两岸称为琼丘部落的土人遭遇和交战。琼丘人数量众多,他们从水上和陆上出击,既要阻止印卡人登岸,又要以交战骚扰,令他们不能顺流而下。琼丘人使用的进攻性武器是弓箭,这也是所有安第斯山地区各部族最经常使用的武器。他们的面部、胳膊、腿以及全身都染成各种颜色。由于那里气候炎热,他们都赤身裸体,仅下身裹一块围腰布,头上戴着用许多鹦鹉和赤鹈鹕的羽毛编成的饰物。

这样,双方经过多次交锋和谈判,河两岸的所有部族终于屈服并称臣于印卡帝国。为了表示敬意,他们向印卡·尤潘基国王进贡了很多礼品,其中有鹦鹉、长尾猴和赤鹈鹕,还有蜂蜜、蜂蜡以及当地出产的其他物品。这种进贡活动一直延续到最后一代印卡王图帕克·阿马鲁[①]死后才告结束。我们在将来介绍历代印卡王的生平和更迭时会讲到,这位末代印卡王是被唐弗朗西斯科·德托莱多总督斩首的。琼丘族印第安人派出的使者和以后来的人,在

① 图帕克·阿马鲁(1544?—1571),曼科·印卡的小儿子、印卡帝国最后一位法定王位继承人。反抗西班牙人统治,被弗朗西斯科·德托莱多总督斩首于库斯科城。

离科斯科城二十六莱瓜处靠近托诺的地方定居下来,形成个小村庄。当时他们请求印卡王允许在那里定居,以便就近为他效劳,而且就这样一直居住到现在。征服了河两岸的部族之后(这些部族因住在琼丘省而统称为琼丘人),印卡人继续进军并征服了另外许多部族,最后抵达一个叫作穆苏的省份。这里土地肥沃,人口众多且凶狠好斗,算来离科斯科城有二百多莱瓜。

据印卡人讲,由于沿途连番厮杀,当到达那里时,剩下的印卡人数量已经不多了。尽管如此,他们还是毫无畏惧地劝说穆苏人归顺印卡王,因为他是太阳神的儿子。他的父亲派他离开天庭,来教化大家像人一样生活,而不是像野兽那样活着。他们还规劝穆苏人尊奉太阳为神明,不要再崇拜动物、石头、木棍和其他卑劣的东西。看到穆苏人都兴致勃勃地听他们讲,印卡人就进一步介绍自己的法律、法规和风俗习惯,讲述历代印卡王在过去的征战中建树的丰功伟绩,已经征服了多少省份,其中许多省是自愿归顺的,他们请求印卡王接受他们为臣民,并表示愿把印卡王奉若神明。印卡人特别强调,当时曾向他们讲述了印卡王维拉科查的梦和他的丰功伟绩。听了这些,穆苏人佩服得五体投地,都兴高采烈地接受印卡人的友谊以及偶像崇拜、法律和风俗习惯,因为穆苏人觉得这些都很好,同意接受那些法律的治理并尊奉太阳神为自己的主要神明。但是,他们不承认是印卡王的臣仆,因为他们并没有被印卡人用武力打败和征服。尽管如此,他们乐于成为印卡人的朋友和盟友,愿意尽一切所能为印卡王效劳,但这要通过友谊的途径而不是臣属关系,因为他们同其祖先一样,愿意做自由的人。出于这种友好的情意,穆苏人让印卡人住在自己的土地上——由于连番

征战和长途跋涉，印卡人兵员大减，到达穆苏时只剩下一千余人了。穆苏人把他们的女儿许配印卡人为妻，并为与他们结亲而感到高兴，现在他们仍很尊重那些印卡人，而且不管在战争时期还是和平时期都接受他们的统治。穆苏人同印卡人建立了友谊和姻亲关系之后，从达官显贵当中挑选了一些使者派往科斯科，崇拜印卡王为太阳神之子，并确认已同印卡人建立的友好情谊和姻亲关系。由于山高路险，沼泽泥塘比比皆是，旅途十分艰难，使者们绕了一个大圈才抵达科斯科。在那里，印卡王亲切热情地接待了他们，赐给他们大量礼品和财物。印卡王吩咐手下人，给穆苏人详尽地介绍他们的宫廷、法律、风俗习惯以及他们的偶像崇拜。穆苏人带着这些情况心满意足地返回家乡。这种友谊和联盟关系一直持续到西班牙人进入并占领那片土地时为止。

讲述这些情况的印卡人特别指出，在瓦伊纳·卡帕克时期，定居在穆苏省的印卡人后裔曾经打算返回科斯科，因为他们觉得留在那里无所事事，无法再为印卡王效力，因此回到故土要比留在外地有益。正当大家商定了起程日期，准备携妻带子同返科斯科时，得到消息说印卡王瓦伊纳·卡帕克已经死去，西班牙人占领了那片土地，印卡人的帝国及其统治已经土崩瓦解。于是，他们只好决定留下来，如同前面说过那样，穆苏人对他们很尊重，并且不管在和平或战争时期都服从他们的统治。据说那个地方的河流宽达六莱瓜，乘他们的独木舟过河需要两天。

第十五章 迄今发现的关于那次远征的踪迹

前面讲的按照印卡·尤潘基国王的命令、沿着那条河流顺水而下进行的征服和发现的全部情况,都是从印卡人那里听来的。印卡人娓娓而谈,炫耀他们祖先的光辉业绩,介绍他们在河里和陆上进行的激烈战斗,以及经过艰苦斗争征服的大片土地。但是,我却认为其中有些事情是不可信的,因为一方面,当时参加远征的人数很少;另一方面,直到今天西班牙人尚未占领当初印卡人在安第斯山区征服过的那片土地,因而不能像对此前讲到的其他所有地区那样,确指它位于何处。所以我觉得,还是不要把虚构的东西(或看来是虚构的东西)同真实的历史混为一谈为好。因为关于那个省份,不像我们的人占有的地方那样,迄今仍然没有完整明确的材料。然而最近,西班牙人确实发现了有关那些事件的明显踪迹,现在我们就来谈谈这些踪迹。

有一位名叫迭戈·阿莱曼的西班牙人,他生于涅夫拉伯爵封地的圣胡安镇,在拉巴斯城(又名新镇)有一小块封地和一些印第安人。他手下的一个印第安头人曾告诉他说,在穆苏省有很多黄金并劝他前去寻找。于是在1564年,阿莱曼约集了另外十二名西班牙人,带着那个头人做向导,步行出发去寻找穆苏省那块地区。步行前去是因为那里的道路不适于骑马,同时也为了更加隐蔽,因为他们此行的目的只是为了找到那个地方并探察道路,以便请求获得征服的权利,然后再大张旗鼓地回来占领它并向那里移民。

他们从最接近莫霍人部族的科查潘帕进入了那个省份。

他们在山上和荆棘丛生的丘陵地带步行了二十八天，终于从山上遥望到那一地区的第一个村庄。尽管随行的印第安头人劝说他们守候在那里，等有印第安人出来时悄悄将他捉住，以便打探一些情况，但是他们不愿这样做。夜晚降临之后，他们出于极大的狂热，认为凭着西班牙人的喊叫就能使整个村庄投降。于是，他们虚张声势、大喊大叫地冲进村子，指望印第安人以为西班牙人人多势众而胆怯投降。然而事与愿违：印第安人冲出村寨，用武器瞄准发出喊叫的方向，严阵以待。当他们发现来者人数很少时，就呐喊一声，扑将过去，杀死了十个西班牙人并逮住了迭戈·阿莱曼。另外两名西班牙人趁黑夜逃脱，跑到向导说好等候他们的地方，因为他提出善意的忠告后，见西班牙人如此胆大妄为，不愿意和他们一起前往。两个逃出来的人中，一个名叫弗朗西斯科·莫雷诺，他是出生在科查潘帕的梅斯蒂索人，父亲是西班牙人，母亲是印第安人。他拿出一条棉毯，这是吊在空中当作吊床或小孩摇篮用的；棉毯用各种颜色、按不同针法织成，上面还挂着六只金质的铃铛。天亮后，两个西班牙人和向导从他们藏身的山丘上看到，村庄外面有一大群印第安人，他们手持长矛、扎枪，身穿护胸甲。在太阳照耀下，胸甲光芒四射，鲜艳夺目。向导告诉西班牙人，他们看到的那些闪闪发光的东西全都是黄金做的；还说那里的印第安人没有白银，即使有，也可能是同秘鲁的印第安人交换的。为了让西班牙人了解那个地区非常之大，向导拿起他的那条条纹状棉毯说道："与这一地区相比，秘鲁的大小就如同这条条纹与整个棉毯相比一样。"尽管那个省份确实很大，但是那个印第安人毕竟对宇宙志毫无所知，

他还是弄错了。

关于迭戈·阿莱曼,后来从时而出村与秘鲁人做生意的印第安人那里获悉,将他捉住的那些印第安人在得知他在秘鲁有封赠的印第安人,而且也是他带来的那几个鲁莽伙伴的指挥官和头目时,就让他当了他们的统帅,指挥他们与阿马鲁马尤河对岸的印第安人作战。有这样一位西班牙人做总指挥,印第安人不断赢得威望和好处,所以对他十分敬佩和尊重。和梅斯蒂索人弗朗西斯科·莫雷诺一起逃出来的同伴,在到达安全地区后,便因旅途劳累而死亡。旅途中最艰苦的一段路是穿越一大片沼泽地,那里根本无法骑马。梅斯蒂索人弗朗西斯科·莫雷诺详尽地讲述了他在这次发现活动中的见闻。他讲的情况又激起一些人跃跃欲试并提出了要求。第一个提出要求的是一位年轻的骑士戈麦斯·德托尔多亚,并获得了当时任秘鲁总督的涅瓦公爵的准许。然而,很多人纷纷前来,准备同他一起前往,总督担心会发生暴乱,于是这次远征被取消,他也接到通知,不要再招兵买马,已召集的人员也要予以遣散。

第十六章　关于该省发生的其他不幸事件

两年之后,时任秘鲁都督的卡斯特罗[①]硕士把原来的任命给了另一位骑士,他是科斯科的居民,名叫加斯帕尔·德索特洛。他

① 洛佩·加西亚·卡斯特罗,西班牙殖民地官员,1564—1569 年任秘鲁检审庭庭长。

立即准备和一批人数众多而且颇有才华的志愿者一同前往,而他所作的最好准备,就是同当时隐居在维尔卡潘帕的印卡王图帕克·阿马鲁达成协议:两人共同进行这次征服。这位印卡王表示愿意与他一起前往并提供所需要的木筏,因为他们必须从位于科斯科东北部的维尔卡潘帕河进入那个地区。然而在这类事情上总是不乏竞争对手,又有一些人与都督谈判,要求他废除给予加斯帕尔·德索特洛的任命,转而给予名叫胡安·阿尔瓦雷斯·马尔多纳多的另一位科斯科居民。事情果然这样办成了。阿尔瓦雷斯·马尔多纳多聚集了二百五十多名士兵和一百多匹公马和骒马,乘坐他制作的大木筏进入位于科斯科城以东的阿马鲁马尤河。再说戈麦斯·德托尔多亚,为了能进行这一活动他早已耗费了他和朋友们的家产;现在却看到把进行征服的权利从他那里收回,先是授予加斯帕尔·德索特洛,最后又给了胡安·阿尔瓦雷斯·马尔多纳多。因此,他不顾受到侮辱,宣布他也受命远征。事实确是如此,因为尽管已经通知他撤销了对他的任命,但是委任书并未收回。于是,他就凭借委任书招兵买马,但是因为这违背都督的意愿,所以应者寥寥,仅仅召集到六十余人。尽管遭到种种非议,戈麦斯·德托尔多亚还是率领他们从科斯科城东南方向进入一个叫作卡马塔的省份。越过几座大山和一些沼泽地后,他来到阿马鲁马尤河,获悉胡安·阿里亚斯(原文如此,疑为阿尔瓦雷斯——译者)还没有到达那里。于是,他在河两岸挖了战壕,像对付不共戴天的仇敌一样严阵以待,准备从那里向阿尔瓦雷斯·马尔多纳多发动攻击并战而胜之。戈麦斯·德托尔多亚虽然人数少,但他相信他的伙伴们英勇善战,因为他们是精心挑选来的,而且都很拥护

他,每人都配备着两支制造精良的火枪。

胡安·阿尔瓦雷斯·马尔多纳多沿河顺流而下,来到戈麦斯·德托尔多亚严阵以待的地方。由于他们是同一事业中的竞争对手,双方既不搭话,更不想友好言和或罢战(双方本来可以结成伙伴,共同进行征服活动,因为目标极大,足以使大家都有份),立即厮杀起来,因为权势欲使双方都不愿与对方平起平坐,更不用说听命于对方。胡安·阿尔瓦雷斯·马尔多纳多凭着人数上比对手占有优势,首先发起攻击。戈麦斯·德托尔多亚则对自己的壕堑和手下人的两支火器充满信心,坚守阵地。双方整整厮杀了一天,各有多人死亡。第二天和第三天,战斗仍在继续,拼杀得如此激烈、残酷,双方几乎都全军覆没,少数还活着的人,也都伤势严重,成了残废。西班牙人互相厮杀的战场正是琼丘族印第安人地区,他们得知西班牙人是去征服他们的,又看到西班牙人成了那副模样,就互相一声召唤,冲将过去,将他们全部杀死,戈麦斯·德托尔多亚就这样死于非命。我认识这三位骑士,当我离开科斯科时他们都在那里。印第安人抓住了三个西班牙人,一个是胡安·阿尔瓦雷斯·马尔多纳多,一个是生于葡萄牙的施恩会教士迭戈·马丁修士,另一个是铁匠西蒙·洛佩斯师傅,他是制造火枪的能工巧匠。印第安人得知马尔多纳多是一派的首领,对他比较客气,眼看他已成残废且不久于人世,就释放了他,让他回科斯科他的印第安人那里去。他们给他引路,一直送到卡利亚瓦亚省,人们现在在那个地区开采到24开的高纯度黄金。对于修士和铁匠,印第安人把他们扣留了两年多。听说西蒙师傅是铁匠,印第安人给他拿来很多铜,让他制作斧头和锛子,在那段时间里没再让他干别的事。得

知迭戈·马丁修士是基督教徒们的祭司和神父,印第安人很尊重他,甚至在同意放他们回科斯科时,还请求他留下来和他们在一起,向他们传授基督教教义,但他不愿留下。很多类似这种可以和平地向印第安人宣讲福音的大好良机,都这样白白错过了。

两年多后,琼丘人准许这两个西班牙人返回秘鲁,并且为他们引路,送到卡利亚瓦亚谷地。他们俩讲述了在那次倒霉的远征中的遭遇;还讲到印卡人沿着那条河顺流而下时所做的事情,一些印卡人如何留在穆苏人中间,穆苏人又如何从那时起承认印卡王是他们的国君,他们如何为他效劳,并每年奉献许多当地出产的东西等情况。穆苏人向印卡王进贡礼品一直持续到图帕克·阿马鲁死后,也就是戈麦斯·德托尔多亚和胡安·阿尔瓦雷斯·马尔多纳多进行的那次不幸的入侵之后不多几年。我们把这次入侵事件从应该讲述的地方和时间里摘录出来,提前在本章讲述,目的是证实印卡·尤潘基国王曾下令沿阿马鲁马尤河进行征服,以及前去进行征服的印卡人如何留在了穆苏人那里。有关这些情况,迭戈·马丁修士和西蒙师傅回来后详细地叙述过,而且谁愿意听,他们就给谁讲。马丁修士还特别讲到他自己的情况,说他为没有接受琼丘人的恳求留在那里而悔恨不已;说他是因为没有受命主持弥撒而没有留下,如果他曾受命主持弥撒,无疑会留在那里的;还说后来他多次想一个人再回到那里去,因为他受到自己良心的谴责,怎样也无法摆脱:那些印第安人渴望他留在那里,这原本是个非常合理的要求,而他却没有答应。这位修士还说,如果西班牙人想征服那个地区,留在穆苏人中间的印卡人会起很大作用。有关情况就说到这里,我们最好还是回过头来继续讲述善良的印卡·尤潘基

的丰功伟绩，谈谈对奇利的征服，这是他重要的壮举之一。

第十七章　奇里瓦纳部族和他们的生活与习俗

由于历代印卡王主要关心的事是征服新的国家和省份，以满足扩大帝国版图的荣誉感和进行统治的欲望和野心（这在强有力的人物身上是生而具有的天性），在前面说过的派出军队沿大河下游出征四年之后，印卡·尤潘基决定进行另一次征服，目标是安第斯山区、位于查卡斯以东名叫奇里瓦纳的一个大省。鉴于当时对那个省一无所知，印卡王派去一些探子，让他们小心翼翼又机智敏捷地刺探那里的地形和居民情况，以便得到远征所需要的更多情报。探子们奉命出发，回来后说那里土地贫瘠，山高水险，泥塘、湖泊和沼泽比比皆是，可以耕种的土地寥寥无几；居民则粗暴野蛮，比禽兽还不如。他们没有宗教也不崇拜任何神物，既无法律也没有良好的风俗习惯，没有村庄也无房屋，像野兽一样散居于山林。他们还生啖人肉，为了弄到人肉，他们袭击邻近地区，抓到的人不分男女老幼，一律吃掉。他们把人的脑袋砍下来之后还吸吮人血，使猎获物一点也不浪费。他们不仅吃掉从毗邻地区抓来的人，连他们自己的人死了，肉也要吃掉。他们把死人的肉吃掉后，再把骨头按关节拼接起来对之哭泣，然后或扔到岩石的缝隙中，或扔到树洞里。他们赤身裸体，任意交媾，根本不管女性是姐妹、女儿还是母亲。奇里瓦纳部族的人一般就是以这种方式生活的。

听到这些情况后，善良的印卡·尤潘基（我们之所以给这位

国王以“善良的”这一称号，是因为他的臣民经常这样称呼他，而且佩德罗·德谢萨·德莱昂每逢提到他时也总这样称呼他）转过头来对在他身边的王族成员（他的叔辈、兄弟、子侄辈和其他较远的亲属）说道：“现在看来，征服奇里瓦纳更是我们义不容辞的责任，必须把他们从愚昧野蛮的生活中拯救出来，让他们过上人的日子，因为我们的父亲太阳神正是为此目的才派我们来的。”说完这些话后，他立即下令征集一万名士兵，由受过良好训练并在文治武功中久经考验的王室血统的将军和统领统率出征。这支印卡人的队伍出发了，当他们刚刚见识到奇里瓦纳地区一些荒凉贫瘠的景况后，就立即报告印卡王，请求他下令为他们运送给养，以防断粮，因为当地根本没有粮食。于是，给他们运送了足够的给养。但是由于那一地区山峦陡峭，野草丛生，泥坑、沼泽和湖泊遍野皆是，将士们花了两年多时间，竭尽一切所能也未完成征服，只得作罢。他们把经历的全部情况禀报印卡王，印卡王命令他们休整，准备进行他正在考虑的其他远征——比这次顺利的征服。1572 年，当唐弗朗西斯科·德托莱多总督统治那些国家时，曾试图征服奇里瓦纳人（阿科斯塔神父大人曾顺便提及此事，见第七卷第二十八章），为此他招募了许多西班牙人并准备了进行远征所必需的一切物资。他带去许多公马、奶牛和骡马，准备在那里饲养。进入那个省份后，刚走过几天的路程，他就亲身体验到那里的困难条件，而此前曾有人对他说过那里如何困难，劝他不要试图去做印卡人因无法办到而终于放弃了的事情，他却不肯相信。结果总督是从那个地方逃出来的，他把带去的东西全部丢弃，好让印第安人只顾收集丢下的战利品，而放他逃走。由于道路崎岖难行，好几匹骡子也拉

不动他乘坐的驮轿,最后只好卸下来由印第安人和西班牙人抬着赶路。在后面追赶的奇里瓦纳人对他们喊叫辱骂,有的喊道:“把装在‘佩塔卡’(petaca,有盖的筐子)里的老太婆放下,让我们就在这儿把她活吃了!”

前面说过,奇里瓦纳人对肉垂涎三尺,因为他们生活的那片不毛之地什么肉都没有,既无家畜也无野生动物。如果他们把托莱多总督丢给他们的牛保留下来,像在圣多明各岛和古巴岛那样放到原野里去,那将会繁衍成很多牛群,因为那个地区适于牛群生长。在以前印卡人远征到此时,奇里瓦纳人同他们有过不多的交谈并多少学到一点知识,他们那种残忍的生活方式有了一点点改变。因为现在得知,从那以后,他们已不像过去那样把死去的亲人也吃掉了。但对邻近的人一个也不饶过。他们对人肉贪婪到垂涎欲滴的程度,每当外出劫掠时,为了抓住个把敌人,好像麻木不仁、毫不畏死一样,迎着枪林弹雨往前冲。倘若碰见牧人放牧,他们宁愿抓一个牧人而不要整个羊群或牛群。由于他们如此野蛮凶狠、毫无人性,邻近地区的人都对他们望而生畏,往往一百个甚至一千个人也抵御不住十个奇里瓦纳人。对少年儿童,只要一说“奇里瓦纳人”,就会吓得他们胆战心惊,不再哭闹。奇里瓦纳人还从印卡人那里学会了搭盖住房,但不是分家分户,而是大家共住的房子。他们搭建的是一个很大的棚屋,里面按人分成小间,小间之小仅能容纳一人。但因他们全都赤身裸体,没有家当和衣服,这样也足够了。因此,每一个大棚屋也可称作一个村庄。以上是必须指出的关于奇里瓦纳人野蛮生活的情况,如能让他们摆脱这种生活,那将是巨大的奇迹。

第十八章　征服奇利的准备

尽管对奇里瓦纳人的征服收效甚微、甚至毫无所获，但是善良的印卡·尤潘基国王并未因此而失去进行更大征服的热情。这是因为历代印卡王最大的愿望和荣耀，就是征服更多的人，使他们归顺帝国，接受他们的习俗和法律；更何况当时他们国富民强，就更不可能无所事事，放弃征服。所以他们必须这样做，这既可动员百姓去扩大帝国的版图，又可消耗他们的岁入。所谓岁入，即指各省份和王国每年根据自己的出产和收成缴纳的粮食、武器、衣服和鞋子。至于金银，前面说过，百姓不作为捐税缴纳给国王，而是献给王宫和太阳宫（没有人要求他们这样做）制作器皿或用于装饰。印卡·尤潘基国王看到自己备受爱戴和尊敬，而且兵强将勇，国库充盈，便决定进行一项伟大的事业，即征服奇利王国。为此，他征询了参政院成员的意见后，下令进行必要的准备。他把善于政务、精通司法的大臣留在宫廷，自己则径赴阿塔卡马，这是在通往奇利途中有人居住并隶属于印卡帝国的最边缘的省份。他到那里去，是为了能就近为征服大业增添气势，因为从这里再往前进，必须穿过一大片荒无人烟的地区才能到达奇利。

印卡王从阿塔卡马派出一些报子和探子深入那片荒无人烟的地区，寻找通往奇利的道路并观察路上的困难条件，以便为克服险阻做好准备。先头部队都是印卡人，这是因为凡属重大事务，印卡诸王只交付本族人去做。印卡王还给他们派了一些阿塔卡马和图克马地区的印第安人（前面说过，印卡人从这些人那里获得了一些有关奇利王国的消息),为他们带路。先头部队每前进两莱瓜就回来报告一次他们看到的情况。这样做是必要的,目的在于让大部队为他们提供所需要的一切。先行人员小心翼翼地前进,沿途在荒漠野地上受尽了艰难困苦。他们在经过的地方都做上标记,以免在归途中迷失方向,同时也让后续部队知道他们的去向。先行人员就这样像蚂蚁般地来回穿梭,把发现的情况一次次地报回来,再把他们最迫切需要的给养带去。先行人员经过艰苦卓绝的努力,终于在不见人迹的地区中深入了八十莱瓜,即从阿塔卡马走到科帕亚普。科帕亚普是个小省,尽管人烟稠密,但它周围都是大片沙漠,因为从那里到库金普中间还有八十莱瓜无人居住的荒凉地区。先行人员到达科帕亚普并观察了那里的情况后,迅速返回,把看到的一切禀报印卡王。根据报回来的情况,印卡王下令征调一万名士兵,按照以往的建制由一名叫作辛奇鲁卡的统帅和两名印卡族的将军(印第安人不知道他们的名字)指挥。他还命令部队用能驮载的大羊驼运去大量给养,而且大羊驼本身的肉味道鲜美,也可代替肉干做给养。

派出一万名士兵后,印卡·尤潘基下令再征调大军一万,让他们按照同一建制紧随前一批士兵前进,以支援战友,震慑敌军。第一支大军行进到科帕亚普附近后,按照印卡诸王的旧例派出信使,要对方降服并归顺太阳神的儿子,他将给他们带来新的宗教、法律和习俗,让他们摆脱野蛮人的境况,像人一样生活;如其不然,就拿起武器一决胜负,反正不管迫于武力还是心甘情愿,他们必须服从那位世界四方的主宰印卡王。科帕亚普人听到这一信息后大为惊慌,急忙拿起武器阻止敌人进入他们的土地。边境上发生了一些小规模的冲突和交锋,因为双方都在试探对方的实力和士气。印卡人为执行印卡王给他们的命令,不想发动血与火的战争,只与敌人消磨时光,等待他们心甘情愿地归降。科帕亚普人在抵抗时也犹豫不决:一方面,他们对太阳之子的神威感到畏惧,觉得假若不接受他为国君,必将大难临头;另一方面,他们又士气高昂,想要维护自古以来的自由和对自己神明的爱戴,这就促使他们拒绝新事物,希望能像其先辈一样地生活。

第十九章　印卡人占领奇利谷地,他们带给其他部族的口信和对方的回答

当作为第一支部队后援的第二支部队到达时,科帕亚普人正处于这种惶惑混乱之中。见到增援部队到来,他们自知无法抵抗那样人多势众的大军,便主动归降,并以最友好的态度与印卡人达成协议,规定在偶像崇拜方面他们需要接受什么和放弃什么。印卡人把这一切都呈报印卡王,他对在征服奇利的途中打通道路时取得如此良好的开端深为高兴,因为奇利王国幅员辽阔且远离他的帝国,他对能否征服还是颇为担心的。因此,如今未经战争和流血,科帕亚普人通过和平协商便成为他的藩属,他认为是了不起的大事。印卡·尤潘基国王乘胜前进,在了解了奇利王国的情况后,命令再调集一万大军,备好一切必需的物资,去增援前两支队伍,三支大军继续向前征服,倘有所需,迅速请求调运。印卡人得到国王的增援和命令,又向前推进了八十莱瓜,在长途跋涉中战胜了许多艰难险阻,抵达名叫库金普的谷地或省份并将其征服。不知道

在那里是否发生过战斗或冲突，因为征服是在远离家园的异乡他国进行的，秘鲁的印第安人并不特别了解其间发生的事情，只知道印卡人征服了库金普那片谷地。远征军从那里继续前进，征服了直至奇利谷地中间所有的部族，那个叫作奇利的整个国家就是因谷地而得名的。据说，那次征服行动前后总共历时六年多，印卡王自始至终非常注意支援他的士兵，军粮、衣服和鞋子源源不断，使军中不缺任何物品。印卡王非常清楚，他的士兵勇往直前永不后退，对他的尊严和威望具有至关重要的意义。因此，派往奇利的部队逐渐增至五万多名士兵，而且给养装备之充足就像在科斯科城一样。

印卡人把奇利谷地纳入帝国后，立即向印卡王禀报了他们的战绩，并且每天都向他报告每小时准备做哪些事。他们在刚征服的地区建立了正常秩序之后，就继续向南进发，并长驱直入到远离奇利谷地近五十莱瓜的毛利河，征服了那里的山谷和部族。不知道是否发生过战斗或小规模的冲突。印卡人首先希望通过和平友好方式让对方屈服，因为他们把其他印第安人置于自己统治之下是出于好意，而不是出于恶意，这是印卡人进行征服活动的主要意图。至此，印卡人已经占有了从阿塔卡马到毛利河之间的村落和荒无人烟的地区，将其帝国的版图扩展了二百六十多莱瓜：从阿塔卡马到科帕亚普有八十莱瓜，从科帕亚普到库金普也是八十莱瓜，从库金普到奇利是五十五莱瓜，从奇利到毛利河也将近五十莱瓜。但是他们仍不满足，依旧野心勃勃地要继续前进，占领更多的国家。为此，他们按照以往的规章和手段，在当时已占领的地区建立了稳定的秩序，并留驻了必要的守军，令其随时戒备，以防在应付战争时可能发生不测。下定决心后，印卡人以两万人的兵力越过毛利河。他们依照旧例，派人到普鲁毛卡人（西班牙人叫他们普罗毛卡人）那里，提出要么接受印卡王为国君，要么拿起武器准备战斗。普鲁毛卡人已经得到关于印卡人的消息并作了准备，与邻近的安塔利、平库、考基等部族结成同盟，大家一致决定，宁可丧失生命也不能失去自古以来的自由。他们答复说，胜者为王败者为民，印卡人等着瞧普鲁毛卡人会以什么方式听命于他们吧。

作出答复后约三四天，普鲁毛卡人和与他们结盟的邻近部族，出动一万八千到两万人的大军，在印卡人的眼皮底下毫无顾忌地安营扎寨。印卡人再次传话，要求和平与友好，并以太阳神和月亮神的名义信誓旦旦地保证，他们绝不想抢夺普鲁毛卡人的土地和财产，而是要教会他们像人一样生活，并让他们承认太阳神是他们的神明，他的儿子印卡王是他们的国王和首领。普鲁毛卡人答道，他们已经横下一条心，不愿在无谓的空话和说教上浪费时间，只想决一死战，直至胜利或死亡。因此，让印卡人做好准备，次日进行决战而不要再送口信了，他们不愿听。

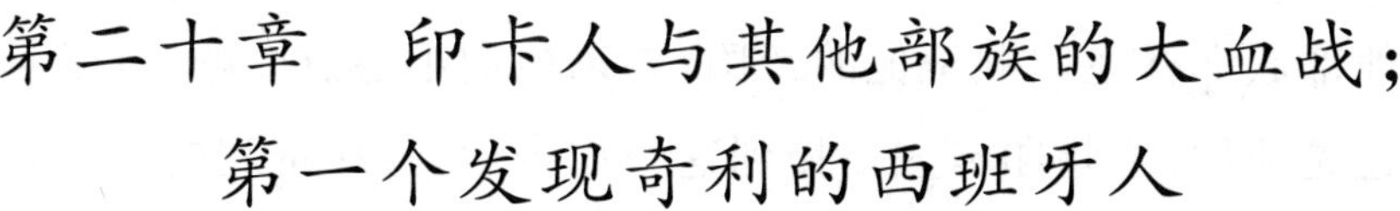

第二十章　印卡人与其他部族的大血战；第一个发现奇利的西班牙人

翌日，两支军队各出营寨，互相攻击。双方都是人人奋勇，个个当先，只杀得天昏地暗。战斗进行了整整一天，尽管有大量伤亡，但双方未分胜负，直至夜幕降临才各自收兵回营。第二天和第三天，双方仍然顽强地残酷厮杀：一方是为了自由，另一方则是为了荣誉。第三天战斗结束后,双方阵亡的人数均已过半,活着的人也几乎都已负伤。第四天,尽管双方摆好了阵势,但都闭关不出,而是各自加强防守,以防敌方来犯。双方这样相持了一天,此后两天也是这样。三天过后,双方各自撤回自己的地盘:他们都把这里的情况报告自己人并要求尽快增援,同时又都担心对方会得到增援。普鲁毛卡人及其同盟者们认为,能抵御直到那时一直都是强大无比、所向无敌的印卡人军队确实不易,因此颇为自负地高唱凯歌返回家园,并宣称已经大获全胜。

印卡人认为,听任敌人恣意发狂,比把他们斩尽杀绝、征而服之(因为如果他们请求增援,会很快派来援军)更符合前辈和当今印卡王的命令。于是,印卡人的将领们进行了商讨,尽管有人提出异议,主张继续打下去直至制服敌人,但最后还是决定撤回到已经征服的地区,并确定以毛利河为帝国的边界,在接到印卡·尤潘基国王新的命令之前,不再继续向前征服。他们把全部情况禀报印卡王,印卡王派人传令,晓谕他们不要再去征服新土地,而应精心耕种已征服的土地,努力使那里的百姓安居乐业,获得实惠,让周围的居民看到他们在印卡人的统治下一切都有很大改善,就会像其他部族那样也归顺于他的帝国;如果他们不愿意归顺,真正吃亏的还是他们,不是印卡人。接到这一命令后,身在奇利的印卡人停止了征服,同时加强边防,确定边界并树立了界标。这样,毛利河就成了帝国南部最远的边界。印卡人致力整饬司法,管理王室和太阳神的财产,并特别注意为当地百姓造福。百姓们也心悦诚服地拥护印卡人的统治,接受他们的法律、规章和习俗,一直这样生活到西班牙人踏上他们土地的时候。

第一个发现奇利的西班牙人是唐迭戈·德阿尔马格罗，但他仅仅是观察了一下就返回秘鲁，尽管他在往返的路上历尽艰辛。阿尔马格罗的这次远征引起秘鲁印第安人的大暴动和后来两位都督之间的不和和内战，并导致唐迭戈·德阿尔马格罗本人（他在萨利纳斯战役中被俘）、唐弗朗西斯科·皮萨罗侯爵和梅斯蒂索人小唐迭戈·德阿尔马格罗（他发动了称为丘帕斯的战役）三人之死。假若我主上帝允许我们做到的话，以后将详细叙述有关这些事件的全部情况。第二位进入奇利王国的西班牙人是佩德罗·德巴尔迪维亚[①]省督。他带着一些马匹，率领一批骁勇善战的士兵来到印卡人曾经征服的地区，轻而易举地征服了那个地方并建立了居民点。如果他不是也“轻而易举地”被其百姓杀死的话，他还可能更有作为。杀死他的是名叫阿劳库省那个地方的人，在把那个被征服的国家瓜分给征服者时，他为自己选了阿劳库省。这位骑士建立了许多西班牙人的城镇，其中有以他本人名字命名的巴尔迪维亚城。他在征服那个王国时建立了丰功伟绩，进行治理时小心谨慎，广纳良言，使他本人及其部下飞黄腾达，名利双收，并期望得到更大的成就。但是，由于一位印第安人用兵有方，巧施谋略，结束了巴尔迪维亚的生命进程，从而使那一切戛然而止。这位省督和总统领之死，是西班牙人进入西印度后，印第安人在整个印卡帝国乃至整个西印度制造的引人注目和著名的事件之一，也是最令西班牙人悲痛的事件。为此，我觉得应当在这里把它记述下

① 佩德罗·德巴尔迪维亚（约1500—1554），西班牙征服者。在征服委内瑞拉和秘鲁过程中表现突出，后受皮萨罗之命于1540年征服智利。1547年任智利省督，后来在继续南征时被起义的阿劳科人俘获后杀死。

来，以便让人们简要而准确地了解，那场不幸的战斗发生后传到秘鲁的第一条和第二条消息，而为了讲清这些消息，还应从事情的起因和开头讲起。

第二十一章　在奇利发生的反对巴尔迪维亚省督的暴乱

事情是这样的：在征服和瓜分奇利王国时，巴尔迪维亚这位分得好几个帝国的土地也当之无愧的骑士分到了一大笔财富：大量黄金和许多印第安人，他们每年要向他缴纳十多万金比索的赋税。然而对于黄金总是欲壑难填，印第安人缴纳得越多，主人贪心也就越大。印第安人不能适应采集黄金的艰苦劳动，也无法忍受西班牙人为了黄金而强迫他们遭受的折磨，而且他们本来从未受制于任何主人，所以也无法忍受现在的压迫。因此，属于巴尔迪维亚的阿劳科族人和他们的同盟者决定造反，并且行动起来，千方百计、无所顾忌地向西班牙人挑衅。佩德罗·德巴尔迪维亚省督获悉这一情况后，率领一百五十名骑兵去惩罚他们。他不把印第安人放在眼里，就像西班牙人在对付类似造反和暴动时一贯表现的那样，而很多人就因如此狂妄自大而丧命。这次佩德罗·德巴尔迪维亚和随他一起去的西班牙人也这样命归黄泉，死在他们看不起的人的手里。

关于巴尔迪维亚之死，最早传到秘鲁的消息是由奇利一个印第安人带到拉普拉塔城的。那是一张两指宽的纸条，既无签名也无地点和日期，上面只是写着：“佩德罗·德巴尔迪维亚和随同他

的一百五十名士兵被大地吞没了。”人们把这句话辗转相传，并且有根有据地说是由一个印第安人从奇利带回来的。于是消息在整个秘鲁不胫而走，引起西班牙人极大震动。他们猜不出“大地把他们吞没了”所指何意，因为他们无法相信印第安人能有如此胆量，竟敢杀死一百五十名西班牙人骑兵，这是到那时为止从未有过的事情。由于奇利王国与秘鲁一样地势险要，到处是高山峻岭、峡谷深渊，属于多地震地区，他们认为可能是那些西班牙人在某条崎岖的山路行走时，遇到山崩被压在下面。大家都断定是这么回事，因为根据他们多年以来的经验，无论从力量还是士气上看，都无法想象印第安人能在战斗中杀死那么多西班牙人骑兵。就在秘鲁的西班牙人对此事感到困惑不解时，六十多天后他们又得到消息，详细地叙述了巴尔迪维亚及其部下人员之死和他们同印第安人进行最后一战的情况。现在我就把当时从奇利传来的消息介绍如下。消息首先讲了印第安人的暴动以及他们所干的那些卑鄙无耻的恶劣行径，然后这样说道：

当巴尔迪维亚到达阿劳科人造反的地方时，他遭遇的是一万二千到一万三千人。他同他们进行了多次异常激烈的战斗，都是西班牙人获得胜利。印第安人已经被战马的咆哮奔驰和猛烈冲击吓破了胆，不敢在平川上露面，因为在那里十匹战马就可以冲垮一千名印第安人。他们躲在战马无法奈何他们的山上，在那里不断袭击骚扰西班牙人，拒不接受他们提出的任何条件，顽固不化地宁肯死掉，也不做他们的百姓和受他们的支配。双方就这样相持了很多天。这些坏消息逐渐传到阿劳科人居住的内部地区。有一位以用兵出名、但已退居家中的年迈头领听到这些消息后，决意出去看看怎么会有这等神奇之事,一百五十个西班牙人居然能使一万二三千名印第安人士兵胆战心惊,毫无战斗能力。既然西班牙人不是魔鬼和永生不死之人(印第安人最初认为他们是这样的),他怎么也不相信会有这种事。为了弄清这些,他想亲临战场,亲眼看看到底是怎么回事。于是他上了一处高地,从那里看到两军对峙:一方是自己人的营地,又长又宽,填山塞谷;另一方是西班牙人的营地,又小又窄,区区弹丸。他久久思索,究竟是什么原因使得那样一小撮人能打败那么多人?仔细地观察了战场地形之后,他来到自己人的营地召集会议,先由印第安人详尽地介绍了此前发生的一切,然后他向他们提出了许多问题,其中主要有:

西班牙人是像他们一样终有一死还是像太阳神和月亮神一样永生不死?他们是否也有饥饿、干渴和疲劳的感觉?他们是否也必须睡觉和休息?总而言之,他的问题是西班牙人究竟是血肉之躯还是钢铸铁打之身?对战马他也提出了同样的问题。印第安人回答了他的全部问题,说西班牙人身体结构和体质同他们完全一样。于是他对他们说:“那好吧,现在你们都去休息,明天我们再看谁是真正的好汉,是他们还是我们!”会议就这样结束了。翌日破晓,年迈的头领传令各执武器,准备迎敌。印第安人一边披坚执锐,一边狂呼乱叫,同时像过去一样击打着鼓,吹着号角以及其他乐器。霎时之间,老头领把印第安人编成十三个梯队,每队千人,各队依次排开,等待号令。

第二十二章　一位年迈的印第安人头领指挥部队使用新的战斗队形和策略

西班牙人迎着印第安人的喊叫，出了营地。他们全副武装，威风凛凛：士兵和战马的头上都带着羽饰，马的胸带上还挂着许多铃铛。看到一列列分开的梯队，西班牙人低估了敌人，认为冲垮几支小梯队要比击溃一支庞大队伍还容易。那位年迈的印第安人头领见西班牙人来到战场，就对第一梯队的士兵们说："弟兄们，冲上去跟西班牙人厮杀吧！我不要求一定要打败他们，但要为你们的祖国做出最大的努力。如果抵挡不住，就逃回来，我会及时增援你们。但是在第一梯队中作战被冲散后回来的人，不要混进第二梯队里去，第二梯队的人也不要混进第三梯队。被打散的人都撤到所有梯队的后面，到时我再发布命令，告诉你们怎样做。"宣布完这一指示，年迈的头领就命令他的士兵去和西班牙人厮杀。西班牙人冲向第一梯队，尽管印第安人竭力抵抗，但还是被冲垮了。西班牙人相继顺利地冲垮了第二、第三、第四和第五梯队，但并非那么轻而易举，因为他们的士兵和马匹也均遭到一定伤亡。

随着前面的梯队逐个被打垮，年迈的印第安人头领把后面的梯队依次派上去拼杀。在整个印第安人军队的后面还有一名头领，他把参战后逃回来的印第安人再编成千人的梯队，命令他们吃饱喝足，养精蓄锐，等待轮到他们时重新投入战斗。西班牙人打垮了五个梯队后举目观看，发现前面还有十一二个梯队。尽管他们已经奋战了三个多小时，仍再次鼓足勇气，相互之间大声鼓励着，又冲向增援第五梯队的第六梯队并把它击溃，接着又击溃了第七、八、九和十梯队。然而无论是西班牙人还是他们的战马，都失去了战斗刚开始时的那种势头，因为他们已经马不停蹄地连续激战了整整七个小时。全队也好，单兵也好，印第安人不让他们有喘息的机会，一个梯队刚被打垮，另一个梯队马上投入战斗。被打垮的士兵退出战斗稍事休整，随后又组成新的梯队。当时，西班牙人观察了一下敌人，看到还有十个梯队站在面前。尽管如此，他们还是以战无不胜的勇气奋力冲杀，然而他们毕竟已力不从心，战马也已疲惫不堪。即便这样，他们仍然竭尽全力地战斗，不在印第安人面前示弱。时间一小时一小时地过去，西班牙人越战越弱，而印第安人却越战越强。他们觉察西班牙人已不再像开始战斗时那么勇猛，而且连战斗进行到中间时那种劲头也没有了。但是，双方仍然这样一直激战到下午两点光景。

到了此时，佩德罗·德巴尔迪维亚省督看到，还有八九支梯队需要击溃，而且从印第安人的新战术来看，即使击溃了，他们还会再组成新梯队。考虑到白天的情况，纵使夜幕降临，印第安人仍会像白天一样不给他们以喘息之机。因此，巴尔迪维亚认为，最好在战马尚未全部累垮之前撤出战斗。他的打算是逐渐撤退到身后一莱瓜半之外来时曾经过的一个隘口。他们想，如能撤到那里就会得救了，因为那里只要两个西班牙人把守，就万夫莫敌。

尽管为时过晚，但巴尔迪维亚这样决定之后，就向在战斗中碰到的部下大声呼叫，对他们说道："勇士们，撤退吧！逐步撤退到隘口那里去！把这话一个个传下去！"西班牙人这样做了，他们集合到一起，逐步后撤，但始终面向着敌人，只不过是为了防御而不再是进攻了。

第二十三章　由于一个印第安人的叛变和通风报信，印第安人获得胜利

有一个自小就在佩德罗·德巴尔迪维亚省督身边长大的印第安人，名叫费利佩，印第安名字叫劳塔鲁。他是一位酋长的儿子，身上异教徒的信念和对自己祖国的热爱远远超过理应对上帝和他主人的忠诚。他听到西班牙人相互招呼准备撤退（他是在西班牙人中间长大的，所以听得懂他们的语言）时，担心他的同胞看到西班牙人撤退便适可而止，放跑他们，于是就朝印第安人跑去并高声喊道："弟兄们，别松劲！这些强盗要溜，想跑到那道隘口去。所以现在大伙要想清楚，为了我们祖国的自由，为了消灭这些狡猾的家伙该怎么办！"为了做出榜样鼓励同胞，话音未落他就从地上捡起一柄长矛，带领他们率先向西班牙人杀将过去。

看到西班牙人撤退的道路并听到了劳塔鲁提供的消息后，采用这种新战术的那位年迈的头领明白了西班牙人的企图。他立即命令两支尚未投入战斗的梯队依次前进，迅速抄近路去抢占西班牙人打算退守的隘口，占领后按兵不动，以待大军赶到。传令已毕，他率领留下的梯队在西班牙人后面紧追不舍，并不时派出经过休整的小股精兵助战，不给敌人以喘息之机，同时又让战累了的印第安人撤下来休整，以便重新投入战斗。他们就这样一刻不停地跟在西班牙人后面边追边打，杀死了一些敌人并一直追到隘口。当他们到达隘口时，太阳就要下山了。西班牙人看到原来打算退

守的隘口已被占领,明白大势已去,他们必死无疑,但为了像基督徒那样死去,他们纷纷呼喊起了我主基督、圣母马利亚和他们最崇拜的神明的名字。

看到西班牙人和他们的战马早已累得有气无力,几乎都站不住了,后面追赶的和前面扼守隘口的印第安人就前后夹击,一拥而上。十五个或二十个印第安人对付一匹战马,有的抓住马尾巴、马腿或马鬃毛,有的抓住人的胳膊或腿;另外一些人则手持棍棒蜂拥而上,连马带人打到哪里算哪里,最后连人带马掀翻在地,发疯似地用极为残忍的方法结果对手的性命。他们活捉了佩德罗·德巴尔迪维亚省督和一位陪他同行的教士,把他们分别绑在木桩上,过一会儿等战斗结束后再想法处置他们。以上就是由奇利传到秘鲁的第二条关于巴尔迪维亚遭到惨败并被杀害的消息内容。前面说过,事情发生后,这个消息是由参加过战斗的几个友好的印第安人送回来的。他们是那场战斗中幸存的三个人,趁黑夜藏身在灌木丛中,幸免于死。当印第安人返回营地庆祝胜利时,他们才爬出灌木丛。由于他们都认识路,并且不像劳塔鲁那样,而是忠于他们的主人,所以就给西班牙人送回消息,说出了声名显赫的佩德罗·德巴尔迪维亚和他的全体同伴惨遭失败和全军覆没的情况。

第二十四章　阿劳库人杀死巴尔迪维亚;五十年间战火连绵

关于第二条消息以后的情况,即阿劳库人是怎样杀死佩德罗·德巴尔迪维亚省督的,众说不一。在那场战役中幸存的三名印第安人根本没说,因为他们没有看到。有人说就是他的仆人劳塔鲁杀死的:劳塔鲁见他被绑在木桩上,就问印第安人:“这个祸害还留着干什么?”原来,省督曾要求印第安人,等他的仆人劳塔鲁来了再杀他,印第安人也答应了。他满以为自己养大了劳塔鲁,劳塔鲁会设法救他一命的。还有另外一种说法,而且被认为更为可靠,说是一个老头领用木棍打死的,而且可能就是设计打败他的那个年迈的头领。老头领是一气之下把他打死的,为的是不让他的部下接受可怜的省督提出的条件。捆绑在木桩上的佩德罗·德巴尔迪维亚央求饶他一命并将他放走,他保证离开奇利,并把在那个王国的西班牙人全部带走而且永远不再回去。其他的印第安人头领相信了他的保证,倾向于把他放了。老头领看出了部下的意思,见他们竟然相信了省督,就从在场听到妥协条件的头领当中霍然而起,急忙抡起手中的棍棒打死那位可怜的勇士,然后打断了其他头领的谈话,斥责道:“你们居然愚蠢和糊涂到这种地步,相信一个被捆绑着并投降了的奴隶的话,这真丢人!你们想想看,一个人处在他这种境地,什么事情会不答应?可一旦获得自由后,哪一点又会兑现呢?”

还有一些人也说过巴尔迪维亚之死的情况,其中之一是一位出生于特鲁希略、名叫弗朗西斯科·德列罗斯的西班牙人,当时他正在奇利,是一位统领并在那个国家分得了印第安人。他在那场惨败后不久来到秘鲁,说印第安人在获胜后的第二天晚上举行庆祝活动,通宵达旦地跳舞,大肆宣扬他们的丰功伟绩。他们每跳一次舞就从佩德罗·德巴尔迪维亚和紧挨着他被捆绑的教士身上割下一块肉,当着他们两人的面烤熟吃掉。在印第安人这样残酷施暴的时候,那位善良的省督对身边的教士忏悔了自己的罪孽,两个人就这样被残酷折磨而死。很可能是老头领用棍棒打死之后,印第安人才把他吃掉的。其实他们本没有吃人肉的习惯,也从未吃过人肉,他们那样做只是为了发泄对他的满腔愤恨,因为他给他们带来了巨大的灾难、无数的战争和死亡。

从那时起,正如唐阿隆索·德埃尔西利亚在他写的《阿劳卡纳》的第一章中所说,印第安人就习惯于组成许多个分开的梯队同西班牙人作战了。阿劳库人那次暴动发生在1553年年底,由它引起的战争,一直连绵不断地延续了四十九年。也就在那一年,秘鲁发生了唐塞瓦斯蒂安·德卡斯蒂利亚在拉普拉塔镇和波托西的暴动,以及弗朗西斯科·埃尔南德斯·希龙在科斯科的暴动。

我简要地叙述了当时从奇利到秘鲁去的那些人关于佩德罗·德巴尔迪维亚省督进行的战斗和他的死亡所记载和讲述的情况。就此事的时间和地点来说,我是提前作了介绍,读者可以根据自己的喜爱取舍。我这样做是因为这是在整个西印度所发生的重大事件之一,也因为我不知道以后是否还有机会再谈及奇利,同时我还担心,像叙述西班牙人如何征服那个国家这样漫长遥远的道路,我是否能够坚持走到尽头。

第二十五章　在奇利王国发生的新的不幸事件

当我写到此处时,又听到1599年在奇利、1600年在秘鲁发生了新的令人悲痛的不幸事件。在那些灾难当中,人们讲到了阿雷克帕的大地震，地震又引起火山爆发，在近二十天的时间里砂土尘埃像下雨似地降了下来，尘土之多，有的地方厚达一个半巴拉，有的地方两巴拉还多，最薄的地方也超过四分之一巴拉。在这种情况下，葡萄、小麦和玉米均被埋没；高一些的树木，不论是果树还是普通树木，全部叶落枝断，只果不存；大小家畜因没有牧草全部饿死。这是因为从天而降的尘埃沙土，覆盖了阿雷克帕周围三十甚至四十多莱瓜的地区。牛，成百上千地死去，羊和猪则成群成群地被埋葬。房子在沙土尘埃的重压下纷纷倒塌，有的房屋没有倒塌，那是因为房屋的主人迅速把上面的沙土清除掉了。雷鸣电闪震耳眩目，阿雷克帕周围三十莱瓜之内可闻可见。那段时间，由于沙雨尘雾铺天盖地，好几天里太阳阴暗无光，正午时分也要点灯才能做事。关于阿雷克帕城及其周围发生的事情，还有一些诸如此类的记载，从秘鲁传到这里。我们只是剪段截说，简明扼要地加以叙述，这样也就够了。至于详细说明究竟情况如何，那是撰写这段时期事件的历史学家责无旁贷的事了。

我们根据当地寄来的书面材料介绍了一下奇利的灾难。因为这些灾难都与上面谈及的阿劳科族印第安人和他们在 1553 年暴动时建立的丰功伟绩情况有关而顺便记录下来的。那场暴动一直持续到今天，即已进入 1603 年，而且我们仍不知道何时方能结束。相反，暴动在经历了四十九年、并已演变成一场旷日持久的火与血的战争之后，看来正在年复一年地扩大和加剧，颇有愈演愈烈之势。现在我们就来看看在这一段漫长的岁月中那些印第安人的所作所为。材料摘自奇利圣地亚哥城一位居民的一封来信，该信是与讲述阿雷克帕灾难的消息一起收到的。这些材料是我的朋友、一位骑士给我的，他到过秘鲁，名叫马丁·苏亚索，曾领兵镇压基图王国反对贸易税的叛乱，在推行贸易税方面为西班牙王室立下赫赫功劳。关于奇利不幸事件材料的题目是《奇利通报》。接着，正文开宗明义地说道："刚写完关于阿雷克帕的上述通报，又接到一些来自奇利的令人深感悲痛和遗憾的通报，现谨据从奇利发来时的格式照录如下：

"关于1599年9月24日星期三奇利巴尔迪维亚城陷落和毁灭的报告。该日拂晓时分，约五千名来自京城[①]以及皮卡和普雷姆附近地区的印第安人进犯巴尔迪维亚城，其中有三千名骑兵，余为步兵。他们声称携有七十多支火枪和二百多套锁子铠甲。他们由城里的双重间谍带路，在无人觉察的情况下于黎明时分到达。印第安人到达时队形整齐，因为他们知道西班牙人正在家里酣睡，而且只有四名警卫和两名流动巡逻哨。他们还知道，由于命运的安排，西班牙人为一时得手而冲昏头脑，正处于一种麻痹大意的状态，因为二十天前他们曾两次袭击印第安人，摧毁了建筑在帕帕尔伦沼泽地区的一座堡垒并杀死了很多印第安人。由于印第安人伤亡惨重，西班牙人认为，在周围八莱瓜的范围内不可能再有印第安人前来。然而印第安人收买了一些双重间谍，以野蛮人前所未有的蛮勇来到城里，派出足以对付所知房内人数的军卒，悄然无声地包围了每一所房屋。他们封锁了每条街口，然后进入街巷，对这座不幸的城市动起武来：放火焚烧房屋并堵住门口不让任何人逃出，也防止西班牙人能聚集在一起。两个小时后，印第安人便用血与

① 1551年佩德罗·德巴尔迪维亚在智利建立的城市，现考廷市。

火洗劫了城镇,还占领了要塞和炮台,因为那里一个人也没有。投降和被杀的西班牙人达四百多名,其中包括男人、妇女和儿童。印第安人还掠走了三十万比索的战利品,余物全部被破坏焚烧,无一幸免。巴利亚诺、比利亚罗埃尔的几条船和迭戈·德罗哈斯的一艘船躲到河里。有人从那里换乘独木舟得以逃脱,否则连逃出来报信的人都没有。那些野蛮人之所以如此凶残暴虐是为了复仇,因为前面说过,西班牙人曾两次袭击他们,杀死了很多人,还把抓走的许多妇女和儿童赠送或卖给商人,转运到外地去。这些印第安人经受了五十多年的奴役,所有的人都接受过洗礼并且一直有教士为他们宣讲教义,但他们还是干了这样的事。他们焚烧了教堂,捣毁了圣像和神像,并用亵渎神明的手将其砸成碎片,这是第一次发生这样的事情。事件发生后第十天,杰出的弗朗西斯科·德尔坎波上校率领总督阁下从秘鲁派去救援那些城市的三百名援兵抵达巴尔迪维亚城的港口。他在那里救出了他的一儿一女,这两个幼童是他托付一位女姻亲照管的,后来在那次突袭中同其他人一道被印第安人俘虏。看到那座城市惨不忍睹的景象,他义愤填膺,命令部下离船上岸,去救援奥索尔诺和比利亚里卡城以及那座可怜的京城。关于京城,只知道它被印第安人围困了一年之久,估计城里的人都已经饿死,因为他们没有食物,只好吃死马,后来连狗、猫和动物的皮革也吃光了。这些情况是从该城派来的一名信使的报告获悉的,他沿河而下逃出来请求救援,谈到城里人的悲惨处境时泣不成声。弗朗西斯科·德尔坎波上校上岸后,决定首先救援奥索尔诺城,因为他知道敌人在夷平巴尔迪维亚城后士气大振,正要去毁灭那座城池。上校救援了这座城并取得了其他一

些战果。正当我写到这里的时候，消息传来，说京城的人被围困一年之后全部饿死。仅有二十人逃了出来，而他们遭受的痛苦要远远超过饿死的人，因为他们强忍着辘辘饥肠，穿过了印第安人的包围圈。在安戈尔有四名士兵被杀，也不知道他们是谁。上帝怜悯我们吧，阿门。1600 年 3 月于奇利圣地亚哥。”

如前所述，那时来自关于秘鲁和奇利王国报告中的一切情况，对整个那片地区来说都是巨大的灾难。不仅如此，迭戈·德阿尔科瓦萨神父（我曾数次提到过他的名字）在 1601 年写给我一封信，讲到那个帝国许多情况，其中用下面一段话描写奇利：“奇利的情况很糟糕。那里的印第安人武艺高强，好战成癖，任何一个印第安人只要手中有长矛、座下有战马，碰到西班牙士兵就会冲上去，不管后者多么英勇善战。每年都从秘鲁招兵买马去奇利，然而去者很多却无一生还。印第安人洗劫了两个西班牙人村镇，在村里见人就杀，先杀死父亲和儿子，毁掉所有家什，然后掳走可怜的女孩子和妇女，最后设伏杀死洛约拉都督。都督的妻子是印卡王公唐迭戈·赛里图帕克的女儿，他是您去那里之前离开维尔卡潘帕的。愿上帝慈悲死者并拯救生者。”以上引自阿尔科瓦萨神父的信。他还给我写了其他一些非常令人难过的消息，这些消息让人憎恶，故而不再多说。但在谈到阿雷克帕的灾难时，有一条消息说，那一年当地的小麦价值十至十一杜卡多，玉米则贵到十三杜卡多。

前面说到的阿雷克帕的种种灾难，仍使这座城镇处于水深火热之中，构成自然界的四大要素还在对它横施暴虐。1602 年耶稣会神父在向他们的会长报告秘鲁发生的重大事件时就提到此事。

报告中说，那座城市的灾难尚未结束。但是那些报告认为，奇利王国的灾难深重，这些灾难是在我们前面提及的那些之后发生的。弗朗西斯科·德卡斯特罗神父大人给了我有关的材料。他是格拉纳达人，1604 年时他是科尔多瓦城耶稣会属下学校的学监，并在那里讲授修辞学。现将关于奇利情况的专门报告连同题目照录如下：

关于阿劳科人的暴乱

“奇利王国有十三座城镇，印第安人破坏了其中六座，即巴尔迪维亚、京城、安戈尔、圣克鲁斯、奇廉和康塞普西翁。在这些城镇里，印第安人摧毁了房屋，侮辱了教堂的尊严，亵渎了洋溢于教堂里的虔诚与信仰，并毁坏了田野的庄稼。尤为痛心的是，印第安人在这几次频频得手之后士气大振，气焰更为嚣张，准备对其他城市和教堂进行抢掠烧杀。他们狡猾奸诈，经精心策划后，包围了奥索尔诺城。他们耗尽了西班牙人的力量，把他们逼进一座要塞，进而把它围了个水泄不通。被围困的西班牙人只能以草籽和萝卜缨子充饥，而这些东西也并非人人都能得到，只有心灵手巧的人才能弄到。在对这座城镇的一次围困中，印第安人砸碎了我主上帝和圣母马利亚以及其他神明的金身。上帝真是宽大无边，他绝非无法惩治这帮歹徒，只是他宽宏大量、慈悲为怀，隐忍不发而已。在对要塞的最后一次围困中，印第安人人不知、鬼不觉地杀死了西班牙人哨兵，毫无阻拦地冲了进去。占领要塞后，印第安人进行了惨绝人寰的屠杀：他们用刀杀死所有的孩子，捆绑了所有妇女和修女，准备作为俘虏带走。但是印第安人贪婪成性，见了战利品就你争

我夺、乱作一团,只顾急忙捡收。西班牙人乘机重振精神,卷土重来冲向敌人。这是上帝大显威灵,助我们的人一臂之力,让他们救回了那些妇女和修女(尽管也有几个被掠走),把印第安人打退并驱逐出要塞。印第安人的最近一次成功是攻占比利亚里卡,把这座城镇夷为平地,杀死的西班牙人血流成河。敌人在城镇里到处放火,把多明我会、方济各会和施恩会的修士以及在该城的教士全部斩尽杀绝,把妇女(她们人数很多,而且很有名望)抓起来带走。于是,一座闻名遐迩、富庶高贵的城镇就如此悲惨地被毁于一旦。”

以上就是1604年初收到的关于奇利情况的报告。对这一切,我不知道说什么好,只能说这是上帝的秘密旨意,因为只有他才知道为什么他允许这种事情发生。这件事就此搁笔,我们再回过头来讲善良的印卡·尤潘基,把他生平中尚未说到的一点事情讲完。

第二十六章　印卡·尤潘基国王逝世前的平静生活和活动

统领们在奇利王国征服大片土地后,印卡·尤潘基国王在那里建立了秩序,规定臣民的偶像崇拜和政务管理,确定了国王和太阳神的田产。诸事完毕后,觉得他和统领们征服的土地已经非常之多,帝国已跨越一千多莱瓜,遂决定不再征服新土地。所以,他想在有生之年致力于美化和装点其属下王国和领地,而且为了纪念他的丰功伟绩,下令修筑许多堡垒,再建造新的规模宏大的太阳神庙和贞女宫,建造王室粮仓和公共粮仓。他还下令开凿大水渠,营造许多梯田。他还为科斯科城太阳神庙增添金银珠宝，尽管寺庙不再需要，但他仍觉得应尽一切力量装饰它，以表示儿子对父亲的孝敬之心。总而言之，为了使其帝国更为尊贵高尚，先辈做过的好事他都做了。他还特别关心科斯科一座城堡的建筑工程，这是他父亲的未竟之业，在世时已设计了那项宏伟建筑，并筹集了大量的石料，这项工程下文我们将会介绍。印卡·尤潘基还巡视了他的藩属国，亲自观察其臣民有何需要，以便给予帮助。他极为认真负责地济困解危，当之无愧地获得了慈悲为怀的名声。这位印卡王在从事这些活动中，度过了几年极为平静安宁的生活，臣民无不衷心敬爱，竭力效命。几年之后他身患疾病，自知将不久于人世，于是他把王储和其他子女叫到身边，留下遗言，谆谆告诫他们要奉行他规定的偶像崇拜、法律和习俗，对百姓要执法公正，廉洁自律，造福于民。他要子女对他的死泰然处之，因为那是他的父亲太阳神召他回去，同他一起安息。印卡王尤潘基在南部从阿塔卡马到毛利河畔把帝国疆界扩展了五百多莱瓜，在北部沿海地区则从钦查到奇穆扩展了一百四十多莱瓜。他在创造了丰功伟绩、赢得了辉煌胜利后，就这样溘然长逝了。人们对他的去世悲痛万分，根据印卡人的习惯，为他举哀一年，并把他列为他们诸神（太阳神的儿子）中的第十位，因为他是第十代印卡王，还向他奉献了大量祭品。临故时他立图帕克·印卡·尤潘基为国王和天下的继承人。他是长子，是尤潘基和他的妻子（也是姐妹）科娅·钦普·奥克略所生。这位王后的本名是钦普，奥克略不是本名，是印卡人中的神圣姓氏。尤潘基还有许多婚生和非婚生的子女，超过二百五十人。但是，如果考虑到历代印卡王在其属下各省挑选那么多妇女，这个

数目也不算大。由于是这位印卡王开始兴建科斯科的城堡,我们讲完他的生平,立即介绍城堡,因为城堡成为他的赫赫功绩之一;但这也不仅是他一个人,而是他所有先辈和后人的丰功伟绩,因为这项工程如此宏伟,足以使所有印卡国王青史留名。

第二十七章　科斯科的城堡;巨石

秘鲁的印卡诸王成就了许多建筑奇迹,有城堡、庙宇、王宫、花园、粮仓和道路以及其他非常出色的建筑物。现有的遗存说明了这一点,尽管现在从地基上很难看出当时建筑物的全貌。

在历代印卡王为表现其权力和尊严而下令营造的建筑物中,最为宏伟壮观的就是科斯科城的那座城堡。这座城堡规模之巨大、气魄之雄伟,足以使没有亲眼见过的人难以置信,即使有幸亲临目睹的人,在仔细观察之后,也会浮想联翩,甚至认为那是魔鬼用魔法而不是凡人建筑的。那么多巨大的石块,如砌成三道围墙的那些巨石(更确切说应是山岩),足以使人惊讶不已,想象不出印第安人是用什么方法从采石场切割下来的,因为他们当时根本没有铁制或钢制的切割工具。若要想象又是怎样运到施工地点的,则又是一大难题,因为当时他们既没有牛也不会制造车辆,即使有车,也承载不了如此重负,有牛也拉不动它。可见他们是全凭人力用粗大缆绳拖运的,而且运石的必经之路也并非一马平川,而是崎岖陡峭的高山,上上下下也都依靠人力。许多建筑用料,是从十、十二甚至十五莱瓜以外运来的,其中特别有块石料、或者更确切地说是山岩,印第安人把它叫作“赛库斯卡”(Saicusca),即“倦石”，因为未能把它运到建筑工地。现已知道，这块山岩是从城外十五莱瓜处运来的，还要越过尤觊河，这是一条比流经科尔多瓦的瓜达尔基维尔河[①]略小一点的河流。石料的最近来源是穆伊纳，距科斯科五莱瓜。如果让我们的想象再进一步驰骋，试想一下印第安人是怎样把那些巨石堆砌得严丝合缝，几乎连刀刃都难以插进，恐怕永远也想象不出结果来。许多石块堆砌得那样准确严密，几乎连接缝也看不出来；而为了堆砌得如此严密，印第安人必需把一块巨石抬到另一块上面，再多次抬起放下地进行调整，因为当时他们不仅没有三角板，甚至也不懂得用尺子量一下，再把一块砌在另一块上面，看它是否与另一块严丝合缝。他们也不会制造吊车、滑轮或其他器具，无法借助它们把巨石吊上放下。正如尊敬的何塞·德阿科斯塔神父所说，那座城堡的巨石大得令人生畏——由于我对许多巨石都不知道它的确切尺寸，就想借用这位伟大人物的权威来形容一下。我曾给我的同学写信，询问那些巨石究竟有多大，他们也复信告诉我，但说得仍不像我希望的那么清楚准确，因为我想知道以巴拉为单位的尺寸，而他们告诉我的却是以西班牙寻为单位的尺寸。有兴趣的人不妨从著书人的见证来看看巨石的尺寸吧。因为那座建筑最为神奇绝妙之处，就是那些大得令人难以置信的巨石，为了把它们堆砌得现在这样严丝合缝，必须多次抬起放下，而这在当时是无法办到的事情，真想象不出印第安人是怎样不凭借任何帮助而仅凭双臂就办到的。请看，阿科斯塔神父在他著作的第六卷第十四章中写道：“印卡人修建的建筑物，如城

① 在西班牙南部，注入加的斯湾。

堡、庙宇、道路、别墅等,数量很多,工程浩大,今天尚遗存的断垣残壁——如在科斯科、蒂亚瓜纳科、坦博以及其他地方看到的那些——就表明了这一点。在那些地方有大得惊人的巨石,无法想象是怎样切割下来、运到工地又安放在那里的。为完成根据印卡王命令在科斯科和王国其他地方兴建的这类工程,从王国各地征调了大批印第安人。这些工程规模非常之大,更令人吃惊的是,他们不使用灰浆,也没有铁制或钢制工具来切割和打磨石料,更没有机械和工具来运载石料。尽管如此,石料却打磨得如此平整精细,许多地方连石块之间的接缝也看不出来。本书已经说过,许多石块硕大惊人,如不亲眼目睹就难以置信,我在蒂亚瓜纳科丈量了一块巨石,结果长为三十八西班牙尺,宽十八西班牙尺,厚度约为六西班牙尺。在科斯科那座城堡的石砌城墙上,还有比这大得多的石块,而更为令人惊叹不已的是,我讲的这道围墙上的石块虽然切割得很不规则,大小不一,形状各异,堆砌时也没有使用灰浆,但相互之间接合得非常严密,真可谓天衣无缝。在完成这项工程时必然动用了大量人力,而且极为辛苦,因为多数石块大小不一,表面也不平坦光滑,要使一块巨石同另一块严丝合缝地紧密相接,非经多次试验调整不可”,等等。以上是逐字逐句引用阿科斯塔神父大人的原话,从中可以看出当时印第安人修建那座城堡时遇到的困难和付出的艰辛劳动,因为他们无法借助于任何工具和机械。

根据那座建筑物所显示的情况看来,它确实给人以雄伟壮观和威严神奇之感,可见印卡诸王就是想通过它来表现他们的强大无比,修建它的目的就是要使人感到惊讶钦佩,仅此而已。印卡诸王也想显示他们的工匠师傅和手工艺人的智慧,这种智慧不仅表

现在石料加工上(西班牙人对此赞不绝口),同时也表现在粗石料的开采上,而在开采方面表现出的聪明才智,也毫不逊色于对石料的加工打磨。同时他们还想在城堡的设计上展现军事才华,在每处都筑有必要的设施,以抵御敌人进袭。

城堡建筑在科斯科城北一座名叫萨克萨瓦曼的小山的山顶上。这座小山比较高,现在山坡上就有科斯科人居住,居住区向山下各个方向扩展,占地极广。小山面向科斯科城的一侧,相当陡峭,几乎成垂直状态,因此城堡非常安全,敌人无法从这一侧列队或用其他方法发起攻击,也没有地方可以布置火炮。当然,在西班牙人去那里之前,印第安人还不知道有火炮。由于山的那一侧非常安全,印卡人认为稍加设防就足够了,因此只筑了一道很厚的石墙。石墙的五个面都很平整,不是采用泥瓦匠所称的拱背形。石墙长达二百多西班牙寻,每一层的高度不尽一致,而同一层上的每块石料更是大小不同,但是都牢固地堆砌成一层。石块之间的四面接合非常严密、连灰浆也抹不进去。印卡人的确没有用石灰和砂子来灌浆抹缝,因为他们还不会烧制石灰,但他们用当地一种黏性很强的红土制成泥浆,灌浆填缝,填平在打凿石料时留下的坑凹和破口。印卡人在这座围墙上显示了强大力量和高超技艺,因为它建造得坚厚雄浑,两面的工艺也很精美。

第二十八章　三道围墙——那项工程中最令人惊讶的部分

在山的另一面,与这道石墙遥相对应的是一片宽阔平地。从这边登上山顶坡度不大，敌人可以从这里列成方队发动攻击。印卡人在这边的山坡上修建了三道墙，顺着山势一道比一道高，每道墙长二百多西班牙寻。这三道墙均呈半月形，因为它们要同面向科斯科城一侧的那道漂亮的墙合围，连接起来。印卡人用第一道墙表现他们所向披靡的力量，因为尽管三道墙均属于同一工程，但是第一道更加雄伟壮观，所用都是最大的石块，非亲眼目睹，难以置信；认真观察的人，仔细体会一下石块之大、数量之多，而在开采、加工和堆砌时又没有多少工具可以借助的情况，则会感到惊诧莫名。

我有一种看法，即这些巨石不是从采石场开采下来的，因为它们没有开采的痕迹，而是从山岩上脱落下来的单块石头（石匠称它为突岩）。印卡人把适用于工程的那些运到这里，原封不动地堆砌起来，因为有些石块一面是凹形，一面是凸形，另一面又呈三角形。有的石块角部很尖，有些则不尖；印卡人不把尖角弄平或平角弄尖，而是找一块同样大或更大的（如果能找到更大的）有洞或呈凹形的石块，用它把那块石头的尖角或凸出部分镶住。如果一块石头的一个侧面是有斜度或呈直角的，就用另一块有着同样斜度或直角侧面的石头同它砌在一起。倘若一块岩石缺个边角，就在另一块岩石上凿出边角补上，方法是把凿出能补上所缺边角的这另一块岩石镶嵌在那一块上，而不是用一块仅能填补边角的小石料。可见即使在填补岩石的缝洞时，印卡人也不愿意在那道墙上用小块碎石。所用岩石都硕大惊人，但又互补余缺，相得益彰，严丝合缝，浑然一体，使整个建筑显得气势磅礴。阿科斯塔神父对此倍加赞扬，他写道：“最令人赞叹的是，这道围墙上的石块虽然切割得很不规则，大小不一，形状各异，堆砌时也没有使用灰浆，但相互之间却接合得非常严密，真可谓天衣无缝。”虽然堆砌的山岩参差不齐，悬殊很大，但彼此之间咬合得非常紧密，堪与经过磨光的石料相媲美。岩石的表面只经过极粗糙的加工，几乎仍保持其原来形态，只在每块岩石的接合面上精心打磨了四指来宽。这样，粗糙的墙面，磨光的接合部位和巨大山岩毫无规则的排列堆砌，便构成一件优雅华丽的杰作。

在我来到西班牙后，有一位出生于蒙蒂利亚的教士去了秘鲁，没待多久就回来了。他在谈到这座城堡时，特别是谈到那些令人生畏的巨石时对我说，在他亲眼目睹之前，无论如何也想象不出那些石块会有人们描绘得那么巨大；而在亲眼见到之后，他又觉得那些巨石比传说的还要大。因此他又产生一个更为难解的谜：他无法想象如果不是魔鬼的法术，印卡人怎么能把那些巨石砌成围墙。他不能理解是如何砌成那座城堡的，因为即使有现在这里（指西班牙——译者）最优秀的工程师和建筑师们拥有的全部机械的帮助，恐怕也难以做到，何况印卡人那时一无所有呢。因而从这个意义上说，那座城堡超过了人们记述的世界七大奇迹[①]，因为要说修建一道像巴比伦空中花园的城墙那么长、那么宽的城墙，或者罗得岛上的太阳神巨像，或者埃及的金字塔以及其他建筑物，可以清楚地知道那是怎样修建起来的：参加筑造的人不计其数；夜以继日，

① 古代七种著名的建筑物和雕刻品的称谓，通常指：（1）埃及的金字塔；（2）巴比伦的空中花园；（3）以弗所的阿苔密斯神殿；（4）奥林匹亚的宙斯神像；（5）哈利卡纳苏的摩索拉斯陵墓；（6）地中海罗得岛上的太阳神巨像；（7）亚历山大城（法罗斯岛上）的灯塔。

年复一年地运送物资材料——我们可以知道巴比伦空中花园的墙壁用的是砖瓦和沥青;罗得岛上太阳神巨像用的是铜和青铜;埃及金字塔用的是石料和灰浆。总而言之,能够知道这些建筑物是怎样建造起来的:经过漫长的岁月,人类不折不挠的精神战胜了一切。然而,要想象出那些印第安人在没有机器、器械和工具的情况下是如何把那么巨大的石块(与其说是建筑用的石料,不如说是一块块的山岩)凿开、加工、抬上放下,并像现在这样严丝合缝地堆砌成建筑物,这简直是无法做到的。因此,人们就把它的建造归功于魔法,因为印卡人与魔鬼是很亲近的。

每一道围墙靠近中央的部位有一座门,每座门又有一块与之宽高相同的吊石,放下吊石即可把门堵死。第一道门名叫"蒂乌·蓬库",意思是"砂门",因为那块平地属砂质地,遍布像大蚂蚁一般大小的砂粒,印卡人把砂地和砂子叫作"蒂乌"(tiu),"蓬库"是门。印卡人称第二座门为"阿卡瓦纳·蓬库",这是因为修建这座门的首席工匠名叫阿卡瓦纳。发"卡"这个音节时要用喉头的后部。第三座门名叫"维拉科查·蓬库",是献给他们的维拉科查神的。我们曾用较大篇幅谈及这位幽灵,他曾向维拉科查·印卡王储显灵,告诉他关于昌卡人暴动的消息,印卡人把他当作科斯科城的保护神和新的缔造者。为此,把那座门献给他,求他守卫石门并保护城堡,就像过去他曾经保护过整个科斯科城和整个印卡帝国那样。在三道围墙的每两道中间,都有二十五或三十西班牙尺宽的空地,空地都填成平台,与前面围墙一样高。我不知道这两块平台是原来山上就有的坡地还是印卡人修成的,可能是二者兼而有之。每道围墙上还有一巴拉多高的胸墙,有了它,打起仗来要比没有遮掩更利于防守。

第二十九章　三座塔楼，建筑大师，“倦石”

三道围墙的后面有一块狭长的场地，场地上有三座坚固的塔楼，塔楼依场地形状构成一个狭长的三角形。居于中央的是三座之中的主塔楼，名叫“莫约克·马尔卡”，即圆堡垒之意，因为它筑成圆形。这座塔楼里有一条水量充足、水质优良的泉水，泉水是由远方经地下引过来的。但究竟是从哪里、经过何方引来，印卡人也说不清。在印卡王和最高参政院成员之间，关于这类事物的传说是严守秘密的。历代印卡王登山到城堡休憩的时候，就住在这座塔楼。塔楼内部四壁都装饰着用金银仿照原物制作的鸟、兽、花、草，这些饰物镶嵌在墙壁上，犹如挂上了一面壁毯。塔楼里还有很多餐具以及我们提到过的王宫里使用的全部生活用具。

第二座塔楼名叫“保卡尔·马尔卡”，第三座叫“萨克利亚克·马尔卡”。这两座塔楼都是方形的，里面有很多房间供守卫的士兵们居住。士兵们按一定顺序轮换，他们必须是享有特权的印卡人，其他部族的印第安人不许进入这座城堡，因为犹如太阳神庙是祈祷和祭祀的圣地一样，这里是太阳神的军机要地。城堡有一名总统领，犹如镇长，他必须是王室血统，而且是合法的婚生子弟。他还有一些副手和官员，他们各自管辖一个部门，如军事演练部门，给养供应部门，武器保养部门等。

每座塔楼下面，即在地下，印卡人还建造了一个与地面上一样的地下堡垒，地下堡垒和地面上的堡垒一样，也是互相连通的。那座地下城堡显示了印卡人的高超技艺:地下大小巷道纵横,从一处到另一处,要经过九曲八弯的通道,穿过无数彼此一样大小但方向相反的门。所以,在那座迷宫里走不了多远,就会晕头转向,找不到出路。即使是很熟悉地下城堡的人,也不敢不用向导就贸然进入。所谓向导,就是一个粗线绕成的大线球,进入地下时把线的一端拴在门上,出来时就顺着线往回走。当我已经是少年的时候,曾多次和一些与我年龄相仿的伙伴一起上山去城堡玩耍,当时宏伟壮观的城堡已经成为一片废墟——我指的是地面上的城堡以及地下城堡的很多部分,然而在残留的地下城堡的某些地段,我们也不敢随便进入,只敢走到有光线的地方,以免迷失方向走不出来,因为印第安人讲述的情况仍使我们心有余悸。

印卡人那时还不会修建拱形的地下建筑,他们一边修整洞壁,一边用石头垒成托座,托座上不架横梁,而是放上长条石块。这种石块的六个面均经过打磨,尺寸准确,两端正好紧紧抵住两面的洞壁。那座城堡的庞大建筑物全部是石结构,石料有粗有细,但均加工得精致优美。表现了印卡人当时的智慧和能力,因为他们期望这项工程在技艺和规模方面超过他们以前建成的一切工程,使其成为他们杰作中的杰作。这也是他们的最后一项工程,因为就在它竣工后不多几年,西班牙人进入了那个帝国,使正在修建的其他一些同样宏伟壮观的工程半途而废。

据说负责修建那座城堡的共有四位大师。第一位也是主要的大师负责工程设计,他名叫瓦尔帕·里马奇·印卡。为了说明他是主要负责人,在他的名字前面加上"阿普"的称号,意思是一个部门的指挥官或最高长官,因此,人们就称他为阿普·瓦尔帕·里马奇。在他之后的一位是印卡·马里坎奇。第三位是阿卡瓦纳·印卡,我们前面说过的蒂亚瓦纳库的那些雄伟建筑物中,有许多也是他负责建造的。第四位也是最后一位大师名叫卡利亚·昆丘伊,在他负责的时候运来了那块"倦石",这位大师以自己的名字为巨石命名,以志纪念。与其他同类巨石一样,这块巨石之硕大简直令人难以置信。如果现在能把这块巨石高度和宽度的准确尺寸记下来,的确是件令人高兴的事,可惜我未能得到准确的数据,只能引述见过它的人的说法。这块巨石现在位于城堡前面的平地上。印第安人说,由于它一路劳累颠簸,到达那里时已经疲倦不堪,哭出了血泪,所以无法到达工地。巨石没有经过加工,仍保持着开采出来时的粗糙状态。它的很大一部分已经埋在地下,有人告诉我,现在埋在地下的部分比我离开秘鲁时还要多。因为曾有人想象巨石下面有一个大宝库,于是就拼命挖掘。但是,想象中的宝库没有挖到,巨石却愈陷愈深,以致大部分藏而不露,埋在地下。巨石上有几个棱角,其中一个角上有一个或两个洞眼,如果我没有记错的话,洞眼从棱角的一边穿通到另一边。印第安人说,那两个洞眼是巨石的眼睛,从那里流出了血泪:降落的雨水冲刷洞眼里积存的灰尘,顺巨石流下,形成一道微红的斑纹,因为那个地方的泥土是红色的。印第安人说,那道痕迹是巨石泣出血泪留下的。印第安人对此传说确信不疑,我曾多次听他们说过。

据印卡人"阿毛塔"(他们是精于他们一切异教事物的贤哲和导师)说,真正的史实是:两万多名印第安人运送那块巨石,他们用粗大的缆绳小心翼翼地拖拉。经过的道路坎坷不平,有许多陡坡需要上下。一半人在前面用缆绳拉,另一半人用缆绳兜住巨石后部，以防它在斜坡上落入一个他们拖不出来的地方。

在经过其中一个山坡时，由于兜石的人一时疏忽，未能同时用力，岩石的重力超过了兜它的人力，顺着山坡滚落而下，砸死了三四千个运石的印第安人。尽管发生了这样的悲剧，还是把它运到山上，放在了现在所在的那块平地上。“阿毛塔”们说，巨石流出的血是哭出来的血泪，因为印卡人为巨石痛哭，而它也为不能置身于城堡而哭泣。据说它太累了，无法到达修筑城堡的工地，因为印卡人都累坏了，已经拉不动了。所以印卡人遭到的不幸也均由这块巨石所致。印卡人还有其他很多类似的传说，用父子相传的办法流传下来，让后人把他们经历的最重大事件铭记在心。

西班牙人本应保住那座城堡，即使花费巨大代价维修也是应该的，这样可以让后人通过它看到当初夺取它的那些人的巨大力量和高昂士气，使它成为他们丰功伟绩的永久性纪念。然而他们却妒忌印卡人的卓越成就，不但没有维护这座城堡，反而亲手将它毁掉，用来建筑他们现在在科斯科城拥有的私人宅邸。为了节省开支和时间，也为了免受印第安人在加工建筑石料时经历的痛苦，他们把围墙之内所有用磨光石料修造的建筑物统统推倒，结果科斯科城里所有房屋，起码是西班牙人的房屋，无一例外是用城堡的石料建造的。

在地下城堡中充当大梁的大块石头被拉出来用做门槛或修建门厅，小一点的做地基或墙壁。需要台阶时，西班牙人就到石墙上去寻找高度适用的石块，发现这样的石头，就把所需石块以上的各层统统拆除，即使十层、十二层甚至更多也在所不惜。他们就这样使那座雄伟壮丽的城堡无端受难，毁于一旦，使曾经深情地瞻仰过它最初雄姿的人终生痛惜。西班牙人破坏城堡的速度快得惊人，连我也没有看到它的全貌，只见过以上提及的寥寥几处断垣残壁。当我离开秘鲁时，那三座巨石围墙仍然屹立山头，因为石块太大，西班牙人无法推倒。尽管如此，有人告诉我，他们还是弄倒了部分围墙，为的是寻找瓦伊纳·卡帕克制作的金锁链或金缆绳，因为他们推测或根据某些迹象认为就埋藏在那里。

那座既没有受到应得的赞美、也没有得到完整描绘的城堡，是印卡人的第十代国王、善良的印卡·尤潘基开始兴建的。但也有人说是他的父亲帕查库特克·印卡开始兴建的，其依据是他留下了设计图和模型，并且筹集了大量的石头和山岩——那项工程没有使用其他材料。工程延续了五十多年，直到瓦伊纳·卡帕克时期才告竣工。但印第安人仍认为尚未完工，因为运来那块“倦石”就是要修造另外一座大建筑物的。不久之后，瓦斯卡尔·印卡与阿塔瓦尔帕之间发生内讧，这项工程连同整个帝国内正在兴建的其他许多工程遂告中断。恰在这个时候西班牙人进入秘鲁，更使在建工程半途而废，已建工程也被彻底摧毁，只剩下如今的断壁残垣。

第 八 卷

本卷记述第十一代国王图帕克·印卡·尤潘基进行的多次征服，其子瓦伊纳·卡帕克举行的三次婚礼；图帕克·印卡之死和他的遗嘱；家畜和野兽，粮食和果蔬，鸟类，以及四条著名的河流，宝石、黄金和白银，总而言之，在西班牙人去那里之前那个帝国拥有的一切物产。本卷包括二十五章。

第一章　对瓦克拉丘库省的征服，该省名字的含义

伟大的图帕克·印卡·尤潘基（他的姓“图帕克”意思为光芒闪耀或光芒四射，这位君王的光辉业绩确实使他无愧于这一称号）在他父亲逝世后，立即戴上了红色流苏。即位后先为其父举行葬礼，又主持印卡人为已故诸王举行的典仪和祭礼，共用去一年时间，然后离开宫廷去巡视属下的王国和省份。这是每个印卡王继承王位后做的第一件事，目的是了解他的臣民，也让臣民们了解他和爱戴他，同时，让村政会和全村能够集体地、村民则个别地直接提出迫切要求；也为了防止各省的省督和法官以及其他执法人员利用印卡王不在当地的条件玩忽职守或为非作歹、称王称霸。这次出巡历时漫长，共用了四年多时间，臣民们对他的英明伟大和

善良性格深为钦佩。巡视结束后，印卡王下令，翌年征集四万大军，以实现先人的遗训，继续进行征服。因为那些印卡王最为自得的荣誉和用以掩饰他们扩张帝国版图野心的托词，就是声称他们是出于一片热诚，要拯救过着无人性的野蛮生活的印第安人，让他们过上有道德、讲礼貌的生活，尊敬和崇拜印卡王的父亲太阳神，因为他们是把他奉为神明的。

大军征齐后，图帕克·印卡·尤潘基指定一人以辅政王身份留守都城后，自己率军进发到卡萨马卡，准备由那里进入名叫查查普亚的省份。据布拉斯·巴莱拉神父说，查查普亚的意思是壮汉居住的地方。这个省位于卡萨马卡以东，居民众多，生性骁勇；男子相貌英俊，女子尤为俏丽动人。查查普亚人崇拜蛇，还把飞禽秃鹰奉为主要的神明。这片土地坎坷不平，却有四万多居民，名气很大，图帕克·印卡·尤潘基一直想把它并入他的帝国。

查查普亚族印第安人头上戴着一把投石器，这既是装饰又是标志。这种投石器与其他印第安人使用的形状不同，通过它可以为人辨认，自己又与其他部族的印第安人相区别。投石器还是他们在战斗中使用的主要武器，就像古代的马略卡岛[①]人那样。

查查普亚省前面还有另一个省，名叫瓦克拉丘库，面积很大，但地势坎坷不平，居民则异常凶残好斗。他们头上裹着（或者说过去裹着，因为现在一切都混杂了）一种标记，那是一条用羊毛制成的带子，中间有白色斑点；头上不插羽毛，而是插一根鹿角或雄扁角鹿角的角尖，因此称作“瓦克拉丘库”，他们把头上饰物叫作

① 位于地中海，是西属巴利阿里群岛中最大的一个岛屿。

“丘库”(chucu),把角称为“瓦克拉”(huacra),合起来即角饰或角帽的意思。在被印卡人统治之前,瓦克拉丘库人崇拜蛇,他们在庙宇和家里画上蛇作为崇拜偶像。

进入查查普亚之前,印卡王必须先征服那个叫作瓦克拉丘库的省份,于是他命令把军队开向那里。瓦克拉丘库人以为地势崎岖,难以攻破,故而士气高昂,相信必胜无疑,立即布防备战。他们怀着这种自信,出寨扼守关口通道,在那里进行了激烈的战斗,双方均有很多人死亡。印卡王和他的参政院成员看到这种情况,觉得如果战斗再这样残酷地打下去,自己的军队会有巨大伤亡,而敌人将全军覆没。因此,在攻占了几个重要的关口之后,他依照历代印卡王的惯例,派人去提出和好建议。他提醒瓦克拉丘库人,印卡王来这里不是要统治他们,也不是指望从他们这里得到什么好处,恰恰相反,就像他的先人对其他归顺帝国的印第安人那样,是来为他们造福。他还要瓦克拉丘库人看看,对于那些印第安人,印卡人并没有强占他们的土地,相反还为他们修建新水渠以扩大耕地,并给予了其他好处;也允许他们的酋长保留原有的领主地位;印卡人只希望他们信奉太阳神,并废除原来那些无人性的陋习。瓦克拉丘库人就此商讨良久,尽管有很多人认为应当尊印卡王为国君,但是未能取得一致意见。他们中的年轻人涉世未深,但人数众多,反对这种主张,坚持己见并占了上风。于是他们更加疯狂地继续战斗,觉得既然违背了年长者的意见,那就必须取胜,否则全部战死。

为了让对手明白,派人求和既非士气不振,也不是兵力不足,而是像其先人一样出于一贯的恻隐之心和宽宏大量,印卡王下令切实强化战争,分兵数路向瓦克拉丘库人发起进攻,以牵制和削弱

他们的力量,摧毁他们的士气。印卡人在第二次进攻中又占领了若干堡垒和要道,迫使敌人不得不求饶。印卡王宽厚地接受了他们的请求,这是那些印卡国王们的一贯做法,他们一向以宽宏大量自诩,并以这种姿态感召周围的部族。于是,他吩咐手下官员对瓦克拉丘库人以兄弟相待,赐其头领许多印卡人称为"孔皮"的精致服装,给普通人以叫作"阿瓦斯卡"的衣服;还下令拨给他们大量粮食,因为忙于打仗,他们当年颗粒未收。新征服的人对此满心欢喜,原来因犯上不驯、顽固抵抗而担心受到惩罚,现在疑虑顿消。

印卡王觉得,那年夏季征服了那样一个地势崎岖不平、居民好斗成性而且雨水很多的省份已经足够了,就想暂停征战,于是下令部队驻扎在边境地区。他还命令来年夏季再征集两万兵员,因为他不愿意征战再像前一次那样旷日持久。

印卡王命令,对新征服的人进行有关印卡人那种虚妄的宗教、法律和道德习惯的教育,让他们学会遵守和执行。他让人教会他们设计和修建水渠,平整山丘山坡,营造梯田,因为那里土质肥沃本可耕种,只是不会那门技术,没有开发而闲置着。当地印第安人认为,这一切都对他们大有好处。

第二章　对查查普亚省前面几个村落的征服

夏季来临,增援部队也到了。伟大的图帕克·印卡·尤潘基命令军队开拔,向查查普亚省进发。他按照历代印卡王的旧例,先派出一名使者,询问查查普亚人要战还是要和。查查普亚人断然答复说,他们已准备一战,要为保卫自由而死;印卡王可悉听尊便,但他们不愿做他的臣民。

听完答复后,激战开始,双方都伤亡惨重 。印卡人下定决心,誓不后退。查查人(那个部族也用这一名称)则坚定不移,宁可战死也不让敌人讨到便宜。由于双方均采取这种顽固态度,那次征战中有大批人员死亡。查查省长达五十莱瓜,宽有二十莱瓜,还有一片土地深入穆尤潘帕,也有三十莱瓜长,因此可以称为一个王国。查查人眼见印卡帝国步步进逼,早在数年前就已作好防御准备。他们在险要地区建筑了许多堡垒(今天仍可看到其遗存),封闭了原有的许多狭窄通道。再说那个地区本来就崎岖不平,艰险难行,因为没有其他关口可以通行,有时在某些地段,印第安人从八到十人高的地方跌落下来。

尽管如此艰难,印卡人还是在付出了很大的伤亡代价之后,攻占了他们认为非常重要的若干严密设防的关口和几个堡垒。最初攻占的堡垒位于一面有两莱瓜半高的山坡上,人们称它为皮亚斯山坡,因为在山坡那面有个村庄就叫这个名字。这是该省最重要的村庄之一,距印卡人进入的一侧有十八莱瓜,印卡人费了九牛二虎之力才攻占了那块地盘。印卡人发现尽管这里地势相当险要,这个村庄却没有设防,查查人在更加险要的地方设了防。

印卡人在皮亚斯村碰见一些年迈体衰的老头和老太太,他们无法和年轻人一起上山。他们身边还有许多孩子,因为父母不能带进堡垒而留了下来。伟大的图帕克·印卡·尤潘基吩咐,对所有的老人和儿童全力体恤,温和相待。

印卡王率领军队从皮亚斯村继续前进,来到一个名叫“奇尔马克卡萨”的雪山峡谷或隘口处。奇尔马克卡萨的意思是鬼门关,因为从这里经过的人常常受到严重伤害。印卡王有三百名精兵在前面探路,结果在隘口被冻死:巨大的雪崩突然自天而降,把他们全部埋葬在雪中,窒息僵冻而死,无一幸免。悲剧发生后,印卡王一连数日未能通过隘口。查查普亚人以为他是心怀恐惧,不敢前进,就在全省散布说他们已经撤兵,从该省逃走了。

风雪肆虐的日子过去之后,印卡王继续向前征服,一步一步非常艰难地进军到另一个重要的村庄昆图尔马尔卡。此前,印卡人还攻占了王室大道两厢许多较小的村庄,因为地势险要和村民拼命防守抵抗,也花费了很大气力。在昆图尔马尔卡村,为数众多的当地人进行了顽强的抵抗。他们英勇拼杀,坚持战斗了很多天。然而,由于当时印卡人力量强大,势不可挡,而查查人则除了依靠自己勇敢拼搏之外毫无外援,终于被海潮般冲来的印卡人淹没,不得不屈服于印卡人的意旨。印卡王照例宽宏大量地对待并以厚礼馈赠,这是为了安抚他们的民心,也是为了促使尚未归顺的人起而效法。

印卡王派驻若干官员负责整顿直到昆图尔马尔卡的那片已占领的地区,然后继续前进。他又攻占了所遇到的村庄和堡垒,花费的气力和遭受的伤亡都比较小,因为多数人效仿昆图尔马尔卡自愿投降,进行抵抗的人也不像前面部落那么勇猛顽强。就这样,印卡王来到离昆图尔马尔卡八莱瓜的另一个大村庄,名叫卡萨马基利亚。那里道路崎岖,山崖陡峭,村民人数众多,骁勇好斗,所以战事非常残酷。但是经过几次交锋后,查查人领教了印卡人的威力,又考虑到该省的大部分都已归顺了印卡王,认为自己也归顺于他才是上策。

第三章　对其他一些村庄和野蛮部族的征服

印卡王从卡萨马基利亚进发到另一个重要村庄，名字叫帕帕马卡，意思是马铃薯之乡，因为那里出产的马铃薯个头特别大。印卡王像攻占前面的村庄一样攻占了它，接着由那里又前进八莱瓜，征服了沿途所有的村落，来到现在叫作拉伊米潘帕的一个大村，这个名字的意思是节日原野。印卡人把太阳神的主要节日叫作“拉伊米”，我们在专门叙述这个节日的那一章里曾作了详细介绍。这个村庄坐落在一个景色美丽的峡谷中，印卡王占领之后，在它的原野里举行了祭祀太阳神的典仪，因此改掉了它原来的名字，而叫它“节日原野”。正如前面所说，印卡王的习惯是，不管在什么地方赶上这一庆典的时间，就按力所能及的方式庆祝一番，至于留在科斯科的最高祭司和其他印卡王公，则在城里以最为隆重的方式进行庆祝。

占领拉伊米潘帕村后，印卡王又进军到离它三莱瓜远的名叫苏塔的村庄，毫不费力地占领了它，因为当地人看到他们大部分土地都已落入印卡王之手，也就不再抵抗。印卡人的军队从苏塔又开发到另一个大村庄，名叫利亚万图，是查查普亚省最边远的大村。这里的人和他们地区其他部族一样，眼见无法自卫，不如就势投降。于是，印卡王终于成了那个大省全部土地的主人。这个省的主要村庄前面均已提及，此外还有很多小的村落。这个大省地形复杂，充满了艰难险阻，居民又骁勇好战，印卡王在征服时费尽九牛二虎之力，并付出了大量人员伤亡的代价。

伟大的图帕克·印卡·尤潘基从利亚万图分遣一支部队，前去征服和降顺一个名叫穆尤潘帕的地区。前面记述印卡王维拉科查生平时讲过，剽悍的安科瓦柳不承认印卡人的权威，放弃了自己的领地，进了安第斯山，就是取道于此。这个地区在安第斯山内，位于利亚万图以东约三十莱瓜，它或是因缔结盟好，或是因俯首称臣（印第安人对此说法不一），反正都承认查查人的统治。

穆尤潘帕人在获悉整个查查普亚省都已归顺印卡王后，也很快投降，并坚决表示接受印卡人的偶像崇拜、法律和习俗。那个大区还有一个省份名叫卡斯卡云卡，另有几个面积较小、名气不大的省，它们有的毫无抵抗，有的稍事招架，最后也尽皆归降。印卡王处理各项事务，以推广他们那虚妄的信仰和太阳崇拜；并为臣民造福，传命修建水渠，开垦新地，让该地区更为富庶；又赐给酋长许多衣服，酋长们视为贵重之物；又传令暂时休战，部队驻扎下来，等夏季再事征伐；又命人从邻近地区运来大批口粮以供军需，并分给新征服的百姓，这些人因战火连绵而在挨饿。夏季来临，图帕克·印卡·尤潘基率领四万人的大军开进到万卡潘帕。这个省份幅员广大，人口众多，但是分为很多不同的部族，使用不同的语言。这些部族各自为伍，分开居住，既没有统治者也没有国家和集中的居民点，更不懂得和平友好相处，彼此之间不断进行野蛮的厮杀格斗。但这样互相残杀并不是为了争夺统治权，因为那里没有统治权，也不知道什么是统治者；也不是为了抢夺财产，因为他们根本没有什么财产，大部分人赤身裸体，还不知道做衣服穿。对胜利者的奖赏

就是战败者的妻子和女儿——胜利者把战败者的所有女人全部抢走，而男人之间则野蛮地你吃我，我吃你。

他们的宗教之野蛮程度，比道德生活有过之而无不及：他们崇拜的神明极多，每个部族、每个居民群体（每几户）甚至每家每户都有自己的神明。有的崇拜走兽，有的崇拜飞禽，有的崇拜花草树木，还有的崇拜山岭、泉水和河流，总之是谁想崇拜什么就崇拜什么。为了崇拜物——究竟谁崇拜的神明是最好的，部族或个人之间也时常激烈地厮杀或殴斗。这群犹如一盘散沙的乌合之众，轻而易举地就被征服了，因为他们所进行的自卫就是如鸟兽散，纷纷逃向深山老林，随便找个山洞或岩缝躲藏起来。结果大部分人为饥饿所迫，不得不出来归顺印卡王并为其效命。另外一些人，即那些最凶暴野蛮的人，则只好饥饿而死，暴尸荒野。

图帕克·印卡·尤潘基国王花费了很大气力把他们聚集起来，派老师教他们建村定居，耕种土地，用羊毛及棉花制成衣服遮蔽身体。他们还兴修了许多大水渠灌溉土地，使那个地区的耕作成为秘鲁最好的地区之一。为了进一步开化这个地区，后来又修建了太阳神庙、贞女宫和其他许多建筑物。印卡人让他们打碎原先信奉的各种神明的偶像，把太阳神作为共同信奉的唯一神明；还禁止他们吃人肉，否则就处以死刑，并灭其全族；还派去祭司和通晓印卡人法律和习俗的人，给他们在诸事上施以教化。那些印第安人表现得极为驯顺，不久之后就颇知礼法了；卡斯卡云卡和万卡潘帕则跻身于整个印卡帝国的最好省份之列。

第四章 对三个好战和顽固大省的征服

征服了辽阔的万卡潘帕省若干年之后(具体时间不详),印卡人又出兵去征服另外三个省份。那里也有很多不同的部族,但与以前征服的地区不同,他们是颇知礼法的人,有自己的村庄、堡垒和统治机构,而且不时聚集一堂,商讨对大家都有益的事情。他们不知有国君,但是共同推举几位文官武将,分管修文备武之事,当这些人履行职责时,大家都俯首听命。这三个重要省份的名字是:卡萨、阿亚瓦卡和卡柳阿。印卡王到达三省的边界后,派使者前去要求当地人接受他为国君,否则兵戎相见。当地人答复说,他们从来不曾有过也不愿意有什么国君,他们准备誓死保卫自由。印卡王出于宽宏,与他们议和,但毫无效果。印第安人回敬说,印卡王意欲把他们变为臣仆,剥夺他们自古以来的自由,他们不想接受这种和平,要求印卡王乖乖地离去,让他们继续那样自由地生活,这就是他能给他们的最大恩赐。议和不成,双方发生了残酷战争。交战中三省之中无论谁有危难,彼此迅速增援接应。印第安人英勇奋战,杀死大量印卡人——共有八千之众。印卡人见此情景,驱大军冲杀,围追堵截。敌军虽伤亡惨重,吃尽了苦头,但为保住自由,仍奋力抵抗。当他们的一些堡垒被攻占后,侥幸逃脱的人又收缩进别的堡垒;那些堡垒陷落后,又退守另一些。就这样且战且退,丢弃了土地和房屋,抛开了妻子和儿女,但他们宁可战死沙场,也不愿做他人的臣仆。

印卡人一点一点地占领了那些印第安人的土地,把他们逼到

最后一个角落，他们在那里深沟高垒，严密防守，要与阵地共存亡。他们已经走投无路，仍坚决不向印卡王屈服。他们选出的将领中，有几个人头脑清醒，看到若再顽抗下去，肯定都会作无谓的牺牲；而原先与他们同样享有自由的部族在归降印卡王之后，过去的财富非但没有减少，反而增加了新财富。于是，他们商量了一阵，同意向印卡王投降并把人员交出。他们这样做了，引起了士卒的骚乱，有些人哗变。但是看到他们将领的榜样，又接到必须服从上司的要求，终于全部投降了。

图帕克·印卡·尤潘基和蔼可亲地予以接待，对他们曾经身陷绝境表示同情，吩咐像对待他的亲生儿子一样厚待他们。由于当地印第安人大多已在战争中死亡，那里已经非常荒凉，印卡王命令由其他地区抽调人员到那里居住和耕作。安排好行政管理和宗教信仰方面的事务后，印卡王返回科斯科。他对那场战争感到厌倦和气恼，但这倒不是因为劳师远征的困扰，而是因为那些印第安人的顽固不化和遭受的重大伤亡。后来他一再说：如果有待征服的省份不以这些印第安人部族的恶劣榜样为戒，继续顽固不化，他就不去征服他们，而要等待他们回心转意接受印卡人的统治。

伟大的图帕克·印卡·尤潘基用几年时间巡视和美化其藩属诸王国，命令在每个村庄或省份兴建专门建筑物，如王宫、堡垒、仓库、水渠、太阳神庙和贞女宫，以及有关全国大计的工程，如王室大道（有关情况后文再详细介绍）。而他最为关注的工程，则是他父亲印卡·尤潘基开始兴建、尚待完成的科斯科城那座城堡。

经过几年和平建设之后，印卡王又开始征战，目标是把北部叫作钦查苏尤的诸省纳入帝国版图。他来到一个现今名叫瓦努库的省份，那里有一些部族彼此不和，经常互相残杀。他们散居于原野，没有村落也没有国家。山上有几个堡垒，被打败的人以此为栖身之地。印卡王以一贯的宽宏态度轻而易举地征服了这些部族，尽管征服开始时，瓦努库人在几次冲突中凶蛮好斗。为此，印卡王麾下的将领们予以严厉惩罚：毫不留情地砍杀了很多人。但是印卡王以好言相劝，告诫他们不要忘记第一代印卡王曼科·卡帕克立下的规矩，命令要好言劝慰并馈赠礼物，而不是用武器和鲜血迫使印第安人归顺他的帝国。

瓦努库的印第安人，一方面因为受到惩罚而吸取了教训，一方面被印卡王给予的好处和许诺所感动，很快就归顺了。于是，他们结村而居，并接受了印卡人的偶像崇拜和统治制度。由于这里土地肥沃、气候温和，不久之后，印卡人就使这个美丽的地区大放异彩，把它变成周围许多省份的中心和首府。印卡人还在此修建了太阳神庙（须知这是出于极大恩宠才在一些著名大省兴建的），另外还建造了贞女宫。当时，每年有两万名印第安人轮流去这两个地方当差服役，根据当时那一地区人口众多的情况，甚至有人认为有三万人。佩德罗·德谢萨在第八十章中谈到瓦努库，照录如下（这一章还谈到其他一些应予注意的情况，恕不引述了）：“在叫作瓜努科[①]的地方有一处王宫，那是一座令人赞叹的建筑物，所用石料堪称巨大，而且堆砌得非常整齐漂亮。这所宫殿或府第是安第斯山周围各省的首府，挨着它的是一座太阳神庙，住有许多贞女和祭司。这两处建筑物非常巨大，在印卡人时期，仅从周围地区来此

① 即瓦努库。

服役的就有三万多印第安人。由印卡人充当的管家们负责征收日常贡品，周围各省前往交纳贡物。”以上是引用谢萨·德莱昂的话。

以上我们简要地叙述了征服瓦努库的情况，这样，如果不发生其他重大事件，我们就可以讲述以后发生的一切情况，因为我想一鼓作气地把历代印卡王进行的征服统统讲完，然后记述图帕克·印卡·尤潘基的两个孙子瓦斯卡尔和阿塔瓦尔帕之间的战争。我们说过，印卡王下令来年准备一支强大的军队，因为他想去征服一个名叫卡尼亚里的大省。卡尼亚里是很多省份的首府，人口稠密，居民骁勇好斗。他们头蓄长发以为标志，把长发全部盘结在头顶并挽成一个髻。贵族和爱整洁的人头上还戴一个箩箍作为饰物，箩箍半径有三指宽，还缀以五颜六色的彩带。一般平民，特别是不爱整洁、有点懒散的人，头上则不戴箩箍，而是戴一个形似葫芦的东西。因此，其他印第安人把整个卡尼亚里部族蔑称为“马蒂乌马”(matiuma)，意思就是葫芦脑袋。在印卡人时期，从头上戴的诸如此类的标志，就可以识别哪个印第安人属于哪个省和哪个部族。当我在秘鲁时，所有印第安人还都戴着他们的标志，现在据说都混杂不分了。在印卡人到来之前，卡尼亚里部族的男人和女人全都穿得很少，几乎赤身裸体，不过至少都尽量遮住下身。那里有许多领主，他们之中有些人互相结盟。结盟的都是些小部族的首领，他们联合起来是为了免受大部族的欺侮，因为大部族势力强大，总想称王称霸，统治弱小部族。

第五章　对卡尼亚里省的征服，那里的财宝和庙宇

图帕克·印卡·尤潘基向卡尼亚里省进军，途中征服了该省前面的一个省份，现今称为帕尔塔。那里出产一种美味可口的水果，称为鳄梨，印卡人就从那里运送到科斯科或炎热的山谷。印卡王使用怀柔手段，而不是使用武力，轻而易举地占领了这个地方。尽管这里的人凶猛好斗，可是印卡王惯用的怀柔手段威力更大。这个部族的标志是"夹板头"。小孩一出生，就在他的前额和后脑勺各放一块小木板，再把它们捆扎起来，以后每天勒紧一点点，使其越来越靠近。孩子则一直让他平躺着，直到三岁时才取下木板，把脑袋夹得非常难看。因此，人们只要看到哪个印第安人的额头宽于正常人，或后脑勺又扁又平，就轻蔑地叫他"帕尔塔·乌马"，意思就是帕尔塔人的脑袋。印卡王留驻一些官员，管理当地宗教和世俗事务，然后继续前进，抵达卡尼亚里人的边境，按照惯例向他们发出通牒：或战或降，由你们选择。起初卡尼亚里人的意见有些分歧，但最后还是一致同意服从印卡王，接受他为国君。因为他们看到，自己内部分帮结派，彼此不和，根本无法抵抗，于是欢天喜地走出村寨，向印卡王表示屈服。其他部族的酋长纷纷效法先行者的榜样，也顺利地归降。印卡王热情地欢迎他们并给予恩赐：吩咐赐给衣服——这正是他们最需要的，命人教导他们信奉太阳神，学会像印卡人那样过有教养的生活。印卡人到来之前，卡尼亚里人崇拜的主要神明是月亮，其次是大树和那些与众不同、特别是有

斑纹的石头。在印卡人的教诲下,他们也崇拜起了太阳神,还修建了太阳神庙和贞女宫以及许多供印卡诸王居住的宫殿。

印卡人建造了一些仓库,用以储藏王室财产和百姓的收成,还扩大耕地,兴修灌溉水渠。总而言之,印卡人每征服一地后通常所做的事情,在那里尽皆照办不误,而且在那里做的效果更好,因为那里土地条件优越,适于进行开发利用。卡尼亚里人对此非常满意,就像在瓦斯卡尔与阿塔瓦尔帕之间的战争中表现的那样,他们是非常忠顺的臣民。但是后来西班牙人进入该地区时,有一名卡尼亚里人投靠了他们。有了这个恶劣先例,卡尼亚里人全都纷纷倒戈,喜欢上了西班牙人,而厌恶印卡人,这两种情况,我们将在适当章节分别叙述。"胜者王侯败者贼",看来普天之下,莫不如此。征服卡尼亚里后,图帕克·印卡·尤潘基广行善举,为这个姓氏包括的众多部族排难解忧,建立秩序,安排居所等等。为了表示更大的恩宠,他还想亲自参加传播偶像崇拜、讲授法律。印卡王在这些方面花费了大量时间,目的是让卡尼亚里人安居乐业,结果其他一些尚未臣服的地区也喜欢上了印卡帝国,愉快地尊他为国君。那些部族中有一个叫作基利亚库,那里的人非常不争气,而且小气吝啬、畏缩懦弱,甚至害怕他们迟早会没有土地,没有水,直到没有空气。由此在印第安人中产生了一句俗语,西班牙语也接受了这种说法,在讥讽吝啬小气或干了什么其他卑鄙勾当的人时,就说"某某是个基利亚库人"。印卡王特意规定,向这些肮脏邋遢的家伙征收虱子作为贡赋,以此迫使他们讲究清洁,免得给虱子吃掉。

图帕克·印卡·尤潘基以及后来他的儿子瓦伊纳·卡帕克都极力美化卡尼亚里省和现在叫作图米潘帕的省份,建造了房屋和

王宫,里面房间的墙壁都装饰上金银仿制的花草和动物;建筑物正面包上金箔,并镶嵌宝石、翡翠和绿松石的装饰。他们还建造了一座颇负盛名的太阳神庙,也用金箔和银箔做装饰。因为那些印第安人竭尽全力地表现对国王的忠心效命,为了讨好国王,把能找到的所有宝物都用在神庙和王宫上了。

佩德罗·德谢萨在第四十四章中,详细描述了从卡尼亚里到图米潘帕(西班牙人把它叫作托梅班巴)那一带庙宇和王官何等富丽堂皇,这里不必逐字逐句地引录。除了这般富丽景象外,他还说那里的财宝多极了:坛子、锅和其他容器都满装珠宝,还有很多华丽贵重的服装,上面满是白银饰物和“查基拉”。谢萨在其史书中多处提到我们叙述过的征服的经历。西班牙人把一些非常小的金珠叫“查基拉”,这种小金珠比小珍珠还小。印第安人制作的这种小金珠精美纤巧、玲珑可爱。我带到西班牙几颗,见到的人无不赞叹,视为珍品。我认识几位塞维利亚最优秀的银匠师傅,他们甚至问我印第安人是怎样制作出来的,因为尽管金珠那么纤小,接缝却是焊上的。佩德罗·德谢萨在详细叙述了卡尼亚里地区的财宝后说道:“总而言之,要赞美印卡王在这些王宫里的财宝,我写多少也只是道其万一而已。”在谈到图米潘帕的王宫和庙宇时,他特别说道:“有些印第安人想说明,修建这些王宫和太阳神庙的石料,大部分是根据瓦伊纳·卡帕克国王和他的父亲、伟大的图帕·印卡[①]的命令,用粗大的缆绳从伟大的科斯科城运来的。如果真是这样,从石料的体积之大、数量之多以及路途之遥来看,那可是

① 即图帕克·印卡·尤潘基。

件了不起的事。”以上是那位历史学家的原话，尽管从工程浩大繁难来看，话中流露出他对印第安人讲的情况有些怀疑。我作为印第安人，深知他们的心理，因此斗胆断言事情确实是这样的。印卡诸王为了给予那个地区更大的好处和恩惠，是会下令从科斯科拖运石料的，因为我们多次说过，对帝国京城的石头或任何其他东西，印第安人都视为神圣之物。允许在某个大省修建太阳神庙已经是广施圣恩，因为这等于把当地居民变成了科斯科的居民，印第安人对这种恩典极为珍视。如果印卡王命令从科斯科运来石料，毫不夸张地说，那简直是王恩浩荡了。因为这样一来，那里的神庙和宫殿就不仅与科斯科的相似，而且是完全一样的，都是使用同样的石头和材料建造的。印第安人为了享受这种荣誉——他们认为是神人赐予的宏恩殊荣，不管在从科斯科到图米潘帕如此漫长、如此坎坷的道路上运送石料时经历什么样的艰难困苦，他们也会觉得乐在其中。至于那段路程，约有四百莱瓜之遥，而且崎岖难行，若非亲身走过恐怕难以相信，这些情况我就不再赘述了。至于印第安人告诉佩德罗·德谢萨的情况，即修建那些宫殿和太阳神庙的大部分石料是从科斯科运来的，这与其说是赞颂他们从那么遥远的地方运来石料所付出的艰辛劳动，倒不如说是炫耀他们的国王命他们运送石料所赐予的大恩大德。有一点很清楚，就是作者在其史书中其他任何地方均无关于建筑物之事的类似叙述，这就足以使人看到，图米潘帕和整个秘鲁的王宫和太阳神庙是多么宏伟壮观，它们的财宝又多么丰富。

第六章　对通往基图边境路上其他许多大省的征服

在对卡尼亚里诸省做了前文说过的各种安排之后，印卡王返回科斯科，行使伟大君主的职权，花了几年时间治理他的藩属国。但是出于权势人物的本性，印卡诸王全都野心勃勃，总想扩大帝国，倘若长期不事征伐就很不舒服。于是，他下令组建一支名扬四海的军队，领兵直抵图米潘帕的边境地区，从那里开始征服，占领了通往基图王国边界路上近五十莱瓜内的许多省份。其中最有名的是昌昌、莫卡、克斯纳、普马利亚克塔（狮子国的意思，因为那里的美洲狮比周围地区都多，而且被奉若神明）、蒂克桑皮、蒂乌卡萨、卡扬皮、乌科利亚苏和廷库拉库，此外还有许多不太重要的地方，所有这些地方都是轻而易举地被占领了。其中多数地区人烟稀少、土地贫瘠、居民非常粗野；那里没有统治者，没有政府，也没有任何秩序，更没有法律和宗教，谁愿意信奉什么就信奉什么。还有很多人根本就不知道什么叫信奉神明，就像散居在原野里的牲畜一样。所以，教化他们，引导他们过上讲文明和有礼貌的生活，比征服他们还费力。印卡人教他们穿衣、穿鞋、耕种土地、修建水渠和营造梯田，培植沃土。印卡人还在那里沿王室大道建造军用仓库和王宫，但没有修建太阳神庙和贞女宫；因为那里的印第安人极其懒散、邋遢，印卡王还特意命令他们缴纳虱子。

正当图帕克·印卡·尤潘基征服和教化上述地区时，位于那里以西、现今西班牙人叫作波托维耶霍地界以内的印第安人部族，

派遣使者携带礼品拜见印卡王，请求接受他们为臣民，派遣长官和老师去教授他们建立村庄、耕种土地，让他们像人一样生活，而他们则保证做印卡王的忠实臣民。这个使团的主要成员是来自一个名叫万卡维尔卡的部族。印卡王和蔼可亲地接待，赐予物品，并派人去满足他们的各项要求。他们带回一些老师去传授印卡人的偶像崇拜和良好习俗，带回一些工匠去帮助他们兴修水渠、耕种土地和建立村庄。但是后来，他们在得到了好处之后，却不顾对印卡王许下的诺言，背信弃义，恩将仇报，把那些印卡人全部杀死。我们在本部史书中曾多次说过，印卡王对归顺其帝国的印第安人温良宽厚、和蔼可亲，并向他们传授了许多东西。佩德罗·德谢萨·德莱昂在他那部史书中也谈到了印卡人如何对待万卡维尔卡部族之事，而且与我们多次讲的不谋而合。为此，我觉得应把他讲到此事的原文照录如下，使人从中看到，我们所说印卡王的情况，西班牙史学家也有同样记载。谢萨在第四十七章提到那片地区时，作了这样记述：

"现在还是言归正传吧。关于这件事我要说的是，（根据我从一些曾作过瓜伊纳·卡帕统领的年老印第安人了解的情况）在托帕·印加·尤潘格[1]时期，他手下的几位统领来到这个省，同时前来的，还有从驻扎在该国许多省里的戍边军队中挑选出的一批人。他们运用聪明巧妙的办法，赢得了这里人的好感，使他们交好和效命于托帕·印加·尤潘格。于是，许多头人携带礼品前往帕尔塔省，向印加王表示敬意。印加王胸怀爱民之心，非常友好地接待，

① 即图帕克·印卡·尤潘基。

还向一些来拜见他的人馈赠了在库斯科制作的华丽的毛料衣服。印加王德高望重，上述各省对他极为尊敬，呼他为慈父，并给他加了许多尊号。他对众人极为仁慈，恩泽有加，已赢得了不朽的声名，因此他本该再到那些省份巡幸一番。但为了安排妥善治理全国之事，无法亲自巡幸这些印第安人省份，只好启程还都。他给这些省份派驻了若干省督和库斯科出生的印加人，教化他们摆脱野蛮状态，学会文明生活方式，会做其他有益的事情。这些人奉印加王之命留在这几个省里，引导当地印第安人树立良好生活方式，接受印加人的秩序和习俗，还教他们学会农耕，传授更有条理的生活方式。但是这些印第安人非但不铭记印加人的善举，反而恩将仇报，把他们统统杀死，一个不剩（难怪他们声名狼藉）。其实印加人并没有亏待他们，更没有对他们作威作福，实不该遭此杀身之祸。

“据说托帕·印加知道了这一残暴行径，但出于其他一些重要原因，他隐忍未发，没有惩处那些忘恩负义地杀害他的统领和百姓的家伙。”以上是引用佩德罗·德谢萨的话，是第四十七章的最后一部分。印卡王在完成了对那些省份的征服后，返回科斯科休整，以消除长期征战的疲劳。

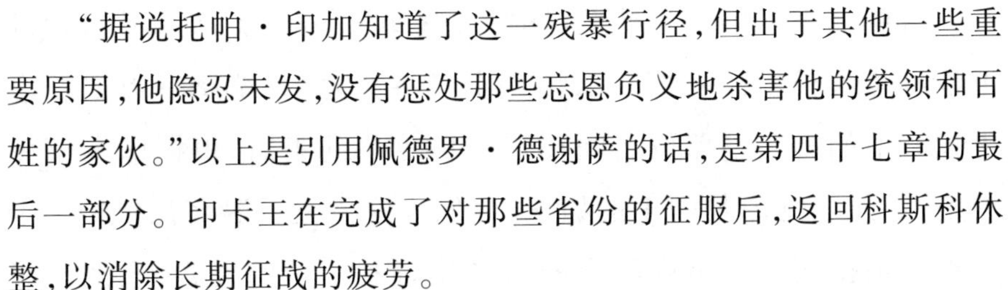

第七章　印卡王征服基图；瓦伊纳·卡帕克王储参加征服

过了几年平静安逸的生活之后，图帕克·印卡·尤潘基决定征服基图王国。那是一个远近驰名、幅员辽阔的大国：长达七十莱瓜，宽为三十莱瓜，土地异常肥沃；适于进行农业生产或其他有益于当地人的开发活动。为此，印卡王下令征集了四万雄兵，亲率大军进发到与基图王国交界的图米潘帕，从那里向基图国王（他与他的国家同名）发出惯常的通牒。基图国王性情残暴，非常粗鄙野蛮，因此凶狠好斗，而且势力强大，声威显赫，其他部族都惧怕他。他自恃势力强大，十分傲慢地答复印卡王说，他就是国君，不承认还有别的国君；他可以随心所欲地给臣民颁布法律，不喜欢别人的法律；他也不愿意放弃自己的神明，那是他的祖辈就信奉的，他对那些神明也很满意；这些神明就是鹿和大树，神赐给他们柴和肉，用以维持生活。印卡王听到回复后，一如先辈惯例，并不主动开战，而是顺其自然，因势利导，再用怀柔政策感召他们。然而印卡人越表示友善，基图人越显得狂妄，因而战争经年累月，其间不断发生摩擦、冲突和小规模战斗，双方死伤甚众。

看到征服之事旷日持久，图帕克·印卡·尤潘基就派遣他的王位继承人长子瓦伊纳·卡帕克实践将兵之术，统率一万二千名士兵。他的母亲是那位名叫玛玛·奥克略的王后，根据印卡诸王的婚姻习惯，她原是国王的姐妹，他们为这位王子取名瓦伊纳·卡帕克。根据西班牙历史学家的共同见解和字母的发音，它的意思应是富有的小伙子，根据秘鲁的通用语，好像也是这个意思。不过前面讲过，那些印第安人给他们国王取的名字和尊称，往往另有含义，使用的语言也不同于通用语而另有雅意。王子年轻时，他们注意观察他的举止表现，看他将来会具备哪些为王者的美德；王子长大后，他们还要观察他成就的好事和功业，根据这些给他取名字和名号。这位王子从很小就颇有帝王的尊严和豁达大度的精神，于是便给他取名瓦伊纳·卡帕克,在王室的名字中意为“从小就富有豁达大度的精神”。第一代印卡王曼科·卡帕克对最早的臣民非常宽宏大量,印卡人就为他取了“卡帕克”的名字,意为富有,但不是指物质财富,而是指精神伟大高尚。自那以后这个名字就只用于王室,如讲卡帕克·艾柳,就是指王室的宗族宗亲;卡帕克·拉伊米,是指祭祀太阳神的主要典礼;级别再低的,他们称为卡帕克·鲁纳,意为富人的百姓,但富人是指印卡王,而不是指拥有百姓的领主,不管他有多少百姓和多少财富。此外,还有许多类似事物,也用“卡帕克”这个姓氏表示赞美。

这位王子品德高尚,表现良好,因此他的臣民很早就给他冠以卡帕克的称号。然而最受印第安人尊敬的,就是无论他在身为王储还是位居君王之后都始终保持的一种美德。那就是他从不拒绝任何一位妇女向他提出的请求,而且不管她的年龄、身份或地位如何。他对每个妇女都能根据情况予以答复。对于比他年长的妇女,他答复说:“老妈妈,一定照您的吩咐做”;对与他同年或略大、略小于他的,则说:“大姐,会照你的愿望做的”;对比他小的则说道:“孩子,一定满足你的要求。”而且他还对所有妇女都毫无例外地把右手放在对方的左肩上,这是他给予帮助的表示,也是赐恩的证明。他的这种宽厚仁慈是始终如一的,甚至在处理有损于他本人尊严的重大事件时仍然宽宏大量,这在后面会讲到。

当时这位王子年近二十,他率军奋战,一步步攻占着那个王国,同时像历代印卡王在征服中那样,不断向敌人提出议和。但他的对手是些衣不蔽体的粗俗蛮人,不懂礼仪,毫不理会他的建议。

看到瓦伊纳·卡帕克王子在战争中表现杰出才能,图帕克·

印卡·尤潘基就授予他军事全权,将兵打仗,自己则返回科斯科,专心治理帝国去了。瓦伊纳·卡帕克通过手下能征善战的统领,用三年时间占领了整个基图王国。基图人说是用了五年,那是把图帕克·印卡·尤潘基在命令王子出征之前、用于征服的两年或将近两年也算在里面了。所以印第安人说,基图王国是他们父子两人征服的。这次征服之所以持续了那么久,是因为印卡王父子都不愿意使用残酷的战争手段,只是迫使当地人放弃阵地节节败退,他们一点一点地占领那些地方。有人甚至认为,如果不是五年之后那位基图国王一命归西的话,征服的时间还会拖得更长。基图国王是愁闷忧郁而死的。他眼看着自己大部分领土丧失,余下的一点也保不住;又不敢贸然相信印卡王子的宽宏大量;也不愿接受王子向他提出的条件,因为他觉得自己反抗了印卡人,不会得到宽恕。因此这位可怜的国王闷闷不乐,一命归天了。他手下的将领向印卡王子瓦伊纳·卡帕克投降,他非常友善地接待,赐以印第安人最珍贵的衣服和其他颇受喜爱的礼品,并下令对当地平民亲切友好地相待。总而言之,他对基图王国的人极为慷慨大方,以显示他的仁慈宽厚;对那里的土地也加以厚爱,因为那是他征服的第一个地方。战事结束后,除了水渠和提高土地产量的其他一般设施外,他还下令建造太阳神庙和贞女宫,而且其他地方太阳神庙和贞女宫里有的饰物和财宝,这里也应有尽有。那里的印第安人在这些方面是得天独厚的,因为当地盛产黄金,过去他们曾为自己国王效劳开采大量黄金,后来则为印卡王瓦伊纳·卡帕克效劳开采了更多的黄金,因为他们感到他对那里的人格外偏爱。这种偏爱后来日甚一日,促使他做了一些历代印卡王从未做过的过头事情,

从而导致他的帝国归于覆灭，王室宗亲被斩尽杀绝。

瓦伊纳·卡帕克由基图再向前进，来到一个省份，那里名叫基利亚森卡，意思是铁鼻子，因为当地的印第安人把鼻孔上方的软骨穿一个洞，挂着一个由黄金、白银或铜做的类似耳环的小饰物，一直垂到嘴唇。当印卡王子见到他们时，发现这是一些野蛮愚昧，衣不蔽体，肮脏邋遢，身上长满虱子也不知道捉拿的人。他们没有偶像崇拜，因为还不懂偶像崇拜为何事。不过，倒可以说他们崇拜肉，简直是馋涎欲滴，只要见到牲畜，非偷来吃掉不可。即使现在，只要碰到死马或者死牛、死羊，无论腐烂到何种程度，他们都津津有味地照吃不误。由于这些人极端野蛮，甚至连兽类还不如，所以轻而易举地就被印卡人征服了。印卡王子从那里来到一个名叫帕斯图的省份。这里人的愚昧无知绝不亚于基利亚森卡人，但与基利亚森卡人截然相反，一点肉也不沾；如果强迫他们吃肉，他们就说他们不是狗。印卡王子没有花费多大气力就使他们俯首称臣，于是派出老师教育他们应当怎样生活，还为他们做了许多好事，帮他们过上正常生活，其中一件就是强迫他们缴纳虱子，以此避免他们被虱子咬死。印卡王子从帕斯图又来到一个名叫奥塔瓦柳的省份，这里的人要比前一个省的人文明一些，但也更为好斗。他们对印卡王子进行了一些抵抗，但看到无法抗拒那位力量强大的王子，便投降了。印卡王子在那里建立了适当的秩序，然后前进到一个名叫卡兰克的面积很大的省。这里的人生活习惯非常野蛮，他们崇拜老虎、狮子和巨蟒，用从邻近部族人身上弄到的心和血做牺牲。他们不断地同所有邻近部族争斗厮杀，而这样做仅仅为了满足他们那种有敌人可供捕捉、杀害并吃掉的嗜好和欲望。起初，他

们对印卡王子进行了疯狂的抵抗,但没过几天就自知不是对手,只好投降。印卡王子派老师教育他们崇拜印卡人的偶像和过文明生活,不许他们再崇拜猛兽、用人血做牺牲和吃人肉,最后一条最令他们遗憾,因为他们嗜人肉成癖。征服卡兰克部族后,对基图王国毗邻地区的征服就此告一段落。

第八章　瓦伊纳·卡帕克的三次婚姻;他父亲病故及留下的格言

图帕克·印卡·尤潘基完全摆脱了征战之事,全力治理帝国。他适时地巡视各地抚慰臣民,百姓们能在自己家乡瞻仰印卡王,觉得受到莫大恩宠。他还非常关心科斯科那座城堡的修建,这是他父亲设计并开始动工的未竟之业。这项工程进行了很多年,参加施工的有两万多印第安人。他们井然有序,配合默契;每个部族、每个省份分别负责不同工种,承担指定的活计,犹如一个有条不紊的家庭。每隔两三年,印卡王派手下官员去视察奇利王国,给那里的酋长及其亲属带去他本人穿戴的许多精制服装和珠宝,给其他臣民许多普通服装。奇利王国的部族酋长则向他贡奉大量黄金、羽饰和当地出产的水果。这种状况一直持续到唐迭戈·德阿尔马格罗进入那个地区,这件事留待后文再讲。

印卡王子瓦伊纳·卡帕克征服了基图王国和基利亚森卡、帕斯图、奥塔瓦柳和卡兰克诸省,又对整个这片边境地区的必要事务作了安排,然后返回科斯科,向他父王禀报执行王命的情况。他的凯旋受到热烈欢迎。归来后他再次成婚,娶的是他的妹妹,名叫拉瓦·奥克略,因为第一个妻子——他的姐姐皮尔库·瓦科没有生育。按照历代印卡王的法律和习俗,王位继承人必须是父母的婚生儿子,因此他就娶了他的妹妹。瓦伊纳·卡帕克还根据印卡人的法律和法令,娶了堂妹玛玛·伦图,这是他父亲的堂弟、他的堂叔奥基·阿马鲁·图帕克·印卡的女儿。“奥基”是个外加的称号,意思是帝王长子以外的王子,除印卡王长子外的其他所有儿子均可以此为姓,王室血统的所有人也都可分享这个姓,但是一般人不能使用,不管是多大的领主。“阿马鲁”是安第斯山区一种巨蟒的名称。印卡人把动物或花草的名称作为自己的名字,其用意是这些东西在其同类中出类拔萃,他们在人类当中也是超群绝伦的。

图帕克·印卡·尤潘基国王和他的参政院的全体成员下令,宣布瓦伊纳·卡帕克的后两位妻子都是他的合法妻子,与第一位妻子一样是王后,而不是王妃,她们的儿子也都依次是王位继承人。他们之所以事先作出这种安排,是因为王子的第一个妻子不育,这使他们非常恼火。王子第三次结婚娶的是堂妹,因为他的亲生姐妹只有两个,而除了亲生姐妹,堂姐妹是王族宗室中血缘最近的人,故而让堂妹做了他的妻子。瓦伊纳·卡帕克同他的妹妹拉瓦·奥克略生了瓦斯卡尔·印卡。瓦斯卡尔是外加的称号,后面到适当章节我们再详述为何给他取这个名字。他的本名是因蒂·库西·瓦尔帕。王子的第三个妻子即他的堂妹,生了曼科·印卡,后面将会讲到,他也继承了王位,尽管只是在名义上,因为那时帝国已被外人攻占。

度过了几年安宁平静的生活后,图帕克·印卡·尤潘基一病不起。他自知将不久于人世,就把瓦伊纳·卡帕克王储和其他子女——男女共二百多个——召到身边。他按照历代印卡王的惯例留下遗嘱,对子女最后训诫,要他们争取和平、正义,为民造福,处处表现为无愧于太阳神的真正儿女。他特别要王储征服野蛮人,感召他们崇拜和效忠太阳神,并过上文明生活。总而言之,在各个方面要尽力按其先人那样为人处世。最后,他要王储对波托维耶霍及其周围地区、主要是万卡维尔卡人予以惩罚,因为万卡维尔卡人本来不会耕田种地,也不知穿衣蔽体,应他们自己的要求派去了官员和工匠,对他们施以教化,帮助他们摆脱了愚昧生活,然而他们却背信弃义,以怨报德,把官员和工匠统统杀害了。为了不让其他臣民对这种恶劣的先例起而效尤,绝不能让那些忘恩负义者不受惩罚,逍遥法外。他叮嘱子女们不必悲哀,他要离开人世是因为他的父亲太阳神在召唤他,去与他一起安息。伟大的图帕克·印卡·尤潘基就这样溘然长逝,他的仁慈宽厚以及他为整个帝国所缔造的福祉,永远为其臣民所怀念。因此,除了像对其他印卡王那样给他取了另一些称号外,还称他为图帕克·亚亚,意为光辉的慈父。除去王储瓦伊纳·卡帕克外,他和发妻玛玛·奥克略还生有五个儿子:次子名叫奥基·阿马鲁·图帕克·印卡,他和他父亲一样,总是把名字放在前面;三子名叫克瓦尔·图帕克;四子名叫瓦尔帕·图帕克·印卡·尤潘基,他就是笔者的外祖父;五子名叫蒂图·印卡·里马奇;六子名叫奥基·迈塔。图帕克·印卡·尤潘基的遗体涂上了防腐剂,1559 年我有幸看到,仍如活人一般。

布拉斯·巴莱拉神父在谈到这位印卡王时,曾有这样一段话,现将他的拉丁文译成西班牙文,照录如下:“托帕克·印卡·尤潘基说过:‘众人都说太阳神永生并且是万物的造物主。当一个人创造某种东西时,他理应身在现场。然而,世间很多东西在形成时,太阳却并不在场。因此,他不是万物的造物主,虽然他常年旋转,从不停步,然而并无生命。如果他有生命,就会像我们一样感到劳累不堪、难以移步。如果说他很自由,那他就能在无际的天穹中任意遨游,但是他从来没有到过别处。他倒像一头被缚的牲口,总是围着一个圆圈旋转;或者说像一支箭,无论他自己愿意与否,射向哪里,就飞向哪里。'"神父还说,这位印卡王经常重复第六代国王印卡·罗卡说过的一句格言,因他认为对国家很重要:"'把只属于出身高贵者而不属于他人的学问教给平民百姓的子女是不合适的,因为这容易使出身卑微的人自视高贵,傲慢狂妄,从而藐视和损害国家。让他们学会其父辈的职业就足够了,发号施令、治理国家不是平民百姓的事;如果把治理国家的重任交给平民百姓,那就会危害公务和国事。'他还说:'贪婪和野心使人忘乎所以,不能自制也不能制人。因为贪婪会使人膨胀物欲,觊觎国家和集体财物以肥私;野心则会使人失去理智,不纳贤哲忠言,我行我素,随心所欲,为所欲为。'"以上就是布拉斯·巴莱拉神父引述的伟大的图帕克·印卡·尤潘基的格言警句。

由于我们就要谈到西班牙人前去占领那个帝国的时期,所以最好在下一章介绍一下在那片土地上人们赖以维持生活的东西;然后,在讲完伟大的瓦伊纳·卡帕克的生平和业绩之后,再记述当地原来没有、后来由西班牙人带去的东西,以免把这两种东西混淆。

第九章　关于玉米、他们所称的稻子和其他谷物

在西班牙人到达之前，秘鲁原有的、人们赖以生存的果实分为不同种类：有的生长在地上，有的则生长在地下。在地上生长的果实中，应首推墨西哥人和向风群岛人称为“马伊斯”（maíz，玉米）、秘鲁人称为“萨拉”的谷物，因为这就是他们的面包。秘鲁的玉米有两种：一种比较硬，他们叫穆鲁丘（muruchu）；另一种比较嫩，而且很好吃，叫卡皮亚（capia）。他们吃玉米就相当于面包，可以烤熟，也可以用清水煮熟。带到西班牙来的是那种硬玉米的种子，而那种嫩玉米的种子迄今尚未带来。有些地区，特别是在那个名叫鲁卡纳的省份，玉米长得更嫩、更可口。前文说过，在举行隆重的祭祀时，他们制作一种叫作桑库的玉米面食。这种面食并不是天天吃，而是作为美食偶尔一尝。他们还制作一种名叫乌明塔（huminta）的玉米面食。名字不同，并非质地有何不同，只是一种在祭祀时食用，另一种则平日吃。玉米面由妇女们磨制：把玉米粒放在一块宽石板上，上面再放一块三指厚的半月形石板（不是圆形的，而是略有点长）；双手抓住半月形石板的两个边角，竖着在玉米粒上碾轧。可见磨碎谷物和其他需要磨碎的东西有多么艰难，正因如此，他们平日不吃面食。

印卡人不使用石臼，尽管他们能够制作，因为用石臼磨粉需要用臂力捣，而半月形石板自身很重，足以碾碎下面的东西。它的形状也便于印第安人妇女操作，一上一下地碾轧，不太费力，同时每

隔一会儿就一手扶住半月形石板,另一只手把碾碎的玉米粒收拢到下面石板的中间,继续碾磨。这种两手轮换碾磨的形式,有点类似捶布机,直到现在秘鲁人还是使用这种方法碾轧需要磨成粉的东西。他们还做面糊粥,称为阿皮(api),吃时兴高采烈,赞不绝口,因为难得吃上一回。他们把面粉(指所有谷物的粉)同麸皮分开的办法是:把粗粉倒在一块干净的粗棉布单上,用手摊满棉布;细粉很细,沾在布单上,麸皮较粗,就与细粉分开了,很容易挑拣出来;然后把沾在布单上的细粉抖落在布单中央,再取出来;随后再把一些粗粉摊上,仍用这种办法筛选出所需要的精粉。他们筛选精粉主要是为西班牙人做面包之用,而不是为自己吃,因为他们还没有娇气到连麸皮也难以下咽的程度。再说麸皮,特别是嫩玉米的麸皮也不那么粗糙难咽,所以并不需挑拣出来。用上面说的办法筛选精粉,是因为当时那里没有箩、筛,这类工具是那里有了小麦以后才从西班牙传过去的。这些情况都是我亲眼所见,我从小到十来岁,就是吃"萨拉"——即玉米长大的。总之,秘鲁人的玉米面食有三个名字:祭祀时食用的叫"桑库",过节时的美食叫"乌明塔",普通面食叫"坦塔"(tanta),发"坦"这个音时要用腭部。烤制的萨拉叫"坎姆查"(camcha),意思就是烤玉米。这个名字本身既是名词又是形容词。读这个词时必须把"姆"的音发出来,否则说成"坎查"就变成了居民区或大围墙的意思。煮的萨拉叫"穆蒂"(muti)(西班牙人则叫"莫特"mote),即煮玉米的意思,本身也包括两个词。西班牙人用玉米面做小饼干或油炸食品以及其他味美的吃食,健康人和病人都吃。病人以它代药,可治百病,经验丰富的医生已经不用小麦粉而改用玉米面治病。用玉米面和清水可

做成他们喝的酒,如把这种酒弄酸(印第安人会做),能做成美味香醋。玉米粒尚未成熟时,秸秆很甜,可用来提炼上好的蜜。干的玉米秸和叶子是营养丰富的饲料,牲口很喜欢吃。玉米穗的包皮和棒核可供雕刻艺人创作精美的作品。在一些酷爱喝酒的部落里,印第安人把萨拉浸在水里,等泡到长出须根时,捞出来全部连根磨碎,然后就用原来浸泡的水再加上其他一些东西煮开,过滤后把汤汁收藏起来,等待它味道醇熟。这样就制成一种烈性酒,喝了它立刻醉倒,人们把它叫作"维尼亚普"(uiñapu),在另外一种语言里叫它"索拉"(sora)。历代印卡王禁止酿造这种酒,因为它劲头太大,能立即使人醉倒,但后来我在西班牙听说,秘鲁有些嗜酒如命的人又饮用这种酒了。以上讲的是他们利用玉米的各个部分制作食品或用品的情况,另外我们在别处曾说过,他们还发现了一些把玉米用作药物的办法,如有的做汤剂,有的做外敷药。

秘鲁地上生长的谷物中,基努阿占第二位,用西班牙语讲就是黍子或者小粒稻子,因为它籽粒的形状和颜色同谷粒或稻粒有些相似。这种作物的茎、叶和花都酷似野苋,开花后结出籽粒。其嫩叶味道鲜美,有益健康,印第安人生吃,西班牙人则烧熟了食用。它的籽粒可以做汤吃,有多种做法。在缺少玉米的地区,印第安人就像用玉米那样用基努阿做饮用的酒。懂些草药知识的印第安人用它磨成粉,治疗某些疾病。1590 年有人从秘鲁给我捎来一些基努阿种子,但收到后都成了死种,不管在哪个季节播种都长不出来。除这两种谷物外,秘鲁的印第安人还有三四种可食豆类,茎干高矮与蚕豆相仿,豆粒却小于蚕豆,都是作熟食用的,叫"普鲁图"(purutu)。那里还有一种类似西班牙白羽扁豆的植物,但豆粒更大更白，他们叫“塔鲁伊”（tarui）。除了这几种可食豆类之外，那里还有一些不可食用的豆类，豆粒圆形，像是绿松石，有各种各样颜色，大小像鹰嘴豆，印第安人统称为“丘伊”（chuy）。但又根据不同颜色取了许多名字，有的滑稽可笑，有的则很合适，为了避免冗长繁琐，恕不一一列举。印第安人用这些豆子做多种游戏，有青少年的，也有成年人的，记得我都玩过。

第十章　关于地下生长的果蔬

特别是在秘鲁不适于玉米生长的地区，印第安人还种植多种地下生长的果蔬，用来维持生活，占第一位的当推名叫“帕帕”（马铃薯）的块茎。这是他们的口粮，吃法是或煮或烤，有时也烧菜吃。前文说过，还把马铃薯冰冻或晒干，保存起来，叫作“丘纽”。还有一种东西名叫“奥卡”（块基酢浆草），味道很好，又长又粗，像拇指一样，味道甘甜，印第安人生吃，也可以煮熟或烧菜吃。晒干后保存，因本身含有丰富糖分，无须加蜜或糖，就像糖渍食品，称为“卡维”（caui）。另外一种块茎形状与它相似，然而味道不仅不同而且相反：其味发苦，只能煮熟后食用，名叫“阿纽”。印第安人说吃这种东西损伤人的生殖机能。为了不受其害，那些以美男子自诩的人，在吃的时候手中握着一根棍子或者小木棒，据说这样吃就会除去那种效能，对人体没有损害。我听他们这样说过，也见过几次这种吃法，不过这样做的人主要是为了显得潇洒，并非当真相信老人们的荒诞说法。

秘鲁印第安人把西班牙人叫作甘薯的东西称为“阿皮丘”

(apichu),有四五种颜色:红的、白的、黄的和紫色的,但不同颜色的甘薯味道差别不大,带到西班牙的这一种是质地较差的。这里叫作南瓜的一种瓜类在秘鲁叫“萨帕柳”(zapallu),种植方法与甜瓜一样,但不能生吃,要煮熟或烧菜食用。那里还有多种用来做碗的葫芦,而且质量都很好,叫作“马蒂”(mati)。像西班牙葫芦一样可食用的葫芦,在西班牙人去那里之前是没有的。还有一种生长在地下的果实,印第安人叫“因奇克”(ínchic,花生),而西班牙人则叫“马尼”(西班牙人为秘鲁的瓜果和蔬菜取的所有名字,用的都是向风群岛的语言,他们已经把这些名称都引入了西班牙语,因此我们介绍了这些名字)。因奇克的质地和味道都很像杏仁,生吃会使人头痛,烤熟了吃则香脆可口,营养丰富,加上蜜可以做成果仁酱。从因奇克中可以榨出质量很好的油,能治疗各种疾病。除去上述瓜果外,还有一种生长在地下的果实,印第安人把它叫作“库丘丘”(cuchuchu),迄今为止我尚不知西班牙人是否为它取了名字,因为这种东西在向风群岛没有,那里是炎热地区,它生长在寒冷的科利亚奥。它像草根一样,比茴香还长好多,味道甜美,可以生吃,对消化不良颇有疗效。这种东西不长叶子,在它生长的地方,地面呈绿色,印第安人据此即可认出地下有库丘丘。一旦地面上的绿色消失,就知道已经成熟,可以刨出来了。这种果实和因奇克,主要是生活讲究的人的美食,普通穷苦人不能用以充饥,虽然有时他们也可吃到一点,但主要是献给有权有势的富人享用。

第十一章　关于树上生长的水果

还有一种品质优良的果实,西班牙人称为黄瓜,仅因其大小有些相似,然而味道不一样,而且也不像黄瓜那样有益健康、可以退烧并有利于消化。印第安人给它起的名字我已经忘记了,在写到这里时,我曾多日冥思苦想,搜索枯肠,但仍一无所得。也怪我记忆力太差,把我们语言中的许多词汇都遗忘了。后来突然想到,黄瓜可能是叫"卡查姆"(cácham)——姑且以此作为自我解脱之计吧。我拿不准是否记错了,由于相距遥远,我的亲友又不在身边,故而无法立即核实。我的这一说法是不是无知的表现,本书中是否还有许多同样情况,就请我在科斯科和全秘鲁的印卡人和梅斯蒂索人亲友作出判断了。如确属无知,则请他们原谅。因为我是他们的亲人,也正是为了替他们效犬马之劳(绝不指望获得他们或任何其他人的赞赏),才不自量力地承担了这一无比艰巨的重任。现在言归正题,那里的黄瓜有大小三种,最小的一种形似心脏,质地最好,瓜蔓矮小。那里还有另一种果实,叫奇利(chili,一种很辣的辣椒),是1557年传到科斯科的,味道很好,颇受欢迎。这种果实结在几乎伏在地面的植株上,表面疙里疙瘩,形状像野草莓,大小也与它相仿,不是圆的,而是像心脏那样略呈长形。

前面讲的都更像蔬菜,还有许多果实生长在高大的树木上,有的生长在炎热地带,如沿海和安第斯山地区;有的生长在温暖地带,如秘鲁一些比较热的谷地。但不管是炎热地区的还是温带地区的果实,在世界各地都有,都可利用,因此没有必要分门别类,还

是想到哪里说到哪里吧。先说一种西班牙人叫作“瓜瓦亚”[①]印第安人叫作绍因图(sauintu)的果子:它是圆形的,大小如中等个苹果,像苹果一样有皮无壳,果肉中间有比葡萄籽还小的圆形籽粒。有些绍因图果子外表是黄色的,里面果肉呈红色。这类果子分两种,一种酸得无法食用,还有一种是甜的,非常好吃。还有一种皮绿肉白,比红肉的那种还要好吃得多;而在许多沿海地区情况却正好相反,那里红肉的要比白肉的好吃。我离开秘鲁之后,西班牙人用它和其他一些果品制成果干保存,过去那里是没有这样做的。我曾在塞维利亚见过绍因图,那是我的一位路过那里的朋友从农布雷德迪奥斯带回来的,因为这是我故乡的产物,他特意邀我去品尝。

还有一种果实,印第安人叫“帕凯”(pácay),西班牙人叫秘鲁合欢果。这是一种荚果,荚壳绿色,约一拃长、二指宽,掰开后就会看到一些白色的长丝,极像棉花,简直难以区别。曾有一些新去的西班牙人不认识帕凯果,跟请他们吃这种果的印第安人争吵起来,认为请他们吃棉花,是要笑他们。这种果实甘甜似蜜,晒干后可保存很长时间,长丝或荚壳里有小黑籽,像小蚕豆,不能吃。

有一种水果的绿色和形状都像西班牙的梨,故而西班牙人把它叫作梨,印第安人叫它“帕尔塔”(palta),因为它原生于帕尔塔省,后来传到其他地方。它比西班牙大个的梨还要大一两倍,外面是一层软的荚壳,里面是约一指厚的果肉。果肉里面是果核(好挑剔的人说是果实的骨头),形状和大小都像这里一般的梨,迄今

① guavaya,似为“瓜亚瓦”(guayaba)即番石榴之误。

尚未试验出它有何用途。果肉很好吃，对病人很有裨益，加糖吃犹如美味的果脯。

还有一种较为粗劣的水果，印第安人叫“鲁克马”（rucma，路枯马果），西班牙人则叫它“卢克马”（西班牙人在读那里东西的名字时总有发音不准的问题）。这是一种劣等水果，尽管吃起来甜味大于酸味和苦味，但绝对称不上香甜，而且也不知是否有害健康，不过还可算是一种等而下之的食物。这种果子形状和大小与普通柑橘差不多，果肉中间有一粒果核，其大小、外壳的颜色和里面白色的核肉，都同野栗子相似，但是味苦涩，不能食用。那里还有一种李子，印第安人叫它“乌孙”（ussun），色红味甜，当天吃了，次日尿液即呈红色，好像尿血。

第十二章　关于穆利树和胡椒树

在这些果品当中，还有一种是“穆利树”（加州胡椒树）结的果实。这种树木在秘鲁的田野里自然生长，果实为圆形小颗粒，大小如干香菜籽，连成细长串。树叶小巧，四季常绿。粒状果实成熟后，表皮有一点清淡的甜味，往里则全是苦的。他们用这种果实酿酒：用手把它轻轻放进热水中浸泡，让它把含有的糖分全部溶解出来，但不要触及味苦的部分，否则就无法饮用了。把水过滤后，存放三四天直到味道甘醇。这是一种饮料佳品，味道可口，且有利尿的功效，能治疗胁痛、肾和膀胱疾病等。如搀和玉米酒饮用，效果更佳，味道也更好。这种水加热浓缩，可以制出质地优良的蜜；加上某种东西（我不知道是什么）让太阳曝晒，就会变酸，成为香味醇厚的醋。前文曾经说过,穆利树的乳液和树脂对治疗外伤有奇特功效。用穆利树叶煎水洗腿擦身,对治疗疥疮和慢性溃疡均有疗效;用嫩枝做成小牙签极适于清洁牙齿。我曾见到在科斯科谷地,这种用途广泛的树木比比皆是,然而几年之后却难得见到一棵,原因是人们把这种树当作上好的劈柴烧火。用这种树木烧火,开始点燃时会冒出不少火星,但烧着之后火势旺盛,直至化为灰烬。

还有一种果实,根据印第安人的口味来说是其中最重要的品种,即吃什么都要用作佐料的东西,不管是烧、煮、烤的食品都要用,甚至没有它就不进餐。印第安人叫它"乌丘",西班牙人叫它西印度辣椒,在美洲那边按向风群岛的语言叫它"阿希"(axí)。我家乡的人非常喜欢吃乌丘,简直是每餐必吃,即使是生吃野菜时也不例外。就是因为有了它,吃什么都津津有味,所以在大斋时不允许吃,这样才显得是最严格的戒食,这在前面已经说过。那里的辣椒有三四种。普通的一种较肥大,略长而无尖,印第安人叫作"罗科特·乌丘"(rócot uchu),就是大辣椒的意思,同下面说的其他品种不一样。这种辣椒既可以成熟后食用,亦可在还呈绿色时就吃,成熟后变成红色。还有黄色的或紫色的,但我在西班牙却只见过红色的。还有些辣椒是长形的,约一拃长,小指那么粗。这个品种较前几种名贵,所以只供王室成员及其亲属享用。它的名字我忘记了,具体说是它名字中的形容词我记不得了,因为和前者一样也叫乌丘,另带一个表示区别的形容词。还有一种小圆辣椒,与带果蒂的野樱桃一般大小,名字叫"钦奇·乌丘"(chinchi uchu),其辣味之强烈,使另外几种望尘莫及,因种植较少而更加名贵。有

毒的昆虫都躲避辣椒及其植株。我曾听一位来自墨西哥的西班牙人说，辣椒有着良好的明目作用，所以他每餐饭后都吃上两个烤辣椒。从西印度回国的西班牙人一般都吃辣椒，而且对它的喜爱超过了东印度的香料。印第安人更喜欢辣椒，在我们介绍的诸多果品中，他们把辣椒放在首位。

第十三章　关于龙舌兰及其用途

有一种植物西班牙人称为“马盖”（龙舌兰），印第安人称为“丘乔”，因其用途广泛，姑且也算在果树之列。关于它的用途，我们曾讲过一些，但布拉斯·巴莱拉神父还谈到它有其他许多功能，确实不应不讲，但我们只能简要介绍他讲的内容。他说，这种东西样子丑陋，木质很轻，有一层皮；长达二十西班牙尺，粗若人的胳膊或腿，株心质地松软，是画家和雕刻家的材料。叶子肥厚，长达半西班牙寻，而且像刺菜一样倒披针形，故而西班牙人就叫它大刺菜；更确切地说，我们应把叶子叫作叶状茎，与刺菜一样上边长有钩刺。其汁液甚苦，可用来去除衣物上的污渍，治疗毒疮恶疖，排除疮疖中的蛆虫。汁液与它的根用雨水煎煮，搓洗身体，很快就可消除疲劳，亦可用于各种药浴。它的叶子成熟后，自上而下逐步变干，从中可以剥出非常结实的纤维，用以制作鞋底、绳索、笼头和缰绳以及其他比较粗糙的用品。未干时割下来的叶子经摔打后放入溪水中浸泡，冲掉含有的黏性物质，从中可得到一种比前面说过的那种稍微细软一些的纤维，用它制作戴在头上的弹弓，在缺少羊毛和棉花的地区还可用来织布做衣，织出的布与从佛兰德斯带回来

的粗布或西班牙织的最下等粗麻布相似。印第安人还抽出一种比前两种更粗的纤维,用它纺成相当不错的麻线并结织成网,用来捕鸟。把网张拉在两座小山之间的沟谷中,各端分别绑在树上;然后从沟底轰赶发现的鸟群,鸟群为了避人纷纷撞入网内。网线很细,而且染成绿色,这样网的颜色就同田野和树木一样,鸟儿很容易撞入。印第安人织的网很长,有六、八、十二、十五、二十西班牙寻,甚至更长的。龙舌兰的叶子上有凹形纹络,能集聚雨水,可治疗多种疾病。印第安人把雨水收集起来,加上玉米酒或基努阿酒或穆利树籽酒,制成一种烈性酒。龙舌兰的浆汁也能用来制作蜜和醋。龙舌兰根磨粉制成小块肥皂,印第安妇女用来洗头,能治疗头痛,去除脸上污垢和保养头发,并使之乌黑。以上系引用布拉斯·巴莱拉神父的记述,我只补充了网的长度,这是值得注意的事而他又未曾提及。下面我们就来讲一讲印第安人如何保养头发又怎样使其乌黑发亮,那真是一种野蛮和骇人听闻的事情。

秘鲁的印第安人妇女全都蓄长发,披散在肩,不加头饰;当头发长到很长时,就用一条拇指宽的带子扎起来。科利亚地区的妇女则不然,那地方非常寒冷,头是包着的。印第安人妇女生来就特别喜欢黑色长发,因为她们的头发总是露在外面。一旦头发变为栗色或分叉,或梳理时脱落,她们就把头发放到锅里用加草药的水煮,有一种草药大概就是丘乔根,布拉斯·巴莱拉神父说过这一点。我也曾见过几次,但放到锅里的不止一种草药,然而当时我还是个孩子,所以未想到询问一下放了几种、都是什么草药。印第安人妇女仰面躺着,把头发浸泡在炉子上烧得滚开的药水锅里,脖子上包着保护物以防被火灼伤;同时小心翼翼,不让沸腾的药水浸及头部，烫伤皮肉。没有浸泡到锅里的头发则用药水润湿，使其也能受到药水的作用。她们就是这样心甘情愿地受这份罪，我看有时几乎要浸煮两个小时，不过当时我还年幼，没有留心观察，现在不能说得非常准确。但当时我还是感到惊讶，觉得那些煮染头发的妇女实在是太受罪了。但是在西班牙见过很多贵妇人为了把头发染成金黄色而用的办法，诸如用硫磺熏，用硝酸浸润，在酷暑烈日下曝晒，还有许多她们自己知道的秘方妙法，我对印第安人妇女的做法就毫不为怪了。不过我也搞不清哪种方法更不好、更有害健康：是西班牙贵妇人的做法还是秘鲁印第安妇女的做法？印第安妇女的头发用药水煮过后，再清洗几遍，去掉草药渣，就会变得又黑又亮，宛如乌鸦刚刚换过的羽毛。爱美之心竟能使人干出这样的事，甚至还有更不可思议的事，呜呼。

第十四章　关于香蕉、菠萝和其他水果

回头再说水果。为了避免繁琐，我们不想一一介绍，而只讲生长在秘鲁安第斯山区几种重要的水果，那里气候比其他地区都炎热潮湿。首屈一指的当推西班牙人称之为“普拉塔诺”（香蕉）的果树及其果实。其枝干的形状和树叶都长在顶部这两点与棕榈相似，叶宽大碧绿，是自生自长在那里的树木，喜爱多雨的地区，如安第斯山区。它的果实成串，有的串很大，阿科斯塔神父在其史书第四卷第二十一章中说，一串上竟有三百多只。果实约一拃长三指粗，外面是一层皮，既不是薄皮也不是硬壳，很容易剥掉。

布拉斯·巴莱拉神父对香蕉也作了记载，说成串的香蕉开始成熟时就割下来,免得沉重的累累硕果把树木压倒。树干松软娇嫩,不能做木材,甚至连烧火也不行。香蕉串放在大瓮中可以慢慢成熟,上面盖上些草能使它加快成熟。果肉细嫩、柔软甜蜜,晒干后犹如干果;香蕉生食、烤食、煮食或烧汤俱佳,总而言之,不管怎么吃味道都很好。香蕉加上一点蜜或糖(只需一点点),可制成蜜饯。在树上成熟的香蕉更加香甜可口。香蕉树高约两巴拉,有的稍高些,有的则稍矮些。还有些个头较小的香蕉,为了同大香蕉相区别,人们叫它"多米尼科"(dominico,一种金翅蕉)。这种香蕉串刚长出时皮是白色的,成熟时则黑白相间了。它的质量在各方面都大大优于大香蕉,但只有大香蕉的一半大,因此产量没有那种多。

还有一种水果,西班牙人叫它"皮尼亚"(菠萝),它的外形看来像西班牙长有松子的松果,然而除此之外两者毫无相同之处。秘鲁的菠萝削皮后就露出白色的果肉,全部可以食用,而且味道甜美,但略带酸味,这使它更加令人垂涎欲滴。它的个头要比西班牙的松果大一倍。安第斯山区出产一种水果,西班牙人叫它"米粉杏仁羹",因为把它从中间一劈两半,颜色和味道就像两汤钵米粉杏仁羹。这种水果中间长有小杏仁般的黑籽,不能食用。它的果实有小个香瓜那么大,外表有一层像干葫芦一样的硬壳,厚度也与葫芦相仿。硬壳里面是果肉,很受人们喜爱:味甘甜,稍有酸味,使它更加味美可口,诱人垂涎。在安第斯山区还有许多其他土生土长的水果,如西班牙人所称的"扁桃"和"核桃"(因为他们觉得有点像西班牙的扁桃和核桃)。最早抵达西印度的西班牙人开创了一个先例:不管看到那里有什么水果,只要与西班牙的略微有点相似,就给它冠以西班牙水果的名称,而不管是否确切。如果把两种水果比较一下,就会发现它们是迥然不同的,往往不同之处大大超过相似之处,甚至在味道和功能方面恰恰相反,“核桃”和“扁桃”就属于这种情况。因篇幅所限,关于核桃、扁桃和安第斯山生长的水果以及块根作物,我们就介绍到这里,下面讲几种更为有名的物产。

第十五章　关于珍贵的库卡叶和烟草

如果对印第安人称为“库卡”、西班牙人叫作“古柯”的那种草只字不提,那就太不应该了,因为从过去到现在它对某些人来说,一直是秘鲁的主要财富,这些人以它为对象进行了那么多的交易、签订了大量合同。过去人们就知道它有许多重要用途,后来西班牙人在这里又从医疗方面亲身感受到它有更多的功效,因此印第安人历来将它视为珍贵之物,理应对它大书特书。布拉斯·巴莱拉神父敏而好学,他在秘鲁居住多年而且比我晚三十多年才离开那里,因此亲眼看到了古柯这些作用和功效的例证,并且都有所记述。下面我先照录这位神父大人的原话,然后就他没有讲到的情况略作补充,因为他为了避免篇幅冗长,未能对每件事尽述其详。他写道:“库卡是一种高矮和粗细均与葡萄相仿的小树,树杈不多,上面长有很多一拇指宽、半拇指长的纤细叶片,味香但不太柔和,印第安人和西班牙人把这种叶子叫作库卡。印第安人非常喜爱库卡叶,他们宁肯舍弃金银珠宝也要选择库卡叶。种植库卡树需精耕细作,收摘库卡叶时更要小心翼翼,用手一片一片地采摘,

然后晒干。印第安人吃晒干的库卡叶，但并不吞咽，只是含在嘴里咀嚼，品尝味道，吸吮汁液。说到库卡叶对劳作者有多大作用和力量，可以从下面情况推测：印第安人吃了库卡叶，就显得更为强壮有力，更加精力充沛地从事劳作，甚至时常出现这种情况：他们咀嚼着库卡叶就心满意足，可以整天干活而不吃饭。库卡叶能使人体抵御多种疾病，我们的医生用它制成的粉剂消脓化肿、愈合断骨、驱寒御寒、治疗生蛆的烂疮等。既然库卡对外科疾病有这么大的作用和如此神奇的疗效，对于脏腑的病症难道就没有更好的疗效、更大的力量吗？库卡还有另外一大好处，即科斯科大教堂的主教、教士和其他助祭人员的大部分收入都是来自库卡叶的什一税。过去和现在都有很多西班牙人因为从事库卡叶买卖而发财致富。然而，某些人对这些事情一无所知，却慷慨陈词和大写文章，对这种小树大加挞伐。促使他们这样做的唯一原因，就是古代的异教徒和现在某些巫师以及占卜者用库卡祭祀他们的偶像，所以就主张应予彻底取缔和全面禁止。假使印第安人只用这种植物祭祀魔鬼，这倒确实是个不坏的主意。但是需知古代的异教徒和现在的偶像崇拜者们敬献的祭物还有地上和地下生长的粮食、蔬菜和果品，还有酒、冷水、羊毛、衣服、牲畜和其他许多东西，总而言之，是他们所拥有的各种东西。既然这些东西是不应取缔的，那为何要取缔库卡呢？应该做的事是教育他们，让他们摒弃迷信，真心实意地只信奉唯一的上帝，像基督徒那样利用这些东西。”以上是引用布拉斯·巴莱拉神父的原话。为了锦上添花，我们再补充一点没有提到的情况。就是那类小树有一人高，种植时和蔬菜一样，先把种子播在苗圃，待树苗长成后，挖好坑，像种葡萄压条似地把树苗

植入坑内，这时要特别小心，哪怕最细小的须根也不能弯折，否则树苗会枯死。采摘库卡叶时，用手指分别卡住每根树枝，小心翼翼地捋到长出新枝的地方，但不能碰到新枝，否则整个枝条就会枯死。库卡叶子的正反两面，其翠绿颜色和形状同野草莓叶子一模一样，只是库卡叶很薄，三四片加在一起才有一片野草莓叶那么厚。我很高兴能在西班牙碰到如此相似的东西，来同生长在我的故乡而西班牙没有的东西相比较。这样，那边和这边的人便可根据自己的东西去了解和认识对方的东西。采集下来后，库卡叶放在太阳下晾晒，但不能晒得太干，否则会晒褪人们所珍惜的绿色，还会因为太薄而碎成粉末；然而也不能太潮，否则装筐运送时，就会发霉腐烂。所以必须晒到适当程度，干湿恰到好处。筐子是用劈开的藤条编成的，安第斯山地区有大量质地很好、粗细不同的藤类。有一种粗藤叶子很大，宽有三分之一巴拉，长达半个巴拉，用这种叶子把筐口盖严，以防库卡叶受潮，潮气对它损害极大。最后用当地出产的一种苎麻纤维把藤筐绑扎好。如果想一想要用多少东西才能从库卡中受益，那真该更加对上帝感恩戴德，就是他在任何地方都为人们的需要提供了一切，而要把这些都记载下来是难以置信的。倘若所有这些或其中一种东西是从其他地方运来，那么花费的劳动和代价就会超过所能得到的好处。库卡叶每四个月收摘一次，每年收摘三次。但那个地区高温潮湿，随着库卡的生长，会不断滋生大量杂草，如能及时精心剪除，每茬收采可提前十五天以上，这样每年即可收获四次。由此曾引出这样一件事：当我还在秘鲁时，有一个贪婪的收税官贿赂了科斯科范围内一些最肥沃最著名庄园的监工，让他们格外精心，命人及时锄草，通过这种

手段，这位收税官把第二年收税官首次收获库卡叶的什一税攫取了三分之二，因此他们之间打起了一场非常激烈的官司。由于我当时年岁尚小，不知其结果如何。在库卡叶的诸多功效之中，据说还有一项是有利于保护牙齿。关于口嚼库卡叶对增加体力的效用，我记起在秘鲁时听到一位血统高贵、品德高尚的骑士讲的一段故事。这位骑士名叫罗德里戈·潘托哈，在由科斯科去里马克的途中遇到一个穷苦的西班牙人（那边也和这里一样有穷苦的西班牙人），他步行赶路，身上还背着一个两岁的女儿。潘托哈原来同他相识，于是两人就攀谈起来。潘托哈问他："你怎么这样背着个孩子走路？"那位当兵的回答说："我雇不起印第安人来替我背，没法子，只好自己背着走。"当兵的讲话时，潘托哈看到他嘴里塞满了库卡叶。那时候，西班牙人对印第安人吃的和喝的一切东西都很反感，认为都是些同迷信有关的玩艺儿，特别对他们嚼库卡叶深恶痛绝，觉得这是卑鄙下贱的事情。因此潘托哈就问他："既然您说您穷到这个地步，可为什么又像印第安人一样嚼起了库卡叶呢？这可是西班牙人感到恶心和讨厌的事。"那个士兵答道："一点不错，先生。我对库卡叶也深恶痛绝，跟别的西班牙人相比不差分毫。可是需要迫使我不得不学印第安人的样子，嚼点库卡叶。不过我得告诉您，要是不嚼，我就背不动这个孩子了。正是靠了它，我才感到精力充沛，背着孩子也不觉得累。"潘托哈听后大为惊讶，他到处给人讲这段故事。从那以后，很多人开始相信印第安人的话了，原来他们咀嚼库卡叶是出于需要，不是把它当成美食而上瘾成癖。应当相信是这样的，因为库卡叶的味道并不怎么好。后文我们将谈到怎样把库卡叶运到波托西，又怎样在那里进行交易。

关于西班牙人叫作“塔瓦科”（烟草）、印第安人叫它“塞里”的那种植物，前文已经提到过。莫纳德斯医生写下了关于它的一些奇迹。至于菝葜这种植物，不需要谁来赞扬它，因为过去和现在它在新旧大陆治疗脓肿和其他一些严重疾病方面都显示了奇异的功效，这本身就是对它的赞扬。秘鲁还有很多种具有神奇药效的植物，正如布拉斯·巴莱拉神父所言，如果能把所有这些植物都了解清楚，那就无需从西班牙或其他任何地方向那里运送什么药物了。但是西班牙的医生对它们极不重视，因此，就连印第安人过去已经了解到的知识，大部分也已失传了。关于野菜，由于种类繁多又零碎分散，难以详尽记述。总而言之，不管是甜的还是苦的，印第安人都照吃不误，而且生吃，就像在西班牙烧菜或煮汤食用的生菜和萝卜一样，因为普通人不像富人那样有大量的鱼肉可以享用，这就是他们的主要蔬菜了。还有一种叫作“孙丘”（sunchu，一种菊科植物）的灌木，这种灌木以及其他一些类似植物的苦叶，印第安人也在水里煮两三次，放到太阳下晒干，收藏起来以备冬季没有时再吃。他们在寻找和储存可食野菜方面真是不辞辛苦，能吃的东西什么也不放过，甚至连河沟小溪中生长的藻类和虫子，也打捞上来调拌而食。

第十六章 关于家畜和由它们组成的驮队

布拉斯·巴莱拉神父说，上帝赐给秘鲁印第安人的家畜，就像那些印第安人一样性情温顺。就因为性情温顺，随便哪个小孩子都可以把它们（主要是指拉脚的牲口）赶到任何地方去。家畜主要分两类，一类是大牲口，另一类是小家畜。印第安人把所有家畜统称为"利亚马"[①]，即家畜的意思；把牧人叫作"利亚马·米切克"(llama míchec)，意为放牧家畜的人。为了有所区别，他们把大牲口叫作"瓦纳库利亚马"(huanacullama，大羊驼)，因为它们在各方面都很像一种叫作瓦纳库(原驼)的野生动物，唯一区别在于颜色不同：前面说过，家养的大羊驼与西班牙的马匹一样，什么颜色的都有；野生的原驼却只有一种颜色，即浅栗色，后腿内侧颜色更淡一些。这种家畜同西班牙的鹿一样高，与无峰的骆驼最为相似，但身躯只相当于骆驼的三分之二。它的颈修长而平滑，印第安人把它的皮整个剥下，用油脂揉搓，直到变软像经过鞣制一样。他们用这种皮子做鞋底，但由于没有经过鞣制，在过河溪时或赶上多雨季节就把鞋脱下来，否则鞋底着了水，就会变成像肠子一样的东西。西班牙人用它制成漂亮的马缰绳，很像从贝韦里亚[②]带回来的那种缰绳；还用它制作驮椅的宽皮带和驮垫、马鞭和马镫皮带以及短镫马鞍等。除此之外，印第安人和西班牙人还把这种家畜当作运输工具，把商品驮运到他们想去的地方。不过他们最经常行走、最感顺利的地方是从科斯科到波托西，这段路程地势平坦，约有二百莱瓜；也在其他很多地区与波托西矿区之间来来往往，运送粮食、印第安人的衣服、西班牙来的商品(葡萄酒、植物油、干果蜜饯或腌制的食物)以及矿区所需的一切。由科斯科运出的主要是库卡叶。当我在科斯科时，城里驮队一般拥有大羊驼达六百多头、

① 现指大羊驼。

② 古时指北非地区，包括摩洛哥、阿尔及利亚、突尼斯等国。

八百多头、有的甚至达到千头或更多一些。少于五百头的驮队没人看得起。一只大羊驼驮运的重量为三四阿罗瓦，每天行走三莱瓜左右，因为它不是很能吃苦耐劳的牲口。一定不要打破它的常规界限，否则它感到劳累就躺倒在地，无论再怎么折腾，即使把驮的货物卸下它也不肯站起来，到了这时就只好剥它的皮了，除此之外别无他法。如果非要它站起来，走过去拉它，那它就用存在胃里的粪便自卫：把粪便反刍到嘴里，然后向靠它最近的人喷去，而且还要尽量喷到脸上而不是其他部位。它没有别的武器可以自卫，譬如鹿可以用角。虽然如此，西班牙人还是把它叫作“绵羊”，尽管我们已经说过，这是两种迥然不同的家畜。为了不使它们劳累，通常在驮队中带上四五十头不驮货物的“绵羊”，一旦发现哪头牲口驮载不动了，就赶在它倒地之前把货物换到另一头身上，否则一旦躺倒在地，那就别无他法，只好宰杀了事。这种家畜的肉是现今世界上食用肉类当中的佳品：肉质细嫩，味道鲜美，还有益健康。医生总是先让病人吃长到四五个月的小“绵羊”肉，而不吃母鸡和童子鸡。

在布拉斯科·努涅斯·贝拉[1]任总督时期（1544—1545 年），秘鲁发生了多种灾害，其中之一就是这种家畜身上突然爆发了一种疾病，印第安人称为“卡拉切”（carache），即疥疮，是此前从未见过的恶性疾病。疥疮首先出现于后腿内侧和肚子，然后遍及全身，结成两三指厚的痂，特别是在肚子这个最易受疾病侵犯的部位，又

① 布拉斯科·努涅斯·贝拉（卒于 1546 年），西班牙军人。1543 年被任命为秘鲁第一位总督，任内发生贡萨洛·皮萨罗叛乱，1546 年 1 月在阿尼亚基托被皮萨罗打败后处死。

裂开一些两三指深(即和痂的厚度一样)的口子,侵及肉,从里面往外流淌脓血。这样,用不了几天家畜就瘦成皮包骨,最后死掉。这种疾病传染性极强,很快就夺走了三分之二的大羊驼和小家畜——即帕科(paco,即前文出现过的羊驼)以及原驼的生命,印第安人和西班牙人都惶恐不安、惊慌失措。这种疾病又从家畜身上传给了叫作瓦纳库和比库尼亚(vicuña,小羊驼)的野畜,不过它们生活在比较寒冷的地区,也不像家畜那样群养群放,因此发病情况不像家畜那么严重。这种传染病也没有放过狐狸,而且对它更为残酷:1548 年正当贡萨洛·皮萨罗取得瓦里纳战役胜利后待在科斯科时,我亲眼看到,很多遭受这种疾病折磨的狐狸在夜间窜入城里,街上、广场上到处都是死的和活的狐狸,身上都有两三个甚至更多个因生疥疮而烂穿的洞。我还记得,颇为迷信预兆的印第安人根据狐狸的事预言,贡萨洛·皮萨罗必遭失败并有杀身之祸,不久后果然应验了。疾病乍起时,人们在绝望中采取了一些应急措施,其中之一就是把病畜杀死或活埋,阿科斯塔神父在他的史书的第四卷第四十一章中也记载了这件事。后来疫病扩散得那么快,印第安人和西班牙人都不知所措,无法控制,于是就用火烧的办法治疗;还用一些有毒物质、硫磺和药性剧烈的东西煎成汤药,心想也许能够以毒攻毒,然而用药后病畜立即倒地而毙;还把烧得滚烫的猪油涂在疮口上,病畜也是立刻死亡。他们还试用了其他许多方法,我已记不清了,但全部毫无效果。最后,在逐一试用了多种方法后,终于凭经验发现了一种最好的方法。这就是在生疥疮的地方涂抹温热的猪油,同时留心观察家畜是否搔抓后腿内侧——这是疥疮最先发病的地方,以便不等它扩散就及时治疗。

这种办法控制了疾病的蔓延，从而逐渐消除了它所带来的恶劣影响，从那以后，这种疾病就再也没有像初次那样肆虐。由于发现了猪油的这一重大用途，猪的身价倍增。而现在猪已繁殖过多，大概又不值钱了。值得注意的是，这种疾病虽然流传很广，却没有侵害鹿、雄扁角鹿和狍子，想必是因为它们的体质不同。我还记得当时在科斯科，人们认为是圣安东尼奥[①]给他们带来好运气，因此把他当作了驱除这种瘟疫的守护神和保护者，每年为他举行盛大的庆祝活动，现在可能还是这样。

前面说过，大羊驼驮队规模相当庞大，路途也很遥远。尽管这样，牲口的主人却无需像其他赶脚人那样为它们花费本钱，因为在草料、住宿、马掌和马掌钉、马具、驮鞍、驮垫、胸皮带、肚带及其他必需物品上都无需开销。到了宿夜的时候，就卸下货物任它们在田野走动，觅草寻食，一路上都可以这样放养，不必喂草喂料。当然，如果喂玉米，它们会吃得很香，不过这种牲口真是仁义之至，即使不吃粮食也照样干活。它们也不需要钉马掌，因为它们属偶蹄类，而且前后蹄的后面都长有软肉而不长蹄甲。鞍具和驮具也不需要，因为它们身上长着厚厚的一层毛，足以经受负载的重量。运货人要精心装货，把货包分放在牲口脊柱两侧并捆扎好，但不要让煞绳触及脊柱，那是会置它于死地的要害部位。货包不用赶脚人称为带子的那种细绳连结，因为这种牲口没有驮鞍和驮垫，货物往下坠压，细绳会勒进肉里。货包是用粗麻布缝在一起，虽然接缝压

① 圣安东尼奥（即圣阿巴德，251—356），古代上埃及隐士，后人尊奉他为家畜的庇护神。

在脊柱上，但隔开了煞绳，因此对牲口无害。前面讲过，两个货包需同时装卸，一个人力不胜任，需两人合作，每两个印第安人负责二十五头牲口。商人都带着帐篷，如果想在哪里落脚，就在哪里支起并把货物搬进去。他们不到村镇里安歇，那样还必须把牲口在田野里牵来赶去，这太麻烦了。从科斯科到波托西往返一趟需要四个月，来去各两个月，不包括出售货物的时间。在科斯科，一头精选的"绵羊"价值十八个杜卡多，次等的则能卖十二或十三个杜卡多。从科斯科运出的商品，主要是库卡叶和印第安人穿用的衣物。以上所说情况均系我在秘鲁时的事，也是我亲眼目睹的，然而现在情况如何，我不得而知。我曾同许多这样来回贩运的人交谈过，有些贩卖活动中，一筐库卡叶可以卖到三十多个金比索。他们运去价值昂贵的货物，卖出后携带价值三万、四万、五万甚至十万比索的白银返回。虽然如此，印第安人和西班牙人都只有本驮队人员，既没有别人陪伴，又无其他安全措施，毫无顾忌地露宿荒野，因为他们碰不上窃贼和剪径强盗。在以赊账方式买卖货物或当地居民收到租金或借款时，也同样安全可靠，即使涉及的货款或借款数目很大，也全凭君子一言，根本不需要任何书面凭证或借条，但是一言既出，必守信用。经常有这样的事：某个西班牙人把别人欠他的钱赌输了，而欠债人却远在他乡，这时他就对赢家说："请您告诉某某人，把他欠我的钱付给您，因为我已经把这笔钱输给您了。"不管债务的数额多大，仅凭这样一句话，赢家就能得到信任而收回那笔欠款。当时那里就是这样以信义为重，每个人都相信别人，别人也相信他。不管是商人，还是拥有印第安人的领主或士兵，大家都恪守信用，以诚相待，所以旅行安全无虞，真可称为黄金

世纪。我想现在那里大概仍然如此。

在没有战事的和平时期，许多出身高贵的军人不愿意游手好闲，也来往于科斯科和波托西之间，干起了贩卖库卡叶和印第安人服装的生意。他们只批发而不零售，不像做西班牙布匹衣服生意那样，必须在店堂里按照尺寸卖，因此这种用自己的畜群进行贩运的事谁都能干，不管出身如何高贵。他们中间有许多人悠闲自得地干起了长途贩运，由于不必紧跟着牲口一块行进，他们总是带着两只猎鹰、几只猎狗和火枪，当“绵羊”驮队缓缓行进时，他们便来往于道路两侧，边赶路边打猎。等到需要宿营安歇时，他们已猎获了十来只石鸡，或一只原驼、小羊驼或鹿什么的。那里是一片广阔天地，什么都有。在往返途中，他们就是这样优哉游哉，消遣娱乐。由此看来，他们主要是找机会打猎解闷，而不是经商。有钱有势的豪绅对那些出身高贵的军人这样做也艳羡不已。何塞·德·阿科斯塔神父在第四卷第四十一章中对这种大牲口及其用途也大为赞扬。

至于叫作“帕科利亚马”（即羊驼）的小家畜，就没有那么多好讲的了，它们既不能负重运输，也不能派其他用场，只能供吃肉和剪毛。肉的质量稍逊于大羊驼，毛却特别长，质量也非常好，用以制作衣服，则是我们说过的三种精致衣服之一。印第安人染色技术高超，染出的织品色泽鲜艳，而且永不褪色。大、小两种家畜的奶汁，印第安人都没有利用，既不做奶酪，也不喝鲜奶。不过它们的奶汁也确实不多，仅够哺育它们的幼崽。我在那里时，只从马略尔卡岛一个地方向秘鲁运送奶酪，被视为贵重物品。印第安人把奶汁叫作“纽纽”（ñuñu），乳房也叫“纽纽”，而且母亲喂奶和孩子吃奶也都叫“纽纽”。至于那时印第安人的狗,则与欧洲的纯种狗没有什么不同,不过他们只有在西班牙叫作戈斯克的那种好吠的狗,有大的也有小的,都叫作“阿尔科”(alco),意思就是狗。

第十七章　关于野生畜类和其他野生小动物

在西班牙人到达之前,秘鲁的印第安人只有两种家畜:即我们说过的羊驼和大羊驼。至于野畜则种类较多,但就像我们讲述他们到一定时候打猎时所说,他们把野畜也当家畜用。有一种叫作瓦纳库(原驼)的野畜,家畜大羊驼与它很相似,故而他们把大羊驼也叫作瓦纳库,因为这两种牲畜的大小、形状和皮毛完全一样。野生瓦纳库的肉虽然不如家畜好,但也很鲜美。总而言之,它们在各方面都非常相似。当雌性瓦纳库在低处吃草时,雄的总是站在高岗上观察动静,一旦发现有人,就发出一种类似于马的嘶叫声向雌兽报警;如果看到有人走来,它们就由母兽在前、公兽在后一齐奔逃。这种瓦纳库毛短而粗糙,可是印第安人也用它制作衣服。当我在秘鲁时,人们用猎犬驱赶它们,大量捕杀。

还有一种类似小家畜羊驼的野畜,人们叫它“比库尼亚”(小羊驼)。这是一种瘦弱的动物,肉不多,但毛浓密而细软。阿科斯塔神父记述了这种动物有多种很好的药用价值,对西印度其他许多鸟兽也有这样的记述。然而由于这位神父阁下写的是整个新大陆,因此应当注意他专门描写秘鲁事物的那些部分。在我们谈及的事物中,很多问题我都尊重他的意见。小羊驼的身体高于山羊

(包括最大的山羊),皮毛近似浅栗色,由此人们给它取了一个名字——莱昂纳多(狮子皮色的动物)。小羊驼矫健灵活,什么样的猎狗也追赶不上,要用火枪猎杀或者像印卡帝国时期那样围猎捕杀。它们生活在荒无人烟的高山区,接近于雪线。小羊驼的肉可食,但不如大羊驼肉那样鲜美,印第安人则视为贵重之物,因为他们难得吃上肉。

秘鲁也有鹿,然而个头要比西班牙的小得多,印第安人把它们叫作"塔鲁卡"(taruca)。印卡帝国时期这种动物遍地皆是,有时甚至会闯进印第安人的村庄里。那里也有狍子和扁角鹿。现在人们从所有这些动物身上剥取毛粪石,但我在那边时这是不可想象的事。那里还有薮猫,人们叫它"奥斯科略",有两三个不同品种。那边也有狐狸,但比西班牙的小得多,人们叫它"阿托克"(átoc)。还有一种比家猫还小的动物,印第安人叫它"阿尼亚斯"(añás)[①],西班牙人则叫它小狐狸。这种动物能放出一种极为强烈的恶臭,刺鼻的臭味如果变成香味,那将比琥珀和麝香还要珍贵。它们夜间窜到村里活动,尽管远离房屋百步之外,而且门窗紧闭,还是能闻到它的臭气。幸亏这种动物数量很少,如果很多的话,人们非给它熏得中毒不可。那里有家兔也有野兔,叫作"科伊"。两种兔子皮毛的颜色和肉的味道都不一样,它们同西班牙的兔子也不相同。有人把那里的家兔带到西班牙,但不受人们重视。而印第安人难得吃到肉,因此视为珍贵之物,只是在盛大庆典时才吃兔肉。还有一种兔子名叫"维斯卡查"(vizcacha,鼶),尾长似猫,生活在终年

① 一种臭鼬。

积雪、罕见人迹的高山区，然而这也保护不了它们，仍然遭到捕杀。在印卡帝国时期和以后的若干年里（我还赶上了），印第安人用鼬毛纺成线，为他们的精美服饰锦上添花。鼬毛的颜色是浅褐近灰，质地柔软，是印第安人珍贵之物，只用于贵族的服装上。

第十八章　狮子、熊、老虎和猿猴

秘鲁有狮子，但数量很少，也不像非洲狮那么大、那么凶猛，人们把它们叫作“普马”（美洲狮）。那里也有熊，但是极少，因为在秘鲁全部领土上没有丛林密布的峻岭险峰，也就没有这种凶猛野兽的栖身之所。还有一个原因，就是我们说过的历代印卡王在狩猎时命令捕杀狗熊。他们把熊叫作“乌库马里”（ucumari）。老虎只生活在丛林密布、地势险要的安第斯山区，那里还有叫作“阿马鲁”的巨蟒，有二十五甚至三十西班牙尺长，比大腿还粗。还有多种较小的蛇，他们叫作“马查克－瓦伊”（machác-huay）。另外还有有毒的蝰蛇和其他多种有害的小兽，而这些在秘鲁本土上都没有。有一位我认识的西班牙人，在科斯科界内的安第斯山区杀死一只很大的雌性美洲狮，它爬到一棵高树上，我的朋友向它射了四箭才把它射下来。在它腹中发现两只小兽，是虎崽儿，身上有其老虎父亲的斑纹。老虎在我的故乡素有最凶猛野兽的名声，然而在秘鲁通用语中它的名字叫什么，我却记不得了。我为这类疏忽责怪自己的记忆力，它则反驳我为何由于我的过错去责怪它？要知道我已经有四十二年的时间既没有讲那种语言，也没有用那种语言阅读。倘若有人想责备我忘掉了自己的语言，姑且就让这一理由为我开脱吧。我认为老虎的名字叫“乌图伦库”(uturuncu)[①]，尽管阿科斯塔神父大人把这个名字给了熊，他用的是“奥托龙科”(otoronco)，这是因为西班牙语发音不纯所致。我不清楚我们两个是谁记错了，但我认为是神父阁下。安第斯山区还有一种类似于牛的动物，个头和小个的牛相仿，但头上不长角。它的皮革非常结实，很适于做战袍，有人称赞说它甚至比锁子甲还坚固。那里的野猪有些像家猪。在与秘鲁毗邻的安第斯山区，所有这些动物的数量都不多，我也不想扯远了，去叙述那些更远的安第斯山区。秘鲁还有很多猿猴，有大的也有小的，有有尾巴的，也有无尾巴的。

关于猿猴的情况我们本可以说得很多，然而阿科斯塔神父大人已经在他那部书中的第四卷第三十九章有长篇记述，而且同我从印第安人和西班牙人那里听到的以及我所见到的部分情况是一致的，因此我想把神父阁下的记述照录如下：“在岛屿、大陆和安第斯山区所有的山上都有无数的猿猴。它们原属无尾猕猴类，不同的是它们有尾巴，而且很长；其中有几种身体约为普通无尾猕猴的三四倍，有的全身黑色，也有浅黄色的，棕褐色的，花斑点的和其他颜色的。它们的敏捷灵巧和聪明机智令人惊讶，好像会思维、通理性。它们在树上攀跳如飞，宛如禽鸟一般。当我从农布雷德迪奥斯去巴拿马时，在卡皮拉河看见一只这样的猴子从一棵树上跳到河对岸的另一棵上，真使我惊讶不已。这种猴子通常用尾巴缠住一条树枝，然后悠向想去的地方。如果中间距离太大，一次跳不

① 可能作者有误，据查现有的《克丘亚语－西班牙语词典》，“乌图伦库”是一种虎。

过去,它们就用一种颇为滑稽的巧妙方法:一只猴子抓住另外一只的尾巴,许多猴子连成一串,然后一起像荡秋千那样悠来荡去,位于末端即最下面那一只,借助其他各猴悠荡的力量奋力一跳,抓着对面的树枝紧紧攀住,让这条一只紧抓另一只尾巴的猴子锁链全部悠到对岸。猿猴搞的恶作剧、鬼把戏和调皮勾当,真是难以尽述。如果教它们做些什么事,从它们表现出的聪敏来看,那简直不像野生动物,而是颇通人性。我在卡塔赫纳省督家见过一只猴子,人家告诉我它干的那些事似乎难以置信:例如给它一只手里放上钱,另一只手里放上酒壶,让它去小酒馆买葡萄酒;如果不把装好酒的酒壶递给它,就休想从它手里拿到钱。假若路上有小孩喊叫恫吓或用石块扔它,它会把酒壶放到一旁,抓起石块反扔过去,直到能够安全通行才住手,然后再回来拿起酒壶赶路。更有甚者,尽管这个小猴颇有酒量(我曾看到过它的主人从高处倒酒,它在下面接着喝),然而如果不给它喝或不允许它喝,它就连酒壶也不碰。人们还告诉我,如果看到梳妆打扮过的妇女,它就跑过去把头饰扯下来,把头发弄乱,对人家很不友好。这些情况我没有见过,也许有点夸张,但我确实认为,没有任何动物能像这种猴子那样对人的谈话如此心领神会、善解人意。关于猴子的故事人们讲了很多,但为了不致显得我相信这些神奇故事,也免得别人认为确有其事,因此我觉得最好还是把这个题目暂搁一边。不过应该感谢造物主,看来他完全是为了人类能够消遣娱乐,才创造了这么一种滑稽可笑、令人忍俊不禁的动物。有的记载说,还从西印度把这种猴子带到所罗门群岛,然而我却认为那是从东印度带去的。”以上是引用阿科斯塔神父大人的原话。这里我想补充的是,母猴是背着

抚养幼崽儿，一直到它们能够独立生活为止；小猴崽儿双臂搂着母猴的脖子，两腿盘在母猴身上。神父大人说的许多猴子结连成串，那是为了跨越一下子跳不过去的河流或大一些的小溪。正如前面说过的那样，先找好两棵隔河相望的树，整串猴子攀在此岸的树上，像打秋千似地悠荡，让最下面的猴子悠过去抓住对岸的树枝；然后它顺着树枝向上攀登，等爬到与对岸抓住树枝的猴子处于同一高度时，就大声啼叫让它放手。对岸的猴遵命行事，这样猴子们好像是老练的士兵，运用它们遇到危难时的力量和智慧，一下子悠过河，越到对岸。由于猴子彼此之间能理解啼叫的意图（我认为所有的飞禽走兽都能与同类用叫声交流），印第安人就说它们会说话，只是为了不让西班牙人听懂话后掠走黄金白银，它们才在西班牙人面前装哑。还说猴子为了帮助印第安人妇女，常替她们背孩子。关于猿猴，还有很多荒诞不经的故事，这里就不一一叙述了。

第十九章　关于陆上和水中的家禽和野禽

秘鲁的印第安人没有更多的家禽，只有一种鸭子，因为很像此地的鸭子，西班牙人也就把它叫作鸭子。它们个头属于中等，既不像西班牙的鹅那么高大，也不像这里的鸭子那么矮小。印第安人把它们叫作“纽纽马”（ñuñuma），这个词从“纽纽”一词演变而来。“纽纽”意为吃奶，因为它们用嘬吮的方式吃食，就像吃奶一样。我的故土那边没有其他家禽。然而说到空中、淡水和海水中的禽鸟，我们将把能够想到的尽量加以介绍，但由于数量巨大、种类繁多,要说出其中的一半甚至四分之一恐怕也是不可能的。先说鹰,那里的鹰尽管没有西班牙的大,但种类齐全,既有名贵的也有一般的。那里有善于捕猎的游隼,有些和这里的相似,有些则不同,印第安人把它们统统称为“瓦曼”(huaman)。有一种比较小的游隼,我在此地见过几只,是从那边带过来的,人们视为珍禽。我的故国有一种叫作“涅夫利”(ñeblí)的鹰,羽翼雄健,双爪锋利,全身几乎都是深褐色。1557 年科斯科有一位塞维利亚的骑士,自称驯鹰有术,使出浑身解数训练了一只涅夫利鹰。这只鹰可以飞落在他手上,也可扑向远处的诱饵,但从未按他的命令捕获过任何猎物。他虽苦心训练,却徒劳无益,为此十分沮丧。还有一些身躯硕大、可以归于猛禽类的飞鸟,印第安人叫它“昆图尔”(南美产的一种秃鹰),西班牙人则叫它孔多尔(cóndor)。西班牙人打死很多这类秃鹰,为了准确地说出大小,对它们进行了测量,结果是两翅尖端之间的距离为十五或十六西班牙尺,按巴拉计算则合五又三分之一巴拉。秃鹰没有鹰那样的利爪,大自然为了减少它们的凶猛程度,没有让它们生利爪。它们的爪子像鸡爪,但是用喙捕食就绰绰有余了,那喙坚硬犀利,能啄透牛皮。两只秃鹰能攻击一头牛并把它吃掉,也发生过单独一只秃鹰攻击并吃掉十一二岁孩童的事情。它们的羽毛像喜鹊那样黑白相间。这种秃鹰数量不多,如果多了,可能把家畜都咬死。秃鹰头上有一个像折刀似的平冠,不像鸡冠那样有尖。当它从天空飞扑下来时,发出的呼呼声响足以令人心惊肉跳。

阿科斯塔神父大人在第四卷第三十七章谈到新大陆的禽鸟时,特别记述了有关秃鹰的情况,笔者从中摘引几句以飨愿意了解奇异事物的读者。他这样写道:“人们叫作秃鹰的是一种躯体庞大、力大无比的猛禽,它们不但能够撕裂和吃掉绵羊,还能撕裂吃掉牛犊。”

相反,神父阁下还写到秘鲁拥有的一种小鸟,西班牙人叫它“托米内霍”(tominejo,蜂鸟),而印第安人则叫它“肯蒂”(quenti)。蜂鸟的羽毛呈闪绿色,与孔雀颈上最细处毫无二致。它们像蜜蜂一样穿行花间,以其长长的尖嘴吮吸花蕊中的液汁或蜜水。这种小鸟非常小,对此神父阁下作了精彩描写,“在秘鲁有一种叫作蜂鸟的小鸟,这种鸟小极了,当我看到它们在飞行的时候,曾多次怀疑它们究竟是蜜蜂还是小蝴蝶,然而它们却是地地道道的鸟”,等等。当人们听过那片土地上拥有大小如此悬殊的两种禽鸟后,再说处于它们两个极端之间的其他禽鸟,他们就不会感到惊讶了。有一种体大毛黑的禽鸟,印第安人叫它“苏云图”(Suyuntu),西班牙人则叫它“兀鹫”。它们性喜食肉,而且十分贪吃。一旦在田野发现死兽,它们就拼命啄食,直吃得腹内沉沉,虽然本身体重很轻也无法飞起来。这时如果觉得有人靠近,它们就一边拖着翅膀奔逃,一边把吃进去的肉再吐出来,以便减轻负担重新腾飞。观看它们贪得无厌拼命抢食,然后又气急败坏、狼狈不堪地再吐出来的情景,倒是一件饶有趣味的事。这时人们如果快跑几步,就可以追上并杀死它们。然而,兀鹫既不能吃也没有任何用途,只能清除抛在街上的秽物,所以尽管人们能够捕杀它们,但并不这样做。这种兀鹫不属于猛禽。阿科斯塔神父说,他个人认为兀鹫属于乌鸦一类。

与这些禽鸟相似的还有一种海鸟,西班牙人叫它们“阿尔卡

特拉斯"(鲣鸟)。它比地鹣略小一点,捕鱼为食,而观赏它们如何捕鱼是一大趣事。每天上下午的固定时间里——大概是鱼儿游到水面或者是鲣鸟最饥饿的时刻,它们成群结队地飞上飞下,好像悬在空中的高塔。它们在空中收拢双翅,像从高空向下搏击的游隼那样冲向海面,一头扎入水中直至捕捉到鱼。鲣鸟有时在水中停留很长时间,似乎已经淹死了,其实那多半是因为鱼儿躲来藏去不易捉到的缘故。正当人们越来越怀疑它们已经淹死的时候,却看到它们嘴中叼着鱼儿冲出水面,一边腾空一边吞食。一些鲣鸟由空中俯冲扑向海面,潜入海里时发出啪啪的击水声,同时另一些嘴叼鱼儿冲出水面,还有一些俯冲到半空时,不知时机是否适宜,又折身而回,飞上高空,观看这种情景真是令人心旷神怡的妙事。总之,二百多只鲣鸟在空中扑下冲上、翻飞不停,就像铁匠的锤子一样举上打下,轮番运动。除了鲣鸟外,还有许多成群结帮的其他海鸟,数量之多,仅耳闻而未目睹是难以相信的。各种海鸟大小不一,大、中、小个的都有。当我途径南海时,曾多次仔细观察,有的鸟群之大,我觉得从最前面的鸟到最后的鸟之间约有两莱瓜多长;那么多鸟儿密密麻麻地结队飞行,真是遮天蔽日,蔚为壮观。飞行途中,有些鸟儿降落到水面上歇息,有些经过歇息又重新飞向天空。观赏到这么多的鸟儿真是件奇妙绝伦的事情,它使人们浮想联翩,不禁要感谢上帝,是他创造了那么多的海鸟,又创造了那么多鱼儿让它们捕食。关于海鸟的情况就说到这里。

在回过头来继续介绍陆上的禽鸟之前,还应接着说一说水鸟。秘鲁的江河湖沼中有无数的水鸟:草鹭和苍鹭、野鸭、骨顶鸡以及这边叫作"火烈鸟"的涉禽。那里还有很多其他种类的水鸟,当时我没有注意观察，所以说不出它们的名字。还有一种躯体很大的涉禽，比白鹳还大，捕鱼为食。它全身的羽毛洁白如雪，一点杂色也没有。它们的腿很长，成对成双地生活，看起来很漂亮，但好像数量不多。

第二十章　关于石鸡、鸽子和其他较小的鸟类

在我故国的土地上有两种石鸡：一种像刚开始生蛋的小母鸡那么大，生活在印第安人称为“普纳”（puna）的高原上；另一种则小于西班牙的石鸡，其肉味道鲜美，胜过大个的那一种。两种石鸡均为棕褐色，嘴和脚却是白色。严格说来，小个石鸡的羽色很像鹌鹑，只是没有白色的斑点，印第安人叫它们“尤图”（yutu）。这是取叫声作为名字，它们叫起来就是“尤特尤特”的。印第安人不只是用石鸡的叫声为它取名，还依据叫声为很多禽鸟取了名字。本卷书中将介绍一些。印第安人还用同样的方法为另外一些东西取名，谈到时再作介绍。至于西班牙的石鸡是否已经传到了我的故乡，我尚不知晓。那边有一种白颈蓝灰色的野鸽子，大小、羽色和肉质都和这边的同种鸽子一样，印第安人把它叫作“乌尔皮”（urpi），意思就是鸽子。从西班牙传到那边的家鸽、印第安人叫它“卡斯蒂利亚乌尔皮”（Castilla urpi），即卡斯蒂利亚鸽子，为的是说明这是从西班牙带过去的。那边的斑鸠与西班牙的大致一样，只是个头略大一点，印第安人叫它“科科瓦伊”（cocohuay）。前两个音节取的是这种鸟的叫声，声音发自喉咙里面。因此，它的名称更像

鸟儿本身的叫声。

还有一种小斑鸠,大小和羽色都与百灵鸟相仿,与这里的麻雀一样生活在屋檐下,也有一些生活在田野里,整个说来数量不多。那边还有一种棕褐色的小鸟,因为羽色和大小同麻雀相似,西班牙人把它们叫作“麻雀”,但是叫声却不一样,它们的叫声非常柔和动听。印第安人把这种小鸟叫作“帕里亚·皮丘”(paria pichu),它们在房屋的篱笆和墙壁、在一切生有灌木的地方和田野里筑巢。还有一种橙黄色的小鸟,因为颜色相像,西班牙人叫它“夜莺”,然而叫声却有天渊之别,前者叫起来不堪入耳,古时印第安人就把这种鸟叫当作凶兆。还有一种深褐色小鸟,西班牙人称为燕子,其实是雨燕,不是燕子。它们是候鸟,十来个一群栖息在屋檐的缝隙里,是在当地村中生活、离人最近的鸟类。在那边,起码是在秘鲁山区我没有见过燕子或楼燕。平原地区的禽鸟和山区的一样,海鸟不在此列,它们属于另外一类。那片土地上没有小鸨、沙鸡和田鸫,也没有仙鹤和地[illegible],也许还有其他的禽类,但是我记不得了。在也属于科斯科印卡帝国的奇利王国有鸵鸟,印第安人称作“苏里”(suri),但羽毛不像非洲鸵鸟那样柔软光滑、色彩斑驳,只有棕褐与白两色。这种鸵鸟不能飞,但是跳跃式奔跑却轻捷迅疾,胜过马匹。西班牙人捉到过几只鸵鸟,骑上他们的马跟它比赛,结果一匹、甚至两匹马接力跑也赛不过一只鸵鸟。秘鲁还有“金翅雀”,西班牙人叫它这个名字是因为它的羽毛只有两种颜色:黄色和黑色。它们是群居。印第安人把它叫作“查伊纳”(chaina),也是根据它的叫声而取名。此外还有其他多种名目的大小禽鸟,由于种类太多而我的记忆力有限,就不能一一叙述了。但我记得那边还

有一种红隼，与西班牙的红隼很相似，但更为活跃，有些以鸟为食。我在尤凯平原曾看到过两只红隼追捕一只小鸟，它们是从远处一路追来，小鸟躲进一棵枝叶繁茂的大树里面。（在印第安人的异教信仰中那是一棵神树，因为他们历代的印卡王都曾在那棵大树下观看在这片美丽的平原上举行的庆典活动。当我离开秘鲁时，大树仍巍然耸立在那里。）这时红隼施展它们天生的技巧，一只钻入树中驱赶小鸟，另一只则在大树上空盘旋，观察小鸟从哪里出来。当小鸟在第一只红隼的驱赶下从枝叶间刚一露头，它就像涅夫利鹰似地由空中扑下去，小鸟再次躲进树冠。由空中扑下来的那只红隼跟着钻进树冠驱赶，而原先钻入树冠的那只红隼则像另一只起初那样飞入空中盘旋，监视小鸟飞出来的地方。两只红隼就这样一只驱赶，一只监视，轮番四次飞出飞进，小鸟四次都躲进树冠，拼命挣扎以求逃生。到第五次，小鸟终于甩掉红隼向河的对岸飞去，在那边一座古老房屋的断壁残垣中逃脱了它们的追捕。这使当时观看这一猎捕场面的四五个西班牙人感到高兴和欣慰，并对神奇的大自然赞叹不已，它向自己所有的创造物，甚至包括这样的小鸟，传授了生存的本领：就像随时随地都可看到的那样，一些生物会机智巧妙地攻击，另一些则会机智巧妙地逃避。那边有多种野蜜蜂，至于放在蜂箱中饲养的家蜂，过去印第安人没有，迄今为止西班牙人也没有带过去。野蜂生活在岩石的缝隙和凹洞以及树穴里，寒冷地区的野蜂因借以生存的花草量少质差，产蜜也很少，而且味道又苦又涩，蜂蜡色黑，毫无用处。温暖或炎热地区的野蜂，可以到大量上好花草中觅食，酿出的蜜质地优良：色白纯净，芬芳甘甜，带到寒冷地区会自行凝固，犹如砂糖。这种蜂蜜不仅可

供食用，而且有多种药用。人们发现它用途极广，故视为珍贵之物。

第二十一章　鹦鹉的种类和学舌本领

安第斯山区有鹦鹉，它们种类很多：大的、中等的、小的、“袖珍的”和特微小的都有。特小的那种比百灵鸟还小，而大的则像大个的游隼。有的鹦鹉全身羽毛是一种颜色，有些是两种颜色：绿色和黄色或者绿色和红色；还有些则是多种不同的颜色，特别是西班牙人称之为“瓜卡马亚”（赤鹅鹎）的大鹦鹉，可谓五光十色、斑斓多姿。这种大鹦鹉尾羽修长，而且很美，印第安人视为珍贵之物，用来在节日活动中装饰打扮自己。也正是因为这种羽毛非常艳丽，颇负盛名的乔万尼·薄伽丘[①]在他那部趣味横生的小说《洋葱头》中写过它。西班牙人为大小不一的鹦鹉取了不同的名字：特小的叫作“佩里基略”[②]，稍大一些的叫“卡塔尔尼利亚”[③]，更大一些也更会学舌的叫“洛罗”[④]。最大的那种叫“瓜卡马亚”，最不善于学舌，而且几乎从不说话，只是因其羽毛漂亮、色泽艳丽，可供观赏。这几种不同的鹦鹉已经带到西班牙，用笼子饲养，听它们学舌取乐。另外还有几种，但未带到西班牙，可能是因为它们比较笨拙。1554 到 1555 年间，波托西有一只嘴巴乖巧的“洛罗”鹦鹉，每当男女印第安人沿街而过，它就按照人家所属省份或部族的名称

① 乔万尼·薄伽丘（1313—1375），意大利诗人、作家。人文主义的重要代表和意大利文艺复兴运动的先驱，其代表作有《十日谈》等。

②③④ 均为鹦鹉。

准确无误地叫喊：科利亚人、云卡人、瓦伊鲁人、克丘亚人等等，因为从印卡帝国时期起，印第安人为了互相区别就佩戴不同的头饰，这只鹦鹉会辨认出来。有一天，一位漂亮的印第安妇女从鹦鹉所在的那条街道经过，随身带着三四名女仆，极力装出王室血统“帕莉娅”那种贵妇人的派头。鹦鹉见到后哈哈大笑，随口叫道：“瓦伊鲁人！瓦伊鲁人！瓦伊鲁人！”那是一个名声不佳、颇为人们看不起的部族。那位妇女羞愧难当，很难为情地穿过面前的人群（因为总有许多印第安人在鹦鹉周围听它学舌）。当她走近鹦鹉时，向它啐了一口痰并骂它“苏派”——即魔鬼的意思。在场的印第安人也都叫她“瓦伊鲁人”，虽说她乔装成帕莉娅，但他们都知道她的底细。几年前在塞维利亚的卡尔德弗兰科斯也有一只鹦鹉，当它看到一位不称职的医生经过时，就说了一大串侮辱性的话，迫使医生告了鹦鹉一状。司法部门下令鹦鹉的主人不得把鸟放到街上，否则就把它交给受辱的人。印第安人把所有的鹦鹉统称为“乌里图”（uritu），即鹦鹉的意思。由于鹦鹉喜欢成群结队行动，飞起来叫声嘈杂，令人心烦气恼，印第安人俗语中就把那些喋喋不休令人生厌的人称为“乌里图”。就像杰出的诗人阿里奥斯托[①]在其诗作第二十五章中所说的“少知多言”那样，对这种人，印第安人切中要害地对他们说：“快闭嘴吧，鹦鹉！”鹦鹉最喜欢吃玉米。在整个秘鲁的平原地区，到了玉米成熟的季节，鹦鹉就飞出安第斯山区觅食，毁坏大量玉米。它们在高空中劲飞翱翔。赤鹈鹕

① 卢多维科·阿里奥斯托（1474—1533），意大利诗人、作家，代表作为长篇传奇叙事诗《疯狂的罗兰》。加西拉索在文内提及的诗作，估计指《疯狂的罗兰》。

因笨拙不灵、个大体重,不离开安第斯山区。前面说过,鹦鹉喜欢成群结队地行动,但每一种类均分别行动,不与其他种类混杂。

第二十二章　关于四条著名的河流和生长在秘鲁江河中的鱼类

前面我忘了介绍秘鲁印第安人拥有的江河以及生长在江河中的淡水鱼。显而易见,那里有许多大江大河,但为了不使读者厌烦,我不想一一赘述,只介绍其中最大的四条。格兰德河,又名马格达莱纳河,它在卡塔赫纳和圣马尔塔之间入海,根据海图标示,入海口宽达八莱瓜。这条大河发源于秘鲁山区,水流湍急,一泻千里地冲入大海十至十二莱瓜,一望无际的大海也抵挡不住它那汹涌澎湃的激流。奥雷利亚纳河——我们叫它这个名字以区别于马拉尼翁河,根据同一份海图,其入海口有五十四莱瓜宽,而且只多不少。不过有些著述者认为它的入海口只有三十莱瓜宽,有人认为还要更小些,也有人认为有四十莱瓜宽,还有人认为有七十莱瓜宽。我觉得应当尊重航海者的意见,那不是口头意见而是亲身经验,因为那些终年在海上航行的人是不能只相信自己的意见,而必须掌握经过核实的真情的。那些认为入海口宽度为七十莱瓜的人,丈量的是一条斜线,需知入海口两边的陆端并不是整齐划一的:河口左边的陆端深入海中的距离远远大于右端的距离。这样,在从一个陆端到另一个陆端进行丈量时就成了斜线,所以有人说是七十莱瓜,倒也属实。但按直线丈量,就只有五十四莱瓜宽,领航员对此是非常清楚的。那条大名鼎鼎的河流的几个源头都位于

科斯科西边和南边之间(海员们称为西南)的昆蒂苏尤地区,河流在城西十一莱瓜处流过。离开该河源头不远就无法涉渡,因为河里水量很大,水流湍急,河床狭窄,两岸都是悬崖绝壁。从河岸到白雪皑皑的山顶高达十三、十四甚至十五莱瓜,几乎直上直下。这是秘鲁最大的河流,印第安人叫它阿普里马克(Apurimac),意为正在说话的文官或武将,因为"阿普"(apu)有两个意思:文官或武将。为了进一步颂扬它,印第安人还给它取了另外一个名字:"卡帕克马尤"(Capac Mayu)。马尤的意思是河流,卡帕克是献给他们国王的称号,以此称呼这条河,意思是说它是天下诸河之王。这条河流在秘鲁境内的部分就叫这几个名字,但直到流入大海是否仍叫这些名字,或者在它流经山区的部族又为它取了其他什么名字,我就不得而知了。1555年,由于冬季雨水过多,一块山体塌陷,大量的山岩、石块和泥沙把河流拦腰截断,封堵得严严实实,三天三夜没有一滴水通过,最后,积蓄的大水漫过堵在河里的山石。在河流被拦断处下游居住的印第安人看到这条水量巨大的河流顷刻之间干涸,还以为是世界末日到了呢。山石形成的水坝提高了上游十四莱瓜河床的水位,直到从科斯科通往诸王之城的王室大道的桥梁那里。这条阿普里马克河自南向北,由发源地到昼夜平分线,流经五百多莱瓜的陆地,然后调头东去,几乎在昼夜平分线之下又蜿蜒东流六百五十莱瓜(直线距离)后汇入大海。据弗朗西斯科·德奥雷利亚纳说,如果算上它曲折弯转的部分,向东流入大海这一段流经的距离要超过一千五百多莱瓜。他同贡萨洛·皮萨罗在发现他们所称的卡内拉岛时,曾在该河中顺流而下航行过,这在后面再叙述。据海图标示,不算曲折弯转,这条河流由西向东

的长度是六百五十莱瓜。航海者只管绘制海洋和沿岸情况，一般不会越俎代庖去绘制陆地上的情况，但就这条河而言，他们倒也想打破惯例。需知这是世界最大的河流，因此有人说它的入海口有七十莱瓜宽，并使周围一百莱瓜之内形成一片淡水海，这并非没有道理。因此，根据奥雷利亚纳的记述（戈马拉在其史书第八十六章中也证实了这一点），加上我们前面说的五百莱瓜，算上左曲右弯的流程，这条河流的全长有两千莱瓜，最后在昼夜平分线上垂直地注入大海。这条河流名叫奥雷利亚纳河，因为这位骑士于1543年在河里航行过，尽管塞维利亚几位姓平松的人早在1500年就发现了它。之所以又为它取名亚马孙河，是因为奥雷利亚纳和他的部下看到该河两岸的妇女在同他们战斗时异常英勇，不让须眉（拙著《佛罗里达》那部史书就写到过这种情况），当然这并非因为那条河里有亚马孙女战士，而是说那里的妇女英勇善战，就像亚马孙女战士[①]一样。那条河中有许多大大小小的岛屿，海水涨潮时可溯流而上一百多莱瓜，仅凭这一点就不愧是名扬天下的河中之王。名叫马拉尼翁的那条河流，在奥雷利亚纳河以南七十多莱瓜、即往南三度处入海，入海口宽达二十多莱瓜。它发源于秘鲁东部高山地区的巨大湖泊，这些湖泊是由秘鲁境内许多雪山流下来的大量积水形成的。由于这两条水量非常丰富的大河在注入大海时相距极近，它们分别注入海中的河水汇集在一起，连大海也无法分

① 亚马孙女战士，古希腊神话中居住在黑海沿岸塞西亚地区的勇猛女族。她们不允许男性与她们共同生活，但同邻近部族男子有两性关系。她们生下子女，男孩子要么杀死，要么送给他们的父亲；女孩则留下来，让她们练兵习武，而且为了不影响使用弓弩，把右边乳房切除。在希腊语中，“亚马孙”就是“无胸”的意思。

开。这使得这片“甜海”在世界上首屈一指,也使得奥雷利亚纳河的名声超过马拉尼翁河,因为人们认为那些淡水都是奥雷利亚纳河注入的。我怀疑由于河水汇集在一起,人们是把马拉尼翁河名称用在奥雷利亚纳河上,把它也叫成马拉尼翁河,从而把两条河混成一条河。最后要说的一条河西班牙人叫作拉普拉塔河,印第安人则叫它巴拉瓦伊河。前面我们曾说过为什么给它取了这个西班牙语名称,和它的印第安语名称的含义。它与马拉尼翁河一样,起源于南北纵贯整个秘鲁的那支不可思议的终年积雪的山脉。它经常河水暴涨,淹没田野和村庄,迫使两岸居民每年有三个月把木筏和小划子拴在树梢上,躲在里面聊以求生,直至洪水退去才能上岸,因为他们无处存身。它在南纬三十五度处注入大海,入海口有三十多莱瓜宽。虽说因陆地限制,它的入海口比较窄,但上溯八十莱瓜,河面却有五十莱瓜宽。如果把这四条河流的宽度加在一起,可以看到它们共以一百三十莱瓜的宽度注入大海,这不能不说是秘鲁宏伟巨大的表现之一。这四条堪称巨河大川,另外还有许多河流,从我手头使用的海图上可以看到,它们从四面八方在各个地方注入大海。如果它们汇集在一起,那就会形成比上述四条更大的江河。

既然那片土地有那么多的江河水流,理应有大量的鱼类,然而实际上却很少,至少在秘鲁是这样,而我所讲述的全部情况都是围绕秘鲁而不是其他地方。人们认为鱼类之所以很少,是因为那些江河水流湍急,而且也没有形成多少坑塘水洼。还应当说明的是,仅有的几种鱼类与西班牙江河里生活的鱼类迥然不同:那里的鱼似乎都是一个品种,没有鳞片而只有一层薄皮,头宽而平,很像蟾蜍，因此嘴巴很宽。鱼肉味道鲜美，鱼皮也很可口，可以与鱼肉一起食用而无须剥掉。印第安人把它们叫作“查柳阿”（challua），就是鱼的意思。在从秘鲁海岸入海的江河中只有很少量的海鱼进入，因为这些江河大多数都不很长，水大流急，即使在冬季也无法涉渡，而且水流更为迅猛。

在浩瀚的的的喀喀湖里生长着很多鱼类，看来同河里的鱼属于同一种类，不过为了与河里的那种区别开来，印第安人把它们叫作“苏奇”（suchi）。这种鱼很肥，煎炸时用它们自身的脂肪即可，无须另外放油。的的喀喀湖里还有另外一种小鱼，西班牙人叫作“博加”（boga）[①]，印第安人叫什么，我已经记不得了。这种鱼身体瘦小，外形丑陋，味道也不好。如果我没有记错的话，鱼身上长有鳞片，它的名字也许叫“阿里乌埃拉”（harrihuela），因为它的个头很小。在一望无际的的的喀喀湖中，这两种鱼的数量都很多，因为那里水面辽阔，可以自由地生长，而且还有五条流量很大的江河以及许多小溪注入湖中，夹带大量垃圾杂物，为它们提供了丰富的食饵。关于那片土地上的江河和其中生长的鱼类就说到这里。

第二十三章　关于翡翠、绿松石和珍珠

秘鲁在印卡帝国时期就有的宝石是绿松石、翡翠和许多美丽的水晶，不过那时人们还不会加工。翡翠出产在波托维耶霍所辖

---

① boga，一种棘鳍鱼。

的曼塔省的山里。西班牙人费了九牛二虎之力也未能找到出产翡翠的矿区,所以现在几乎见不到那个地区出产的翡翠,而那里的翡翠在整个印卡帝国是质地最好的。现在已经有那么多翡翠从新王国运到西班牙来,结果都不值钱了。这不是没有原因的,因为除了数量过多之外(什么东西多了都会降低身价),还有一个原因,就是虽然每块都很重,但质地却无法同波托维耶霍的翡翠相媲美。翡翠是在它的矿石中一点一点变成后来具有的那种翠绿色而日臻完美,就像水果在树上逐渐成熟一样。起初,它是白色和棕褐色——介于棕色和绿色之间;先有四分之一部分开始成熟或臻于完美(用水果比较的话,大概是向东的一侧),从那里开始这种漂亮颜色逐渐由一侧扩展到另外一侧,最后使整个宝石变成绿色。因此,当把它从矿石中采掘出来时,不管是尽善尽美或尚未完美,它就永远那样而不再变化了。我在秘鲁见到过许多翡翠,其中在科斯科见到这样两块:大小像中等个儿的核桃,外形浑圆,中间有穿孔。其中一块各个部位尽善尽美,毫无瑕疵。另一块则瑕瑜互见:有四分之一部分非常漂亮,可谓尽善尽美;在其两侧的两个四分之一部分就不是那么完美无缺,而是正趋于完善美丽,稍逊于第一部分;第一部分背面那四分之一却一点也不美,仅仅有一点绿色,在另外几个部分的对比反差下显得更加难看,好像是黏在翡翠上的一块绿色玻璃。因此,它的主人决定把那一部分切割掉,免得影响其他部分。他真的切掉了,但是后来有些好钻研的人士责怪他,认为应当完整地保存着那块宝石,因为它是关于翡翠是在矿石中逐渐成熟的样品和证明,是很有价值的。他们把切割下来的那一块给了我这个孩子,迄今仍在我的手中,由于不值钱而一直保留

了下来。绿松石是蓝色的,有些绿松石的蓝色很美,有些则差一些,印第安人对绿松石不像对翡翠那么珍视。过去,秘鲁人知道珍珠,但并不利用,因为印卡王们看到从大海里寻采珍珠既辛苦又危险,就禁止采集,故而他们不使用珍珠。历代印卡王更注重让百姓安居乐业,不太关心让他们增加我们所称的“财富”,实际上他们从来也没有什么财富。后来在那里发现了大量珍珠,以致成为一种司空见惯的东西。阿科斯塔神父在所著史书的第四卷第十五章中对此作了记述,现照录如下:“在谈及从西印度带回去的重要财宝时,忘记珍珠是不公正的。古人把它叫作‘马加丽塔’[①],对其非常珍视,认为是只有王室贵胄才配拥有的东西。现在珍珠已如此之多,甚至黑人妇女也整串整串地佩戴”,等等。接着,神父大人讲述了世界上关于一些名贵珍珠的趣闻轶事,然后在那一章的后三分之一部分说道:“西印度的许多地方可以采集珍珠,产量较多的是巴拿马附近的南海,那里有一些岛屿因盛产珍珠而称为珍珠群岛。但产量更高、质量更佳的地方是北海中的阿查河附近海域,我就是在那里了解到怎样采集珍珠的——是可怜的潜水人用大量血汗采到的。他们潜到水下六、九甚至十二西班牙寻的深度,去寻觅通常生长在海底礁石上的大牡蛎,从礁石上撬下来,带上水面放到小划子里,然后撬开硬壳,从里面取出那种宝物。海底深处水寒刺骨,而从水下捞取牡蛎则更加艰苦难熬,有时要屏住呼吸一刻钟、甚至半个小时。为了让可怜的潜水人能够屏住呼吸的时间更长一些,需强迫他们少进食、吃干食,才能坚持得住。因此,尽管并

① margarita,即珍珠,古西班牙语用此字。

非心甘情愿，为了他人的物欲，采珠人被迫节食。珍珠用不同的方法加工（排版错误，应为采集）出来后，再钻孔穿成串儿。现在珍珠已经比比皆是。1587 年，我在由西印度向国王进贡的贡品备忘录上，看到记有十八马克①珍珠，另外还有三大箱。运给个人的有一千二百七十四马克，还有七口袋尚未称量，而在过去这要被当作一笔巨大的财富了。”以上是援引阿科斯塔神父在第十五章结束时的一段文字。既然神父阁下说到过去珍珠被视为巨大财富，我又想到两个关于珍珠的故事，现补充如下。其一，约在 1564 年前后，由于运来进贡给国王陛下的珍珠太多，不得不像粮食一样堆成一大堆，在塞维利亚招商局出售。方式是高声叫卖，简直就是减价大甩卖，只听一位王室大臣说：“谁肯为珍珠出这个价，就奖他六千杜卡多！”这时有一位买卖兴隆的商人，因做珍珠生意而颇为识货，听说有大笔奖赏，立即出了那个价钱。由于奖赏数额巨大，又有人出了更高的价，然而这位商人却如愿以偿，因为他只说了一句话便净赚六千杜卡多；而买到珍珠的人更是兴高采烈，因为他可以指望从那一大批珍珠中发更大的财。根据奖赏数目，就可以想象这批珍珠的数量有多大了。故事之二是，我在西班牙认识了一个出身卑微、生活窘迫的青年人，他是个手艺不错的金匠，但由于没有钱而不得不打短工。1562 至 1563 年这位青年人在马德里，寄宿在我的寓所。他迷上了象棋，经常在下棋时把挣的钱输个精光。为此我多次责备他，警告说再这样赌下去会落得一贫如洗。一天，他对我说：“再穷也穷不过当初我刚来的时候。那时我步行来到

① marco，金银衡，合 230 克。

京城,身上只有十四个马拉韦迪。"这个穷得无立锥之地的青年人,为试着摆脱困境,便开始来往于西班牙和西印度之间做珍珠生意,因为他对这一行还略知一二。结果是旅途顺利,钱也赚得可观,竟然攒了三万多杜卡多。结婚那天(我也认识他的妻子),他为新娘制作了一件黑色天鹅绒长裙,前襟和整个裙边用精美的珍珠镶成了一条一个塞斯马宽的绣带,真是既华丽高雅又新颖别致。据估计,这条绣带价值四千杜卡多。从上述两个故事中可以看到,由西印度运来的珍珠简直多得难以置信。这还不包括我们在《佛罗里达》一书第三卷第十五、十六两章所说的情况,在那个巨大王国的许多地方,特别是在科法奇基省那座富丽堂皇的寺庙,都发现了大量珍珠。阿科斯塔神父说的、运给国王陛下的十八马克珍珠(不算另外的三箱),都是挑选出来的上乘佳品。每到一定时候,在西印度就精心把最好的珍珠挑选出来,取五分之一进贡给国王陛下。这些珍珠存放在国王的衣物首饰间,遇有宗教祭礼需要使用时,再从那里取出。我在献给瓜达卢佩圣母像的服饰上就看到过,披饰和长袍上星罗棋布地缀满了珍珠,罩袍、十字褡、法衣、围巾、搭在臂上的饰带、白袍的下摆、袖口和包括祭坛正面及周围帷布的全套服饰,也都用精美的珍珠镶边。圣母堂里,原本是白色的房间布满了珍珠,井然有序地摆成正方形,像浮雕似地凸现于地面,宛若珍珠堆成的座座小山;原本是黑色的房间摆放着红宝石和翡翠,镶嵌在光闪闪的黄金上。这座房间这样装饰,那个房间那样点缀,一切都设计得那么富丽堂皇又精巧别致,既充分显示了工艺匠人为圣母装饰圣堂的精湛技艺,又展现了天主教国王为圣母动用珍宝的虔诚之心。这项工程确实是灿烂辉煌,若不是西印度的

皇帝，谁也无法成就如此神奇美妙、巧夺天工的工程。

要了解这位君主的巨大财富，最好还是读一下阿科斯塔神父那本书的第四卷和其他各卷，从中可以看到他有那么多奇珍异宝，新大陆发现的东西可说是应有尽有。在不离题太远的前提下，我来讲述一下1579年在塞维利亚看到的一样珍宝，那是一位名叫唐迭戈·德特梅斯的人，从巴拿马带回来献给国王唐费利佩二世的一颗珍珠。这颗珍珠的大小和形状就像一只梨；越向果蒂处越细，底部也有一个小凹坑。珍珠的圆体部分，像大个鸽子所生的蛋。这颗珍珠来自西印度，估计价值一万二千比索，合一万四千四百杜卡多。天主教国王陛下的优秀工艺师和珠宝匠、米兰人亚科莫·德特雷索说，那颗珠子价值一万四千、一万五千、五万甚至十万杜卡多，是世间独一无二的无价之宝，因此人们称它为"天下奇珠"。在塞维利亚，人们把它当作稀世珍宝前往观赏。当时一位意大利绅士正在该城盘桓，欲为本国一位领主购买上等珍珠，就是把能够见到的最大的珍珠都买了下来。他拿来一大串珍珠与"天下奇珠"作比较，相形之下，他的货色简直就像河里的小石子一样。珠宝行家认为，"天下奇珠"比现今见过的所有珍珠还重二十四克拉。我不晓得这种算法的含义，无法详加说明。这颗珠子是一个黑人采到的，据他的主人声称，这个黑奴连一百雷亚尔也不值。包着珍珠的贝壳非常小，采上来时见它那么不起眼，估计里面也不会有什么好货色，因此差一点又把它扔进大海。结果是因为这天降洪福，黑奴获得了自由。他的主人因采到这一宝珠而荣获恩赏，执掌了巴拿马首席法官的权杖。珍珠无法加工，只是在钻孔时方可触碰，因此从贝壳中取出来时是什么样子就是什么样子：有的浑

圆,有的不太圆;有的是长形的,有的是瘪形——一半圆,一半则是平的。有的采出就是梨子形状,这种珠子极为罕见,因而也最珍贵。如果哪个珠宝商手中有一颗梨形珍珠,或者一颗个大质优的圆形珍珠,当他发现别人手中有一颗同样的珠子时,就会不惜代价地设法买下来。因为如果把两颗一模一样的珍珠配成一对,每颗的价钱就比原来单颗时翻上一番。比如原来单颗只值一百杜卡多,配对成双后每颗就值二百杜卡多,一对的价格就是四百杜卡多。之所以这样,是因为成对的珍珠可以制作耳环,是人们最珍贵的饰物。珍珠是不能加工的,因为它不是实心一体,而是像葱头那样一层一层包成的。珍珠也同其他易受腐蚀的东西一样,随着时间的推移而老化,逐渐失去它"年轻"时的美丽光泽,变成发暗的棕褐色。这时就给它去掉外面一层,露出具有本来色泽的第二层,然而这样做会使珍珠受到很大损失,因为至少要去掉它原来大小的三分之一。至于通常所说的纯净珍珠,由于质地上乘,则不受这一般规律影响。

第二十四章　关于黄金和白银

关于从秘鲁开采的黄金和白银财富,西班牙是很好的见证人,因为在二十五年多的时间里(再往前的时间不算在内),每年运来的金银价值都在一千二百万至一千三百万杜卡多(其他东西的价值不包括在内),而一个百万就是十个十万杜卡多。整个秘鲁都能采到黄金,不过一些地方多些、一些地方少些而已,一般说来那个王国到处都有。在地层表面和沟溪江河中都有黄金——河溪中的黄金是雨水冲带进去的。人们在那些地方淘沙取金，就像西班牙的银匠冲洗作坊中的尘埃，取出其中的金银细末那样。西班牙人把用这种方法采集到的黄金称为“沙金”，因为它们的形状像锉屑；有时能碰上较大的颗粒，可达两三个标准重量，甚至更重些。我见过重达二十个标准重量的金粒，人们把它们叫作“金砂”。有些颗粒是扁的，像甜瓜籽或葫芦籽；有些是圆的，还有长的，像禽卵似的。秘鲁所有的黄金成色都在 18 到 20 开左右。只有从卡利亚瓦亚矿区采到的黄金纯度最高，据某些西班牙银匠说接近于 24 开，甚至还要高一些。1556 年，在卡利亚瓦亚一座金矿的一个缝隙中，发现一块含金矿石，有人头那么大，确切地说颜色像人肺，而且形状也像人肺，因为整块矿石布满了大大小小的洞眼，从一面穿通到另一面。所有洞孔里都露出粒状黄金，就像把熔化的金子从上面浇下来一样，有些金粒凸现于矿石之外，有些同矿石表面一样平，还有些则隐没在洞孔里面。一些采矿行家说，如果不把那块矿石从埋藏地点开采出来，年深日久，整块矿石都会变成黄金。在科斯科，西班牙人把它视为奇珍异宝，印第安人把它叫作“瓦卡”。前文说过，这个名词有许多含义，其中之一是值得赞美的东西，指的是非常漂亮而值得赞美；也可以指非常丑陋而令人厌恶的东西。我看那块矿石是既美丽又丑陋，两者兼有。矿石的主人是一位很富有的人，因为那件宝物非常罕见、价值连城，遂决定把它原封不动地带到西班牙，献给国王唐费利佩二世。后来在西班牙，我从与他搭乘同一船队的船只来的人那里获悉，运载那块矿石以及另外许多财宝的船只在途中沉没了。

开采白银比开采黄金更为费劲，冶炼提纯的成本也更高。秘

鲁许多地区过去和现在都发现了不少银矿，然而无一能与波托西的银矿相媲美。那里的银矿是1545年即西班牙人进入秘鲁十四年之后发现和勘察的。储藏银矿的那座小山叫波托西，因为那个地方就叫这个名字，我不知道它在当地语言中有什么含义，但在秘鲁通用语中没有什么意义。小山位于一块平原上，形状像塔糖，最低部周长为一莱瓜，高为四分之一多莱瓜，最顶部呈圆形。小山四周是一马平川，只有它一峰独秀，蔚为壮观，是大自然赋予了它优美风貌，它才像现在这样天下驰名。那个地区天气寒冷，有时清晨醒来，山顶已为白雪覆盖。当时那块地方分给了贡萨洛·皮萨罗，后来又属于佩德罗·德伊诺霍萨所有。如果能够深入探讨并说明西班牙人内讧中的一些秘闻轶事而又不致招人忌恨的话，以后我们要讲一讲关于那块地方归属的变化情况，需知历史学家正是担心招人忌恨才回避了很多事情。阿科斯塔神父在他所写史书的第四卷中，详细叙述了在那个帝国已发现的黄金、白银和水银的情况，也讲到时间老人逐步披露出的一些情况，对此我不再赘述。我只想简要地说一说那个时期某些重要事件，以及西班牙人发现水银之前印第安人怎样提炼白银。至于其他情况，我想引用阿科斯塔神父那本史书的内容，介绍给愿知其详的人，从中可以发现一些鲜为人知的事情，特别是有关水银方面的事情。首先要说明，波托西那座小山的矿藏是西班牙人的几个印第安仆人发现的。在他们的语言里仆人称为“亚纳库纳”（yanacuna），这个词的意思就是必须充当仆役之职。起初，他们对自己发现的第一条矿脉秘而不宣，只是与一些亲朋好友共同分享。然而由于矿藏极其丰富，难以保守秘密，因此，他们不能或者不愿再瞒着主人，于是就如实告诉了

他们并探查了第一条矿脉，通过第一条又发现了其他矿脉。参与这桩好事的西班牙人中，有一个人名叫贡萨洛·贝尔纳尔（他后来成了佩德罗·德伊诺霍萨的管家），他在探查矿藏后不久的一天，对迭戈·森特诺（一位著名的骑士）和另外许多有身份的人说："这座银矿储量惊人，干上几年之后，白银就会比铁还便宜。"1554 到 1555 年间，我亲眼目睹这一预言变成了现实：在弗朗西斯科·埃尔南德斯·希龙发动内战时，一个铁马掌卖到五比索，即六个杜卡多；一个骡掌值四比索；两个钉马掌的钉子卖一托明[①]，即五十六马拉韦迪。我看到有人用三十六杜卡多买一双高筒皮靴，四杜卡多买一刀纸；巴伦西亚精制细红呢一巴拉卖到六十杜卡多，塞哥维亚的高级呢绒、丝绸、麻布以及西班牙的其他商品也都贵得出奇。是那些内战引起了物价飞涨，因为在交战的两年之内，从西班牙运送物资的船队没有向秘鲁开。此外，银矿生产的白银太多也促使物价上涨，在那场战争爆发前的三四年间，一筐库卡叶卖到三十六杜卡多，一法内加的小麦卖到二十四或二十五杜卡多；玉米也是这个价钱，衣服和鞋子也很昂贵；至于葡萄酒，从最初酿制的几坛子到后来大量酿造，价格都卖到二百杜卡多甚至更多。然而众所周知，尽管那片土地出产大量黄金、白银和宝石，那里的土著人却是当今世界上生活最穷困、最悲惨的。

① tomín，拉美的一种古银币。

第二十五章 关于水银以及水银矿石的冶炼方法

前面说过，印卡王们见过水银，对它的熠熠光泽和易于流动赞叹不已，但不会使用，不知道用它可以制作什么东西，所以就觉得它毫无用处。相反，他们倒觉得水银对开采和接触它的人有害，因为他们看到过水银使那些人浑身颤抖甚至失去知觉的情况。因此，素有"穷人的爱护者"称号、对臣民健康关怀备至的印卡王们，便用法律形式禁止开采水银，甚至不许提及。所以印第安人对它深恶痛绝，最后连它的名称也从记忆和语言中抹掉了。那些印第安人没有文字，不管什么词语，如果不使用，很快就会遗忘。只是西班牙人在1567年发现水银以后，他们才又创造了一个名字，否则他们就没有指称水银的词汇。印卡诸王使用也允许臣民使用的是一种胭脂红色的东西，细微无比，以粉面状与水银矿共生。印第安人称之为"伊奇马"(ichma)。阿科斯塔神父说的"林皮"(llimpi)是指另一种紫红色的东西，没有那么细，是从另外一种矿石中提炼出来的，其实在那片土地上，这种矿石各种颜色的都有。印第安人非常喜爱"伊奇马"的美丽颜色(它也确实令人迷恋)，便不顾禁令地开采。印卡王们担心在那些矿洞里活动会有害健康，于是禁止普通人使用伊奇马，只允许王室血统的妇女使用，男子也不允许使用，我见到的情况也是这样。使用伊奇马的妇女都是年轻貌美的，上了年纪的妇女也不用，所以与其说它是成年人的化妆品，不如说是年轻姑娘的美容用品。即使是姑娘们也不像在西班牙使

用胭脂那样用它涂抹面颊,而是像用眉墨一样用小细木棍把它涂在眼角到太阳穴的部位,宽度像麦秆那样就恰到好处。前文说过,帕莉娅们只擦用“伊奇马”粉而不用其他东西打扮,而且也不是天天都擦,每逢节日庆典时才偶尔打扮一下。她们的面部都不化妆,所有普通人家的妇女亦都如此。确实也有一些自以为姿容美貌、肌肤娇嫩的妇女,她们生怕面部受损变丑,便涂擦一种(我不知道用什么制作的)白色乳汁。擦上之后九天不动,九天后乳汁干成一层薄膜,自行与皮肤脱离,揭掉之后面部的肤色变得更为娇美。我们说过,印卡诸王禁止臣民开采水银矿,因而这种印第安人视为珍贵之物的伊奇马胭脂使用得非常少。关于一位著作者所说在进行战争或庆祝节日时人们往面部涂抹各种颜色的事,无论是印卡人还是一般印第安人从来没有这样做过,那只是个别被认为最凶残、最野蛮部落的做法。现在介绍一下在发现水银之前如何提炼白银。在波托奇山附近还有一座小山,它的形状与波托奇山一样,印第安人把它叫作瓦伊纳波托奇(Huaina Potocchi),意为小波托奇,以便同大波托奇相区别。发现小山之后,大山则被叫作阿通·波托西(大波托西)或波托奇(其实是一回事),并说这两座山是父与子。前文已经说过,银矿石是从那座大山里开采出来的,开始时在冶炼方面遇到很多困难:因为它不熔化,而是在燃烧后化成烟雾。虽然印第安人当时已经处理过其他几种矿石,对此却束手无策,不知其原因何在。然而迫切的需要或者说贪婪的欲望是无所不能的大师(在获取黄金或白银方面更是如此),它促使人们继续勤奋苦干,探寻和试验种种方法,最后终于找到一种办法。那就是在那座小山上发现了一种熔点低的矿石,它全是或几乎全是铅,把

铅矿石和银矿石掺在一起就能使白银熔化。因此他们就把铅叫作“苏鲁切克”(zurúchec),意思就是能促使滑动的物质。把这两种矿石按一定数量和比例搀和在一起——根据他们从习惯和实践中日复一日地学到的经验,把若干磅重的银矿石加上若干盎司左右的铅矿石。并非所有银矿石都是一样的,即使是同一矿脉的矿石也是有的含银多些,有的少些。因此,有时开采的矿石含银多些,有时则少些,这就需要因材施料,即根据矿石的质量和含银量决定添加多少铅矿石。矿石这样搭配好以后,置于像泥巴蜂箱一样可以搬动的小炉子里冶炼,不用风箱也不扇风,而是用铜管吹风(前面讲到熔炼金银、进行加工时提到这种方法)。如此试验多次,矿石仍不熔化,印第安人不知其因,于是决定借助自然风力熔炼,但这也须像对矿石那样调节风力。否则风力太强,就会又费木炭,矿石又不易升温;风力太弱,则火力不够,矿石不能熔化。因此,人们在夜间到山上或小丘上去,按照风力的强弱来选择高低不同的山坡,以便根据各个地方风吹程度的不同来调节风力,进行熔炼。当时,在那些高高的山坡上有八千、一万、一万二千甚至一万五千个小炉子火势熊熊,观赏这种景象,确是一件令人感到惬意的快事。在山上进行初炼后,再在各自的家里用铜制短管进行第二和第三次冶炼,以便提高银的纯度并把铅化掉。现在西班牙人已经有了王水和其他东西,但当时的印第安人还没有找到这些巧妙方法,不能把金从银和铜中、或把银从铜和铅中分离出来,就只好用多次冶炼的办法来提纯白银。在发现水银以前,印第安人在波托西就是用上面说的这种方式冶炼白银。现在仍有一些印第安人用这种方法搞点冶炼,当然在数量和规模上均不能同过去相比拟。

矿山的主人看到,由于采取自然风的冶炼方法,他们的财富经过很多人的手流失了,许多人都分到了一份,于是想方设法予以制止,以便自己独享这种金属。在此之前,一直是由印第安人采矿,条件是每开采一担[①]矿石交付矿主若干数量的白银,现在改为由他们自己雇工采矿和冶炼,而不再由印第安人任意去干。怀着独占白银的贪婪欲望,矿主们制作了特大的风箱,像自然风一样从远处向小炼炉送风,但是这种装置不适用。他们又仿照自己造的风磨的样子,制作了一种装有叶片和轮子的机械,让马来拉。但是,这种装置也不顶用。由于对自己的发明失去信心,他们只好仍然沿用印第安人创造的方法。就这样过了二十二年,到 1567 年,一位名叫恩里克·加尔塞斯的葡萄牙人凭着自己的聪明才智发现了水银,地点是在万卡省。但是我不明白为什么人们又给它加了个外号"维尔卡",因为这个词本来意思是伟大杰出,也许是为了表示那里出产的水银数量巨大,因为除去浪费掉的以外,每年还向国王陛下贡献八千担,即三万二千阿罗瓦。然而尽管发现了那么丰富的水银,却仍然没有用它来提炼白银,因为在此后的四年间没有人会鉴定那种必需的矿物。直到 1571 年,一个名叫佩德罗·费尔南德斯·德贝拉斯科的西班牙人去了秘鲁,此前他曾在墨西哥住过,亲眼见过用水银提炼白银的方法。关于这些情况,阿科斯塔神父大人作了详细而认真的叙述,我只是根据他的史书概述于此,以满足那些想了解一些颇有价值的有趣事物的人的愿望。

① quintal,重量单位,即 100 磅,在西班牙合 46 公斤。

第 九 卷

本卷的内容有：瓦伊纳·卡帕克的威严权势和豁达大度；他进行的征服；对反叛分子的惩处；对查查普亚人的宽恕；立其子阿塔瓦尔帕为基图国王；得知关于西班牙人的消息；对印卡人关于西班牙人预兆的说明；秘鲁当地没有、由西班牙人带去的东西；瓦斯卡尔国王与阿塔瓦尔帕国王兄弟之间的战争；一位兄弟的悲惨遭遇和另一位的残酷屠杀。本卷共包括四十章。

第一章 瓦伊纳·卡帕克下令制作一条金缆绳及其原因和目的

大权在握的瓦伊纳·卡帕克成为帝国至高无上的君主之后，第一年忙于料理父亲的后事，然后出巡属下各个王国，受到臣民的热烈欢迎。所到之处，当地酋长和印第安人用鲜花和高莎草铺满道路，并扎起凯旋门迎驾。他们高呼国王的各种称号，重复最多的是印卡王本人的名字，高呼“瓦伊纳·卡帕克！瓦伊纳·卡帕克！”因为这个名字最能体现他的崇高伟大，他从小就受之无愧，而且在他在世之时，臣民们就通过这一名字，对他崇拜如神。何塞·德阿科斯塔神父在称颂这位国王的伟大高尚时，写了如下的文字(见第六卷第二十二章):“这位瓦伊纳·卡帕克在世之时就被臣民崇拜为上帝,长者们说,他的祖辈先人从未得到这样的敬爱”,等等。这次巡视开始不久,印卡王瓦伊纳·卡帕克获悉生了一位小王储,后来取名瓦斯卡尔·印卡。瓦伊纳·卡帕克盼子心切,遂决定亲自参加王子诞生的庆典,于是就以最快的速度返回科斯科,只见为庆祝王子降生,到处喜气洋洋。历时二十余日的隆重庆典过后,瓦伊纳·卡帕克守着他那刚到人间的小儿子乐不可支,开始浮想联翩,要在为他断奶、剪胎毛和取名的那一天,搞一些前所未闻的创举。前文说过,这是印卡诸王举行的最为隆重的庆典之一,而且从印卡王起,直到最穷苦的人莫不如此,因为他们非常器重长子。为庆祝那个节日制作了许多奇珍异宝,其中之一是那条举世闻名的金锁链。尽管世人都渴望一睹为快,但迄今仍无局外人得以识其庐山真面。关于印卡王下令打造这条金锁链的理由,我们介绍如下。众所周知,在秘鲁诸省中,每省都有其不同于他省的舞蹈形式,就像他们佩戴不同头饰一样,通过它便可识别各个部族。这些舞蹈形式是始终如一、永远不变的。印卡人的舞蹈形式庄重严肃、一本正经,不像其他部族那样又跳又蹦,还有一些组合动作。他们都是男人跳,不允许妇女同他们共舞。跳舞时手拉着手,每人都把双手伸向前方,但不拉紧挨自己两边的第一个人,而是拉紧第二个人的手,这样直至最后一人,拉在一起,好像是连成一条锁链。根据庆典的隆重程度,由二百、三百或更多的人来跳。舞蹈本是献给印卡王,但开始时舞者远离他的身边。大家同时起舞,有节奏地走三步,第一步向后,第二、三步向前,很像叫作“多夫雷”和“雷普雷萨”的西班牙舞的舞步。迈着这种舞步退退

进进，总是向前移动，最后以半圆形围在印卡王的身边。舞蹈者在行进时边舞边唱，时而这一部分人唱，时而另一部分人唱，以免同时唱会很快疲劳。随舞蹈节奏演唱的歌，都是颂扬在位印卡王、他的先人以及其他声名显赫的王室成员在文治武功中建树的丰功伟业。周围的印卡王公也伴唱助兴，以示人人都是庆典的主人。在盛大庆典中，印卡王本人有时也翩翩起舞，以示更加隆重。

瓦伊纳·卡帕克从手拉手连成锁链而舞中受到启发，遂下令打造一条金锁链，觉得不再牵手而舞，而是抓住锁链而舞会显得更加端庄、更加隆重、更加尊贵。关于这件事，除去一般人所说以外，我还专门从家母的叔叔、那位印卡老人那里听到过，在这部史书开始时，我们曾提到他经常讲述先辈的往事。我问他那条金锁链有多长。他回答说，印卡王丈量了举行盛典的科斯科大广场两堵围墙的长度（两墙分别是广场的长度和宽度），就下令按照这一尺寸铸造。尽管舞蹈队伍并不需要那么长，但他想极其铺张地庆祝王子降生，以便更好地显示自己的伟大崇高，也使儿子的生日庆典更加豪华壮观、热烈隆重。关于印第安人叫作奥凯帕塔的那个广场，其宽阔程度对于见过它的人是无须多言的，但对没有见过的人则应说上几句。我记得那个广场南北长约二百步（按普通人的步伐算，每步约合两西班牙尺），东西（直到那条小溪）宽约一百五十步。1556 年，当家父加西拉索·德拉维加担任那座伟大城市的督办时，西班牙人就沿着小溪建造了住宅。因此，按照这种计算方法，那条金锁链有三百五十步长，合七百西班牙尺。我又问那位老人金锁链有多粗。他举起右手，指着左腕说道，每个链环都像手腕一样粗。谈及印卡王室拥有的难以置信的财富，我要再次援引王

室财务总管阿古斯丁·德萨拉特的记述,他在第一卷第十四章中记载了那些财富中一些价值连城的宝物。这里我想引述他专门记述那条金锁链的一些话,现照录如下:"瓜伊纳卡瓦[①]在他儿子出世时下令铸造了一条金锁链,根据许多仍然健在的参加过铸造的印第安人说,两百个大耳朵印第安人抓着它,也要费些力气才能举起来。为了纪念这件非同寻常的宝物,他们就把王子称为瓜斯卡[②],在他们的语言里就是绳索的意思,然后再加上'印卡'这个历代国王都有的称号,就像罗马皇帝都叫奥古斯都一样",等等。以上是那位为秘鲁修史的骑士的原话。西班牙人进入那片土地后,印第安人把那件稀世珍宝连同其他一些宝物藏起来,至今踪迹杳然。由于那件珍宝是那么壮观、珍贵、雄奇,而且又是在给帝国的小王储剪胎毛和取名字时首次展示,所以除了为他取正式名字叫因蒂·库西·瓦尔帕外,又加上一个称号"瓦斯卡尔"(Huáscar),以便抬高那件珍宝的身价,赋予它更大的意义。"瓦斯卡"(huasca)的意思是绳索,当时秘鲁的印第安人还不会说"锁链"一词,故而称之为绳索,然后把所用金属名称加上去,就像这边称金锁链、银锁链或铁锁链那样。瓦斯卡的意思是绳索,为了不使王子这个名字听来不雅,便在最后一个音节加上了"尔"的音,以去掉其含义,因为"瓦斯卡尔"没有任何含义。就是说,他们既要王储保留"瓦斯卡"的称谓,但又不要带有绳索的含义。王子"瓦斯卡尔"的名字就是这样取的,而他也就真的把这当作自己的名字,以至臣民

① 即瓦伊纳·卡帕克。

② 即瓦斯卡尔。

也用这个名字而不用其本名称呼他了。他的本名叫因蒂·库西·瓦尔帕,意思是快乐的太阳神瓦尔帕。那时印卡人已自认为非常强大,而在多数情况下,力量强大往往促使人狂妄自负,因此他们已不满足于用此前表示伟大和尊严的名字为王子取名,而是自比天上神明,把他们顶礼膜拜、奉为神明者的名字用在一个凡人身上。这样就把他称作了因蒂·库西,在他们的语言中,因蒂的意思是太阳神,库西是快乐、愉悦、高兴和开心的意思。关于瓦斯卡尔·印卡的本名和称号就说这些。回头再说他的父亲。他传下命令,为王子剪胎毛、取名字的盛典打造金锁链和制作其他贵重物品,并画好图样,然后又继续进行业已开始的巡视,到王子该断奶时,已过了两年多,这时他返回科斯科,为儿子举行了种种庆典(其欢庆场面可想而知),取了本名和瓦斯卡尔的称号。

第二章　沿海十个谷地自愿归顺,通皮斯降服

过了那次隆重的庆典一年后,瓦伊纳·卡帕克下令征集四万名军兵,由他亲自率领开赴基图王国。在那次远征中,他把这个亡国之君的长女纳为妃子,原来她在贞女宫中住了些时间。瓦伊纳·卡帕克与她生了阿塔瓦尔帕和另外几个子女,具体情况后文再讲。接着印卡王从基图高原地区进军沿海平原,准备进行征服,他来到奇穆谷地,即现今的特鲁希略。前文说过,他的祖父、善良的印卡·尤潘基为帝国征战的土地就以此地为界。瓦伊纳·卡帕克一如既往,从那里向前方的查克马和帕卡斯马尤谷地的居民发

出要战要和的通牒。那里的居民多年与印卡王的百姓为邻,知道历代印卡王的统治以仁慈为本,很早就希望接受其统治,于是答复说,他们乐于做印卡王的臣民,遵守他的法律,信奉他的宗教。那两个谷地既已作出榜样,从帕卡斯马尤到通皮斯之间又有八个省份起而效法,它们是:萨尼亚、科尔克、辛图、图克米、萨扬卡、穆图皮、普丘、苏利亚纳。征服这些地方用去两年多时间,然而主要是用在帮助他们耕种土地和开挖灌渠,而不是用在征服上,因为他们都是心甘情愿归顺的。在此期间,印卡王命令轮换了三四次部队,士兵们有来有往。这是出于对士兵身体健康的考虑,因为他们都是生活在寒冷地区的内地人,而现在却要待在沿海的热带地区。

征服了那几处谷地后,印卡王返回基图,花费了两年时间修筑豪华的房屋和巨大的灌溉沟渠,美化那个王国,给当地居民带来许多好处。两年后,他下令组建一支五万士兵的大军,统率他们从高原挺进沿海地区,来到通皮斯海岸附近的苏利亚纳谷地。印卡王依照惯例,向那里发出了要和还是要战的通牒。与印卡人征服的沿海地区所有人相比,通皮斯人最娇气,恶习也最多。这个部族的标志是头上戴一个类似花环的头饰,他们称作“皮柳”(pillu)。部族酋长拥有小丑、说笑话的人、歌手和舞师,供其消遣娱乐。他们的习俗令人作呕,崇拜老虎和狮子,向它们祭献人心人血。本部族的人对酋长俯首帖耳,外族人对他们则畏如虎狼。尽管这样,慑于印卡王的强大威力,他们还是不敢抵抗,于是回复说心甘情愿地服从印卡王,接受他为国君。沿海其他谷地和内地其他部族也都作了同样答复,他们是丘马纳、钦图伊、科利翁切、亚夸尔以及那一地区另外许多部族。

第三章　惩处杀害图帕克·印卡·尤潘基派驻的官员的人

印卡王瓦伊纳·卡帕克进入通皮斯后，下令营建豪华工程，其中有一座漂亮的堡垒，国王派兵在那里戍守；还盖了太阳神庙和贞女宫。诸事完毕后，印卡王向内地进发，来到杀害印卡将领、法律老师和技艺工匠的省份。前文说过，这些人是他父亲图帕克·印卡·尤潘基派去向当地人传道授业的。这时，那些部族回想起自己的罪行，顿时吓得不寒而栗。瓦伊纳·卡帕克派去使者，命令他们立即前来说清自己的恶劣行径并接受应有的惩罚。一者因忘恩负义受到良心的谴责，二者因惧怕印卡王的强大威力，他们不敢抗拒，都乖乖地来到印卡王驻地，请求宽恕他们的罪行。

印卡王命令，凡参与计议派遣使团，请他父亲派遣官员，而后又把他们杀死的酋长、使者、谋士、头人和贵族，都集中起来，他想与他们交谈一次。待他们全部集中起来后，一名将军奉印卡王之命同他们谈话，谴责他们那背信弃义、惨无人道的行径：印卡王及其官员使他们摆脱了野蛮状态而成为人，待他们恩重如山，他们本该尊而敬之；但他们恩将仇报，残忍地杀害了那些官员，这是对太阳神的儿子印卡王的大不敬。因此，他们必须为其丑恶罪行受到惩罚，纵然不分男女老幼把那些部族斩尽杀绝也是罪有应得。但是印卡王瓦伊纳·卡帕克生来慈悲为怀，为了珍惜“瓦查库亚克”（即“热爱穷苦大众的人”）的名声，故而赦免了全部普通百姓。至于在场的人，均是忘恩负义罪的主谋和主犯，本应为全部族的人受死，但印卡王也饶恕他们。然而为了惩一儆百，让他们记取教训，需把他们当中十分之一的人斩首示众。为此，命他们十个人为一组，抽签决定谁去受死。结果死的是那些最不幸的人，因为他们本来可以怀着愤怒和仇恨的心情，指出最令人憎恨的那些人去受死，但是却没有这种机会。万卡维尔卡部族的酋长和头人，本是要求派驻使团后又恩将仇报的罪魁祸首，印卡王命令给他们每人上下各拔掉两颗牙齿，而且永世不断地对他们的后裔也执行这种惩罚，以使他们牢记他们的父辈对伟大的图帕克·印卡·尤潘基先是宣誓效忠称臣、后又背信弃义的罪行。

于是，执行了判决，实行了惩罚，那几个部族老老实实地接受了。不过他们还算运气，因为他们原先担心，由于自己的背叛行为会被斩尽杀绝的。历代印卡王都是如此，如果归顺者不知感恩戴德，反而忘恩负义，在饱受恩惠之后背叛作乱，杀死印卡王官员，他们觉得是受了莫大侮辱。因此，对于归顺之后背叛作乱行为的惩罚，比对任何罪行都严厉。整个万卡维尔卡部族，均自觉地比其他部族更为俯首帖耳地接受了惩罚。身为那次背信弃义暴行的罪魁祸首，他们一直担心会被灭绝九族。因此，当看到惩罚是如此宽大，受到惩处的人数如此之少，还有就是给酋长和头人们拔掉几颗牙齿，整个部族就不再认为是惩罚而是恩惠了。于是，仅仅因为是印卡王的命令，那个省的男女老幼便不约而同地把给予他们头领们的惩罚当作族徽和标志，纷纷自己拔掉四颗牙齿，而且从那以后，子女换牙后，也给他们拔去四颗。看来，对这些野蛮无知的人来说，少受一点惩罚他们就会感激不尽，得到很多好处却不懂得知恩图报。

在科斯科家父府中，我认识了那个部族的一位印第安女子，她不厌其详地给我讲述了这段故事。万卡维尔卡的男人和妇女都把鼻子的软骨穿个孔，挂一个用黄金或白银制作的饰物。我还记得在我童年时，家乡有一位拥有印第安人的邻居，名叫××·德科卡，他有一匹栗色好马，因为呼吸有些困难，就在它的鼻孔上穿了两个洞。印第安人见到这桩新鲜事都很惊讶，于是根据这一特点，把那匹马叫万卡维尔卡，意思是说它鼻子上穿有洞孔。

第四章　印卡王巡视帝国，向魔鬼问卜，占领普纳岛

印卡王瓦伊纳·卡帕克惩罚了那些地区，将其重新置于帝国的统辖之下，并派驻必要的军兵戍守，然后去巡视位于高山地区的基图王国，又从基图回身南下，沿途巡视帝国直到科斯科城，进而抵达查尔卡斯诸省，行程达七百莱瓜，此外还派人视察了给他和他的父亲进贡很多黄金的奇利王国。这次巡视历时四年之久，接着在科斯科休息了两年。随后，他传命从科斯科北边的钦查苏尤地区征集五万大军，让他们在通皮斯边界集中。他自己则驾临平原，去朝拜该地区重要省份的太阳神庙。他还朝拜了帕查卡马克(印卡人奉为未见过面的神)的富丽堂皇的神庙，吩咐祭司就他想进行的征服向在那里说话的魔鬼问卜。得到的答复是，计划中的那次以及其他征服均可进行，而且必将大获全胜，因为他已经被选定做世界四方的国君。于是他进入供奉着大名鼎鼎的会说话的偶像的里马克谷地。他的曾祖父曾与云卡人达成协议，许诺印卡人可

以崇拜那尊偶像，为了履行诺言，他命人就其征服活动向那尊偶像问卜。得到的回答是许多蠢话和阿谀之词。随后，印卡王又向前巡视直至通皮斯的各片谷地。抵达通皮斯之后，他按照惯例派人送口信给一个叫作普纳的岛屿上的居民，要他们回答是和是战。普纳岛离大陆不远，周长有十二莱瓜，土地肥沃，物产丰富。岛上的统治者名叫通帕利亚，此人狂妄高傲，无论他的祖辈还是他本人从不屈居人下，反而以周围陆地上各部族的统治者自居，因此双方征战不休。这种不和使得他们无法抵御印卡王，倘若他们团结一致，本可进行长时间的抵抗。通帕利亚不仅骄矜自负，而且贪图享乐，放荡堕落，拥有很多女人和男妾。除了沿海地区印第安人共同崇拜的神明——大海和捕食最多的鱼类以外，他还把老虎和狮子奉为神明，并用人心和人血祭祀。接到印卡王的通牒后，通帕利亚心事重重，闷闷不乐，他召集岛上的头人商讨如何答复。他忧心忡忡地对他们说："异族的专横统治已经来到我们家门口。如果拒不接受，他们就要把我们驱出家门，斩尽杀绝；倘若俯首称臣，自古以来祖先传给我们的自由、权力和地位都将被剥夺殆尽；他们不会信任我们，定会迫使我们修建兵营堡垒，以便在沿岸驻军戍守，让我们永远不得自由。他们定会霸占我们最好的田产，掠走我们最漂亮的妻子和女儿。更为令人痛心的是，他们还要废除我们自古以来的风俗习惯，让我们服从新的法律；推翻我们原有的主神和家神，强迫我们崇拜他人的神明。总而言之，他们要我们永世做奴隶和臣仆。我觉得与其这样，还不如干脆一死了之。此事与大家都有干系，故而要请诸位仔细思忖，怎样做才是上策，把你们认为最好的办法告诉我。"那些印第安人议论纷纷，商量了很久，哀叹自

己兵微将寡,根本无力抵抗那么强大的统治者;大陆上的邻近部落因为同他们打过仗,饱受屈辱,也必将帮助印卡人。眼见孤立无援,要保住自由毫无希望;如果孤军奋战保卫自由,必将全族覆灭,于是他们最后决定两害权衡取其轻,暂且忍气吞声,佯装笑脸投降印卡王,以便等待时机,一旦可能就摆脱印卡帝国的统治。计议已定,通帕利亚酋长答复印卡王的使者说他接受和平,愿意归顺;而且以他和整个部族的名义派出使者,携带大量礼品,去拜见印卡王表示降服和俯首称臣,并请求他亲自驾临海岛,赐恩给新的臣民,这将是他们朝思暮想的最大幸福。

印卡王认为通帕利亚酋长已心悦诚服地归顺,于是下令占领他的属地,并做好必要的准备让大军开往海岛。诸项事务都在很短的时间内准备就绪,只是没有通帕利亚及其属下所希望的那样豪华排场。印卡王渡海登岛,受到隆重欢迎。人们载歌载舞,用新编的歌舞来颂扬伟大的瓦伊纳·卡帕克。他们把印卡王安置在修葺一新的宫室里,至少没有让御驾受委屈,因为让他下榻于别人住过的房间则有失体统。瓦伊纳·卡帕克在岛上盘桓数日,按照他的法律和法规颁布政令治理海岛,规定岛上土人和周围居民(他们是住在大陆上分属不同部族、使用不同语言的乌合之众,现在也都归顺了印卡王)不准信奉原来的神明,不准食人肉、喝人血,也不准用人肉和人血祭祀,更不准实行原来的陋习;必须信奉太阳为天地之间的神明,必须按照理性和正义的准则像人一样生活。这一切都是他作为印卡王、太阳神的儿子和那个伟大帝国的立法者规定的,不得全盘或部分地违反,否则处以死刑。通帕利亚和他的部族人都表示,一定按印卡王的规定遵行不误。

为印卡王颁布法律法规,岛上的部族人举行了隆重热烈的欢庆活动。庆典结束后,头领们才有时间考虑印卡人的法律,认为太严厉,与他们原来的法律格格不入,对他们骄奢淫逸的生活极为不利,感到异族的统治过于严酷,希望回到他们原来那种愚昧状态。于是,岛上部族的头领和居住在大陆上的邻近居民进行密谋,准备一有时机就叛乱,把印卡王和他的所有部下全都杀掉。他们还偷偷地把已被废弃的神明重新供在体面的地方,与它们重修旧好,并就此事求计问策。他们献上大量祭物,许下慷慨诺言,乞求神明授意如何动手行事,并示知此举是吉是凶。魔鬼给他们的答复是:尽管放手去干,结果定是大获全胜,因为他们必将得到当地诸神的福佑。得到答复后,那些野蛮人狂妄得忘乎所以,迫不及待地要立即行动。然而巫师和占卜师劝阻了他们,说应该等待时机,以便减少风险,增加成功的把握,这才是神明授意的关键。

第五章　普纳岛部族人杀害了瓦伊纳·卡帕克的统领

在岛上部族头领密谋叛乱的同时,印卡王瓦伊纳·卡帕克和他的参政院正忙于处理有关那些部族的政务,在多数情况下,他为此耗费的时间超过征服所用的时间。为此,需要派遣一些王室血统的统领到居住在大陆上的部族中去,像对帝国其他部族那样,宣讲他们那虚妄的宗教教义、法律和风俗习惯。印卡王命他们去时带着边防军士,以便驻防戍守和应付万一出现的战事;同时命当地人用木筏把统领们渡过大海,送到一条河流的入海口,从那里登陆去执行他们的使命。作了这样的安排之后,印卡王返回通皮斯去处理其他重要政务,其实历代印卡王的政务不是别的,就是专心致志地为臣民造福。难怪布拉斯·巴莱拉神父大人恰如其分地称他们为万家之父和孤儿的热心保护者,他为印卡王加的这些称号,或许正好说明了我们讲过的、印第安人给予印卡诸王的一个称号的含义——“穷人的爱护者和造福者”。

印卡王离开岛屿后,统领们安排起程,奔赴受命该去的地方,于是吩咐准备木筏,渡越海峡。当地部族的头领们早已串通一气,看到执行他们背叛计划的时机已到,便开始行动。他们不想尽其所能拿出全部木筏,而是让统领们分两批渡海,以便更有把握地实现他们预定的计划——在海上把印卡人杀死。一半印卡士兵随同一部分统领登上木筏。这些士兵和统领都是从当时整个印卡军队中精选出来的,作为国王驾前的近侍人员,他们或因血统关系,或因第一代印卡王赐予的特权,个个都是印卡人,且人人盛装华服,军容严整。当木筏行至当地人决定发动叛乱的海中某一区域时,他们解开或砍断了捆绑木筏的绳索,把印卡统领和手下士兵一下子掀入大海(印卡人完全相信当地船夫,因而毫无防备)。部族人用船桨和印卡人携带的武器攻击武器的主人。印卡人像一般印第安人一样都会游泳,他们奋力泅水力图逃生,然而却无济于事。因为生活在海岸的部族人深谙水性,无论在水上和水下都比内陆人占有极大优势,就像海中动物在水里对付陆地动物那样。印卡人最后全部遇害,无一幸免。海岛的部族人就这样大获全胜,劫得大量上好的战利品,木筏上的人兴高采烈地互相致意,祝贺大功告成。这些野蛮无知的人认为,他们不仅摆脱了印卡王的统治,甚至

强大到可以夺取他的帝国了。部族人怀着这种妄想,若无其事地回到海岛,接送留在那里的印卡统领和士兵,把他们载上木筏向目的地驶去。部族人在第一批印卡人被害的地方,用同样方法杀害了第二批印卡人。在岛上和其他串通好了的地方,对于留驻下来执掌司法、管理太阳田和印卡田的大小官员,他们也照此办理,完全无视国王陛下的尊严,极其残酷地把他们杀害。他们还把人头高悬于神庙门前,用人心人血祭祀他们的偶像,以此还了叛乱之初请求魔鬼保佑时许下的愿。

第六章　对叛乱分子的惩处

印卡王瓦伊纳·卡帕克获悉不幸事件的全部情况,那么多在文治武功中颇为老练的王室贵胄惨遭杀害、葬身鱼腹,对此他感到悲痛万分,遂身着丧服以示哀悼。印卡王的丧服为棕褐色,是用西班牙人称作褐色粗呢的布料缝制的。丧期一过,印卡王大发雷霆,传命征调军兵,达到所需的人数后,立即开赴大陆上的叛乱地区。部族人兵无斗志,民无御敌之策,更没有力量抵抗印卡王,轻易地被其制服。

制服陆上部族后,印卡王渡海征伐普纳岛。岛上土人在海上稍事抵抗,其实也微不足道,很快就投降了。印卡王下令把叛乱的主要头领和谋士,以及在杀害印卡文武官员的罪行中臭名昭著的头人和军兵全部抓起来,由印卡军中一位将军训话,痛斥他们对印卡官员的背信弃义、歹毒心肠和残暴行径,而印卡官员是在为他们造福而奔忙,为帮助他们摆脱野蛮状态并过上正常人的生活而劳禄。因此,印卡王无法像往常那样宽宏大量、慈悲为怀,因为他的法律不容他这样做,而且他们的卑劣行径也实属十恶不赦。印卡王传命,对他们的背信弃义、叛逆谋反给予应得的惩罚:处以死刑。宣布判决后,像他们杀害印卡王的官员那样以不同方式执行死刑:有的人拴上石块扔进大海;有的用长矛刺死,以惩罚他们曾用长矛挑着印卡人的首级置于他们神庙门前;有的斩首分尸;有的则用他们携带的武器把他们杀死,就像他们杀害印卡人统领和士兵那样;还有一些人被绞死。佩德罗·德谢萨·德莱昂对这次叛乱及对它的惩罚有所记述,其篇幅之长超过对印卡人其他任何事件的记述。他在作了长篇记述后,在第五十三章中用这样的话作了总结:“几千名印第安人就这样以不同方式被处死,参与策划的主谋不少人被长矛刺死或溺死。实施了极为严厉、令人生畏的惩处后,瓦伊纳·卡帕克下令,在不幸和灾难性时刻唱诵的诗歌中,要叙述那里发生的罪恶行径。直到现在,印第安人还像诵挽诗一样,用自己的语言叙述这场惨祸以及其他事件。后来他曾命令沿巨大的瓜亚基莱河修建一条道路,尽管它没有像印卡王希望的那样全面完工,但从某些地段也可看出,那确是一项宏伟的工程,依我之见,现在可以把它叫作瓦伊纳·卡帕克大道。印卡王惩处了部族人,命令他们听从驻守在通贝斯城堡的长官指挥,并处理了其他一些事务,然后离开了那个地区。”以上系引用佩德罗·德谢萨的记述。

第七章　查查普亚人的叛乱和瓦伊纳·卡帕克的宽宏大量

当瓦伊纳·卡帕克国王下令返回科斯科、并在沿途巡视藩属国时,已经归附印卡帝国的沿海省份有许多酋长前来送行。他们带来大批礼品,都是当地最好的东西,其中有凶猛异常的狮子和老虎各一头。印卡王视为珍贵之物,命人精心照管和饲养。以后我们将讲述上帝我主通过用狮子和老虎救助基督徒而创造的一桩奇迹,就因为这桩奇迹,印第安人把他们崇拜为神明,称他们是太阳神的儿子。印卡王瓦伊纳·卡帕克对那里修文备武之事作了必要的安排,然后离开通皮斯,由北向南沿途巡视了帝国的一半疆土,一直抵达秘鲁的边缘奇查人地区,打算转变方向去巡视位于更东的另一半疆土。他从奇查人地区派巡视官去图克马王国(西班牙人称为图库曼),还派巡视官去奇利王国,让他们带去大量印卡王所穿式样的衣服和许多他本人佩戴的首饰,以他的名义赐给驻守在那些王国的印卡人总督、统领、王室官员以及当地的部族酋长,印第安人对印卡王的恩赐视为无价之宝。来往途中经过科斯科时,印卡王巡视了接近竣工的城堡,为了鼓励和赐恩参加施工的主要工匠和其他劳役者,他还亲自动手干了点活儿。这次巡视历时四年之久,巡视完毕后,印卡王下令征集军队去征服通皮斯以北的沿海地区。当他来到卡尼亚里斯省准备前往基图由那里去征服沿海地区时,忽有消息报来,称查查普亚人居住的那个大省发生了暴乱。原来他们生性好斗,便凭借地势险恶、人口众多,利用印卡王

正从事意义重大的征战之机举行叛乱。他们假装友好,使用欺骗手段杀害了印卡王派驻的文官武将和许多士兵,还抓起了许多士兵,企图把他们当作奴隶役使。瓦伊纳·卡帕克闻报后,感到十分痛心和愤怒,决心对查查普亚人严惩不贷,于是下令,从四面八方挺进沿海的各路军兵改变路线,转向查查普亚省进发,他本人也动身前往部队的会合地点。在军队逐渐集中的同时,印卡王派遣使者去见查查普亚人,如果他们仍然愿意臣服印卡王,那就应该请求宽恕。查查普亚人不仅不好言回复,反而恶语伤人,横加侮辱,并威胁要杀死他们。这对印卡王无疑是火上加油,使他怒不可遏。于是他加速聚集部队,亲率大军抵达一条大河边,那里早已备好许多木筏待用。木筏用一种轻质木料捆扎而成,这种木料在秘鲁通用语中叫作"丘乔"。

印卡王觉得,对他本人和部队来说,分成六个人或七个人一组乘木筏渡河未免有失身份,于是命令用木筏搭一座桥——把所有的木筏捆扎在一起,就像浮在水面的一个大笸箩那样。印第安人士兵和役夫不辞劳苦,只用一个白天就扎好了。印卡王率军排成整齐的方队迅速地过了河,向该省的主要村庄之一卡萨马基利亚挺进。他已下定决心,要把那里夷为平地,因为这位国王历来以自己的为君之道自诩:对待谦恭顺从者仁慈宽厚,对待叛逆顽固者则严惩不贷。

叛乱的部族人得知印卡王大发雷霆,他的军队正以排山倒海之势前来,对自己的罪行后悔莫及,他们被即将临头的惩罚吓得魂不附体。他们惊慌失措,一筹莫展,因为除了最初犯下弥天大罪以外,他们在答复印卡王的要求时又是那样顽固不化、野蛮无礼,从而无法指望得到他的慈悲和宽恕，便决定丢弃村寨家园，逃往深山老林。于是所有能够跑的人都逃之夭夭，只有年老体弱和病残人员留了下来。老人毕竟阅历深、见识广，想起瓦伊纳·卡帕克为人豪爽，从不拒绝妇女向他提出的请求，就去求助一位查查普亚成年妇女。她就是卡萨马基利亚那个村的人，曾经做过伟大的图帕克·印卡·尤潘基的女人，是他众多妾妃中的一个。老人们为即将降临的大祸所迫，声泪俱下地恳求她去向她的儿子印卡王请求宽恕，并说舍此之外别无活路。否则，他们、他们的妻儿、所有村庄以至整个地区都将彻底毁灭。

那位妇女看到自己和她的亲属也无一例外地面临同样危险，于是由另外一些不同年龄的妇女陪同（她不允许任何男人同往），立即迎着印卡王赶去，在离卡萨马基利亚村约两莱瓜处遇到了他。她匍匐在印卡王脚下，鼓足勇气慷慨激昂地对他说："举世无双的君主，你要到哪里去？没看出你是在怒气冲天地要去毁灭你父亲征服并纳入你的帝国的一个省份吗？没注意到这与你的宽宏仁慈背道而驰吗？没考虑到今天你发泄了怒气，而明天定会后悔莫及吗？怎么就不想想你引以自豪的'穷人的爱护者'这个称号呢？既然你知道没有理智是人类最大的贫困，那怎么就不可怜一下这些没有理智的人呢？尽管他们不配，但你还是应当想想你的父亲，他征服这些人就是让他们做你的百姓。再想想你自己，你可是太阳神的儿子。不要为了泄一时之愤就进行毫无意义的惩罚，让已经归降于你的人血流成河，从而玷污你过去、现在和将来都有口皆碑的英名。你应该看到，这些该死的家伙罪过越大、越严重，你的宽宏大量和慈悲为怀也就更加光辉夺目、感人至深。你要想想你

诸辈先人的博大胸怀,他们对此又多么骄傲,而你应看到你集他们各种优秀品德于一身。正因为你是这样的人,我才恳求你饶恕这些可怜的人。如果你不屑于满足我的请求,既然我也是激怒于你的那个地区的人,那就求你至少让我第一个在你的正义之剑下引颈伏诛,也免得眼睁睁地看着我的亲人被斩尽杀绝。"

一席话说完,那位妇女就沉默不语了。同她一起来的印第安妇女,则痛哭流涕,大放悲声,同时一再念叨印卡王的称号,央求着说:"盖世无双的国君,太阳神的儿子,热爱穷苦大众的人,瓦伊纳·卡帕克,求你大发慈悲,饶恕我们和我们的父亲、丈夫、兄弟、儿子吧。"

印卡王犹豫良久,仔细思量着那位妇女讲的一番道理,又见其他妇女声泪俱下,苦苦哀求,终于动了恻隐之心,宽厚仁慈的本性也逐渐平息了他那理所当然的怒火。于是,他趋步上前,从地上搀起继母,说:"看来你真像'玛曼奇克'(意为大家的母亲;印卡王的意思是说'我和你所有亲人的母亲')。因为你高瞻远瞩,预见到了怎样做才有利于我的名声和我父王陛下的声誉,为此我非常感谢你。你说得很对,倘若今日盛怒之下做出蠢事,明天我一定会痛悔莫及。你对你的乡亲也尽到了母亲的职责,卓有成效地拯救了他们的生命和家园。既然你是我们大家的慈母,你的吩咐一定照办,请你看看还有什么事要吩咐我。就烦你及时回到乡亲那里,以我的名义饶恕他们并给予你认为适当的恩惠和赏赐,还要告诉他们应当知道感谢你。为了更好地证明他们已经得到宽恕,请你带着四名印卡人一起去。他们都是我的兄弟、你的儿子,他们不带一兵一卒,只带必要的官员,以使那里的人真正安定下来并得到良好的治理。”言毕，印卡王率领全军撤回，奔向他最初的目标——沿海地区。

经过这次事件后，查查普亚人心悦诚服地认识到自己的罪过和印卡王的仁慈心肠，从那以后成了忠心不贰的臣民。为了对印卡王给予他们的宽宏大量表示纪念和崇敬，他们把那位继母同她的继子瓦伊纳·卡帕克谈话的地方圈起来，作为一处圣地加以保护（因为在那里曾经建树了这样一件千古不朽的伟业），以防任何人、动物甚至飞禽（如果可能的话）在那里落足，玷污圣地。他们在周围建了三道围墙，第一道用精心磨光的石料砌成，顶部有飞檐；第二道用粗糙的石料，以保护第一道围墙；第三道用砖坯，用以保护里面的两道围墙。时至今日，仍可看到这三道围墙的一些遗存。就其工程本身而言，这几道围墙本可历数百年而无恙，然而贪婪的物欲却容它不得，有人在这类地方寻找财宝，把它们变成了断壁颓垣。

第八章　曼塔部族的神明和习俗，降服曼塔以及其他一些非常野蛮的部族

瓦伊纳·卡帕克挥师奔向沿海地区，去进行他期望在那里进行的征服。他抵达叫作曼塔的那个省的边界，现在西班牙人称作波托维耶霍的港口就在那里，至于为何这样叫它，我们在本部史书开始时已经说过。在沿海岸向北延伸许多莱瓜的那个省份，土著人有着相同的风俗习惯和崇拜偶像：崇拜大海和捕食最多的鱼类。此外，他们还随心所欲地崇拜老虎、狮子、巨蛇大蟒以及其他虫豸。

这其中,在相当于该区首府的曼塔谷地,人们崇拜一块大翡翠,据说它比鸵鸟蛋略小一点。每逢盛大节日,把它拿出来公开展示,印第安人远路而来向它顶礼膜拜,祭献牺牲,贡奉礼品。祭物是小块翡翠,因为曼塔的祭司和酋长告诉他们,大翡翠女神最喜欢的祭物和贡品就是向她奉献小块翡翠,这是她的女儿。假借这种贪婪的教义,曼塔村庄积聚了大量翡翠。唐佩德罗·德阿尔瓦拉多及其同伴(其中包括家父加西拉索·德拉维加)前去征服秘鲁时,在那里见过这些翡翠,并把大部分放在一个铁砧上砸碎了。由于他们对珠宝不是行家里手,还说如果真正是宝石,就怎样也砸不碎;如果砸得碎,那就不是宝石而是玻璃。至于被崇拜为女神的那颗大块翡翠,西班牙人进入那一地区后,印第安人就把它藏匿起来,并且藏得非常神秘,以致后来为了在那里寻找各种珍宝时,尽管费尽了九牛二虎之力,使尽了种种威胁利诱手段,却始终未能找到它,就像在那片土地上还有无数珍宝消失得无影无踪一样。

曼塔和这一地区的土著人,特别是沿海地区的人(不包括内地称为山里人的那些人),比其他所有部族都更公开、也更无耻地搞鸡奸,甚至直到现在,我们仍发现有这种恶习。结婚的先决条件是,头一夜新娘必须与新郎的亲戚朋友睡觉,而不是和丈夫共度良宵。战争中抓到俘虏要剥皮,填上灰土做成人形,挂在庙宇的门上和举行庆典唱歌跳舞的广场,借以炫耀胜利。

印卡王按照惯例向当地人提出要求,要么兵戎相见,要么归降帝国。很久以前,曼塔人就看到自己无法抵抗印卡王的强大威势,也曾试图与本区的众多部族结成联盟,共同御敌,但多数部族都是既无法律又无秩序的乌合之众,无法团结一致,所以都先后望风归降于瓦伊纳·卡帕克麾下。印卡王和蔼可亲地接纳，赏赐礼品，并派驻一些行政官员和执法官员，向他们传播印卡人的偶像崇拜、法律和风俗习惯。随后，印卡王继续前进，去征服一个名叫卡兰克的大省。那里有许多部族，但都是些既无法律又无秩序的乌合之众。而印卡人强大无比，势不可挡，所以他们不想抵抗，即使想抵抗也力不从心，便很快投降。像以前对其他部族一样，印卡王给这些部族派驻老师和行政官员，然后向前征进。他来到另外一些省份，那里的人比已征服的整个沿海其他地区更加野蛮粗鲁、愚昧无知：男男女女都用火石尖部刻画面孔；婴儿一生下来就让他脑袋变形：在前额和后脑勺上各放一块木板，每天勒紧一点，直至长到四五岁，以便让头部左右宽，前后窄；除了尽量把孩子的头部压宽压扁外，还把头顶、脑盖和后颈上的头发全部剃掉，只留下两侧，即使这两侧的头发也不梳理平整，而是让其卷曲竖立，使面目更显狰狞可怖。他们都是捕鱼能手，以此为生，此外也觅食草叶、树根和野生浆果。他们一丝不挂，赤身裸体。至于他们崇拜的神明，就是我们在讲述他们邻居时所提到的那些东西。这些部族称为阿皮奇基、皮琼西、萨瓦、佩克良西米基、潘帕瓦西等。印卡王把这些地方纳入帝国版图，然后继续前进，抵达名叫萨拉米苏的省份，由那里抵达叫作帕绍的省，这个省在昼夜平分线之下，成垂直位置。这里的人比印卡人征服的其他地区的人更加野蛮：他们不崇拜任何神明，而且根本不知何为崇拜；他们既无村落也无房屋，那里有许多高山峻岭，他们就住在山上的树洞中；他们没有固定的夫妻关系，也不知谁是自己的子女，而且毫不知耻地公开进行鸡奸；他们不会耕耘土地也不知从事任何有益于自己的活动；他们赤身露体，一丝不

挂;他们除了在嘴唇上穿孔,还把脸面分四部分涂上不同的颜色:四分之一涂黄色,四分之一涂蓝色,另有四分之一涂红色,余下四分之一涂黑色,但每人可根据各自爱好变换颜色。他们蓄卷曲的长发,但从来不梳,沾满了草屑、灰尘和落在上面的各种杂物。总而言之,他们简直不如禽兽。来西班牙的途中,我曾见过这些部族的人。那是在1560年,为了加水加柴,我们乘坐的航船在那里停靠了三天。许多当地人乘坐用水烛草扎成的筏子来同船上的人做生意,他们向西班牙人兜售一些很大的鱼,并且当场用渔叉捕捉。虽说他们粗鲁野蛮,但叉鱼时却异常熟练灵巧。西班牙人出于观看捕鱼的兴趣,纷纷预先买下,再让他们去叉。他们用鱼换取的东西,是硬饼干和肉,不要钱。他们用树皮或树叶遮盖下身,其实这主要是向西班牙人表示尊重,而不是出于自己的羞耻之心。他们是地地道道的野蛮人,而且属于人们所能想象出的那种最未开化的野蛮人。

瓦伊纳·卡帕克·印卡察看地形,只见那里都是崇山峻岭,一片荒凉,居民则肮脏粗野,如同禽兽,料想要让那些人讲清洁、懂礼貌,恐怕费多大力气也将徒劳无益。据印卡王手下人回忆,当时他说:"我们回去吧!这些人不配让我们做他们的国君。"说完就下令大军返回帝国,帕绍人还像以往那样生活在愚昧和野蛮之中。

第九章　关于那一地区的巨人及其死亡的情况

在离开这一地区之前,应当讲一个流传甚广并令人惊讶不已的故事。故事是由当地人的祖先一代一代传下来的，说是在许多世纪以前，有一些巨人由海上来到那个地区的陆地，在现在叫作圣埃伦娜的海角登陆——海角之所以叫这个名字是因为最初去的西班牙人是在圣埃伦娜节那天发现它的。在谈及那些巨人的西班牙史学家当中，佩德罗·德谢萨·德莱昂就在巨人光顾的地区听取了人们讲述这件事，所以描写最为详细。何塞·德阿科斯塔神父大人和王室财务总管阿古斯丁·德萨拉特也提到这件事，但非常简短概括。因此，我认为还是引用谢萨的记述为好。他在第五十二章中用较大篇幅作了叙述，现照录如下：

"既然秘鲁盛传巨人之事，说他们在波托维耶霍城之郊圣埃伦娜角登陆上岸，我觉得应将我所听到关于巨人的情况，按我的理解加以介绍，至于民间的见解和种种说法，则往往言过其实，尽可不去理会。当地土人根据他们从父辈那里听来的故事（这个故事很久以前就在他们之间代代相传），是这样说的：曾有一些人从海上乘坐一种类似大船的高莎草筏子来到这里。这些人身材甚是高大，其中一人膝盖以下的高度就相当于一个普通人（而且是比较高大的）全身的高度。巨人的四肢同硕大的身躯比例很协调，因此看到他们那巨大的头颅确实令人生畏。巨人的头发长及背部；眼睛之大，宛如盘碟。据印第安人说，巨人没有胡子，有的身披兽皮，有的则一丝不挂。他们来时，没有带妇女。他们到达那个岬角后，先在那里建立了一个类似村落的居住地（直到现在人们还记得巨人建立村落的地方）。由于找不到水，他们挖了几口非常深的井，以解缺水之忧。以他们身材之硕大，人们自可想象其千钧之力，水井由这样一些人挖成，工程确实值得纪念。水井就在光秃秃

的岩石上挖凿，终于挖出水来，然后从水面至井口凿成平整的井壁，使水井经久耐用。井水质地优良，清甜可口，而且始终冰凉，喝上一口非常惬意。

“这些大个子或巨人，在安排妥居地并挖好饮水井（或贮水池）后，就在那个地区寻找食物，把凡能找到的东西全部吃光喝净。他们的胃口大得惊人，据说一个人吃的食物足够当地五十个土人充饥。由于找到的食物不足果腹，他们就用自己的网和索具（这些东西都符合他们的身材比例）在海里大量捕捞鱼虾。他们奸淫妇女，将她们折磨至死，还寻找借口杀死许多男人。当地人对其恨之入骨。对这些突然闯入、霸占土地和家园的外来巨人，印第安人聚集一起商讨对策，但自感势薄力微，无法杀死他们，因此不敢冒犯。几年之后，巨人仍然留在这一地区。由于他们没有女人，自己又身大力大，当地女人无法使他们尽兴，也许因为受了该死的魔鬼的怂恿和引诱而养成了恶习，他们互相便干起了那种人所不齿的鸡奸勾当，真是丑恶不堪，骇人听闻。更有甚者，他们竟然毫无顾忌，在光天化日之下干这种行径，既不怕冒犯上帝，也毫无羞耻之心。当地人都说我主上帝绝不能容忍如此卑劣的罪孽，终于给了他们罪有应得的惩罚。他们说，正当那些巨人麇集一处干着无耻的鸡奸勾当时，一团骇人的烈火呼啸着从天而降。从火团中央走出一个浑身闪闪发光的小天使，他手执一柄光芒四射的利剑，挥剑一劈就把巨人全部杀死，大火旋即把他们吞没，只剩下几块碎骨和几个脑壳。这是上帝的旨意，为了让人们记住这次惩罚，故意不让大火把他们烧得一干二净。这就是有关那些巨人的传说，我们相信确有其事，因为在传说他们所在的地区，过去和现在都发现

了一些很大的骨头。我曾听一些西班牙人说,他们看见过一颗残缺不全的牙齿,据他们估计,如果完整的话,其重量可达半个鱼肉磅[①]。他们还见过一块肢体的长骨,若说出它的大小,足以令人咋舌,这也证明确实发生过巨人的事情。此外,还可以到他们结村而居和挖掘水井(或贮水池)的地方实地去看。要断定或说明他们是从哪里、又途经何处而来,我无能为力,因为我也无从得知。

“1550 年我在诸王之城时曾听说,在唐安东尼奥·德门多萨[②]阁下任新西班牙总督和都督时,那里发现了一些非常巨大的人骨,就像这里的巨人骨头一样,甚至还要大些。此外,在此之前我还听说,在墨西哥城或那个王国其他地方一座非常古老的坟墓中,也发现了一些巨人的遗骨。根据现在掌握的材料,既然过去有那么多人见过,现在又有那么多人肯定,因此可以认为确实有过巨人,而且可能就是同一些人。

“在圣埃伦娜角(前面说过,它位于秘鲁沿海地区的波托维耶霍附近),还可以看到一种非常引人注目的情况:有一些洞隙和矿苗源源不断地涌出质地优良的天然沥青,为多少只船填缝补漏都可以。沥青涌出时温度很高,可能来自那里地下的某个矿床”,等等。以上系引自佩德罗·德谢萨的史书,从中可以看到那里的印第安人关于巨人的传说,以及该地区拥有的沥青源泉,这也是值得一提的事情。

① libra caraicera,古时的鱼肉重量单位,相当于普通磅的两倍。

② 安东尼奥·德门多萨(约 1490—1552),西班牙官员。1535—1550 年任墨西哥首任总督,1551 年被任命为秘鲁总督,翌年逝世于利马。

第十章　瓦伊纳·卡帕克关于太阳神的言论

如前所述，瓦伊纳·卡帕克国王确定帕绍省为帝国北部边界，遂传命从该地撤军。军兵遣散已毕，他径往科斯科而去，一路之上巡视帝国的藩属国和省份，为有求者施恩赠物，伸张正义。这次巡视历时数年，其中一年他按时返回科斯科，举行了称为“拉伊米”的太阳节盛典。据印第安人说，庆典延续九天。有一天，这位印卡王又像几位国王经常所做那样，用随随便便的态度注视太阳，或盯着不太灼眼的太阳周围（他们认为这是冒犯行为，因此禁止这样做），而且就这样注视了好一会儿。在他身边的最高祭司（也是他的叔父）对他说：“印卡王，你在干什么？难道你不知道这样有失体统吗？”

当时印卡王低下了头，但是不一会儿他又那样随便地抬起双目，凝视太阳。最高祭司责备他道：“独一无二的国君，看你在干什么！现在大家在这里聚集一堂，向你的父亲表示他们应有的虔敬和崇拜，就像对独一无二、至高无上的主宰一样。随意注视我们的父亲太阳神乃冒犯之举，因此属禁止之列。你的所作所为不仅违禁，而且为满朝和整个帝国开创了恶劣的先例。”瓦伊纳·卡帕克转过身来对他说道：“我先向你提两个问题，再来回答你刚才说的话。我是你们的国王和天下的主宰，你们当中是否有人胆敢随心所欲地吩咐我从座位上站起来，再走上很长的一段路？”祭司回答说：“哪个胆大包天，敢这样胡作非为？”印卡王接着问：“假如我命令我的臣民的某个酋长立即由此地飞速赶往奇利，不管酋长多么富有强大，他会不会违抗我的命令？”祭司答道：“不会的，印卡王，你即使命令去死，也没有人胆敢违抗圣命。”

于是印卡王说道：“那么我要告诉你，我们的父亲太阳神想必还有一个比他更尊贵、更强大的主宰，这位主宰命他每天毫不停歇地走完这样一段路程。如果他自己是至高无上的主宰，尽管完全不需要，他也早就按自己的意愿停下来休息一会儿了。”根据这一席话以及西班牙人从印第安人那里听到的关于这位印卡王的类似言论，人们都说如果他能听到传播基督教义，定会很容易地接受天主教，因为他睿智过人，理解能力极强。瓦伊纳·卡帕克的这段故事，在秘鲁已经是妇孺皆知。一位西班牙统领听到了许多故事，其中大概也有这段故事，便把它当作自己的发现讲给阿科斯塔神父大人，当然，也可能那真是他本人的见解。神父阁下把它写进了那部关于新大陆的史书第五卷第五章，还在这个故事之后不指名地记述了瓦伊纳·卡帕克的那段话（他也听到了那句话）并且写道：“据说在印卡诸王中有一位国王睿智过人，看到他的祖先都极力崇拜太阳神，就说他不认为太阳是神，而且也不可能是神。因为神明是伟大的主宰，他做任何事情都威严庄重、从容不迫，而太阳却走个不停，因此认为如此焦躁不安的东西不可能是神明。他说得很对。如果运用委婉的、可以接受的说理，向印第安人说明他们的错误认识和盲目想法，他们一定会心悦诚服地相信和投向真理。”以上是引用阿科斯塔神父在该章结尾时说的话。由于那些印第安人对他们崇拜的偶像极其敬畏，便把他们国王这样随意注视太阳当作凶兆。瓦伊纳·卡帕克之所以采取这种态度，是受了他父亲

图帕克·印卡·尤潘基关于太阳神言论的影响,根据前面记述他生平时讲到的情况,他当时的言论几乎与瓦伊纳·卡帕克现在的话完全相同。

第十一章　卡兰克人的叛乱及对他们的惩罚

正当印卡王瓦伊纳·卡帕克巡视藩属国时(这是他进行的最后一次视察),忽有消息来报,说卡兰克省发生了叛乱。前文说过,印卡王征服的这个省位于基图王国边界,那里的人极其野蛮凶残,酷嗜人肉,杀人之后用人血、人头和人心献祭。他们无法忍受印卡人的统治,特别是禁食人肉的法律,于是伙同邻近地区的部族一起发动了暴乱。邻近部族奉行与卡兰克人同样的习俗,眼看印卡帝国逼近家门,害怕会像对待卡兰克人一样禁止他们吃人肉,而他们认为这是自己禽兽般生活中的享受。由于这些原因,他们与卡兰克人一拍即合,密谋发难,并且极其秘密地网罗了许多党羽,准备杀害印卡王派驻那里的省督、司法官员以及他们手下的戍守军兵。随着确定的叛乱时间日益临近,他们极尽伪装之能事,更加恭顺和爱戴地效命印卡官员,使其毫无戒备,以便更有把握地把他们一网打尽。预定的日子到了,他们极其残忍地把印卡人全部杀死,把头、心和血献祭给他们的神灵,以感谢神灵使他们摆脱了印卡人的统治并恢复了原有的习俗。他们还兴高采烈,贪婪地饱餐印卡人的肉,不经咀嚼就吞咽下去,以报复印卡人曾在那么长的时间里禁食人肉和惩罚食人肉罪犯。其厚颜无耻、犯上作乱的行径

已是登峰造极，无以复加。瓦伊纳·卡帕克获悉此事后，深感痛心和愤怒，即刻下令征集兵士和统领去惩处那些犯下滔天罪行的禽兽，他本人也随后前往，注视事态的发展。统领们率兵抵达卡兰克人地区，开战前先以印卡王的名义派遣使者通知他们，如果请求宽恕并向国王的意志投降，就饶恕他们。叛乱者本是野蛮生番，不仅不肯投降，反而放肆无礼地答复，并对使者竭尽侮辱折磨之能事，只给留了条性命。瓦伊纳·卡帕克得悉那些野蛮家伙的新罪行，赶到大军所在地亲自指挥作战。他下令发起一场血与火的战争，战斗中双方死亡的人员数以千计：因为敌手是叛乱分子，拼死抵抗；印卡人为严惩冒犯国王的罪行，更是奋不顾身地厮杀。由于印卡王力量强大，势不可挡，不久之后，敌军士气即已衰颓，不敢公开大战，只能设伏偷袭，以便守住险要通道、山地和堡垒。但是印卡王的强大攻势终于把他们彻底击溃，迫使他们投降。印卡人俘获了成千上万敌人，直接参与暴乱的罪大恶极分子就有两千人，其中一部分是叛乱造反的卡兰克人，另一部分则是他们尚未被印卡王征服的盟友。对所有这些人进行了严厉的、令人难忘的惩处：印卡王下令全部斩首于坐落在两部族交界处的大湖之中。为了让后人牢记那些人犯下的罪行和受到的惩处，便把那座大湖称为"亚瓦尔科查"，意为血湖或血海，因为当时条条血河注入湖中，俨然成了一座血湖。佩德罗·德谢萨在其史书的第三十七章中曾简略地提及此事，他说有两万人被斩首，这想必是指在那场战争中双方死亡的总人数，因为那场战争的确非常激烈、残酷。

惩治了叛乱者后，瓦伊纳·卡帕克前往基图，他很难过也很忧伤，竟然有人在他在位期间犯下如此惨无人道的罪行，迫使他违背

自己和祖辈的本性(他们都自认为仁慈宽厚),进行了严厉残酷的惩罚。他十分痛心这些叛乱不是发生在过去,而都发生在他的时代,从而使他的时代如此不幸,因为除了在印卡王维拉科查时期发生过昌卡人的叛乱外,不记得还有类似情况。然而仔细想来,这些事件好像某种凶兆,预示着一场更大的叛乱已迫在眉睫,这将使他的帝国落入他人之手,他的王室家族将遭到彻底毁灭,我们很快就会看到这些情况的。

第十二章 瓦伊纳·卡帕克立其子阿塔瓦尔帕为基图国王

前文已经说过,印卡王瓦伊纳·卡帕克同基图国王的女儿(她本是那个王国的继承人)生有一个儿子,取名阿塔瓦尔帕。这个孩子长大成人后,聪明能干,精明老练,谨慎稳重,作战时精神抖擞,骁勇非常,而且像所有的印卡王公和帕莉娅一样,长得身材健美,仪表堂堂。由于他在身心方面有如此众多的优点,父亲对他倍加呵护,总是带在身边。瓦伊纳·卡帕克本想把整个帝国都留传给他,但却无法剥夺他的长子和法定继承人瓦斯卡尔·印卡的权利,便违背祖法,通过某种合法的外衣并有物归原主的意思,力图把基图王国交给他。为此,瓦伊纳·卡帕克派人传召当时身在科斯科的王子瓦斯卡尔·印卡。瓦斯卡尔到达后,国王召集他众多儿子和随身带领的文臣武将举行会议,当众同他的法定继承人谈话。他对瓦斯卡尔说:“王子,根据我们老祖宗印卡王曼科·卡帕克传下来并要我们遵循的祖法,显而易见,这个基图王国是属于你的，而且在此之前一直如此，因为已经征服的所有王国和省份都已纳入你的帝国，接受我们帝国京城科斯科的管辖和统治。但是我非常喜欢你的弟弟阿塔瓦尔帕，不忍心见他一无所有。我愿意你们两个人都好，为此希望在我为你赢得的大片土地当中，把基图王国的所有权和继承权让给他，因为这个王国过去原本属于他的外祖父、现在则本应属于他母亲所有。这样，他就具备无愧于他德才的国王身份而作为你的好弟弟，一旦他有所依靠，不再一无所有，定能按照你的一切吩咐更好地为你效劳。作为我现在求你的这点小事的补偿和报答，将来你在现有领地周围所能攻占的其他王国和省份，统统归你所有，而且在征服过程中，你的弟弟将作为士卒和统领为你效命。至于我，当我要离开这个世界、与我们的父亲太阳神一起安息时，也就满意而去了。”

王子瓦斯卡尔·印卡爽快地回答，他非常乐于服从印卡父王的这一旨意和对他的任何吩咐，即使需要再让出几省，让父王有更多的土地赐给他的儿子阿塔瓦尔帕，他也会照办不误，以讨父王欢心。瓦伊纳·卡帕克对瓦斯卡尔的回答非常满意，便吩咐他返回科斯科，然后着手让阿塔瓦尔帕接管基图王国。除了基图王国之外，又给他加了几个省份，还留驻一些身经百战的统领和一部分军队为他效力，同他做伴。总而言之，他尽其可能为阿塔瓦尔帕创造一切有利条件，即使损害了王储的利益也在所不惜，所作所为都显示他是一位爱子之情胜过一切的父亲。他想在基图王国和附近地区度过有生之年，他决定这样做，既是要给阿塔瓦尔帕王子的统治壮大声威，也是要安抚和稳住新征服的沿海和内陆各省，因为那里的人生性好斗，愚昧野蛮，类同禽兽，不安于寄人篱下而接受印卡帝国的统治。为此,印卡王不得不把那个地区的许多部族迁移到其他地区,再把外地一些平和温顺的部族迁到那里去,这本是历代印卡王防范叛乱的一种办法,我们在谈及称为“米特马克”的迁居户时曾详细介绍过。

第十三章　秘鲁的两条著名大道

在记述瓦伊纳·卡帕克的生平时,必须介绍由南至北纵贯秘鲁的两条王室大道,因为人们认为筑路的功劳应归于他。这两条大道,一条在平原,即沿海地区;另一条在山区,即内地。历史学家对这两条大道都倍加赞扬,但这项工程极为宏伟壮观,无论如何精心描述也难尽言其妙。由于这些描述相当精彩,我已望尘莫及,因此现将诸家之说一一照录。阿古斯丁·德萨拉特在其史书的第一卷第十三章谈到印卡人的起源时这样说道:“根据印卡王相传的继位顺序,一位名叫瓜伊纳卡瓦(意为富有的少年)的成了国君,他极大地扩张了帝国的版图,他是征服领土最广、扩大君主权力最多的国王,也是治国安邦最讲公正、最讲道理的国王。他把国家治理得那么懂礼貌、讲文明,使那里尚无文字的野蛮人生活得那么井然有序,而且又受到百姓那样尊敬爱戴,这似乎不可思议。臣民们勤于效命,在秘鲁修筑了两条大道,这两条大道非同一般,不应使其湮没无闻。在古代著书人讲到的世界最杰出的七大奇迹中,没有一项建筑遇到的困难、付出的劳动和代价能与那两条道路同日而语。当这位瓜伊纳卡瓦统率大军从科斯科城去征服五百莱瓜以外的基多省时,因是山区进军,所经之处地势险要,道路崎岖,多悬

崖峭壁，沟壑高山，因而历尽艰辛。瓜伊纳卡瓦征服了基多省后即将凯旋，印第安人觉得，应该为他修筑一条道路。于是，他们或开山劈石打通道路，或堆砌石块填平沟壑（有时甚至要填平十五到二十人深的深沟），就这样修筑了一条穿越整个山区、长达五百莱瓜的道路。据说这条大道刚竣工时非常平坦，马车都可以行走。但是后来，印第安人与基督徒在那里进行了多次战争，为了阻止敌人追击破坏了许多石砌路面，现在很多路段已经无法通行。在西班牙塞哥维亚省埃斯皮纳尔和瓜达拉马之间有一段两莱瓜的山区，这里是卡斯蒂利亚国王[①]率领王室人员和宫廷大臣经常从安达卢西亚省或托莱多王国来往于这一带河港的必经之路，虽然为了平整这段山路已经花费了巨大的劳动和代价，然而却至今未能尽如人意。如果想一想这一情况，就更能理解在秘鲁山区修筑那条大道有多么艰难。然而印第安人并不满足于建造那样一项杰出的工程，当瓜伊纳卡瓦再次视察基图省后（该省是他征服的，所以对它格外偏爱）要从平原返回时，他们又在平原上修筑一些道路，遇到的困难绝不亚于山区。这是因为要在土地潮湿、草木茂盛的所有沿海山谷中修一条路，前面说过每条山谷通常都有一莱瓜宽，印第安人就在这样的山谷两侧用四五层厚土坯垒起近四十西班牙尺宽的大道。离开谷地后，大道就进入沙地，在沙地中，要在大道的两边打上木桩并用绳索捆绑结实，以防路面损坏或变形。这条大道与山区那条一样，长度为五百莱瓜。由于西班牙人在战争与和平时期用木桩点火照明，沙地公路的许多地段已经破坏，在谷地

① 即西班牙国王。

中的土坯墙,至今仍然完好无损,从那里可以看出这一工程的确宏伟壮观。这样,瓜伊纳卡瓦去时走一条路,回来则走另一条,所经之处,一年四季都种植香花异草,有淡雅香味的花草覆盖着路面。”以上系阿古斯丁·德萨拉特的记述。佩德罗·德谢萨·德莱昂也谈及这两条大道,他在第三十七章中对山区的那一条作了如下记述:“从伊皮亚莱斯可以到达一个名叫瓜卡的小地方,快到那里的时候就能看到那条印卡人的大道,这条大道在这里享有盛誉,可以同汉尼拔[①]南下意大利时在阿尔卑斯山上修筑的那条道路相媲美,而且人们对印卡人这条大道的评价还更高一些,一者因为它沿途建有很多巨大的宿营地和仓库,二者因为大道是修建在到处悬崖峭壁、荆棘丛生的山区,足以令人叹为观止。”关于那条山区大道,佩德罗·德谢萨就说了这么多,但对那条平原大道,他在后面第六十章中作了如下叙述:“为了使我的文章有条不紊,在回过头来结束有关山区情况的叙述之前,我准备先把想到的有关平原地区的情况介绍一下。正如前文说过那样,有的事情还是非常重要的。这里我想介绍一下印卡王命人在平原建筑的大道,尽管现在它的许多地段已被破坏毁弃,但是依然可以显示它在当时是一项宏伟工程和命令修建的人的巨大权势。据印第安人说,是瓜伊纳卡帕和他的父亲托帕印加·尤潘格最早从高原下到沿海地区巡视云加人的谷地和其他省份的,不过也有些印第安人说是瓜伊纳卡帕的祖父、托帕·印卡的父亲印加·尤潘格[②]第一个见到

① 汉尼拔(公元前247—前183或182),迦太基统帅。公元前218年春统率约五万步兵和九千骑兵,穿过高卢(今法国一带)南境,翻越阿尔卑斯山进入意大利北部。

② 即印卡·尤潘基。

海岸、涉足那片平原地区。酋长和头人根据他们的命令，在谷地和沿岸地区修筑了一条宽达十五西班牙尺的大道。大道两侧建有一道一人多高、非常坚固的墙；整条大道的路面都干干净净，笼罩在树荫之下。在许多地段，条条枝干拖着累累果实直垂路面，各种鸟雀在树林中飞舞穿梭"，等等。接下去不远，他提及公用粮仓和其中为军兵储藏的给养（我们在前文已引述过），然后说道："印第安人沿着这条大道的两侧修了两道墙壁，一直修到无法打地基的沙土地带。为了使人不致迷路，同时又能了解下令修筑大道的人的伟大气魄，印第安人从没有墙壁的沙土地带开始，每隔一段距离打上一根又长又粗的木桩，就像梁柱似的。在谷地，有人负责清扫路面，遇有墙壁损坏或倒塌，就精心重建；在沙地，则有人负责查看木桩，如有被风吹倒，就重新立好。所以，虽然修筑这条大道不像山区那条那么费劲，但它仍不失为一项了不起的工程。在这些谷地中还建有一些堡垒和太阳神庙，后文将予以叙述"，等等。以上系引述佩德罗·德谢萨·德莱昂的原话。胡安·博特罗·贝内斯也曾谈及这两条大道并把它们列为奇迹建筑加以叙述。他虽用墨不多，却作了很精彩的描绘，他写道："有两条长达两千英里的大道或干道从库斯科通往外地，一条穿过平原地区，另一条则蜿蜒于群山之间。因此，在修筑这两条大道时，必须填平山谷低地，切割巨石巉岩，削平高山峻岭。大道宽达二十五西班牙尺。这是一项无与伦比的工程，比埃及的巨石建筑和罗马的高楼大厦更胜一筹"，等等。以上就是这三位著述者对那两条大名鼎鼎的大道的记述，三位历史学家的赞誉一位高过一位，它们对此是受之无愧的。然而无论使用什么赞美之词，也无法把那项工程的伟大雄奇恰如其

分地表现出来，仅凭在不断有二、三、四莱瓜甚至更高的陡坡上绵延五百莱瓜之长这一点，就可以说，无论怎样赞美也难以尽述其绝妙。关于大道的情况，除了这些记载之外，还应指出，在可以极目远眺的高峻山峰，于大道两侧建筑了一些小高台，高台建有石头台阶供人上下。抬肩舆的人可在那里落脚歇息，印卡王则可放眼四方，观赏高低不等、有雪无雪的山峰。由于大道经过的山地高度不同，有些地段可以俯瞰五十、六十、八十、一百莱瓜开外，但见群峰耸立，直入云霄；而山底沟壑之处，则深不见底，仿佛坠入地心。这般景色真是险峻雄奇，美不胜收。那项伟大的山区工程现在已经所剩无几，仅有一些尚未被时间和战争吞噬的残迹遗存了。只是在那条平原大道上，在荒无人烟的沙漠地段（那里有大面积的沙漠，也有一些高低不同的沙丘），还间或有一些竖立着的木桩，从一根处可以看到另一根，权作引路标志，以免行人迷失方向。因为风吹沙移，会把道路踪迹掩埋起来或无法辨认。在沙漠中不能靠沙丘辨路，因为遇上大风，沙丘也会从一个地方移动到另外一个地方。因此，沿路竖立的木桩对于行人辨别方向是非常必要的。正因如此，那些木桩才得以保留下来，否则，没有它们，人们就无法赶路了。

第十四章　瓦伊纳·卡帕克得知西班牙人在沿海地区活动的消息

正当瓦伊纳·卡帕克在图米潘帕的王宫中（这是秘鲁最豪华的宫殿之一）忙于上述事务的时候，忽有消息传来，说一些当地从未见过的外来人,乘坐一只船在他帝国的沿海地区活动,想弄清那里是什么地方。这个消息再次使瓦伊纳·卡帕克焦虑不安,他要了解那是些什么人,可能来自何方。应该说明,那只船是南海的第一位发现者巴斯科·努涅斯·德巴尔沃亚的,船上的西班牙人则正如我们在本书开头时所说,就是给那个帝国取名为秘鲁的那些人。此事发生在1515年,即发现南海的两年以后。一位历史学家说,那艘船和那些西班牙人是唐弗朗西斯科·皮萨罗和他的十三个伙伴,并说是他们最早发现的秘鲁。在这一点上,这位历史学家搞错了,他把最早的征服者说成了最早的发现者;在时间上他也弄错了,因为从发现到征服中间相距十六年(如果不是更多的话):最早发现秘鲁并给它取这个名字一事发生于1515年,而唐弗朗西斯科·皮萨罗和他的四个兄弟[①]以及唐迭戈·德阿尔马格罗进入并准备征服秘鲁则是1531年的事。瓦伊纳·卡帕克故于此前八年,即1523年,共在位四十二年。布拉斯·巴莱拉神父经过细致的调查,把诸代国王的重要往事写成了一部书,从其手稿的断简残篇中可以证实此事。

获悉关于第一批发现者的消息后,瓦伊纳·卡帕克平安无事地度过了八年,这期间他不想进行新的征服,而是专心治理国家,准备应付可能由海上而来的突然事变。因为有关那条航船的消息使他忐忑不安,不由得记起历代印卡王都知道的一条古代神谕,说经历若干代印卡王之后,将会有一些从未见过的外来人去往那里,

① 原文如此。史载1529年弗朗西斯科·皮萨罗携三个兄弟由西班牙返回巴拿马,经过一番准备后,1531年率180人分乘三艘船进入秘鲁,开始征服印卡帝国。

夺取他们的王位,毁灭他们的国家和崇拜偶像。正如以后我们将看到的那样,印卡王朝的这个大限之期就应在这一代国王身上。还有一件事应当提一下,即在那艘船只抵达秘鲁海岸的前三年,在科斯科发生了一件怪事,它作为一种凶兆使瓦伊纳·卡帕克惊愕不已,也使整个帝国惶恐万状。事情是这样的:正当印卡人隆重举行一年一度的太阳神庆典时,他们看到一只珍贵的雄鹰(他们叫它"安卡",anca)自空中飞来,后面有五六只红隼和同样数量的小游隼紧追不舍(这种小游隼在西班牙叫作鹗,在秘鲁叫作瓦曼,huaman,由于生得健美,有许多被带到了西班牙)。它们轮番扑向那只雄鹰,不让它飞起来,并频频发动攻击要把它置于死地,雄鹰招架不住,跌落在城中大广场中央,向周围的印卡人求救。印卡人捧起一看,发现是一只病鹰,好像生了疥疮一样,满身都是皮屑,绒毛几乎全部脱落。印卡人给它喂食并精心护理,但都无济于事,几天之后便呜呼哀哉了。印卡王和他的大臣们认为这是一种凶兆,专门选出来预测这类事情的占卜师们作了种种解释,然而万变不离其宗,都预言他们的帝国将要衰亡,国家和崇拜的偶像将被毁灭。除此之外还发生了多次大小地震,尽管秘鲁对这种灾害已经司空见惯,但印卡人发现这些地震要甚于平常,有许多高山被倾覆。他们还从沿海的印第安人那里获悉,海潮的涨落也多次超过通常的界限。他们还看到天空中多次出现令人毛骨悚然的彗星。除了这些令人胆寒的现象,他们还在一个清朗宁静的夜晚看到月亮周围有三道大圆环,里面的第一道呈血红色,中间一道是略带暗绿的黑色,最外一道好像一层烟雾。一位占卜师(印第安人叫作"莱卡",llaica)在看到并观察了月亮的三道圆环后,走到瓦伊纳·

卡帕克的住处，满面愁容，强忍着泪水，语不成声地说道："独一无二的君主，你是否知道，作为仁慈的母亲，你的母亲月亮正在向你预示，世界的缔造者和维护者帕查卡马克正威胁着你的王族和你的帝国，他将把巨大的灾难降临在你的亲人身上。你母亲身边的第一道血红色圆环意味着在你去你父亲太阳神那里安息以后，你的后代之间将爆发残酷的战争，王室成员要血流成河，用不上几年将要血流干，人死绝，因此她悲痛欲绝。第二道黑色的圆环向我们预示，你亲人之间的战争和自相残杀，将导致我们的宗教和国家横遭毁灭，你的帝国将落入他人之手。第三道圆环酷似云烟，预示一切都将化为乌有。"印卡王大为惊恐，但他不愿在人前显得脆弱，就对巫师说："算了吧，大概你今天晚上梦见了这些荒诞不经的事，就把它说成是我母亲的预示。"巫师回答说："印卡王，为了让你相信我，你可以到外面亲眼看看你母亲的预示，然后再召见其他占卜师，听听他们对这些兆头的解释吧。"于是印卡王走出寝室，看了看那些现象，吩咐召见宫廷中所有的巫师。内有一位巫师来自瑶尤部族，大家公认他道行最高。他也观察了三道圆环并进行过仔细思考，他向印卡王作了与第一位巫师一样的解释。尽管这些不祥的预测与自己的想法不谋而合，瓦伊纳·卡帕克为使臣下不要为此垂头丧气，依然显出不以为然的样子，对各位占卜师说："除非是帕查卡马克亲自对我这样说，否则我绝不相信你们的话。不能想象我的父亲太阳神那么讨厌自己的亲骨肉，竟会容忍自己的子孙遭到彻底灭亡。"他用这些话斥退了占卜师。但是他仔细思忖众人对他的解释，觉得与自己从先辈那里知道的那道神谕简直一模一样；又把占卜师的话和神谕与每天在四大要素方面发生

的新奇现象联系起来，除了这些之外，又有一条船载着不曾见过、未曾听说的人来到这里，为此他终日疑神疑鬼，忧心忡忡，愁眉不展；他身边总有一支精锐卫队守护，士兵都是各省戍守部队中最老练、最有经验的人。他传命向太阳神贡奉大量祭品，还命占卜师和巫师在当地向各自家中的神魔，特别是向伟大的帕查卡马克和魔鬼里马克问卜，请他们对所求卜的问题给予解答，在海上和其他各大要素方面出现的那些新奇现象究竟主吉主凶。从里马克以及其他地方得到的答复都模棱两可、含混不清，既不预示什么吉事，也不预示大难临头。不过多数巫师回答说是不祥之兆，因此整个帝国都担心会有某种大祸将至。但是最初三四年间，人们担心的不幸事件并未发生，于是大家又平静如初，安然度日，直到瓦伊纳·卡帕克故去。前面说的预兆的启示，在整个那个帝国本是家喻户晓，此外瓦伊纳·卡帕克护卫亲兵中的两位统领还专门讲过。他们二人都享年八十余岁，并且都受过洗礼，年龄更大一些的那位名叫唐胡安·佩丘塔，他把受洗礼前使用的名字当作别名，所有的印第安人通常都这样做。另外一位原名叫乔卡·里马奇，皈依基督教后的名字我已经忘记了。当这两位统领讲述那个时期的这些预兆和事件时，不禁老泪纵横、泣不成声，以至我不得不转变话题，他们才止住哭泣。我们介绍的瓦伊纳·卡帕克的遗嘱和亡故以及他死后发生的种种事情，主要的依据就是那位以前叫作库西·瓦尔帕的印卡长者的叙述。其中许多事情，特别是阿塔瓦尔帕对王族成员的残暴行径，则根据家母和她的一个兄弟的叙述，他的名字叫唐费尔南多·瓦尔帕·图帕克·印卡·尤潘基。他们二人当时还是不满十岁的孩子，但都被卷入了那场历时两年半的疯狂残杀，直

到西班牙人踏上那块土地才告一段落。以后在适当的时候,我们将介绍他们以及少数和他们同一血统的人是怎样从阿塔瓦尔帕的屠刀下逃生的,那还真是要念他们敌人的好处呢。

第十五章 瓦伊纳·卡帕克之死和他的遗嘱,关于西班牙人到来的预兆

驻跸基图王国的瓦伊纳·卡帕克在生前最后时日的某一天,为了消乏解闷进入一个湖中沐浴,出来时着了凉(印第安人叫作"丘克丘",chucchu,意思是浑身发抖),接着发起烧来(印第安人称作"鲁帕",rupa,意思是发烧)。次日以及随后几天,他感到自己的身体每况愈下,已经患上不治之症,因为几年之前他就从巫术、占卜和那些异教徒长期作出的详细解释中,看出了自己将要死去的先兆。印卡人说,这些先兆,特别是有关王族人员的那些先兆,是他们的父亲太阳神作出的启示,以使对太阳的偶像崇拜更有威望,更令人信服。

印卡人除了从巫术中得到和从魔鬼处听说的那些先兆之外,还看到天上出现了令人生畏的彗星。其中有一颗非常之大,绿光幽幽,煞是可怖。前面说过,它的光正好落在这位印卡王的王宫上。此外,还有许多奇异征兆使阿毛塔(那个国家的智者)、巫师和他们异教中的祭司惊骇不已。这些人都同魔鬼息息相通,纷纷预言不仅印卡王瓦伊纳·卡帕克将不久于人世,而且他的王族也要遭到彻底毁灭,帝国将落入他人之手,此外还有其他巨大的灾难和不幸将要降临,不管是大家还是个人全都在劫难逃。他们不敢

把这些情况公之于众，以免搞得人心惶惶、甚至惊吓而死，因为那些印卡人极为胆小，而且极易相信各种坏消息和不祥之兆。

自感命在旦夕的瓦伊纳·卡帕克，把随行的子女和亲属以及能够及时赶到的附近各省的文武官员召集到身边，对他们说道："我就要赴天庭与我的父亲太阳神一起安息了。几天前他就对我预示，要从湖里或者河里把我召去，所以我出浴之后即感不适，这是我们的父亲召唤我去的明确征兆。我死之后，你们要按照对国王遗体的一贯做法，剖开我的身体。我命令你们把我的心肝脏腑全部埋葬在基图，以表我对它的眷恋之情；我的躯体要运回科斯科，与我的父母和祖辈安放在一起。我把我深切疼爱的儿子阿塔瓦尔帕托付给你们，由他接替我继任印卡王，统治基图王国以及他亲自统兵为帝国征服和扩大的全部领土。而你们，我的军队的将领们，我要特别命令你们，以你们对国王应有的敬爱之情，忠心耿耿地为他效劳，需知是我让他做你们的国王，要你们奉命唯谨，唯命是从，因为那将是我根据我们的父亲太阳神的命令示意他的。我还劝诫你们，对百姓公正为本，仁慈为怀，以免丧失他们给予我们的'穷人的爱护者'的称号。总而言之，我要求你们完完全全地像太阳神的儿子印卡人那样为人处世。"对子女和亲属作了训示后，瓦伊纳·卡帕克传命召见非王室血统的其他统领和头人，劝诫他们忠贞不渝地努力为他们的国王效命，最后又说："多年以前我们就从太阳神父亲的启示中获悉，他的子孙经历十二代国王之后，将有一些我们从未见过的新人来到这方，他们将占领我们所有的王国和其他许多地方，并入他们的帝国。我推测这些人就是我们得知已在我们沿海活动的人。他们是卓越的人，在各方面都超过

你们。我们大家知道，十二代印卡王这个数，就应在我身上。我向你们断言，在我离开你们不多几年之后，那些新人就会到来，把我们的父亲太阳神对我们的预言变为现实，占领我们的帝国并成为它的主宰。我命令你们服从他们，为他们效劳，因为他们在各方面都比你们优越，他们的法律比我们的好，他们的武器要比你们的更有威力，所向无敌。你们不必惊慌，我要去同我的父亲太阳神安息了，他在召唤我。”

瓦伊纳·卡帕克说的这个关于西班牙人的预言，即在他百年之后，必有与乘船而来的人相似的外邦人来到那个国家，佩德罗·德谢萨·德莱昂在他著作的第四十四章谈到过。这位著作者说，印卡王是在基图附近的图米潘帕得知最早发现秘鲁的西班牙人的消息，并对自己的亲人讲出上述一番话的。

弗朗西斯科·洛佩斯·德戈马拉在第一百一十五章讲到被囚的瓦斯卡尔·印卡与埃尔南多·德索托和佩德罗·德尔巴尔科的一次谈话（索托后来任佛罗里达都督；后面将会讲到，当时他们二人离开卡哈马卡在去科斯科的途中），他在讲了瓦斯卡尔的一些情况后，说了一段话，照录如下：“最后，瓦斯卡尔告诉他说，他是所有那些王国的合法主人，而阿塔瓦利瓦[1]是篡权夺位者。因此他想会见基督徒的统领说明真相，西班牙人统领会为他报仇雪恨、恢复自由并收回那些王国。他的父亲瓜伊纳·卡帕克在弥留之际曾嘱咐他，要同以后来到这里的大胡子白人做朋友，因为他们将成为这片土地的主人”，等等。所以那位国王的这一预言在整个秘

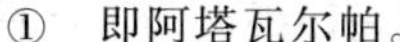

① 即阿塔瓦尔帕。

鲁是家喻户晓的,这些历史学家也都是这样记载的。

上述一席话是瓦伊纳·卡帕克作为遗嘱留下来的,所以印卡人对此敬若圣谕,严格照办。我记得有一天,那位印卡老人当着家母的面谈到这些事情,讲了西班牙人怎样进入、又是怎样占领了这片土地,当时我问他:"印卡,你们的土地本来就山高路陡、形势险恶,你们又那么人多势众,英勇善战,曾经征服过那么多别人的省份和国家,可为什么那么轻而易举地就丧失了你们的帝国,向那么一点点西班牙人投降了呢?"他避而不答,只是再次重复了日前说过的关于西班牙人的预言,又说他们的印卡王曾经命令他们服从和效命于西班牙人,因为西班牙人在各个方面都胜过他们。说完这些之后,他面带愠色地转向我,对我责怪他们胆小懦弱有些愤然,这才回答我说:"我们的印卡王对我们说的这番话是他留给我们的最后遗言,正是这些遗言的力量征服了我们,夺去了我们的帝国,这番话起了决定性的作用,而不是你父亲和他的伙伴们带到这片土地来的武器。"印卡老人这番话的用意是要说明,他们非常尊重历代印卡王对他们的命令,而对瓦伊纳·卡帕克的临终遗言则尤为尊重,因为他是他们最爱戴的国王。

瓦伊纳·卡帕克终因那场疾病辞世。亲属们遵照他的遗愿,剖开他的遗体,涂上防腐剂,运往科斯科,内脏则埋葬在基图。途中每到一处,当地人出于对他的深切爱戴,怀着极大悲痛的心情呼天抢地,为他举哀。遗体运到京城后,按照历代印卡王的惯例举行了历时一年的整套殡葬大礼。瓦伊纳·卡帕克留下二百多个子女,也有一些印卡人声称有三百多,他们这样说是为了渲染阿塔瓦尔帕的残忍,因为他几乎把他的兄弟姐妹们斩尽杀绝。若干章前曾经提到,讲到这里时要介绍一下秘鲁原来没有而是后来从这里传过去的东西,下一章我们就来讲这类东西。

第十六章　关于母马和公马,最初怎样饲养马匹以及马的昂贵价格

无论现在的人和将来的人,可能都乐于知道在西班牙人占领秘鲁以前那里所没有的东西。为此,我觉得应该另辟一章专门介绍这些事情,以使人们知道,有多少看来是人类生活实属必需的东西那里竟然全都没有,并使人们想到,尽管没有这些东西,那里的人不仅能够生活,而且生活怡然自得。首先要说的是,那些人出征打仗或举行庆典没有马,耕地播种没有牛,驮运东西没有骆驼、驴和骡子;没有可供剪毛食肉的西班牙粗毛绵羊和美利奴种绵羊,没有可制咸肉干和皮革的山羊和猪;甚至狩猎时没有纯种猎犬,如大猎犬、大小猎兔狗、猎石鸡狗、善泳狗、寻猎犬、拴在一起搜寻猎物的那种嗅觉敏锐的猎犬;守护牲畜时没有大牧羊犬,更没有叫作哈巴狗的那种长得漂亮、叫声好听的小狗。至于西班牙人称为"叫得凶的小狗",那边倒是很多,而且大小都有。

西班牙的小麦、大麦、葡萄酒、食油以及水果和蔬菜,那边一概没有。这些东西是怎样和何时传到那片土地上去的,现在我们就逐一说明。首先,母马和公马是西班牙人随船带去的,他们依靠马匹完成了对新大陆的征服,因为那里地势险恶道路崎岖,印第安人生在那里、长在那里,所以论起徒步逃跑或追踪、爬山或下坡以及走路来,都比西班牙人灵活得多。在从 1492 年直到现在,西班牙

人在西印度发现并征服的所有王国和地区里，全部马匹都是西班牙品种，特别是安达卢西亚品种。第一批马是带到古巴和圣多明各岛，以后随着向风群岛其他岛屿的发现与征服，逐步运到了那里。马匹在那些岛屿上大量繁殖，又由那里运去参加对墨西哥和秘鲁的征服。起初，一方面是由于主人疏忽，一方面是由于那些岛屿上层峰叠嶂，道路崎岖，地势险要实属罕见，有些马匹跑进山里，无法赶回，消失在深山老林，就这样逐渐丢失了很多。但是，主人看到马在山里长得很好，也没有猛兽伤害，干脆把圈养的也撒出去放养。结果那些岛屿上的马匹都变成了没有驯服的野马，像野鹿似地见人就跑。但是，那里土壤肥沃，气候温暖湿润，任何时候都有嫩绿的青草，于是马匹就大量繁殖起来。

住在那些岛上的西班牙人看到，在将来要进行的征服中非常需要马匹，岛上的又都是良种好马，便开始建立庄园来养马赚钱，因为买主付价很高。我在拙作《佛罗里达史》中谈到这些岛屿时说过，有的人在马厩中养有三十、四十、甚至五十匹马。那些岛屿上有些地势平坦的低洼地，方圆约为两三莱瓜不等，称为萨瓦纳(zavana，草地)，每到一定时候，马群从山里出来到那里吃草或嬉戏。于是，人们便在马匹出入的山间小路旁用木头设起露天围栏，捕捉马驹。马群吃草或嬉戏时，设在树上的瞭望哨发出信号，立刻有十五或二十个人骑着马冲将出来，驱赶马群，向着围栏收拢，把进入围栏的母马和马驹关起来。然后，套住三岁的马驹，拴在树上，母马则统统放掉。马驹要拴三四天，任其蹦跳踢闹，最后折腾得又累又饿，连站都站不住，有的甚至连气也透不过来。等到马驹已经疲惫不堪时，就给它们戴上鞍子和嚼子，然后每人骑上一匹，再由另一个人牵着缰绳遛圈，每天上下午都这样遛来遛去，经过十五或二十天，直到驯服时为止。马这种动物，当初人们饲养它，就是要它忠心为人效力，不管人们要它干什么，它都忠心豪爽地尽职尽责；甚至刚刚驯服不几天，就能骑上做骑马厮打的游戏了，这类马驹都能长成为骏马。后来不再进行征服，那里也不再像过去那样养殖马匹，牧场转而经营牛皮革，这一情况后文再作介绍。想到好马在西班牙那么昂贵，而那些岛屿上的马匹在体型、体能和毛色方面都可谓是上等好马，我常常颇感奇怪，为什么不把那些岛屿上的马匹运到西班牙来呢？至少是为了表示感谢西班牙把马匹运到那边给人们带来的好处嘛！从古巴岛运马回来可谓举手之劳，再说由那边回来的船多半都是空载的。秘鲁的马比西班牙的成熟得早，我在科斯科第一次玩骑马厮打游戏时骑的那匹马驹非常小，还不到三岁。

起初，在征服秘鲁时期，没有人卖马，即使因为主人死亡或要返回西班牙而将马匹卖掉，价格也是十分昂贵，要四千或五六千比索。1554 年，当唐阿隆索·德阿尔瓦拉多元帅在丘金卡战役前寻找弗朗西斯科·埃尔南德斯·希龙的时候，有个黑人牵来一匹骏马，这匹马非常驯顺，一牵笼头就乖乖地让主人骑上。一位富有的骑士爱上了这匹马，便对跟他在一起的主人说道："给您一万比索，马和奴隶原封不动我全要了"，当时一万比索合一万二千杜卡多。然而主人不愿意卖，说他需要这匹马，要骑着它去参加即将同敌人进行的战斗。结果在战斗中马被打死，主人则受了重伤。更值得一提的是，买主是位富翁，在查尔卡斯拥有一块很大的封地和许多印第安人；而马的主人没有印第安人，他是一位颇有名气的军人，他想在战斗的日子里充分表明自己是个合格的军人，所以尽管出价极高，他也不愿卖。这两位我都认识，都是豪爽的贵族绅士。后来在秘鲁马匹繁殖得很多，价格有所下降，一匹好马能值三四百比索，而役马仅值二三十比索。一般说来印第安人都非常畏惧马，看见马奔跑，就会吓得惊慌失措，即使街道再宽，也不知贴近墙壁让马过去，而是觉得不管躲到哪里（只要在地上），都会被马踩着。因此只要一看见马跑过来，就在街道上从这边到那边跑来跑去地躲闪，刚刚跑到一边的墙根，立即又觉得对面更安全，就又跑向另一边。由于惊慌失措，瞎跑乱撞，经常是为了躲闪马反而撞到马身上——这种情况我曾见过多次。如果面前没有个把西班牙人，他们怎样都感到不安全；即使有西班牙人，他们也不认为就完全平安无事了。关于我还在秘鲁时这种“谈马色变”的情况，确实是怎么说也不为过。现在由于交往大大增加，这种畏惧心理已经减少，但是仍然没有哪个印第安人敢于当钉掌匠。尽管在向西班牙人学到的其他行业中出现了许多能工巧匠，但还没有人愿意学钉马掌，免得跟马离得那么近。当时确实有许多为西班牙人充当仆役的印第安人，为马梳理鬃毛或治疗疾病，但却从来不敢骑到马背上去。我之所以说“确实”，因为我从未见过任何一个印第安人骑马，而且如果不是温顺得像母骡一样的马，他们连牵着走也不敢。这是因为马一跑起来就奔腾跳跃，而且当时也不戴帮助驯服和控制它们的护眼罩（因为还没传到那里）和笼头，所以不论干什么事，都要靠驯马人和马的主人付出更大的代价和艰辛。即使如此，仍然可以说，早在那个时候，马就非常豪爽高尚，只要不使用暴力而且方法得当，它们就会乖乖地服从人的意志。此外，正如开头所讲在征

服时期，整个新大陆印第安人都以为马和骑士是一个整体，就像诗人所写的半人半马怪物一样。我听说现在已经有些印第安人敢于给马钉掌了，但是这种人为数极少。马的情况就讲到这里，下面就来介绍在我的故乡那方土地上当时还没有的其他东西。

第十七章　关于母牛和耕牛及其价格的跌落

据认为母牛是在秘鲁被征服之后带到那边去的，而且带牛过去的人为数甚多，因此这种动物很快就遍及全国。猪和家山羊的情况想必也是这样，因为记得我在孩提时代就在科斯科见过这两种动物。

最初母牛的数量很少，也不供出售，西班牙人把它带到那边是为了饲养起来以观后效，不想出售。因此，我无法在这里说出当时的价钱，只能讲后来繁殖多了时的价格。在科斯科城第一位拥有母牛的人是埃斯特雷马杜拉人安东尼奥·德阿尔塔米拉诺。他的两个儿子、梅斯蒂索人佩德罗和弗朗西斯科·阿尔塔米拉诺是我的同学。这兄弟二人聪明伶俐，品学兼优，可望将来大有作为，但不幸早夭，全科斯科城的人都深感惋惜。

我第一次见到用耕牛在科斯科谷地耕地是在1550年（也可能早一年或晚一年），牛的主人是一位名叫胡安·罗德里格斯·德比利亚洛沃斯的骑士，他是卡塞雷斯人。当时一共只有三头牛，分别叫作查帕罗、纳兰霍和卡斯蒂略。那时我是被成群结队的印第安人带着去看耕牛的，他们为看耕牛从各地来到这里，我和他们都被这件奇怪的新鲜事物惊得目瞪口呆。印第安人说,西班牙人懒散成性,不愿干活,所以才强迫那些庞大的动物去干本应由他们干的活计。这件事的整个情况我仍然记忆犹新。为了凑热闹看耕牛,我屁股上挨了两打板子——因为没去上学家父打了十二板子,而为旷课老师又打了十二板子。耕牛耕作的土地是一块风景优美的梯田,它的下面还有一块梯田,现在那里建起了方济各会修道院。关于修道院,我要说上几句。前面提到的胡安·罗德里格斯·德比利亚洛沃斯是圣拉撒路的虔诚信徒,为表示对他的崇拜,出钱建了一座教堂。后来方济各会修士买下了这座教堂和那两块梯田。而当时看牛耕地时,那里还没有西班牙人的房子,也没有印第安人的房子。关于购置这块地方的情况,前面曾详细叙述过。在那里从事耕作的仆役是印第安人,耕牛是在城外一个庄园里驯服的,驯服以后才带到科斯科。我认为罗马帝国最隆重的胜利庆典也不如那天看牛耕田那么热闹。母牛刚开始出售时,价格高达二百比索,后来由于繁殖的数量越来越多,价格逐渐下降,最后突然降至目前的水平。我认识一位名叫罗德里戈·德埃斯基韦尔的骑士,是塞维利亚人,后来定居科斯科。1554 年初,他在诸王之城用一千比索(即一千二百杜卡多)买了十头母牛。1559 年,我在科斯科见到有人用十七比索即二十个半杜卡多(或更少一些)的价钱即可买到一头母牛。家山羊、绵羊和猪的情况同样如此,后文我们将作些介绍,以使读者了解那片土地是多么肥沃富饶。自 1590 年以后,我接到的秘鲁来信说,在科斯科买一两头母牛的单价是六七杜卡多,而成批地购买还要便宜些。

在向风群岛的岛屿上,母牛和母马一样,几乎在同样的范围内

变成了野生动物。为了得到牛奶、奶酪和奶油，也有一些圈养在牧场里，但更多的均野生在群山密林之中。牛的繁殖速度之快令人难以置信，每年运到西班牙来的皮革说明了这一点。据阿科斯塔神父大人在第四卷第三十三章中写道："1587 年，商船队从圣多明各岛运回牛皮三万五千四百四十四张，同年从新西班牙运回六万四千三百五十张，总共达到九万九千七百九十四张。"在圣多明各、古巴和其他岛屿上，如果不是因为猎兔狗、丹麦种猛犬和大牧犬等为害，牛的数量还会多得多。这几种犬最初是由西班牙人带过去的，现已变成野生动物，繁殖的数量令人吃惊，如果不是十来个人结伴而行，谁也不敢单独走路，甚至还像对狼那样，杀死野狗者可得奖赏。捕杀母牛时，先在牛群吃草的草场守候，待牛群来时就骑马持矛冲向前去。所用长矛不是通常的铁头，而是一种刀口向内的弯月形利刃，叫作月牙形长叉，追上牛时，用它钩住并切伤牛的飞节①，把它撂倒。骑手追牛时必须机警灵活，如果被追逐的牛跑在骑手的右前方，就应切伤它的右飞节，假若牛在左前方奔跑，就要切伤它的左飞节。这是因为牛总是把头转向它的受伤部位。如果骑手不是按这种方法机警灵活地追杀，他骑的马就会来不及躲闪，撞到牛角上。在干这一行的人中，有些骑手技术娴熟、运用自如，能在两发火枪子弹的射程内撂倒二十、三十、甚至四十头牛。那些岛屿上有大量牛肉白白浪费掉，也许能够做成咸肉干带给西班牙船队，不过我担心那个地区炎热潮湿，牛肉容易变质腐烂，无法做成咸肉干。有人告诉我，现在秘鲁一些荒无人烟的地方

① 家畜外形部位名称。位于后肢胫与管之间，以跗骨为基础，向后方突出。

也有一些离群失散的母牛,还说有的公牛野性很大,竟敢在路上对人横冲直撞。用不了多久,也会像向风群岛那样出现很多野生牛群,看来它们,特别是母牛,已经在感谢西班牙把它们运过去时做的那件好事,作为回报,它们也为西班牙效了力,每年都为它提供大量的皮革。

第十八章　关于骆驼、驴子和家山羊,它们的价格以及大量养殖的情况

秘鲁过去也没有骆驼,现在已经有了,尽管数量很少。第一个把骆驼带到那边去的人(我认为后来没有人再向那边带去过)是毕尔巴鄂人胡安·德雷纳加。他是位品德高尚的人,我认识他,在反对弗朗西斯科·埃尔南德斯·希龙及其追随者时曾担任步兵统领,在那场战争中为国王陛下竭诚效命。他带去六头母驼和一头公驼,特鲁希略人唐佩德罗·波托卡雷罗用七千比索(即八千四百杜卡多)向他买下,但是这些骆驼繁殖得很少或者干脆没有繁殖。

1557年我在科斯科辖区见到了第一头驴子,这头公驴是家父加西拉索·德拉维加派人,用四百八十杜卡多(一杜卡多等于三百七十五马拉韦迪)从瓦曼卡城买来的,目的是让它同母马配种生养骡子。如果在西班牙,这头驴子连六杜卡多也不值,因为它又瘦又小。后来加斯帕尔·德索特洛用八百四十杜卡多买过一头,我认识这位贵族,他是萨莫拉人。后来秘鲁饲养了大批母骡和公骡,用来驮运货物,由于那里的道路坎坷难行,骡子使用得很多。

最初家山羊传到那边时，我不知道它值多少钱。几年之后，我见到有人以每只 100 到 110 杜卡多的价格出售。当时供出售的家山羊很少，只是碍于友情和央求才卖给某人一两只，一般是把十来只凑在一起，群养群放。以上说的是 1544 到 1545 年间在科斯科的情况。后来家山羊在那里大量繁殖，除了要其皮革以外，人们都很不重视了。据我见到的情况，家山羊一胎通常产羔三四只，一位当时住在瓦努库的先生告诉我，他见过许多家山羊一胎能产五只。

第十九章　关于猪及其旺盛的生殖能力

最初把母猪运到那边的时候，它的价格要比家山羊贵得多，但究竟具体贵多少，我也说不清。出生于塞维利亚的纪事作家佩德罗·德谢萨·德莱昂在他那部关于秘鲁疆界著作的第二十六章中说，唐豪尔赫·罗夫莱多元帅在购买被印第安人杀害的克里斯托瓦尔·德阿亚拉的财产时，曾以一千六百比索（即一千九百二十杜卡多）买下一头母猪和一头公猪；几天之后，在卡利城一次有罗夫莱多出席的宴会上把那头母猪吃掉了。那位纪事作家还说，当时在母猪怀孕时，就有人以 100 比索（合 120 杜卡多）或更高的价格订购猪崽。如果有人想了解当时西班牙人之间买卖东西的高昂价格，就请读一读那一章，从中可以看到那时黄金和白银在购买西班牙的东西时是多么不值钱。初到新大陆的时候，西班牙人出于对祖国的热爱，就是这样哄抬物价。只要是从西班牙带去的动物，价钱多高也在所不惜，争相买来饲养，因为他们觉得，没有这些东西就活不下去。

1560 年,一只好的猪崽在科斯科能卖十比索,而时下只能卖六七比索,如果不是因为需要猪油,价钱还会更便宜。因为猪油可以治疗当地家畜的疥疮,而且西班牙人没有植物油(因为无法榨油),每逢耶稣受难日和封斋节都要用它烧菜做饭,所以被认为贵重之物。在秘鲁的母猪生殖力都很旺盛。1558 年,我在科斯科城的小广场看见两头母猪带着三十二只小猪,即每头产了十六只崽。我见到这些小猪崽时,它们才出生三十多天。这些小家伙长得圆滚滚、油光光的,观者无不感到惊奇:它们的母亲怎么能生下这么多猪崽而且又都喂得这么好。印第安人把猪叫作“库奇”(cuchi),因为他们听西班牙人在吆喝猪时总叫“科切,科切!”(猪)便把这个词引进了自己的语言来指称猪。

第二十章　关于绵羊和家猫

为了同秘鲁的“绵羊”区别开来,我们把从西班牙带去的叫作卡斯蒂利亚绵羊。但西班牙人却总喜欢把大羊驼就叫作“绵羊”,这是很不确切的,因为我们前面说过,这两者毫无相似之处。我不知道最早的卡斯蒂利亚绵羊是在何时、由谁人带过去的,也不知道当时价格如何。我在科斯科辖区第一次见到绵羊是在 1556 年,价格是成群买每只四十比索,挑选着买,每只五十比索,合七十杜卡多。卡斯蒂利亚绵羊像家山羊一样,也要多方央求才能买到。在我 1560 年离开科斯科时,肉铺里尚无卡斯蒂利亚绵羊肉出售。我从 1590 年以后的来信中获悉,在那座大城市的肉类批发站里,一只绵羊的价格是八雷阿尔，最多十雷阿尔；八年间，卡斯蒂利亚绵羊的价格下降到四杜卡多甚至还要便宜些。而现在，由于绵羊不计其数，就越发不值钱了。一般说来，卡斯蒂利亚绵羊每胎产羔两只，也有许多母羊一胎三羔。羊毛也多到几乎一文不值的程度，每阿罗瓦才三四雷阿尔。至于粗毛绵羊，我不清楚到目前是否已经传到了那边。那边过去没有狼，现在仍然没有，由于它既不能出售也毫无用处，也就没有人带到那边去。

在西班牙人到达之前，那边也没有家猫，现在有了。印第安人把家猫叫作“米西图”（micitu），因为他们听西班牙人呼唤猫时总叫“米斯，米斯！”就把这个字引进他们的语言，用“米西图”称呼它。我说明这些情况的目的，在于使西班牙人不要误解，以为印第安人用一个不同的名字称呼猫，就表明他们原来就有这种动物，就如同他们对鸡所想象的那样：由于印第安人把鸡叫作“阿塔瓦尔帕”（atahuallpa），就以为征服美洲之前那里就有了鸡。有位历史学家就是这样说的，他论证说早在西班牙人去之前，印第安人就把当时已有的所有东西用自己的语言取好名字，既然他们把鸡叫作“瓜尔帕”（gualpa），那就说明早在西班牙人去秘鲁之前那里就已经有了这种家禽。似乎这一理由能够说服那些不知道“瓜尔帕”这一名称来龙去脉的人，其实印第安人把鸡叫作“阿塔瓦尔帕”而不是“瓜尔帕”。这是一个饶有趣味的故事，等我们谈到西班牙人到达那里前秘鲁所没有的家禽时再作介绍。

第二十一章　关于家兔和纯种猎犬

秘鲁过去也没有西班牙农民饲养的那种兔子和人们所称的家兔，在我离开之后，才有人把兔子带了过去。第一位把兔子带到科斯科辖区的是一位名叫安德烈斯·洛佩斯的教士，他是埃斯特雷马杜拉人，至于是哪个城市或村庄，我就无从知晓了。这位教士带着一个笼子，里面装着一公一母两只兔子。当他越过离科斯科十六莱瓜的一条小溪（它流经属家父加西拉索·德拉维加所有的钦查普尤庄园）时，扛着笼子的印第安人把它放在地上，要休息一下，吃口东西。等他扛起笼子准备重新上路的时候，发现少了一只兔子，原来它是从笼子上一根断了的木条处跑了出去，钻进小溪上游一座生满胶桤树或杨树林的小山里。逃掉的恰恰是那只母兔，而且已经怀了小崽，后来便在山上生了小兔。印第安人看到了那几只最早出现在秘鲁的兔子，便小心照看，免得被人捕杀。于是兔子大量繁衍，满山遍野比比皆是，后来又从那里带到各地。由于那片土地草木繁茂，兔子也像从西班牙带去的所有其他动物一样，生长得又大又壮。

那只母兔碰巧逃到一块条件良好的地区，气候温和适宜，不冷也不热。如果逆小溪而上，气候则越来越冷，直到一些地方常年积雪不化。倘若顺小溪而下，则越来越热，直到一条名叫阿普里马克的河流，那里是秘鲁最为炎热的地区。这个关于兔子的故事，是我故乡的一位发洋财者告诉我的，因为他知道我在写有关这些方面的事情。故事的真实性，我要靠那条小溪来证明，请它说明是不是这样,那里是不是有许多兔子。现在基图王国有兔子,而且几乎与西班牙的一模一样,只不过个头小得多,毛色也更深一些,整个脊背都是深褐色,其他方面则与西班牙的非常相似。那边过去没有野兔,现在是否已经带了过去,我就不得而知了。

前面提到过的纯种狗,秘鲁过去没有,是西班牙人带过去的。大猎犬是后来带过去的,因为那片土地上没有狼也没有其他有害的野兽,所以并不需要猎犬。猎犬带到那边后,颇受畜群主人的青睐,但这并非出于需要,因为那边的确没有这种需要,只不过是为了让畜群在各个方面都跟西班牙的一模一样。最初时期,诸如此类的愿望非常强烈,以致有个西班牙人并无其他目的,只是为了追求一模一样,便不顾一百二十莱瓜的坎坷山路,从科斯科把一只猎犬小崽带到诸王之城。小狗崽刚有一个半月,他把它装在褡裢里,挂在马的前鞍架上。每次赶完一天路程之后,他便又忙碌起来,到处为狗崽找奶吃。这件事是我亲眼目睹,因为我和那个西班牙人是一路结伴而来的。他说他带那只小狗崽,是要当作珍贵礼物孝敬他的岳父大人,他的岳父养着许多牲口和家畜,住在离诸王之城五六十莱瓜的地方。开始的时候,西班牙人为从本土带去的东西耗费了这么多精力,后来便逐渐厌弃了,就像厌弃了许多这类东西一样。

第二十二章　关于老鼠以及鼠多成灾

还要讲讲老鼠。老鼠也是由西班牙人带到秘鲁去的,过去那边没有。弗朗西斯科·洛佩斯·德戈马拉在其《西印度通史》中根据听到的情况写了许多事情（人们告诉他的情况要么不够全面，要么言过其实），其中说到在布拉斯科·努涅斯·贝拉[①]时期之前秘鲁没有老鼠。如果他说的是黑家鼠（可能是这个意思），即西班牙那种大个儿老鼠，那他说的不错，秘鲁原来确实没有那种大个儿老鼠。现在沿海地区也有了，而且数量很多，个头很大，往往令猫也望而生畏，更不用说捕捉它们了。这些大老鼠没有进入山区村庄，人们也不担心它们会进入山村，因为山上积雪很厚，气候寒冷，它们无法抗寒。

至于小个儿耗子，秘鲁原来就有很多，印第安人把它们叫作"乌库查"（ucucha）。在农布雷德迪奥斯和巴拿马以及秘鲁沿海其他一些城市里，用毒药来对付在那里繁殖到无计其数的老鼠。每年一定时候，人们口头传告，家家户户下雄黄毒杀老鼠。为此，把所有吃的喝的（特别是水）妥善保管起来，以防被老鼠沾上毒药。到了某天夜里，全体居民一齐行动，把雄黄下到水果和老鼠喜欢偷食的其他食物里，第二天就会看到数不胜数的老鼠被毒死。

在我来西班牙的路上途经巴拿马时，一天下午，我出门沿着海边漫步。或许是因为不久之前下过毒饵，在一条一百多步长，三四步宽的伸入大海的长条陆地上到处是死老鼠，竟无落脚之地。原来老鼠吃了药饵，体内发烧，燥渴难当，跑去找水喝，结果是喝了海水死得更快。

说到老鼠泛滥成灾，我想起了一个奇特的故事，从中可以看到

---

① 布拉斯科·努涅斯·贝拉（卒于1546年），西班牙军人。1543年被任命为秘鲁首任总督。

在船上,特别是在那些年代长久的老船上鼠多为患到了何等地步。我对一位高贵先生的好心和信誉深信不疑,所以才斗胆讲出这个故事,因为我是从他那里听来的,而他是亲眼看到的。这位先生名叫埃尔南·布拉沃·德拉古纳,在科斯科拥有印第安人,许多部关于秘鲁的史书都提到他。事情发生在一条由巴拿马驶向诸王之城的航船上,途中该船在一个港口即特鲁希略港停泊。船要停留两天,船上的人纷纷上岸去吃东西和寻快乐,只有一位病人留在了船上。从港口到市区要走两莱瓜的路,那位病号行动不便,就自愿留了下来。船是十分安全的:那一带海岸风平浪静,不会遇上风暴袭击,而且教喽啰们如何在那一带海域航行、如何隐匿逃遁的海盗头子弗朗西斯·德雷克尚未到过那里,因而也不会受到海盗的骚扰。老鼠觉察人们已离船而去,便从洞中钻出来四处寻觅,发现那个病号待在甲板上就向他发动攻击,准备美餐一顿。那艘船上确实多次发生过这种情况:由于船上的病号无人照料,头一天晚上还活着,第二天早上就在无人知晓的情况下死去了,脸上或身上其他部分如胳膊和腿上的肉都被吃掉了,因为老鼠到处乱咬。这一次老鼠也想咬死吃掉那个病号。他被这支老鼠大军吓得心惊肉跳,挣扎着爬起身来,抄起一根烤肉用的铁叉又回到床上,但这不是为了睡觉(因为这显然是不合时宜的),而是为了警戒和自卫,对付那些频频向他发动攻击的敌人。那个白天的其余时间和整个夜晚就是这样度过的,第二天又坚持到很晚的时候,直至旅伴们归来。旅伴们在床铺周围、甲板上和能够清查的角落里,共找到三百八十多只被他用铁叉打死的老鼠,而打伤的就无法统计了。

兴许是由于受了惊吓,也许是因为胜利而振奋,那人的病居然

好了，还兴致勃勃地讲起了他同老鼠进行的那场激烈战斗。到1572年为止，在秘鲁沿海一带，曾在不同年间不同地方发生过三次严重的鼠害。由于繁殖得无计其数，成群结队的老鼠到处乱窜，毁坏了大片农田和庄园，咬啮各种果树，把从地面到分杈的主干上的树皮全部啃吃一光，使树木干枯而死，不得不重新栽种。人们都惊恐不安，准备逃亡他乡，根据鼠害为烈的情况，完全可能出现这种结果。幸亏上帝大发慈悲，在鼠灾最猖獗的时候扑灭了这种祸害。鼠灾造成的损失是难以置信的，为了避免啰唆冗长，我们就不再专门叙述了。

第二十三章　关于鸡和鸽子

还应当提一下禽类，尽管带到秘鲁去的禽类品种很少，只有鸡和叫作“杜恩达”的家鸽。称为“苏里塔”或“苏拉纳”的野生鸽子，直到现在是否已带到了秘鲁，我还不得而知。关于母鸡，有位作家写道，秘鲁在被征服之前就已经有这种家禽，但他就此提出的一些根据都很牵强，无法证明确实如此。例如他说，在印第安人的语言中，母鸡叫作“瓜尔帕”(gualpa)，鸡蛋叫作“龙托”(ronto)；而且印第安人与西班牙人一样，也有把胆小鬼称作“母鸡”的比喻。下面我们就用事情的本来面貌，逐一说明这些现象站不住脚。

我们姑且把“瓜尔帕”这个名词放到故事结束时再谈，先看一下“龙托”这个名词。这个字应该写成“伦图”(runtu)，“r”要发成单击颤音。前面说过，在印第安人的语言中，无论词头还是词中都没有“rr”这个多击颤音。需要说明，“伦图”是个普通名词，意思是蛋，不是专指鸡蛋而言，而是泛指所有家禽和野禽生的蛋。在印第安人的语言里，如果要说明是哪种禽鸟生的蛋，要把禽类的名称和蛋一起讲出来，就像西班牙语中讲鸡蛋、石鸡蛋或者鸽子蛋等一样。这一点就足以证明，以名词“伦图”为根据的说法不攻自破。

关于为了嘲笑某人胆小如鼠而把他叫作“母鸡”这种比喻，是印第安人在与西班牙人日常亲密交往和闲谈中学来的，于是也想在使用自己的语言时模仿他们。这种情况在西班牙人自己身上也时有发生：当他们去了意大利、法国、佛兰德斯或德国回到自己家乡后，很快就想在自己的西班牙语里塞进几个从外国学来的词汇或比喻。印第安人正是这么做的，因为印卡人在说某人胆小时，有一个比西班牙语更具有自己特色的比喻：把他叫作“瓦尔米”(huarmi)，意思是女人，这是一种比喻的说法。在他们的语言里，确切地表示胆小鬼意思的词是“坎帕”(campa)，表示怯懦和意志薄弱意思的词是“良克利亚”(llanclla)。由此可见，把胆小鬼称为“母鸡”的比喻是从西班牙语中“偷”来的，在印第安人的语言中原本没有这种说法。我作为印第安人可以证明这一点。

所谓印第安人把母鸡叫作“瓜尔帕”，这是由于字母发音不准和音节被切掉(或吃掉)演化而来的。这个词本来应当是“阿塔瓦尔帕”，它不是母鸡的名称，而是秘鲁末代印卡王的名字。我们在记述他的生平时将会讲到，他对和他同一血统的人极端凶狠残忍，禽兽不如。他本是外族女人生的，要弄阴谋诡计捉住并杀害了他的长兄、法定王位继承人瓦斯卡尔·印卡，成了王国的暴君。他用前所未见和前所未闻的酷刑和残暴手段灭绝了整个王族，连妇女和儿童也不放过，这些人越是娇弱无力，他反而越发挖空心思地滥施淫威。他杀害了自己的骨肉同胞仍不满足，又疯狂地向宫里最亲近的仆人们发泄他那残忍的兽性。前文说过，王族的奴仆不是个别人，而是一些整个的村庄，每个村庄专门负担诸如守门人、清洁工、砍柴工、打水工、园艺工、国宴厨师和其他类似杂役。这些村庄分布在科斯科周围四、五、六、七莱瓜的范围内。阿塔瓦尔帕把它们统统摧毁，房屋建筑夷为平地，村民斩尽杀绝。即使这样，暴君仍不满足，还想进一步肆虐。正当那片土地陷入水深火热之中的时刻，西班牙人进入了那里，使他未能得逞。

西班牙人进入秘鲁不久就抓住了暴君阿塔瓦尔帕，随后又以一种具有极大侮辱性的方式将他杀死——在广场上处以绞刑。于是印第安人说，这是他们的太阳神为了惩罚那个滥杀太阳子女、灭绝太阳宗族的叛逆和暴君，向他讨还血债，派西班牙人来伸张正义的。由于处死了阿塔瓦尔帕，印第安人就像对待他们的太阳神派来的使者那样服从西班牙人，彻底地向他们投降，因而在征服过程中没有进行力所能及的抵抗，反而把他们当作太阳神之子、他们的维拉科查神的子女和后裔加以崇拜。维拉科查神曾在一代印卡王的梦中显灵，于是他们就把那位印卡王称作印卡·维拉科查，现在又这样称呼西班牙人。

除了对西班牙人产生了这样一种虚妄的信仰之外，还出现了一件更加荒诞不经的事。这就是，由于西班牙人从本国带到秘鲁的第一批东西当中就有公鸡和母鸡，印第安人听了公鸡的叫声后就说，为了让暴君的名字遗臭万年，那些家禽啼叫时喊的就是“阿塔瓦尔帕！”于是他们也模仿公鸡啼叫大声叫喊这个名字。

印第安人只要有什么事都讲给子女听，以便代代相传，他们也把这个故事讲给了子女。于是,当时印第安人孩童一听到公鸡啼叫,就立即随声附和:“阿塔瓦尔帕!”我坦率地承认,童年时期,我和我的许多同学(我们的父亲都是西班牙人,而母亲则是印第安人)都跟印第安人小孩一起在大街上这样叫喊过。

为了让读者更好地了解我们怎样模仿鸡叫,您可以想象用两个节拍、四个音符(或风琴上的四个键)唱出“阿塔瓦尔帕”这句歌词的情景,听到的人都会感到这是在模仿公鸡日常的啼叫声。四个音符分别为两个四分音符、一个二分音符和一个全音符,四个音符加在一起组成一个象征性的名字。印第安人学公鸡啼叫时,不仅喊叫那个暴君的名字,而且也喊叫暴君手下几个主要统领的名字,他们的名字也都由四个音节组成,如查尔库奇马、基利斯卡查和鲁米尼亚维[①]。最后一个名字的意思是“石眼”,因为这个人的一只眼上生了一个白翳虹膜瘤。以上就是印第安人给从西班牙带来的公鸡和母鸡取名“阿塔瓦尔帕”的来龙去脉。布拉斯·巴莱拉神父在他那横遭厄运的残破手稿中,先讲了阿塔瓦尔帕的暴死,又长篇累牍地介绍了他的种种美德,说他像其他任何一代印卡王一样,对臣民恩重如山,只是他用前所未闻的残酷手段对待他的亲属,并强调了臣民对他的敬爱。然后,他用优雅的拉丁文写了下面一段话:“由于这些原因,当他的死讯在印第安人中传开以后,为了使这位德高望重的伟大人物的名字不致被忘却,每当西班牙人带去的公鸡啼叫时,印第安人就自我安慰地说,那些家禽是在为阿塔瓦尔帕的死而哭泣;而且为了纪念阿塔瓦尔帕,公鸡还在啼叫时

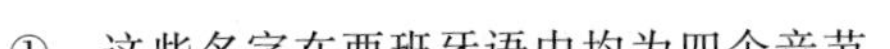

① 这些名字在西班牙语中均为四个音节。

呼唤他的名字。因此,他们就把公鸡以及公鸡的啼叫都叫作‘阿塔瓦尔帕’。就这样,不管讲什么语言的印第安人部族,都接受了这个名字,而且连西班牙人和传教士也都使用它”等等。以上是布拉斯·巴莱拉神父的记述。他是在基图王国从阿塔瓦尔帕的臣民口中听到这种说法,由于他们爱戴自己当地出生的国王,就说公鸡啼叫时呼唤他的名字是要他流芳千古。而我是在阿塔瓦尔帕滥施淫威的科斯科听到这个故事,那里饱受残暴行径之苦的人则说,公鸡鸣啼时叫他的名字是要他遗臭万年。这可真是仁者见仁,智者见智!根据这些情况,我认为原来提出的秘鲁本来就已经有了鸡的三个证据均已不攻自破,而是有力地证明在被西班牙人征服之前秘鲁原本没有鸡。既然已经说清了这方面的情况,我想就可说清其他许多情况,由于史学家们听到的叙述根据不足或不够详细,在他们为那片土地撰写的史书中,许多事情应予删除,许多事情应予充实。根据西班牙人从本国把鸡和鸽子带到秘鲁的情况判断,可以说火鸡也是他们从墨西哥带过去的,因为我的故乡以前也没有火鸡。有一件值得注意的事需要提一下,即在科斯科城以及整个那片谷地,由于气候寒冷,尽管把母鸡照顾得舒舒服服,它们却孵不出小鸡来。谈及此事的人说,其原因在于母鸡在那个地区属于外来户,还没有适应那个谷地的气候,君不见在其他一些比较暖和的地区,如离科斯科只有四莱瓜的尤凯和穆伊纳,就孵出了很多小鸡么?这种在科斯科孵不出小鸡的情况持续了三十多年,直到 1560 年我离开那座城市时仍然如此。又过了几年,一位名叫加尔西·桑切斯·德菲格罗亚的先生给我写信,讲了那边的一些新情况,其中之一就是母鸡在科斯科已经能够大量孵化鸡雏了。

有一位名叫唐马丁·德古斯曼的先生,本是萨拉曼卡人,早年到过秘鲁。1556年他再次去那里,随身带去了精美的马具和其他一些稀罕的东西,其中有一只装在笼子里的小鸟。这种鸟在西班牙叫作“加那利奥”[①],因为它们生长在加那利群岛。这只小鸟备受喜爱,因为它啼啭不已,鸣声非常悦耳。一只这么娇小的鸟儿居然横渡两个浩瀚的大洋,不远万里地从西班牙到达科斯科,见者无不赞叹。我们叙述如此微不足道的鸟类,意在希望人们再接再厉,像携带它们一样,把其他一些更重要、更有用的鸟禽带过去,例如西班牙的石鸡和其他一些那边还没有的家禽,它们也将会同所有其他东西一样物尽其用。

第二十四章 关于小麦

既然已经介绍了禽鸟和野兽的情况,下面应该谈一谈秘鲁原来没有的庄稼、果木和菜蔬。应当说明,第一位把小麦带到我的祖国(我把过去属于印卡人的整个帝国称为我的祖国)的人是一位名叫玛丽亚·德埃斯科瓦尔的名门贵妇,她的丈夫是一位名叫迭戈·德查韦斯的骑士,他们两位都是特鲁希略人。我在科斯科城认识了那位夫人,她是在去秘鲁多年后移居那里的。她的丈夫我未能有幸见到,那时他已经故于诸王之城了。

这位夫人把小麦带到秘鲁的里马克城,功不可没,应享国君之尊。君不见古罗马的异教徒出于同样理由把色雷斯尊为谷神,而

① 即金丝雀。

我的祖国的异教徒对这位夫人却毫不重视。麦种是哪一年带去的,我不得而知,但知道数量非常之少。她带去的还不到半个阿尔穆德[①],别人带去的就更少了。因此最初的三年内人们不敢用来做面包,而是珍藏起来,不断繁殖。那几年中确实曾把麦种分给居民,但每人不过二三十粒,而且还必须是至爱亲朋才能得到。

由于这位了不起的夫人为秘鲁做了这件好事,她的丈夫作为最早的征服者之一功勋卓著,在诸王之城分给了他们一大块封地和许多印第安人。他们逝世后,这块封地也不复存在了。1547 年时科斯科还没有面包(尽管当时已经有了小麦),因为我记得那一年,科斯科城主教唐胡安·索拉诺修士(他是多明我会教士,安特克拉人)为躲避瓦里纳战役,带着十四五个伙伴来到家父宅第借宿,家母用玉米面饼款待他们。那些西班牙人饿得饥肠辘辘,就在为他们准备晚饭的时候,他们把喂坐骑用的生玉米抓起来就往嘴里塞,吃得津津有味,就像吃蜜饯果仁一样。大麦是何人带过去的,无人知晓,都认为是有人把大麦种子混杂在小麦中带过去的,因为不管费多大劲,要想把这两种东西完全分开是不可能的。

第二十五章　关于葡萄和第一个在科斯科种植葡萄的人

谈到诺亚栽培的果木——葡萄,应当归功于弗朗西斯科·卡

① almud,干量单位,在某些地方相当于一塞莱敏(celemín,4.625 升),在另外一些地方相当于半法内加。

拉万特斯。他是老资格的征服者，首批到达秘鲁的人士之一，托莱多人，贵族出身。这位骑士看到那块土地略微安定一些之后，就派人到西班牙来采办葡萄秧苗。采办人为了新鲜起见，从加那利群岛运去一种深褐色葡萄的秧苗。因此，那边长出的葡萄几乎全是暗红色，酿成的酒都是船板色的，而不是地道的暗红色。到目前为止，虽然已经传去了其他多种葡萄，甚至包括麝香葡萄，但是仍然未能酿造出白葡萄酒。

著名的巴克斯的功绩与这位骑士对秘鲁的功绩一样，古罗马的异教徒尊他为酒神，但印第安人对这位骑士却甚少或毫无感激之情。现在秘鲁的葡萄酒很便宜，但是印第安人却不喜欢，只喝他们原来的用玉米和水制成的那种酒。除了上述情况外，我在秘鲁时还听一位很可信的骑士说，有位富有钻研精神的西班牙人，他用从西班牙带去的干葡萄搞了个苗圃，有几粒葡萄籽生了根，长出了藤苗，但却非常娇弱，需要在苗圃中培育三四年，待长得茁壮后才能移植。这些干葡萄恰巧是深褐色的品种，因此秘鲁酿造的所有葡萄酒都是暗红色或船板色，而不像西班牙那样全是深褐色的。暗红色也好，深褐色也罢，他们到底还是把葡萄酒酿出来了。因为西班牙人总想在西印度看到自己祖国的东西，这种愿望已经到了走火入魔的程度，不管遇上多大艰难和风险也在所不计，坚持要予以实现，而且也往往成功了。

第一位在科斯科城收摘到葡萄的是巴托洛梅·德特拉萨斯统领，他是第一批参与征服秘鲁的人士之一，还曾随同先遣官唐迭戈·德阿尔马格罗去过奇利。我认识这位骑士，他品德高尚、性格豪爽、慷慨好施，并具有骑士所固有的其他美德。他在他那块位于昆蒂苏尤省、名叫阿昌基略的封地上种了一片葡萄园。1555 年,为了炫耀他的经营成果和慷慨胸怀,派出三十名印第安人把饱满的葡萄送给他的挚友——家父加西拉索·德拉维加,并请他分赠科斯科城的所有骑士,共享他的劳动成果。这是一份厚礼,因为葡萄是来自西班牙的一种新水果。他的豪爽慷慨更加令人肃然起敬,因为这些葡萄如果拿去出售,可以赚到四千到五千杜卡多。这批葡萄我可吃了不少,因为家父选中我做巴托洛梅·德特拉萨斯统领的使者,我带着两个印第安人小侍从,给每个头面人物家中送去两大盘。

第二十六章　关于葡萄酒、第一位在科斯科酿酒的人和葡萄酒的价格

1560 年 1 月 21 日,在我来西班牙的途中,曾路过佩德罗·洛佩斯·德卡萨利亚的一座庄园。他是列雷纳人,曾经做过检审庭长加斯卡的书记官,当时已定居科斯科。那座庄园名叫马卡瓦西,离城九莱瓜远。我在那里碰到一位名叫阿方索·巴埃斯的葡萄牙人总管,他对农业非常在行,为人也很好。他陪着我在整个庄园漫步游逛,里面结满了令人馋涎欲滴的葡萄。我作为过路的客人,同他私交甚笃,而且又特别喜欢吃葡萄,送我一点当是很好的礼物,然而他却连一小串也没有给我。他见我可能嫌他怠慢于我,就请我谅解,说主人吩咐过,想用这些葡萄酿酒,所以连一粒也不许他动。酿酒方法是把葡萄放在一个木盆里压榨(后来在西班牙,有位曾经看见过压榨葡萄用的木盆的同学告诉我说,这是因为当时

没有压榨机和其他辅助设备）。天主教国王和卡洛斯五世皇帝曾颁布过命令，不管在哪个西班牙人村落，凡是第一个生产出一定数量原来只是西班牙本土上才有的新果实（如小麦、大麦、葡萄酒和食油等）的人，都从王室财产中拨出银两给予奖赏，佩德罗·洛佩斯·德卡萨利亚想要酿酒，就是为了得到奖赏。那几位流芳后世的君主之所以下达这样的命令，旨在鼓励西班牙人一心一意地开发那片土地，并把那边没有的东西从西班牙传播过去。

奖赏是两锭白银，每锭约值三百杜卡多，要求小麦或大麦的数量约为半卡伊斯[①]，葡萄酒或食油的数量约为四阿罗瓦。佩德罗·洛佩斯·德卡萨利亚想酿酒获奖并非是贪图钱财，因为出售葡萄可以赚取更多的钱，他是想赢得科斯科城第一个用自己种植的葡萄酿出酒来的荣誉和声望。以上就是在我的故乡最早酿出葡萄酒的情况。在秘鲁其他一些城市如瓦曼卡和阿雷克帕等，早就酿出了葡萄酒，而且都是船板色的。当我在科尔多瓦和一位基图的受俸牧师谈到我们正在叙述的这些事情时，他告诉我，他在基图王国认识一位对农业、尤其是种植葡萄肯于钻研的西班牙人，是他第一个从里马克把葡萄移植到基图。他在米拉河岸上有一个很漂亮的葡萄园，河流位于昼夜平分线之下，那里气候炎热。他对我说，那位先生请他参观了整个葡萄园，为了让他了解他怎样钻研种植葡萄，还请他看了园子的一角，那里有十二畦葡萄，他每月给一畦剪枝，这样一年里月月都能吃到新鲜葡萄。园里的其他葡萄则每年剪枝一次，就像邻近的其他西班牙人一样。在整个秘鲁，葡萄

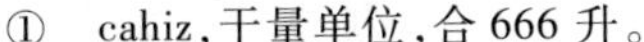

① cahiz，干量单位，合 666 升。

园都需要灌溉。那条河流两岸气候炎热，同帝国的其他许多地方一样总是保持恒温。因此，一年各月之间因天气变幻无常、灌溉用水时有时无而影响果木和庄稼生长的情况很少发生。这种现象同我在一些谷地见到的玉米生长情况几乎完全一样：一块地上刚刚播种，第二块地上秧苗已长到膝盖高，第三块地就要抽穗，第四块地则已经抽穗了。这样做不是为了研究，而是出于需要，因为只有这样印第安人才能有工夫种好每块地。

直到1560年我离开科斯科以及随后的几年里，那些拥有印第安人的居民在招待一般客人吃饭时都不上葡萄酒（个别人因健康需要则另当别论），因为那时喝葡萄酒更像是一种恶习而不是需要。既然西班牙人在征服那个帝国时一点也没有借助葡萄酒或其他类似精美食品，所以看来他们仍坚持不饮酒，而要把这良好的开端保持下去。虽然有时上了葡萄酒，但因价格昂贵，最便宜时也要三十杜卡多一阿罗瓦，客人一般也都婉言谢绝（在弗朗西斯科·埃尔南德斯·希龙的战争后我见过这种昂贵情况）。在贡萨洛·皮萨罗时期和那之前，葡萄酒的价格曾多次高达三百、四百甚至五百杜卡多一阿罗瓦。1554到1555年间，在整个王国葡萄酒的供应严重不足。在诸王之城，葡萄酒更是奇缺到无以复加的程度，连做弥撒用的都找不到。唐赫罗尼莫·德洛艾萨大主教（特鲁希略人）擅长品酒，他在某人家里发现了半罐葡萄酒就把它保存起来，留着做弥撒时用。他用这点酒应付了一段时日的急需，直到一条装载两千罐葡萄酒的船只进港。那条船的船主是两位商人，我认识他们，但为了尊重他们的后人起见，我就不指名道姓了。看到奇货可居，他们最初出售时，每罐价格为三百六十杜卡多，最后几罐

每罐也不低于二百杜卡多。这件事是我从该船的大副那里听到的,我就是乘坐那条船由诸王之城到达巴拿马的。由于葡萄酒那样昂贵,通常不用它款待客人。当时有一天,有位拥有印第安人的西班牙人请一位不拥有印第安人的西班牙人吃饭,席间六位西班牙人谈笑风生。这时那位客人想要点水喝,主人吩咐给他上葡萄酒。然而客人推辞说不喝酒,于是主人就对他说:"如果您不喝酒,那就请您天天都到寒舍来用午餐和晚餐吧。"主人这样说,是因为除去葡萄酒,其余菜肴都值不了几个钱。葡萄酒之所以身价倍增,不仅因为它价格昂贵,还因为在那边经常根本无货。它要从遥远的西班牙经过两个大洋才能运到,正因为这一点,最初时期才像刚才说的那样被视为珍贵之物。

第二十七章 关于橄榄以及何人把它带到秘鲁

就在1560年,原居于诸王之城并于几年前去西班牙任秘鲁参加西班牙议会总代表的唐安东尼奥·德里韦拉返回秘鲁时,从塞维利亚带回一些橄榄树苗。他把一百多棵树苗放在两只大缸里,一路上精心护理,尽管这样,等到了诸王之城时只剩下三棵活的了。他在那个谷地有一座用栅栏围起的漂亮庄园,生产出了西班牙传过去的葡萄、无花果、石榴、甜瓜、柑橘和酸橙以及其他水果和蔬菜,拿到那个城市的广场上当作新果菜出售,赚取了大笔钱财,我认为肯定超过二十万比索。唐安东尼奥·德里韦拉就把那三棵橄榄树苗栽在那个庄园里。为了防止有人哪怕摘走一片叶子移栽到别处，他用手下的一百多个黑人和三十多条狗组成一支庞大的护园队，不分日夜地守护着那些新移植去的珍贵树苗。然而另一些人，要么是比狗还灵敏精明，要么是买通了某个黑人而得到了他的默许（据怀疑是这样），居然在一个夜晚从三棵橄榄树苗中偷走了一棵。几天之后，这棵树苗出现在离诸王之城六百莱瓜之遥的奇利。橄榄树苗在智利王国长了三年，繁殖了许多小树，只要栽上它长出的新枝，不管多么纤细，也会生根发芽，很快长成挺秀的橄榄树。

由于唐安东尼奥·德里韦拉散发了大量信件，要求将盗窃橄榄树苗者逐出教门，三年之后，偷树的人又把窃走的那棵树苗还给了他——仍然栽在原来的地方。其手段之巧妙、方法之隐蔽，弄得那位主人对于究竟是谁偷偷挖走、又原物归还，永远无从得知。现在看来，橄榄树在奇利比在秘鲁长得好，这也许因为更容易适应那里的气候条件：奇利的气温在 30 到 40 度之间，几乎和西班牙一样。在秘鲁，橄榄树在山区比在平原长得好。最初时期，给任何一位客人送上三枚油橄榄果，就会被认为是热情豪爽、慷慨大方了。现在已经从奇利向秘鲁运橄榄油了。以上就是向我的故乡移栽橄榄树的情况，下面我们再来记述秘鲁原来没有的其他树木和菜蔬。

第二十八章　关于西班牙的水果和甘蔗

原来秘鲁根本没有无花果、石榴、香橼、广柑、酸橙和甜橙、苹果、梨、卡穆埃萨①、榲桲果、桃子、阿韦奇戈②、杏子以及西班牙那

① camuesa，一种带有强烈香味的苹果。

② arvéchigo，一种杏子。

种类繁多的李子。秘鲁过去只有一种类似李子的水果，它同西班牙的李子不同，尽管西班牙人也叫它“李子”，印第安人则叫它“乌孙”。我在这里说明这一点，免得人们把它同西班牙的李子混为一谈。那边没有西班牙这样的香瓜和黄瓜，也没有这边烧菜吃的瓜类。所有这些提到的、还有许多我记不得名字的瓜果，现在那里都已经有了；不仅有了，而且产量极多，多得就像家畜那样不值钱了；它们长得很大，比西班牙的还大，以至西班牙人看到结得这么多、这么大，个个惊讶不已。

在诸王之城，有一次在收获石榴之后，人们用抬圣体的架子抬着一个石榴在圣事活动的游行队伍中行进。那个石榴个头之大，足令所有见到它的人赞叹不已。有人对我描绘了它的大小，但我不敢说出来，免得寡见少闻的人大惊小怪，因为他们不相信世界上有些地方的东西大过他们村里的同样东西；然而从另一个角度讲，如果因为担心这类无知的人，而不把大自然的作用在那片土地上创造的奇迹记载下来，则是很遗憾的。现在我们再回过头来说那些水果，它们都大得出奇，特别是第一茬结的果子；石榴长得比在塞维利亚制作、用来往西印度运油的陶制圆罐还要大，葡萄有很多每串重达八磅或十磅，榅桲果大到像人头，香橼果大到像半个坛子。关于西班牙的水果在那边长得有多大，现在就讲这些，以后再讲蔬菜，那也同样会令人大为惊讶。

究竟是哪些颇有心计的人、于何年何时把这些果树带到那边，如果能够了解清楚并在本书中记录下他们的姓名籍贯，让他们每人都因造福于人而得到应有的赞颂和祝福，那将是令人十分欣慰的。可惜很难如愿以偿，只记得是在 1580 年，一位名叫加斯帕尔·德

阿尔科塞尔的西班牙人把樱桃和欧洲酸樱桃树苗带到秘鲁。他是诸王之城的富商,在那里有一座漂亮的庄园。后来我在西班牙听说,人们对它们娇宠备至,殷勤过甚,反而不能够扎根成活,结果都糟蹋了。巴旦杏树已经移植过去,但迄今为止是否已有核桃树移植过去,我还不得而知。秘鲁过去也没有甘蔗,现在由于西班牙人精心侍弄,那边的土地又极其肥沃,这些果品不但应有尽有,而且数量极丰,甚至人们都感到厌腻了。有些果品最初非常珍贵,现在大家已经不把它当回事,不甚珍爱,甚至毫不在乎了。

秘鲁的第一家制糖作坊建立在瓦努库地区,我认识它的主人。他有一个仆人很是精明能干,看到大量蔗糖从墨西哥王国运到秘鲁,主人的蔗糖卖不上好价钱,于是建议他装一船糖运到新西班牙[①]去,那边的人看到从秘鲁向那边运糖,就会认为秘鲁的糖已经过剩,不再向秘鲁运了。主人照计而行,此举果真大见成效。后来在秘鲁又建立了许多制糖场,就是现在的那些。

有些西班牙人肯于钻研农事,(有人告诉我说)他们把西班牙果树的枝条嫁接到秘鲁果树上,收摘到了奇妙的水果。这使印第安人惊叹不已,因为他们看到一棵树在一年当中居然能够结出两种、三种甚至四种不同的水果。他们对这类奇特的事情、甚至不很奇特的事情都会感到惊讶,因为他们从来未曾见过类似情况。农艺师们也许会把橄榄树枝条嫁接到(如果还没有这样做的话)印第安人叫作“基斯瓦尔”(quíshuar)的一种树上,它的枝干和叶子酷似橄榄树。记得我小的时候,西班牙人见到一棵“基斯瓦尔”树

① 即墨西哥。

就对我说:“从西班牙运来的橄榄油和橄榄果就是从一种和这些树一样的树上得到的。”事实上那种树是不结果的,它也能像橄榄树一样开花,但很快就凋落。在科斯科时,我们用这种树的枝条代替芦竹玩互相刺杀的游戏,因为那里气候寒冷,芦竹无法生长,故而没有这种东西。

第二十九章　关于蔬菜和花草,它们长得都很肥大

在西班牙食用的各种蔬菜,过去在秘鲁一种也没有,这些蔬菜是莴苣、苣荬菜、小红萝卜、卷心菜、白萝卜、大蒜、葱头、茄子、菠菜、甜菜、薄荷、芫荽、香菜、刺菜蓟(包括种植的和野生的)、龙须菜(但有马齿苋和除蚤薄荷);也没有胡萝卜芹和西班牙其他一些可供食用的菜蔬。那边也没有鹰嘴豆、蚕豆、兵豆、茴香、芥菜、辣芝麻菜、茼蒿、芝麻、稻谷、熏衣草、枯茗、牛至、黑种草、燕麦等谷物,也没有罂粟、三叶草和母菊(种植或野生的)等。玫瑰花、西班牙的各种麝香石竹花、茉莉花、百合花和棣棠花等也都没有。

所有上面列举的以及另外一些我记不得名字的花草菜蔬,现在在秘鲁已经非常之多,其中有很多种甚至多而成患,如白萝卜、芥菜、薄荷和母菊等,它们在某些谷地泛滥成灾,人们为除掉它们费尽了心机和气力也无济于事,而且大有压倒一切之势,取代谷地原有的名字,迫使谷地以它们的名称为名,如在沿海地区原本叫作鲁克马的谷地,现在却叫“薄荷谷地”,类似的情况还有一些。在诸王之城,最初播种的苣荬菜和菠菜竟然疯长到如此之高,人伸出

手来刚刚能够到它们上梢;而密度之大,连马匹都冲不进去。开始移种时,一些蔬菜和谷物长得个头之大和数量之多,简直令人难以置信。以小麦为例,最初在许多地方播种一法内加的麦种,竟然可收获三百法内加甚至更多的小麦。

1560年我在来西班牙途中经过瓦尔库谷地的一个村庄(卡涅特侯爵唐安德烈斯·乌尔塔多·德门多萨总督最近刚刚下令向那里移民),该村一位名叫加尔西·巴斯克斯的居民(他曾做过家父的仆人)把我邀到他家并招待我吃晚饭。他对我说:"您尝尝这个面包,到西班牙可以说道说道,这种小麦的产量是三百多法内加。"我吃了一惊,因为我以前见过的通常产量远没有这么多。于是加尔西·巴斯克斯又告诉我:"您别以为难以置信,我是基督徒,实话告诉您,我播了两个半法内加的麦种,现在收存着六百八十法内加小麦,由于没有人手帮我收割,还有六百多法内加的麦子损失在地里了。"

我把这个故事讲给贡萨洛·西尔韦斯特雷(在拙作《佛罗里达史》中曾对此人作了详细的叙述,本书到适当时候仍将对他进行介绍),他告诉我说那还不算多,他在丘基萨卡省皮尔库马尤河附近有几块地,最初几年他播下一法内加麦种,竟可收到四百到五百法内加麦子。1556年,前面提到的门多萨总督之子唐加西亚·德门多萨赴奇利担任省督途经阿里卡港时,有人告诉他,港口附近有一个名叫库萨帕的谷地,那里有一棵大得出奇的萝卜,在萝卜叶子的阴凉下拴着五匹马,他们想把它带来让他看看。唐加西亚回答说不要拔,他要亲眼见识见识,也好对别人现身说法。于是他在许多人陪同下去了,看到的情况证明人们对他的介绍所言不谬。

那个萝卜硕大无朋,一个人用双臂刚刚能合围过来,而且非常鲜嫩,后来把它带到唐加西亚的下榻处,很多人分而享之。在那个已经获名“薄荷山谷”的谷地,很多薄荷的茎干长达两巴拉半[①]。有一位亲自丈量过其茎干长度的人现正住在寒舍,我就是根据他的介绍写下这些情况的。

1595年5月,我在(西班牙)科尔多瓦的大教堂里同一位名叫唐马丁·德孔特雷拉斯的骑士(他是大名鼎鼎的尼加拉瓜都督弗朗西斯科·德孔特雷拉斯的侄子)交谈时,对他说到我在撰写本部史书这方面情况时的心态:当写下在我的故乡生长出的新谷物和蔬菜时不免心存疑虑,因为从未离开过本乡本土的人根本不会相信。他对我说:“您不要因此就不记述那边发生的事情,不管他们信不信,反正您讲的是真实情况。我是库萨帕谷地那个奇大无比的萝卜的见证人。当时我是唐加西亚·德门多萨的随行人员之一,我以正人君子的身份作证,亲眼看到了拴在大萝卜叶子下的那五匹马,后来我还和其他人一道吃过那个萝卜。您还可以补充一点,就在那次旅途中,我在伊卡谷地看见过一个重达四阿罗瓦零三磅的大甜瓜,为了让人相信确有如此令人咋舌的庞然大物,当时还由文书官立字为证。在尤凯谷地我还吃过一棵重达七磅半的莴苣。”这位骑士还对我讲了谷物、水果和蔬菜方面的许多类似情况,为了不使读者生厌,我就略去不提了。

阿科斯塔神父大人在第四卷第十九章谈及秘鲁的蔬菜、豆类和水果时说了这样一些话,现将原文照录如下:“我没有发现印第

① 约合2米左右。

安人有专门的菜园，他们是在小块土地上种植一些他们需要的豆类，如他们叫作‘弗里索尔’（frisol，菜豆）和‘帕利亚尔’（pallar，帕利亚尔豆）的，它们相当于西班牙的鹰嘴豆、蚕豆和兵豆。我不曾看到有何迹象能证明在西班牙人到达之前，那里已经有了欧洲的这些和其他豆类。是西班牙人把他们的蔬菜和豆类带过去的，它们在那边长得非常好。甚至在有些地方，由于土地比这边肥沃得多而长得更好，例如我们说的秘鲁伊卡谷地种的甜瓜就是这样。甜瓜根已长成了老根，成了多年生植物，而且每根瓜藤都结瓜，还像对待树木那样给它修剪枝叶，我不知道西班牙什么地方有过这种现象。”以上系引用阿科斯塔神父的话。他的权威性增加了我的勇气，我才打消了顾虑讲出了那片土地是多么富饶肥沃。这在最初种植由西班牙带去的水果时有突出的表现，结出的水果大得惊人，简直令人难以置信。神父大人记载的情况，在那片土地的奇迹当中尚不能算最大的，因而还可以补充几句，即当时的那些甜瓜还有另外一大优点：全都长得很好，瓜熟蒂落之后，个个香甜可口。这也表明那里的土地非常肥沃，如果稍加注意，会发现现在大概仍然是这样的。在诸王之城地区成熟的第一批甜瓜引出了一个饶有风趣的故事，从中可以看出古代印第安人的头脑是多么简单，因此不妨在这里讲一讲。故事是这样的：那座城市有个名叫安东尼奥·索拉尔的居民，他是秘鲁第一批征服者之一，德高望重。他在离诸王之城四莱瓜处的帕查卡马克有一座庄园，由一名西班牙人管家替他照管。一次，这位管家派两个印第安人给他的主人送去十个甜瓜（印第安人按自己的习惯是背着），并附有一封信件。临出发时管家对印第安人说：“这些瓜你们一个也不要吃，如果吃了，这

封信是会说出来的。”于是两个印第安人就上路了，途中他们把甜瓜放下来休息。一个印第安人被甜瓜引得馋涎欲滴，就对另一个说：“咱们尝尝主人地里的果子是啥味道好不好？”另一个说：“别这样，要是吃了，这封信就会告诉主人的，管家不是对咱们说过了吗？”第一个又说：“有个好办法：把这信扔到那堵墙的后面，这样它看不见咱们吃，也就不会说什么了。”他的伙伴对这个建议颇为满意，就把信放到墙后面，两个人吃了一个甜瓜。原来在最早的时候，印第安人不知道文字是何物，认为西班牙人之间互相递送的信件就像信使一样能把一个人的话口头转达给另一个人，又像密探一样，能把路上看到的事情讲出来。因此，那个印第安人才说：“把信扔到墙后面，让它看不见咱们吃。”正要继续赶路的时候，背着五个甜瓜的印第安人对另一个说：“这样可不行，咱们俩应当背得一样多才是。你背四个我背五个，人家就要怀疑少一个，是咱们偷吃了。”同伴回答道：“你说得很对。”于是，他们为了掩盖一个错误又犯了一个更大的错误——又吃了一个甜瓜。当他们俩把背的八个甜瓜交给主人时，主人看过信就问：“怎么少了两个甜瓜，这是怎么回事？”两个印第安人同声回答说：“老爷，就给了我们八个。”安东尼奥·索拉尔说道：“干吗要说谎？信上明明说给了你们十个，你们是不是偷吃了两个？”看到自己偷偷干的事情被主人一语道破，两人都慌了手脚，最后羞愧难当地知罪认错，交待了事情的经过。离开主人家时，他们说把西班牙人称为维拉科查神是太对不过了，连那么秘密的事他们都能洞察。戈马拉讲到在古巴被征服之初也发生过一个类似的故事。在不同地方、不同部族中发生同样的无知现象是毫不足奇的，因为新大陆的印第安人在他

们不了解的事物方面，表现了同样的无知。每当西班牙人在某个方面的表现比印第安人胜过一筹时，如纵马奔驰，驯服牛犊和用牛耕地，制作磨，在大河上修建拱形桥梁，在一两百步以外用火枪杀伤人以及其他类似事情上，印第安人统统归之于神明之力，并因此把西班牙人称作神明，就像那封信产生的效果一样。

第三十章　关于亚麻、龙须菜、胡萝卜芹和茴香

秘鲁原来没有亚麻。在科斯科城圣克拉拉修女院的第一批住院修女中，有一位名叫唐娜卡塔利娜·德雷特斯，她原籍巴拉梅达圣卢卡尔镇，出身贵族，信教虔诚，是秘鲁的首批征服者、科斯科居民弗朗西斯科·德比利亚富埃特的岳母。她曾请人从西班牙给她带亚麻籽（她要在秘鲁种）和一部纺织家用粗布的织布机。1560年时她正在等着这些东西，由于那一年我离开了秘鲁，那些东西是否带了过去，我就不得而知了。后来我在西班牙获悉，秘鲁那边已能收获大量的亚麻，然而那些西班牙妇女和我的亲戚，那些梅斯蒂索妇女是否已经成为纺纱织布的能手，我就无从得知了。因为我从未见过她们织布，只见过她们缝制衣服。因为当时还没有亚麻，不过已经有质地极好的棉花和大量畜毛，印第安人妇女能够娴熟地用畜毛纺线，当时不会制造梳毛机，羊毛和棉花都用手指梳理；她们也不会用纺纱机纺纱。如果说她们不太会用亚麻纺纱，那倒情有可原，因为她们不会加工亚麻。

回头再说说在秘鲁对西班牙的东西，哪怕是微不足道的东西

也极为珍视的情况，当然，这只是在初期、在那些东西刚带过去的时候，而并非一直如此。我记得在1555年或1556年，当时任科斯科王室财产司库的加西亚·德梅洛（原籍西班牙特鲁希略），派人给家父加西拉索·德拉维加送去三棵西班牙的龙须菜（当时秘鲁还没有这种菜，我不知道是从哪里种出来的），还带话给家父说，这种西班牙的果实在科斯科是新鲜东西，因为是第一次长出，特意送他品尝。那三棵龙须菜非常悦目，有两棵粗若手指，长约一特尔西亚多，第三棵更粗但也更短，三棵菜都非常鲜嫩，自己就断了。为了使品尝西班牙菜一事显得更加隆重，家父特意吩咐在他的房间设桌待客，当着赴晚宴的七八位先生的面，用房间的一个火盆烹调。龙须菜烹调好后，端上了油和醋，家父加西拉索亲自动手，把两棵长的分给客人每位一口，第三棵则留给自己享用，同时请求大家原谅，因为是西班牙的东西，这次他要近水楼台先得月了。他们就这样愉快而隆重地享用了那三棵龙须菜，就好像吃龙肝凤胆似的。而我尽管在桌旁伺候着，所需的一切都由我安排端上端下，却什么东西也没有我的份。

就在那几天，巴托洛梅·德特拉萨斯统领作为贵重礼品，派人给家父送来三棵从西班牙带来的胡萝卜芹。这三棵胡萝卜芹，只有在招待刚从西班牙来的客人时才放上餐桌，即便为显示慷慨好客也只是给每人尝一小段。

茴香也是在这段时间里在科斯科城出现的，人们把它当作名贵的调料撒在面包上吃，犹如诗人笔下的美酒佳肴一样。任何西班牙的东西开始出现在秘鲁的时候，都这样被视为珍稀之物，因此尽管意义不大，还是把它们记录于此，以便将来历史著作更有价值时，后人或许会有兴趣从中了解最初的情况。我不知道现在龙须菜在那片土地上是否已经安家落户，胡萝卜芹是否已经扎根成长，但是其他许多种果树、谷物、菜蔬和牲畜都已像前文说的那样大量繁殖起来了。人们还栽种了桑树并带去了蚕种，这在秘鲁过去也是没有的，不过由于这种蚕有一个很大的缺点，蚕茧还不能缫丝。

第三十一章　为不同种族取的新名称

前面我们忘记介绍传到西印度的精华了，这就是西班牙人和后来由这里运过去当奴隶使用的黑人，在我故乡的那片土地上过去也没有黑人。在那边，这两个种族通过种种方式的混血又产生了另外一些种族，为了加以区别就给他们取了不同的名字，以确指他们的种族。在拙作《佛罗里达史》中曾提及这方面的一些情况，不过我觉得应当在这里再谈一下，因为把它们放在本章才是最合适的地方。从这边去的西班牙男人或西班牙女人，叫作“西班牙人”或“卡斯蒂利亚人”，在那边这两个名称是一个意思，我在本书和《佛罗里达史》中使用这两个词时也是如此。西班牙人父母生的子女，在那边叫作“克里奥尔男人”或“克里奥尔女人”，以说明他们是在西印度出生的。这个名称是黑人创造出来的，用来称呼黑人夫妇在那边生的子女，就是说，在黑人当中指那些出生在西印度的人。他们创造这个名称，是为了把出生于几内亚、从这里运去的黑人与在那里出生的黑人相区别，因为他们认为自己生于祖国，比他们生在异国他乡的子女尊严高贵，如果把他们叫作克里奥尔人，他们会感到受了侮辱。西班牙人的情况与此相似，他们把这个名称吸收到自己的语言中，以称呼在那边出生的西班牙人。因此，把在那边出生的西班牙人和几内亚人称作“克里奥尔男人”和“克里奥尔女人”。对于从这边去的黑人，干脆就叫作“黑人”或“几内亚人”。对黑人和印第安人混血生出的孩子，叫作“穆拉托男人”(mulato)或“穆拉托女人”(mulata)。穆拉托人的后裔叫作“乔洛人”(cholo)，这个词来自向风群岛，意思是狗，但不是指纯种狗，而是指那种小而好吠的劣种狗。西班牙人用这个词时，带有鄙夷侮辱的意思。对我们这些西班牙男人同印第安妇女(或西班牙妇女同印第安男人)生的子女，叫作“梅斯蒂索人”(mestizo)，意思是这两个民族的混血儿。这个名称是最早在西印度有了子女的西班牙人取的，由于是我的父辈给取的，它的含义也符合实际，因此我毫不隐讳地用它来称呼自己并为它感到光荣。然而在西印度，如果有人对这样的人说“你是梅斯蒂索人”或“他是梅斯蒂索人”，他们就认为是鄙视他们。因此他们喜滋滋地接受“蒙塔尼亚人”(montañés)[①]这个称呼，殊不知这是一位权势人物在对他们表示侮辱和轻蔑时，用以代替“梅斯蒂索人”的称呼。他们没有考虑到，曾对原籍是阿斯图里亚斯和比斯开山区的人给予了许多特权，因而在西班牙“蒙塔尼亚人”是一个荣誉称号；但如果用来称呼不是出生于这两省的任何人，则是一种轻蔑的表示，正如迄今为止西班牙拉丁优秀文化大师安东尼奥·德莱夫里哈[②]在其编著的小辞典

① 即山地人的意思。

② 埃利奥·安东尼奥·德莱夫里哈(或德内夫里哈，约1444—1522)，西班牙著名语言学家。著有《西班牙语－拉丁语和拉丁语－西班牙语词典》、《西班牙语语法》等。

中所说，这个词的确切含义是“山里的东西”。在秘鲁的通用语里，把蒙塔尼亚人叫作“萨查鲁纳”（sacharuna），其本意为野蛮人。那位老兄为了隐晦地称他们是野蛮人，就把他们叫作蒙塔尼亚人。我的一些亲戚本该按照父辈那样称呼自己，拒绝和唾弃这个侮辱性称呼，也不接受新的侮辱性称呼，但他们没有看出取这个称呼者的不良居心，反而以此为荣。西班牙男人和梅斯蒂索妇女或者梅斯蒂索男人和西班牙妇女生的孩子，叫作“夸特拉尔沃”人（cuatralvo），意思为他是四分之一的印第安人和四分之三的西班牙人。所有这些以及其他一些名称（为避免冗长，恕不再举），都是为了称呼西班牙人去到我的故乡之后在那边出现的新种族而取的，我们也可以说，这和其他那边原来没有的东西一样，是他们带过去的。这方面情况就讲到这里，现在我们再回头记述印卡王，即伟大的瓦伊纳·卡帕克的儿子们，他们正在召唤我们，向我们提供值得讲述的重大事件。

第三十二章　瓦斯卡尔·印卡要求他的弟弟阿塔瓦尔帕向他俯首称臣

瓦伊纳·卡帕克死后，他的两个儿子彼此和平共处，相安无事地统治各自的王国，过了四五年的光景。在此期间没有进行新的征服，甚至连这种打算也没有，因为当时只有北部才有新的土地可供征服，但瓦斯卡尔国王被属于他弟弟的基图王国阻断了前进之路；至于其他三个方向，东西两方从崇山峻岭的安第斯山到滨海沿岸的土地都已征服，南方已经征服到了奇利王国。印卡王阿塔瓦尔帕则专心为民造福，自己也乐得清闲，所以也不曾试图进行征服。常言道："天无二日，国无二主。"在相安无事地度过了短短的几年之后，瓦斯卡尔·印卡便开始胡思乱想，认为接受父亲把基图王国分给弟弟的安排乃是大为失策，这不仅把帝国中一个非常重要的王国割让给了别人，而且切断了进军之路，自己无法向远处征服；而他的弟弟倒可畅行无阻地向外用兵，扩展王国疆界，进而超过他所管辖的版图。虽然他像萨帕·印卡这个称号的含义那样（独一无二的君主）身为一国君王，但不晓得什么时候，就会另有一个与他势均力敌、甚至可能强盛一筹的君主；而且从他弟弟那野心勃勃、不甘寂寞的性情来看，一旦强大起来，很可能会觊觎他的帝国。

瓦斯卡尔·印卡这些胡思乱想日甚一日，他为此痛苦郁闷，最后终于无法忍受，遂派遣一名亲戚为使者去见他的弟弟阿塔瓦尔帕，告诉他说：他很清楚，根据第一代印卡王曼科·卡帕克钦定、他的所有后裔都遵行的古代宗法，基图王国以及它所辖有的其他诸省都属于科斯科帝国王室；他之所以同意了父亲的旨意，主要是被迫遵从父亲的意愿，而绝非因为符合道义，因为那样做有损于王室及其继承人；因此，他父亲本不该传出这样的旨意，而他也并非必须遵行不可；不过既然他父亲已经这样安排，而他也已同意照办，现在只要答应两个条件，他就乐于不提往事——一是阿塔瓦尔帕不许为自己的王国增加一寸领土，因为剩下来未征服的所有土地都属帝国所有；另一条是阿塔瓦尔帕必须立即向他俯首称臣，做他的封疆大吏。

阿塔瓦尔帕极力装出唯唯诺诺、毕恭毕敬的样子听取了这一口信的内容。过了三天,仔细思量了万全之策后,他心怀叵测、阴险奸诈地答复说:无论是过去还是现在,他在心目中始终承认自己是国君萨帕·印卡的臣仆,他不但不想给基图王国扩大一寸疆土,而且假若陛下喜欢的话,他将愿意放弃它并将它献给印卡王,自己则像印卡王的任何一个亲戚那样隐居王宫,并按照国王和君主的意旨在文治武功方面为他竭诚效劳。印卡王的使者遵照事先命令,把阿塔瓦尔帕的答复通过驿站报回,以免亲自回复而在路上拖延太久,自己则暂时留在阿塔瓦尔帕的王官,准备转达印卡王可能下达的其他旨意。印卡王接到答复后非常满意,又回复说,只要阿塔瓦尔帕按指定期限到达科斯科向他表示臣服,并理所当然地进行效忠宣誓,他乐于让他拥有父亲留给他的王国,并且愿意向他重新确认此事。阿塔瓦尔帕回复说,他得知印卡王的旨意后感到万分荣幸并一定照办,他将于指定期限内去科斯科表示臣服之意。但是为了让效忠宣誓仪式更为隆重,更加圆满,他请求陛下允许他管辖的各个省份派人同他一起前去,在科斯科城按照基图王国及其各省的习俗祭奠父王瓦伊纳·卡帕克,祭奠结束后他再和他的臣民一起宣誓效忠。瓦斯卡尔·印卡同意了弟弟的一切请求,并告诉他可以完全按照他的意愿安排对父王的祭奠事宜,他本人对在自己的国土上按照别人的习俗举行祭奠感到高兴;并让他弟弟在方便的时候来科斯科。兄弟俩对此结果都是皆大欢喜,一个是断然不会想到,正在策划一场阴谋,发动叛乱,要剥夺他的性命和帝国;另一个则昼思夜想、小心翼翼地设计着一个最卑鄙的阴谋,定要让兄长丧命亡国。

第三十三章　阿塔瓦尔帕使用奸诈手段麻痹他的兄长

阿塔瓦尔帕国王在他的整个王国及辖下的其他各省发布公告，命一切能够行动的人作好准备，数日之内前往科斯科，按各部族的古老习俗祭奠他的父亲、伟大的瓦伊纳·卡帕克，并依例向瓦斯卡尔·印卡君王宣誓效忠。还要求他们把所有的盛装华服、各种饰物统统穿戴起来，因为他希望隆重地举行这两项仪式。与此同时，他向手下统领下达密令，每人从各自辖区挑选能征善战的军士，秘密携带武器——他是要他们去上阵厮杀而不是去参加祭奠。阿塔瓦尔帕命令那些印第安人，不得暴露士兵身份，装扮成仆役的样子，每五六百人组成方队，向科斯科行进，各方队之间保持两三莱瓜的距离。他还吩咐前几批队伍的统领，在离科斯科十到十二天行程的地方时放慢速度，以便后续队伍尽快赶上；后续队伍的统领在到达该处之后，加快速度以便尽快同先头的队伍会合。阿塔瓦尔帕用这种方法陆续派出了三万多名士兵，其中大部分是他父亲留给他的富有经验的精兵，统领则都是随侍阿塔瓦尔帕身边的亲信，他们久经沙场并颇负盛名，其中为首的主要统帅是两名将军：一个名叫查尔库奇马，另一个叫基斯基斯。阿塔瓦尔帕则放风说，他将随最后一批人进发。

瓦斯卡尔·印卡完全相信弟弟的话，对多年的经验更是确信不疑，因为在印第安人中，百姓们对印卡王尊敬备至，忠诚不贰，更何况是他的兄弟和亲戚呢！对此，阿科斯塔神父大人在第六卷第

十二章中这样写道："毫无疑问，这些人对他们的印卡王是毕恭毕敬、衷心爱戴的，他们之中从未有人背叛过印卡王"，等等。因此，瓦斯卡尔·印卡不仅丝毫没有怀疑会发生背叛行为，恰恰相反，他把阿塔瓦尔帕的士兵当作前来祭奠父亲并按照承诺向他宣誓效忠的兄弟，下令慷慨豪爽地提供给养并给予热烈欢迎。双方的为人就这样形成了鲜明的对比：瓦斯卡尔的人天生质朴坦荡，忠厚善良；而阿塔瓦尔帕的人则从他的作风中学会了心怀叵测，狡猾奸诈。

阿塔瓦尔帕掩盖着真实面目和目的，采用阴险狡猾的手段对付他的兄长，因为他还不够强大，不敢与他公开对阵。他打算使用欺骗手法，而不是依靠实力来取得成功。如果瓦斯卡尔麻痹大意（他确实是麻痹大意），这场赌博他就大获全胜；倘若瓦斯卡尔有机会作准备，他就要一败涂地。

第三十四章　印卡长者向瓦斯卡尔报警，瓦斯卡尔征召军队

根据上一章说到的命令，基图人长途跋涉近四百莱瓜，到达距科斯科一百莱瓜的地方。在他们途中经过的省份里有一些印卡长者，曾经当过统领，颇有文韬武略，现在是当地的省督。他们看到那么多的人开拔过去。感觉事情不妙，认为如果为了举行祭奠大典，只要五六千人，最多一万人也就够了；而为了参加效忠宣誓，则根本不需要普通人，只要百姓的领主、各位酋长、文官武将和中心人物阿塔瓦尔帕国王就足够了。对于野心勃勃、诡计多端又好斗

成性的阿塔瓦尔帕，不能指望他会安分守己和注重兄弟情义。那些印卡老人怀着这种疑虑不安的心情，秘密地向他们的国王瓦斯卡尔·印卡发出警报，请他提防他的弟弟阿塔瓦尔帕，因为他们认为，他派出那么多人先行不是好事。

听到这些消息，瓦斯卡尔·印卡猛然从轻信和麻痹中惊醒过来，立即派出信使去见安蒂苏尤、科利亚苏尤和昆蒂苏尤各省的省督，命令他们全力征召军兵，尽数带领他们火速赶到科斯科。瓦斯卡尔没有向地盘最大、居民最为善战的钦查苏尤地区派遣使者，因为敌人的军队正在那里前进，阻住了通路。阿塔瓦尔帕的人察觉到瓦斯卡尔及其部下毫无戒备，士气愈发高涨，深信他们的计谋定能成功，日夜兼程地前进，先头部队抵达离科斯科四十莱瓜的地方，并从那里开始减缓进军速度，第二批和再后面的部队则加快行军速度，就这样在短短的几天之内，有两万多士兵聚集到阿普里马克河渡口。他们未遇丝毫阻挡，安然渡过了那条河，过河后就亮出武器和旗号，摆出了公开为敌的架势，分成先头部队和决战部队两个方队，慢慢向前推进，最后由另外一万人组成的后续部队也赶到了。两军会合一起，来到离科斯科城六莱瓜的维良昆卡山坡顶上。阿塔瓦尔帕留在自己王国的边境，在第一场战斗取得胜利之前，他不敢太接近前线。由于敌人仍在轻信和麻痹之中，而他那些经验丰富的统领和老兵们士气高涨、勇猛直前，所以他把全部希望都寄托在第一场战斗上。

在敌人逐步逼近的同时，瓦斯卡尔·印卡国王十万火急征调军队，但是他在科利亚苏尤地区的兵员远在二百莱瓜以外，远水救不了近火；安蒂苏尤是高山地区，居民本来稀少，兵员不多；昆蒂苏

尤是个狭小但居民密集的地区,所有的酋长都迅速赶到,并带了三万多人,然而由于长期过和平生活没有训练,不能熟练地使用武器;而且都是新兵,不谙战事。印卡王瓦斯卡尔带领所有亲戚和召集来的近一万军兵出了科斯科城,到西面去迎接由那里来的部队,合兵一处,等待将要来增援的队伍。

第三十五章　印卡王之间的战争,阿塔瓦尔帕的胜利和他的残暴行径

阿塔瓦尔帕的部下深懂用兵之术,看到拖延难以奏效,速战则稳操胜券,于是要抢在其他为瓦斯卡尔效命的军兵赶到之前,寻机与他开战。他们在城西两三莱瓜处的旷野找到了他,双方也不搭话,更不理论,立即开始厮杀。战斗进行得非常残酷:一方定要抓获印卡王瓦斯卡尔这只无法估价的猎物,另一方则誓要保护他们衷心爱戴的君主。战斗持续了整整一天,双方伤亡惨重。但是瓦斯卡尔的人都是未临战阵的新兵,科利亚族援军又未赶到;而印卡王阿塔瓦尔帕的部下都是久经沙场的老兵,个个以一当十,最后他们获得了胜利。在追击过程中,他们非常清楚,如果瓦斯卡尔逃脱了,那就等于前功尽弃,因此全力以赴,穷追不舍,终于抓住了他。瓦斯卡尔是和聚拢来的近千人一起撤退逃走的,这些人都在他的面前死去了——一部分是被敌人杀死,一部分是看到国王被俘而自杀殉节。除了国王本人外,阿塔瓦尔帕的士兵还俘获了许多酋长、领主、统领和大批贵族。这些人惶惶如迷途羔羊,不知该往哪里跑,该到何处藏。他们当中还有许多人原本可以逃脱,但在得知

他们的印卡王已经成了俘虏之后，出于对他的爱戴和忠心而自投罗网。

阿塔瓦尔帕的将士大获全胜，又抓获了国王瓦斯卡尔·印卡这样无价之宝的俘虏和主要将领，个个显得志得意满，乐不可支。他们从军中选出四名统领和最宠信的士兵，日夜分班严密看守瓦斯卡尔，一刻也不放松。然后命人发布消息，在整个帝国大事张扬瓦斯卡尔国王已经被俘，倘若还有人已经聚集一起，前来救援，得知他当了俘虏，就会自行瓦解。同时他们还通过驿站，把取得胜利和俘获瓦斯卡尔的消息报告他们的国王阿塔瓦尔帕。

以上就是那兄弟二人、秘鲁两位末代国王之间进行战争的简要情况。西班牙历史学家在记述这场战争时提到还有一些战斗和冲突，实际上那是两个王国的统领和戍守部队之间在两国交界之处进行的小规模遭遇战。至于传说阿塔瓦尔帕被俘一事，那是他本人为了麻痹瓦斯卡尔及其将士而命令部下散布的谣言。接着他又谎称被俘之后，他的父亲太阳神把他变成一条蛇，从被囚房间的一个小洞中逃脱出来。他是要用这个神话来为自己的暴虐统治寻求有力的根据，让普通百姓以为，既然太阳神把他从敌人手里解救出来，必定是支持他的。那些老百姓非常简单无知，不管印卡王们散布关于太阳神的什么谎言，他们都确信不疑，因为他们把印卡王看作太阳神的儿子。

阿塔瓦尔帕利用胜利之机干了骇人听闻的残暴行径。他诡称要让瓦斯卡尔恢复王位，下令召集帝国所有的印卡王族，不论是掌管文治的各省省督和其他官员，还是掌管武备的将军、统领和军士，在规定时间内全部集中到科斯科，要与大家商定一些法律和规

章,供两位国王今后互相信守,真正安定平静、亲如手足地生活下去。听到这个消息后,除去因生病或年迈行动不便的人,因距离太远无法赶到的人,还有因不相信胜利者而不敢前去的人之外,所有的印卡王族都去了科斯科。当他们汇集到一起之后,阿塔瓦尔帕唯恐他们以后策划阴谋,发起暴动,遂下令用不同方式统统杀死,以绝后患。

第三十六章　阿塔瓦尔帕进行残酷屠杀的原因及其惨无人道的暴行

在继续记述之前,应当讲一讲促使阿塔瓦尔帕残酷屠杀家族成员的原因。为此,应该说明,根据那个王国从第一代印卡王曼科·卡帕克到伟大的瓦伊纳·卡帕克历来恪守的宗法,瓦伊纳·卡帕克的儿子阿塔瓦尔帕不仅无权继承基图王国(因为征战所得的一切均归王室所有),更不能拥有科斯科王国,因为它的继承人必须是国王合法妻子——如前所述,即国王亲姐妹的儿子。这就是说,父、母双方是国王和王后的王子才能继承,如果不具备这个条件,那么这位国王必须具有法定的王室血统,至少是纯王室血统的帕莉娅的儿子。总之,只有这种身份的王子才有权继承王国。至于混血的王子,则无此权利,起码不能继承科斯科帝国,连想也不要想。阿塔瓦尔帕根本不具备成为印卡王的必要条件,因为他既不是王后(科娅)所生,也非具有王室血统的妇女(帕莉娅)所生,他的母亲是基图人,而那个基图王国也不可能从印卡帝国分离出去。正是有鉴于此,阿塔瓦尔帕认为,必须清除在他僭越王位后可能出现的麻烦,因为他担心眼下的战争平息以后,在整个印卡帝国都会异口同声地要求有一位符合上述条件的印卡王,印卡王族自己也会选择推举出这样一位印卡王。这样的事他无法阻止,因为由于第一代印卡王曼科·卡帕克的教诲和训导,由于后来历代印卡王遵照执行的榜样,印第安人认为这一祖训是根据他们偶像崇拜和虚妄的信仰制定的。鉴于这些情况,阿塔瓦尔帕别无良策,只好使用残暴手段,灭绝整个王族:不仅有权继承帝国的王族成员,连那些像他一样不能继承的其他王族成员也一并斩尽杀绝。这是因为他的恶劣榜样已为所有的人开了先例,而他不想让任何人像他那样行事。这是大多数篡夺他人王国、自立为王的人惯用的伎俩,因为他们认为,如果那个王国没有了合法继承人,臣民们也就不会再拥戴谁和为谁复位,他们自己也就心安理得、高枕无忧了。在这一方面,古代和现代的历史都给我们提供了大量的证据,为避免冗长啰唆,我们不想多说,只想提一下奥斯曼家族的卑鄙伎俩:帝国继承人为了免除后患,在埋葬自己的父亲时把自己的所有兄弟也一起埋葬了。

嗜血成性的阿塔瓦尔帕在杀戮自己骨肉同胞时的凶残程度,比奥斯曼家族有过之而无不及。他杀害了瓦伊纳·卡帕克的儿子、自己的两百多同胞兄弟还不满足,又把屠刀举向第四级血亲以内和以外自己的侄辈、叔辈和其他亲属。总之,只要是有王室血统的人,不管是嫡生还是私生的,无一幸免。他下令用不同的方法把这些人全部处死:有的斩首,有的绞死,有的颈缚重物坠到河里或湖里淹死(即使会游泳也难以活命),还有的从悬崖峭壁推下去摔死。刽子手们在极短的时间里干完了大屠杀的勾当,因为那个暴君只要没有看到或得知这些人都已被处死，就不会感到安全，虽然这时他已大获全胜，但他还只是待在离科斯科九十莱瓜的绍萨（西班牙人管它叫豪哈）不敢前进一步。阿塔瓦尔帕给可怜的瓦斯卡尔·印卡暂时留条活命，这是为了利用他来对付可能发生反对自己的起义。他深知如果发生起义，只要让瓦斯卡尔派人前去，他的臣民就会服从命令而平息下来。但是为了让那个倒霉的印卡王遭受更大的痛苦，他们带他去观看对他亲人进行的大屠杀，以当面杀死他的一个个亲人来折磨他，使他宁愿自己一死少受痛苦，也不忍看着亲人惨遭杀害。

为了让帝国所有其他爱戴瓦斯卡尔的酋长和贵族引以为训，惨无人道的阿塔瓦尔帕也没有饶过其他俘虏。把他们双手捆绑，押解到萨克萨瓦纳谷地（后来检审庭长加斯卡与贡萨洛·皮萨罗曾在这里交战）的一处平地，强迫他们站成长长的一排人墙。然后把不幸的瓦斯卡尔·印卡押解出来，在他的支持者面前游街示众。瓦斯卡尔身穿丧服，双手缚后，颈上套着一条绳索。俘虏看到他们的国王落到如此悲惨下场而又无法解救，纷纷呼号哀叫着匍匐在地，向他行礼致意。凡是这样做的人，阿塔瓦尔帕的士兵都用叫作“昌皮”的单手使用的小斧头和大头棒杀死。这样，他们就当着他们国王的面把俘虏的酋长、统领和贵族几乎全部杀光，幸免者寥寥无几。

第三十七章　残酷屠杀殃及王室血统的妇孺

常言道:残忍的本性不知餍足,食人肉越多越饥饿,喝人血越多越干渴。阿塔瓦尔帕屠杀了男子(既有王室血统的亲族又有瓦斯卡尔的臣民百姓)后仍不罢休,还要吞吃王室血统妇孺们洒出的鲜血。他们或年纪幼小,或属娇弱女流,本应得到些许怜悯,然而那个暴君却变本加厉,更加疯狂地残害他们。阿塔瓦尔帕派人传命,把凡能抓到的王室血统妇女和儿童,不论年龄和身份,统统集中在科斯科城外,用各种不同办法慢慢折磨死,只有城里贞女宫中献给太阳做妻子的女孩子得以苟全性命。阿塔瓦尔帕的部下不折不扣地执行这惨无人道的命令,不遗余力地在整个王国搜查追捕,把凡能抓到的王室血统妇女尽数捉来集中一处,此外还抓到大量王室血统的孩子,其中有婚生的,也有非婚生的(由于印卡王室血统的男子找多少女人都是允许的,因此王室家族是最大的家族,遍及整个帝国)。他们把这些妇女和儿童囚在名叫亚瓦尔潘帕的旷野,亚瓦尔潘帕意思是血的原野,前文有关章节曾有过详细记述,因在那里爆发过昌卡人与科斯科人的血腥战斗而得名,位于科斯科城北约一莱瓜处。

阿塔瓦尔帕的士兵把抓来的人集中在那里,为了防止他们逃跑,在周围设了三层包围圈。第一层是驻扎在被囚者周围的士兵,他们对自己人来说是戍守驻军,可以监视科斯科城;对敌人来说则是一支威慑力量。另外两层由哨兵组成,哨兵之间的距离第三层要比第二层更远一些，他们日夜监视，任何进出的人都逃不过他们的眼睛。他们就在这里使用种种手段，极其残忍地杀害那些印卡人妇孺：只给吃一点点生玉米和生菜，这是那些异教徒在实行他们宗教的大斋戒时才这样做的。把妇女，即阿塔瓦尔帕的姐妹、姑姨、侄女和外甥女、堂姐妹和表姐妹以及继母等人，吊在树上和竖起的高大绞架上，有的吊头发，有的头朝下倒吊，还有些吊法极其下流，为了不玷污笔墨就不说了。吊好之后把婴儿递给她们，让她们抱在怀里，等到抱不住而跌落下来时，他们就用棍棒打死。有的吊一只手臂，有的吊两只手臂，有的吊腰部，让她们受更多的罪，慢慢死去。不幸的女人们痛哭哀号，要求速死。他们认为那太开恩了，一律不准。半大孩子尚未成年，本应得到怜悯，但对他们也是慢慢地折磨死：每四分之一太阴月对他们施暴一次，按对待他们父母那样进行，还有很多则被活活饿死。迭戈·费尔南德斯在《秘鲁史》的第二部第三卷第五章中曾简略提及阿塔瓦尔帕的暴虐统治和部分残暴罪行，现转述如下：“瓜斯卡尔·印加[①]同他的弟弟阿塔瓦利帕之间在如何治国和谁应为君的问题上有巨大分歧。瓜斯卡尔·印加住在库斯科，他的弟弟阿塔瓦利帕住在卡哈马卡。后者派遣他的两名杰出统领（一个名叫查尔库奇曼，另一个叫基斯基斯，两人都很英勇善战）统率大批军队，专门去捉拿瓜斯卡尔·印加。此前已经商定并传下旨意，一旦将他捉到，阿塔瓦利帕即为君主，并任意处置瓜斯卡尔。两名统领沿途争取了一些酋长和印第安人，使他们效命于阿塔瓦利帕麾下。瓜斯卡尔闻知大军

① 即瓦斯卡尔·印卡。

压境及此行的目的后，立即作了一番准备，出了库斯科城来到基派潘（距库斯科城一莱瓜），双方在那里交战。瓜斯卡尔尽管有很多士兵，最终还是战败被俘。双方都死了很多人，据说至少有十五万多印第安人。阿塔瓦利帕的士兵高唱凯歌进入库斯科城后，不分男女老幼，大肆杀戮，因为他们宣称效忠于瓜斯卡尔，所以都被杀死。他们还搜捕了瓜斯卡尔所有的儿子并把他们全部杀害，同时还杀害了据说怀有瓜斯卡尔孩子的孕妇。瓜斯卡尔有一个妻子名叫玛玛·瓦尔凯，她机智巧妙地带着一个女儿，历尽艰辛，逃脱了厄运。她的女儿叫科娅·库希·瓦尔凯，现在是海雷·托帕·印加的妻子，我们记述的这段历史，主要就是从她那里听到的”，等等。以上是引用那位作者的原文。接下去，他依次叙述了不幸的瓦斯卡尔·印卡在被俘期间遭受的虐待，那是非常悲惨的，到时我们再照录原文。他说的那位后来做了海雷·托帕妻子的科娅·库希·瓦尔凯，名叫库西·瓦尔克，后文我们再详细介绍，现在把当时交战的地方叫作基派潘，这个发音不准，应该是克派帕，是语法上的属格，根据当地语言的习惯用法，意思是“我的喇叭的”，因为在那里阿塔瓦尔帕的喇叭发出过最强音。我曾同与我一起学习拉丁文的同学去过那里两三次，我们带着印第安人猎手给我们饲养的几只秘鲁小猎鹰，是去打猎玩的。

阿塔瓦尔帕的部下就用上面说的方式，在两年半的时间里灭绝了整个印卡王族，而且让他们的血慢慢流干。他们本可以在较短时间里把那些人斩尽杀绝，但他们不愿那样干，为的是有人供他们从容地施暴取乐。印第安人说，王室家族在那片原野血流成河，其数量之多和品质之高贵远非昌卡人流的血所能比拟，这就进一步确认了亚瓦尔潘帕(血的原野)这个名称;而且惨遭屠杀的都是年幼的孩童和纤弱的妇女,这就更加令人叹息和同情。

第三十八章　个别王室血统的人逃脱了阿塔瓦尔帕的屠杀

有些人还是逃脱了那场残酷的大屠杀:一些人根本没有落入他们的魔爪,有些人则是被他们放走的。阿塔瓦尔帕的部下眼睁睁看着他们敬奉为神的王室血统即将灭绝,产生了恻隐之心,厌倦了这种毫无人性的野蛮行径,就网开一面,放走了他们;而且不仅放他们逃生,还帮他们脱掉王族服装,换上普通人的衣服,免得被人辨认出来。因为前文已经说过,从人们穿戴哪种服饰,就能看出他们的身份。这样被放生的都是十岁或十一岁以下的幼童和孩子,其中就有家母和他的一个兄弟。他名叫唐弗朗西斯科·瓦尔帕·图帕克·印卡·尤潘基,我认识这位舅舅,我来西班牙后他还给我写过信,我现在记述的这场人间浩劫就取材于多次听他讲述的情况。除去他们二位,我还认识几位劫后余生的人。我认识两位“奥基”(即王子),他们都是瓦伊纳·卡帕克的儿子。其中一位叫保柳,当那场浩劫到来时他已是成年人了,西班牙人写的历史中提到过他。另一位叫蒂图,是血统上的婚生儿子,灾难发生时他还是个孩子。关于这两个人受洗礼的情况和成为基督徒后的名字,前文已有记述。保柳的后代有同西班牙人通婚的,如他的儿子、同我一起上学和学习拉丁文的同学唐卡洛斯·印卡,娶了一位在那边出生、父母都是西班牙人的贵族姑娘,生了儿子唐梅尔乔·卡洛

斯·印卡。后者于去年(即1602年)来到西班牙,一是来瞻仰西班牙宫廷,二是来接受恩赏,因为他的祖父在征服和平定秘鲁以及后来在征讨暴君①中勤王效命,立有功劳(在有关该帝国的历史书籍上将看到这方面的记载);那边建议在西班牙给予赏赐。然而给予奖赏的主要原因,则在于他从父系上说是瓦伊纳·卡帕克的曾孙,在印卡王族硕果仅存的寥寥数人当中,他是最著名、最杰出的一位。目前他正在巴利亚多利德等待向他授奖,无论授予他多大的奖赏,他都是受之无愧的。

蒂图是否留有子女,我无从得知。关于那些"纽斯塔",即瓦伊纳·卡帕克的婚生女儿公主们,知道情况的有这样几位:一位名叫唐娜比阿特丽斯·科娅,嫁给了马丁·德布斯廷西亚。他是贵族,曾在秘鲁担任过卡洛斯五世王室财产的财务官或收税官。他们生的三个男孩人称布斯廷西亚兄弟。除了他们之外,还有一个男孩叫胡安·谢拉·德莱吉萨莫,是我的同学。另外一位名叫唐娜莱昂诺尔·科娅的纽斯塔,起初嫁给一位名叫胡安·巴尔萨的西班牙人(当时我还是小孩子,不认识这位先生),他们生有一个儿子也叫胡安·巴尔萨,是我的同学。后来她又改嫁给弗朗西斯科·德比利亚卡斯廷,他是秘鲁首批征服者之一,还参加过对巴拿马和其他一些地方的征服。关于他,我倒想起一个值得一提的历史故事,那是弗朗西斯科·洛佩斯·德戈马拉在他的史书第六十六章中写的。现将原文引述如下:"佩德拉里亚斯开拓了农布雷德迪奥斯和巴拿马,并且不辞劳苦、绞尽脑汁地修建了连接两地的

① 指西班牙人内讧中的首领。

道路,因为那里都是崇山峻岭,巨石遍地。那里有数不清的狮子、老虎、狗熊和美洲豹。还有成群结帮的猴子,它们形态各异,大小不一,一旦被激怒,就尖声嘶叫,使开路者感到震耳欲聋。它们还把石块搬到树上,有人来了就从树上投下打人。”以上系引述戈马拉的话。我在一位秘鲁征服者那里还见到戈马拉写的一本书,书的主人对它并不重视,关于猴子的事,上面有这样一些记载:“一只猴子用石块击中一位名叫比利亚卡斯廷的弓弩手,打掉他两颗牙齿。此人后来参加了对秘鲁的征服并分得一大块名叫阿亚维里的封地。在哈基哈瓜纳战役时他站在皮萨罗一边,死于监禁之中。他在那次战役中投降后,一个同他素有嫌隙的人朝他脸上刺了一刀。他是个很正派的人,曾为不少人做过许多好事,但死时却穷困潦倒,他拥有的印第安人和庄园都被剥夺了。比利亚卡斯廷还是射杀了把他打伤的那只猴子,因为猴子的石块和他的箭恰好是同时出手的。”关于那位征服者的故事到此为止,但我还要补充一点:我见过他那被打断的牙齿,是上面的两颗门牙。他被猴子打断两颗门牙一事,在秘鲁已是家喻户晓、妇孺皆知的了。因为此事引人注意,又有证人为凭,故而写在这里;今后如遇类似情况,我仍乐于介绍。我还认识其他一些印卡王室血统的男人和妇女,总共不超过两百人。他们没有前面提及的几位名气大,但都是瓦伊纳·卡帕克的子女,所以我在此提了一笔。关于家母,她是瓦伊纳·卡帕克的侄女,即他的一个名叫瓦尔帕·图帕克·印卡·尤潘基的弟弟和妻子的婚生女儿。

关于阿塔瓦尔帕国王的后代,我认识他的一个儿子和两个女儿。一个女儿名叫唐娜安赫利娜,唐弗朗西斯科·皮萨罗侯爵同她生了一个儿子，名字也叫唐弗朗西斯科。我和他是老对手，当我们俩八九岁的时候，他的叔父贡萨洛·皮萨罗经常让我们比赛跑步和跳远。皮萨罗侯爵还有一个女儿，名叫唐娜弗朗西斯卡·皮萨罗，她出息成一位勇敢的女人，嫁给了她的叔父埃尔南多·皮萨罗。她是她的侯爵父亲与瓦伊纳·卡帕克的一个女儿唐娜伊内斯·瓦伊利亚斯·纽斯塔所生，后者后来嫁给了诸王之城的居民马丁·德安普埃罗。皮萨罗侯爵的这一对儿女和贡萨洛·皮萨罗的一个名叫唐费尔南多的儿子都来到西班牙，两个男孩很早就夭亡在这里，认识他们的人深为惋惜，因为他俩的表现都无愧于他们的父辈。阿塔瓦尔帕另一个女儿的名字我记不准确，好像叫唐娜比阿特丽斯或是唐娜伊莎贝尔，她嫁给一个名叫布拉斯·戈麦斯的西班牙埃斯特雷马杜拉人，后来改嫁给一位名叫桑乔·德罗哈斯的梅斯蒂索人骑士。我认识的阿塔瓦尔帕的那个儿子名叫唐弗朗西斯科·阿塔瓦尔帕，他像所有的印卡王公和帕莉娅一样，是个身材和面貌都很漂亮的英俊少年。他少年夭亡，以后将讲述一个关于他的死的故事，这是我母亲的叔叔、那位年迈的印卡王公在谈到我们正讲述的阿塔瓦尔帕的残酷罪行时告诉我的。瓦伊纳·卡帕克还有一个儿子活了下来，他叫曼科·印卡，我不认识他，他是帝国的合法继承人，因为瓦斯卡尔死的时候尚未得子，我们将在后文详细地介绍他。

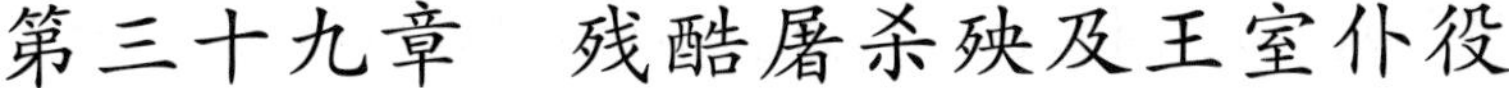

第三十九章　残酷屠杀殃及王室仆役

我们再接着叙述阿塔瓦尔帕的暴行。前文说过，下令屠杀了王族、官员、统领以及贵族后，阿塔瓦尔帕仍不满足，又命令把屠刀杀向王室的仆役，即在王宫内从事各种杂役的人。前面在介绍王室仆役时曾谈到，他们不是个别人员，而是负责派遣这类仆役和杂工的整村居民，这些人是定期轮换出差役的。阿塔瓦尔帕仇恨他们，因为他们是王室仆人，还因为根据第一代印卡王曼科·卡帕克赐予的特权和奖赏，他们都姓印卡。阿塔瓦尔帕的屠刀挥向那些村庄，根据他们侍奉国王的远近，进行残酷程度不同的屠杀。对从事国王身边杂役的村庄，如守门人、衣饰管理工、酿酒工、厨师以及其他类似工作的部族，手段最为残忍——不分男女老幼全部杀光仍不解气，还把整个村庄和在那里建起的王室建筑全部夷平烧光。从事非国王身边杂役的人，如砍柴工、打水工、园艺工等，遭受的灾难要少一点。尽管如此，一些村中居民也是不分男女老幼，杀死十分之一、五分之一、三分之一不等。总而言之，整个帝国都陷入水深火热之中，就像士兵们一旦放纵开来往往对百姓那样，到处都在杀人放火，劫掠奸淫，无恶不作。科斯科城周围五、六、七莱瓜以内的村庄，没有一个幸免于那场残忍暴虐的屠杀。远离科斯科城的其他村镇和省份也未能逃脱这场浩劫，阿塔瓦尔帕获悉瓦斯卡尔被俘获后，就下令对其王国周围的部族，特别是卡尼亚里人发动血与火的战争，因为在他开始发动暴乱时他们不愿意服从他，后来他变得强大了就进行凶残的报复。阿古斯丁·德萨拉特对此也有记述，他在第十五章中这样写道："他到达卡尼亚雷斯省之后，在那里杀害了六万人，因为这些人过去不愿对他俯首听命。他血洗了图米万巴村，把它夷为平地。这个村庄很大，位于三条大河岸边的一块平原地区。他从那里继续向前征进，对敢于抵抗者全部斩尽

杀绝,一个不留”等等。弗朗西斯科·洛佩斯·德戈马拉也说过这件事,使用的语言几乎完全一样。佩德罗·德谢萨也谈及此事,而且讲得更加详细、更为具体。他说,当他在那边的时候,卡尼亚里省男人极少而女人极多。西班牙人打仗时,那里的印第安人只好派女人代替男人去给军队运送物资。至于为什么出现这种情况,他在第四十四章中这样写道:“有些印第安人说,他们之所以这样做,主要是因为那里男人奇缺而女人过剩,这是阿塔瓦尔帕对当地人进行残酷大屠杀造成的。阿塔瓦尔帕在安巴托镇打败并杀死了他哥哥瓜斯卡尔·印加的总统领安托科之后进入卡尼亚里省,那里的男人和男孩子举着绿树枝和棕榈叶迎上前去,求他慈悲为怀,可是他却满面怒容、声色俱厉地命令手下统领和士兵把他们斩尽杀绝,于是大量的男人和男孩子丧生于屠刀之下,就像我在本部史书第三卷中提到的那样。因此,现在还活着的人说,女人要比男人多十五倍”,等等。以上系引用佩德罗·德谢萨的话。阿塔瓦尔帕罪行累累,罄竹难书,他最残暴的罪行,以后有机会还要讲一讲。从阿塔瓦尔帕的残忍狠毒引出了一则故事,我想给读者讲述一下。那是关于阿塔瓦尔帕的儿子唐弗朗西斯科的,他在我动身来西班牙之前几个月时夭折。他死后第二天大清早,在殡葬之前,当时还在世、但为数不多的印卡王室的亲戚们来看望家母,其中就有我们曾经多次提及过的那位印卡长者。这位老人不仅不向家母表示哀悼——因为死者是家母的侄儿,是她堂兄的儿子——反而表示祝贺,并对她说希望帕查卡马克神保佑她长生不老,能够亲眼见到她所有的仇人呜呼哀哉,魂归西天,还兴高采烈地就此事说了许多类似的话。我不理解他为什么如此高兴,就问他:“印

卡,唐弗朗西斯科是我们的近亲,他死了我们干吗还要高兴?”他怒气冲冲地转身对着我,一边把披在身上充当斗篷的毯子的一角放到嘴里咬着(这是印第安人表示极大愤怒的方式),一边对我说道:“难道你愿做一个‘奥卡’(阴险奸诈、暴虐成性的人)的亲戚?莫非你不知道他的父亲也是一个‘奥卡’？就是他毁灭了我们的帝国！就是他杀害了我们的印卡王！就是他毁灭了我们的家族、断绝了我们的后代！就是他犯下了那么多与我们印卡人的祖先格格不入的残暴罪行！那小子死了活该！你们把他给我抬来,我不蘸辣椒也要生吃了他。他的父亲、那个丧尽天良的阿塔瓦尔帕根本不是我们印卡王瓦伊纳·卡帕克的儿子,那是他母亲背叛我们印卡王跟某个基图印第安人睡出来的。如果他是印卡人,别说根本干不出他干的那些惨无人道的罪行,就是连想也想不出来,因为我们祖先的教义从来都是不让我们伤害别人,连敌人都不伤害,更不用说对自己的亲戚了,而是要尽力为所有的人造福。所以对那个同我们祖先的教诲完全背道而驰的家伙,你不应该把他当作亲戚。要知道,是那个毫无人性的暴君把我们寥寥几个幸免于血腥屠杀的人从国王变成奴隶,如果你把他称作我们的亲戚,这对我们的祖先、对我们这些人以及对你自己都是莫大的侮辱!”那位所有亲人均被杀害的印卡长者,满怀深仇大恨地给我说了这番话以及其他好多话。他们原想对唐弗朗西斯科之死欢庆一番,然而回忆起阿塔瓦尔帕惨无人道的大屠杀给他们造成的灾难,都不禁失声痛哭。唐弗朗西斯科活着时,也感到印卡王族和一般印第安人都很恨他,不敢同他们交往,甚至连家门也不出。他的两个姐妹也如此,因为她们一出家门就听到有人叫她们“奥卡”,它意味着暴虐

成性、阴险奸诈和卑鄙龌龊，那些干尽坏事的人以它作为绰号和族徽倒也十分贴切。

第四十章　幸存的印卡王室后裔

写完第九卷多日以后，我又得到许多来自秘鲁的消息，根据这些材料，我续写了一章，因为我觉得这对这部史书是有益的，现补充在此。从阿塔瓦尔帕的血腥屠杀和残暴统治以及后来那里种种灾难中幸存无几的印卡王族都有后人，而且比我想象的还多。1603 年年底，他们全体联名给唐梅尔乔·卡洛斯·印卡、曾是科斯科居民的阿隆索·德梅萨之子唐阿隆索·德梅萨以及我本人写信，请求我们以他们全体的名义恳请国王陛下开恩，下令免除他们现在缴纳的赋税并保护他们免受一般印第安人遭受的种种凌辱。他们委托我们三人全权办理此事，并寄来证明他们身份的材料，标明他们都是谁，哪些人（一一列举了名字）是那位国王的后裔，哪些人是这位国王的后裔，一直说到最后一代国王。为了使材料更加切实可靠和一目了然，他们寄来一张画在一巴拉半白色中国塔夫绸上的王室家谱图，画着从曼科·卡帕克到瓦伊纳·卡帕克及其子保柳。图上的印卡王族是古装打扮，头上系着红色流苏，耳朵上戴着耳环，双手不是持权杖而是各执一戟。人像都是上半身，没画下肢。信件和材料全都寄给了我，我又把它们都寄给了住在巴利亚多利德宫廷的唐梅尔乔·卡洛斯·印卡和唐阿隆索·德梅萨，因为当时我正全力撰写本书，无法为此事奔走，其实就我的本意来说倒也乐于投身此事，那样会使我的有生之年过得更有意义。

他们给我写信是由其中一人执笔,字迹娟秀,遣词造句很多是根据他们语言的习惯,也有很多是按照西班牙语的习惯,因为他们都已经西班牙化了。写信的时间是1603年4月16日。为了避免他们所讲的穷苦悲惨生活令人心酸,信的原文我就不引述了。他们充满信心地写道(我们对此也充满信心),他们都是历代印卡王的后裔,天主教国王陛下得知他们穷困落魄的情形后,一定会传命给予救助,并赐予其他恩惠。材料上每位印卡国王的画像旁,都注有他的后裔,并标明称谓是"卡帕克·艾柳",意为帝王后裔或王室,反正是一回事。这一称谓是泛指所有的人,意思是他们都是第一代印卡王曼科·卡帕克的后裔。随后又专门为每位印卡王的后裔分别冠以不同的称谓,以便区别他们是这一位或那一位印卡王的后裔。曼科·卡帕克的后裔称作奇马·帕纳卡,这支印卡王族现有四十人。辛奇·罗卡的后裔称作劳拉瓦·帕纳卡,现有六十四人。第三代印卡王略克·尤潘基的后裔称作阿瓦尼纳·艾柳,现有六十三人。卡帕克·尤潘基的后裔称为阿普·迈塔,现有五十六人。第五代印卡王迈塔·卡帕克的后裔称作乌斯卡·迈塔,现有三十五人。印卡·罗卡的后裔称为维卡基劳,现有五十人。第七代国王亚瓦尔·瓦卡克的后裔称作艾利·帕纳卡,现有五十一人。维拉科查·印卡的后裔称为索克索·帕纳卡,现有六十九人。印卡·帕查库特克及其儿子印卡·尤潘基的两支后裔合在一起称作印卡·帕纳卡,人数也多出一倍,为九十九人。图帕克·印卡·尤潘基的后裔称为卡帕克·艾柳,意为帝王后裔(验证了前面我对这一称谓的解释),现在只有十八人。瓦伊纳·卡帕克的后裔称作图米·潘帕,这是卡尼亚里斯省一处原野的名字,用它称呼瓦伊

纳·卡帕克的后裔是为了纪念他在该地举行过一次祭祀太阳神的隆重庆典。正如佩德罗·德谢萨在其著作第四十四章倍加赞扬的那样，该省建有王宫、军用粮仓、贞女宫和太阳神庙，建筑之精美，财宝之丰富，粮秣之充盈，像任何得天独厚的地区一样，均堪称超群出众，非同一般。他在这样称赞了一番之后仍感到意犹未尽，又在该章结束时写道："总而言之，要想赞扬印卡王在他们这些王宫里的巨额财富，无论我说得多么详细也免不了挂一漏万"，等等。瓦伊纳·卡帕克用图米·潘帕作为自己后代的称号，就是想用它来记住那次盛典。现在瓦伊纳·卡帕克的后裔只有二十二人。由于他和他的父亲图帕克·印卡·尤潘基的子孙在王室家谱中是最近的两支，所以与其他诸王后裔比较，阿塔瓦尔帕也就更加处心积虑地消灭他们，得以逃脱毒手的人自然更少，这在名单上也画得很清楚。名单上的人加在一起，总数为五百六十七人。不过应当指出，这些王族后裔都是按父系来算的；至于母系的后代，如前所述，印卡王不把他们视为王族；但对于母亲是王族妇女、父亲是征服那片土地的西班牙人的后代，则认为是太阳神的后裔，也称为印卡王族。在给我写的这封信上签名的有十一位印卡王族成员，他们按照十一个王族分支，每人代表各自分支的所有幸存者签上了接受洗礼时取的名字以及他们先王的称号。关于这些王族后裔的名字，除了最末两代之外我均不知其含义，因为它们属于印卡王族之间私下讲话时使用的特殊语言，而不是宫廷里使用的通用语，最后还要讲一下保柳的孙子、瓦伊纳·卡帕克的曾孙唐梅尔乔·卡洛斯·印卡。前面说过，他于 1602 年来西班牙领受恩赐，今年(1604)年初得到通知：恩赐他终身年金七千五百杜卡多，由国王

陛下在诸王之城的王室金库支付;资助他把妻子和家庭迁到西班牙;赐他圣地亚哥骑士团徽志,还告诉他将来有可能在王室军中服役;他在科斯科从父亲和祖父那里继承的印第安人上交西班牙王室所有,他本人则不得再去西印度。这些都是通知下达后,有人从巴利亚多利德写信告诉我的,到现在已是三月底了,已经做了哪些事情我尚不得而知,因此现在无法记述。本卷到此为止,下面我们要进入第十卷[①],记述征服那个帝国的西班牙人建树的惊天动地的英雄业绩。

① 指作者所著:《秘鲁通史:王室述评·第二部》。

附　　录

秘鲁印第安人通用语词汇表

以下三栏分别是:书中以拉丁字母形式出现的土著词语,括号内是个别音近词在该种语言中的正确写法;中文译音;意译。

A

aca(áka)	阿卡	玉米酒
aca(ákkha)	阿卡	粪便
acatanca	阿卡坦卡	屎壳郎
aclla huasi	阿克利亚瓦西	贞女宫
aillu	艾柳	家族(村社)
alco	阿尔科	狗
alpacamasca	阿尔帕卡马斯卡	有灵魂的泥土
amancay	阿曼凯	白花香百合
amaru	阿马鲁	大蟒蛇
Amarucancha	阿马鲁坎查	蟒蛇区
amauta	阿毛塔	圣哲贤人
anca	安卡	鹰
anta	安塔	铜
añás	阿尼亚斯	一种小狐狸
añu	阿纽	一种块茎作物
apachecta	阿帕切克塔	临时坟墓上的石堆
api	阿皮	面糊粥
apichu	阿皮丘	甘薯
apu	阿普	大统帅

apurimac	阿普里马克	说话的文官武将
aquilla	阿基利亚	贵重材料制作的杯子
atahuallpa	阿塔瓦尔帕	鸡
atoc	阿托克	狐狸
auasca	阿瓦斯卡	毛料下等粗衣
auca(aukka)	奥卡	背叛的、暴虐的、狡诈的
Auqui	奥基	王子(帝王长子以外的儿子)
ayusca	阿尤斯卡	被甩掉的人,瘦弱的婴儿

B

buhca	布卡	(女人)纺线

C

caca	喀喀	山
caci	卡西	斋戒
cacha	卡查	使者,信使
cácham	卡查姆	黄瓜
cachi	卡奇	盐
caimán	开曼	鳄鱼
cama	卡马	赋予灵魂或生命
camayú	卡马尤	管理者、行政长官
camcha	卡姆查	烤玉米
eampa	坎帕	胆小鬼
cántut	坎图特	一种花(又称印卡花)
capac	卡帕克	(精神上)富有的
capia	卡皮亚	嫩玉米
carache	卡拉切	疥疮
cassana	卡萨纳	令人惊奇的事物
catu	卡图	集市,小贩
cenca	森卡	鼻子

Citua	西图阿	太阳节
Citua Raimi	西图阿拉伊米	太阳节(主要节日)
cocohuay	科科瓦伊	斑鸠
cocha	科查	湖泊,海洋
cóillur	科伊柳尔	星星
collque	科尔克	银
compi	孔皮	毛料中等和上等细衣
coracora	科拉科拉	草地、草场
corequenque	科雷肯克	一种禽鸟
Coricancha	科里坎查(神庙名称)	黄金区
corpahuaci	科帕瓦西	路边客栈
coy	科伊	家兔
Coya	科娅	印卡王后
Cozco	科斯科(城)	世界的肚脐
cuca	库卡	古柯
cuchi	库奇	猪
cuchuchu	库丘丘	一种地下果实
cuichu	奎丘	彩虹
cúntur	昆图尔	秃鹰(印卡神鹰)
cunuñunun	库努纽农	打雷
curaca	库拉卡	酋长
curcu	库尔库	梁、柱
cusi	库西	高兴、快乐
cusquieraimi	库斯基耶拉伊米	播种后的庆典

Ch

chac-ras	查克拉斯	土地
chacu	查库	狩猎
cháhuar	查瓦尔	苎麻
challua	查柳阿	河鱼

champi	昌皮	钺
chaqui	查基	脚
charqui	查尔基	干肉
chasca	查斯卡	金星
chasqui	查斯基	邮差
chichi	奇奇	下雹
chihuaihua	奇瓦伊瓦	一种花
chili	奇利	一种很辣的辣椒
chillca	奇尔卡	一种治关节疼的草药
china	奇纳	年轻女仆
chinchi uchu	钦奇乌丘	一种又小又辣的辣椒
chipana	奇帕纳	手镯
chúcam	丘卡姆	一种野菜
chucchu	丘克丘	发抖;疟疾
chucu	丘库	帽子、头巾等
chuchau	丘乔	龙舌兰
chúi	丘伊	豆子
chunca	琼卡	十个
chuncacamayu	琼卡卡马尤	十人长
chuncásum	琼卡苏姆	咱们来赌一场吧
chuñu	丘纽	经加工后的马铃薯
chuquí	丘基	长矛
chuquiapu	丘基亚普	指挥用的长矛
chura	丘拉	放置
churi	丘里	(父称)儿子
chuspa	丘斯帕	口袋
chuy	丘伊	豆类(不可食,儿童用于玩耍)

E

enea	埃内亚	水烛草

G

gualpa(hualpa)	瓦尔帕	母鸡

H

hailli	艾利	胜利,战胜
hanan	阿南	上
Hanan Pacha	阿南·帕查	上界(天)
harauicu	阿拉维库	诗人
harihuela	阿里乌埃拉	一种小鱼
hatun	阿通	大
Hatun Apu	阿通·阿普	大统帅,大领主
hatuncaci	阿通卡西	大斋
Haucaipata	奥凯帕塔	欢乐广场
hiuana	伊瓦纳	黑色卵石
huaca	瓦卡	圣地、圣物
huacanqui	瓦坎基	为……而痛心
Huacchacuyac	瓦克查库亚克	穷人的爱护者和造福者
huacra	瓦克拉	动物的角
(h)ua(h)ua	瓦瓦	(母称)儿子
huaina	瓦伊纳	年轻的,小的
Huaina Potocchi	瓦伊纳波托奇	小波托奇山
hualcanca	瓦尔坎卡	盾牌
hualmi	瓦尔米	女人,胆小鬼
huaman	瓦曼	鹰(统称)
huana	瓦纳	引以为戒
huanacu	瓦纳库	原驼
huanacullama	瓦纳库利马亚	大羊驼
huano	瓦诺	鸟粪
huara	瓦拉	围腰布,男用短裤

huaracu	瓦拉库	封授武士称号,授予成年男子标志
huasca	瓦斯卡	绳索
huata	瓦塔	手,臂
huauque	瓦乌克	(兄弟相称)兄弟
huminta	乌明塔	玉米面食
hurin	乌林	下
Hurin Pacha	乌林·帕查	下界(地)

I

ichima	伊奇马	胭脂红
ichu	伊丘	伊初针茅草
illapa	伊利亚帕	雷鸣、电闪、霹雳
illapantac	伊利亚潘塔克	打雷、打闪、打霹雳
Inca	印卡	印卡王,印卡王族,印卡人,印卡语
Incap Runam	印卡普·鲁纳姆	印卡王的臣民
ínchic	因奇克	花生
Inti	因蒂	太阳
Intip Churin	因蒂普·丘林	太阳的儿子
Intip Raimi	因蒂普·拉伊米	太阳诞辰庆典

LL

llactacamayu	利亚克塔卡马尤	巡查官、村长
llaica	莱卡	占卜师、巫师
llama	利亚马	家畜;大羊驼
llamamíchec	利亚马米切克	牧人
lláncac allpa	良卡克·阿尔帕	黏泥浆
llanclla	良克利亚	怯懦,意志薄弱
llacta	利亚克塔	国家
llautu	廖图	国王头上辫状饰物
llimpi	林皮	紫红色颜料

lloque	略克	左撇子

M

macana	马卡纳	狼牙棒
machác-huay	马查克-瓦伊	蛇
mama	玛玛	母亲
Mamacocha	玛玛科查	大海母亲
mamacuna	玛玛库纳	应尽母亲职责的妇女,主妇
Mamanchic	玛曼奇克	我们的母亲
Mamaquilla	玛玛基利亚	月亮妈妈
Mama Runtu	玛玛·伦图	(王后名字)禽卵母亲
maqui	马基	手
marca	马卡	堡垒
matecllu	马特克柳	一种治眼疾的草药
mati	马蒂	葫芦
matiuma	马蒂乌马	葫芦脑袋
mayu	马尤	河流
micitu	米西图	家猫
mílluy	米柳伊	(男人)捻毛线绳
Mitachanácuy	米塔查纳奎	家族轮作法
mitmac	米特马克	移民
mizquitullu	米斯基图柳	软骨头、懒汉
mulli	穆利	加州胡椒树
muna	穆纳	高兴,喜欢
muruchu	穆鲁丘	硬玉米粒
murumuru	穆鲁穆鲁	杂花牲畜
muti	穆蒂	煮玉米

N

Nanasca	纳纳斯卡	(地名)受过惩戒的

Ñ

ñaña	尼亚尼亚	(姐妹相称)姐妹
ñeblí	涅夫利	一种鹰
ñuñu	纽纽	奶汁、乳房;喂奶,吃奶
ñuñuma	纽纽马	鸭子
Ñusta	纽斯塔	公主(印卡王室血统少女)

O

oca(okka)	奥卡	块基酢浆草(一种块茎)
ocllo	奥克略	王室血统守贞女子
ozcollo	奥斯科略	薮猫

P

pacari	帕卡里	清晨
pácay	帕凯	秘鲁合欢果
paco	帕科	羊驼
pacollama	帕科利亚马	即羊驼
pacha	帕查	天、地、地狱、地方;家什
Pachacámac	帕查卡马克	创世者、世界的维护者
Pachacútec	帕查库特克	翻转世界的人, 扰乱世界的人, 改变世界的人
"pácham cutin"	帕查姆·库廷	谚语:世界改变了
Pachayachácher	帕查亚查切尔	世界的教导者
Pachayarúrac	帕查亚鲁拉克	世界的缔造者
pahuac	帕瓦克	翱翔的
paicha	派查	印卡王公戴的小流苏
palta	帕尔塔	梨
Palla	帕莉娅	印卡王室贵妇

pampa	潘帕	广场,田野
pampairuna	潘派鲁纳	妓女
pana	帕纳	(兄弟称姐妹)姐妹
pancuncu	潘空库	球形火把
papa	帕帕	马铃薯
para	帕拉	下雨
paria pichu	帕里亚·皮丘	一种鸟(类似麻雀)
parihuana	帕里瓦纳	火烈鸟
pata	帕塔	梯田,台阶
pataca	帕塔卡	一种类似小箱子的东西
pelú	秘卢	河流
pillu	皮柳	花环
pirua	比鲁阿	粮囤
poccha	波克查	一个计量单位的种子
pucara	普卡拉	堡垒
puma	普马	美洲狮
Pumacurcu	普马库尔库	猛狮区
Pumallacta	普马利亚克塔	狮子国
puna	普纳	(安第斯山)荒漠高原
puncu	蓬库	门
punchau	蓬乔	白天
pururauca	普鲁劳卡	石头
purutu	普鲁图	菜豆

Q

quenti	肯蒂	蜂鸟
quilla	基利亚	月亮,月
quillay	基莱	铁
quinua	基努阿	昆诺阿藜(类似于稻)
quipu	基普	系绳结;绳结

quipucamayu	基普卡马尤	掌管结绳的官员(统计官)
quishuar	基斯瓦尔	杨树

R

Raimi	拉伊米	太阳节
rimac	里马克	说话的
riti	里蒂	降雪
rocot uchu	罗科特·乌丘	大辣椒
runa	鲁纳	人、人群
runahuanac	鲁纳瓦纳克	叫人引以为戒
runtu	伦图	禽卵,蛋
rupa	鲁帕	发烫,发烧
rura	鲁拉	制作

S

sacha	萨查	树
sacharuna	萨查鲁纳	野蛮人
Saicusca	赛库斯卡	"倦石",疲劳的
sairi	塞里	烟草
sancu	桑库	玉米面渣及用它制作的面食
sauca	绍卡	欣喜、高兴、愉快
sauintu	绍因图	番石榴
sinchi	辛奇	勇敢的
suchi	苏奇	(的的喀喀湖中的)鱼
sunchu	孙丘	一种菊科植物
Supaipa Huacin	苏派帕·瓦辛	魔鬼之家
suri	苏里	鸵鸟
Surihualla	苏里瓦利亚	鸵鸟草场
suyu	苏尤	行政大区
suyuntu	苏云图	兀鹫

T

tampu	坦普	存放处，房舍
tanta	坦塔	普通面食
taruca	塔鲁卡	鹿
tarui	塔尔维	白羽扁豆
Tauantinsuyu	塔万廷苏尤	世界的四方
tazque	塔斯克	普通人家少女
tiana	蒂亚纳	座位
Ticci Viracocha	蒂克西·维拉科查	万能之神
titi	的的	铅
Titicaca	的的喀喀	的的喀喀岛、湖（铅山）
Titu	蒂图	半人半神、至尊的君主
tiu	蒂乌	沙子，沙地
toco	托科	窗户
tora	托拉	（姐妹称兄弟）兄弟
tucuy rícoc	图奎·里科克	巡查官、稽查官
tupac	图帕克	光辉的、伟大的、超群的
tupu	图普	一个计量单位；大别针
tuta	图塔	黑夜
tutura	图图拉	灯心草

U

ucucha	乌库查	小个耗子
ucumari	乌库马里	熊
Ucu Pacha	乌库·帕查	下界的下界（相当于地狱）
uchu	乌丘	辣椒
uilla	维利亚	说话
Uillac Umu	维利亚克·乌穆	最高祭司
uiñapu	维尼亚普	（玉米制作的）烈性酒；做此酒的玉米芽

uíñay hauina	乌伊尼伊·奥伊纳	一种草(类似万年青)
uira	维拉	油,脂肪
uma	乌马	脑袋,头
umu	乌穆	占卜师,巫师
uncu	温库	印卡王穿的长衫
unu	乌努	水
uritu	乌里图	鹦鹉(统称)
urpi	乌尔皮	鸽子
uruya	乌鲁亚	用大筐载人渡河
ussun	乌孙	洋李子
usuta	乌苏塔	印卡人穿的鞋
u'yaca	乌亚卡	钻木取火;取火用的木棍

V

vicuña	维库尼亚	小羊驼
Viracocha	维拉科查	印第安人现代的神
Viracocha Pachayachachic	维拉科查 帕查亚查奇克	宇宙造物主
vizcacha	维斯卡查	鼯

Y

yacolla	亚科利亚	印卡王的方披巾
yacha	亚查	学会、学习
yacha huaci	亚查·瓦西	教育之家,学校
Yáhuar Huácac	亚瓦尔·瓦卡克	(国王名字)啼血的人
Yáhuar Pampa	亚瓦尔潘帕	血染的田野
yanacuna	亚纳库纳	仆人
yunca	云卡	炎热地带、沿海地带
Yupanqui	尤潘基	(国王称号)至尊至贵的
yupanqui	尤潘基	你将讲述……
yutu	尤图	尤图鸟

Z

Zapa Inca	萨帕·印卡	(国王称号)独一无二的君主
zapallu	萨帕柳	南瓜
zara	萨拉	玉米
Zupaipa Huacin	苏派帕·瓦辛	魔鬼之家(相当于地狱)
zúpay	苏派	魔鬼
zurúchec	苏鲁切克	使……流动的

人名译名表

A

Abraham　亚伯拉罕

Acahuana Inca　阿卡瓦纳·印卡

Acosta, Joséde　何塞·德阿科斯塔

Alcobaza, Pedro Diego de　佩德罗·迭戈·德阿尔科瓦萨

Alcocer, Gaspar de　加斯帕尔·德阿尔科塞尔

Alemán, Diego　迭戈·阿莱曼

Almagro, Diego de　迭戈·德阿尔马格罗

Altamirano, Antonio　安东尼奥·阿尔塔米拉诺

Altamirano, Francisco　弗朗西斯科·阿尔塔米拉诺

Altamirano, Pedro　佩德罗·阿尔塔米拉诺

Alvarado, Alonso de　阿隆索·德阿尔瓦拉多

Alvarado, Pedro de　佩德罗·德阿尔瓦拉多

Alvarez Maldonado, Juan　胡安·阿尔瓦雷斯·马尔多纳多

Ampuero, Martín de　马丁·德安普埃罗

Ancohuallu　安科瓦柳

(Doña) Angelina　(唐娜)安赫利娜

Aníbal　汉尼拔

Antoco　安托科

Añas　阿尼娅斯

Arbieto, Martín de　马丁·德阿维耶托

Arias, Juan　胡安·阿里亚斯

Arias de Avila, Pedro　佩德罗·阿里亚斯·德阿维拉

Ariosto, Ludovico　卢多维科·阿里奥斯托

Atahuallpa　阿塔瓦尔帕

Auqui Amaru Túpac Inca　奥基·阿马鲁·图帕克·印卡

Auqui Maita　奥基·迈塔

Auqui Titu　奥基·蒂图

Ayala, Cristóval de　克里斯托瓦尔·德阿亚拉

Ayar Cachi　阿亚尔·卡奇

Ch

D

E

F

Francisco Atahuallpa 弗朗西斯科·阿塔瓦尔帕

Francisco Huallpa Túpac Inca Yupanqui 弗朗西斯科·瓦尔帕·图帕克·印卡·尤潘基

Frías, Francisco de 弗朗西斯科·德弗里亚斯

G

Gallegos, Juan 胡安·加列戈斯

Garcés, Enrique 恩里克·加尔塞斯

García 加西亚

Garcilaso de la Vega, Inca 印卡·加西拉索·德拉维加

Garcilaso de la Vega, Sebastián 塞瓦斯蒂安·加西拉索·德拉维加

Gasca, Pedro de 佩德罗·德加斯卡

Gómez, Blas 布拉斯·戈麦斯

Gómez de Tordoya 戈麦斯·德托尔多亚

González, Diego 迭戈·冈萨雷斯

Guevara, Vasco de 巴斯科·德格瓦拉

Guzmán, Martín de 马丁·德古斯曼

H

Hernández Girón, Francisco 弗朗西斯科·埃尔南德斯·希龙

Hinojosa, Alonso de 阿隆索·德伊诺霍萨

Hinojosa, Pedro de 佩德罗·德伊诺霍萨

Hojeda, Juan Julio de 胡安·胡利奥·德奥赫达

Huaina Cápac 瓦伊纳·卡帕克

Huallpa Rimachi Inca 瓦尔帕·里马奇·印卡

Huallpa Túpac Inca Yupanqui 瓦尔帕·图帕克·印卡·尤潘基

Huáscar Inca 瓦斯卡尔·印卡

I

Inca Maita 印卡·迈塔

Inca Maricanchi 印卡·马里坎奇

Inca Pachacútec 印卡·帕查库特克

Inca Roca 印卡·罗卡

Inca Sairi Túpac 印卡·赛里·图帕克

Inca Viracocha 印卡·维拉科查

Inca Yupanqui 印卡·尤潘基

Inés Huaillas Ñusta 伊内斯·瓦伊利亚斯·纽斯塔

Inti Cusi Huallpa 印蒂·库西·瓦尔帕

(Doña) Isabel (唐娜)伊莎贝尔

Isabel Atahuallpa 伊莎贝尔·阿塔瓦尔帕

Moreno, Francisco　弗朗西斯科·莫雷诺

N

Navarro, Antonio　安东尼奥·纳瓦罗
Nicuessa, Diego de　迭戈·德尼库埃萨
Núñez de Balboa, Basco　巴斯科·努涅斯·德巴尔沃亚
Núñez Vela, Blasco　布拉斯科·努涅斯·贝拉

O

Ondegardo, Polo　波洛·翁德加多
Oñate, Francisco de　弗朗西斯科·德奥尼亚特
Orellana, Francisco de　弗朗西斯科·德奥雷利亚纳
Ortiz de Guzmán, Diego　迭戈·奥尔蒂斯·德古斯曼
Orué, Pedro de　佩德罗·德奥鲁埃
Osorio, Luis　路易斯·奥索里奥

P

Páhuac Maita Inca　帕瓦克·迈塔·印卡
Palomino, Juan Alonso　胡安·阿隆索·帕洛米诺
Pancorvo, Juan de　胡安·德潘科沃
Pantoja, Rodrigo　罗德里戈·潘托哈
Paullu　保柳
Pereira, Antonio　安东尼奥·佩雷拉
Pereira, Lope Martín　洛佩·马丁·佩雷拉
(Don) Philipe Segundo　(唐)费利佩二世
Pillcu Huaco　皮尔库·瓦科
Pineda, Rodrigo de　罗德里戈·德皮内达
Pizarro, Fernando　费尔南多·皮萨罗
Pizarro, Francisca　弗朗西斯卡·皮萨罗
Pizarro, Francisco　弗朗西斯科·皮萨罗
Pizarro, Gonzalo　贡萨洛·皮萨罗
Pizarro, Hernando　埃尔南多·皮萨罗
Puerto Carrero, Pedro　佩德罗·普埃尔托·卡雷罗

Q

Quéhuar Túpac　克瓦尔·图帕克
Quiñones, Antonio de　安东尼奥·德基尼奥内斯
Quitu　基图
Quizquiz　基斯基斯

R

S

T

Temez, Diego de　迭戈·德特梅斯
Terrazas, Bartolomé de　巴托洛梅·德特拉萨斯
Titu Inca Rimachi　蒂图·印卡·里马奇
Toledo, Francisco de　弗朗西斯科·德托莱多
Toro, Alonso de　阿隆索·德托罗
Trezo, Jácomo de　亚科莫·德特雷索
Trujillo, Diego de　迭戈·德特鲁希略
Tumpalla　通帕利亚
Túpac Amaru　图帕克·阿马鲁
Túpac Inca Yupanqui　图帕克·印卡·尤潘基
Túpac Yaya　图帕克·亚亚

V

Váez, Alfonso　阿方索·巴埃斯
Valdivia, Pedro de　佩德罗·德巴尔迪维亚
Valera, Blas　布拉斯·巴莱拉
Vallano　巴利亚诺
Vázquez, Garci　加尔西·巴斯克斯
Vázquez, Tomás　托马斯·巴斯克斯
Villacastín, Francisco de　弗朗西斯科·德比利亚卡斯廷
Villafuerte, Francisco de　弗朗西斯科·德比利亚富埃特
Villarroel　比利亚罗埃尔

Y

Yáhuar Huácac　亚瓦尔·瓦卡克
Yáñez Pinzón, Vicente　维森特·亚涅斯·平松

Z

Zapana　萨帕纳
Zarate, Agustín de　阿古斯丁·德萨拉特
Zuazo, Martín　马丁·苏亚索

地名译名表

A

Accha　阿克查
Acllahuaci　阿克利亚瓦西
Acos　阿科斯
Achanquillo　阿昌基略
Aimara　艾马拉
Alpes　阿尔卑斯山
Allca　阿尔卡山
Amáncay　阿曼凯河
Amarucancha　阿马鲁坎查
Amarumayu　阿马鲁马尤河
Amazonas　亚马孙河
Ambato　安巴托
Ampara　安帕拉
Ancara　安卡拉
Andaguailas　安达瓜伊拉斯
Andalucía　安达卢西亚
Angol　安戈尔
Antalli　安塔利
Antequera　安特克拉
Anti　安蒂
Antis　安第斯山
Antisuyu　安蒂苏尤
Apichiqui　阿皮奇基
Apucara　阿普卡拉
Apurímac　阿普里马克
Araucu　阿劳库
Arequepa　阿雷克帕
Arica　阿里卡
Aruni　阿鲁尼
Asancara　阿桑卡拉
Astu Huaraca　阿斯图瓦拉卡
Asturias　阿斯图里亚斯
Atacama　阿塔卡马
Atahuailla　阿塔瓦伊利亚
Atica　阿蒂卡
Aticu　阿蒂库
Atiquipa　阿蒂基帕
Ayahuaca　阿亚瓦卡
Ayarmaca　阿亚尔马卡
Ayauiri　阿亚维里

B

Babilonia　巴比伦
Badajoz　巴达霍斯

Barlovento　向风群岛
Barrameda　巴拉梅达
Barranca　巴兰卡
Bervería　贝韦里亚
Bilbao　毕尔巴鄂
Bombom　邦邦
Burgos　布尔戈斯

C

Cáceres　卡塞雷斯
Cacha　卡查
Cádiz　加的斯
Caldefrancos　卡尔德弗兰科斯
Cali　卡利
Callamarca　卡利亚马卡
Callauaya 或 Callahuaya　卡利亚瓦亚
Callua　卡柳阿
Camana　卡马纳
Camata　卡马塔
Canarias　加那利群岛
Canela　卡内拉岛
Cantutpata　坎图特帕塔
Cañares　卡尼亚雷斯
Cañari　卡尼亚里
Capac Mayu　卡帕克马尤河
Capira　卡皮拉河
Caracara　卡拉卡拉
Caracatu　卡拉卡图
Caracollo　卡拉科略
Caranca　卡兰卡
Caranque　卡兰克
Carauilli　卡拉维利
Carmenca　卡尔门卡
Cartagena　卡塔赫纳
Casamarca　卡萨马卡
Cascayunca　卡斯卡云卡
Cassa　卡萨
Cassamarca　卡萨马卡
Cassamarquilla　卡萨马基利亚
Cassana　卡萨纳
Castilla　卡斯蒂利亚
Castilla de Oro　金卡斯蒂利亚
Cauqui　考基
Cauquicura　考基库拉
Cayampi　卡扬皮
Cayaucachi　卡尧卡奇
Cintu　辛图
Ciudad de la Plata　拉普拉塔城
Ciudad de los Reyes　诸王之城
Ciudad Imperial　京城
Cocha　科查
Cochacassa　科查卡萨
Cochapampa　科查潘帕河，科查潘帕省
Cofachiqui　科法奇基
Colla　科利亚
Collado　科利亚多
Collahua　科利亚瓦
Collao　科利亚奥
Collasuyu　科利亚苏尤

Collcampata 科尔坎帕塔
Collisuyu 科利苏尤
Collonche 科利翁切
Collque 科尔克
Concepción 康塞普西翁
Contisuyu 空蒂苏尤
Copacavana 科帕卡瓦纳
Copayapu 科帕亚普
Córdova 科尔多瓦
Coricancha 科里坎查
Coropuna 科罗普纳
Cotahuasi 科塔瓦西
Cotanera 科塔内拉
Cotapampa 科塔潘帕
Cotoche 科托切角
Cozco 科斯科
Cuba 古巴岛
Cuchuna 库丘纳
Cuismancu 奎斯曼库
Cunchucu 昆丘库
Cuntisuyu 昆蒂苏尤
Cuquimpu 库金普
Curahuaci 库拉瓦西
Curampa 库兰帕
Cuzapa 库萨帕
Cuzco 库斯科

Ch

Chacma 查克马
Chachapuya 查查普亚
Challapampa 查利亚潘帕
Challcumarca 查尔库马卡
Chamuru 查穆鲁
Chanca 昌卡
Cháncay 昌凯
Chanchan 昌昌
Chaqui 查基
Chaquillchaca 查基尔查卡
Charca 查尔卡
Chayanta 查扬塔
Chicha 奇查
Chile 智利
Chili 奇利
Chillán 奇廉
Chillca 奇尔卡
Chillqui 奇尔基
Chimpa 钦帕
Chimu 奇穆
Chincha 钦查
Chinchasuyu 钦查苏尤
Chinchapucyu 钦查普克尤
Chíntuy 钦图伊
Chirihuana 奇里瓦纳
Chirirqui 奇里尔基
Chirmac Cassa 奇尔马克卡萨
Chita 奇塔
Chucuitu 丘奎图
Chucurpu 丘库尔普
Chumana 丘马纳
Chuncuri 琼库里

Chunchu 琼丘
Chupas 丘帕斯
Chuquiapu 丘基亚普
Chuquimancu 丘基曼库
Chuquinca 丘金卡
Chuquisaca 丘基萨卡
Chuquiuitu 丘基维图

D

Darién 达连
Desaguadero 德萨瓜德罗河

E

Egipto 埃及
Espinar 埃斯皮纳尔
Estrecho de Magallanes 麦哲伦海峡
Estremadura 埃斯特雷马杜拉

F

Flandes 佛兰德斯
Florida 佛罗里达

G

Gomera 戈梅拉岛
Gorgena 戈尔戈纳岛
Granada 格拉纳达
Guaca 瓜卡
Guadalquivir 瓜达尔基维尔河
Guadarrama 瓜达拉马
Guanatianico 瓜纳蒂亚尼科
Guayaquile 瓜亚基莱河

H

(la)Habana 哈瓦那
Hacari 阿卡里
(la)Hacha 阿查河
Hanan Cozco 阿南科斯科
Hancohuallu 安科瓦柳
Hatuncancha 阿通坎查
Hatun Colla 阿通科利亚
Hatunpacassa 阿通帕卡萨
Hatunpuna 阿通普纳
Hatunrucana 阿通鲁卡纳
Haucaipata 奥凯帕塔
Hauisca 阿维斯卡
Huaca 瓦卡山
Huacachaca 瓦卡查卡
Huacaipata 瓦凯帕塔
Huacapuncu 瓦卡蓬库
Huacrachucu 瓦克拉丘库
Huaichu 瓦伊丘
Huaillas 瓦伊利亚斯
Huairu 瓦伊鲁
Huaitara 瓦伊塔拉
Huallaripa 瓦利亚里帕
Huallmi 瓦尔米
Huamachucu 瓦马丘库
Huamampallpa 瓦曼帕尔帕
Huaman 瓦曼
Huamanca 瓦曼卡

Huanacauri　瓦纳考里山
Huanapu　瓦纳普
Huanca　万卡
Huancapampa　万卡潘帕
Huancauillca　万卡维尔卡
Huánucu　瓦努库
Huaquirca　瓦基尔卡
Huaras　瓦拉斯
Huarcu　瓦尔库
Huarina　瓦里纳
Huáruc　瓦鲁克
Huayaquil　瓦亚基尔
Huelva　韦尔瓦
Huichu　维丘河
Hurin Cozco　乌林科斯科

I

Ica　伊卡
India Oriental　东印度
Indias　西印度
Intipampa　因蒂潘帕
Ipiales　伊皮亚莱斯

L

Las Perlas　珍珠群岛
León　莱昂

Ll

Llacsapallanca　利亚克萨帕良卡
Llauantu　利亚万图
Llerena　列雷纳
Llipi　利皮

M

Maccha　马克查
Machaca　马查卡
Madera　马德拉岛
Madrid　马德里
Magdalena　马格达莱纳河
Malla　马利亚
Mallama　马利亚马
Mallorca　马略尔卡岛
Manta　曼塔
Mar del Norte　北海
Mar del Sur　南海
Mar Dulce　甜海
Marañón　马拉尼翁河
Marcahuaci　马卡瓦西
Marcauillca　马卡维尔卡
Masca　马斯卡
Maulli　毛利河
Mayu　马尤
Mira　米拉河
Misqui　米斯基
Moca　莫卡
Montilla　蒙蒂利亚
Moquehua　莫克瓦
Moxo　莫霍
Mucansa　穆坎萨
Muina　穆伊纳

Munaicenca　穆奈森卡
Murumuru　穆鲁穆鲁
Musu　穆苏
Mutupi　穆图皮
Muyumuyu　穆尤穆尤
Muyupampa　穆尤潘帕

N

Nanasca　纳纳斯卡
Nombre de Dios　农布雷德迪奥斯
Nueva Castilla　新卡斯蒂利亚
Nueva España　新西班牙
Nuevo Toledo　新托莱多

O

Orcos　奥尔科斯
Orellana　奥雷利亚纳河
Osorno　奥索尔诺
Otauallu　奥塔瓦柳
Ozama　奥萨马河

P

Pacárec Tampu　帕卡雷克坦普
Pacasmayu　帕卡斯马尤
Pacassa　帕卡萨
Palencia　帕伦西亚
Palta　帕尔塔
Pampahuaci　潘帕瓦西
Panamá　巴拿马
Papamarca　帕帕马卡
Paparlen　帕帕尔伦
Papri　帕普里
Parahuay　巴拉瓦伊河
Parco　帕尔科
Paria　帕里亚湖
Parihuana　帕里瓦纳
Parmunca　帕尔蒙卡
Pasau(Cabo de)　帕绍角
Pasto　帕斯托
Pastu　帕斯图
Paucartampu　保卡坦普河
(La)Paz　拉巴斯
Pecllansimiqui　佩克良西米基
Pías　皮亚斯山坡
Pica　皮卡
Picta　皮克塔
Pícuy　皮奎
Pichu　皮丘
Pichunsi　皮琼西
Pillcumayu　皮尔库马尤河
Pillcupata　皮尔库帕塔
Pincu　平库
Pisco　皮斯科
Piscopampa　皮斯科潘帕
Piti　皮蒂
Pocoata　波科阿塔
Pocra　波克拉
Poques　波克斯
Porto Viejo　波托维耶霍
Potosí　波托西

Puca Marca　普卡马尔卡
Pucara　普卡拉
Pucuna　普库纳
Puchiu　普丘
Pueblo Nuevo　新镇
Puerto Viejo　别霍港
Pumacurcu　普马库尔库
Pumallacta　普马利亚克塔
Pumapchupan　普马普丘潘
Pumatampu　普马坦普
Pumpu　蓬普
Puna　普纳岛
Purem　普雷姆
Purumauca　普鲁毛卡

Q

Quechua　克丘亚
Quellca　克尔卡
Quepaipa　克派帕
Quesna　克斯纳
Quespicancha　克斯皮坎查
Quillacenca　基利亚森卡
Quillacu　基利亚库
Quillipata　基利帕塔
Quiñualla　基纽阿利亚
Quitu　基图

R

Rímac　里马克
Rímacpampa　里马克潘帕
Río de la Plata　拉普拉塔河
Río Grande　格兰德河
Rodas　罗得岛
Rucana　鲁卡纳
Rucma　鲁克马
Runahuánac　鲁纳瓦纳克

S

Sacaca　萨卡卡
Sacsahuaman　萨克萨瓦曼
Sacsahuana　萨克萨瓦纳
Salamanca　萨拉曼卡
Salinas　萨利纳斯
Salomón　所罗门群岛
San Juan　圣胡安镇
San Lúcar　圣卢卡尔镇
San Pedro de Cardeña　圣佩德罗德卡德尼亚
Sancauan　桑卡万
Santa　桑塔
Santa Cruz　圣克鲁斯
Santa Elena　圣埃伦娜角
Santa Marta　圣马尔塔
Santiago de Chili　奇利圣地亚哥城
Santo Domingo　圣多明各岛，圣多明各城
Saramissu　萨拉米苏
Saua　萨瓦
Sausa　绍萨
Sayanca　萨扬卡

Segovia　塞哥维亚
Serrana　塞拉纳岛
Serranilla　塞拉尼利亚岛
Sevilla　塞维利亚
Sierra Nevada　内华达山
Sipisipi　西皮西皮
Sulla　苏利亚
Sullana　苏利亚纳
Sulli　苏利
Sura　苏拉
Suramarca　苏拉马卡
Surihualla　苏里瓦利亚
Suta　苏塔
Sutcunca　苏特昆卡

T

Tacama　塔卡马
Tacmara　塔克马拉
Tahuantinsuyu　塔万廷苏尤
Tambo　坦博
Tapacri　塔帕克里
Tarapaca　塔拉帕卡
Tarma　塔尔马
Taurisma　陶里斯马
Tercera　特塞拉岛
Tiahuanacu　蒂亚瓦纳库
Ticzampi　蒂克桑皮
Tincuracu　廷库拉库
Titicaca　的的喀喀岛　的的喀喀湖
Tiucassa　蒂乌卡萨
Tococachi　托科卡奇
Tono　托诺
Trinidad　特里尼达岛
Trujillo　特鲁希略
Tucma　图克马
Tucmi　图克米
Tucumán　图库曼
Tumay Huaraca　图迈瓦拉卡
Tumbes　通贝斯
Tumibamba　图米万巴
Tumipampa　图米潘帕
Túmpiz　通皮斯
Tunu　图努
Tutura　图图拉

U

Ucuña　乌库尼亚
Uillacori　维利亚科里
Uillancunca　维良昆卡山
Uillca　维尔卡
Uillcapampa　维尔卡潘帕
Uillcanuta　维尔卡努塔山
Uillilli　维利利
Ullaca　乌利亚卡
Umasuyu　乌马苏尤
Uramarca　乌拉马卡
Urcollasu　乌科利亚苏
Uriquilla　乌里基利亚

Uru 乌鲁

Utunsulla 乌通苏利亚

Uuiña 乌维尼亚

V

Valdivia 巴尔迪维亚城

Valencia 巴伦西亚

Valladolid 巴利亚多利德

Valle de la Yervabuena 薄荷谷地

Villarrica 比利亚里卡

Vizcaya 比斯开

X

Xaquixaguana 哈基哈瓜纳

Xerez 赫雷斯

Y

Yácual 亚夸尔

Yahuarcocha 亚瓦尔科查湖

Yáhuar Pampa 亚瓦尔潘帕

Yanahuara 亚纳瓦拉

Yauyu 瑶尤

Yucatán 尤卡坦

Yúcay 尤凯河

Yunca 云卡

Z

Zamora 萨莫拉

Zancu 桑库

Zaña 萨尼亚

图书在版编目(CIP)数据

印卡王室述评/(秘)印卡·加西拉索·德拉维加著;白凤森,杨衍永译.—北京:商务印书馆,2017
(汉译世界学术名著丛书:120年纪念版:珍藏本)
ISBN 978-7-100-14227-4

Ⅰ.①印… Ⅱ.①印… ②白… ③杨… Ⅲ.①印加文化—研究②印加帝国—研究 Ⅳ.①K778.2

中国版本图书馆CIP数据核字(2017)第137836号

汉译世界学术名著丛书
(120年纪念版·珍藏本)
印卡王室述评
〔秘鲁〕印卡·加西拉索·德拉维加 著
白凤森 杨衍永 译

商务印书馆出版
(北京王府井大街36号 邮政编码100710)
商务印书馆发行
北京中科印刷有限公司印刷
ISBN 978-7-100-14227-4

2017年12月第1版 开本710×1000 1/16
2017年12月北京第1次印刷 印张51½
定价:263.00元